Investorengespräche des Aufsichtsratsvorsitzenden im Spannungsfeld zwischen Recht und Praxis

Europäische Hochschulschriften Recht

European University Studies in Law

Publications Universitaires Européennes de Droit

Band/ Volume 6258

Lukas Vossen

Investorengespräche des Aufsichtsratsvorsitzenden im Spannungsfeld zwischen Recht und Praxis

Eine empirische Untersuchung zu Zulässigkeit und Grenzen

PETER LANG

Bibliografische Information der Deutschen Nationalbibliothek
Die Deutsche Nationalbibliothek verzeichnet diese Publikation in der Deutschen Nationalbibliografie; detaillierte bibliografische Daten sind im Internet über http://dnb.d-nb.de abrufbar.

Zugl.: Frankfurt (Main), Univ., Diss., 2021

D 30
ISSN 0531-7312
ISBN 978-3-631-85768-7 (Print)
E-ISBN 978-3-631-86046-5 (E-PDF)
E-ISBN 978-3-631-86047-2 (EPUB)
DOI 10.3726/b18885

Peter Lang – Berlin · Bern · Bruxelles · New York · Oxford · Warszawa · Wien

Diese Publikation wurde begutachtet.

www.peterlang.com

Vorwort

Diese Untersuchung hat der Goethe-Universität Frankfurt a.M. im Wintersemester 2020/2021 als Dissertation vorgelegen. Sie ist auf dem Stand von September 2020. Einzelne Neuerscheinungen konnten seitdem eingearbeitet werden.

Ich danke meiner Lehrerin, Frau Professorin Katja Langenbucher, für ihre wertvolle Unterstützung und Förderung. Sie hat die Arbeit mit der Anregung, empirisch vorzugehen, entscheidend geprägt. Mein Dank gilt zudem Herrn Professor Tobias Tröger für die Erstellung des Zweitgutachtens. Meinen zahlreichen Gesprächspartnern aus der Unternehmens- und Beratungspraxis danke ich besonders für die Bereitschaft und ihre Zeit, mit mir zu diskutieren und ihre Erfahrungen zu teilen. Die aus den Gesprächen gewonnenen Erkenntnisse waren unverzichtbar. Des Weiteren danke ich Frau Professorin van Zwieten für die herzliche Aufnahme am Commercial Law Centre der University of Oxford. Herrn Professor Paul Davies danke ich für seine Anregungen im persönlichen Gespräch. Der Studienstiftung des deutschen Volkes danke ich schließlich für die großzügige Promotionsförderung.

Meiner Mutter Monika widme ich diese Arbeit in ewiger Achtung, Liebe und Dankbarkeit.

München, April 2021
Lukas Vossen

Inhaltsübersicht

Inhaltsverzeichnis

Abkürzungsverzeichnis

ACI	Audit Committee Institute e.V.
AdAR	Arbeitskreis deutscher Aufsichtsräte e.V.
Aktionärsrechte-richtlinie 2017	Richtlinie (EU) 2017/828 des Europäischen Parlaments und des Rates vom 17. Mai 2017 zur Änderung der Richtlinie (EU) 2007/36/EG im Hinblick auf die Förderung der langfristigen Mitwirkung der Aktionäre, ABl. EU 2017, L 132/1
ARUG II	Gesetz zur Umsetzung der zweiten Aktionärsrechterichtlinie (ARUG II) vom 12. Dezember 2019, BGBl 2019, Teil I, 2637
BaFin	Bundesanstalt für Finanzdienstleistungsaufsicht
BAI	Bundesverband Alternative Investments e.V.
BCCG	Berlin Centre of Corporate Governance
BMJV	Bundesministerium der Justiz und für Verbraucherschutz
BNA	The Bureau of National Affairs, Inc.
BOARD	BOARD – Zeitschrift für Aufsichtsräte in Deutschland (Zeitschrift)
BVI	Bundesverbandes Investment und Asset Management e.V.
CalPERS	California Public Employees' Retirement System
CEO	Chief Executive Officer
CF	Corporate Finance (Zeitschrift)
CFO	Chief Financial Officer
CSR	Corporate Social Responsibility
DAI	Deutsches Aktieninstitut e.V.
DAV	Deutscher Anwaltverein e.V.
DAX	Deutscher Aktienindex
DCGK	Deutscher Corporate Governance Kodex
DIRK	Deutscher Investor Relations Verband e.V.
DN	Director Notes
DSW	Deutsche Schutzvereinigung für Wertpapierbesitz e.V.
DVFA	Deutsche Vereinigung für Finanzanalyse und Asset Management e.V.

ECGI	European Corporate Governance Institute
ESG	Environmental, Social, and Governance
ESMA	European Securities and Markets Authority
FEA	Financial Experts Association e.V.
FRC	Financial Reporting Council
GroßKomm/Akt	Großkommentar zum Aktiengesetz
ICGN	International Corporate Governance Network
KK-AktG	Kölner Kommentar zum Aktiengesetz
MDAX	Mid-Cap-DAX
MMVO	Verordnung (EU) Nr. 596/2014 des Europäischen Parlaments und des Rates vom 16. April 2014 über Marktmissbrauch (Marktmissbrauchsverordnung) und zur Aufhebung der Richtlinie 2003/6/EG des Europäischen Parlaments und des Rates und der Richtlinien 2003/124/EG, 2003/125/EG und 2004/72/EG der Kommission, ABl. EU 2014, L 173/1, vom 12. Juni 2014, zuletzt geändert durch Verordnung (EU) 2016/1033 vom 23. Juni 2016, ABl. EU 2016, L 175/1
MüKo-AktG	Münchener Kommentar zum Aktiengesetz
NYSE	New York Stock Exchange
SDAX	Small-Cap-DAX
SEC	U.S. Securities and Exchange Commission
TCI	The Children's Investment Fund
TecDAX	Technology DAX
UN PRI	United Nations Principles for Responsible Investment
VCI	Verband der chemischen Industrie e.V.
ver.di	Vereinte Dienstleistungsgewerkschaft
VGR	Gesellschaftsrechtliche Vereinigung – Wissenschaftliche Vereinigung für Unternehmens- und Gesellschaftsrecht (VGR) e.V.

Alle weiteren Abkürzungen dieser Untersuchung sind aufgeführt in:

Duden, Konrad: Die Deutsche Rechtschreibung, 27. Auflage, Mannheim/Leipzig/Wien/Zürich 2017

Kirchner, Hildebert: Abkürzungsverzeichnis der Rechtssprache, 8. Auflage, Berlin/New York 2015

§ 1. Einführung und Gang der Untersuchung

Corporate Governance-Strukturen börsennotierter Aktiengesellschaften[1] wurden in den letzten Jahrzehnten in Deutschland vielseitig gestärkt. Der nichtöffentliche Dialog des Aufsichtsrats bzw. regelmäßig des Vorsitzenden[2] des Aufsichtsrats mit ausgewählten aktuellen und potenziellen Aktionären (im Folgenden durchgehend als Investoren bezeichnet) war dabei lange Zeit unbeachtet. Er rückte hierzulande zur Weiterentwicklung guter Corporate Governance erst vor einigen Jahren in den Blickpunkt der Forschung[3] und in den Fokus rechtlich unverbindlicher Regelungsinitiativen. Besonderes Gewicht hat die entsprechende Kodex-Anregung der Regierungskommission DCGK aus dem Jahr 2017, mit der das in Deutschland für Themen der Corporate Governance wohl einflussreichste Gremium Investorenkontakte des Aufsichtsratsvorsitzenden befürwortet.[4] Daneben empfehlen bereits seit 2016 die Leitsätze des privaten Expertenkreises Developing Shareholder Communication sowie die FEA mit ihrer Leitlinie zum

---

1 Diese Untersuchung behandelt ausschließlich die börsennotierte Aktiengesellschaft gemäß § 3 Abs. 2 AktG. Die weitreichenden Vorgaben des – weitgehend europäisierten – Kapitalmarktrechts sind somit erfasst.

2 Zur besseren Lesbarkeit wird auf die gleichzeitige Verwendung männlicher und weiblicher Sprachformen verzichtet. Sämtliche Personenbezeichnungen gelten gleichermaßen für alle Geschlechter.

3 Zu den ersten Beiträgen: Im Jahr 2006 *Leyens*, Information des Aufsichtsrats, S. 231 f., 262, 382-386; früh auch *Smend*, ZCG 2008, 53 (57); im Jahr 2009 *Seibt*, in: Hommelhoff/Hopt/v. Werder, Hdb. Corporate Governance, 391 (402); *Buhleier/Splinter*, BOARD 2011, 26 (27); *Roth*, ZGR 2012, 343 (365 ff.); *Börsig/Löbbe*, in: Krieger/Lutter/Schmidt, FS Hoffmann-Becking 2013, 125 (145). *Roth*, Fordham Journal of Corporate & Financial Law 18.4 (2013), 751 (807) fasst zusammen: „such contact is rarely discussed in Germany". Zutreffend sieht *Hippeli*, wistra 2018, 409 (410) das Thema Investorenkommunikation des Aufsichtsrats entwicklungstypologisch seit 2016 im Mittelpunkt des Interesses der Wissenschaft. Der DIRK diskutierte aber bspw. schon im Sommer 2011 über eine neue Rolle des Aufsichtsrats in der Kapitalmarktkommunikation, hierzu *Schulz*, in: Hölscher/Altenhain, Hdb. Aufsichts- und Verwaltungsräte, 489 (495).

4 Siehe Anregung A.3 DCGK 2020, zuvor Ziffer 5.2 Abs. 2 DCGK 2017. Populär wurde die Initiative durch eine Pressemitteilung der *Regierungskommission DCGK* vom 25. Juni 2014, S. 2.

Dialog zwischen Aufsichtsrat und Investor ein entsprechendes Dialogverhalten des Aufsichtsratsvorsitzenden. Seit 2018 empfiehlt erneut ein privater Arbeitskreis, der sich mit Leitlinien für eine nachhaltige Vorstandsvergütung beschäftigte, den regelmäßigen Dialog des Aufsichtsratsvorsitzenden mit Investoren speziell über dieses Thema.[5] Trotz prominenter Befürworter ist der rechtliche Rahmen dieser ganz besonderen Form der Investorenkommunikation mangels Rechtssicherheit bietender Regelung im Aktienrecht oder gefestigter Rechtsprechung umstritten und die Diskussion im Fluss. Die Vielzahl der zu diesem Thema bislang veröffentlichten rechtswissenschaftlichen Beiträge legt insofern ein beredtes Zeugnis davon ab, mit welcher Intensität hier gegensätzliche Meinungen und Auslegungen der aktienrechtlichen Grundlagen aufeinanderprallen.[6]

Maßgebend für die Debatte sind die nicht abschließend geklärten Fragen, ob und wenn ja, in welchen Grenzen und durch wen der Aufsichtsrat im Recht der börsennotierten Aktiengesellschaft zur Kommunikation in Investorengesprächen befugt ist. Antworten sind in einer umfassenden wissenschaftlichen Auseinandersetzung bislang noch nicht präzise genug aufgearbeitet.[7] In der vorliegenden Untersuchung wird versucht, diese Lücke methodisch unter Zugriff auf empirisch arbeitende Nachbardisziplinen zu schließen. Gegliedert ist sie in drei Teile:

Im ersten Teil gilt es nach einer Einführung zu der Bedeutung und den Hintergründen der Aufsichtsratskommunikation mit Investoren (dafür § 2), den gegenwärtigen Forschungsstand zu einer ganzen Reihe von Gefahren und

---

5 Zu den vier Regelungsinitiativen ausführlich in § 9.A dieser Untersuchung.

6 Zum Streitstand beispielhaft *Bachmann*, in: VGR, Gesellschaftsrecht 2016, 135 (136): „im deutschen Recht ungeklärt“; *DAV-Handelsrechtsausschuss*, NZG 2017, 57 (59): „Rechtsfrage (...), die umstrittener kaum sein könnte“; *Hopt*, ZGR 2019, 507 (525) charakterisiert den Streit um den Investorendialog des Aufsichtsrats als „geradezu erbittert“; *Hopt/Leyens*, ZGR 2019, 929 (951): „kontrovers“; *Spindler*, in: Bergmann/Hoffmann-Becking/Noack, FS Seibert 2019, 855 (865): „nach wie vor umstritten“. Von der Brisanz des Themas zeugte darüber hinaus das DCGK-Konsultationsverfahren im Jahr 2016 mit zahlreichen Stellungnahmen, dazu § 9.A.I.1 dieser Untersuchung. Auch wurde sich auf einer Vielzahl von Tagungen und Vortragsveranstaltungen mit dem Thema beschäftigt, Nachweise bei *Roth*, ZHR 178 (2014), 638 (669 mit Fn. 230); *Durstberger/Nicolussi*, GesRZ 2016, 304 (305); *Hippeli*, GmbHR 2017, R113 (R113).

7 Monographisch bislang *Hein*, Die Stewardship-Verantwortung, S. 250 ff.; *Reutershahn*, Außenkommunikation des Aufsichtsratsvorsitzenden, S. 17 ff.; *Landsittel*, Investorenkommunikation, S. 121 ff.; *Gröntgen*, Operativer shareholder activism, S. 253 ff.; *Ebrahimzadeh*, Investorendialog des Aufsichtsrats, S. 39 ff.

Störungen, die mit Investorenkontakten des Aufsichtsrats *de lege lata* entstehen, zusammenzutragen und rechtlich einzuordnen. Diese scheinen zunächst mit dem zentralen Element der verbandsrechtlichen Struktur der deutschen Aktiengesellschaft, der Verteilung der Leitungs- und Kontrollfunktion auf zwei Organe, einerseits auf den Vorstand als eigenverantwortliches Geschäftsführungsorgan, andererseits auf den Aufsichtsrat als designiertes Kontrollorgan, unvereinbar zu sein. Jedenfalls wurde die vertrauliche Kommunikation mit Investoren in diesem Kompetenzsystem innergesellschaftlich lange Zeit ausschließlich als Vorstandsaufgabe behandelt, dem Aufsichtsrat dagegen eine entsprechende Zuständigkeit abgesprochen. Obwohl sich die aktienrechtlichen Grundlagen nicht geändert haben, hat sich dieses Verhältnis inzwischen gewandelt.[8] In Auseinandersetzung mit der ablehnenden Ansicht wird für die Neuinterpretation der aktienrechtlichen Grundlagen argumentiert und die Zulässigkeit von inhaltlich auf Aufsichtsratsthemen beschränkten Investorengesprächen des Aufsichtsrats im Rahmen einer in Rechtsfortbildung konstruierten Annexkompetenz begründet (hierzu § 3). Im Detail ist jedoch weiterhin ungeklärt, wie weit das Kommunikationsrecht des Aufsichtsrats inhaltlich reicht und aktien- und kapitalmarktrechtliche Schranken selektive Informationsweitergaben des Aufsichtsrats in Investorengesprächen begrenzen.[9] Es soll daher versucht werden, die hier in der wissenschaftlichen Aufarbeitung bestehenden Lücken aufzuzeigen und sie zu schmälern. Nach einer differenzierten Darstellung über die rechtlich zulässigen Handlungsspielräume des Aufsichtsrats und zu Durchsetzung und Sanktion eines Verstoßes gegen die rechtlichen Grenzen sucht man bisher jedenfalls vergeblich (eingehend § 4). Schließlich droht beim Investorendialog allein durch den Aufsichtsratsvorsitzenden seine Rolle in der Aktiengesellschaft überstrapaziert,

---

8 Vgl. *Bommer/Steinbach*, BOARD 2013, 219 (219): „Im deutschen Sondersystem der Checks-and-Balances fungierte der Aufsichtsrat lange als reines Kontrollgremium und trat als solches öffentlich kaum in Erscheinung. Tempi passati!"; von einem „*Wandel im Grundverständnis* der Kompetenzordnung" schreibt *v. Werder*, DB 2017, 977 (983); deutlich auch *Koch*, AG 2017, 129 (130): „Anlass für die Neupositionierung [ist] nicht so sehr bessere juristische Einsicht oder eine Verschiebung der Rechtslage (...), sondern das, was man in lockerer Anlehnung an *Georg Jellinek* als die normative Kraft des Faktischen bezeichnen kann. Investoren erwarten eine solche Kommunikation und da Investitionen in deutschen Aktiengesellschaften erwünscht sind, will man diesen Wünschen entsprechen."

9 *Hopt/Leyens*, ZGR 2019, 929 (951) betonen ausdrücklich, dass die Grenzen des Investorendialogs für seine rechtliche und praktische Akzeptanz zentral sind.

die Rolle des Plenums dagegen vernachlässigt zu werden.[10] Streitpunkt beim Thema Investorenkommunikation ist also nicht nur das sich wandelnde Machtverhältnis zwischen Vorstand und Aufsichtsrat, sondern auch die Machtverteilung innerhalb des Aufsichtsratsgremiums selbst (weitergehend § 5).

Der zuvor aggregierte Streitstand wird im zweiten Teil der Untersuchung unter Rückgriff auf eigene qualitative empirische Forschungsergebnisse einem rechtspraktischen Belastungstest unterzogen. Eine ausschließlich juristische Problemsicht hat in der empirischen Forschung zum Investorendialog des Aufsichtsrats in Deutschland bislang zumindest keine Beachtung gefunden (zur Forschungslücke § 6). Von besonderem Interesse ist deshalb die zusammengetragene Bandbreite der aus reicher Berufserfahrung gespeisten Stellungnahmen von 21 Rechtsanwälten und Syndizi aus der Beratungs- und Unternehmenspraxis. Dank ihrer Bewertungen ist es möglich, sich dem Thema Investorengespräche des Aufsichtsratsvorsitzenden und den entsprechenden Rechtsfragen nicht nur theoretisch, sondern auch aus der Sicht der in der Praxis arbeitenden Rechtsberater zu nähern (dazu §§ 7 und 8). Sie sind schließlich die Akteure, die sich sehr sorgfältig mit den rechtlichen Risiken des Aufsichtsratsdialogs wie auch den Möglichkeiten, sie zu reduzieren, befassen (müssen). Die empirischen Ergebnisse werden anschließend in den juristischen Kontext zurückgeführt. Einen Schwerpunkt bildet dafür ein kritischer Vergleich der eigenen Forschungsergebnisse mit den vier bereits angesprochenen Regelungsinitiativen, durch die in Deutschland seit 2016 eine effektive Finanzkommunikation auch durch das Aufsichtsratsorgan etabliert und gefördert werden soll. Sodann werden für Aufsichtsratsvorsitzende wie auch ihre (rechtlichen) Berater Einsichten für die Berufspraxis abgeleitet und zuletzt Perspektiven für die nachfolgende rechtswissenschaftliche Forschung und die Diskussion über den Investorendialog des Aufsichtsrats formuliert (siehe § 9).

Die Arbeit endet im dritten Teil mit der Zusammenfassung der wesentlichen Untersuchungsergebnisse.

---

10 Bspw. bezeichnet auch *Bachmann*, in: VGR, Gesellschaftsrecht 2016, 135 (172) dies als „wunden Punkt“.

Erster Teil. Rechtliche Würdigung

§ 2. Bedeutung und Hintergründe der Aufsichtsratskommunikation mit Investoren

Zu Beginn der Untersuchung sollen nichtöffentliche Gespräche zwischen börsennotierten Aktiengesellschaften und einzelnen Kapitalgebern als besondere Form der Investorenkommunikation in den größeren Zusammenhang der Investor Relations eingeordnet werden (dazu Abschnitt A). Im Fokus steht danach die Frage, warum das international wie auch national vermehrt regulatorisch geforderte Stewardship-Engagement institutioneller Investoren den Wunsch dieser Prinzipalgruppe nach informellen Gesprächen mit der Verwaltung verstärkt (siehe Abschnitt B). Daraufhin gilt es die aktuelle Dialogpraxis speziell zwischen dem Aufsichtsrat und Investoren näher zu beleuchten und Kriterien herauszuarbeiten, die die Häufigkeit von Investorengesprächen des Aufsichtsrats bestimmen können (siehe Abschnitt C). Diese von den Rechtsfragen der Untersuchung zunächst unabhängige Darstellung soll zum einen belegen, dass es sich beim Investorendialog des Aufsichtsrats um ein höchst aktuelles Thema mit steigender Bedeutung für Unternehmen wie auch institutionelle Investoren handelt. Zum anderen gilt es, die Grundlagen für die folgende rechtliche Untersuchung und im Besonderen die sich in § 3 anschließende Frage nach der aktienrechtlichen Zulässigkeit des Dialogs zwischen Aufsichtsrat und Investoren zu schaffen. Auf die vorgetragenen Stewardship-Aspekte wird zudem in § 4.B.II dieser Untersuchung im Zusammenhang mit dem Gleichbehandlungsgrundsatz der Aktionäre gemäß § 53a AktG und der Frage nach einer informationellen Privilegierung von Aktionären, die mit einem Stewardship-Anliegen an die Gesellschaft herantreten, zurückzukommen sein.

A. Betriebswirtschaftliche und kommunikationstheoretische Grundlagen

Zahlreiche Beziehungen börsennotierter Unternehmen werden nach außen durch Kommunikation begleitet, koordiniert und heute vermehrt zielorientiert gesteuert.[11] Die Investor Relations sind im Grundsatz ein Ausschnitt

11 *Zerfaß/Piwinger*, in: Zerfaß/Piwinger, Hdb. Unternehmenskommunikation, 1 (5).

dieser generellen Öffentlichkeitsarbeit, obwohl sie sich zu einer eigenständigen Disziplin entwickelt haben.[12] Zu ihren Aufgaben gehört der strategisch angelegte, kommunikative und vertrauensschaffende Informations- und Meinungstransfer im Vertikalverhältnis zwischen Emittent und vorhandenen wie

---

12 Begriff und Konzept der Investor Relations haben eine über sechzigjährige Entwicklung. Schon 1953 hatte das US-amerikanische Unternehmen General Electric unter dem Titel „Investor Relations" ein Kommunikationsprogramm für Privatanleger entwickelt, hierzu *Winkler/Ewenz-Sandten*, in: Gerke/Steiner, Handwörterbuch des Bank- und Finanzwesens, Spalte 1169; *Dürr*, Investor Relations, S. 2; vgl. *Goebel/Ley*, DStR 1993, 1679 (1679); *Rock*, Cornell Law Review 97.4 (2012), 849 (868). Danach hat sich der Begriff verbreitet und weiter verfeinert, *Fleischer*, ZGR 2009, 505 (506 f.); auch *Fleischer/Bauer/Wansleben*, DB 2015, 360 (363). In Deutschland ließen insbesondere die Gründung der ersten Investor Relations-Abteilung durch die BASF AG (inzwischen: BASF SE) im Jahr 1988 und die Konstituierung des DIRK im Jahr 1994 ein tieferes Verständnis für die im angelsächsischen Raum zuvor etablierten Investor Relations entstehen, siehe aber bereits schon im Jahr 1968 *Hartmann*, Die große Publikumsgesellschaft und ihre Investor Relations; später etwa *Link*, BFuP 1993, 105 (105-107); *Paul*, BFuP 1993, 133 (133-139); *Schreib*, BFuP 1993, 163 (166): „Vieles steckt noch in den Kinderschuhen."; *Diehl*, BFuP 1993, 173 (175): „Ein Umdenken hat eingesetzt."; *Goebel/Ley*, DStR 1993, 1679 (1679); von einigen „Pionierunternehmen" ab Mitte der 1980er Jahre sprechen *Paul/Zieschang*, DB 1994, 1485 (1485); *Link*, AG 1994, 364 (364); kurz *Noack*, DB 2001, 27 (28); *Posdziech*, Freiwillige Publizität, S. 21-23. Inzwischen scheint es selbstverständlich, Investor Relations „zu haben" oder sie „zu machen", ausdrücklich *Jäger*, NZG 2000, 186 (189); siehe auch *Than*, in: Lutter/Scholz/Sigle, FS Peltzer 2001, 577 (596): „Die Abteilung Investor Relations gehört zur Standardausrüstung börsennotierter Gesellschaften." In der Literatur wie auch in der Praxis zeigt sich heute dennoch eine verbreitete begriffliche Unschärfe, *Arnold*, in: Marsch-Barner/Schäfer, Hdb. börsennotierte AG, Rn. 19.28. Für eine systematische Literaturauswertung *Hoffmann/Tietz/Hammann*, Corporate Communications: An International Journal 23.3 (2018), 294. Für einen eigenständigen Kommunikationsbereich *Zerfaß*, in: Zerfaß/Piwinger, Hdb. Unternehmenskommunikation, 21 (23 und 46); *Kirchhoff*, in: Kirchhoff/Piwinger, Praxishdb. Investor Relations, 35 (42-44); *Achleitner/Bassen/Fieseler*, in: Meckel/Schmid, Unternehmenskommunikation, 261 (264 f.); *Winkler/Ewenz-Sandten*, in: Gerke/Steiner, Handwörterbuch des Bank- und Finanzwesens, Spalte 1170. Andere verorten die Investor Relations als Teilbereich der Public Relations, in diese Richtung etwa *Jahn*, in: Hauschka/Moosmayer/Lösler, Corporate Compliance, § 40 Rn. 1, 16; auch *Jäger*, NZG 2000, 186 (186); *Ekkenga*, NZG 2001, 1 (1); *Posdziech*, Freiwillige Publizität, S. 54.

potenziellen Anlegern.[13] Dafür wird nicht selten auf den Investorendialog als Kommunikationsinstrument zurückgegriffen. Bei dieser Form der Kommunikation sind die folgenden Besonderheiten für die weitere Untersuchung zu vermerken.

I. Freiwillige und persönliche Kommunikation

Zum einen finden Investorengespräche grundsätzlich ohne Rechts- und Antwortpflicht der Verwaltung und damit auf freiwilliger Basis statt.[14] Sie grenzen sich von regel- oder anlassbezogenen Pflichtveröffentlichungen des Unternehmens ab, bei denen Informationsgegenstand wie auch Informationsweg gesetzlich vorstrukturiert sind.[15] Unternehmen können durch Investorengespräche somit ein über das Abarbeiten gesetzlicher Publizitätspflichten hinausgehendes Maß an Unternehmenstransparenz zeigen, indem – innerhalb eines aktien- und kapitalmarktrechtlich dicht regulierten Umfelds[16] – nicht nur bislang

---

13 Eine Definition der Investor Relations, die sich ebenfalls nur auf gegenwärtige oder künftige Kapitalgeber konzentriert, bei *Risse/Kästle/Engelstädter/Gebler/Lorenz*, in: Risse/Kästle, M&A und Corporate Finance von A-Z, Investor Relations. Der DIRK versteht unter den Investor Relations die „strategische Managementaufgabe, Beziehungen des Unternehmens zu bestehenden und potenziellen Eigen- und Fremdkapitalgebern sowie zu Kapitalmarktintermediären zu etablieren und zu pflegen", abrufbar unter www.dirk.org/gremien/think-tank/ir-2020 (letzter Abruf am 15. September 2020). Der Sache nach ganz ähnlich ist die Definition des weltweit größten Investor Relations Berufsverbands, dem US-amerikanischen NIRI, aus dem Jahr 2003, abrufbar unter www.niri.org/about-niri (letzter Abruf am 15. September 2020), hierzu auch *Rock*, Cornell Law Review 97.4 (2012), 849 (869). Zur Definition vertiefend *Kirchhoff/Piwinger*, in: Zerfaß/Piwinger, Hdb. Unternehmenskommunikation, 1079 (1080 ff.); *Achleitner/Bassen/Fieseler*, in: Meckel/Schmid, Unternehmenskommunikation, 261 (263); *Krystek/Müller*, DB 1993, 1785 (1785 f.); *Jäger*, NZG 2000, 186 (186); *Ekkenga*, NZG 2001, 1 (1); *v. Rosen/Herdina*, BFuP 2001, 45 (47 f.).

14 *Linker/Zinger*, NZG 2002, 497 (501 f.); auch *Menke*, NZG 2004, 697 (697).

15 Vgl. zur Regelpublizität etwa die Transparenz zur Rechnungslegung (§ 325 HGB, §§ 114 ff. WpHG) sowie für anlassbezogene Publizitätspflichten die in der Praxis besonders relevante *ad hoc*-Publizitätspflicht gemäß Art. 17 MMVO. Siehe auch *Baums*, ZHR 167 (2003), 139 (144 f.); einen Überblick bieten außerdem *Langenbucher/Rataj/Vossen*, in: Hoffmann/Schiereck/Zerfaß, Hdb. Investor Relations und Finanzkommunikation.

16 Beispielhaft sei hier bereits genannt die Pflicht der Verwaltung zur Verschwiegenheit gemäß § 93 Abs. 1 S. 3 AktG (für den Aufsichtsrat §§ 116 S. 1 i.V.m. 93 Abs. 1 S. 3 AktG sowie § 116 S. 2 AktG), das Gebot der (informationellen) Gleichbehandlung der

unbekannte Inhalte über die Angelegenheiten der Gesellschaft veröffentlicht, sondern auch bereits öffentlich bekannte Pflichtinformationen der Gesellschaft vertiefend erklärt und erläutert werden.[17]

Zum anderen zeichnet sich der Investorendialog in den Investor Relations als besondere Form der Kommunikation wegen des direkt persönlichen Kontakts der Gesprächspartner aus.[18] Im Gegensatz zu unpersönlichen Kommunikationsinstrumenten, durch die Informationen über ein Massenmedium an einen mehr oder weniger unbestimmten Personen- bzw. Anlegerkreis vermittelt werden, stehen bei Investorengesprächen zielgruppenfokussierte Informationsweitergaben und eine individuelle Betreuung im Fokus.[19] Dafür werden die Informationsempfänger vor einem Kommunikationsvorgang selektiv ausgewählt. Möglich sind Einzelgespräche, sogenannte *one-on-ones*, mit nur einem Gesprächspartner, aber auch Gesprächsrunden mit mehreren Investoren.[20] Der persönliche Gesprächskreis tagt meist ohne öffentliches Bekanntwerden in geschlossenen Dialogrunden außerhalb der (Hauptversammlungs-)Öffentlichkeit.[21] Hierdurch

---

Aktionäre gemäß §§ 53a, 131 Abs. 4 AktG oder das besonders strenge Verbot der unrechtmäßigen Weitergabe von Insiderinformationen gemäß Art. 14 lit. c) i.V.m. 10 MMVO. Ausführlich zu den allgemeinen aktien- und kapitalmarktrechtlichen Schranken der Investorenkommunikation in § 4.B dieser Untersuchung.

17 *Dürr*, Investor Relations, S. 21 ff. bezeichnet die freiwillige Publizität als „Kür“ der Investor Relations. Weitergehend zu freiwilliger Unternehmenspublizität *Merkt*, RabelsZ 64 (2000), 517; vgl. auch *Zetzsche*, Aktionärsinformation, S. 71 ff.

18 Grundlegend werden in den Investor Relations persönliche von unpersönlichen Kommunikationsformen unterschieden, hierzu *Kirchhoff*, in: Kirchhoff/Piwinger, Praxishdb. Investor Relations, 35 (53 ff.); *Arnold*, in: Marsch-Barner/Schäfer, Hdb. börsennotierte AG, Rn. 19.34, 19.36; *Kirchhoff Consult/PricewaterhouseCoopers*, Kapitalmarktkommunikation in Deutschland, S. 16 f.; *Goebel/Ley*, DStR 1993, 1679 (1680); *Deller/Stubenrath/Weber*, DB 1997, 1577 (1578); *Merkt*, RabelsZ 64 (2000), 517 (526); *Fleischer*, ZGR 2009, 505 (509 f.); *Tiffe*, Beurteilung von Investor Relations-Maßnahmen, S. 37 ff., 46 ff.; *Posdziech*, Freiwillige Publizität, S. 62 f.

19 Mit Beispielen zu den persönlichen Kommunikationsinstrumenten *Kirchhoff/Piwinger*, in: Zerfaß/Piwinger, Hdb. Unternehmenskommunikation, 1079 (1096); eine ausführliche Auflistung auch bei *Jäger*, NZG 2000, 186 (187 f.). Eingehend zu der Bedeutung unterschiedlicher Investor Relations-Instrumente *Hoffmann/Tietz*, Strategien in der IR & Finanzmarktkommunikation, S. 7.

20 *Kremer*, in: Kremer/u.a., DCGK, Rn. 1270b; vgl. *Winkler/Ewenz-Sandten*, in: Gerke/Steiner, Handwörterbuch des Bank- und Finanzwesens, Spalte 1176.

21 *Kleinmanns*, IRZ 2016, 341 (343). Vgl. aus US-amerikanischer Sicht *Fairfax*, University of Illinois Law Review 2013, 821 (848, 852), die jedoch zwischen *informal interactions* und *private meetings* trennt.

entsteht ein ungezwungener, nicht formalisierter, gleichzeitig jedoch intensiver Kontakt, der einen vertraulichen und produktiven Austausch der Dialogpartner zulässt.[22]

II. Strategische Relevanz für die Aktiengesellschaft

Für Unternehmen ergeben sich aus eingehenden Investorengesprächen vielfältige Vorteile. Zum einen können wichtige Kapitalgeber persönlich davon überzeugt werden, der Aktiengesellschaft als Kapitalsammelstelle (künftig weiter) Geld zur Verfügung zu stellen, sodass diese Form der Kommunikation ein stark wertschöpfender Faktor sein kann.[23] Durch einen offenen Meinungsaustausch sowie Langfristigkeit und Stetigkeit des persönlichen Kontakts wird zum anderen danach gestrebt, eine besonders enge, wechselseitige Vertrauensbasis zu schaffen.[24] Unterstützt werden somit nicht nur ökonomische, sondern auch dem wirtschaftlichem Erfolg vorgelagerte kommunikationspolitische Ziele der jeweils unternehmensspezifischen Investor Relations-Strategie.[25] Dabei geht

---

22 *DAI/McKinsey*, Investorendialog im Umbruch, S. 32; vgl. auch *Link*, BFuP 1993, 105 (127); siehe zudem *Mosca*, ECFR 2018, 805 (847). Aus dem US-amerikanischen Schrifttum *Fairfax*, University of Illinois Law Review 2013, 821 (848): „Such interactions may be more productive because they allow shareholders and corporate officials to speak outside of the spotlight, and in a more casual manner."

23 *Achleitner/Bassen/Fieseler*, in: Meckel/Schmid, Unternehmenskommunikation, 261 (273); *Noerr/Hering Schuppener/v. Werder*, Rolle des Aufsichtsrats in der Krisenkommunikation, S. 5; *Kocher*, Journal of International Banking Law and Regulation 30.7 (2015), 402 (403); *Zülch/Kretzmann/Hottmann/Holzamer/Kettelhodt*, DB 2016, 2065 (2068); *Henning*, BOARD 2017, 41 (41). Siehe grundlegend auch *Gode*, in: Feddersen/Hommelhoff/Schneider, Corporate Governance, 316 (320).

24 *Hubig/Siemoneit*, in: Kirchhoff/Piwinger, Praxishdb. Investor Relations, 63 (70); *Achleitner/Bassen/Fieseler*, in: Meckel/Schmid, Unternehmenskommunikation, 261 (279); *Henning*, BOARD 2017, 41 (41); *Schilha/Theusinger/v. Manikowsky/v. Werder*, BOARD 2019, 42 (44); *Inci*, Shareholder Engagement, S. 128. Aus den USA *Davis/Alogna*, Policy Briefing 2 (2008), S. 6, 14; *Yockey*, South Carolina Law Review 61.2 (2009), 171 (173); *Kim/Schloetzer*, The Conference Board DN-V5N20 (2013), S. 2. Vgl. schließlich auch *Gode*, in: Feddersen/Hommelhoff/Schneider, Corporate Governance, 316 (320).

25 Zu der Unterscheidung von ökonomischen und kommunikationspolitischen Zielen in den Investor Relations etwa *Kirchhoff*, in: Kirchhoff/Piwinger, Praxishdb. Investor Relations, 35 (38-41); *Arnold*, in: Marsch-Barner/Schäfer, Hdb. börsennotierte AG, Rn. 19.29; *Winkler/Ewenz-Sandten*, in: Gerke/Steiner, Handwörterbuch des Bank- und Finanzwesens, Spalte 1171 ff.; *Kirchhoff Consult/PricewaterhouseCoopers*, Kapitalmarktkommunikation in Deutschland, S. 12 f.; *Serfing/Großkopff/Röder*, AG 1998,

man zunehmend davon aus, dass der Kapitalmarkt Unternehmen mit einer klaren, konsistenten und informativen Offenlegungspolitik mit positiven Kapitalmarktreaktionen belohnt.[26]

Entwickeln kann sich durch einen optimierten Informationsfluss in Investorengesprächen auch ein besseres Krisenmanagement. Akute Unternehmenskrisen

---

272 (273 ff.); *Jäger*, NZG 2000, 186 (187); *Ekkenga*, NZG 2001, 1 (2); *Fleischer*, ZGR 2009, 505 (508 f.); *Bommer/Steinbach*, BOARD 2013, 219 (220); *Schaper*, AG 2018, 356 (356); *Posdziech*, Freiwillige Publizität, S. 55 ff. Vertiefend zu finanzwirtschaftlichen Zielen wie bspw. die Bewertung der Gesellschaft und ihren Aktienkurs zu stärken bzw. die Volatilität des Kurses zu verringern oder die langfristig günstigere Eigenkapitalbeschaffung zu ermöglichen *Kirchhoff/Piwinger*, in: Zerfaß/Piwinger, Hdb. Unternehmenskommunikation, 1079 (1084 f.); *Langenbucher*, Aktien- und Kapitalmarktrecht, § 6 Rn. 137; *EY/DIRK*, Effektive Finanzkommunikation, S. 2; *Paul*, BFuP 1993, 133 (154); *Goebel/Ley*, DStR 1993, 1679 (1679 f.); *Krystek/Müller*, DB 1993, 1785 (1785 f.); *Link*, AG 1994, 364 (365); *Paul/Zieschang*, DB 1994, 1485 (1487); *Merkt*, RabelsZ 64 (2000), 517 (526); *Roth*, ZGR 2012, 343 (348); *Rock*, Cornell Law Review 97.4 (2012), 849 (869); *Franken/Heinsius*, in: Förschle/Kaiser/Moxter, FS Budde 1995, 213 (219 f.); *Ridder*, Investor Relations-Qualität, S. 39, 45 f. Vgl. darüber hinaus Buchstabe B. der Grundsätze für Effektive Finanzkommunikation, die von der DVFA herausgegeben werden, abrufbar unter www.dvfa.de/fileadmin/downloads/Publikationen/Standards/grundsaetze_effektive_finanzkommunikation.pdf (letzter Abruf am 15. September 2020).

26 Grundlegend kommt der Investor Relations stetig zunehmende strategische Bedeutung zu, siehe dafür *Hopt/Roth*, Der Aufsichtsrat, § 111 Rn. 220; *Winkler/Ewenz-Sandten*, in: Gerke/Steiner, Handwörterbuch des Bank- und Finanzwesens, Spalte 1169; *Kirchhoff Consult/PricewaterhouseCoopers*, Kapitalmarktkommunikation in Deutschland, S. 25; *Hoffmann/Tietz*, Strategien in der IR & Finanzmarktkommunikation, S. 8; ferner *Rodewald*, BB 2001, 2155 (2155); *Fleischer*, ZGR 2009, 505 (507 f.); *Bommer/Steinbach*, BOARD 2013, 219 (220); *Zülch*, KoR 2016, 436; *Spindler*, in: Bergmann/Hoffmann-Becking/Noack, FS Seibert 2019, 855 (855); *Spillmann*, Institutionelle Investoren, S. 251; vgl. ferner *Steinbach/Bommer*, in: Finance Magazin, September 2013, S. 28 f.; *Seibt*, in: Börsen-Zeitung vom 17. Juni 2017, S. 9. Prägnant deshalb auch der Begriff *value communications* bei *Zerfaß/Piwinger*, in: Zerfaß/Piwinger, Hdb. Unternehmenskommunikation, 1 (5, 7); vgl. *Scherer*, in: Dehnen, Der professionelle Aufsichtsrat, 148 (148); in diese Richtung auch *Jäger*, NZG 2000, 186; *Schiereck/Tunder/Gohlke*, DB 2010, 401; *Zülch*, KoR 2016, 436 mit einer knappen Auswertung internationaler Forschungsergebnisse. Zur Wirkung und Kontrolle der Investor Relations näher *Achleitner/Bassen/Fieseler*, in: Meckel/Schmid, Unternehmenskommunikation, 261 (282 ff.); *Porak/Fieseler*, in: Kirchhoff/Piwinger, Praxishdb. Investor Relations, 221; zudem *Serfing/Großkopff/Röder*, AG 1998, 272 (276 f.); *Bassen/Frank/Levermann/Plümer*, FB 2006, 689.

können kommunikativ begleitet werden, um erratische Kurs- und Reputationsverluste „abzufedern".[27] Um künftige Krisen des Unternehmens ganz oder teilweise abzuwenden, sind eine im Investorengespräch zuvor aufgebaute gute Reputation des Unternehmens[28] wie auch das Aktionärsvertrauen zudem ein wichtiger Schutz.[29] Der Investorendialog ist deshalb bspw. auch besonders geeignet, mit Angriffen aktivistischer Aktionäre[30] richtig umzugehen und sie bestmöglich abzuwenden.[31]

---

27 Zur Krisenkommunikation als Erfolgsfaktor *Noerr/Hering Schuppener/v. Werder*, Rolle des Aufsichtsrats in der Krisenkommunikation, S. 7-10; vgl. auch *Leyendecker-Langner*, NZG 2015, 44 (44); siehe zudem *Schilha/Theusinger*, NZG 2019, 521; weitergehend das Untersuchungsergebnis zu Hypothese 3 von *Schiereck/Tunder/Gohlke*, DB 2010, 401 (407).

28 Zu der immer größeren Bedeutung von immateriellen Vermögenswerten und vor allem der Reputation für den marktorientierten Unternehmenswert *Zerfaß/Piwinger*, in: Zerfaß/Piwinger, Hdb. Unternehmenskommunikation, 1 (6); *Königs/Schiereck*, FB 2007, 649 (649); *Schiereck/Tunder/Gohlke*, DB 2010, 401 (401); *Wang/Berens/van Riel*, Corporate Reputation Review 15.3 (2012), 198 (201-203); vgl. *Vetter*, AG 2014, 387 (387); vertiefend *Seibt*, DB 2015, 171.

29 Vgl. *Arnold*, in: Marsch-Barner/Schäfer, Hdb. börsennotierte AG, Rn. 19.28, 19.31; *Noerr/Hering Schuppener/v. Werder*, Rolle des Aufsichtsrats in der Krisenkommunikation, S. 5, 10; *Krystek/Müller*, DB 1993, 1785 (1786, 1788 f.); *Schilha/Theusinger/v. Manikowsky/v. Werder*, BOARD 2019, 42 (42). International dazu etwa *Fairfax*, University of Illinois Law Review 2013, 821 (833 f.); *Bourveau/Schoenfeld*, Review of Accounting Studies 22.3 (2017), 1307 (1308, 1312).

30 Zu aktivistischen Aktionären und dem Begriff Shareholder Activism in § 2.B.I dieser Untersuchung.

31 *DAI/White & Case*, Ready for Takeover?, S. 21 f., 38; *Schiessl*, ZIP 2009, 689 (696) betont den Kontakt mit großen institutionellen Aktionären als wertvolle Vorbereitungsmaßnahme, um auf die Manöver von Hedgefonds vorbereitet zu sein; empirisch *Hoffmann/Tutic/Wies*, Corporate Communications: An International Journal 16.4 (2011), 311 (314 f., 319 f.); *Bunz*, NZG 2014, 1049 (1051 f.); *Kocher*, DB 2016, 2887 (2889, 2891); allgemeiner *Hoffmann/Brønn/Fieseler*, Corporate Reputation Review 19.1 (2016), 35 (35): „Our findings indicate that a good corporate reputation serves as a two-fold inoculation against shareholder interventions, reducing both the frequency and success of proxy fights", siehe auch (43); zur aktiven und transparenten Kommunikation als wesentlicher Baustein der Prävention gegen aktivistische Aktionäre ferner *Graßl/Nikoleyczik*, AG 2017, 49 (59); *Dimeg/Asmussen/Mentré*, BOARD 2017, 92 (92, 94); mit Blick auf freiwillige Unternehmenstransparenz *Bourveau/Schoenfeld*, Review of Accounting Studies 22.3 (2017), 1307 (1308, 1310, 1312); zudem *Tüngler*, BOARD 2018,

Überdies können Unternehmen Kapitalmarkt- und Investorenanforderungen im Investorengespräch aufnehmen und anschließend versuchen, diese in einer Art *bottom-up*-Prozess in das eigene Unternehmen zu transformieren.[32] Etwa können Anregungen der Investorenseite Eingang in vertiefende Diskussionen innerhalb der jeweiligen Gremien finden und dort Grundlage zukünftiger Entscheidungen sein.[33] Insbesondere werden professionelle Investoren als wertvolle Gesprächspartner gewürdigt, weil sie wegen ihres hohen Unternehmens- und Marktverständnisses, ihrer methodisch-analytischen Fähigkeiten und ihrer Erfahrung vielfältige, auch für Unternehmen erkenntnisreiche Einsichten präsentieren können.[34] Ihre Impulse begrenzen sich in der Regel auch nicht nur auf Pauschalanregungen, sondern zeichnen sich durch hohe Flexibilität und Passgenauigkeit im Hinblick auf das jeweilige Unternehmen und dessen konkrete Situation am Markt aus.[35] Das persönliche Gespräch ermöglicht der Unternehmensseite im Gegensatz zu anderen Kommunikationsformen außerdem, an die Gesprächspartner unmittelbar Rückfragen zu stellen oder bei kritischen Punkten nachzuhaken.[36]

---

74 (75); *Theisen/Probst*, AR 2019, 154 (157); *Seibert*, in: Aderhold/u.a., FS Westermann 2008, 1505 (1516); ferner *Herfs*, in: Börsen-Zeitung vom 28. März 2019, S. 9.

32 *Kirchhoff/Piwinger*, in: Zerfaß/Piwinger, Hdb. Unternehmenskommunikation, 1079 (1082 f.); *Paul*, BFuP 1993, 133 (153 f.); *Kocher*, Journal of International Banking Law and Regulation 30.7 (2015), 402 (403); *Zülch/Kretzmann/Hottmann/Holzamer/Kettelhodt*, DB 2016, 2065 (2068); *Cromme*, in: Krieger/Lutter/Schmidt, FS Hoffmann-Becking 2013, 283 (292); *Seibt*, in: Börsen-Zeitung vom 17. Juni 2017, S. 9. Zu der Sicht in den USA *Fairfax*, University of Illinois Law Review 2013, 821 (823, 832 f.).

33 *DAI/McKinsey*, Investorendialog im Umbruch, S. 19 ff.; *Kleinmanns*, IRZ 2016, 341 (344); prägnant auch eine Zwischenüberschrift von *Bachmann*, in: VGR, Gesellschaftsrecht 2016, 135 (141): „Dialog keine Einbahnstraße"; vgl. *Strampelli*, Virginia Law and Business Review 12.2 (2018), 187 (194). Speziell für Vergütungsentscheidungen in den USA *Miller*, workspan 2015, 44 (46).

34 *DAI/McKinsey*, Investorendialog im Umbruch, S. 9 f., 19, 38; *Kleinmanns*, IRZ 2016, 341 (344); *Zülch/Kretzmann/Hottmann/Holzamer/Kettelhodt*, DB 2016, 2065 (2068); *Hein*, Die Stewardship-Verantwortung, S. 244. Relativierend *Schockenhoff/Culmann*, ZIP 2015, 297 (297).

35 *DAI/McKinsey*, Investorendialog im Umbruch, S. 23 f.; vgl. *Schockenhoff/Culmann*, ZIP 2015, 297 (298 f.).

36 *Bachmann*, in: VGR, Gesellschaftsrecht 2016, 135 (141). Vgl. aus internationaler Perspektive *Fairfax*, University of Illinois Law Review 2013, 821 (844 f.).

III. Investorengespräche mit (ausländischen) institutionellen Investoren

In den letzten Jahrzehnten sind Investorengespräche in Deutschland besonders mit der wirtschaftlich einflussstarken Prinzipalgruppe der institutionellen Investoren[37] wichtig geworden.[38] Weltweit ist ihr Anlagevolumen wie

---

37 Hinter dem Begriff stehen ganz unterschiedliche Marktakteure mit abweichenden Geschäftsmodellen, Anlagestrategien, -horizonten und Arbeitsweisen, dazu *Monopolkommission*, Wettbewerb 2018, S. 177 f. (Ziffer 4.2, Rn. 416 ff.); *Davies/Hopt*, The American Journal of Comparative Law 61.6 (2013), 301 (367); *Çelik/Isaksson*, OECD Corporate Governance Working Papers 11 (2013), S. 7. Eine trennscharfe Definition existiert nicht, stattdessen finden sich im Schrifttum zahlreiche, voneinander in Details abweichende Begriffsverständnisse, so auch *v. Werder*, in: Kremer/u.a., DCGK, Rn. 113c; zu dem Fehlen einer einheitlichen Begriffsdefinition auch *Garrido*, in: Hopt/Wymeersch, Capital Markets and Company Law, 449 (452); näher *Forstmoser*, in: Bucher/u.a., FS Wiegand 2005, 785 (787). Begriffliche und typologische Näherungsversuche etwa bei *Faber*, in: Hommelhoff/Hopt/v. Werder, Hdb. Corporate Governance, 219 (220 ff.); *Schmolke*, ZGR 2007, 701 (705); *Fleischer/Strothotte*, AG 2011, 221 (228); *Schneider*, ZGR 2012, 518 (521 f.); *Schockenhoff/Culmann*, ZIP 2015, 297 (297); *Zülch/Benary/Hottmann*, DB 2016, 1509 (1510); ausführlich auch *Spillmann*, Institutionelle Investoren, S. 5 ff.; *Bassler*, Bedeutung von institutionellen Anlegern, S. 33 ff. mit Ergebnis auf S. 81 f.; *Inci*, Shareholder Engagement, S. 99 ff.; einen guten Überblick bietet *Faure*, Verantwortung institutioneller Aktionäre, S. 35 ff. Wegen des Fehlens einer klaren Definition wurde die Verständlichkeit der wissenschaftlichen Debatte und die Vergleichbarkeit der jeweiligen Untersuchungen kritisiert, hierzu *Gerke/Bank/Steiger*, in: Hopt/Wymeersch, Capital Markets and Company Law, 357 (359); *Langenbucher*, Aktien- und Kapitalmarktrecht, § 1 Rn. 9. Betont wurde aber auch, dass eine ungenaue Definition statt Verständlichkeit und Vergleichbarkeit im Zweifel einen noch weniger erstrebenswerten Zustand schafft, so *Schmolke*, ZGR 2007, 701 (706).

38 Zur steigenden Bedeutung von Investorengesprächen in Deutschland bspw. *Strenger*, in: Hommelhoff/Hopt/v. Werder, Hdb. Corporate Governance, 697 (705); *Faber*, in: Hommelhoff/Hopt/v. Werder, Hdb. Corporate Governance, 219 (230); *Schmitt*, in: Kirchhoff/Piwinger, Praxishdb. Investor Relations, 385; *Habersack*, Gutachten 69. DJT, E 88, E 105; zuvor *Frühauf*, ZGR 1998, 407 (414); *Wilde*, ZGR 1998, 423 (460); *Bassen*, ZBB 2002, 430 (432); *Fleischer*, ZGR 2009, 505 (510, 526); *Popovic/Hölzle*, AG-Report 2010, R290 (R290, R292); *OECD*, The Role of Institutional Investors, S. 121; *Meyer-Landrut/Heuser*, AG 2011, R241 (R241); *Leyendecker-Langner*, NZG 2015, 44 (44); *Hirt/Hopt/Mattheus*, AG 2016, 725 (728); *Zülch*, KoR 2016, 436 (437); *Zülch/Kretzmann/Hottmann/Holzamer/Kettelhodt*, DB 2016, 2065 (2067); *Dimeg/Asmussen/Mentré*, BOARD 2017, 92 (93 f.); *Schaper*, AG 2018, 356 (356); früh auch bereits *Schneider/Singhof*, in: Hönn/Konzen/Kreutz, FS Kraft 1998, 585 (599); zudem *Heuser*, Shareholder Activism, S. 172; *Bassler*, Bedeutung von institutionellen Anlegern, S. 230 f.;

auch Anteilseigentum in dieser Zeit stark gewachsen.[39] In Deutschland steigt ihre wirtschaftliche Bedeutung vor allem seit der Auflösung des Beteiligungsgeflechts der sogenannten „Deutschland AG“ zum Ende der 1990er Jahre an.[40] Heute befinden sich die Aktien der DAX-Gesellschaften größtenteils in ihren Händen (ca. 60%), was gleich mehrere Analysen der Aktionärsstruktur des Leitindexes bestätigen.[41] Bei nicht wenigen DAX-Gesellschaften spielen sie wegen

---

Steinbach/Bommer, in: Finance Magazin, September 2013, S. 28. Dass Investorengespräche vorwiegend mit institutionellen Investoren stattfinden, bestätigt *Kirchhoff*, in: Kirchhoff/Piwinger, Praxishdb. Investor Relations, 35 (50 f.); ebenfalls *Kirchhoff/Piwinger*, in: Zerfaß/Piwinger, Hdb. Unternehmenskommunikation, 1079 (1087); *Kirchhoff Consult/PricewaterhouseCoopers*, Kapitalmarktkommunikation in Deutschland, S. 18; *Hoffmann/Tietz*, Strategien in der IR & Finanzmarktkommunikation, S. 6; *Cromme/Claassen*, in: Hommelhoff/Hopt/v. Werder, Hdb. Corporate Governance, 603 (613); *Link*, BFuP 1993, 105 (107); erneut *Link*, AG 1994, 364 (364); *Krystek/Müller*, DB 1993, 1785 (1787); *Serfing/Großkopff/Röder*, AG 1998, 272 (276); *Jäger*, NZG 2000, 186 (186); *Bassen*, ZBB 2002, 430 (432); *Fleischer*, ZGR 2009, 505 (508 f.); vgl. *Schiessl*, ZIP 2009, 689 (693, 696); *Schiereck/Tunder/Gohlke*, DB 2010, 401 (401); *Zülch/Benary/Hottmann*, DB 2016, 1509 (1509, 1513); *Strampelli*, Virginia Law and Business Review 12.2 (2018), 187 (195); *Franken/Heinsius*, in: Förschle/Kaiser/Moxter, FS Budde 1995, 213 (219); *Ridder*, Investor Relations-Qualität, S. 34 f.; *Tiffe*, Beurteilung von Investor Relations-Maßnahmen, S. 33 f.; *Nieber*, Rolle des Aufsichtsrates in der Kapitalmarktkommunikation, S. 75.

39 Näheres findet man bei *Monopolkommission*, Wettbewerb 2018, S. 177 f. (Ziffer 4.2, Rn. 417 f.); *Rock*, in: Gordon/Ringe, The Oxford Handbook of Corporate Law and Governance, 363 (365-367); *OECD*, Corporate Governance Factbook 2017, S. 83; *Chiu/Katelouzou*, in: Birkmose, Shareholders' Duties, 131 (131, 136); *Baums/Fraune*, AG 1995, 97 (97); *OECD*, The Role of Institutional Investors, S. 9; *Fleischer/Strothotte*, AG 2011, 221 (223); *Fleischer*, AG 2012, 2 (2 f.); *Davies/Hopt*, The American Journal of Comparative Law 61.6 (2013), 301 (367); *Çelik/Isaksson*, OECD Corporate Governance Working Papers 11 (2013), S. 5, 8 ff.; *Birkmose*, ECFR 2014, 214 (237); *Hirt/Hopt/Mattheus*, AG 2016, 725 (738); *Graßl/Nikoleyczik*, AG 2017, 49 (50); *Bassler*, Bedeutung von institutionellen Anlegern, S. 83 ff., 99; mit Übersichten über das global verwaltete Vermögen *Hein*, Die Stewardship-Verantwortung, S. 55 ff., 67.

40 *DAI/McKinsey*, Investorendialog im Umbruch, S. 3; *Schmolke*, ZGR 2007, 701 (709); *Dimeg/Asmussen/Mentré*, BOARD 2017, 92 (93); *Faure*, Verantwortung institutioneller Aktionäre, S. 26 ff. Zur Entflechtung der „Deutschland AG“ etwa *Gerke/Mager/Förstermann*, in: Hommelhoff/Hopt/v. Werder, Hdb. Corporate Governance, 503 (508 f.); *Ringe*, American Journal of Comparative Law 63.2 (2015), 493 (494 ff.); *Tomkos/Pietralla*, AR 2016, 138 (138).

41 Siehe *IHS Markit/DIRK*, Who owns the German DAX?, S. 6, 8; *DIRK/Ipreo*, Investoren der Deutschland AG 5.0, S. 4; zuvor *DIRK/Ipreo*, Investoren der Deutschland AG 4.0,

ihres hohen Anteilsbesitzes eine ganz erhebliche Rolle.[42] Institutionellen Investoren kommt deshalb insgesamt eine große Bedeutung für den Kapitalmarkt wie auch börsennotierte Aktiengesellschaft zu.[43] Auffällig ist zudem, dass der deutsche Aktienmarkt in die globalen Finanzmärkte integriert ist und in vielen Fällen ausländische, vor allem anglo-amerikanische, institutionelle Investoren den diversifizierten Aktionärskreis deutscher Publikumsgesellschaften wegen ihres großen Stimmgewichts dominieren.[44] Investorengespräche finden deshalb

---

S. 4; zudem *Monopolkommission*, Wettbewerb 2018, S. 177 (Ziffer 4.2, Rn. 416); vgl. auch die Ergebnisse von *EY*, Wem gehört der DAX? (2019), S. 3, 9, wonach institutionelle Investoren im Schnitt mehr als sechs von zehn Aktien der DAX-Konzerne halten (63 Prozent); *Bundeszentrale für politische Bildung*, Aktionärsstruktur von DAX-Unternehmen. Darüber hinaus etwa auch *Hopt/Roth*, Der Aufsichtsrat, § 111 Rn. 567; *Redeke*, AG 2015, 253 (253); *Seibert*, AG 2015, 593 (596); *Dimeg/Asmussen/Mentré*, BOARD 2017, 92 (93); *Baums*, ZHR 183 (2019), 605 (605 f.); *Dahmen*, GWR 2019, 117 (117); *Redenius-Hövermann/Henkel*, AG 2020, 349 (363 f.); *Weber-Rey*, in: Bergmann/Hoffmann-Becking/Noack, FS Seibert 2019, 1057 (1060); *Bassler*, Bedeutung von institutionellen Anlegern, S. 94 ff.; ferner *Inci*, Shareholder Engagement, S. 421.

42 Bspw. halten sie bei der Deutschen Börse AG 94%, bei der Infineon AG 90% und bei der Bayer AG 88% der Aktien, siehe *EY*, Wem gehört der DAX? (2017), S. 18 und die entsprechende Pressemitteilung vom 25. April 2017; vgl. auch *Schneider*, ZGR 2012, 518 (519) mit Zahlen.

43 Die Bedeutung des jeweiligen institutionellen Investors für das Unternehmen ist im konkreten Einzelfall abhängig von seinem Beteiligungsumfang, wenngleich institutionellen Investoren in der Tendenz große Relevanz zukommt, so *v. Werder*, in: Kremer/u.a., DCGK, Rn. 113b; vgl. aber auch *Schmolke*, European Business Organization Law Review 7 (2006), 767 (768 f.); speziell mit Blick auf Institutionen privater Altersvorsorge *Roth*, ZGR 2011, 516 (527 ff.); *Hopt*, ZGR 2013, 165 (170) bezeichnet institutionelle Investoren als „maßgebliche Akteure"; *Weber-Rey*, in: Bergmann/Hoffmann-Becking/Noack, FS Seibert 2019, 1057 (1063).

44 Mit Zahlen *EY*, Wem gehört der DAX? (2019), S. 3 f. sowie die entsprechende Pressemitteilung vom 26. Juni 2019, wonach ausländische Investoren knapp 55% der ausgegebenen Aktien besitzen. Schon früh zum verstärkten Engagement ausländischer institutioneller Anleger *Baums/Fraune*, AG 1995, 97 (97); siehe darüber hinaus *Schiessl*, AG 2009, 385 (385); *Roth*, NZG 2012, 881 (882); *Roth*, Fordham Journal of Corporate & Financial Law 18.4 (2013), 751 (779 f.); zur Internationalisierung der Aktionärspopulation ferner *Hopt*, ZGR 2013, 165 (208); *Leyendecker-Langner*, NZG 2015, 44 (44); zum Einfluss ausländischer institutioneller Investoren ebenfalls *Plagemann/Rahlmeyer*, NZG 2015, 895 (895); *Seibert*, AG 2015, 593 (594); *Langenbucher*, in: Fleischer/u.a., 50 Jahre Aktiengesetz, 273 (283 f.); *Dimeg/Asmussen/Mentré*, BOARD 2017, 92 (93); *Baums*, ZHR 183 (2019), 605 (608); vgl. aus der Presse beispielhaft *Zschäpitz*, auf: welt.de vom 10. März 2013. Siehe darüber hinaus *Birkmose*, ECFR 2014, 214 (237).

typischerweise auch mit institutionellen Investoren statt, deren Zulassungsort bzw. Sitz nicht in Deutschland liegt. Zu Privatinvestoren oder anderen Stakeholdern wird hingegen oft nur mittels der Gesellschaftsforen oder den allgemeinen Kommunikationskanälen – bspw. über die Wirtschaftspresse – Kontakt gehalten.[45]

B. Stewardship institutioneller Investoren wirkt als Dialogtreiber

In Folgenden richtet sich der Fokus auf das im Vereinigten Königreich geprägte, aber inzwischen international wie auch national verstärkt regulatorisch geforderte Stewardship-Engagement institutioneller Investoren,[46] das für diese ein Treiber ist, von sich aus noch stärker das Investorengespräch mit den Mitgliedern der Verwaltung zu suchen. Dafür wird zunächst der Begriff Stewardship und das damit verbundene Engagement institutioneller Investoren erläutert und von dem Phänomen des Shareholder Activism

45 Siehe *Cromme/Claassen*, in: Hommelhoff/Hopt/v. Werder, Hdb. Corporate Governance, 603 (614); *Deller/Stubenrath/Weber*, DB 1997, 1577 (1578); *Roth*, ZGR 2012, 343 (369). Weiterführend zu den Charakteristika von Privatinvestoren *Langenbucher*, Aktien- und Kapitalmarktrecht, § 1 Rn. 8; auch *Schmolke*, ZGR 2007, 701 (704 f.).

46 Prominent aus dem Vereinigten Königreich *Walker*, A review of corporate governance in UK banks and other financial industry entities: Final recommendations, Ziffer 5.1 ff. Näheres zum Stewardship-Gedanken findet man bei *Davies*, in: Davies/u.a., Corporate Boards in Law and Practice, 713 (752 ff.); *Hertig*, in: Gordon/Ringe, The Oxford Handbook of Corporate Law, 821 (824); *v. Werder*, in: Kremer/u.a., DCGK, Rn. 113d; *Langenbucher*, Aktien- und Kapitalmarktrecht, § 1 Rn. 15 sowie § 8 Rn. 21 f.; *Reisberg*, Journal of Financial Crime 18.2 (2011), 126; *Fleischer/Strothotte*, AG 2011, 221 (224); *Butler/Wong*, Pensions: An International Journal 16.2 (2011), 80; *Chiu*, Brooklyn Journal of Corporate Financial & Commercial Law 6.2 (2012), 387; *Hirt*, ZGR 2012, 280 (281, 283, auch 288); *Bootsma*, Erasmus Law Review 6.2 (2013), 111 (114 ff.); *Ivanova*, Business Ethics: A European Review 26.2 (2017), 175; mit einem Vergleich zum Vereinigten Königreich, wo es schon ab Ende der 1990er Jahre für institutionelle Investoren selbstverständlich gewesen sei, eine aktive Eigentümerrolle einzunehmen, *Hirt/Viehs*, BOARD 2018, 178 (178, 181); *Hommelhoff*, in: Hoffmann-Becking/Hüffer/Reichert, GS Winter 2011, 255 (256); *Langenbucher*, in: Hilbig-Lugani/u.a., FS Coester-Waltjen 2015, 1147 (1149 ff.); ausführlich auch *Hannigan*, in: Siekmann, FS Baums 2017, 561; monographisch *Hein*, Die Stewardship-Verantwortung; *Faure*, Verantwortung institutioneller Aktionäre, S. 23 ff.

abgegrenzt. Anschließend werden die zunehmende weltweite Verbreitung des Stewardship-Gedankens durch Kodizes und erhöhte Transparenzpflichten für institutionelle Investoren am Beispiel des UK Stewardship Code und ähnliche, vergleichsweise junge Entwicklungen in Deutschland betrachtet. Auf dieser Grundlage kann sodann untersucht werden, warum Stewardship den Investorenwunsch nach einem Gespräch mit der Verwaltung beeinflusst.

I. Begriffsverständnis und Abgrenzung zum Shareholder Activism

Obwohl sich zu dem Begriff Stewardship noch kein einheitliches Begriffsverständnis etabliert hat,[47] wird darunter die verantwortungsbewusste Eigentümerschaft institutioneller Investoren in ihren Portfoliogesellschaften verstanden, um langfristigen Wert für Endanleger zu schaffen und nachhaltige Vorteile für Wirtschaft, Umwelt und Gesellschaft zu ermöglichen.[48] Erwartet wird von institutionellen Investoren, sich dafür aktiv und auf Dauer in den Willensbildungsprozess der Gesellschaft im Sinne einer Strategie des „Kaufens und Kümmerns“ einzubringen und als kritischer Wächter und Kontrollinstanz auf eine gute und verantwortungsvolle Unternehmensführung hinzuwirken.[49] Als Einflussnahmemittel kommt zunächst der

47 *Butler/Wong*, Pensions: An International Journal 16.2 (2011), 80 (83); *Hannigan*, in: Siekmann, FS Baums 2017, 561 (564 f.).

48 Ähnlich ist die Definition im UK Stewardship Code 2020, S. 4: „Stewardship is the responsible allocation, management and oversight of capital to create long-term value for clients and beneficiaries leading to sustainable benefits for the economy, the environment and society.“; vgl. auch Ziffer 2 S. 1 der Stewardship-Leitlinien des DVFA vom 5. September 2019, abrufbar unter www.dvfa.de/fileadmin/downloads/Finanzkommunikation/Veranstaltungen/Governance_Stewardship_Konferenz/DVFA_Stewardship-Leitlinien_-_die_Kernelemente.pdf (letzter Abruf am 15. September 2020); vgl. zudem *Tomorrow's Company*, Defining, differentiating and rewarding stewardship, S. 3; *Hannigan*, Company Law, Rn. 6-48; *Reisberg*, Journal of Financial Crime 18.2 (2011), 126 (128 f.); *Chiu*, Brooklyn Journal of Corporate Financial & Commercial Law 6.2 (2012), 387 (387); *Hein*, Die Stewardship-Verantwortung, S. 167 f.

49 Vgl. *Hirt*, ZGR 2012, 280 (283); *Seibt*, DB 2014, 1910 (1910); speziell zur Vorreiterrolle institutioneller Investoren bei der Anspruchsverfolgung *Paefgen*, AG 2014, 554 (579); *Vetter*, in: Fleischer/u.a., 50 Jahre Aktiengesetz, 103 (107); *Graßl/Nikoleyczik*, AG 2017, 49 (60); *Nonnenmacher*, WPg 2018, 709 (710); *Winkler*, Verantwortung institutioneller Anleger, S. 89 ff. Näher zu der Motivation institutioneller Investoren zur Verfolgung besserer Corporate Governance *Strenger*, in: Hommelhoff/Hopt/v. Werder,

Einsatz von formellen, nach außen sichtbaren Investitionskontrollrechten in Betracht.[50] Wesentlich ist als Mittel der Einflussnahme darüber hinaus die Pflege eines informellen, nichtöffentlichen Dialogs mit den Organmitgliedern.[51] Für das Interesse institutioneller Investoren an einer stärkeren Investitionskontrolle und Teilhabe an der Willensbildung der Aktiengesellschaft

---

Hdb. Corporate Governance, 697 (699); siehe auch *OECD*, Corporate Governance Factbook 2017, S. 83; *Hertig*, in: Gordon/Ringe, The Oxford Handbook of Corporate Law, 821 (833 ff.); *Fleischer*, ZGR 2011, 155 (165 f.); *Windbichler*, NJW 2012, 2625 (2630); *Çelik/Isaksson*, OECD Corporate Governance Working Papers 11 (2013), S. 22 ff.; *Hart/Zingales*, ECGI Finance Working Paper 521/2017, S. 23.

50 In Deutschland ist vor allem das Stimmrecht gemäß §§ 12, 133 ff. AktG, das Gegenantragsrecht gemäß § 126 AktG und das Auskunftsrecht gemäß § 131 AktG relevant. Hinzu kommen weitere mitgliedschaftliche Mitentscheidungs- und Minderheitenrechte, bspw. gemäß § 93 Abs. 4 S. 3 AktG, § 104 Abs. 1 S. 1 AktG, § 122 Abs. 1 S. 1 AktG, § 122 Abs. 2 AktG, § 137 AktG, § 142 Abs. 2 S. 1 AktG, § 147 Abs. 2 S. 2 AktG, § 148 AktG oder §§ 241 ff. AktG.

51 Zu einer informellen Einflussnahme aktiver institutioneller Investoren etwa *Strenger*, in: Hommelhoff/Hopt/v. Werder, Hdb. Corporate Governance, 697 (709); *DAI/McKinsey*, Investorendialog im Umbruch, S. 31; *Thaeter/Guski*, AG 2007, 301 (302); *Schaefer*, NZG 2007, 900 (900 f.); *Schmolke*, ZGR 2007, 701 (715); *Fleischer*, ZGR 2009, 505 (509 f.); *Hopt*, ZHR 175 (2011), 444 (500); *Habersack*, NJW-Beil. 2012, 94 (97); *Roth*, ZGR 2012, 343 (367); *Bommer/Steinbach*, BOARD 2013, 219 (220); *Weber-Rey/Reps*, ZGR 2013, 597 (618, 628); *Schreyögg/Unglaube*, AG 2013, 97 (109); *Redeke*, AG 2015, 253 (255, 258); *Bunz*, NZG 2014, 1049 (1050 f.); *Vetter*, in: Fleischer/u.a., 50 Jahre Aktiengesetz, 103 (107); *Kleinmanns*, IRZ 2016, 341 (343 f.); *Graßl/Nikoleyczik*, AG 2017, 49 (52 f.); *Leyens*, ZGR 2019, 544 (559); *Kuntz*, ZHR 183 (2019), 190 (214); *Hell*, NZG 2019, 338 (340); *Winkler*, Verantwortung institutioneller Anleger, S. 107 f.; *Inci*, Shareholder Engagement, S. 125 ff.; vgl. auch Ziffer 2 S. 2 sowie Ziffer 6 der DVFA Stewardship-Leitlinien (siehe bereits Fn. 48 dieser Untersuchung). Aus Schweizer Sicht *Forstmoser*, in: Bucher/u.a., FS Wiegand 2005, 785 (795 ff.). International hierzu *Ringe*, in: Gordon/Ringe, The Oxford Handbook of Corporate Law and Governance, 387 (389); *MacNeil*, Capital Markets Law Journal 5.4 (2010), 419 (426); *Van der Elst/Vermeulen*, Lex Research Topics in Corporate Law & Economics Working Paper 2/2011, S. 14 f.; *Mallow/Sethi*, New York University Journal of Law & Business 12.2 (2016), 385 (389, 393); *McNulty/Nordberg*, Corporate Governance: An International Review 24.3 (2016), 346 (352); *Barko/Cremers/Rennebog*, ECGI Finance Working Paper 509/2017, S. 8; *Strampelli*, Virginia Law and Business Review 12.2 (2018), 187 (190 f.); *Mosca*, ECFR 2018, 805 (808); *Tonello/Gatti*, The Conference Board DN-V10N3 (2019), S. 5, 14 f.

wird darüber hinaus häufig auf den Begriff *voice*-Strategie zurückgegriffen.[52] Diese grenzt sich ab von passiven Verhaltensweisen solcher Aktionäre, die schlechte unternehmerische Performance ausschließlich durch den Verkauf ihrer Anteile sanktionieren (*exit* statt *voice*).[53] Darüber hinaus prägte in Europa die Aktionärsrechterichtlinie 2017 den in der Regel wie auch in dieser Untersuchung synonym zu Stewardship zu verstehenden Begriff des Shareholder Engagement.[54]

---

52 Zu der Nähe von *voice* und *engagement* bereits *Schneider*, ZGR 2012, 518 (521); auch *Bootsma*, Erasmus Law Review 6.2 (2013), 111 (117). Im Kontext von Shareholder Activism *Ringe*, in: Gordon/Ringe, The Oxford Handbook of Corporate Law and Governance, 387 (407 f.).

53 Erstmalig zum *voice*- und *exit*-Ansatz *Hirschmann*, Exit, Voice and Loyalty. Vertiefend hierzu *Gerke/Bank/Steiger*, in: Hopt/Wymeersch, Capital Markets and Company Law, 357 (358, 373 f.); *Garrido/Rojo*, in: Hopt/Wymeersch, Capital Markets and Company Law, 427 (430); *Gillan/Starks*, Journal of Applied Finance 13.2 (2003), 4 (5); *Bootsma*, Erasmus Law Review 6.2 (2013), 111 (111 ff., 116 ff.); *Birkmose*, European Business Law Review 20 (2009), 717 (725 f.); *Admati/Pfleiderer*, Review of Financial Studies 22.7 (2009), 2645 (2646); *Chung/Talaulicar*, Corporate Governance: An International Review 18.4 (2010), 253 (253); *Rock*, Cornell Law Review 97.4 (2012), 849 (855 f.); *Rahlmeyer*, AR 2015, 144 (144); *McNulty/Nordberg*, Corporate Governance: An International Review 24.3 (2016), 346 (351 f.); *McCahery/Sautner/Starks*, The Journal of Finance 71.6 (2016), 2905 (2906 f.); *Forstmoser*, in: Bucher/u.a., FS Wiegand 2005, 785 (786 ff.); *Faure*, Verantwortung institutioneller Aktionäre, S. 67. Näher zu der Strategie von passiven *exit*-Aktionären und der sogenannten Wall Street Rule *Bainbridge*, Corporation Law, S. 203; *Roth*, ZIP 2003, 369 (376); *Dauner-Lieb*, WM 2007, 9 (11); *Yockey*, South Carolina Law Review 61.2 (2009), 171 (178 f.); *Fleischer*, ZGR 2011, 155 (165); *Steiger*, Institutionelle Investoren, S. 4.

54 Vgl. bereits Europäische Kommission, KOM(2011), 164, S. 13: „Unter Engagement der Aktionäre versteht man in der Regel eine aktive Überwachung des Unternehmens, einen Dialog mit dem Verwaltungsrat des Unternehmens und die Ausübung der Aktionärsrechte, einschließlich der Stimmrechte, sowie gegebenenfalls die Zusammenarbeit mit anderen Aktionären, um die Governance des Unternehmens, an dem Anteile gehalten werden, im Interesse der Schaffung langfristiger Werte zu verbessern."; *Chiu/Katelouzou*, in: Birkmose, Shareholders' Duties, 131 (142): „[T]he European notion of shareholder engagement is consonant with the notion of stewardship."

Stewardship-Strategien institutioneller Investoren sind von dem Phänomen des Shareholder Activism[55] zu unterscheiden.[56] Zwar ist eine trennscharfe Abgrenzung zwischen den hinter diesen Begriffen stehenden *active* und *activist shareholders* oft schwierig,[57] etwa weil bei beiden klassischerweise die Steigerung

55 Dazu vertiefend *Ringe*, in: Gordon/Ringe, The Oxford Handbook of Corporate Law and Governance, 387; *Gillan/Starks*, Journal of Applied Corporate Finance 19.1 (2007), 55; *Kahan/Rock*, University of Pennsylvania Law Review 155.5 (2007), 1021; ausführlich *Anabtawi/Stout*, Stanford Law Review 60.5 (2008), 1255 (1274 ff.); *Bunz*, NZG 2014, 1049 (1049); *Redeke*, AG 2015, 253 (260); mit Zahlenmaterial *Schockenhoff/Culmann*, ZIP 2015, 297 (297 f.); *Kleinmanns*, IRZ 2016, 341; *Döding*, ZBB 2020, 168. In Deutschland trat ein aktivistischer Investoreneinfluss Ende der 1980er Jahre im Fall der Girmes AG erstmals durch das öffentliche Einwerben von Stimmrechtsvollmachten für die Hauptversammlung auf, hierzu BGHZ 129, 136, besprochen etwa von *Müller*, ZIP 1995, 1416. Besonders populär wurden seitdem die spektakulären Fälle wie bspw. die gescheiterte Übernahme der London Stock Exchange durch die Deutsche Börse AG im Jahr 2005, bei der sich der Hedgefonds TCI aktiv daran beteiligte, die Übernahme zu verhindern, um einen Gewinn aus getroffenen Leerverkäufen realisieren zu können. Zu diesem und weiteren Fällen *Faber*, in: Hommelhoff/Hopt/v. Werder, Hdb. Corporate Governance, 219 (228 f.); *Thamm/Schiereck*, CF 2014, 17; *Plagemann/Rahlmeyer*, NZG 2015, 895 (895 f., insbesondere Fn. 8); *Graßl/Nikoleyczik*, AG 2017, 49 (49); *Dimeg/Asmussen/Mentré*, BOARD 2017, 92 (92); aus der Presse statt vieler *Jahn/Köhler*, in: Handelsblatt Online vom 6. September 2018.

56 Aktive und aktivistische Strategien trennen bspw. *Strenger/Zetzsche*, AG 2013, 397 (397 f.); *Bootsma*, Erasmus Law Review 6.2 (2013), 111 (115) trennt „shareholder activism by hedge funds" und ein „stewardship level of shareholder activism"; vor dem Hintergrund der Wechselwirkung zwischen *activist investors* und *stewardship* auch *Gilson/Gordon*, Columbia Law Review 113.4 (2013), 862 (906); vgl. *Davies/Hopt*, The American Journal of Comparative Law 61.6 (2013), 301 (369 f.); *Rahlmeyer*, AR 2015, 144 (144); mit Blick auf aktive und aktivistische Ankeraktionäre *Plagemann/Rahlmeyer*, NZG 2015, 895 (896); siehe auch *Reisberg*, Journal of Corporate Law Studies 15.2 (2015), 217 (248), der zwischen *short-term investors* und *stewardship investors* trennt; *Hopt/Leyens*, ZGR 2019, 929 (942); *Hell*, NZG 2019, 338 (339); *Hein*, Die Stewardship-Verantwortung, S. 70 f.; *Schoppen*, in: Börsen-Zeitung vom 24. Januar 2019, S. 9. Vgl. schließlich *Inci*, Shareholder Engagement, S. 71-73, 94-99, der in seiner Arbeit einer differenzierenden Sichtweise jedoch nicht folgt und Shareholder Engagement- sowie Shareholder Activism-Verhaltensweisen gleichsetzt, um Begriffsverwirrung zu vermeiden, S. 73.

57 Im Zwiespalt zwischen Aktionärsengagement und Aktionärsaktivismus sind fließende Übergänge, Mischformen und Übergangsstadien zu erkennen. *Schockenhoff/Culmann*, ZIP 2015, 297 (307) gehen in der Zukunft von der weiteren Ausdifferenzierung der Phänomene Stewardship und Shareholder Activism aus.

des *shareholder value* im Mittelpunkt der Anlageinteressen steht und sie deshalb gleichgesinnt gegenüber der Gesellschaft auftreten können.[58] Trotzdem kann danach differenziert werden, dass aktivistische Aktionäre – ggf. nach dem Versuch, die Mitglieder der Verwaltung „friedlich“ zu überzeugen[59] – nicht vor einer öffentlichen Eskalation als Machtmittel absehen, um den Druck auf die Unternehmensleitung zur Durchsetzung der eigenen Interessen zu erhöhen.[60]

---

58 Möglich ist etwa, dass aktivistische Aktionäre als *first mover* vorpreschen und weitere institutionelle Investoren wie bspw. Indexfonds sie unterstützen. Mit dieser Einsicht ebenfalls *Davies/Hopt/Nowak/van Solinge*, in: Davies/u.a., Corporate Boards in Law and Practice, 3 (101); *Kahan/Rock*, University of Pennsylvania Law Review 155.5 (2007), 1021 (1045); *Cheffins/Armour*, Journal of Corporation Law 37.1 (2011), 51 (87); *Gilson/Gordon*, Columbia Law Review 113.4 (2013), 862 (867, 896 ff.); *Davies/Hopt*, The American Journal of Comparative Law 61.6 (2013), 301 (369); *Roberts*, Vanderbilt Journal of Transnational Law 48 (2015), 543 (561 f.); *Plagemann/Rahlmeyer*, NZG 2015, 895 (896 f.); *Dimeg/Asmussen/Mentré*, BOARD 2017, 92 (94); am Beispiel von Indexfonds *Fisch/Sepe*, ECGI Law Working Paper 415/2018, S. 24; so auch *Fisch/Hamdani/Davidoff Solomon*, University of Pennsylvania Law Review 168.17 (2019), 17 (52); vgl. *Weber-Rey*, in: Bergmann/Hoffmann-Becking/Noack, FS Seibert 2019, 1057 (1061 f.). Weiterführend zum Vorgehen aktivistischer Aktionäre, mehrere Investoren als sogenanntes „Wolfsrudel“ zu koordinieren, *Bunz*, NZG 2014, 1049 (1052); *Plagemann/Rahlmeyer*, NZG 2015, 895 (896, Fn. 16); *Kleinmanns*, IRZ 2016, 341 (344); *Inci*, Shareholder Engagement, S. 130 ff. Zur hauptsächlich finanziellen Motivstruktur von Finanzinvestoren *Faber*, in: Hommelhoff/Hopt/v. Werder, Hdb. Corporate Governance, 219 (224); *MacNeil*, Capital Markets Law Journal 5.4 (2010), 419 (425); *Schreyögg/Unglaube*, AG 2013, 97 (98); *Schockenhoff/Culmann*, ZIP 2015, 297 (297); *Redeke*, AG 2015, 253 (257); *Kleinmanns*, IRZ 2016, 341 (342). Eine Ausnahme bilden Shortseller-Attacken, in denen das Ziel der Aktivisten nicht eine Steigerung des Unternehmenswertes, sondern das bewusste Erreichen von Kursverlusten ist. Zur Strategie der Leerverkäufe kurz *Dimeg/Asmussen/Mentré*, BOARD 2017, 92 (93); vertiefend *Wentz*, WM 2019, 196; kurz auch *Döding*, ZBB 2020, 168 (169). Weiterführend zu verschiedenen Formen des Shareholder Activism *Chung/Talaulicar*, Corporate Governance: An International Review 18.4 (2010), 253; *Kocher*, DB 2016, 2887; *Graßl/Nikoleyczik*, AG 2017, 49.

59 *J.P. Morgan*, The activist revolution, S. 9 f.; *MacNeil*, Capital Markets Law Journal 5.4 (2010), 419 (426); *Kocher*, DB 2016, 2887 (2889); *Döding*, ZBB 2020, 168 (169); siehe auch *Weber-Rey*, in: Bergmann/Hoffmann-Becking/Noack, FS Seibert 2019, 1057 (1068): „Sog. *Shareholder Activism* reicht vom verstärkten Engagement bis zu aktivistischen Maßnahmen, die massiven Druck erzeugen sollen.“

60 Vgl. *DAI/McKinsey*, Investorendialog im Umbruch, S. 31 f.; zum Druck über öffentliche Meinungsbildung auch *Thaeter/Guski*, AG 2007, 301 (302); *Schiessl*, ZIP 2009, 689 (693); *Schockenhoff/Culmann*, ZIP 2015, 297 (300); *Plagemann/*

Regelmäßig suchen aktivistische Aktionäre dafür gezielt nach passenden Titeln und anfälligen Zielgesellschaften (sogenannten *targets*).[61] Im Gegensatz hierzu beschränkt sich ein (bloß) aktives Handeln im Rahmen des Stewardship wegen des von aktivistischen Strategien abweichenden Geschäftsmodells typischerweise auf eine weniger eingriffsintensive Form der Mitwirkung und Interessendurchsetzung mit einer deutlich höheren Hemmschwelle zur offenen und aggressiven Konfrontation.[62] Dieser Unterschied hat nicht zu unterschätzende Folgen, denn bei Bekanntwerden eines Konflikts zwischen Aktivisten und Unternehmen droht eine verunsicherte (Markt-)Öffentlichkeit und die Gefahr sich (erratisch)

Rahlmeyer, NZG 2015, 895 (896); *Rieckers*, DB 2016, 2526 (2531); *Kocher*, DB 2016, 2887 (2889); *Kleinmanns*, IRZ 2016, 341 (344); *Graßl/Nikoleyczik*, AG 2017, 49 (53); *Döding*, ZBB 2020, 168 (169); *Inci*, Shareholder Engagement, S. 128 ff. International dazu etwa *J.P. Morgan*, The activist revolution, S. 6, 9 f.; *Roberts*, Vanderbilt Journal of Transnational Law 48 (2015), 543 (560 f.); *Matheson/Nicolet*, Minnesota Law Review 103.4 (2019), 1649 (1650, 1679 f., 1682); *Levit*, The Review of Financial Studies 32.7 (2019), 2775 (2777 f.) bestätigt das Risiko einer öffentlichen Kampagne von Aktivisten.

61 Ebenso *Davies/Hopt/Nowak/van Solinge*, in: Davies/u.a., Corporate Boards in Law and Practice, 3 (101); *Rock*, in: Gordon/Ringe, The Oxford Handbook of Corporate Law and Governance, 363 (382); vgl. auch *Hannigan*, Company Law, Rn. 6-55; *Kahan/Rock*, University of Pennsylvania Law Review 155.5 (2007), 1021 (1069); *MacNeil*, Capital Markets Law Journal 5.4 (2010), 419 (425); *Cheffins/Armour*, Journal of Corporation Law 37.1 (2011), 51 (56); *Armour/Cheffins*, The Journal of Alternative Investments 14.3 (2012), 17 (18); *Davies/Hopt*, The American Journal of Comparative Law 61.6 (2013), 301 (370).

62 Vgl. *Kahan/Rock*, University of Pennsylvania Law Review 155.5 (2007), 1021 (1044 f.); *Walker*, InvestmentEurope 6 (2011), 18 (20); *Schockenhoff/Culmann*, ZIP 2015, 297 (297 f.); *Dimson/Karakaş/Li*, The Review of Financial Studies 28.12 (2015), 3225 (3229) mit dem Blick auf ESG-Aktivismus: „less confrontational, more collaborative". Grundlegender unterscheidet *Cheffins*, Corporate Ownership, S. 392 ff. *defensive* und *offensive activism*; so auch *Chiu/Katelouzou*, in: Birkmose, Shareholders' Duties, 131 (137 f.); diese Unterscheidung wird ebenfalls von *MacNeil*, Capital Markets Law Journal 5.4 (2010), 419 (424 f.) getroffen, indem er „activism envisaged by the Stewardship Code (...) in which long-term institutional investors engage" und „activism, adopted in particular by hedge funds" und in der Folge *defensive* und *offensive activism* trennt; außerdem bei *Cheffins/Armour*, Journal of Corporation Law 37.1 (2011), 51 (55 ff.); *Armour/Cheffins*, The Journal of Alternative Investments 14.3 (2012), 17 (18); *Roberts*, Vanderbilt Journal of Transnational Law 48 (2015), 543 (564 f.); *Coffee/Palia*, Journal of Corporate Law 41.3 (2016), 545 (556).

verschlechternder Aktienwerte.[63] Nicht nur deshalb, sondern auch wegen des häufig nur kurzfristigen Anlagehorizontes aktivistischer Aktionäre wie bspw. von Hedgefonds[64] wurde ihr Handeln aus Unternehmenssicht und am Kapitalmarkt als unwillkommen oder sogar ungehörig empfunden.[65] Außerdem wird – trotz unsicherer empirischer Grundlage – vertreten, dass ihre Maßnahmen zwar kurzfristig ertragreich, auf Dauer aber wertvernichtend wirken bzw. das Wohl der

63 *Redeke*, AG 2015, 253 (256). Wegen der Negativfolgen finden öffentliche Kampagnen entweder äußerst selten oder gezielt in feindlicher Absicht statt, so *Schaefer*, NZG 2007, 900 (900); vgl. *Walker*, InvestmentEurope 6 (2011), 18 (19 f.); *Thamm/Schiereck*, CF 2014, 17 (24, 26); *Kleinmanns*, IRZ 2016, 341 (344); *Inci*, Shareholder Engagement, S. 129.

64 Zum Problem des *short-termism* speziell durch Hedgefonds *Kahan/Rock*, University of Pennsylvania Law Review 155.5 (2007), 1021 (1083 ff.); auch *Döding*, ZBB 2020, 168 (172 f.). Empirisch zur Haltedauer von aktivistischen Aktionären und mit Verweis auf weitere Studien *Thamm/Schiereck*, CF 2014, 17 (27); *Kocher*, Journal of International Banking Law and Regulation 30.7 (2015), 402 (403); vgl. *Döding*, ZBB 2020, 168 (168).

65 *Kocher*, DB 2016, 2887 (2889); vertiefend zu der „Heuschreckenmentalität" aktivistischer Aktionäre im Vergleich zur konstruktiven Aktionärsaktivität *Faure*, Verantwortung institutioneller Aktionäre, S. 30 ff.; *Schoppen*, in: Börsen-Zeitung vom 24. Januar 2019, S. 9 charakterisiert Aktivisten als „Brandbeschleuniger". International dazu etwa *MacNeil*, Capital Markets Law Journal 5.4 (2010), 419 (427); *Hill*, Seattle University Law Review 41.2 (2018), 497 (500 f.). Aber auch aktivistische Aktionäre konnten sich seit der Finanzkrise neu ausrichten und werden von Teilen des Markts und auch der Öffentlichkeit als Verteidiger des *shareholder value* akzeptiert und geschätzt, siehe ausdrücklich *J.P. Morgan*, The activist revolution, S. 5: „Once reviled as "corporate raiders", activist investors have successfully rebranded themselves in the post-crisis environment as defenders of shareholder value."; *Roberts*, Vanderbilt Journal of Transnational Law 48 (2015), 543 (558-560); vgl. auch *Kocher*, Journal of International Banking Law and Regulation 30.7 (2015), 402 (402); insbesondere erfährt der operative Aktivismus mit dem Ziel der Unternehmenswertsteigerung zunehmend Akzeptanz, so *Graßl/Nikoleyczik*, AG 2017, 49 (50). Insofern trennt *Spindler*, WM 2007, 2357 (2358 f.) zutreffend einen guten, gewünschten Aktivismus, der zu einer intensiveren Kontrolle des Managements beitragen kann, von einem schädlichen Aktivismus und Einfluss auf die Organe der Gesellschaft; in diese Richtung auch *Rock*, Cornell Law Review 97.4 (2012), 849 (854 ff.) mit der Unterscheidung von *good* und *bad shareholders*; vgl. auch *Seibert*, in: Aderhold/u.a., FS Westermann 2008, 1505 (1516), der einen kleinen Teil der Aktionäre, der auf Ausplünderung und Zerschlagung aus ist, von institutionellen Investoren, die die langfristige Ertrags- und Kursentwicklung der Gesellschaft anstreben, trennt; zwischen aktiven und hyperaktiven räuberischen Aktionären trennt überdies *Claussen*, in: FS Schmidt 2009, 217 (226-228).

Gesellschaft gefährden.[66] Stewardship-Aktionäre zeichnen sich im Gegensatz dazu typologisch durch eine längerfristige Verbundenheit zur Gesellschaft aus, für die Grundlage bspw. eine auf Dauer angelegte, konsensorientierte Kommunikation in einem friedlichen Rahmen ist.[67] Wegen ihrer langfristigen Interessen sind sie oft von der Unternehmensseite, den übrigen Stakeholdern sowie nicht nur vom europäischen, sondern auch vielen nationalen Gesetzgebern geschätzte Aktionäre.[68] Befindet sich die Gesellschaft in einer Krise, die auch Aktivisten

66 Dafür *Schmolke*, ZGR 2007, 701 (712 f.); *Schiessl*, AG 2009, 385 (385); *Klöhn/Schwarz*, ZIP 2012, 149 (152); *Seibt*, DB 2014, 1910 (1918); *Strine*, Columbia Law Review 114.2 (2014), 449 (458 f.); *Kocher*, Journal of International Banking Law and Regulation 30.7 (2015), 402 (403); *Graßl/Nikoleyczik*, AG 2017, 49 (50); *Matheson/Nicolet*, Minnesota Law Review 103.4 (2019), 1649 (1680). Dagegen meint *Peltzer*, NZG 2011, 961 (966), dass kurzfristiges Denken an den Kapitalmärkten per se kein Fehler zu sein scheint; hierzu auch *Fried*, The Yale Law Journal 124 (2015), 1554. Im Ergebnis ist hier vieles umstritten und empirisch weitgehend unsicher, siehe auch *Bebchuk*, Columbia Law Review 113.6 (2013), 1637; *Mallow/Sethi*, New York University Journal of Law & Business 12.2 (2016), 385 (388); *Baums*, ZHR 183 (2019), 605 (606); *Langenbucher*, in: Dreher/u.a., FS Bergmann 2018, 443 (449). Ausländische empirische Ergebnisse bestätigen durchaus – teilweise sogar langfristige – Kurssteigerungen in Verbindung mit Hedgefonds-Aktivismus, siehe bspw. *Brav/Jiang/Partnoy/Thomas*, The Journal of Finance 63.4 (2008), 1729; *Boyson/Mooradian*, Review of Derivatives Research 14.2 (2011), 169; auch *Bebchuk/Brav/Jiang*, Columbia Law Review 115.5 (2015), 1085; *Roberts*, Vanderbilt Journal of Transnational Law 48 (2015), 543 (566 f.); *Becht/Franks/Grant/Wagner*, Review of Financial Studies 30.9 (2017), 2933 (2965); *Klein/Zur*, The Journal of Finance 64.1 (2019), 187 (188, 225). A.A. sind *deHaan/Larcker/McClure*, ECGI Finance Working Paper 577/2018, S. 2 ff., die keine langfristigen Ertragssteigerungen feststellen. Zusammenfassend *Sharfman*, Columbia Business Law Review 2015.3 (2015), 813 (815 ff.); *Coffee/Palia*, Journal of Corporate Law 41.3 (2016), 545 (581 ff.); vgl. auch *Döding*, ZBB 2020, 168 (170).

67 Vgl. *Strenger*, in: Hommelhoff/Hopt/v. Werder, Hdb. Corporate Governance, 697 (709); *DAI/McKinsey*, Investorendialog im Umbruch, S. 10, 21; *Schockenhoff/Culmann*, ZIP 2015, 297 (297); siehe auch *Reisberg*, Journal of Corporate Law Studies 15.2 (2015), 217 (248); *Tonello/Gatti*, The Conference Board DN-V10N3 (2019), S. 2; *Schoppen*, in: Börsen-Zeitung vom 24. Januar 2019, S. 9.

68 Vgl. *Davies/Hopt/Nowak/van Solinge*, in: Davies/u.a., Corporate Boards in Law and Practice, 3 (101); *Davies/Hopt*, The American Journal of Comparative Law 61.6 (2013), 301 (370); mit Blick auf aktive Ankeraktionäre *Schockenhoff/Culmann*, ZIP 2015, 297 (297, 307); *Plagemann/Rahlmeyer*, NZG 2015, 895 (896).

auf den Plan rufen kann, können langfristig orientierte Stewardship-Aktionäre zudem einen gewichtigen Gegenpol zu aktivistischen Aktionären bilden.[69]

II. Codes of Conduct und Transparenzpflichten für mehr Aktionärsengagement

Im Folgenden soll nach einem Überblick über die bisherigen Erfahrungen und wirtschaftlichen Hintergründe zum Stewardship-Engagement institutioneller Investoren kurz der weltweit als Vorbild ausgezeichnete UK Stewardship Code vorgestellt werden, mit dem versucht wird, institutionelle Investoren zu mehr Interesse an einem aktiven Aktionärsengagement zu drängen. Anschließend wird der Blick auf ähnliche regulatorische Stoßrichtungen in Deutschland gerichtet. Erst danach wird verständlich, warum zukünftig auch in Deutschland von einem stärkeren Stewardship-Engagement institutioneller Investoren auszugehen ist.[70]

---

69 Vgl. *Gilson/Gordon*, Columbia Law Review 113.4 (2013), 862 (895): „institutional investors ultimately decide whether an activist's campaign will succeed"; *Roberts*, Vanderbilt Journal of Transnational Law 48 (2015), 543 (572); speziell mit Blick auf die *gatekeeping role* passiver Indexfonds *Appel/Gormley/Keim*, Journal of Financial Economics 121.1 (2016), 111 (114); außerdem *Fisch/Sepe*, ECGI Law Working Paper 415/2018, S. 24; *Matheson/Nicolet*, Minnesota Law Review 103.4 (2019), 1649 (1682); *Hein*, Die Stewardship-Verantwortung, S. 71. Vgl. konkret am Beispiel der aktivistischen Kampagne von Trian an dem Unternehmen DuPont *Katz/McIntosh*, New York Law Journal 254.15 (2015), 5; hierzu auch *Fisch/Hamdani/Davidoff Solomon*, University of Pennsylvania Law Review 168.17 (2019), 17 (52 f.).

70 Schon *Strenger*, in: Hommelhoff/Hopt/v. Werder, Hdb. Corporate Governance, 697 (710); *Schaefer*, NZG 2007, 900 (900); *Speich*, BOARD 2015, 193 (193); *Dimeg/Asmussen/Mentré*, BOARD 2017, 92 (93); zum zunehmenden Aktivitätsniveau auch *Ruhwedel/Weitzel*, AR 2018, 69 (70); *Hirt/Viehs*, BOARD 2018, 178 (181); *Herz*, NZG 2020, 285 (289); *Weber-Rey*, in: Bergmann/Hoffmann-Becking/Noack, FS Seibert 2019, 1057 (1063) spricht von einem gewachsenen Interesse institutioneller Investoren, ihre Portfoliogesellschaften aktiver zu begleiten; *Schoppen*, in: Börsen-Zeitung vom 24. Januar 2019, S. 9; mit Blick auf die Stimmrechtsausübung die Äußerung von Jens Wilhelm im Interview mit *Wadewitz*, in: Börsen-Zeitung vom 7. Februar 2019, S. 13: „Es wird dauerhaft nicht möglich sein, dass Investoren sich passiv verhalten." Dagegen meint *Tröger*, ZGR 2019, 126 (138), dass nur insoweit in Stewardship investiert werden wird, wie den Akteuren erforderlich erscheint, um einschneidendere Maßnahmen der Politik abzuwenden; kritisch ist wegen der ökonomischen Vorbedingungen (fehlende Ausstattung und mangelnde Anreize für Stewardship-Pflichten) auch *Florstedt*, ZGR 2019, 630 (636).

1. Zunehmendes Aktivitätsniveau oder rationale Apathie?

Wird ein Stewardship-Engagement verfolgt, erfordert es von institutionellen Investoren die erhöhte Investition in Mitwirkungs- und Überwachungstätigkeiten gegenüber den Gesellschaftsorganen. Notwendig wird es, sich mit den relevanten Themen des konkreten Unternehmens intensiv auseinanderzusetzen, selbst Marktforschungen anzustellen, Unternehmensdaten anzufordern und auszuwerten und sich bei einer formellen Einflussnahme wie auch den informellen Beratungen entsprechend einzusetzen.[71] Einige institutionelle Investoren bilden hierfür in jüngerer Zeit eigene *active ownership practices*, d.h. spezialisierte Teams, denen die aktive Ausübung der Eigentumsrechte sowie die Kontaktpflege mit der Verwaltung obliegt.[72]

Trotz dieser Entwicklungen ist als bisherige praktische Erfahrung festzustellen, dass institutionelle Investoren jeweils in sehr unterschiedlichem Maße aktiv werden und Aktionärsverantwortung in ihren Portfoliogesellschaften übernehmen (wollen).[73] Anstatt eines aktiven Stewardship-Engagements ist jedenfalls auch die Passivität institutioneller Investoren weit verbreitet.[74] Gegen ein aktives

---

71 Aus der Praxis berichten so *Hirt/Viehs*, BOARD 2018, 178 (180).

72 Mit Einsichten aus der Praxis *Rock*, in: Gordon/Ringe, The Oxford Handbook of Corporate Law and Governance, 363 (368-370); *Dimeg/Asmussen/Mentré*, BOARD 2017, 92 (92 f.); *Nonnenmacher*, WPg 2018, 709 (710); *Leyens*, ZGR 2019, 544 (586); *Hell*, NZG 2019, 338 (341); *Fisch/Sepe*, ECGI Law Working Paper 415/2018, S. 15; *Nonnenmacher*, in: DAI, Kurvenlage 2018/I, 87 (87); vgl. zudem die Stellungnahme von *BlackRock* im Rahmen des DCGK-Konsultationsverfahrens 2016, S. 2: „BlackRock's Investment Stewardship (BIS) team of 30 specialists carries out the firm's activities in this area."

73 Aus dem deutschen Schrifttum bspw. *Habersack*, Gutachten 69. DJT, E 87; *Roth*, NZG 2012, 881 (886); *Hopt*, in: Aderhold/u.a., FS Westermann 2008, 1039 (1052). International *Garrido/Rojo*, in: Hopt/Wymeersch, Capital Markets and Company Law, 427 (430, 435); *OECD*, Corporate Governance Factbook 2017, S. 83; *Hertig*, in: Gordon/Ringe, The Oxford Handbook of Corporate Law, 821 (824, 832); *Choi/Fisch*, Vanderbilt Law Review 61.2 (2008), 315 (317); *OECD*, The Role of Institutional Investors, S. 9 f.; *Van der Elst/Vermeulen*, Lex Research Topics in Corporate Law & Economics Working Paper 2/2011, S. 2; *Butler/Wong*, Pensions: An International Journal 16.2 (2011), 80 (84) mit der Unterscheidung folgender Stewardship-Gruppen: (i) *no engagement*, (ii) *voting practice*, (iii) *reactive engagement*, (iv) *strategic engagement* und (v) *stewardship engagement*; *Birkmose*, ECFR 2014, 214 (225-227).

74 Zur Passivität institutioneller Investoren und ihren Gründen etwa *Gerke/Mager/Förstermann*, in: Hommelhoff/Hopt/v. Werder, Hdb. Corporate Governance, 503 (525); *Schmolke*, ZGR 2007, 701 (719 ff.); speziell zur der Tendenz (ausländischer)

Stewardship-Engagement institutioneller Investoren sprechen vor allem wirtschaftliche Erwägungen, die im Schrifttum unter dem Stichwort „rationale Apathie" diskutiert werden.[75] Rational ist ihre Passivität, weil sich viele institutionelle Investoren nach dem Gebot wirtschaftlicher Vernunft unter Berücksichtigung der vorliegenden Markt- und Wettbewerbsstruktur und einer strengen Kosten-Nutzen-Analyse dazu entscheiden, von einem aktiven Engagement abzusehen.[76]

---

institutioneller Anleger, auf eine Teilnahme bei der Hauptversammlung zu verzichten, *Dauner-Lieb*, WM 2007, 9 (12); *Fleischer*, ZGR 2011, 155 (164 f.); *Fleischer/Strothotte*, AG 2011, 221 (225, 228); *Tröger*, ZGR 2019, 126 (131 ff.); *Florstedt*, ZGR 2019, 630 (636); *Spillmann*, Institutionelle Investoren, S. 254-278; *Winkler*, Verantwortung institutioneller Anleger, S. 123; *Heuser*, Shareholder Activism, S. 8 ff., 20 ff.; *Bassler*, Bedeutung von institutionellen Anlegern, S. 106 ff. Auch international wurde das Thema kontrovers diskutiert, beispielhaft *Cheffins*, Corporate Ownership, S. 370, 377 ff.; bereits auch *Easterbrook/Fischel*, Journal of Law & Economics 26.2 (1983), 395 (396, 402); *Coffee*, Columbia Law Review 91.6 (1991), 1277 (1317 ff.); *Black/Coffee*, Michigan Law Review 92.7 (1994), 1997 (2055 ff.); *Palmiter*, Cardozo Law Review 23.4 (2002), 1419 (1431 ff.); *Bainbridge*, Harvard Law Review 119.6 (2006), 1735 (1751 ff.); *Hopt*, The American Journal of Comparative Law 59.1 (2011), 1 (51); *Gilson/Gordon*, Columbia Law Review 113.4 (2013), 862 (865, 889 ff.); *Micheler*, European Business Organization Law Review 14 (2013), 29 (36 ff.); *Birkmose*, ECFR 2014, 214 (226 f., 234 f.); *Roberts*, Vanderbilt Journal of Transnational Law 48 (2015), 543 (546, 556 ff., 564); *McCahery/Sautner/Starks*, The Journal of Finance 71.6 (2016), 2905 (2921 f.).

75 Ursprünglich ist diese Erkenntnis von *Berle* und *Means* im Jahr 1932 entwickelt worden, siehe *Berle/Means*, The Modern Corporation and Private Property. Näheres findet man bei *Davies*, in: Baums/Buxbaum/Hopt, Institutional Investors and Corporate Governance, 257 (262); *Bainbridge*, Corporation Law, S. 202 f.; *Rock*, in: Gordon/Ringe, The Oxford Handbook of Corporate Law and Governance, 363 (373); *v. Rosen*, in: Feddersen/Hommelhoff/Schneider, Corporate Governance, 289 (292 f.); *Clark*, Case Western Reserve Law Review 29.4 (1979), 776 (779 ff.); *Black*, Michigan Law Review 89.3 (1990), 520 (526 ff., 575 ff.); *Baums/v. Randow*, AG 1995, 145 (147); *Chandler*, University of Cincinnati Law Review 67.4 (1999), 1083 (1089 f.); *Bainbridge*, Northwestern University Law Review 97.2 (2002), 547 (558, siehe aber auch 571); *Roth*, ZIP 2003, 369 (369, 376); *Birkmose*, European Business Law Review 20 (2009), 717 (724, 733 f.); *Simon/Zetzsche*, ZGR 2010, 918 (921); *Dauner-Lieb*, WM 2007, 9 (11 ff.); *Bachmann*, WM 2011, 1301 (1305); *Wilsing*, ZGR 2012, 291 (297 f.); *Redeke*, AG 2015, 253 (255 f. sowie 258 mit einem Zitat von Dr. Hans-Christoph Hirt); *Kleinmanns*, IRZ 2016, 341 (343); *Hell*, NZG 2019, 338 (340); kurz auch *Bachmann*, in: Altmeppen/Fitz/Honsell, FS Roth 2011, 37 (42).

76 Ähnlich *Hadden*, in: Baums/Buxbaum/Hopt, Institutional Investors and Corporate Governance, 89 (98); *Leyens*, RabelsZ 67 (2003), 57 (63); *Engert*, ZIP 2006, 2105 (2105 f.); *Jungmann*, ECFR 2006, 426 (433); *Schmolke*, ZGR 2007, 701 (707 f., 713 f.); *Fleischer/*

Die sorgfältige Vorbereitung und Durchführung von Stewardship-Maßnahmen ist jedenfalls kostspielig wie auch vor dem Hintergrund begrenzter personeller Kapazitäten zeit- und ressourcenaufwendig, sodass entsprechende Maßnahmen – insbesondere bei stark diversifizierten Portfolios – außer Verhältnis zu einem potenziellen Ertrag aus der gehaltenen Beteiligung stehen.[77] Mangels eines eindeutig zu führenden Kausalitätsnachweises kommt verschärfend hinzu, dass nicht zuverlässig zu beweisen ist, ob ein aktives Stewardship-Engagement tatsächlich zu einem Nutzen, regelmäßig also der erhofften Wertsteigerung der Beteiligungsunternehmen, führt.[78] Eine bloß zurückhaltende Stewardship-Mitwirkung ohne Rückgriff auf die Eskalationsmittel aktivistischer Kampagnen, bei denen die Interessendurchsetzung durch den Druck der Öffentlichkeit quasi erzwungen wird, erscheint überdies wegen des geringen politischen Einflusses

---

Strothotte, AG 2011, 221 (225); *Hopt*, ZHR 175 (2011), 444 (499, 502 f.); *Bachmann*, AG 2011, 181 (187; 190); *Wilsing*, ZGR 2012, 291 (298); *Klöhn/Schwarz*, ZIP 2012, 149 (151); *Arsalidou*, Law and Financial Markets Review 6.6 (2012), 410 (412); *Micheler*, European Business Organization Law Review 14 (2013), 29 (37); speziell zur „Haftungsapathie" institutioneller Investoren *Redeke*, AG 2015, 253 (255 ff., 259).

77 Dazu *Black/Coffee*, Michigan Law Review 92.7 (1994), 1997 (2068 f.); *Bainbridge*, Harvard Law Review 119.6 (2006), 1735 (1752); *Choi/Fisch*, Vanderbilt Law Review 61.2 (2008), 315 (348); *MacNeil*, Capital Markets Law Journal 5.4 (2010), 419 (428); *Wong*, Butterworth Journal of International Banking and Financial Law (2010), 406 (407); *Fleischer*, ZGR 2011, 155 (164 f.); *Klöhn/Schwarz*, ZIP 2012, 149 (151 f.); *Fleischer/Strothotte*, AG 2011, 221 (224 f.); *Wilsing*, ZGR 2012, 291 (305); *Gilson/Gordon*, Columbia Law Review 113.4 (2013), 862 (891 f.); *Davies/Hopt*, The American Journal of Comparative Law 61.6 (2013), 301 (369); *Birkmose*, ECFR 2014, 214 (234); *Redeke*, AG 2015, 253 (256); *Ivanova*, Business Ethics: A European Review 26.2 (2017), 175 (183 f.); *Hirt/Viehs*, BOARD 2018, 178 (180); *Langenbucher*, in: Dreher/u.a., FS Bergmann 2018, 443 (448); vgl. auch *Juschus*, in: KPMG's ACI, Audit Committee Quarterly I/2011, 15 (15).

78 Zur geringen (empirischen) Greifbarkeit zusätzlicher Erträge durch die Überwachung der Portfoliounternehmen durch Investoren bereits *Black/Coffee*, Michigan Law Review 92.7 (1994), 1997 (2069); *Choi/Fisch*, Vanderbilt Law Review 61.2 (2008), 315 (347); *Schmolke*, ZGR 2007, 701 (740); *Fleischer/Strothotte*, AG 2011, 221 (224 f.); *Gilson/Gordon*, Columbia Law Review 113.4 (2013), 862 (892); *Ivanova*, Business Ethics: A European Review 26.2 (2017), 175 (185 f.); *Seibert*, in: Krieger/Lutter/Schmidt, FS Hoffmann-Becking 2013, 1101 (1104); *Langenbucher*, in: Hilbig-Lugani/u.a., FS Coester-Waltjen 2015, 1147 (1152); *Inci*, Shareholder Engagement, S. 106.

der eigenen Minderheitsbeteiligung wenig erfolgsversprechend.[79] Angeheizt wird die Passivität institutioneller Investoren durch den Kostendruck der in Konkurrenz stehenden Institutionen.[80] In diesem Zusammenhang behindert zudem das Kollektivhandlungsproblem in Aktiengesellschaften ein aktiveres Engagement institutioneller Investoren, weil jeder Aktionär stets zum Teil oder sogar ganz auf das Engagement eines anderen Aktionärs spekulieren wird, um Kosten zu sparen.[81] Nicht zu unterschätzen sind darüber hinaus Spannungen, die aus der internen, meist auf Kurzfristigkeit basierenden Leistungsbewertung der jeweiligen Fondsmanager entstehen.[82] Die Entscheidung für oder gegen ein

79 Vgl. *Kahan/Rock*, University of Pennsylvania Law Review 155.5 (2007), 1021 (1044 f.); *Schmolke*, ZGR 2007, 701 (719 f., 725); *Micheler*, European Business Organization Law Review 14 (2013), 29 (37 f.).

80 *Rock*, in: Gordon/Ringe, The Oxford Handbook of Corporate Law and Governance, 363 (373); *Black/Coffee*, Michigan Law Review 92.7 (1994), 1997 (2070); *Bainbridge*, Harvard Law Review 119.6 (2006), 1735 (1753); *Kahan/Rock*, University of Pennsylvania Law Review 155.5 (2007), 1021 (1052 f.); *Schmolke*, ZGR 2007, 701 (720); *Fleischer/Strothotte*, AG 2011, 221 (225); *Gilson/Gordon*, Columbia Law Review 113.4 (2013), 862 (889 ff.); *Micheler*, European Business Organization Law Review 14 (2013), 29 (38); *Wilsing/von der Linden*, DStR 2017, 1046 (1047).

81 Mit detailreichen Einzelausformungen etwa *Rock*, in: Gordon/Ringe, The Oxford Handbook of Corporate Law and Governance, 363 (373); *Gerke/Bank/Steiger*, in: Hopt/Wymeersch, Capital Markets and Company Law, 357 (375); *Garrido*, in: Hopt/Wymeersch, Capital Markets and Company Law, 449 (455 f.); *Clark*, Case Western Reserve Law Review 29.4 (1979), 776 (783 f.); *Black*, UCLA Law Review 39.4 (1992), 811 (821); *Baums/v. Randow*, AG 1995, 145 (147); *Jungmann*, ECFR 2006, 426 (433); *Dauner-Lieb*, WM 2007, 9 (11); *Schmolke*, ZGR 2007, 701 (707 f.); *Yockey*, South Carolina Law Review 61.2 (2009), 171 (185 f.); *MacNeil*, Capital Markets Law Journal 5.4 (2010), 419 (421, 425, 428); *McKersie*, Capital Markets Law Journal 5.4 (2010), 439 (440); *Fleischer/Strothotte*, AG 2011, 221 (225); *Fleischer*, ZGR 2011, 155 (165); *Gilson/Gordon*, Columbia Law Review 113.4 (2013), 862 (892); *Birkmose*, ECFR 2014, 214 (234); *Redeke*, AG 2015, 253 (256 f.); *McCahery/Sautner/Starks*, The Journal of Finance 71.6 (2016), 2905 (2906); *Tröger*, ZGR 2019, 126 (131 f., 134 f); *Hell*, NZG 2019, 338 (340); *Wymeersch*, in: Grundmann/u.a., FS Hopt 2010, 1565 (1584); siehe auch *Spillmann*, Institutionelle Investoren, S. 171 ff.

82 Vgl. *Winter/Garrido Garcia/Hopt/Rickford/Rossi/Schans Christensen/Simon*, Bericht der hochrangigen Gruppe von Experten auf dem Gebiet des Gesellschaftsrechts über moderne gesellschaftsrechtliche Rahmenbedingungen in Europa, S. 60 (Kapitel III. Punkt 3.3); *Gilson/Gordon*, Columbia Law Review 113.4 (2013), 862 (893 f.); *Birkmose*, ECFR 2014, 214 (239); *Roberts*, Vanderbilt Journal of Transnational Law 48 (2015), 543 (556 f.); *McNulty/Nordberg*, Corporate Governance: An

aktives Engagement wird schließlich beeinflusst durch vielfältige Konfliktpotenziale, die aus der Doppelrolle institutioneller Investoren als Prinzipale im Verhältnis zu ihren Portfoliogesellschaften und zugleich Agenten gegenüber ihren eigenen Begünstigten und ihren übrigen geschäftlichen Beziehungen folgen können.[83]

Dass sich institutionelle Investoren gegen eine aktive Einflussnahme in ihren Beteiligungsgesellschaften entscheiden, wurde im Rahmen der theoretischen Aufarbeitung der Finanzmarktkrise in Wissenschaft und Praxis kritisiert.[84] International wie national wird seitdem ein verantwortungsbewusstes Aktionärsengagement institutioneller Investoren in ihren Beteiligungsgesellschaften als Idealbild und wichtige Säule der Corporate Governance bewertet.[85] Verbunden

---

International Review 24.3 (2016), 346 (350); *Ivanova*, Business Ethics: A European Review 26.2 (2017), 175 (181).

83 Grundlegend zu Interessenkonflikten institutioneller Investoren und den damit verbundenen Folgen *Davies/Worthington*, Gower's Principles of Modern Company Law, Rn. 15.27; auch *Rock*, in: Gordon/Ringe, The Oxford Handbook of Corporate Law and Governance, 363 (374); *Rock*, Georgetown Law Journal 79.3 (1991), 445 (469 ff.); *Coffee*, Columbia Law Review 91.6 (1991), 1277 (1321 f.); *Black*, UCLA Law Review 39.4 (1992), 811 (817, 826 f., 850 ff.); *Gillan/Starks*, Journal of Applied Finance 13.2 (2003), 4 (10); *MacNeil*, Capital Markets Law Journal 5.4 (2010), 419 (428); *Fleischer/Strothotte*, AG 2011, 221 (226); *Arsalidou*, Law and Financial Markets Review 6.6 (2012), 410 (412 f.); *Micheler*, European Business Organization Law Review 14 (2013), 29 (38); *Birkmose*, ECFR 2014, 214 (246 ff.); *Ivanova*, Business Ethics: A European Review 26.2 (2017), 175 (183); vertiefend *Faure*, Verantwortung institutioneller Aktionäre, S. 94 ff.

84 Europäische Kommission, KOM(2010) 284, S. 8 f.; zuvor Europäische Kommission, SEK(2010) 669, S. 23 f.; vgl. auch Erwägungsgrund 2 und 15 der Aktionärsrechterichtlinie 2017; *Walker*, A review of corporate governance in UK banks and other financial industry entities: Final recommendations, Ziffer 5.10 f.; *Fleischer*, ZGR 2011, 155 (162); *Fleischer/Strothotte*, AG 2011, 221 (222); *Chiu*, Brooklyn Journal of Corporate Financial & Commercial Law 6.2 (2012), 387 (387, 394); *Chiu*, Current Legal Problems 66.1 (2013), 443 (443 f.); *Chiu*, Delaware Journal of Corporate Law 38.3 (2014), 983 (1000 ff.); *Birkmose*, ECFR 2014, 214 (215).

85 Hierzu *Schmolke*, ZGR 2007, 701 (702); *Bachmann*, AG 2011, 181 (184, 190); von einem Perspektivenwechsel hin zu der Verantwortung institutioneller Investoren für ihre investierten Unternehmen spricht *Schneider*, ZGR 2012, 518 (527); *Strenger/Zetzsche*, AG 2013, 397 (398); zum Bewusstseinswandel hin zu den Chancen, die mit dem aktiven Einfluss institutioneller Investoren auf die Steuerung und Kontrolle der Gesellschaften entstehen, ebenfalls *Weber-Rey/Reps*, ZGR 2013, 597 (601); von größerer Akzeptanz für das Aktionärsmitwirken in der Öffentlichkeit, bei größeren Teilen des Aktionariats und in vielen Verwaltungen schreibt *Kocher*, DB 2016, 2887 (2889);

ist damit die Hoffnung, langfristigen Wert für Endanleger zu schaffen und nachhaltige Vorteile für Wirtschaft, Umwelt und Gesellschaft zu ermöglichen.[86] Mittlerweile kommt es deshalb zu einem stärkeren rechtspolitischen Druck gegenüber institutionellen Investoren, Aktionärsverantwortung ernst zu nehmen und mehr Interesse an einer aktiven Mitwirkung in ihren Beteiligungsgesellschaften zu zeigen.[87] Dafür wurden in vergleichsweise jungen Regelungsansätzen zum einen Verhaltensmaßstäbe in der Form von Kodizes[88] etabliert, die institutionelle Investoren incentivieren wie auch disziplinieren (sollen), eine Schlüsselposition in der Corporate Governance ihrer Beteiligungsunternehmen zu übernehmen und mit Unternehmen langfristig zusammenzuarbeiten.[89] Zum anderen wird

---

Mense/Klie, GWR 2017, 1 (1); *Mense/Klie*, BB 2017, 771 (772); *Nikoleyczik/Graßl*, NZG 2017, 161 (162); siehe auch *Inci*, Shareholder Engagement, S. 139 f., 149, 424 f.

86 *Fleischer*, ZGR 2011, 155 (167 f.) bezeichnet die erhofften Wohlfahrtsgewinne als die „nicht ganz unwichtige Prämisse aller *Stewardship*-Befürworter"; vgl. auch die Aussagen von *Weber-Rey/Reps*, ZGR 2013, 597 (605 ff.) zu Ankerinvestoren als Chance für die Corporate Governance. Relativierend ist festzustellen, dass hinsichtlich der langfristigen Erfolgsaussichten eines aktiven Stewardship-Engagements institutioneller Investoren empirisch noch vieles ungesichert ist, siehe *Tröger*, ZGR 2019, 126 (136, Fn. 36); aus dem internationalen Schrifttum hierzu etwa *Gillan/Starks*, Journal of Applied Finance 13.2 (2003), 4 (11 f.); *Gillan/Starks*, Journal of Applied Corporate Finance 19.1 (2007), 55 (66 f.); *Cheffins*, Modern Law Review 73.6 (2010), 1004 (1025). Kritisch zur Stewardship-Ideologie etwa *Peltzer*, NZG 2011, 961 (965); *Florstedt*, ZGR 2019, 630 (633 ff., 645); *Langenbucher*, in: Hilbig-Lugani/u.a., FS Coester-Waltjen 2015, 1147 (1151 f.).

87 *Chiu/Katelouzou*, in: Birkmose, Shareholders' Duties, 131 (132) schreiben sogar von einem *law of stewardship* in einigen Jurisdiktionen; *Davies/Hopt/Nowak/van Solinge*, in: Davies/u.a., Corporate Boards in Law and Practice, 3 (100 f.); *Hopt*, ZHR 175 (2011), 444 (501); *Fleischer*, AG 2012, 2 (3); rechtspolitisch sei in Europa ein Paradigmenwechsel von Aktionärsrechten hin zu Aktionärspflichten zu beobachten, so *Weber-Rey/Reps*, ZGR 2013, 597 (599 ff.), was auch bereits *Fleischer*, ZGR 2011, 155 (167) andeutete; siehe ferner *Bortenlänger*, BOARD 2014, 71 (72); *Mense/Klie*, BB 2017, 771 (772); *Mosca*, ECFR 2018, 805 (847); *Hell*, NZG 2019, 338 (342); *Weber-Rey*, in: Bergmann/Hoffmann-Becking/Noack, FS Seibert 2019, 1057 (1070).

88 Verhaltenskodizes wurden im Rahmen der Corporate Governance-Bewegung in den letzten Jahrzehnten zunehmend beliebt, dazu *Hopt*, ZHR 175 (2011), 444 (455 ff.); *Leyens*, ZEuP 2016, 388 (419-422); *Fleischer/Strothotte*, AG 2011, 221 (221); *Fleischer*, ZGR 2012, 160 (182).

89 Näheres bei *v. Werder*, in: Kremer/u.a., DCGK, Rn. 113d; siehe auch *Langenbucher*, Aktien- und Kapitalmarktrecht, § 8 Rn. 21; *Mendoza/Van der Elst/Vermeulen*, Lex Research Topics in Corporate Law & Economics Working Paper 2 (2010), S. 19; *Fleischer/Strothotte*, AG 2011, 221 (224); *Hopt*, The American Journal of Comparative

mehr Transparenz über die Anlagestrategien und Mitwirkungspolitiken institutioneller Investoren gefordert, um nicht nur die Rechenschaftspflicht gegenüber ihren eigenen Interessenträgern, den Stakeholdern und der Zivilgesellschaft weiter auszubauen, sondern auch Endanlegern zu ermöglichen, informierte Anlageentscheidungen zu treffen.[90]

2. *UK Stewardship Code als weltweites Vorbild*

Der erstmals im Juli 2010 vom FRC[91] verabschiedete, im Oktober 2012 und zuletzt im Jahr 2019 mit Wirkung zum 1. Januar 2020 überarbeitete UK Stewardship Code[92] gilt als erster Kodex seiner Art, nachdem die Forderung nach einer

---

Law 59.1 (2011), 1 (50); *Schneider*, ZGR 2012, 518 (522 ff.); *Roth*, Fordham Journal of Corporate & Financial Law 18.4 (2013), 751 (802 f.); *Hupka*, GWR 2013, 59 (60); *Roberts*, Vanderbilt Journal of Transnational Law 48 (2015), 543 (545 f.); *McNulty/Nordberg*, Corporate Governance: An International Review 24.3 (2016), 346 (348, 350); *Hirt/Hopt/Mattheus*, AG 2016, 725 (727); *Mosca*, ECFR 2018, 805 (808); *Hill*, Seattle University Law Review 41.2 (2018), 497 (506 ff.); *Hannigan*, in: Siekmann, FS Baums 2017, 561 (561 f.); *Hein*, Die Stewardship-Verantwortung, S. 73-167. Skeptisch zu den Erfolgsaussichten abstrakt-moralischer Verhaltensapelle *Rock*, in: Gordon/Ringe, The Oxford Handbook of Corporate Law and Governance, 363 (385 f.); *Gilson/Gordon*, Columbia Law Review 113.4 (2013), 862 (866, 906); *Florstedt*, ZGR 2019, 630 (636).

90 So auch Erwägungsgrund 16 der Aktionärsrechterichtlinie 2017. Zu den Vorteilen eines höheren Transparenzniveaus für institutionelle Investoren, aber auch zu der damit verbundenen Bürokratie sowie den einmaligen Startup-Kosten und laufenden Compliance-Kosten für institutionelle Investoren siehe *Fleischer/Strothotte*, AG 2011, 221 (231 f.); *Hupka*, GWR 2013, 59 (60); vgl. *Bayer/Schmidt*, BB 2017, 2114 (2115); *Hell*, NZG 2019, 338 (340).

91 Näher zum FRC *Rickford*, ECFR 2004, 391 (396-398).

92 Vertiefend zum UK Stewardship Code *Davies/Worthington*, Gower's Principles of Modern Company Law, Rn. 15.30; *Hannigan*, Company Law, Rn. 6-56 ff.; *Davies*, in: Davies/u.a., Corporate Boards in Law and Practice, 713 (754 ff.); *Armour/Enriques/Hansmann/Kraakman*, in: Kraakman/u.a., The Anatomy of Corporate Law, 49 (61 f.); *Chiu/Katelouzou*, in: Birkmose, Shareholders' Duties, 131 (132, 134 f.); *Reisberg*, Journal of Financial Crime 18.2 (2011), 126 (130 ff.); *MacNeil*, Capital Markets Law Journal 5.4 (2010), 419; *McKersie*, Capital Markets Law Journal 5.4 (2010), 439; *Cheffins*, Modern Law Review 73.6 (2010), 1004; *Butler/Wong*, Pensions: An International Journal 16.2 (2011), 80 (82 f.); *Roach*, Journal of Corporate Law Studies 11.2 (2011), 463; *Arsalidou*, Law and Financial Markets Review 6.6 (2012), 410; *Arsalidou*, ECFR 2012, 342 (343 ff.); *Chiu*, Current Legal Problems 66.1 (2013), 443 (444, 456 f., 460 ff.); *Micheler*, European Business Organization Law Review 14 (2013), 29 (31, 44-46); *Reisberg*, Journal of Corporate Law Studies 15.2 (2015), 217 (220 ff.); *Roberts*, Vanderbilt

rechtlich geregelten Mitverantwortung von institutionellen Investoren nach der Finanzmarktkrise im Vereinigten Königreich mit großem politischen Druck verfolgt wurde.[93] In der aktuellen Fassung porträtieren zwölf Prinzipien in einer Art *behavioral bible for shareholders* bestmögliches Stewardship-Verhalten für *asset owners* und *asset managers*.[94] Dennoch wird nicht zwingend ein einziger Stewardship-Ansatz vorgegeben, sondern institutionellen Investoren[95]

Journal of Transnational Law 48 (2015), 543 (550 ff.); *Hill*, Seattle University Law Review 41.2 (2018), 497 (506 f., 513 ff.). Aus dem deutschen Schrifttum: *Mülbert*, ZHR 174 (2010), 375 (377); *Wittig*, WM 2010, 2337 (2342 f.); *Fleischer*, ZGR 2011, 155 (163 ff.); *Fleischer/Strothotte*, AG 2011, 221; *Winner*, ZGR 2012, 246 (256 f.); *Wilsing*, ZGR 2012, 291 (293); *Schneider*, ZGR 2012, 518 (528 f.); *Tröger*, ZGR 2019, 126 (137); *Cromme*, in: Krieger/Lutter/Schmidt, FS Hoffmann-Becking 2013, 283 (291); *Weber-Rey*, in: Bergmann/Hoffmann-Becking/Noack, FS Seibert 2019, 1057 (1063 f.); *Hein*, Die Stewardship-Verantwortung, S. 80 ff.; *Faure*, Verantwortung institutioneller Aktionäre, S. 127 ff.; vgl. auch *Hommelhoff/Suchan*, in: KPMG's ACI, Audit Committee Quarterly I/2011, 4 (5 ff.).

93 „[F]irst of its kind in the world and a major step forward", so *Davey*, Oral Statement to Parliament (15. September 2010). Damals begründete zudem der vielbeachtete *Walker*-Bericht eine Stewardship-Verantwortung institutioneller Investoren, *Walker*, A review of corporate governance in UK banks and other financial industry entities: Final recommendations, Ziffer 5.7; *Wymeersch*, in: Grundmann/u.a., FS Hopt 2010, 1565 (1583 f., 1586 f.). Zum langjährigen Wunsch nach einer gesetzliche Verankerung derartiger Wohlverhaltenspflichten durch Paul Myners, der im Jahr 2009 in zwei seiner Reden institutionelle Investoren medienwirksam mit *„absentee landlords"* verglich und die Entwicklung zur *„ownerless corporation"* kritisierte, *Fleischer*, ZGR 2011, 155 (163) sowie *Fleischer/Strothotte*, AG 2011, 221 (222 f.); auch *Birkmose*, ECFR 2014, 214 (215); *Bassler*, Bedeutung von institutionellen Anlegern, S. 27 f.; *Burgess*, in: Financial Times Online vom 21. April 2009. Näher zur Entstehungsgeschichte des UK Stewardship Code und den vorangehenden Initiativen im Vereinigten Königreich *Cheffins*, Modern Law Review 73.6 (2010), 1004 (1007-1013); *Roach*, Journal of Corporate Law Studies 11.2 (2011), 463 (464 ff.); übersichtlich ist auch Tabelle 1 von *Reisberg*, Journal of Corporate Law Studies 15.2 (2015), 217 (223).

94 UK Stewardship Code 2020, S. 7-22. Vgl. schon zuvor *FRC*, Implementation of the UK Stewardship Code, Juli 2010, S. 2, Ziffer 7; auch UK Stewardship Code 2012, S. 2, Ziffer 1; auch *Fleischer/Strothotte*, AG 2011, 221 (222 f.); *Schneider*, ZGR 2012, 518 (528 f.); *Hein*, Die Stewardship-Verantwortung, S. 91 ff.; *Faure*, Verantwortung institutioneller Aktionäre, S. 127 ff.

95 Die Zusammenfassung von *asset owners* und *asset managers* als institutionelle Investoren wurde im UK Stewardship Code 2012 im Abschnitt Application of the Code, Ziffer 2 vorgenommen; siehe auch *Çelik/Isaksson*, OECD Corporate Governance Working Papers 11 (2013), S. 8; *Hill*, Seattle University Law Review 41.2 (2018), 497 (513);

ermöglicht, Stewardship-Erwartungen in einer Weise zu erfüllen, die auf das eigene Geschäftsmodell ausgerichtet ist.[96] Neu hinzugekommen ist mit dem UK Stewardship Code 2020 insbesondere, dass institutionelle Investoren auch Verantwortung für die Umwelt wahrnehmen sollen.[97] Dafür wird im UK Stewardship Code 2020 ausdrücklich hervorgehoben, dass Umweltaspekte, insbesondere der Klimawandel, und soziale Faktoren sowie die Governance für Investoren zu wesentlichen Themen geworden sind.[98] Berichtet werden muss über die einzelnen Prinzipien des Kodex im Rahmen eines *apply and explain*-Mechanismus, wofür der Kodex entsprechende *reporting expectations* bereithält, um einer unzureichenden Berichtsqualität zuvorzukommen.[99]

Trotz teils scharfer Kritik mit Blick auf sein Erfolgspotenzial[100] hatte der UK Stewardship Code seit seinem Entstehen weltweit Modellcharakter und diente in zahlreichen Jurisdiktionen als Vorbild für nationale Stewardship-Regelungen.[101]

Hannigan, in: Siekmann, FS Baums 2017, 561 (563). Der UK Stewardship Code 2020 richtet sich weiterhin an *asset owners* und *asset managers*, hat die ausdrückliche Zusammenfassung als Gruppe der institutionellen Investoren jedoch nicht weitergeführt.

96 UK Stewardship Code 2020, S. 4.

97 Näher zur Förderung von ethischen, sozialen und ökologischen Aspekten durch das Stewardship-Engagement institutioneller Investoren die Studie von *Eurosif*, Shareholder Stewardship, S. 6 ff.; hierzu auch *Hirt/Viehs*, BOARD 2018, 178 (179 f.); *Hell*, ZGR 2019, 338; *Hannigan*, in: Siekmann, FS Baums 2017, 561 (574 ff.); *Monley*, in: Börsen-Zeitung vom 26. Juli 2019, S. 5.

98 UK Stewardship Code 2020, S. 4.

99 UK Stewardship Code 2020, S. 4-6.

100 Kritisch etwa *Cheffins*, Modern Law Review 73.6 (2010), 1004 (1013 ff.); *Wong*, Butterworth Journal of International Banking and Financial Law (2010), 406; *Reisberg*, Journal of Financial Crime 18.2 (2011), 126 (139); *Arsalidou*, Law and Financial Markets Review 6.6 (2012), 410 (412 ff.); *Arsalidou*, ECFR 2012, 342 (354 ff.); *Dignam*, Seattle University Law Review 36 (2013), 639; *Chiu*, Current Legal Problems 66.1 (2013), 443 (461 ff.); *Reisberg*, Journal of Corporate Law Studies 15.2 (2015), 217 (223 ff., 227 ff.); *Wong*, Butterworth Journal of International Banking and Financial Law (2015), 508 (509 ff.); *Hill*, Seattle University Law Review 41.2 (2018), 497 (515); vgl. auch den Kommentar von *Heinemann*, in: Harvard Business Review vom 18. Januar 2010. Aus Deutschland dazu vor allem *Fleischer*, ZGR 2011, 155 (164 ff.), der festhält, dass der Kodex „keine Wunderwaffe zur Überwindung der verbreiteten Passivität institutioneller Investoren" ist (auf 166); zur Rezeption des Kodex etwa auch *Faure*, Verantwortung institutioneller Aktionäre, S. 131 ff., insbesondere zu seinen Schwächen S. 135 ff.

101 Für einen Überblick dient die Tabelle in der Analyse der *OECD*, Corporate Governance Factbook 2017, S. 87; siehe zudem *Hannigan*, Company Law, Rn. 6-57; *Wong*,

Darüber hinaus haben sich supranationale Kodizes zu Stewardship-Prinzipien institutioneller Investoren entwickelt, die über einen bloß national verstandene Stewardship-Verantwortung hinausgehen und teilweise von privaten, von staatlichen oder halbstaatlichen Einrichtungen veröffentlicht werden.[102]

3. *Initiativen für mehr Stewardship-Verantwortung in Deutschland*

Für die zunehmende rechtliche Integration von institutionellen Investoren in das Corporate Governance-Modell in Deutschland existiert bisweilen kein eigenes Regelwerk ähnlich dem UK Stewardship Code.[103] Im Aktienrecht werden

---

Butterworth Journal of International Banking and Financial Law (2015), 508 (508); *Hill*, ECGI Law Working Paper 343/2017, S. 10 f.; *Hill*, Seattle University Law Review 41.2 (2018), 497 (507 ff.); *Hannigan*, in: Siekmann, FS Baums 2017, 561 (561 f.); auch *Hein*, Die Stewardship-Verantwortung, S. 108 ff., 119 ff., 144 ff.; auch *Waring*, in: BlackRock/Ceres, 21st Century Engagement, 34.

102 Beispielhaft die OECD, Principles of Corporate Governance 2004 (aktuelle Fassung aus dem Jahr 2015, abrufbar unter www.oecd.org/daf/ca/Corporate-Governance-Principles-ENG.pdf, letzter Abruf am 15. September 2020), dazu bspw. *OECD*, The Role of Institutional Investors, S. 9; auch *Marsch-Barner*, in: Marsch-Barner/Schäfer, Hdb. börsennotierte AG, Rn. 2.24; *Schneider*, AG 2004, 429 (432 f.). Darüber hinaus bspw. die UN PRI aus dem Jahr 2006 (abrufbar unter www.unpri.org/pri/about-the-pri, letzter Abruf am 15. September 2020) mit einem Fokus auf ESG-Themen, hierzu *Mallow/Sethi*, New York University Journal of Law & Business 12.2 (2016), 385 (399 f.); *Hirt/Viehs*, BOARD 2018, 178 (179); *Hannigan*, in: Siekmann, FS Baums 2017, 561 (575); *Hein*, Die Stewardship-Verantwortung, S. 127 ff. Als ein drittes Beispiel etwa die ICGN Global Stewardship Principles als aus dem Jahr 2016 (abrufbar unter http://icgn.flpbks.com/icgn-global-stewardship-principles/#p=1, letzter Abruf am 15. September 2020), vertiefend *Hannigan*, in: Siekmann, FS Baums 2017, 561 (562 f., 575); *Hein*, Die Stewardship-Verantwortung, S. 157 ff. Zu allen drei Beispielen auch *Butler/Wong*, Pensions: An International Journal 16.2 (2011), 80 (81 f.).

103 *DAV-Handelsrechtsausschuss*, NZG 2017, 57 (57). Einen deutschen Stewardship Code für verantwortungsvolles Investieren fordern aber bspw. *hkp/// group/Georg-August-Universität Göttingen/DIRK*, Vorstandsvergütung als Herausforderung, S. 25; *Baums*, ZHR 183 (2019), 605 (610); *Roth*, in: Dreher/u.a., FS Bergmann 2018, 565 (579 f.); dafür offen ist auch *Weber-Rey*, in: Bergmann/Hoffmann-Becking/Noack, FS Seibert 2019, 1057 (1064); *Hein*, Die Stewardship-Verantwortung, S. 336 ff.; vgl. *Wadewitz*, in: Börsen-Zeitung vom 29. Oktober 2019, S. 8, die Forderungen nach einem deutschen Stewardship Kodex nach britischem Vorbild von Dr. Hans-Christoph Hirt und Prof. Christian Strenger dokumentiert. Im September 2019 hat überdies die DVFA-Kommission Governance & Stewardship einen deutschen Stewardship-Kodex vorgelegt (vgl. bereits Fn. 48 dieser Untersuchung). Ablehnend *Habersack*,

die Aktionärspflichten gemäß §§ 54 ff. AktG im Grunde nur auf die Leistung der Einlage begrenzt, was die Aktie attraktiv und verkehrsfähig macht.[104] Jedem Aktionär steht somit das – aktienrechtlich ungeschriebene – Recht auf eigene Passivität zu.[105] Auch vor dem Hintergrund des Art. 14 GG wäre es nicht zu

---

Gutachten 69. DJT, E 89, E 105; kritisch auch *von der Linden,* in: Drinhausen/Eckstein, Beck'sches Hdb. AG, § 25 Rn. 4, weil konzeptionell ein Element, das auf das monistische *board*-System und nicht auf das dualistische Corporate Governance-System mit seiner ausgewogenen Gewaltenteilung zugeschnitten ist, übernommen wird; zu der Befürchtung, dass die Indienstnahme der Aktionäre die eigenverantwortliche Leitung durch den Vorstand und die Rolle des Aufsichtsrats in Frage stellt, *Bachmann*, WM 2011, 1301 (1305); *Hommelhoff*, in: VGR, Gesellschaftsrecht 2011, 175 (185 f.); *Wilsing*, ZGR 2012, 291 (301); eine unzureichende Rücksichtnahme auf das dualistische Leitungssystem in Deutschland durch die Einflussstärkung institutioneller Investoren befürchtet zudem *Seibt*, DB 2014, 1910 (1910); *Hell*, NZG 2019, 338 (342); kritisch zur Einbindung institutioneller Anleger ebenfalls *Cromme*, in: Krieger/Lutter/Schmidt, FS Hoffmann-Becking 2013, 283 (291 f.); *Inci*, Shareholder Engagement, S. 132 ff., 137 ff. Bereits im Jahr 2005 wurde jedoch schon in dem privaten Arbeitskreis „Corporate Governance-Kodex für Asset Management-Gesellschaften“ ein Verhaltenskodex für Investmentfonds erarbeitet, in der Fassung vom 27. April 2005 abrufbar unter www.dvfa.de/fileadmin/downloads/Publikationen/Standards/kodex_corpgov_assetmmt.pdf (letzter Abruf am 15. September 2020). Dieser beeinflusste die anschließend vom BVI ausgearbeiteten Wohlverhaltensregeln für Kapitalanlagegesellschaften nachhaltig. Sie sind als überarbeitete Fassung vom 1. Juli 2019 ebenfalls abrufbar unter www.bvi.de/fileadmin/user_upload/Regulierung/2019_07_BVI_Wohlverhaltensregeln.pdf (letzter Abruf am 15. September 2020); näher dazu *Fleischer/Strothotte*, AG 2011, 221 (230); ebenfalls *Schneider*, ZGR 2012, 518 (523); *Seibt*, DB 2014, 1910 (1918); *Seibert*, in: Krieger/Lutter/Schmidt, FS Hoffmann-Becking 2013, 1101 (1111).

104 *Fleischer/Strothotte*, AG 2011, 221 (228); *Bachmann*, WM 2011, 1301 (1305); *Wilsing*, ZGR 2012, 291 (301); *DAV-Handelsrechtsausschuss*, NZG 2017, 57 (57); *Hommelhoff*, in: Hoffmann-Becking/Hüffer/Reichert, GS Winter 2011, 255 (257); *Inci*, Shareholder Engagement, S. 145 f.; zur historischen Konzeption vertiefend *Faure*, Verantwortung institutioneller Aktionäre, S. 24 ff. Eine enge Ausnahmeregel findet sich lediglich in § 55 AktG und mit Blick auf die gesetzlichen Meldepflichten gemäß §§ 20 f. AktG bzw. §§ 33 ff. WpHG.

105 Europaische Kommission, KOM(2011) 164, S. 14: „Den Anlegern steht es frei, sich für ein kurzfristiges Anlagemodell ohne weiteres Engagement zu entscheiden.“; *Marsch-Barner*, in: Marsch-Barner/Schäfer, Hdb. börsennotierte AG, Rn. 2.23b; *Habersack*, Gutachten 69. DJT, E 89; *Peltzer*, NZG 2011, 961 (966); *Habersack*, NJW-Beil. 2012, 94 (97); *Wilsing*, ZGR 2012, 291 (297, 301, 306); dazu auch *Schneider*, ZGR 2012, 518 (527); ferner *Hommelhoff/Suchan*, in: KPMG's ACI, Audit Committee Quarterly I/

rechtfertigen, Aktionäre auf ein verstärktes Stewardship-Engagement oder auf den langfristigen Unternehmenserfolg zu verpflichten.[106] Konkret bestimmt werden kann die tatsächliche Stewardship-Mitwirkung eines institutionellen Investors in Deutschland deshalb nicht anhand des Aktienrechts, sondern nur anhand des investoreneigenen Geschäftsmodells und den Interessen seiner Kunden.[107] Zwei aktuelle Entwicklungen haben den Stewardship-Gedanken aber auch in Deutschland in den Fokus gerückt.

2011, 4 (6 f.); auch *Inci*, Shareholder Engagement, S. 145 ff.; *Faure*, Verantwortung institutioneller Aktionäre, S. 24 f.

106 Vgl. *Wilsing*, ZGR 2012, 291 (297).

107 Ähnlich *DAV-Handelsrechtsausschuss*, NZG 2017, 57 (57 f.). Z.B. können Indexfonds, die langfristig ganze Länder- oder Branchenindizes abbilden und deshalb ergebnisschwache Unternehmen nicht aus ihrem Portfolio entfernen können, besonders motiviert sein, Stewardship-Aktivitäten auszuüben, so *DIRK/Ipreo*, Die Aktionärsstruktur der Deutschland AG 4.0, S. 17; siehe hierzu auch den Beitrag von *Morningstar*, Passive Fund Providers Take an Active Approach to Investment Stewardship; vgl. bereits *Coffee*, Columbia Law Review 91.6 (1991), 1277 (1290, 1339 ff.); *MacNeil*, Capital Markets Law Journal 5.4 (2010), 419 (421); *OECD*, The Role of Institutional Investors, S. 47; *Klöhn/Schwarz*, ZIP 2012, 149 (152); *Wong*, Butterworth Journal of International Banking and Financial Law (2015), 508 (511); *Appel/Gormley/Keim*, Journal of Financial Economics 121.1 (2016), 111; *Mallow/Sethi*, New York University Journal of Law & Business 12.2 (2016), 385 (398 f.); *Nonnenmacher*, WPg 2018, 709 (710); auch *Fisch/Hamdani/Davidoff Solomon*, University of Pennsylvania Law Review 168.17 (2019), 17; *Hannigan*, in: Siekmann, FS Baums 2017, 561 (574, 577); *Heldt*, in: DAI, Kurvenlage 2017/II, 83 (83). Andere Stimmen betonen angesichts des Kostendrucks unter Indexfonds genau das Gegenteil, bspw. *Kahan/Rock*, University of Pennsylvania Law Review 155.5 (2007), 1021 (1050 f.); *Wong*, Butterworth Journal of International Banking and Financial Law (2010), 406 (409); *Reisberg*, Journal of Corporate Law Studies 15.2 (2015), 217 (235); *Roberts*, Vanderbilt Journal of Transnational Law 48 (2015), 543 (557); *McNulty/Nordberg*, Corporate Governance: An International Review 24.3 (2016), 346 (349); *Leyens*, ZGR 2019, 544 (555). Ein aktives Engagement ist darüber hinaus bspw. bei institutionellen Investoren zu erwarten, die sie sich wegen der Höhe ihrer Investments nicht ohne Weiteres – etwa nur unter Inkaufnahme von erheblichen Abschlägen auf den tatsächlichen Kurs – trennen können, weitsichtig bereits *Gerke/Bank/Steiger*, in: Hopt/Wymeersch, Capital Markets and Company Law, 357 (374); *Matheson/Olson*, Minnesota Law Review 76.6 (1992), 1313 (1355 f., 1383); *Seibert*, BB 1998, 2536 (2537); auch bei *Fisch/Sepe*, ECGI Law Working Paper 415/2018, S. 20. Zudem können institutionelle Investoren zu Stewardship-Maßnahmen motiviert sein, die ihren Investitionsentscheidungen vermehrt umweltbezogene, soziale oder andere nicht-finanzielle Aspekte zu Grunde legen, vgl. zur Strategie des sogenannten Social Activism *Chung/Talaulicar*, Corporate Governance: An International

a) Kodexoffizieller Programmsatz in der Präambel des DCGK

Von der Regierungskommission DCGK wurde mit Einführung eines neuen Abs. 3 in der Präambel des DCGK 2017 (inzwischen: Abs. 6 S. 2 und 3 der Präambel des DCGK 2020) ausdrücklich die besondere Bedeutung institutioneller Anleger für die Unternehmen und ihre Verantwortung für die aktive Ausübung ihrer Eigentumsrechte auf der Grundlage von transparenten und die Nachhaltigkeit berücksichtigenden Grundsätzen hervorgehoben.[108] Entgegen der gewohnten Regelungsmechanik des DCGK[109] wird die Prinzipalgruppe der institutionellen Anleger seitdem direkt adressiert und durch einen (bloßen) Appell, eine bis dahin unbekannte Aussagekategorie, in die Pflicht

---

Review 18.4 (2010), 253 (253) m.w.N.; *Kleinmanns*, IRZ 2016, 341 (342); *Fairfax*, Washington and Lee Law Review 76.3 (2019), 1129 (1152 ff.).

108 Ausdrücklich heißt es: „Institutionelle Anleger sind für die Unternehmen von besonderer Bedeutung. Von ihnen wird erwartet, dass sie ihre Eigentumsrechte aktiv und verantwortungsvoll auf der Grundlage von transparenten und die Nachhaltigkeit berücksichtigenden Grundsätzen ausüben." Im Konsultationsverfahren hatte die Regierungskommission statt der Präambeländerung noch folgende Ziffer 2.1.3 DCGK-E zur Diskussion gestellt: „Insbesondere institutionelle Anleger sind angehalten, ihre Eigentumsrechte aktiv und verantwortungsvoll im Rahmen eines konsistenten, transparenten und die Nachhaltigkeit berücksichtigenden Regelwerks auszuüben."; dazu etwa *Nikoleyczik/Graßl*, NZG 2017, 161 (162 f.).

109 Eigentlich liegt dem DCGK mit der Konzentration auf das Unternehmen und die Führungs- und Kontrollgremien deutscher Aktiengesellschaften das duale Führungssystem zu Grunde, näher *Schaefer*, NZG 2007, 900 (900); *Hirt/Hopt/Mattheus*, AG 2016, 725 (725). Auch gilt § 161 AktG ausschließlich für die Unternehmensseite, nicht für institutionelle Anleger, *Nikoleyczik/Graßl*, NZG 2017, 161 (162). Im Übrigen zerfällt der DCGK in der Fassung vom 16. Dezember 2019 in drei unterschiedliche Arten von Regeln, vgl. Abs. 4 der Präambel des DCGK 2020: Sogenannte „Grundsätze" geben wesentliche rechtliche Vorgaben verantwortungsvoller Unternehmensführung wieder und dienen der Information der Anleger, der sonstigen Stakeholder und der Öffentlichkeit. Sie bilden zudem die Basis für die daraus abgeleiteten Empfehlungen (durch die Verwendung des Wortes „soll" gekennzeichnet) und Anregungen (mit „sollte" formuliert). Empfehlungen und Anregungen unterscheiden sich mit Blick auf die Sanktionierung von Abweichungen. Wird von Empfehlungen abgewichen, ist dies gemäß § 161 Abs. 1 S. 1 AktG zu begründen, etwa indem auf unternehmens- oder branchenspezifische Besonderheiten verwiesen wird (*comply or explain*). Von Anregungen darf hingegen ohne Offenlegung oder Begründung abgewichen werden.

genommen.[110] Dessen praktische Auswirkung sollte jedoch nicht überschätzen werden, weil unklar bleibt, zu welchem Verhalten institutionelle Anleger genau angehalten werden sollen, und auch keine Konsequenzen für den Fall der Nichtbeachtung bestehen.[111] Zudem ist unstreitig, dass DCGK-Regelungen weder Gesetzes- noch Satzungsqualität haben.[112] Trotzdem zeigt der Kodex-Apell, dass die Diskussion um erhöhte Aktionärsverantwortung und ein Stewardship-Engagement institutioneller Investoren auch in Deutschland geführt wird.[113] Das bestätigte im Juli 2018 erneut ein privater Arbeitskreis, der Leitlinien für eine nachhaltige Vorstandsvergütung ausgearbeitet hat.[114] Dessen Leitlinie 3.3. sieht vor, dass auch institutionelle Investoren[115] ihre Erwartungen hinsichtlich

---

110 *Mense/Klie*, GWR 2017, 1 (1); *DAV-Handelsrechtsausschuss*, NZG 2017, 57 (58); *Mense/Klie*, BB 2017, 771 (771 f.); siehe auch *Austmann/Seyfarth*, in: Börsen-Zeitung vom 26. November 2016, S. 13.

111 *v. Werder*, in: Kremer/u.a., DCGK, Rn. 113e; in diesem Sinne auch *DAV-Handelsrechtsausschuss*, NZG 2017, 57 (57 f.); *Mense/Klie*, BB 2017, 771 (772). *Hopt/Leyens*, ZGR 2019, 929 (942) weisen überdies zutreffend darauf hin, dass offenbleibt, ob institutionelle Anleger in einem weiteren Sinn einschließlich der Vermögensverwalter gemeint sind.

112 Zur Rechtsnatur der DCGK-Regelungen, die unstreitig weder Gesetzes- noch Satzungsqualität haben, *Bachmann*, in: Kremer/u.a., DCGK, Rn. 80 f.; *Ulmer*, ZHR 166 (2002), 150 (158 ff.); vgl. auch *Bachmann*, in: Krieger/Lutter/Schmidt, FS Hoffmann-Becking 2013, 75 (79 ff.).

113 Mit Verweis auf aktivistische Aktionäre und das Phänomen des Shareholder Activism *Nikoleyczik/Graßl*, NZG 2017, 161 (162); mit Verweis auf die Stewardship-Diskussion *v. Werder/Bartz*, DB 2017, 769 (770); *Austmann/Seyfarth*, in: Börsen-Zeitung vom 26. November 2016, S. 13. Vertiefend zum Wandel des althergebrachten aktienrechtlichen Leitbilds vom lediglich inaktiven Aktionär, dessen Mitwirkung an der Willensbildung der Aktiengesellschaft auf der verbandsrechtlich regulierten Hauptversammlung vorgesehen ist, *Hommelhoff*, in: Hoffmann-Becking/Hüffer/Reichert, GS Winter 2011, 255 (258); *Seibert*, in: Krieger/Lutter/Schmidt, FS Hoffmann-Becking 2013, 1101 (1103); zur Evolution des Konzepts der „bloß kapitalmäßigen Beteiligung" ausführlich auch *Faure*, Verantwortung institutioneller Aktionäre, S. 23 ff.

114 Die Leitlinien für eine nachhaltige Vorstandsvergütung sind abrufbar unter www.leitlinien-vorstandsverguetung.de/wp-content/uploads/2018/07/Leitlinien_WEB.pdf (letzter Abruf am 15. September 2020), vgl. noch die Ausführungen in § 9.A.IV dieser Untersuchung.

115 Die Vorschrift richtet sich auch an Vermögensverwalter, Stimmrechtsberater, Privataktionäre vertretende Schutzgemeinschaften und sonstige wesentliche Aktionäre.

des Vergütungssystems für Vorstände, ihre Abstimmungsrichtlinien sowie ihr Abstimmungsverhalten veröffentlichen und ihren Engagement-Prozess transparent machen sollen, um die Wahrnehmung ihrer treuhänderischen Verantwortung zu dokumentieren.

b) Publizitätspflichten für institutionelle Anleger und Vermögensverwalter

Eine aktive, verantwortungsbewusste Eigentümerschaft zu fördern sowie die Transparenz institutioneller Investoren zu verbessern, waren im letzten Jahrzehnt zudem Schlüsselprioritäten des europäischen Gesellschaftsrechts.[116]

---

116 Zur vorausgehenden Entwicklung in zeitlicher Reihenfolge: Zunächst der Abschlussbericht der High Level Group of Company Experts vom 4. November 2002, *Winter/Garrido Garcia/Hopt/Rickford/Rossi/Schans Christensen/Simon*, Bericht der hochrangigen Gruppe von Experten auf dem Gebiet des Gesellschaftsrechts über moderne gesellschaftsrechtliche Rahmenbedingungen in Europa, S. 11 (Zusammenfassung Punkt III.7) und S. 59 ff. (Kapitel III. Punkt 3.3) in Anlehnung an damals geplante und im Jahr 2003 beschlossene Transparenzregelungen der SEC im Bereich *proxy voting* (SEC, Disclosure of Proxy Voting Policies and Proxy Voting Records by Registered Management Investment Companies, Release Nos. 33-8188, 34-47304, IC-25922, dazu etwa *Schmolke*, European Business Organization Law Review 7 (2006), 767 (777 ff.)). Anschließend Europäische Kommission, KOM(2003) 284, S. 15 f., 29. Sodann eine von der EU-Kommission in Auftrag gegebene Studie der *RiskMetrics Group*, Study on Monitoring and Enforcement Practices in Corporate Governance in the Member States, S. 188. Folgend Europäische Kommission, KOM(2010) 284, S. 8 f., 18 f. Zudem Europäische Kommission, KOM(2011) 164, S. 12 ff. Darüber hinaus Europäische Kommission, KOM(2012) 740, S. 3, vgl. auch Erwägungsgrund 3 der Aktionärsrechterichtlinie 2017. Aus dem Schrifttum vertiefend *Habersack/Verse*, Europäisches Gesellschaftsrecht, § 4 Rn. 26, § 7 Rn. 84 ff.; *Lutter/Bayer/Schmidt*, Europäisches Unternehmens- und Kapitalmarktrecht, Rn. 29.41 ff.; *Habersack*, in: MüKo-AktG, §§ 1-75 Einleitung Rn. 111 f.; *Habersack*, Gutachten 69. DJT, E 90 f.; *Birkmose*, European Business Law Review 20 (2009), 717; *Fleischer*, ZGR 2011, 155 (162); *Bachmann*, WM 2011, 1301 (1304 ff.); kurz *Bachmann*, AG 2011, 181 (186, 190); *Hommelhoff*, in: VGR, Gesellschaftsrecht 2011, 175 (183 f.); *Van der Elst/Vermeulen*, Lex Research Topics in Corporate Law & Economics Working Paper 2/2011, S. 2 ff.; *Hopt*, ZGR 2013, 165 (174 ff., 207); kurz auch *Hopt*, EuZW 2013, 481; *Hopt*, Journal of Corporate Law Studies 13.2 (2013), 219 (228, 230); *Hupka*, GWR 2013, 59 (60); *Birkmose*, ECFR 2014, 214 (217 ff.); *Seibt*, DB 2014, 1910 (1910, 1918); *Wettich*, AG 2017, 60 (69); *Mosca*, ECFR 2018, 805 (808); *Tröger*, ZGR 2019, 126 (128 ff.); *Hommelhoff*, in: Hoffmann-Becking/Hüffer/Reichert, GS Winter 2011, 255 (255 f.); *Seibert*, in: Krieger/Lutter/Schmidt, FS Hoffmann-Becking 2013, 1101 (1103 f.); *Langenbucher*,

Statt Passivität war das pflichtbewusste, langfristig orientierte Handeln und ein Engagement institutioneller Investoren für den europäischen Gesetzgeber sogar derart zentral, dass es in Zukunft zur Prävention von (globalen) Finanzkrisen bestimmt ist und eine Revision der Aktionärsrechterichtlinie notwendig gemacht hat.[117] In diesem Zusammenhang hat außerdem der UK Stewardship Code positive Resonanz bei der Europäischen Kommission gefunden.[118] Die am 20. Mai 2017 im europäischen Amtsblatt veröffentlichte Aktionärsrechterichtlinie 2017 sieht in Art. 3g bis Art. 3i dafür vor, dass institutionelle Anleger[119] und

---

in: Hilbig-Lugani/u.a., FS Coester-Waltjen 2015, 1147 (1148 f.); *Zetzsche*, in: Siekmann, FS Baums 2017, 1505. Kritisch *DAV-Handelsrechtsausschuss*, NZG 2011, 936 (939); auch die *Bundesrechtsanwaltskammer*, NZG 2012, 96 (97, 99) lehnte den Vorschlag für ein stärkeres unternehmerisches Engagement von Aktionären entschieden ab; *Hommelhoff*, NZG 2015, 1329 (1329, 1335).

117 *Florstedt*, ZGR 2019, 630 (631, 635); *Langenbucher*, in: Stumpf/Kainer/Baldus, FS Müller-Graff 2015, 312 (312); *Weber-Rey*, in: Bergmann/Hoffmann-Becking/Noack, FS Seibert 2019, 1057 (1065). Zu dem am 9. April 2014 veröffentlichten Richtlinienvorschlag durch die EU-Kommission in ihrem Maßnahmenpaket für den Bereich Gesellschaftsrecht und Corporate Governance näher *Zetzsche*, NZG 2014, 1121 (1124 f.). Kritisch *DAV-Handelsrechtsausschuss*, NZG 2015, 54 (56 ff.); auch *Hommelhoff*, NZG 2015, 1329 (1329, 1335). Eingehend zum Maßnahmenpaket von 2014 *Lanfermann/Maul*, BB 2014, 1283.

118 *Fleischer/Strothotte*, AG 2011, 221 (223). Zur Kongruenz des britischen Regelungsansatzes und dem der EU-Kommission *Baums*, ZHR 183 (2019), 605 (610); auch *Hommelhoff*, in: Hoffmann-Becking/Hüffer/Reichert, GS Winter 2011, 255 (256); *Langenbucher*, in: Hilbig-Lugani/u.a., FS Coester-Waltjen 2015, 1147 (1149 ff.). Eine Untersuchung zum UK Stewardship Code und dessen Unterschiede zum Richtlinienvorschlag der Aktionärsrechterichtlinie 2017 findet sich bei *Chiu*, ERA Forum 2016, 31 (35).

119 Nach Art. 2 lit. e der Aktionärsrechterichtlinie 2017 bezeichnet der Begriff „institutioneller Anleger" (i) ein Unternehmen, das Tätigkeiten der Lebensversicherungen i.S.v. Art. 2 Abs. 3 lit. a, b und c der Richtlinie 2009/138/EG des Europäischen Parlaments und des Rates vom 25. November 2009 betreffend die Aufnahme und Ausübung der Versicherungs- und der Rückversicherungstätigkeit (Solvabilität II) – ABl. EU 2009, L 335/1 – und der Rückversicherung i.S.v. Art. 13 Nr. 7 der genannten Richtlinie ausübt, sofern diese Tätigkeiten sich auf Lebensversicherungsverpflichtungen beziehen, und das nicht nach der genannten Richtlinie ausgeschlossen ist und (ii) eine Einrichtung der betrieblichen Altersversorgung, die gemäß Art. 2 der Richtlinie (EU) 2016/2341 des Europäischen Parlaments und des Rates vom 14. Dezember 2016 über die Tätigkeiten und die Beaufsichtigung von Einrichtungen der betrieblichen Altersversorgung (EbAV) – ABl. EU 2016, L 354/37 – in deren Anwendungsbereich fällt, es sei denn, ein Mitgliedstaat hat im Einklang mit Art. 5 der genannten Richtlinie beschlossen,

Vermögensverwalter[120] im Rahmen eines *comply or explain*-Mechanismus mehr Transparenz über ihre Mitwirkungspolitik (*engagement policy*) zeigen müssen und auch zur Offenlegung von Informationen hinsichtlich des Verantwortungsbewusstseins und der Langfristigkeit ihrer Investments zu verpflichten sind.[121] Mit dem ARUG II wurden diese Regelungen in zwei neuen aktienrechtlichen

die genannte Richtlinie auf die betreffende Einrichtung nicht oder nur teilweise anzuwenden. Diese Definition wurde mit dem ARUG II in § 134a Abs. 1 Nr. 1 AktG in nationales Recht übernommen. Institutionelle Anleger sind danach im Grunde Lebensversicherer und deren Rückversicherer, Pensionskassen und Pensionsfonds im Sinne der §§ 232 ff. VAG, näher *v. Werder*, in: Kremer/u.a., DCGK, Rn. 113c; *Dahmen*, GWR 2019, 117 (118); *Baums*, ZHR 183 (2019), 605 (607).

120 Zusätzlich zu der Definition des institutionellen Anlegers definiert die Aktionärsrechterichtlinie 2017 die Gruppe sogenannter „Vermögensverwalter". Dadurch wird berücksichtigt, dass in der Praxis die in der Aktionärsrechterichtlinie 2017 definierten institutionellen Anleger im Zweifel nicht selbst, sondern häufig über komplexe Ketten von Finanzintermediären handeln, siehe Erwägungsgrund 4 der Aktionärsrechterichtlinie 2017; auch *Birkmose*, ECFR 2014, 214 (238); *Redeke*, AG 2015, 253 (258). Definiert werden in Art. 2 lit. f der Aktionärsrechterichtlinie 2017 Vermögensverwalter als solche Firmen und Verwalter von Vermögen, die (i) Portfolioverwaltungsdienstleistungen für Anleger als Wertpapierfirma gemäß Art. 4 Abs. 1 Nr. 1 der Richtlinie 2014/65/EU erbringen, (ii) alternative Investmentfonds (AIFMs) im Sinne des Art. 4 Abs. 1 lit. b der Richtlinie (EU) 2011/61 verwalten, der die Bedingungen für eine Ausnahme gemäß Art. 3 dieser Richtlinie nicht erfüllt, oder (iii) im Sinne des Art. 2 Abs. 1 lit. b der Richtlinie 2009/65/EG tätig werden oder gemäß dieser Richtlinie zugelassene Investmenttätigkeiten ausüben, aber selbst keine Verwaltungsgesellschaften benannt haben. Mit Einführung des § 134a Abs. 1 Nr. 2 AktG ist auch diese Definition in nationales Recht übernommen worden. Erfasst sind danach Finanzdienstleistungsinstitute, die angelegte Vermögen für andere verwalten sowie Kapitalverwaltungsgesellschaften im Sinne des KAG, die Investmentvermögen betreuen, *Baums*, ZHR 183 (2019), 605 (607 f.); siehe auch *Dahmen*, GWR 2019, 117 (118).

121 Vgl. Erwägungsgrund 17, 19, 20-24 der Aktionärsrechterichtlinie 2017; auch *Habersack/Verse*, Europäisches Gesellschaftsrecht, § 4 Rn. 26 und § 7 Rn. 85-87; *Lutter/Bayer/Schmidt*, Europäisches Unternehmens- und Kapitalmarktrecht, Rn. 29.42 f., 29.47 ff.; auch *Chiu/Katelouzou*, in: Birkmose, Shareholders' Duties, 131 (139 ff.); *Bayer/Schmidt*, BB 2017, 2114 (2115); *Schmidt*, NZG 2018, 1201 (1217). Zur möglichst ökonomischen Form der Offenlegung bereits *Zetzsche*, NZG 2014, 1121 (1123). Interessant ist zudem, dass schon vor den Transparenzpflichten der Aktionärsrechterichtlinie 2017 einige institutionelle Investoren ihre Stewardship-Mitwirkung in eigens ausgearbeiteten Leitlinien, sogenannten Stewardship Statements, transparent machten, vgl. *Marsch-Barner*, in: Marsch-Barner/Schäfer, Hdb. börsennotierte AG, Rn. 2.23; dazu auch *Fleischer/Strothotte*, AG 2011, 221 (230).

Vorschriften, § 134b AktG und § 134c AktG, in nationales Recht umgesetzt.[122] Die Aktionärsrechterichtlinie 2017 und das sie umsetzende ARUG II sind damit der bislang populärste Katalysator des Stewardship-Gedankens in Europa wie auch in Deutschland.[123] Die neuen Transparenzpflichten sollen institutionelle Anleger und Vermögensverwalter jedenfalls mittelbar in die Rolle eines verantwortungsvollen Governance-Instruments in ihren Portfoliogesellschaften drängen.[124] Für die Zukunft setzt das ein richtungsweisendes Signal an die Prinzipalgruppe der institutionellen Investoren mit Blick auf eine stärkere Einbindung in die Corporate Governance ihrer Beteiligungsgesellschaften und ihre Funktion als Aktionäre im europäischen Gesellschaftsrecht.[125]

---

122 Ursprünglich war die Aktionärsrechterichtlinie 2017 bis zum 10. Juni 2019 in deutsches Recht umzusetzen, dazu etwa *Scheffler*, AG 2018, R317; *Paschos/Goslar*, AG 2018, 857; *Schmidt*, NZG 2018, 1201. Dafür hat das BMJV am 11. Oktober 2018 den Referentenentwurf eines Gesetzes zur Umsetzung der zweiten Aktionärsrechte-Richtlinie (ARUG II) vorgelegt. Anschließend folgte am 20. März 2019 der Regierungsentwurf mit wesentlichen Änderungen. Schließlich wurde am 14. November 2019 das ARUG II in zweiter und dritter Lesung verabschiedet, siehe die entsprechende Pressemittelung des *BMJV* vom 14. November 2019; zur Entwicklung auch *Zetzsche*, AG 2020, 1 (2). Zu den neuen Transparenzpflichten im ARUG II auch die Begründung des RegE ARUG II, BTDrucks 19/9739, S. 33 f.; *Tröger*, ZGR 2019, 126 (131 ff., 140 ff.); *Baums*, ZHR 183 (2019), 605; vgl. zum Referentenentwurf noch *DAV-Handelsrechtsausschuss*, NZG 2019, 12 (20); mit Blick auf den Regierungsentwurf etwa *Dahmen*, GWR 2019, 117. *Lutter/Bayer/Schmidt*, Europäisches Unternehmens- und Kapitalmarktrecht, Rn. 29.52 bezeichnen die Regelungen als „wesentliche Neuerung".

123 *v. Werder*, in: Kremer/u.a., DCGK, Rn. 113d; *Marsch-Barner*, in: Marsch-Barner/Schäfer, Hdb. börsennotierte AG, Rn. 2.23b; *Hannigan*, in: Siekmann, FS Baums 2017, 561 (563).

124 *Chiu/Katelouzou*, in: Birkmose, Shareholders' Duties, 131 (133, 143, 146); *Freitag*, AG 2014, 647 (648); auch *Tröger*, ZGR 2019, 126 (131 ff.), der ausdrücklich den Stewardship-Gedanken der neuen Transparenzpflichten thematisiert; vertiefend die Ergebnisse von *Inci*, Shareholder Engagement, S. 420 ff.; siehe auch *Keunecke*, in: KPMG's ACI, Audit Committee Quarterly III/2017, 36 (37).

125 *Freitag*, AG 2014, 647 (648); prägnant auch das Ergebnis von *Seibert*, in: Krieger/Lutter/Schmidt, FS Hoffmann-Becking 2013, 1101 (1117): „Die EU-Kommission wünscht sich den langfristig orientierten, verantwortungsbewussten, informierten und engagierten Investor."

III. Investorenwunsch nach einem Gespräch ist vermehrt zu erwarten

Die vorstehenden Betrachtungen zum auch regulatorisch immer deutlicher vorgebrachten Stewardship-Leitbild ermöglichen den Blick nach vorn auf die sich abzeichnende Perspektiven, die sich daraus speziell für Investorengespräche zwischen Unternehmen und institutionellen Investoren ergeben. Die folgenden Gründe sprechen dafür, dass sie zukünftig mit dem Wunsch nach einem Investorengespräch noch häufiger und nachdringlicher an die Verwaltung herantreten werden.

1. Erhöhter Bedarf an gesellschaftsinternen Informationen

Institutionelle Investoren sind als Verwalter fremden Geldes bereits aus ihrer Treuepflicht gegenüber den Endbegünstigten verpflichtet, sich größtmögliche Transparenz über ihre Zielgesellschaften zu verschaffen, um zum Schutz des Kundeninteresses effizient am Kapitalmarkt zu agieren.[126] Wollen sie darüber hinaus im Sinne des Stewardships aktiv und effektiv an Steuerung und Kontrolle der Beteiligungsgesellschaften mitwirken, kommt ein weiter gesteigertes Bedürfnis nach Informationen über die Angelegenheiten der Gesellschaft hinzu.[127] Die notwendigen Informationen werden sich nicht nur aus der Hauptversammlungsöffentlichkeit und den übrigen öffentlich verfügbaren Unternehmensinformationen – etwa dem Geschäftsbericht – oder aus dem Urteil von Stimmrechtsberatern[128], sondern vor allem auch aus Investorengesprächen mit

---

126 Dafür *Mehta*, Executive Compensation Insights 13.3 (2013), S. 1; *Kim/Schloetzer*, The Conference Board DN-V5N20 (2013), S. 2; *Koch*, AG 2017, 129 (130 f.); *Birkmose*, ECFR 2014, 214 (229 f.); *Winkler*, Verantwortung institutioneller Anleger, S. 107; siehe auch *Winzig/Labbé*, in: Börsen-Zeitung vom 4. Juni 2011, S. B1; vgl. auch eine Aussage von Dr. Hans-Christoph Hirt im Interview mit *Döring*, in: Börsen-Zeitung vom 6. Juli 2016, S. 9.

127 *Fleischer/Strothotte*, AG 2011, 221 (227); *Schneider*, ZGR 2012, 518 (525); *Ruffner*, Die ökonomischen Grundlagen eines Rechts der Publikumsgesellschaft, S. 263 f.; auch *Faure*, Verantwortung institutioneller Aktionäre, S. 194.

128 Zum Akteur der Stimmrechtsberater (*proxy advisor*) und der mit der Stimmrechtsberatung verbundenen Gefahren vertiefend *Schneider*, EuZW 2006, 289; *Schneider/Anzinger*, NZG 2007, 88; *Fleischer/Strothotte*, AG 2011, 221 (232); *Fleischer*, ZGR 2011, 155 (169-174); siehe auch *Vaupel*, AG 2011, 63; *Fleischer*, AG 2012, 2; *Schneider*, ZGR 2012, 518 (525 f.); speziell zu den Gefahren einer unbesehenen Übernahme der Stimmrechtsempfehlungen *Graßl/Nikoleyczik*, AG 2017, 49 (53). International dazu

dem Mitgliedern der Verwaltung ergeben.[129] Für Investorengespräche spricht vor allem, dass Mitaktionäre oder konkurrierende Anleger eingehende Erläuterungen oder Erklärungen der Unternehmensseite nicht oder nur mit gleichen Aufwendungen erhalten, was für den jeweils gesprächsführenden Investor ein Vorteil sein kann.[130] Welche rechtlichen Grenzen hier durch das Aktienrecht, vor allem durch das Gebot der (informationellen) Gleichbehandlung der Aktionäre gemäß §§ 53a, 131 Abs. 4 S. 1 AktG, und das Kapitalmarktrecht (vgl. hierzu insbesondere die strengen Grenzen der MMVO im Bereich kursrelevanter Informationen) gesetzt werden, ist in § 4.B dieser Untersuchung noch ausführlich zu untersuchen.

2. *Effektives und flexibles Mittel der Einflussnahme*

Darüber hinaus ist im Vergleich zu den meist hauptversammlungsgebundenen formellen Einflussnahmemöglichkeiten das informelle Investorengespräch für aktive institutionelle Investoren ein besonders geeignetes Mittel des aktiven Engagements.[131] Es ermöglicht frühzeitig vor der Hauptversammlung, die

---

Coffee/Palia, Journal of Corporate Law 41.3 (2016), 545 (557 ff.); *McCahery/Sautner/Starks*, The Journal of Finance 71.6 (2016), 2905 (2924, 2926 ff.).

129 In diese Richtung auch *Klose*, in: Grundei/Zaumseil, Der Aufsichtsrat, 331 (363); *Wilsing*, ZGR 2012, 291 (298); *Schreyögg/Unglaube*, AG 2013, 97 (109); *Bommer/Steinbach*, BOARD 2013, 219 (220); *Bortenlänger*, BOARD 2014, 71 (72); siehe mit Einsichten aus der Praxis auch das Interview mit *Strenger*, in: KPMG's ACI, Audit Committee Quarterly I/2011, 12 (13 f.); zudem *Student*, in: manager magazin, November 2016, S. 58. Vgl. aus dem internationalen Schrifttum *Gerke/Bank/Steiger*, in: Hopt/Wymeersch, Capital Markets and Company Law, 357 (374); *Yockey*, South Carolina Law Review 61.2 (2009), 171 (200); *Mosca*, ECFR 2018, 805 (811, 855).

130 *Gerke/Bank/Steiger*, in: Hopt/Wymeersch, Capital Markets and Company Law, 357 (374); auch *Schmolke*, ZGR 2007, 701 (731); *Yockey*, South Carolina Law Review 61.2 (2009), 171 (198).

131 Vgl. hierzu *Gerke/Bank/Steiger*, in: Hopt/Wymeersch, Capital Markets and Company Law, 357 (374); *Bassen*, ZBB 2002, 430 (432); *Schmolke*, ZGR 2007, 701 (715); *Schaefer*, NZG 2007, 900 (900); *Yockey*, South Carolina Law Review 61.2 (2009), 171 (171-173, 183 f., 198 f.); *Bachmann*, WM 2011, 1301 (1305); *Weber-Rey/Reps*, ZGR 2013, 597 (631); auch *Redeke*, AG 2015, 253 (255); *Zülch*, KoR 2016, 436 (437); *McCahery/Sautner/Starks*, The Journal of Finance 71.6 (2016), 2905 (2906, 2912 f.); *Strampelli*, Virginia Law and Business Review 12.2 (2018), 187 (191); *Mosca*, ECFR 2018, 805 (847 f.); *Levit*, The Review of Financial Studies 32.7 (2019), 2775 (2775 f.); *Redenius-Hövermann/Henkel*, AG 2020, 349 (364); *Steiger*, Institutionelle Investoren, S. 8 f., 26; zudem *Winkler*, Verantwortung institutioneller Anleger, S. 104-106; *Inci*, Shareholder Engagement, S. 127; *Faure*, Verantwortung institutioneller Aktionäre,

Beweggründe hinter den Beschlussvorschlägen der Verwaltung nachzuvollziehen, selbst dazu kritisch Stellung zu nehmen und Gegenvorschläge zur Diskussion zu unterbreiten.[132] Bereits im Vorfeld der Hauptversammlung können also Impulse und Präferenzen an die Mitglieder der Verwaltung kommuniziert und damit unternehmensintern anstehende Entscheidungsprozesse außerhalb der verbandsrechtlichen Struktur der Hauptversammlung beeinflusst werden.[133] Im Gegensatz zur Hauptversammlung, die unter Umständen durch wenig zielführende „Frage- und Antwortspiele" zwischen einzelnen Aktionären und dem Vorstand geprägt sein kann,[134] gelingt institutionellen Investoren

---

S. 81; vgl. auch *Steinbach/Bommer*, in: Finance Magazin, September 2013, S. 28. Hingegen betont *Zetzsche*, AG 2019, 701 (705), dass Gespräche mit der Verwaltung nicht immer ein verlässlicher und häufig kostenintensiver Weg zur Informationsgewinnung sind, weshalb er die Vorteile der technischen Datenerhebung über künstliche Intelligenz hervorhebt.

132 Vgl. die Stellungnahme von *BlackRock* im Rahmen des DCGK-Konsultationsverfahrens 2016, S. 2: „Engagement, or direct dialogue, is core to our stewardship programme as it helps us to assess a company's approach to governance in the context of its specific circumstances. (...) Such dialogue also helps better inform how we vote on behalf of our clients." Zu der Sichtweise in den USA *Davis/Alogna*, Policy Briefing 2 (2008), S. 13.

133 *Meyer-Landrut/Heuser*, AG 2011, R241 (R241); *Wilsing*, ZGR 2012, 291 (298): „Für eine aktive Einmischung institutioneller Investoren (...) dürfte die Jahreshauptversammlung als Plattform kaum ausreichen. Realistischerweise setzt ein solcher Aktionärs-Aktivismus einen engen und kontinuierlichen Dialog zwischen den Investoren und der Verwaltung voraus."; *Schreyögg/Unglaube*, AG 2013, 97 (109 f.); *Langenbucher*, in: Fleischer/u.a., 50 Jahre Aktiengesetz, 273 (288); *Vetter*, in: Bergmann/Hoffmann-Becking/Noack, FS Seibert 2019, 1021 (1029); *Winkler*, Verantwortung institutioneller Anleger, S. 100, 104, 107 f.; *Inci*, Shareholder Engagement, S. 126 ff. Vgl. darüber hinaus für eine Gegenüberstellung *voting versus voice Black*, UCLA Law Review 39.4 (1992), 811 (847 f.).

134 *Decher*, in: GroßKomm/AktG, § 131 Rn. 40 betont, dass unter anderem institutionelle Anleger deutsche Hauptversammlungen „als **langwierige** technische **Veranstaltung ohne hohen Informationswert**" ansehen; *v. Rosen*, in: Feddersen/Hommelhoff/Schneider, Corporate Governance, 289 (292) betont die Lästigkeitswirkung von Hauptversammlungen wegen der „Geschwätzigkeit" mancher Aktionäre; *Faber*, in: Hommelhoff/Hopt/v. Werder, Hdb. Corporate Governance, 219 (227) bezeichnet die Hauptversammlung als Bühne für Selbstdarsteller und als Instrumentarium ausgeklügelter Schlachtpläne, um z.B. Anfechtungsgründe für eine spätere kommerzielle Verwertung zu schaffen; siehe auch *Grüner*, NZG 2000, 770 (771): „Allzu oft wird die Hauptversammlung jedoch als Plattform für publizistische Selbstdarstellung, sachfremde oder polemisierende Ausführungen, politische Auseinandersetzung oder

im Investorendialog zudem eine effektive Schwerpunktsetzung auf die für sie wesentlichen Themen und eine entsprechende Tiefe der Diskussion.[135] Das geht maßgeblich über die Ausübung des Stimmrechts mit den reduzierten Stimmoptionen „ja" oder „nein" und eine ggf. auf wenige Minuten beschränkte Redezeit in der Hauptversammlung hinaus. Außerdem wird durch Investorengespräche, in denen in der Regel auf Englisch kommuniziert wird, für ausländische Investoren die Sprachbarriere auf der Hauptversammlung umgangen, die trotz des multinationalen und -lingualen Rechtsraums in Europa typischerweise in deutscher Sprache abgehalten wird.[136] Ausländische Aktionäre müssen sich daran anpassen und oft einen Dolmetscher hinzuziehen, was eine aktive Teilnahme an der Hauptversammlung nicht nur kostenintensiv, sondern es auch regelmäßig nur bedingt möglich macht, allen Redebeiträgen zu folgen. Darüber hinaus bedarf es zur Ausübung vieler weiterer Minderheitenrechte – nicht aber für den Investorendialog – der Zusammenarbeit mit anderen Aktionären, um Ausübungsschwellen[137] zu überschreiten. Handlungswillige Investoren werden dadurch

---

persönliche Angriffe der Aktionäre missbraucht, selbst poetische Ergüsse hatten Aktionäre auf der Hauptversammlung schon zu erdulden. Andererseits ist verbreitet eine gewisse Ignoranz bei der Beantwortung der gestellten Fragen und eine Neigung zur übertriebenen Selbstdarstellung des Unternehmens auf Seiten des Vorstandes festzustellen."; *Schaefer*, NZG 2007, 900 (901) schreibt vom langatmigen, unsachlichen und zusammenhanglosen Frage- und Antwortspiel zwischen einzelnen Aktionären und dem Vorstand, das zu einem Kulturschock insbesondere für angelsächsische Aktionäre führe; *Wettich*, AG 2017, 60 (65): „In der Praxis ist die Hauptversammlung hingegen zumeist eine langatmige Veranstaltung, die von einer peniblen Einhaltung von Formalien geprägt ist, um Anfechtungs- und Nichtigkeitsklagen von – insbesondere räuberischen – Aktionären zu vermeiden."

135 *Hirt/Hopt/Mattheus*, AG 2016, 725 (728). Aus US-amerikanischer Perspektive *Fairfax*, University of Illinois Law Review 2013, 821 (844).

136 Zur Sprachbarriere auf Hauptversammlungen *Klose*, in: Grundei/Zaumseil, Der Aufsichtsrat, 331 (366); *Thamm/Schiereck*, CF 2014, 17 (25); *Faure*, Verantwortung institutioneller Aktionäre, S. 207. Weiterführend zur deutschen Sprache auf Hauptversammlungen *Butzke*, Die Hauptversammlung der Aktiengesellschaft, D. 27; *Speich*, BOARD 2015, 193 (194); *Mohamed*, NZG 2015, 1263 (1264 f.).

137 Die notwendigen Quoren reichen von mindestens 1% des Grundkapitals oder der anteilige Betrag von 100.000 Euro (bspw. § 142 Abs. 2 S. 1 AktG oder § 148 Abs. 1 AktG) über den Anteil von mindestens 5% des Grundkapitals (vgl. § 122 Abs. 1 S. 1 AktG für ein ordnungsgemäßes Einberufungsverlangen) oder der anteilige Betrag von 500.000 Euro (siehe § 122 Abs. 2 S. 1 AktG) bis zu einer Schwelle von 10% des in der Hauptversammlung vertretenen Grundkapitals oder der anteilige Betrag von 1 Mio. Euro (hierzu § 120 Abs. 1 S. 2, § 137 AktG oder § 147 Abs. 2 S. 2 AktG). Darüber

genötigt, sich bspw. über das Aktionärsforum, § 127a AktG, oder mit den Angeboten institutioneller Stimmrechtsberatungsunternehmen mit anderen Investoren abzustimmen, was Kosten verursacht.[138] Im Übrigen entstehen bspw. bei einer formellen Einflussnahme über die Aktionärsklage gemäß §§ 148 f. AktG neben erheblichen Kosten zusätzlich nicht zu unterschätzende Prozessrisiken.[139] Investorengespräche ermöglichen demgegenüber eine themenübergreifende Interessenannäherung mit der Verwaltung, die ggf. weitere formale Einflussaktivitäten und damit verbundenen Kosten sowie (Prozess-)Risiken obsolet werden lässt.[140] Darüber hinaus verstehen sich speziell Gespräche zwischen Investoren und dem Aufsichtsrat(svorsitzenden) als Alternative zu einem eigenen Aufsichtsratssitz. Ein solcher wird von inländischen wie ausländischen aktiven Aktionären nur selten angestrebt, etwa weil der damit verbundene Flexibilitätsverlust sowie das entsprechende Haftungsrisiko hinderlich wirken.[141] Das Desinteresse, in den Aufsichtsrat einzurücken, kann zumindest teilweise durch eine

---

hinaus existieren Sperrminoritäten, bei denen es sogar einen Anteil am vertretenen stimmberechtigten Grundkapital von mindestens 25% bedarf, etwa um Satzungsänderungen, vgl. § 179 Abs. 2 S. 1 AktG, oder die Liquidation der Aktiengesellschaft, § 262 Abs. 1 Nr. 2 AktG, zu verhindern.

138 *Schmolke*, ZGR 2007, 701 (728 f.); vgl. auch *Redeke*, AG 2015, 253 (254).

139 Eindrücklich *Wagner*, ZHR 178 (2014), 227 (241-244), der herausarbeitet, dass sich die Aktionärsklage als Verlustgeschäft erweist; siehe auch *Redenius-Hövermann/Henkel*, AG 2020, 349 (352 f., 358, 364); *Lutter*, in: Burgard/u.a., FS Schneider 2011, 763 (765 f.); ausführlich *Peltzer*, in: Burgard/u.a., FS Schneider 2011, 953 (954 ff.); zusammenfassend *Semler*, in: Habersack/Hommelhoff, FS Goette 2011, 499 (508); erneut *Peltzer*, in: Krieger/Lutter/Schmidt, FS Hoffmann-Becking 2013, 861 (864 f., 867 ff.); zudem *Vetter*, in: Krieger/Lutter/Schmidt, FS Hoffmann-Becking 2013, 1317 (1319 ff.).

140 Siehe auch *Schreyögg/Unglaube*, AG 2013, 97 (109); *Winkler*, Verantwortung institutioneller Anleger, S. 108. Vgl. aus den USA *Davis/Alogna*, Policy Briefing 2 (2008), S. 5, 13.

141 Vgl. hierzu etwa *DAI/McKinsey*, Investorendialog im Umbruch, S. 21, 28 f.; *Faber*, in: Hommelhoff/Hopt/v. Werder, Hdb. Corporate Governance, 219 (226 f.); *Redeke*, AG 2015, 253 (255); *Tomkos/Pietralla*, AR 2016, 138 (138 f.) mit Daten; *Doralt*, in: Grundmann/u.a., FS Hopt 2010, 3059 (3073). Mit Blick auf das Vereinigte Königreich *Davies*, ZGR 2001, 268 (279-281). Näher zu einem eigenen Aufsichtsratssitz institutioneller Investoren als traditionelle Möglichkeit, sich mittel- oder langfristig in den Unternehmensangelegenheiten einzubringen und Kontrolle über das Management auszuüben, *Schaefer*, NZG 2007, 900 (902 f.); *Schockenhoff/Culmann*, ZIP 2015, 297 (297, 301); *Seibt/Scholz*, AG 2016, 739 (740 f., Fn. 6); *Graßl/Nikoleyczik*, AG 2017, 49 (50, 54).

informelle Einflussnahme im Investorendialog als das flexiblere Mittel ausgeglichen werden.[142]

3. *ESG-Engagement erfordert den Investorendialog*

Darüber hinaus ist das mit dem Stewardship-Gedanken eng verbundene Bewusstsein für nachhaltiges Wirtschaften und eine ökologische und soziale Investitionsdimension[143] unter aktiven Investoren ein gewichtiger Faktor, der die Einflussnahme im Investorengespräch geradezu erfordert.[144] Hier wird der

---

142 Vgl. die Ausführungen von *Redeke*, AG 2015, 253 (255); *Merz*, AR 2017, 1 (3 f.); *Doralt*, in: Grundmann/u.a., FS Hopt 2010, 3059 (3073). Aus US-amerikanischer Perspektive schon früh *Lipton/Lorsch*, The Business Lawyer 48.1 (1992), 59 (74).

143 *Sustainable and responsible investments* sind weltweit wie auch in Deutschland ein stark wachsendes Segment, etwa weil institutionelle Investoren entsprechende Wertvorstellungen haben oder überzeugt sind, dass Nachhaltigkeit Einfluss auf die langfristige Erfolgsentwicklung von Unternehmen und Investments hat, vertiefend *Forum Nachhaltige Geldanlagen e.V.*, Marktbericht 2019; *IHS Markit/DIRK*, Who owns the German DAX?, S. 15; *DIRK/Ipreo*, Investoren der Deutschland AG 4.0, S. 5; *DAI/McKinsey*, Investorendialog im Umbruch, S. 40 f.; *DAI/Rothschild*, ESG from the perspective of institutional investors, S. 9, 18-22; *Faber*, in: Hommelhoff/Hopt/v. Werder, Hdb. Corporate Governance, 219 (225); *Schwalbach/Schwerk*, in: Zerfaß/Piwinger, Hdb. Unternehmenskommunikation, 203 (214); *Speich*, BOARD 2015, 193 (194); *Lanfermann*, BB 2018, 490 (490); *Hirt/Viehs*, BOARD 2018, 178 (179); *Bueren*, ZGR 2019, 813 (820 ff.); die Grafik bei *Braun/Ruhwedel*, AR 2019, 141 (141); *Köndgen*, in: Boele-Woelki/u.a., FS Schmidt 2019, 671; *Inci*, Shareholder Engagement, S. 107 f.; *Reitz*, in: DAI, Kurvenlage 2018/II, 40 (40). International dazu bspw. *Eurosif*, Shareholder Stewardship, S. 12 ff.; *Dimson/Karakaş/Li*, The Review of Financial Studies 28.12 (2015), 3225 (3226); *Barko/Cremers/Rennebog*, ECGI Finance Working Paper 509/2017, S. 1, 6 f., 8 f.; *Fairfax*, Washington and Lee Law Review 76.3 (2019), 1129 (1140, 1152 ff.); *Krüger/Sautner/Starks*, ECGI Finance Working Paper 610/2019, S. 3 f.; *Tonello/Gatti*, The Conference Board DN-V10N3 (2019), S. 2 f.

144 So jedenfalls die empirischen Ergebnisse von *Wolff/Jacobey/Coskun*, Research Report: Talk is not cheap – The role of interpersonal communication as a success factor of engagements on ESG matters, S. 3 f. Vgl. darüber hinaus mit Einsichten aus der Praxis *Hermes Investment Management*, ESG investing, S. 2, 6; *Edkins*, in: BlackRock/Ceres, 21st Century Engagement, 4; *DIRK/Ipreo*, Investoren der Deutschland AG 4.0, S. 5, 14; *DAI/Rothschild*, ESG from the perspective of institutional investors, S. 11 ff.; *Eurosif*, Shareholder Stewardship, S. 6 f., 32. Vertiefend aus dem Schrifttum *Dimson/Karakaş/Li*, The Review of Financial Studies 28.12 (2015), 3225 (3227); *McNulty/Nordberg*, Corporate Governance: An International Review 24.3 (2016), 346 (352 f.); *Barko/Cremers/Rennebog*, ECGI Finance Working Paper 509/2017, S. 2; *Amel-Zadeh/Serafeim*, Financial Analyst Journal 74.3 (2018), 87 (88, 92, 94, 101); *Hirt/Viehs*, BOARD 2018,

Qualität und der erreichten Tiefe der Diskussion im Investorengespräch große Bedeutung beigemessen.[145] Ergänzt oder erläutert werden aus Investorensicht damit ggf. unzureichende Informationen, die von den Unternehmen bereits durch die nicht-finanzielle Erklärung bzw. den nicht-finanziellen Bericht gemäß §§ 289b, 289c HGB[146] veröffentlicht werden.[147] Gleichzeitig können Investoren im direkten Gespräch die Verwaltung auf Missstände im Bereich der Nachhaltigkeit aufmerksam machen, was die Erfolgswahrscheinlichkeit des eigenen ESG-Engagements erhöht.[148]

---

178 (181); *Bueren*, ZGR 2019, 813 (843); *Hoepner/Oikonomou/Sautner/Starks/Zhou*, AFA 2018 paper (2019), S. 4, 9, 14; *Krüger/Sautner/Starks*, ECGI Finance Working Paper 610/2019, S. 5 f., 25 f., 34; *Reitz*, in: DAI, Kurvenlage 2018/II, 40 (41). Weitergehend zum Dialog zwischen Unternehmen und *social activist shareholders Logsdon/Van Buren III*, Journal of Business Ethics 87.1 (2009), 353; *Rehbein/Logsdon/Van Buren III*, Journal of Business Ethics 112.1 (2013), 137; *Uysal/Yang/Taylor*, Journal of Applied Communication Research 46.2 (2018), 179.

145 *Hirt/Viehs*, BOARD 2018, 178 (179); *Wilhelm*, in: DAI, Kurvenlage 2017/II, 26 (26) spricht von einem „konstruktiv-kritischen Unternehmensdialog“ zur Vermeidung von Klage-, Regulierungs-, Reputations- und Eventrisiken im Bereich der Nachhaltigkeit; vgl. auch den Gastbeitrag von *NN Investment Partners*, auf: e-fundresearch.com vom 9. Juli 2018.

146 Vgl. das CSR-Richtlinie-Umsetzungsgesetz vom 11. April 2017, BGBl 2017, Teil I, 802, welches auf der Richtlinie 2014/95/EU (CSR-Richtlinie) basiert; hierzu vertiefend *Seibt*, DB 2016, 2707; *Kajüter*, DB 2017, 617; *Blöink/Halbleib*, Der Konzern 2017, 182; *Böcking/Althoff*, Der Konzern 2017, 246; auch *Rubner/Leuering*, NJW-Spezial 2017, 719; *Mense/Klie*, BOARD 2018, 47 (49 f.); *Velte*, AG 2018, 266; *Hommelhoff*, in: Bergmann/Hoffmann-Becking/Noack, FS Seibert 2019, 371 (373 ff.); *Paefgen*, in: Bergmann/Hoffmann-Becking/Noack, FS Seibert 2019, 629 (649 ff.); *Vetter*, in: Bergmann/Hoffmann-Becking/Noack, FS Seibert 2019, 1007 (1009 ff.).

147 Zu dem Wunsch, die mangelhafte Datenqualität über ESG-Faktoren durch den intensiven Austausch mit den Unternehmen auszugleichen, *Braun/Ruhwedel*, AR 2019, 141 (141); auch die Stellungnahme von *NN Investment Partners*, auf: e-fundresearch.com vom 9. Juli 2018. Vgl. international zur unzureichenden Unternehmenstransparenz in diesem Bereich *Mallow/Sethi*, New York University Journal of Law & Business 12.2 (2016), 385 (395); *Ivanova*, Business Ethics: A European Review 26.2 (2017), 175 (182).

148 Empirisch bestätigt von *Wolff/Jacobey/Coskun*, Research Report: Talk is not cheap – The role of interpersonal communication as a success factor of engagements on ESG matters; vgl. auch den Beitrag *v. Ditfurth*, in: BAI e.V., Newsletter VI/2018, 32 (34).

4. *Zunehmendes Rechtfertigungsbedürfnis der Investoren*

Augenfällig ist schließlich, dass der verstärkte Dialog zwischen institutionellen Investoren und den Portfoliogesellschaften in der Stewardship-Diskussion oftmals ausdrücklich befürwortet und regulatorisch eingefordert wird.[149] In Europa möchte bspw. der UK Corporate Governance zusammen mit dem zuvor bereits angesprochenen UK Stewardship Code wechselseitig Unternehmen wie auch institutionelle Investoren zu einem dauerhaften Dialog miteinander anregen.[150] Regeln, mit denen versucht wird, den Dialog zwischen Unternehmen

---

149 Die Analyse *OECD*, Corporate Governance Factbook 2017, S. 85 bestätigt, dass der Dialog zwischen Unternehmen und institutionellen Investoren in vier Jurisdiktionen regulatorisch eingefordert, darüber hinaus in zwölf Jurisdiktionen empfohlen wird; zu internationalen Beispielen, im Besonderen den OECD Principles of Corporate Governance, den ICGN Global Stewardship Principles wie auch Regelungen des Council of Institutional, *Hopt/Roth*, Der Aufsichtsrat, § 111 Rn. 569 f., 572; vgl. auch *Hirt/Hopt/Mattheus*, AG 2016, 725 (727); *Hopt*, ECGI Law Working Paper 365/2017, S. 6 f.; *Strampelli*, Virginia Law and Business Review 12.2 (2018), 187 (191, 196 ff.); *Mosca*, ECFR 2018, 805 (812); *Wymeersch*, in: Grundmann/u.a., FS Hopt 2010, 1565 (1582 ff.); *Langenbucher*, in: Siekmann, FS Baums 2017, 743 (751); *Seibt*, in: Börsen-Zeitung vom 17. Juni 2017, S. 9.

150 Siehe UK Corporate Governance Code 2018, Provision 3, vgl. aber auch Provision 12; UK Stewardship Code 2012, S. 1 (Stewardship and the Code): „Engagement is purposeful dialogue with companies on (...) matters [such as strategy performance, risk, capital structure, and corporate governance, including culture and remuneration] as well as on issues that are the immediate subject of votes at general meetings."; vgl. auch die *guidance* zu Principle 3 des UK Stewardship Code 2012: „They should (...) be prepared to enter a dialogue if they do not accept the company's positon." Inzwischen finden sich im UK Stewardship Code 2020 zu Principle 9 vier Fallbeispiele für ein Engagement, ausdrücklich benannt sind darin Treffen mit dem *chair*, anderen *board members* oder mit dem Management. Zum wechselseitig vorgesehenen Dialog näher *MacNeil*, Capital Markets Law Journal 5.4 (2010), 419 (429); *Fleischer/Strothotte*, AG 2011, 221 (224); *Wilsing*, ZGR 2012, 291 (293 f.); *Schneider*, ZGR 2012, 518 (525); *McNulty/Nordberg*, Corporate Governance: An International Review 24.3 (2016), 346 (350); *Hopt*, ECGI Law Working Paper 365/2017, S. 4, 7. Speziell zur Kommunikationspflicht für institutionelle Investoren *Reisberg*, Journal of Financial Crime 18.2 (2011), 126 (127); *Chiu*, Brooklyn Journal of Corporate Financial & Commercial Law 6.2 (2012), 387 (397); *Chiu*, Current Legal Problems 66.1 (2013), 443 (460); *Kim/Schloetzer*, The Conference Board DN-V5N20 (2013), S. 4; *Roth*, ZHR 178 (2014), 638 (669 mit Fn. 233); *Hill*, ECGI Law Working Paper 343/2017, S. 9 f.; *Strampelli*, Virginia Law and Business Review 12.2 (2018), 187 (202 f.); *Mosca*, ECFR 2018, 805 (849 mit Fn. 154); *Hirt/Viehs*, BOARD 2018, 178 (178).

und Investoren anzuregen, finden sich aber bspw. auch in Frankreich, den Niederlanden, Belgien, Dänemark oder etwa in Italien.[151] In die gleiche Richtung weisen einzelne supranationale Stewardship-Prinzipien wie bspw. die ICGN Global Stewardship Principles.[152] In Deutschland wurden mit Einführung des Abs. 3 der Präambel des DCGK 2017 (inzwischen: Abs. 6 S. 2 der Präambel des DCGK 2020) Investorengespräche zwar nicht direkt angesprochen.[153] Zur gleichen Zeit wurde jedoch eine neue Anregung in Ziffer 5.2 Abs. 2 DCGK 2017 (inzwischen: Anregung A.3 DCGK 2020) eingeführt, welche ausdrücklich den Dialog zwischen Investoren und dem Aufsichtsratsvorsitzenden befürwortet.[154] Schließlich bezieht sich die Aktionärsrechterichtlinie 2017 ausdrücklich auf den verstärkten Dialog zwischen der Gesellschaft und ihren institutionellen Investoren. Ihre Transparenzpflichten sollen nach Erwägungsgrund 16 den Dialog zwischen der Gesellschaft und institutionellen Investoren erleichtern.[155] Auch ist in der offenzulegenden Mitwirkungspolitik von institutionellen Anlegern und Vermögensverwaltern explizit zu beschreiben, wie Dialoge mit den Gesellschaftsorganen geführt werden, in die investiert wurde, dazu Art. 3 Abs. 1 lit. a) der Aktionärsrechterichtlinie 2017 sowie nach Umsetzung in nationales Recht jetzt auch § 134b Abs. 1 Nr. 3 Hs. 1 AktG.[156] Der Dialog mit den Gesellschaften ist also nicht nur international, sondern auch auf europäischer sowie nationaler Ebene Prämisse eines verantwortungsvollen Stewardship-Engagements institutioneller Investoren.[157] Hierdurch erhöht sich zum einen der politische Druck

---

151 Vgl. *Hopt/Roth*, Der Aufsichtsrat, § 111 Rn. 571; *Hopt*, ECGI Law Working Paper 365/2017, S. 7; *Strampelli*, Virginia Law and Business Review 12.2 (2018), 187 (202 f.).

152 *Hopt/Roth*, Der Aufsichtsrat, § 111 Rn. 572.

153 Für *Degenhart*, in: Webmagazin der Börse München vom 21. Februar 2017 ist nicht ersichtlich, weshalb die persönliche Kommunikation mit der Verwaltung davon ausgeschlossen sein sollte; vgl. auch die Äußerung von Dr. Maximilian Degenhart im Interview mit *Wadewitz*, in: Börsen-Zeitung vom 25. März 2017, S. 9.

154 Hierzu noch ausführlich in § 9.A.I dieser Untersuchung. Zur Wechselwirkung beider Kodex-Regelungen *v. Werder*, in: Kremer/u.a., DCGK, Rn. 113a: „Die Aufforderung institutioneller Investoren, Verantwortung als Aktionäre ihrer Portfoliounternehmen zu übernehmen, findet ein Pendant in der neuen Anregung an den Aufsichtsratsvorsitzenden, zum Investorendialog bereit zu sein."

155 Auch *Bayer/Schmidt*, BB 2017, 2114 (2115); *Schmidt*, NZG 2018, 1201 (1217).

156 Hierzu auch *Strampelli*, Virginia Law and Business Review 12.2 (2018), 187 (201); *Mosca*, ECFR 2018, 805 (813); *DAV-Handelsrechtsausschuss*, NZG 2019, 12 (20).

157 In diese Richtung ebenfalls *Noerr/Hering Schuppener/v. Werder*, Rolle des Aufsichtsrats in der Krisenkommunikation, S. 33; *Van der Elst/Vermeulen*, Lex Research Topics in Corporate Law & Economics Working Paper 2/2011, S. 16; *Meyer-Landrut/Heuser*,

auf institutionelle Investoren, häufiger von sich aus auf die Verwaltungsorgane zuzugehen und intensivere Dialoge mit der Verwaltung zu führen.[158] Zum anderen möchten sich viele institutionelle Investoren keinem Rechtfertigungsbedürfnis oder einem Reputationsschaden bei ihren Endanlegern ausgesetzt sehen, wenn sie einen zumindest in vielen Verhaltenskodizes abstrakt-moralisch gewünschten Dialog mit der Verwaltung verweigern.[159]

C. Aufsichtsratsgespräche mit Investoren in der Praxis

Ein näherer Blick richtet sich nun auf die heutige Praxis von Investorengesprächen speziell des Aufsichtsrats bzw. seines Vorsitzenden. Sollten solche Gespräche aus der Unternehmenspraxis deutscher börsennotierter Aktiengesellschaften nicht mehr hinwegzudenken sein, wäre das für die rechtliche Bewertung ein gewichtiger Gradmesser. Die folgende Darstellung über die Handhabung in der Unternehmenspraxis orientiert sich zunächst ausschließlich am bisherigen Forschungsstand. Eigene empirische Ergebnisse in diesem Bereich werden im zweiten Teil dieser Untersuchung vorgestellt.[160]

I. Druck, sich gesprächsoffen zu zeigen, ist neu

Nichtöffentliche Gespräche zwischen Aufsichtsräten und Investoren sind als solche kein neues Phänomen.[161] Heute sind jedoch massiv gestiegene

---

AG 2011, R241 (R241); *Weber-Rey/Reps*, ZGR 2013, 597 (628); *McNulty/Nordberg*, Corporate Governance: An International Review 24.3 (2016), 346 (351 ff.); *Strampelli*, Virginia Law and Business Review 12.2 (2018), 187 (201); hierzu auch *Fisch/Sepe*, ECGI Law Working Paper 415/2018, auf S. 19: „Engagement focuses primarily on communication" sowie auf S. 20: „The result is a dialogical process about matters of concern."

158 *Bachmann*, in: VGR, Gesellschaftsrecht 2016, 135 (137); *Ebrahimzadeh*, Investorendialog des Aufsichtsrats, S. 114; vgl. auch Dr. Maximilian Degenhart im Interview mit *Wadewitz*, in: Börsen-Zeitung vom 25. März 2017, S. 9.

159 *Bachmann*, in: VGR, Gesellschaftsrecht 2016, 135 (137); *Juschus*, in: KPMG's ACI, Audit Committee Quarterly III/2017, 43 (44).

160 Siehe hierzu die Ergebnisse zu Leitthese 1 der eigenen empirischen Studie, § 8.A.I dieser Untersuchung aus Sicht unternehmensexterner Rechtsanwälte und § 8.B.I dieser Untersuchung zu der Sicht von Syndikusanwälten.

161 *Noerr/Hering Schuppener/v. Werder*, Rolle des Aufsichtsrats in der Krisenkommunikation, S. 5. Anders jedoch *Schulz*, in: Hölscher/Altenhain, Hdb. Aufsichts- und Verwaltungsräte, 489 (506), der davon ausgeht, dass Investorengespräche erst seit Kurzem auf der Tagesordnung des Aufsichtsrats stehen; auch *Kley*, AG 2019, 818 (823).

kommunikative Anforderungen mit Blick auf die konkrete Erscheinungsform des Investorendialogs zu beobachten. Zum einen haben Investorengespräche früher typischerweise nicht mit der Prinzipalgruppe institutioneller Investoren stattgefunden, wobei nicht nur inländische, sondern auch und vor allem ausländische institutionelle Investoren verstärkt das Bedürfnis anmelden, nicht nur mit dem Vorstand, sondern auch mit dem Aufsichtsratsvorsitzenden Gespräche zu führen.[162] Zum anderen ist die Art und Weise, wie Gespräche mit dem Aufsichtsrat eingefordert werden, für viele Aufsichtsräte und ihre Vorsitzenden neu. Heute steht das Kontrollorgan einem erheblichen Erwartungsdruck der Kapitalmarktteilnehmer gegenüber, der Investorengespräche nahezu erzwingt.[163] Rein faktisch können sich Mandatsträger dem kaum entziehen, sodass sie das Kommunikationsbedürfnis des Marktes und die immer nachdrücklicher formulierte Erwartungshaltung wichtiger Investoren sehr ernst nehmen und auf

---

162 Hierzu *Hopt/Roth*, Der Aufsichtsrat, § 107 Rn. 155; *Hambloch-Gesinn/Gesinn*, in: Hölters, AktG, § 107 Rn. 54a; *Stöhr*, in: Grundei/Zaumseil, Der Aufsichtsrat, 311 (325 f.); *Noerr/Hering Schuppener/v. Werder*, Rolle des Aufsichtsrats in der Krisenkommunikation, S. 5; *Bommer/Steinbach*, BOARD 2013, 219 (219); *Plagemann/Rahlmeyer*, NZG 2015, 895 (898 f.); *Dimeg/Asmussen/Mentré*, BOARD 2017, 92 (92, 94); *v. Werder*, DB 2017, 977 (983); *Gentz*, in: DAI, Kurvenlage 2016/I, 36 (38). Zu Impulsen aus dem Vereinigten Königreich und den USA *Rahlmeyer*, AR 2015, 144 (144); *Fleischer/Bauer/Wansleben*, DB 2015, 360 (360 f.); *Tietz/Hammann/Hoffmann*, AR 2019, 69 (69); *Schilha/Theusinger*, NZG 2019, 521 (522); *Spindler*, in: Bergmann/Hoffmann-Becking/Noack, FS Seibert 2019, 855 (855); vgl. auch *Wadewitz*, in: Börsen-Zeitung vom 29. Dezember 2015, S. 7; *Gentz*, Rede anlässlich der 15. Konferenz Deutscher Corporate Governance Kodex vom 21./22. Juni 2016, S. 8; siehe auch *Döring*, in: Börsen-Zeitung vom 6. Juli 2016, S. 9; *Fockenbrock*, in: Handelsblatt Online vom 25. Dezember 2017.

163 Bereits *Schulz*, in: Hölscher/Altenhain, Hdb. Aufsichts- und Verwaltungsräte, 489 (495); *Bommer/Steinbach*, BOARD 2013, 219 (220); *Hexel*, AR 2014, 121 (121); *Probst/Theisen*, AR 2014, 154 (155 f.); von einem „Zwang" durch einflussreiche angelsächsische Investoren schreibt auch *Vetter*, AG 2014, 387 (388); *Hirt/Hopt/Mattheus*, AG 2016, 725 (728 ff.); *Grunewald*, ZIP 2016, 2009 (2010); *Tomkos/Pietralla/Feisel*, AR 2018, 138 (138) bestätigen, dass immer selbstbewusster vorgetragene Investorenforderungen auf der Tagesordnung von Aufsichtsräten stehen; *Schilha/Theusinger/v. Manikowsky/v. Werder*, BOARD 2019, 42 (42); *Holle*, ZIP 2019, 1895 (1895 f.); *Börsig/Löbbe*, in: Krieger/Lutter/Schmidt, FS Hoffmann-Becking 2013, 125 (145); auch *Nieber*, Rolle des Aufsichtsrates in der Kapitalmarktkommunikation, S. 69; ebenfalls *Perlet*, Rede anlässlich der 15. Konferenz Deutscher Corporate Governance Kodex vom 22. Juni 2016, S. 8. Zurückhaltender ist *Schick*, in: Wachter, AktG, § 107 Rn. 9.

eingehende Investorenanfragen häufig positiv reagieren.[164] Dafür werden Gespräche zwischen dem Aufsichtsratsvorsitzenden und Investoren im und auch außerhalb des Hauptversammlungszyklus organisiert, um nicht nur in unternehmerischen Sondersituationen, sondern regelmäßig – bspw. ein- oder zweimal pro Jahr – Investorenkontakte zu pflegen.[165] In diese Richtung weisen neben den vielzähligen Beiträgen im Schrifttum auch Berichte aus der Wirtschaftspresse.[166] Als Trend für zukünftige Entwicklungen gehen viele Stimmen davon aus, dass der Dialog zwischen Aufsichtsrat und Investor auch weiterhin zu erwarten sein oder sogar noch stärker in den Aufgabenbereich von Aufsichtsräten rücken wird.[167] Im Übrigen denken inzwischen einzelne Gremien darüber nach, Investorengespräche proaktiv zu gestalten, d.h. aus Eigeninitiative den direkten Kontakt zu wichtigen Investoren zu suchen, Gesprächsbereitschaft anzubieten und aufsichtsratsspezifische Unternehmensbotschaften gezielt an wichtige Kapitalgeber zu kommunizieren.[168] Hierfür bietet sich eine eigene

---

164 *Bommer/Steinbach*, BOARD 2013, 219 (220); *Fleischer/Bauer/Wansleben*, DB 2015, 360 (367) mit Verweis auf das in seinem Ursprung auf die persönliche Kommunikation zwischen Individuen bezogene Axiom „*one cannot* not *communicate*" von *Watzlawick/Beavin/Jackson*, Pragmatics of Human Communication, S. 51; *Reitz*, in: DAI, Kurvenlage 2018/II, 40 (41).

165 *Kremer*, in: Kremer/u.a., DCGK, Rn. 1270b; *Speich*, BOARD 2015, 193 (195) bestätigt Gespräche etwa einmal pro Jahr; *Vetter*, in: Fleischer/u.a., 50 Jahre Aktiengesetz, 103 (125); *Koch*, AG 2017, 129 (130); *Degenhart*, AR 2017, 100 (100); *Hopt*, ECGI Law Working Paper 365/2017, S. 3; *Leyens*, ZGR 2019, 544 (576). Außerhalb des Hauptversammlungszyklus wohl aber noch selten, so jedenfalls *Hirt/Hopt/Mattheus*, AG 2016, 725 (729 f.).

166 Statt vieler *swa Frankfurt*, in: Börsen-Zeitung vom 16. September 2015, S. 13; *Student*, in: manager magazin, November 2016, S. 58 mit Beispielen aus der Praxis.

167 So auch *Scherer*, in: Dehnen, Der professionelle Aufsichtsrat, 148 (159); schon früh *Buhleier/Splinter*, BOARD 2011, 26 (27); *Bommer/Steinbach*, BOARD 2013, 219 (220); *Bortenlänger*, BOARD 2014, 71 (72); mit diesem Ausblick ebenfalls *Tomkos/Pietralla*, AR 2016, 138 (140); *Ruhwedel/Weitzel*, AR 2018, 69 (71) betonen, dass ein direkter Austausch zwischen Aufsichtsrat und Investor durch den zunehmenden Druck der Investorenseite zur Normalität werden wird; vgl. hierzu auch ein empirisches Ergebnis von *Hammann*, Investoren und Aufsichtsrat im Dialog, S. 33, wonach knapp 50% der befragten Investor Relations-Vertreter annehmen, dass Dialoge in Zukunft vermehrt auftreten werden, ca. 45% der Meinung sind, dass die Häufigkeit der Dialoge weder zu- noch abnehmen wird und lediglich 5,9% davon ausgehen, dass die Häufigkeit der Dialoge abnehmen wird.

168 Dazu bereits *Bommer/Steinbach*, BOARD 2013, 219 (220); *Leyendecker-Langner*, NZG 2015, 44 (44); *Hirt/Hopt/Mattheus*, AG 2016, 725 (729); *Degenhart*, AR 2017,

Corporate Governance-*roadshow* des Aufsichtsratsvorsitzenden zur Vorbereitung der Hauptversammlung an, zu der einzelne Kapitalgeber systematisch eingeladen werden.[169]

II. Kriterien für die Kommunikationsfrequenz des Aufsichtsrats

Viele Stimmen wiederholen, dass sich der Dialog des Aufsichtsrats mit Investoren zu einer „gelebten" und damit etablierten Praxis in den meisten deutschen börsennotierten Aktiengesellschaft entwickelt hat.[170] Oft wird aber übersehen, dass sich die Kommunikationsgewohnheiten der einzelnen Aufsichtsratsgremien in Deutschland noch immer stark voneinander unterscheiden.[171]

---

100 (101). Dagegen kommt die empirische Analyse von *Kienbaum/Flick Gocke Schaumburg*, Kamingespräche 2017, S. 16 zu dem Ergebnis, dass ein Großteil aller Befragten gegen einen proaktiven und selbstinitiierten Dialog des Aufsichtsrats mit Investoren votiert; auch *Hopt*, ECGI Law Working Paper 365/2017, S. 3 kommt zu dem Ergebnis, dass *roadshows* des Aufsichtsratsvorsitzenden selten sind; vgl. zudem *Gundel/Pfaff*, in: KPMG's ACI, Audit Committee Quarterly II/2017, 16 (17). Aus US-amerikanischer Perspektive *Mehta*, Executive Compensation Insights 13.3 (2013), S. 2; *Tonello/Gatti*, The Conference Board DN-V10N3 (2019), S. 4 f., 10.

169 *Hopt/Roth*, Der Aufsichtsrat, § 111 Rn. 573; *Dimeg/Asmussen/Mentré*, BOARD 2017, 92 (94). Vgl. darüber hinaus *Ruhwedel/Weitzel*, AR 2013, 40 (41), die eine Kommunikationsstrategie des Aufsichtsrats und adressatengerechte Kommunikationswege empfehlen.

170 Siehe etwa *Breuer/Fraune*, in: Heidel, Aktienrecht, § 107 Rn. 19, § 111 Rn. 29, § 116 Rn 20; *Gentz*, WPg 2016, 1329; *Pikó*, WPg 2016, 1383 (1390); *Wettich*, AG 2017, 60 (65); *Schilha/Theusinger*, NZG 2019, 521 (527); *Weber-Rey*, in: Bergmann/Hoffmann-Becking/Noack, FS Seibert 2019, 1057 (1062); *Gundel/Pfaff*, in: KPMG's ACI, Audit Committee Quarterly II/2017, 16 (17); prominent auch *Regierungskommission DCGK*, Pressemitteilung vom 14. Februar 2017, S. 3 f.; vgl. auch die Aussage von Rolf Nonnenmacher im Interview mit *Wadewitz*, in: Börsen-Zeitung vom 21. Juni 2017, S. 13; außerdem Jens Wilhelm im Interview mit *Wadewitz*, in: Börsen-Zeitung vom 7. Februar 2019, S. 13: „Vor wenigen Jahren steckte das Thema noch in den Kinderschuhen, das hat sich geändert. Die Aufsichtsratsvorsitzenden sind offen und gesprächsbereit"; schließlich der Webbeitrag von *Ruhwedel/Weitzel*, auf: kommunikation-bsk.de vom 9. November 2016, die von „Aufsichtsratsnormalität" ausgehen.

171 Zutreffend *Henning*, BOARD 2017, 41 (43). Empirisch *Noerr/Hering Schuppener/v. Werder*, Rolle des Aufsichtsrats in der Krisenkommunikation, S. 36; *Probst/Theisen*, AR 2014, 154 (156); *v. Werder/Danilov*, DB 2018, 1997 (2006); *Schilha/Theusinger/v. Manikowsky/v. Werder*, BOARD 2019, 42 (43); vgl. auch *Schilha/Theusinger*, NZG 2019, 521 (527); *Köhler*, Investor Relations, S. 301; *Hammann*, Investoren und

Nicht wenige Aufsichtsräte weisen eingehende Investorenanfragen nach einem Gespräch jedenfalls mit althergebrachter Haltung ab und sind für Investorengespräche weder offen noch gesprächsbereit.[172] Ob sich die Kommunikation zwischen dem Aufsichtsratsvorsitzenden und Investoren bereits zu einer belastbaren *best practice* im gesamtdeutschen Markt entwickelt hat, ist daher zweifelhaft.[173] Beeinflusst wird die Entscheidung für oder gegen den Investorendialog neben einem hohen Maß an Rechtsunsicherheit vor allem durch die folgenden Kriterien.

1. Größe des Unternehmens

Relativierend gilt zunächst, dass die Kommunikationsgewohnheiten von Aufsichtsräten durch die Unternehmensgröße geprägt werden und Investorengespräche zurzeit vor allem bei den großen DAX-Unternehmen stattfinden.[174] Im Schrifttum geht man zukünftig aber von einem allmählichen Hineindiffundieren der Dialogpraxis von den Unternehmen des DAX hin zu anderen im Prime Standard notierten Unternehmen aus.[175]

2. Konkrete Unternehmenssituation

Investorenseitig ist das Interesse an Gesprächen mit dem Aufsichtsrat häufig themenabhängig und deshalb mit der konkreten Unternehmenssituation

---

Aufsichtsrat im Dialog, S. 23, im Besonderen Abbildung 4; *Nieber*, Rolle des Aufsichtsrates in der Kapitalmarktkommunikation, S. 69.

172 *Krämer*, AR 2017, 18 (18); *v. Werder/Danilov*, DB 2018, 1997 (2006).

173 Kritisch deshalb *DAV-Handelsrechtsausschuss*, NZG 2017, 57 (59); vgl. beispielhaft auch die Stellungnahme der *KWS Saat SE* (S. 2) oder des *VCI* (S. 5) im DCGK-Konsultationsverfahren 2016 vom 14. Dezember 2016, S. 2.

174 *Hopt/Roth*, Der Aufsichtsrat, § 107 Rn. 155 sowie § 111 Rn. 573 gehen von einer entsprechenden Praxis nur bei großen börsennotierten Gesellschaften (und deutschen Familiengesellschaften) aus; *Hirt/Hopt/Mattheus*, AG 2016, 725 (728 f.) beschränkten sich ebenfalls auf DAX-Gesellschaften; *Krämer*, AR 2017, 18 (18); *Henning*, BOARD 2017, 41 (41); *Hopt*, ECGI Law Working Paper 365/2017, S. 1 f., 3; *Hopt*, ZGR 2019, 507 (525 f.); *Hopt/Leyens*, ZGR 2019, 929 (951); *Wadewitz*, in: Börsen-Zeitung vom 29. Dezember 2015, S. 7; *Mattheus*, in: Börsen-Zeitung vom 3. März 2017, S. 8. Empirisch *Hammann*, Investoren und Aufsichtsrat im Dialog, S. 8.

175 *Hirt/Hopt/Mattheus*, AG 2016, 725 (728 ff.); *Krämer*, AR 2017, 18 (20); *Hopt*, ECGI Law Working Paper 365/2017, S. 2, 14; *Mattheus*, in: Börsen-Zeitung vom 3. März 2017, S. 8.

verknüpft,[176] sodass sich ihre Häufigkeit, Intensität und Tiefe an den Bedürfnissen des spezifischen Falles orientieren. Investorengespräche werden vor allem in der Zeit einer Unternehmenskrise relevant.[177] Grund dafür ist etwa, dass Aktionäre Veränderungen in der personellen Besetzung des Vorstands anstreben und sich für dieses Anliegen unmittelbar an den Aufsichtsrat wenden.[178] Der Dialogwunsch der Investorenseite ist ferner naheliegend, wenn wichtige Abstimmungsentscheidungen auf der Hauptversammlung anstehen.[179] Gleichzeitig sind viele Unternehmen von sich aus im Rahmen der Hauptversammlungsvorbereitung daran interessiert oder in einer Krise bereit, die Kommunikationsfrequenz mit wichtigen Kapitalgebern zu erhöhen.[180]

3. Unternehmensspezifische Aktionärsstruktur

Darüber hinaus ist die jeweilige Struktur im Aktionariat wesentlich dafür, ob und wie häufig der Dialog zwischen Aufsichtsrat und Investor stattfindet. Ein besonders wichtiges Kriterium ist, ob aktiv(istisch)e institutionelle Investoren in der Aktionärsstruktur vertreten sind, die ein Interesse daran haben, die

---

176 So auch *Kremer*, in: Kremer/u.a., DCGK, Rn. 1270b; *Micheler*, European Business Organization Law Review 14 (2013), 29 (42). Grundlegend aus dem US-amerikanischen Schrifttum *Gillan/Starks*, Journal of Applied Corporate Finance 19.1 (2007), 55 (58); *Mehta*, Executive Compensation Insights 13.3 (2013), S. 1; empirisch *McCahery/Sautner/Starks*, The Journal of Finance 71.6 (2016), 2905 (2922, 2924 f.).

177 Kommunikationsrelevante Krisenfälle können bspw. feindliche Übernahmen, Produkt- und Produktionsrückrufe, Compliance-Themen, Restrukturierungen oder die drohende Insolvenz oder etwa das Fehlverhalten von Managern sein. Solche „Hauptkrisen" werden ggf. „Neben- oder Folgekrisen" (Führungskrisen/Strategiekrisen/Vertrauenskrisen) auslösen, eingehend *Noerr/Hering Schuppener/v. Werder*, Rolle des Aufsichtsrats in der Krisenkommunikation, S. 7 ff.; zu unterschiedlichen Arten einer Unternehmenskrise auch *Scheffler*, BB 2014, 2859 (2860 f.); *Theisen/Probst*, DB 2016, 1 (6) mit Verweis auf die Krisentypologie des IdW.

178 Früh bereits *Smend*, ZCG 2008, 53 (57). In diese Richtung auch *DAI/McKinsey*, Investorendialog im Umbruch, S. 33, wonach der Aufsichtsrat erst auf einer höheren Eskalationsstufe von Investoren eingeschaltet wird und zunächst die einvernehmliche Lösung mit dem Vorstand gesucht werde.

179 *Hirt/Viehs*, BOARD 2018, 178 (180). Vgl. aus US-amerikanischer Perspektive aber auch *Tonello/Gatti*, The Conference Board DN-V10N3 (2019), S. 5, die ein Investorenengagement vor allem außerhalb der Hauptversammlungssaison bestätigen.

180 Dazu vertiefend in § 3.C.II.1.a) dieser Untersuchung.

Entwicklung der Portfoliogesellschaften aktiver zu begleiten.[181] Relevant wird auch, ob und welche ausländischen institutionellen Investoren – etwa aus den kapitalmarktorientierten Rechtssystemen im Vereinigten Königreich oder den USA – zu den Anteilseignern zählen, weil insbesondere sie den Dialog mit dem Aufsichtsrat bzw. dem Aufsichtsratsvorsitzenden immer selbst- und sendungsbewusster erwarten und von deutschen Aktiengesellschaften einfordern.[182] In diese Richtung weisen neben den zahlreichen Stimmen im Schrifttum die Mitwirkungspolitiken bzw. Corporate Governance-Leitlinien einzelner ausländischer institutioneller Investoren, die bspw. ausdrücklich den Vorsitzenden des *supervisory board* oder aber das sogenannte *nomination* bzw. *compensation committee* und damit für Deutschland typischerweise den Aufsichtsrat oder seine Ausschüsse als gewünschten Gesprächspartner benennen.[183] Darüber hinaus ist

181 Vgl. hierfür *DAI/McKinsey*, Investorendialog im Umbruch, S. 28; *Kienbaum/Flick Gocke Schaumburg*, Kamingespräche 2017, S. 14, 18; *Walker*, InvestmentEurope 6 (2011), 18 (18): „[A] key battleground for engagement will be companies' supervisory boards (Aufsichtsrat), prominently their structure, remuneration, election and expertise."; *Thamm/Schiereck*, CF 2014, 17 (18) heben hervor, dass sich Unternehmen auf den Dialog mit aktivistischen Aktionären einzustellen haben; *Dimeg/Asmussen/Mentré*, BOARD 2017, 92 (92); *Hirt/Viehs*, BOARD 2018, 178 (181) gehen bspw. davon aus, dass wegen der weiteren Ausprägung des Stewardships institutioneller Investoren in Deutschland Unternehmen in den kommenden Jahren vermehrt Anfragen zu einem direkten Gespräch erhalten; siehe auch *Spindler*, in: Bergmann/Hoffmann-Becking/Noack, FS Seibert 2019, 855 (855); *Weber-Rey*, in: Bergmann/Hoffmann-Becking/Noack, FS Seibert 2019, 1057 (1063). Relativierend gilt jedoch auch, dass (ausländische) institutionelle Investoren mit Blick auf die Kommunikationsfrequenz in Investorengesprächen jeweils äußerst unterschiedliche Bedürfnisse und Anreize haben, weitsichtig *Kremer*, in: Kremer/u.a., DCGK, Rn. 1270b. Zur rationalen Passivität vieler institutioneller Investoren bereits § 2.B.II.1 dieser Untersuchung.

182 *Bommer/Steinbach*, BOARD 2013, 219 (219 f.); *Drinhausen/Marsch-Barner*, AG 2014, 337 (349); *Leyendecker-Langner*, NZG 2015, 44 (44); *Fleischer/Bauer/Wansleben*, DB 2015, 360 (360, 362); *Plagemann/Rahlmeyer*, NZG 2015, 895 (899); *Hirt/Hopt/Mattheus*, AG 2016, 725 (727 f.); *Grunewald*, ZIP 2016, 2009 (2009); *Kocher*, DB 2016, 2887 (2890); *Koch*, AG 2017, 129 (133); *Krämer*, AR 2017, 18 (18), der die Ansprache des Aufsichtsratsvorsitzenden durch anglo-amerikanische institutionellen Investoren als „fact of life" bezeichnet; *Schick*, WPg 2018, 1379 (1379 f.); *Hopt/Leyens*, ZGR 2019, 929 (951) schreiben von internationaler Praxis; vgl. *Rickard*, in: NIRI, IR Update November 2016, 6 (8).

183 Hermes, Corporate Governance Principles Germany (2019), abrufbar unter www.hermes-investment.com/ukw/wp-content/uploads/2019/08/hermes-eos-corporate-governance-principles-germany-may-2019.pdf (letzter Abruf am

Anlass für Dialoganfragen an den Aufsichtsrat ein wiederkehrendes Verständnisproblem ausländischer Investoren mit den Besonderheiten des dualistischen Systems in Deutschland und Österreich.[184] Hierbei unterscheiden sie entweder bewusst oder mangels Kenntnis nicht zwischen der Funktion des Aufsichtsratsvorsitzenden und des ihnen bekannten *chairman of the board*, der wesentliche Aufgaben für die Investorenkommunikation des Unternehmens wahrnimmt.[185]

---

15. September 2020), S. 2; zu letzterem CalPERS, Governance and Sustainability Principles (2018), abrufbar unter www.calpers.ca.gov/docs/forms-publications/governance-and-sustainability-principles.pdf (letzter Abruf am 15. September 2020), S. 19 f.; siehe auch *Bortenlänger*, BOARD 2014, 71 (72); *Roth*, ZHR 178 (2014), 638 (669 mit Fn. 232). Weitergehend zu den wichtigsten Corporate Governance-Leitlinien von Stimmrechtsberatern und institutionellen Investoren und ihrem Verhältnis zum DCGK *Hopt/Leyens*, ZGR 2019, 929 (945-948); *Kley*, AG 2019, 218 (220); *Roth*, AG 2020, 278 (283 mit Fn. 86). Diesen einen höheren Stellenwert Bedeutung als DCGK-Vorgaben beimessend, *Koch*, in: Hüffer/Koch, AktG, § 100 Rn. 36.

184 Zum Unverständnis internationaler Investoren mit Blick auf das duale System und der ihnen unvertrauten Zuständigkeitsaufteilung zwischen operativem Organ und Aufsichtsgremium etwa *Klose*, in: Grundei/Zaumseil, Der Aufsichtsrat, 331 (357); *Börsig/Löbbe*, in: Krieger/Lutter/Schmidt, FS Hoffmann-Becking 2013, 125 (131); vgl. auch *Winkler*, Verantwortung institutioneller Anleger, S. 124. Das monistische *board*-System kennt im Unterschied zum dualistischen System von Vorstand und Aufsichtsrat außer der Gesellschafterversammlung mit dem *board of directors* nur ein Leitungsorgan, statt vieler *Armour/Enriques/Hansmann/Kraakman*, in: Kraakman/u.a., The Anatomy of Corporate Law, 49 (50 f.). Für die USA sowie Großbritannien *Fey*, DStR 1995, 1320 (1320 f.); speziell für die USA *v. Hein*, RIW 2002, 501 (502); zum U.S.-*board* auch *Leyens*, RabelsZ 67 (2003), 57 (69 ff.); mit Blick auf das Vereinigte Königreich *Jungmann*, ECFR 2006, 426 (435 ff.). Es ist, abgesehen von Wahl- bzw. Mischformen, im Gegensatz zum dualistischen System international wie auch in Europa verbreitet, vgl. *Davies*, ZGR 2001, 268 (269); *Leyens*, RabelsZ 67 (2003), 57 (59 mit Fn. 1); *Hopt*, ZHR 175 (2011), 444 (467); *Hopt*, The American Journal of Comparative Law 59.1 (2011), 1 (21); *Hopt*, ECGI Law Working Paper 305/2016, S. 2 f.; *Hopt*, EuZW 2016, 201 (201); *Cheffins/Black/Klausner*, in: Grundmann/u.a., FS Schwark 2006, 121 (122 f.).

185 *Drygala*, in: Schmidt/Lutter, AktG, § 107 Rn. 25; *Kremer*, in: Kremer/u.a., DCGK, Rn. 1269; *Bortenlänger*, BOARD 2014, 71 (71); *Vetter*, AG 2014, 387 (388); *Leyendecker-Langner*, NZG 2015, 44 (47); *Fleischer/Bauer/Wansleben*, DB 2015, 360 (362); *Plagemann/Rahlmeyer*, NZG 2015, 895 (895, 899); *Koch*, in: Fleischer/u.a., 50 Jahre Aktiengesetz, 65 (87); auch *Langenbucher*, in: Fleischer/u.a., 50 Jahre Aktiengesetz, 273 (289) bestätigt, dass ausländische Kapitalgeber vor dem Hintergrund ihrer Gesprächskultur einer Ausgrenzung des Aufsichtsrats bzw. des Aufsichtsratsvorsitzenden aus dem Dialog mit Kapitalgebern wenig Verständnis entgegenbringen; *Henning*,

In Deutschland sind Aufsichtsratsvorsitzende laut Satzung auch regelmäßig die Leiter der Hauptversammlung, woraus einige ausländische Aktionäre ableiten, dass auch bzw. vor allem sie das Unternehmen nach außen repräsentieren.[186] Außerdem wurde berichtet, dass vor allem angelsächsische Aktionärsgruppen, die das deutsche *two tier*-System nicht kennen bzw. sich nicht die Mühe gemacht haben, es vor einer Investition kennen zu lernen, auf dem Bestehen eines vermeintlichen Informationsanspruchs außerhalb der Hauptversammlung beharren.[187]

4. *Publizitätsfreude des Aufsichtsrats(vorsitzenden)*

Schließlich ist das Öffentlichkeitsbewusstsein des jeweiligen Aufsichtsrats bzw. des Vorsitzenden des Aufsichtsrats wesentlich dafür, ob und wie häufig Direktkontakte zu Investoren gepflegt werden.[188] Zum einen wird dies

---

BOARD 2017, 41 (41); *Becker/v. Werder*, AG 2016, 761 (774); *Vetter*, AG 2016, 873 (873 f.); *Hakelmacher*, WPg 2018, 187 (189) betont, das bislang wenig Verständnis dafür besteht, dass der Aufsichtsrat kein Co-Manager ist; *Schaper*, AG 2018, 356 (357); *Thümmel*, AR 2018, 153; *Degenhart*, in: Webmagazin der Börse München vom 21. Februar 2017; vgl. auch Dr. Maximilian Degenhart im Interview mit *Wadewitz*, in: Börsen-Zeitung vom 25. März 2017, S. 9. Vertiefend zur Kommunikation des *chairman of the board* im Vereinigten Königreich und den USA in § 3.C.II.2 dieser Untersuchung.

186 Zu dieser Fehlvorstellung *Bortenlänger*, BOARD 2014, 71 (71).

187 *Semler*, NZG 2013, 771 (777, Fn. 23). Aktionäre haben jedoch keinen Anspruch auf Auskunftserteilung außerhalb der hauptversammlungsgebundenen Auskunftsansprüche gemäß § 131 Abs. 1 S. 1 sowie Abs. 4 S. 1 AktG, siehe *Raiser/Veil*, Recht der Kapitalgesellschaften, § 11 Rn. 61; auch bereits *Boesebeck*, AG 1963, 89 (90); *Janberg*, AG 1965, 191 (191); *Hüffer*, ZIP 1996, 401 (404-406); *Wilde*, ZGR 1998, 423 (441); *Schneider/Singhof*, in: Hönn/Konzen/Kreutz, FS Kraft 1998, 585 (600 f.) betonen, dass trotz der Sonderstellung wesentlich beteiligter Aktionäre ihnen kein mitgliedschaftliches Sonder-Auskunftsrecht zusteht; *Pentz*, in: Hommelhoff/Rawert/Schmidt, FS Priester 2007, 593 (596); *Spindler*, in: Bergmann/Hoffmann-Becking/Noack, FS Seibert 2019, 855 (864); *Landsittel*, Investorenkommunikation, S. 102-104. A.A. ist *Krömker*, NZG 2003, 418 zumindest für veräußerungswillige Paketaktionäre; anders auch *Verse*, Der Gleichbehandlungsgrundsatz, S. 514-516 bei sofortiger Nachinformation der übrigen Aktionäre.

188 Siehe hierfür ein Ergebnis von *Heidrick & Struggles*, Chairman 2.0, S. 13; *Hengeler Mueller/Heiner Thorborg*, Aufsichtsräte in Deutschland 2017, S. 12-13; *Noerr/Hering Schuppener/v. Werder*, Rolle des Aufsichtsrats in der Krisenkommunikation, S. 36; *Probst/Theisen*, AR 2014, 154 (155), insbesondere Abbildung 1; *Krämer*, AR 2017, 18 (18).

durch die jeweilige Unternehmenskultur und -historie beeinflusst, die das Handeln der Verwaltungsorgane und ihrer Mitglieder prägt. Zum anderen kommt es vor allem stark auf die Persönlichkeit des jeweiligen Aufsichtsratsvorsitzenden an.[189] Gründe dafür, dass Aufsichtsratsvorsitzende überhaupt nicht kommunizieren (wollen), sind unter Umständen nicht ausreichende rhetorische Kompetenzen in seiner Person.[190] Außerdem könnte die Mandatsträger von einer aktiveren kommunikativen Rolle abhalten, dass jedes Investorengespräch mit Arbeit und Haftungsrisiken verbunden ist, die (bislang) nicht zusätzlich vergütet werden.[191] Im Gegensatz dazu ist aber auch davon auszugehen, dass es extrovertierte Persönlichkeiten in der Stellung des Aufsichtsratsvorsitzenden gibt, die sich auch im Außenverhältnis aktiver einbringen, etwa um die mit der Investorenkommunikation theoretisch erzielbaren strategischen Vorteile für das Unternehmen zu erreichen. Unter Umständen zieht es diese Persönlichkeiten aber auch in das Rampenlicht, das sie vormals als Vorstandsvorsitzender gewohnt waren.[192]

D. Zwischenfazit

Investorengespräche ermöglichen der Verwaltung als ganz besondere Form der Kommunikation eine intensive, durch den persönlichen Kontakt gepflegte Beziehung zu wichtigen Kapitalgebern. Für die Unternehmen kann diese Art der vertrauensbildenden Kommunikation ein stark wertschöpfender Faktor sein, und zugleich ermöglichen, Kapitalmarkt- und Investorenanforderungen in das eigene Unternehmen zu transformieren. Gefördert werden kann hierdurch auch das unternehmenseigene Krisenmanagement. Ihre Bedeutung für die

---

189 *Döring*, in: Börsen-Zeitung vom 6. Juli 2016, S. 1; *Mattheus*, in: Börsen-Zeitung vom 3. März 2017, S. 8.

190 Für *Scherer*, in: Dehnen, Der professionelle Aufsichtsrat, 148 (150) geht es um die „Frage nach der „Parkettsicherheit“ (Rhetorik, Körpersprache, Stilsicherheit).“

191 Vertiefend zum niedrigen Vergütungsniveau für Aufsichtsräte im Verhältnis zum geleisteten Arbeitseinsatz und der damit verbundenen Verantwortung *Leyens*, RabelsZ 67 (2003), 57 (84); *Vetter*, in: Fleischer/u.a., 50 Jahre Aktiengesetz, 103 (147 ff.); *Siepmann/Kayser*, AR 2018, 101; *Cheffins/Black/Klausner*, in: Grundmann/u.a., FS Schwark 2006, 121 (123); auch *Inci*, Shareholder Engagement, S. 139, 147. Zur wenig angemessenen Vergütung speziell des Aufsichtsratsvorsitzenden auch schon *Lutter*, ZHR 159 (1995), 287 (308 f.).

192 *Hakelmacher*, WPg 2018, 187 (189); *Hippeli*, wistra 2018, 409 (409); aus der Presse *Student*, in: manager magazin, November 2016, S. 58.

strategische Unternehmensentwicklung ist hoch und weiter zunehmend. Grund dafür ist vor allem der wachsende wirtschaftliche Einfluss (ausländischer) institutioneller Investoren.

Institutionelle Investoren werden regulatorisch zunehmend selbst zu einer verantwortungsbewussten Eigentümerschaft durch verstärktes Engagement und Mitwirken bei der Steuerung und Kontrolle ihres Portfoliounternehmens angehalten. Neben zahlreichen supranationalen Kodizes hatte als Regulierungsinstrument weltweit der UK Stewardship Code Modellcharakter. In Deutschland wird die besondere Verantwortung institutioneller Investoren seit 2017 im DCGK rezipiert. Die wohl stärkste Ausprägung des Stewardship-Gedankens etablierte bislang die Aktionärsrechterichtlinie 2017 und das sie in nationales Recht umsetzende ARUG II mit erhöhten Transparenzpflichten für institutionelle Anleger und Vermögensverwalter. Weil der eingehende Dialog mit der Verwaltung vielfach als ein wesentlicher Bestandteil eines aktiven Engagements institutioneller Investoren verstanden wird, gleichzeitig aber auch für die Investorenseite ein effektives und flexibles Mittel der Einflussnahme und der Informationsgewinnung darstellt, ist zukünftig noch häufiger mit dem Wunsch dieser Prinzipalgruppe zu rechnen, nichtöffentliche Gespräche mit den Mitgliedern der Verwaltung zu führen.

Speziell zu Investorengesprächen des Aufsichtsrats stechen mit Blick auf die Unternehmenspraxis börsennotierter Aktiengesellschaften die folgenden Befunde hervor: Dass auch Aufsichtsräte mit Investoren direkt kommunizieren, ist weitgehend bekannt. Erhöht hat sich für das Kontrollgremium in den letzten Jahren aber vor allem der Druck, gesprächsbereit zu sein, weil Investorendialoge von (ausländischen) institutionellen Investoren zum Teil nachdrücklich eingefordert werden. Erst jüngst ist in Deutschland zu beobachten, dass sich beim Umgang mit Investorengesprächen auf der Ebene des Aufsichtsrats ein proaktiver Ansatz – etwa durch vom Aufsichtsrat eigens organisierten Corporate Governance-*roadshows* – etabliert. Trotzdem unterscheiden sich die Kommunikationsgewohnheiten deutscher Aufsichtsräte stark voneinander. Kriterien, die sich auf die Kommunikationsfrequenz des jeweiligen Gremiums auswirken können, sind – neben den bisweilen noch immer nicht ausjudizierten aktienrechtlichen Unsicherheiten – die Unternehmensgröße, die konkrete Unternehmenssituation, die Eigentümerstruktur der Gesellschaft, vor allem die Aktivität der Aktionäre und ihre Internationalität wie auch die Publizitätsfreudigkeit des Aufsichtsrats, die stark von der Persönlichkeit des Vorsitzenden des jeweiligen Gremiums geprägt ist.

§ 3. Zulässigkeit von Investorenkontakten des Aufsichtsrats

Die vorgenannten Ergebnisse führen automatisch zu der Frage, ob Aufsichtsräte aktienrechtlich berechtigt sind, eingehende Investorenkontakte zu pflegen und eigenständig in Investorengesprächen zu kommunizieren. Die Meinungen hierzu sind in der Literatur gespalten, weil sich eine eindeutige Antwort weder ausdrücklich im Aktiengesetz noch in den einschlägigen Aussagen der Rechtsprechung findet.[193] Ausgangspunkt der folgenden Analyse ist die organisationrechtliche Stellung des Vorstands in der Aktiengesellschaft und die Reichweite seiner Kompetenz zur Investorenkommunikation (dazu Abschnitt A). Sodann wird untersucht, warum von den Gegnern eines eigenen Kommunikationsrechts des Aufsichtsrats Entscheidungen über das „Ob und Wie" von Investorengesprächen *de lege lata* ausschließlich als Vorstandsaufgaben behandelt werden (Abschnitt B). In einem weiteren Schritt gilt es nachzuvollziehen, inwieweit und warum sich dieses Verständnis gewandelt hat. In Auseinandersetzung mit der ablehnenden Ansicht wird für eine Neuinterpretation der aktienrechtlichen Grundlagen argumentiert und die Zulässigkeit von inhaltlich auf Aufsichtsratsthemen beschränkten Investorengesprächen im Rahmen einer in Rechtsfortbildung konstruierten Annexkompetenz des Aufsichtsrats begründet (siehe Abschnitt C). Viele der von Gegnern des Investorendialogs vorgebrachten Argumente, mit denen versucht wird, den Investorendialog des Aufsichtsrats als solchen zu unterbinden, werden erneut relevant, um die zulässige Reichweite der Investorenkommunikation des Aufsichtsrats zu präzisieren und das mitbestimmungsrechtlich begründete Spannungsverhältnis zwischen dem Aufsichtsratsvorsitzenden und dem Aufsichtsratsplenum für die Situation des Investorendialogs klarer zu fassen. Wegen der auch mit diesen Streitfragen

---

193 Statt vieler *Breuer/Fraune*, in: Heidel, Aktienrecht, § 111 Rn. 29. *Hopt/Roth*, Der Aufsichtsrat, § 111 Rn. 577a, interpretieren den Streit in der Rechtswissenschaft hingegen als keinen grundsätzlichen im Hinblick auf das Verhältnis von Vorstand und Aufsichtsrat, sondern eher als einen solchen bezüglich der Reichweite des Dialogs, der Kompetenz des Aufsichtsratsvorsitzenden statt des gesamten Aufsichtsrats und der Gleichbehandlung der Aktionäre. Auch *Schick*, WPg 2018, 1379 (1380) geht von einer weitgehenden Einigkeit über die grundsätzliche Zulässigkeit der Kapitalmarktkommunikation des Aufsichtsrats aus, betont aber gleichzeitig, dass wegen gewichtiger Argumente dagegen in der Praxis besondere Sorgfalt nötig ist.

verbundenen, erheblichen rechtlichen Unsicherheiten sollen sie im weiteren Verlauf der Untersuchung jeweils in einem eigenen Kapitel näher betrachtet und rechtlich gewürdigt werden (siehe § 4 zu den Grenzen der Investorenkommunikation; zu der Frage nach der organinternen Zuständigkeit allein des Aufsichtsratsvorsitzenden § 5 der Untersuchung).

A. Rechtlicher Ausgangspunkt: unternehmerische Entscheidung des Vorstands

Die Kompetenz zur Investorenkommunikation liegt wegen der verbandsrechtlichen Stellung des Vorstands zunächst einmal beim Vorstand.[194] Gemäß § 76 Abs. 1 AktG hat der Vorstand die Gesellschaft unter eigener Verantwortung zu leiten, d.h. er besitzt umfassend Leitungsmacht für alle nach innen und nach außen gerichteten Fragen der Unternehmensführung.[195] Des Weiteren bestimmt § 77 Abs. 1 S. 1 AktG, dass Vorstandsmitglieder die Geschäftsführung im Grundsatz gemeinschaftlich verantworten. Schließlich ist der Vorstand gemäß § 78 AktG das designierte Vertretungsorgan der Gesellschaft und zur Abgabe von Willenserklärungen befugt.[196] Dem Vorstand obliegt nach der gesetzgeberischen Wertung deshalb auch jenseits der gesetzlichen Pflichten

---

194 Das ist unbestritten, hierzu etwa *Grigoleit/Tomasic*, in: Grigoleit, AktG, § 111 Rn. 72; *Spindler*, in: MüKo-AktG, § 76 Rn. 25; *Habersack*, in: MüKo-AktG, § 116 Rn. 66 f.; *Habersack*, in: Habersack/Henssler, Mitbestimmungsrecht, § 25 MitbestG Rn. 111 ff.; *Hambloch-Gesinn/Gesinn*, in: Hölters, AktG, § 107 Rn. 54a; *Arnold*, in: Marsch-Barner/Schäfer, Hdb. börsennotierte AG, Rn. 19.28; *Roth*, in: Davies/u.a., Corporate Boards in Law and Practice, 253 (315); *Winkler/Ewenz-Sandten*, in: Gerke/Steiner, Handwörterbuch des Bank- und Finanzwesens, Spalte 1179; prägnant *Fleischer*, ZGR 2009, 505 (508): „Investor Relations sind Chefsache!"; *Rahlmeyer*, AR 2015, 144 (145); *Fleischer/Bauer/Wansleben*, DB 2015, 360 (363); *Merz*, AR 2017, 1 (3 f.); *Hopt*, ECGI Law Working Paper 365/2017, S. 3, 10; *Schick*, WPg 2018, 1379 (1381): „Investor Relations ist Vorstandsangelegenheit."; *Schilha/Theusinger/v. Manikowsky/v. Werder*, BOARD 2019, 42 (42, 44); *Holle*, ZIP 2019, 1895 (1897); *Hippeli*, wistra 2018, 409 (409); *Spindler*, in: Bergmann/Hoffmann-Becking/Noack, FS Seibert 2019, 855 (865); vgl. auch *Leyens*, Information des Aufsichtsrats, S. 385; *Seibt*, in: Börsen-Zeitung vom 17. Juni 2017, S. 9. Die Investor Relations werden auch vom DIRK als „Managementaufgabe" definiert, siehe bereits Fn. 13 dieser Untersuchung. Vgl. zur Unternehmenskommunikation allgemein *Salzer*, Quintessenz der Unternehmenskommunikation, S. 23: „Kommunikation ist Chefsache!"

195 Statt vieler *Raiser/Veil*, Recht der Kapitalgesellschaften, § 14 Rn. 1.

196 Vertiefend statt vieler *Vedder*, in: Grigoleit, AktG, § 78 Rn. 1 ff.

die Kompetenz zur Außendarstellung des Unternehmens, im Rahmen derer er die Informationspolitik des Unternehmens, ihre Inhalte und Umsetzung bestimmt.[197] Konsequenterweise fallen auch Investorenkontakte in der Form von Investorengesprächen in seine Verantwortung, obwohl das Aktiengesetz Adressaten, Umfang, Inhalt und Verbreitungswege einer überobligatorischen Informationserteilung und -gewähr an einzelne Aktionäre nicht ausdrücklich regelt.[198] Gesetzlich ist einzig ein Umkehrschluss zum erweiterten Auskunftsrecht gemäß § 131 Abs. 4 S. 1 AktG ein geeigneter Anknüpfungspunkt, denn dafür werden privilegierende Informationsweitergaben an einzelne Aktionäre zwischen den Hauptversammlungen vorausgesetzt.[199] Grundlegender liest sich in der Regierungsbegründung des AktG 1965 im Zusammenhang mit freiwilligen Informationsweitergaben, dass es durchaus erwünscht ist, wenn der Vorstand auch während des Geschäftsjahres auf Anfragen der Aktionäre eingeht.[200]

---

197 Ebenfalls *Ihrig/Schäfer*, in: Ihrig/Schäfer, Rechte und Pflichten des Vorstands, Rn. 658; *Noerr/Hering Schuppener/v. Werder*, Rolle des Aufsichtsrats in der Krisenkommunikation, S. 5; *Vetter*, AG 2014, 387 (388, 392); *Leyendecker-Langner*, NZG 2015, 44 (44 f.); *Fleischer/Bauer/Wansleben*, DB 2015, 360 (363); *Schaper*, AG 2018, 356 (356 f.); *Schick*, WPg 2018, 1379 (1381); *Spindler*, in: Bergmann/Hoffmann-Becking/Noack, FS Seibert 2019, 855 (865 f.).

198 *Kremer*, in: Kremer/u.a., DCGK, Rn. 1270, 1270a; *Schaefer*, NZG 2007, 900 (901); *Schaefer*, AR 2008, 42; *Smend*, ZCG 2008, 53 (56); *Fleischer*, ZGR 2009, 505 (508); dazu auch in zwei Aufsätzen *Vetter*, AG 2014, 387 (387, 392) und AG 2016, 873 (873); *Leyendecker-Langner*, NZG 2015, 44 (44); *Fleischer/Bauer/Wansleben*, DB 2015, 360 (363); *Hirt/Hopt/Mattheus*, AG 2016, 725 (731, 733); auch *DAV-Handelsrechtsausschuss*, NZG 2017, 57 (58); *Koch*, AG 2017, 129 (131); *Schaper*, AG 2018, 356 (356); vgl. auch *Zetzsche*, Aktionärsinformation, S. 72; *Inci*, Shareholder Engagement, S. 126 f.; *Landsittel*, Investorenkommunikation, S. 69 ff.

199 *Fleischer/Bauer/Wansleben*, DB 2015, 360 (364); *Schockenhoff/Nußbaum*, AG 2019, 321 (328); *Leyens*, ZGR 2019, 544 (578); *Leyens*, ZGR 2019, 544 (578); *Zetzsche*, AG 2019, 701 (704): „aus der Norm ist abzuleiten, dass die privilegierte Information mancher Aktionäre zum Alltagsleben einer AG gehört."; *Inci*, Shareholder Engagement, S. 126 f. Siehe darüber hinaus *Pentz*, in: Hommelhoff/Rawert/Schmidt, FS Priester 2007, 593 (597) mit einem Umkehrschluss zu § 131 Abs. 3 S. 1 Nr. 7 AktG.

200 *Kropff*, AktG 1965, S. 187: „Im Interesse der Beziehungen zwischen der Gesellschaft und ihren Aktionären ist es jedoch erwünscht, daß der Vorstand freiwillig auch während des Geschäftsjahrs auf Anfragen der Aktionäre eingeht oder sie durch Rundschreiben unterrichtet."; hierzu auch *Leuering/Simon*, NJW-Spezial 2006, 507 (507); zudem *Pentz*, in: Hommelhoff/Rawert/Schmidt, FS Priester 2007, 593 (597). Den resultierenden Informationsvorsprung auszugleichen, ist Zweck des § 131 Abs. 4 AktG, so *Kubis*, in: MüKo-AktG, § 131 Rn. 147.

Im Schrifttum wurde bereits hervorgehoben, dass sich unterjährige Investorengespräche des Vorstands zu einer guten Corporate Governance-Vorgabe entwickelt haben.[201]

Entscheidungen mit Blick auf das „Ob und Wie“ von Investorengesprächen hat der Vorstand in den Grenzen von Gesetz und Recht gemäß § 93 Abs. 1 AktG am Unternehmensinteresse[202] auszurichten. Dieses ist wegen des in Deutschland herrschenden Stakeholder-Ansatzes, bei dem das Unternehmensinteresse politisch durch Interessenabgleich von Anteilseignern, Arbeitnehmern, Lieferanten, Abnehmern, Politikern und sonstigen Stakeholdern ausgehandelt wird, jedoch nur schwer zu verallgemeinern.[203] Dem Vorstand ist deshalb im Bereich der Investorenkommunikation ein breiter unternehmerischer Ermessensrahmen zuzubilligen, was regelmäßig eine flexible Handhabung beim Umgang mit Investorengesprächen ermöglicht.[204] Einschränkende Vorgaben leiten sich aus

201 *Schiessl*, AG 2009, 385 (386 f.); vgl. *Schirmer*, in: VGR, Gesellschaftsrecht 2016, 181 (184), der den Wortbeitrag von *Wettich* auf der VGR-Tagung 2016 zitiert: Heute sei die Zulässigkeit von Investorenkontakte des Vorstands anerkannt, obwohl man sie früher für unzulässig gehalten habe; *Schilha/Theusinger/v. Manikowsky/v. Werder*, BOARD 2019, 42 (42). Die Beziehungspflege zu Investoren im Rahmen der Investor Relations verzahne sich mit anderen Corporate Governance-Regeln, die ebenfalls Konfliktlagen aus der Trennung von Eigentum und Kontrolle in der Aktiengesellschaft behandeln, dazu etwa *Koch*, in: Hüffer/Koch, AktG, § 76 Rn. 37; *Weber-Rey/Reps*, ZGR 2013, 597 (605). Vertiefend zur Unternehmenskommunikation als Element der Corporate Governance *Cromme/Claassen*, in: Hommelhoff/Hopt/v. Werder, Hdb. Corporate Governance, 603 (612 f.). Kritisch *Koch*, AG 2017, 129 (137, Fn. 67), der eine Klarstellung des Gesetzgebers wünscht, weil „sich die Praxis schon bei den Investorenkontakten des Vorstands in bedenklicher Weise von den Vorgaben des Aktienrechts entfernt hat.“

202 Siehe Abs. 1 S. 3 der Präambel des DCGK 2020. Vgl. aber auch den Wortlaut des § 93 Abs. 1 S. 2 AktG: „Wohle der Gesellschaft“. Vertiefend zum Unternehmensinteresse als dogmatischer Bezugspunkt *Fleischer*, in: Spindler/Stilz, AktG, § 76 Rn. 24 ff. Mit Bedenken zur „Schimäre vom sogenannten „Unternehmensinteresse““ *Paefgen*, in: Bergmann/Hoffmann-Becking/Noack, FS Seibert 2019, 629 (644 ff.).

203 Es ist keine Gewichtung dieser Interessen durch das Gesetz vorgegeben. Vertiefend etwa *Langenbucher*, Aktien- und Kapitalmarktrecht, § 4 Rn. 50 mit Verweis auf § 1 Rn. 15a; *Zöllner*, AG 2003, 2 (7 f.); *Kort*, AG 2012, 605 (605 f.); *Roth*, Fordham Journal of Corporate & Financial Law 18.4 (2013), 751 (785 f.); *Kocher*, Journal of International Banking Law and Regulation 30.7 (2015), 402 (403); *Kocher*, DB 2016, 2887 (2890); *Fendt*, AG 2017, 99 (99-106).

204 *Schaefer*, NZG 2007, 900 (901); *Schaefer*, AR 2008, 42; *Weber-Rey/Reps*, ZGR 2013, 597 (610 ff.); *Kocher*, DB 2016, 2887 (2890); *Inci*, Shareholder Engagement, S. 127.

dem Sorgfaltsmaßstab gemäß § 93 Abs. 1 S. 1 AktG und den konkretisierenden Vorgaben der zunächst vom BGH rezipierten[205] und anschließend kodifizierten *business judgement rule* gemäß § 93 Abs. 1 S. 2 AktG ab.[206] Beschränkt wird die kommunikative Freiheit des Vorstands zusätzlich durch mehrere Rechtsprinzipien des Aktien- und Kapitalmarktrechts: Hierunter fallen seine Pflicht zur Verschwiegenheit gemäß § 93 Abs. 1 S. 3 AktG, das Gebot der (informationellen) Gleichbehandlung der Aktionäre gemäß § 53a AktG (vgl. auch § 131 Abs. 4 S. 1 AktG), die kapitalmarktrechtliche Parallelvorschrift gemäß § 48 Abs. 1 Nr. 1 WpHG, das Verbot der unrechtmäßigen Weitergabe von Insiderinformationen gemäß Art. 14 lit. c) i.V.m. 10 MMVO und schließlich der allgemeine Grundsatz der richtigen Darstellung.[207] Alle zuvor benannten Schranken sollen in § 4.B dieser Untersuchung noch ausführlich behandelt werden, weil sie nicht nur selektive Informationsweitergaben des Vorstands, sondern auch solche des Aufsichtsrats beschränken.

Der Vorstand darf bei seiner Investorenkommunikation auch nicht eigenmächtig Auskünfte zu Themen geben, die originär in die Sphäre des Aufsichtsrats fallen.[208] Mangels Sachkenntnis über die entsprechenden Hintergründe ist er in der Regel bereits unfähig, sachadäquat und ggf. spontan auf entsprechende

205 Vgl. BGHZ 135, 244 (253); BGHZ 152, 280 (284).

206 Zu den damit verbundenen Anforderungen in § 3.C.I.4 dieser Untersuchung. Zur Frage nach der Einordnung der *business judgement rule* als Haftungsprivilegierung, *safe harbor* oder verbindliche Konkretisierung des allgemeinen Sorgfaltsmaßstabs in § 93 Abs. 1 S. 1 AktG *Scholz*, AG 2018, 173, der im Ergebnis (auf 182 ff.) letzteres befürwortet. Vertiefend zur *business judgement rule* etwa *Lutter*, ZIP 2007, 841; *Bosch/Lange*, JZ 2009, 225 (228 ff.); *v. Falkenhausen*, NZG 2012, 644; *Hopt*, ZIP 2013, 1793 (1797); *Merkt*, ZGR 2017, 129; *Ott*, ZGR 2017, 149.

207 Zu den einzelnen Elementen teilweise *Wilde*, ZGR 1998, 423 (460 ff.); *Leuering/Simon*, NJW-Spezial 2006, 507 (507 f.); *Schaefer*, NZG 2007, 900 (901); *Fleischer*, ZGR 2009, 505 (511 ff.); *Langenbucher*, in: Fleischer/u.a., 50 Jahre Aktiengesetz, 273 (288); *Hopt*, ECGI Law Working Paper 365/2017, S. 7 ff.; *Langenbucher*, in: Siekmann, FS Baums 2017, 743 (751); *Landsittel*, Investorenkommunikation, S. 110 ff. Vgl. darüber hinaus *Jahn*, in: Hauschka/Moosmayer/Lösler, Corporate Compliance, § 40 Rn. 16 f.

208 *Spindler*, in: Bergmann/Hoffmann-Becking/Noack, FS Seibert 2019, 855 (866); auch *Landsittel*, Investorenkommunikation, S. 84 ff. mit dem Argument, dass anderenfalls eine unzulässige Kompetenz-Kompetenz des Vorstands begründet wird. Vgl. darüber hinaus *Vetter*, in: Aderhold/u.a., FS Westermann 2008, 1589 (1595 ff.), der bestätigt, dass sich Auskünfte des Vorstands auf der Hauptversammlung über verschiedene dem Aufsichtsrat zugewiesenen Aufgaben im Grunde verbieten.

Fragen zu antworten.[209] Selbst wenn der Vorstand – bspw. durch Nachfragen beim Aufsichtsrat – auskunftsfähig wäre, stehen seinen Aussagen erhebliche Bedenken entgegen. Zunächst wären sie unglaubwürdig, weil nur der Aufsichtsrat sich über seine eigenen Angelegenheiten unverfälscht und unbefangen äußern kann. Die alleinige Entscheidungsmacht des Vorstands, aufsichtsratsspezifische Botschaften im Außenverhältnis zu kommunizieren oder für sich zu behalten, würde außerdem die Unabhängigkeit des Aufsichtsratsorgans gefährden.[210] Ohnehin würde der Vorstand mit einer absoluten Kommunikationshoheit mittelbar Einfluss auf Sachthemen gewinnen, für die er im gesellschaftlichen Innenbereich nicht zuständig ist. Das widerspricht dem aktienrechtlichen Kompetenzgefüge und den für die Struktur der Aktiengesellschaft wesentlichen Inkompatibilitätsgrundsätzen, vgl. §§ 105 Abs. 1 sowie 111 Abs. 6 AktG.[211] Darf der Vorstand wegen der damit zu befürchtenden Dysfunktionalitäten über Aufsichtsratsthemen nicht eigenmächtig sprechen, wirft das zugleich sehr deutlich die Frage auf, ob wenigstens der Aufsichtsrat aus eigener Kompetenz berechtigt ist, Investorenkontakte zu pflegen und entsprechende Themen für das Unternehmen zu kommunizieren.

B. Kein Kommunikationsrecht nach traditioneller Interpretation des Aktiengesetzes

Dass auch der Aufsichtsrat in den Investorendialog ein- und damit für das Unternehmen als Kapitalmarktkommunikator auftritt, lehnen verschiedene Stimmen in der Literatur ab.[212] Befürchtet werden mit einer eigenständigen

---

209 Vgl. dazu *Mertens/Cahn*, in: KK-AktG, § 107 Rn. 61; *Trescher*, DB 1990, 515 (516); *Spindler*, in: Bergmann/Hoffmann-Becking/Noack, FS Seibert 2019, 855 (866).

210 Zu den beiden vorgenannten Argumenten auch in § 3.C.II.4.a) dieser Untersuchung.

211 *Spindler*, in: Spindler/Stilz, AktG, § 107 Rn. 40: „[E]s [wäre] widersinnig, [dem Vorstand] die Kommunikationshoheit über Themen zu überlassen, die seiner Kompetenz in der Sache ohnehin entzogen sind."; *Spindler*, in: MüKo-AktG, § 76 Rn. 25 m.w.N.; hierzu auch *Noerr/Hering Schuppener/v. Werder*, Rolle des Aufsichtsrats in der Krisenkommunikation, S. 13; *Fleischer/Bauer/Wansleben*, DB 2015, 360 (363 f.); *Schilha/Theusinger*, NZG 2019, 521 (523); *Holle*, ZIP 2019, 1895 (1897); *Roth*, in: Dreher/u.a., FS Bergmann 2018, 565 (580). Vgl. auch den Parallelfall einer Auskunft des Aufsichtsrats auf der Hauptversammlung, wo nach der Ansicht von *Trescher*, DB 1990, 515 (516) „Recht und Pflicht zur Auskunft über die Überwachungstätigkeit vom Überwacher weg auf den Überwachten übertragen werden".

212 Kritisch bis ablehnend *Koch*, in: Hüffer/Koch, AktG, § 111 Rn. 34a; *Kort*, in: Groß-Komm/AktG, § 76 Rn. 9a; *Jaeger*, in: Ziemons/Binnewies, Hdb. Aktiengesellschaft,

Dialogbefugnis vor allem unweigerliche Kollisionen und die Verwässerung der im Aktienrecht klar abgegrenzten und bewährten Kompetenzen der Gesellschaftsorgane.[213] Ohne eine weitergehende Grundlage *de lege ferenda* dürfe sich der Aufsichtsrat im Bereich der Investorenkommunikation ihrer Meinung nach kein eigenes Kommunikationsrecht schaffen.[214] Folgt man diesen Stimmen, darf der Aufsichtsrat gegenüber Investoren nicht selbstständig nach außen kommunizieren, vielmehr hat er eingehende Gesprächsanfragen stets an den Vorstand weiterzuleiten. Die Gründe, die für diese strenge ablehnende Sichtweise sprechen, werden im Folgenden vertieft.

I. Investorenkommunikation ist ausschließlich Geschäftsführungsaufgabe

Von den Gegnern eines eigenständigen Investorendialogs durch das Aufsichtsratsorgan wird erstens hervorgehoben, dass die Wahrnehmung von Aufgaben in den Investor Relations nach den allgemeinen aktienrechtlichen Regeln für die

---

Rn. 9.201, 9.313; *Selter*, Die Beratung des Aufsichtsrats und seiner Mitglieder, Rn. 332; *Lutter*, Information und Vertraulichkeit im Aufsichtsrat, Rn. 401, 562; *Lutter/Krieger/Verse*, Rechte und Pflichten des Aufsichtsrats, 6. Auflage, Rn. 284, 683 (anders aber in der 7. Auflage, siehe dort Rn. 284, 680); *Vollhard*, GRUR 1980, 496 (496 f.) mit Blick auf die Öffentlichkeitsarbeit; *Weber-Rey*, NZG 2013, 766 (768) mit Blick auf den Umgang mit der Presse und Öffentlichkeit; maßgebend ist speziell zur Kommunikationsform des Investorendialogs der Aufsatz von *Vetter*, AG 2014, 387 (391 f.); der Kommentar von *Hexel*, AR 2014, 121; erneut *Vetter*, in: Fleischer/u.a., 50 Jahre Aktiengesetz, 103 (125); *Vetter*, AG 2016, 873; ausführlich auch *Koch*, AG 2017, 129; vgl. *Säcker*, in: Lutter/Stimpel/Wiedemann, FS Fischer 1979, 635 (636); *Säcker*, Informationsrechte, S. 46; *Leyens*, Information des Aufsichtsrats, S. 385 f.; *Müller-Mürnseer*, Quis custodiet ipsos custodes, S. 329, 610 f. Zurückhaltend jedenfalls *Ihrig/Schäfer*, in: Ihrig/Schäfer, Rechte und Pflichten des Vorstands, Rn. 658.

213 Zu dieser Befürchtung schon *Wilsing*, ZGR 2012, 291 (298 f.) im Zusammenhang mit kontinuierlichen Gesprächen zwischen der Verwaltung und Investoren; prägnant auch der Untertitel im Aufsatz von *Vetter*, AG 2014, 387: „Wider die Erosion der aktienrechtlichen Kompetenzordnung“; *Vetter*, in: Fleischer/u.a., 50 Jahre Aktiengesetz, 103 (125).

214 Die abschließende Würdigung von *Koch*, AG 2017, 129 (140 f.), der das Tätigwerden des Gesetzgebers verlangt. A.A. sind beispielhaft *Hopt/Roth*, Der Aufsichtsrat, § 107 Rn. 18 sowie § 111 Rn. 578, die die Rufe nach einer gesetzlichen Regelung entschlossen ablehnen; auch *Gentz* hält eine Gesetzesänderung für überflüssig, vgl. seine Rede anlässlich der 15. Konferenz Deutscher Corporate Governance Kodex vom 21./22. Juni 2016, S. 8, 10.

Willensbildung und Willensäußerung bestimmt werden müssen. Als Geschäftsführungsaufgaben fallen diese für sie ausschließlich in die Zuständigkeit des Vorstands (arg. §§ 76 Abs. 1, 77 Abs. 1 AktG), weil das Gesetz *de lege lata* keine anderweitige Zuweisung vornimmt.[215] § 111 Abs. 4 S. 1 AktG bestätigt diese

---

215 *Lutter*, Information und Vertraulichkeit im Aufsichtsrat, Rn. 401, der die Außenkommunikation generell als „Element der Leitung der Gesellschaft" einordnet; *Vetter*, in: Marsch-Barner/Schäfer, Hdb. börsennotierte AG, Rn. 29.22; auch *Vetter*, AG 2014, 387 (389, 391 f.); *Koch*, AG 2017, 129 (131 f.), der (auf 132) mit Blick auf die ökonomische Bedeutung der Investor Relations für die Unternehmensfinanzierung und die Zukunftsentwicklung des Unternehmens wie folgt konstatiert: „Wenn von den Befürwortern intensiver Investorenkontakte immer wieder darauf hingewiesen wird, wie wichtig die Kommunikation mit den Investoren sei, dann kann man sie nicht auf der anderen Seite als derart belanglos einstufen, dass sie die Schwelle zur Geschäftsführung nicht erreicht."; vgl. auch *Säcker*, in: Lutter/Stimpel/Wiedemann, FS Fischer 1979, 635 (636). Selbst viele Befürworter weitergehender Investorenkontakte des Aufsichtsrats äußern deshalb Bedenken, statt vieler *Breuer/Fraune*, in: Heidel, Aktienrecht, § 107 Rn. 19 sowie § 111 Rn. 29. A.A. *Hopt/Roth*, Der Aufsichtsrat, § 111 Rn. 577b, weil der bloße Kontakt zu Investoren nicht in den Bereich der Geschäftsführung falle. Umstritten ist ferner, ob die Verantwortung zur direkten Investorenkommunikation als nichtdelegierbare Leitungs- oder aber delegierbare Geschäftsführungsaufgabe des Vorstands einzuordnen ist, ausführlich *Landsittel*, Investorenkommunikation, S. 76 ff. Näher zur Unterscheidung zwischen delegationsfähigen Nichtleitungsaufgaben und nicht delegationsfähigen Leitungsaufgaben und ihren Folgen *Hüffer*, in: Bayer/Habersack, Aktienrecht im Wandel, 334 (349, 355); *Fleischer*, ZIP 2003, 1. Weiterführend zur Ablösung des starren Delegationsverbots durch eine Theorie der sorgfältigen Entscheidungsfindung *Seibt*, DB 2018, 237 (242); vertiefend *Seibt*, in: Bitter/u.a., FS Schmidt 2009, 1463. Richtigerweise sollte die Vorbereitung und Durchführung des Investorendialogs – im Gegensatz zu der allgemeinen Investor Relations-Strategie des Unternehmens, die eng mit der Finanz- und Gesamtstrategie des Unternehmens verbunden ist – den delegationsfähigen Geschäftsführungsaufgaben zugeordnet werden, selbst wenn einzelnen Kommunikationsakten an sich hohe strategische Bedeutung zukommen kann. Investorengespräche sind jedenfalls nicht immer derart bedeutsam, dass sie die Möglichkeit der Delegation auf einzelne Mitglieder des Organs, nachgeordnete Ebenen (im Besonderen: die Investor Relations-Abteilung) oder Dritte ausschließen. Außerdem verlangt die beim Investorengespräch notwendige rechtliche Subsumtion zu den aktien- und kapitalmarktrechtlichen Schranken nicht durchweg einer vom Gesamtorgan zu verantwortenden Entscheidung. Anders aber *Koch*, in: Hüffer/Koch, AktG, § 111 Rn. 34a; zudem *Koch*, AG 2017, 129 (131), der die Investor Relations ebenfalls nicht nur der Geschäftsführung, sondern der Leitungsmacht zuordnet; vgl. auch *Seibt*, in: Börsen-Zeitung vom 17. Juni 2017, S. 9. Grundlegend zu der Stellung und den Aufgaben des Vorstands und deren Auswirkungen auf Aufgaben

Zuweisung, wonach im Sinne einer strengen funktionellen Aufgabentrennung verboten ist, dem Aufsichtsrat Maßnahmen der Geschäftsführung zu übertragen.[216] Wird dem Aufsichtsratsorgan gestattet, mit Investoren eigenständig zu kommunizieren, ist – jedenfalls in der theoretischen Zuspitzung – tatsächlich zu befürchten, dass der Aufsichtsrats nicht mehr nur die Geschäftsführung im Sinne von § 111 Abs. 1 AktG kontrolliert, sondern darüber hinaus aktiv an dieser teilnimmt, die Vorstandsautorität beeinflusst und dessen Leitungsermessen präjudiziert. Ein Verstoß gegen das Prinzip der Trennung von Geschäftsführung und Kontrolle droht insbesondere dann, wenn der Vorstand durch Aussagen des Aufsichtsrats(vorsitzenden) im Außenverhältnis gebunden wird.[217] Eine Zwangssituation wäre für den Vorstand etwa gegeben, wenn er von eigenen Äußerungen zum Schutz des öffentlichen Ansehens des Unternehmens, zur Vermeidung von Verwirrung oder zum Erhalt von Vertrauen am Kapitalmarkt Abstand nehmen müsste oder genötigt wäre, in der Öffentlichkeit Korrekturen zu erklären.[218] Selbst wenn sich der Aufsichtsrat im Rahmen seiner Personalkompetenz von aktuellen Vorstandsmitgliedern trennen sollte, könnten seine Äußerungen auch die Handlungsmöglichkeiten eines neuen, aus der Sicht des Aufsichtsrats künftig kompetenten Vorstands bei der Außendarstellung des Unternehmens beschränken und seine Verantwortung zur Unternehmensleitung stören. Damit entsteht jedoch ein Konflikt, der mit der ausschließlichen Zuweisung der Geschäftsführungskompetenz an den Vorstand geradezu verhindert werden soll.[219]

Auch ein inhaltlich nur auf Aufsichtsratsthemen begrenztes Kommunikationsrecht des Aufsichtsrats[220] kommt nach der grundsätzlich ablehnenden Sichtweise einiger Dialoggegner nicht in Betracht. Mangels klarer Trennlinien der

---

und Verantwortlichkeiten des Aufsichtsrats *Henze*, BB 2000, 209; vgl. auch *Henze*, BB 2005, 165.

216 Die klare Trennung zwischen Führung und Kontrolle wird als „Stärke des dualistischen Systems" betont, so ausdrücklich *Marsch-Barner*, in: Marsch-Barner/Schäfer, Hdb. börsennotierte AG, Rn. 2.11; vgl. auch *Jungmann*, ECFR 2006, 426 (449 f.).

217 *Grunewald*, ZIP 2016, 2009 (2010 f.); *Schaper*, AG 2018, 356 (358).

218 *Vetter*, AG 2016, 873 (876).

219 Zu diesem Argument *Noerr/Hering Schuppener/v. Werder*, Rolle des Aufsichtsrats in der Krisenkommunikation, S. 26; *Grunewald*, ZIP 2016, 2009 (2010); auch *Vetter*, AG 2016, 873 (876). Vgl. im Zusammenhang mit der Rolle des Aufsichtsratsvorsitzenden beim Umgang mit der Presse und der Öffentlichkeit *Weber-Rey*, NZG 2013, 766 (768).

220 Zu diesem Ansatz ausführlich in § 3.C dieser Untersuchung.

jeweiligen Kommunikationsbereiche[221] werde insgesamt eine dauerhafte Konfliktlage und Kompetenzvermischung provoziert, die die Trennung zwischen Führung und Kontrolle in deutschen Aktiengesellschaften aufbreche und ihre bislang stabilisierende Machtbalance schwäche.[222] Zudem werde ihrer Ansicht nach das dringend erforderliche Vertrauensverhältnis zwischen Vorstand und Aufsichtsrat und deren Zusammenarbeit nachhaltig beschädigt, wenn und weil der Aufsichtsrat am Vorstand vorbei handelt und sich in seinen Äußerungen ein deutliches Misstrauensvotum gegenüber dem amtierenden Vorstand offenbaren kann, das die Vorstandsautorität und -führung beeinträchtigt.[223] Insgesamt konstatieren Dialoggegner deshalb, dass das Aktiengesetz mit seinem bewährten Trennungssystem einen eigenen Handlungs- und Entscheidungsspielraum des Aufsichtsrats bei der Dialogführung mit Investoren nicht zulässt.[224]

Dass die Investorenkommunikation ausschließlich vom Vorstand verantwortet werden sollte, stützt ferner eine Überlegung, die *Koch* bereits im Jahr 2016 unter Rückgriff auf den Grundsatz der Organadäquanz formulierte.[225] Hiernach sollen aktienrechtliche Entscheidungen von dem Organ getroffen werden, das dazu nach seiner Organisation, Zusammensetzung, Funktion und Verfahrensweise über die besten Voraussetzungen verfügt.[226] Für eine ausschließliche

---

221 Zu den damit verbundenen Herausforderungen noch in § 4.A.I dieser Untersuchung.

222 Vgl. *Vetter*, in: Fleischer/u.a., 50 Jahre Aktiengesetz, 103 (125); *Koch*, AG 2017, 129 (130); *Kley*, AG 2019, 818 (823); auch *Fockenbrock*, in: Handelsblatt Online vom 25. Dezember 2017. Dazu auch einzelne Dialogbefürworter wie etwa *Plagemann/Rahlmeyer*, NZG 2015, 895 (898), die von einem neuen Spannungsfeld sprechen, weil eine im Aktienrecht nicht vorgesehenen Konkurrenzsituation entsteht; auch *Grunewald*, ZIP 2016, 2009 (2010) befürchtet die „Verquickung der Organkompetenzen"; *Pikó*, WPg 2016, 1383 (1391) befürchtet das Verwässern der Kompetenzverteilung. A.A. *Speich*, BOARD 2015, 193 (195): „Größere Überschneidungen zu Themen, die Investoren mit dem Vorstand diskutieren, gibt es dabei nicht. Berührungsängste gleich welcher Art sind also nicht angebracht."

223 *Hexel*, AR 2014, 121 (121); diese Befürchtung auch bei *Seibt*, in: manager magazin, August 2016, S. 69. Dagegen sprechen aber die Erfahrungen aus der Praxis von Dr. Jürgen Hambrecht und Dr. Hans-Christoph Hirt, vgl. ihr Interview mit *Döring*, in: Börsen-Zeitung vom 6. Juli 2016, S. 9.

224 So bspw. *Vetter*, AG 2014, 387 (388 f.); *Koch*, AG 2017, 129 (131 f.).

225 *Koch*, in: Fleischer/u.a., 50 Jahre Aktiengesetz, 65 (82, siehe aber auch 89 ff.).

226 Der Grundsatz entstammt dem Staatsorganisationsrecht und wurde vom BVerfG entwickelt, siehe nur BVerfGE 68, 1 (86). Zur Übertragung der Lehre von der Organadäquanz auf das Gesellschaftsrecht *Fleischer*, AG 2010, 681 (691); *Renner*, AG 2015, 513 (516 ff.); vertiefend *Landsittel*, Investorenkommunikation, S. 234 ff.

Kommunikationsfunktion des Vorstands spricht, dass in diesem Fall einem kleinen Kreis der zuständigen Kommunikatoren eine professionelle und widerspruchsfreie Außendarstellung des Unternehmen gelingen kann.[227] Der Vorstand ist außerdem als zentraler Wissensträger im Unternehmen mit allen kapitalmarktrelevanten Themen vertraut und daher ein besonders geeigneter Gesprächspartner von Investoren.[228] In seinen Wissensbereich fallen vor allem sensible Themen des Unternehmens, deren Kenntnis auch für die Investorenseite gehaltvoll ist, etwa weil ihnen strategische oder wirtschaftliche Faktoren zu Grunde liegen und sie das Risikoprofil des Unternehmens betreffen. Ohnehin ist der Vorstand wegen seiner Repräsentationsfunktion für die allgemeine Außendarstellung des Unternehmens unabdingbar. Ferner kann er unter Berücksichtigung der sachlichen und personellen Ressourcen der Gesellschaft und seinem Weisungsrecht gegenüber den ihm unterstehenden Abteilungen effektiv sicherstellen, dass die rechtlichen Schranken zur Kapitalmarktkommunikation beachtet werden und keine Rechtsverstöße drohen.[229] Im Gegensatz zum Vorstand sprechen mit Blick auf die Organisation, Zusammensetzung, Funktion und Verfahrensweise des Aufsichtsrats gewichtige Gründe gegen dessen Kommunikationsfunktion für die Aktiengesellschaft.[230] Eingehende Investorengespräche des Aufsichtsrats sind erstens wenig opportun, weil das Aufsichtsratsmandat regelmäßig nur in Neben- oder ehrenamtlicher Tätigkeit ausgeübt wird und die Mitglieder durch ein begrenztes Zeitbudget in wenigen Sitzungen pro Jahr stark eingeschränkt sind.[231] Zweitens wird die Aufsichtsratstätigkeit im Verhältnis

---

227 *Vetter*, AG 2014, 387 (392). Näher zur sogenannten *one voice-policy* die Darstellung in § 4.A.II.1 dieser Untersuchung.

228 *Vetter*, AG 2014, 387 (392); *Holle*, ZIP 2019, 1895 (1896).

229 *Vetter*, AG 2014, 387 (392).

230 *Koch*, in: Fleischer/u.a., 50 Jahre Aktiengesetz, 65 (89 f.), vgl. jedoch (auf 90) mit anderer Ansicht mit Blick auf die Organadäquanz bei der Kapitalmarktkommunikation allein des Aufsichtsratsvorsitzenden, hierzu noch Fn. 938 dieser Untersuchung. Grundlegend zur Charakterisierung des Aufsichtsrats als schwerfälliges Organ *Semler*, AG 1983, 141 (144); *v. Falkenhausen*, ZIP 2015, 956 (958); *Koch*, in: Fleischer/u.a., 50 Jahre Aktiengesetz, 65 (83).

231 Der Nebenamtscharakter zeigt sich durch die Möglichkeit, mehrere Aufsichtsratsmandate wahrzunehmen, § 100 Abs. 2 S. 1 Nr. 1 AktG, sowie an der im Grundsatz niedrigen Sitzungsfrequenz, die nur zwei Sitzungen im Kalenderhalbjahr vorsieht, § 110 Abs. 3 S. 1 AktG. Hierzu näher *Vetter*, in: Marsch-Barner/Schäfer, Hdb. börsennotierte AG, Rn. 29.26, 29.55, 29.57; *Koch*, in: Fleischer/u.a., 50 Jahre Aktiengesetz, 65 (83). Speziell zur geringen Sitzungsfrequenz des Aufsichtsrats *Dehnen*, in: Dehnen, Der professionelle Aufsichtsrat, 13 (15); *Hengeler Mueller/Heiner Thorborg*,

zum Vorstandsmandat niedrig vergütet,[232] was eine professionelle, dann aber äußerst zeitintensive und unter Umständen haftungsträchtige Kommunikationsaufgabe weitgehend unattraktiv macht. Gegen ein Handeln des Aufsichtsrats im Bereich der Kapitalmarktkommunikation spricht drittens die große Anzahl der Organmitglieder und die Aufteilung des Gremiums in Arbeitsgeber- und Arbeitnehmervertreter mit ihren jeweils heterogenen Interessen, weswegen eine einheitliche Außenkommunikation nur schwer sicherzustellen ist.[233] Einzelne Stimmen der Literatur befürchten viertens die unzureichende Qualifikation und Erfahrung der Aufsichtsratsmitglieder bei der Investorenkommunikation mit der Folge, dass eine der Vorstandskommunikation entsprechende Professionalität nicht gewährleistet werden kann und Rechtsverstöße und Fehler bei der Kapitalmarktkommunikation wahrscheinlicher werden.[234] Hinzu kommt der Vorwurf der häufig fehlenden Nähe der Aufsichtsratsmitglieder zur unternehmerischen Tätigkeit und der Befund, dass Aufsichtsräte in vielen Unternehmen

---

Aufsichtsräte in Deutschland 2017, S. 3, 8 f.; auch schon *Bernhardt*, ZHR 159 (1995), 310 (311); *Jungmann*, ECFR 2006, 426 (434). Darüber hinaus bestätigte bereits *Lutter*, NJW 1995, 1133 (1133), dass viele Aufsichtsräte ihre Position als Ehrenamt, das Gesetz ihre Position als Nebenamt versteht; siehe darüber hinaus *Lutter*, ZHR 159 (1995), 287 (303); *Bernhardt*, ZHR 159 (1995), 310 (315); *Rubner/Fischer*, NZG 2015, 782 (787); *Säcker/Rehm*, DB 2008, 2814 (2816); *v. Schenck*, AG 2010, 649 (651); *Vetter*, in: Fleischer/u.a., 50 Jahre Aktiengesetz, 103 (105, 120 f., 144 ff.); vgl. auch *Hopt*, ZGR 2019, 507 (531 f.), obwohl er einen Trend zum Berufsaufsichtsrat feststellt; *Inci*, Shareholder Engagement, S. 139.

232 Nachweise hierzu bereits in Fn. 191 dieser Untersuchung.

233 *Koch*, in: Fleischer/u.a., 50 Jahre Aktiengesetz, 65 (83, 89 f.). Zur Anzahl der Mandatsträger *Hopt*, ECGI Law Working Paper 305/2016, S. 10; *Kley*, AG 2019, 818 (819); auch *Vetter*, in: Hoffmann-Becking/Hüffer/Reichert, GS Winter 2011, 701 (711 f.), der bestätigt, dass dem Aufsichtsrat in Großunternehmen bis zu 21 Mitglieder angehören können.

234 So jedenfalls *Bommer/Steinbach*, BOARD 2013, 219 (219); *Vetter*, AG 2014, 387 (392) ebenso bei *Hammann*, Investoren und Aufsichtsrat im Dialog, S. 35. Andererseits weisen viele gesprächsführende Aufsichtsratsvorsitzende in der Regel Vorstands- oder Führungshistorien auf, mit der Erfahrung in den Investor Relations nachgewiesen werden kann, dazu *Nieber*, Rolle des Aufsichtsrates in der Kapitalmarktkommunikation, S. 71. Vgl. zu dieser – im Ergebnis von ihr entkräfteten – Befürchtung zu der Qualifikation der Mitglieder des US-amerikanischen *board of directors Fairfax*, University of Illinois Law Review 2013, 821 (823, 840 ff.); zudem *Wong*, in: Harvard Business Review vom 2. Juli 2013 und vom 28. Juli 2016.

kaum sachlich und personell unterstützt werden.[235] Fünftens spricht gegen eine eigenständige Kommunikationsfunktion des Aufsichtsrats die Befürchtung, dass exklusiv vom Aufsichtsrat zu entscheidende Themen wenig zur Kommunikation mit Kapitalgebern geeignet sind.[236] Geäußert wurde in diese Richtung, dass Investoren an den Informationen, die von der Aufsichtsratsseite kommen, nur ein nachrangiges Interesse haben.[237] Informationen über strategisch wichtige Personalentscheidungen oder präventive Überwachungs- und Mitwirkungstätigkeiten des Aufsichtsrats und damit solche Informationen, die unter Umständen geeignet wären, den Wissensdurst von Investoren zu stillen, werden hingegen regelmäßig von einer besonderen Vertraulichkeit sein oder wegen ihrer Kursrelevanz den Offenlegungsverboten des Insiderrechts unterliegen, sodass der Aufsichtsrat im Grunde auch solche nicht preisgeben darf.[238]

II. Wirken des Aufsichtsrats richtet sich auf den Vorstand, nicht nach außen

Zweitens wird betont, dass dem Aufsichtsrat ganz überwiegend Aufgaben im gesellschaftlichen Innenbereich obliegen, wozu die Kommunikation mit Investoren im Außenverhältnis nicht passt. Damit folgen Gegner des Investorendialogs denjenigen Stimmen, die den Aufsichtsrat in der rechtlichen Organisation der deutschen Aktiengesellschaft als (bloßes) Binnenorgan charakterisieren.[239]

---

235 Vgl. *Koch*, in: Fleischer/u.a., 50 Jahre Aktiengesetz, 65 (83, 89 f.). Zur unzureichenden Vertrautheit einzelner Aufsichtsratsmitglieder mit dem Unternehmen und dessen Umwelt auch *Cahn*, AG 2014, 525 (527), der darüber hinaus feststellt, dass § 100 Abs. 2 S. 1 AktG es erschwere, die besten Kenner des Unternehmens für die Überwachung der Geschäftsführung zu gewinnen.

236 Skeptisch jedenfalls *DAV-Handelsrechtsausschuss*, NZG 2017, 57 (59); *Bachmann*, in: VGR, Gesellschaftsrecht 2016, 135 (174 f.).

237 *Lutter/Krieger/Verse*, Rechte und Pflichten des Aufsichtsrats, 7. Auflage, Rn. 680; *Hippeli*, wistra 2018, 409 (411).

238 *DAV-Handelsrechtsausschuss*, NZG 2017, 57 (59). Speziell zur Gefahr einer Insiderinformation *Spindler*, in: Bergmann/Hoffmann-Becking/Noack, FS Seibert 2019, 855 (867). Inwieweit sich mit Blick auf die Vertraulichkeitspflichten des Aufsichtsrats und das Insiderrecht Handlungsspielräume für die Kommunikation mit Investoren ergeben, wird in § 4.B dieser Untersuchung ausführlich geprüft.

239 Vgl. hierzu OLG Stuttgart, ZIP 2012, 625 (631); *Breuer/Fraune*, in: Heidel, Aktienrecht, § 116 Rn. 19; siehe auch *Lutter*, Information und Vertraulichkeit im Aufsichtsrat, Rn. 401, aber auch Rn. 432, wo er ein geschlossenes Verständnis vom Vorstand als dem Sprecher der Gesellschaft und dem Aufsichtsrat als reinem Innenorgan bevorzugt, zudem Rn. 561 f.; *Jaeger*, in: Ziemons/Binnewies, Hdb. Aktiengesellschaft,

Diese Sichtweise wird durch einzelne Aussagen des Gesetzgebers und in der Rechtsprechung gestützt. Sie sollen folgend näher betrachtet werden.

1. Bestätigung der Innenposition durch den Gesetzgeber

Dass auch der Gesetzgeber dem Aufsichtsrat traditionell eine Innenposition zuschreibt, bestätigt zunächst das AktG 1965, durch welches die Unternehmensverfassung des AktG 1937 im Wesentlichen übernommen wurde. Dadurch wurde sich klar dafür ausgesprochen, die zwingende funktionelle Kompetenz- und Aufgabentrennung zwischen Vorstand und Aufsichtsrat aufrecht zu halten, mit der das Kontrollorgan auf die Überwachung der Geschäftsführung beschränkt und von der Aufgabe der Geschäftsführung ausgeschlossen wurde.[240] Ausdrücklich abgewiesen wurden revolutionäre Stimmen der damaligen Literatur, die bestrebt waren, die deutsche Aktiengesellschaft an das monistische *board*-System anzunähern.[241] Die Reform des Aktienrechts im KonTraG (1998) bestätigte das

---

Rn. 9.201; *Lutter/Krieger/Verse*, Rechte und Pflichten des Aufsichtsrats, 7. Auflage, Rn. 40 (vgl. in der 6. Auflage neben Rn. 40 auch noch Rn. 284, 683); *Selter*, Die Beratung des Aufsichtsrats und seiner Mitglieder, Rn. 332; *Vollhard*, GRUR 1980, 496 (496 f.); *Schwintowski*, NJW 1990, 1009 (1010); *Lutter/Krieger*, DB 1995, 257 (259); *Thümmel*, AG 2004, 83 (90); *Vetter*, AG 2014, 387 (389); *Hexel*, AR 2014, 121 (121); *DAV-Handelsrechtsausschuss*, NZG 2017, 57 (59); *Schaper*, AG 2018, 356 (357); *Säcker*, in: Lutter/Stimpel/Wiedemann, FS Fischer 1979, 635 (636); *Lutter*, in: Sadowski, FS Albach 2001, 225 (231): „Der Aufsichtsrat ist und bleibt ein reines *Innenorgan*, er tritt mit seinen Vorstellungen nach außen hin weder handelnd noch erklärend in Erscheinung; (...) Er ist also vom Gesetz als „graue Eminenz" konzipiert, und die Praxis folgt dem."; *Säcker*, Informationsrechte, S. 46; vgl. die Ausführungen von *Leyens*, Information des Aufsichtsrats, S. 383-386. Dagegen statt vieler *Roth*, in: Davies/ u.a., Corporate Boards in Law and Practice, 253 (315); zu weiteren Nachweisen noch in Fn. 340 dieser Untersuchung.

240 Das für die dualistische Unternehmensverfassung charakteristische Geschäftsführungsverbot des Aufsichtsrats wurde mit dem AktG 1937 (zuvor: § 95 Abs. 1 und 5 S. 1 AktG 1937) eingeführt, RGBl 1937, Teil I, 107. Jedoch liegt bereits seit der Kodifikation des Aufsichtsrats im ADHGB 1861 der Schwerpunkt seiner Funktion auf der Kontrolle, hierzu *Roth*, ZGR 2012, 343 (346). Mit einer übersichtlichen rechtshistorischen Einordnung auch *Fleischer*, AcP 204 (2004), 502 (523 ff.); vertiefend zum Aufsichtsrat des AktG 1937 *Lieder*, Der Aufsichtsrat im Wandel der Zeit, S. 347 ff. sowie des AktG 1965, S. 417 ff.; zur geschichtlichen Einordnung ferner *Reutershahn*, Außenkommunikation des Aufsichtsratsvorsitzenden, S. 41 ff.; *Landsittel*, Investorenkommunikation, S. 122 ff.

241 Befürworter waren damals etwa *Potthoff*, DB 1952, 169 (169 f.); *Barz*, AG 1961, 149 (149); vgl. auch *Wiethölter*, Interessen und Organisation der Aktiengesellschaft,

gewählte Modell erneut, auch wenn mit Bezug zur Aufsichtsratstätigkeit einige Anpassungen – etwa durch die Verbesserung der Informationsversorgung, eine erhöhte Sitzungsfrequenz und die engere Zusammenarbeit mit dem Abschlussprüfer – erfolgten.[242] Darüber hinaus lässt die Gesetzesbegründung zum TransPuG im Jahr 2002 erkennen, dass der Gesetzgeber dem Aufsichtsrat mit Blick auf die Vertraulichkeit und der Gefahr ihrer Verletzung ein Wirken nach innen zuschreibt.[243] Darin heißt es ausdrücklich:

> „Die Öffentlichkeitsarbeit des Unternehmens und seine Außendarstellung gehören nicht zu den Aufgaben des einzelnen Aufsichtsratsmitglieds oder des Aufsichtsrats als Gremium. Es ist auch nicht seine Aufgabe, mit dem frühzeitigen Öffentlichmachen von Informationen aus internen Entscheidungsprozessen inhaltlichen Einfluss auf diese Entscheidungen durch Erzeugen öffentlichen Drucks, durch Beschädigung von Personen oder durch die Schaffung vollendeter Tatsachen zu nehmen."[244]

2. *Außenkommunikation nur als Ausnahme*

Dennoch wird auch eine nach außen wirkende Kommunikationsfunktion des Aufsichtsrats bzw. des Vorsitzenden des Gremiums in Einzelfällen rechtlich positiv geregelt bzw. vorausgesetzt. Die Informations- und Kommunikationsakte, in denen anlass- oder funktionsbezogen ein kommunikatives Handeln des Aufsichtsrats im gesellschaftlichen Außenbereich gebilligt wird, werden hier im Einzelnen kurz aufgegriffen und benannt. Der Investorendialog des Aufsichtsrats ist von den gesetzlich benannten Fällen jedoch nicht erfasst.[245]

S. 297 f. Ausführlich zu noch früheren Reformbestrebungen, Vorstand und Aufsichtsrat durch das *board*-System zu ersetzen, *Lieder*, Der Aufsichtsrat im Wandel der Zeit, S. 287 f. In der Begründung des Regierungsentwurfes zum Aktiengesetz 1965 liest sich in der Vorbemerkung zum Vierten Teil (*Kropff*, AktG 1965, S. 95) ausdrücklich: „Der Entwurf behält die bisherigen Organe der Aktiengesellschaft bei. Es besteht kein Anlaß, von dem schon seit langem bewährten System abzuweichen und Vorstand und Aufsichtsrat in einem einheitlichen Organ zusammenzufassen, wie es im angelsächsischen Recht der Fall ist."; hierzu auch *Franta*, DB 1958, 1347 (1348); *Eckardt*, NJW 1958, 1945 (1945).

242 Dazu *Lingemann/Wasmann*, BB 1998, 853 (856 ff.); *Bachmann*, AG 2011, 181 (181).

243 Auch bei *Noerr/Hering Schuppener/v. Werder*, Rolle des Aufsichtsrats in der Krisenkommunikation, S. 11; vgl. *Dietlmaier*, BOARD 2015, 181 (182).

244 Begründung des RegE TransPuG, BTDrucks 14/8769, S. 18.

245 So auch *Vetter*, AG 2014, 387 (389 ff.).

a) *Begrenzte Vertretungsbefugnisse für die Gesellschaft*

Der Aufsichtsrat vertritt die Aktiengesellschaft in Ausnahmefällen.[246] Gegenüber dem Vorstand vertritt er sie ausdrücklich in den Fällen des § 112 AktG.[247] Kommt es bspw. zu Schadensersatzansprüchen gegen Vorstandsmitglieder, ist der Aufsichtsrat als Vertreter der Gesellschaft zu einem Handeln nach außen, insbesondere zu Prozesshandlungen, befugt. Eine ausschließliche Vertretungskompetenz des Aufsichtsrats findet sich ferner in § 84 Abs. 1, 3 AktG bei der Bestellung und Abberufung des Vorstands.[248] Gemeinsam vertreten Vorstand und Aufsichtsrat die Gesellschaft, wenn ein Aktionär eine Anfechtungs- oder Nichtigkeitsklage gegen die Hauptversammlung erhebt, §§ 246 Abs. 2 S. 2, 249 Abs. 1 S. 1 AktG.[249] Im Spezialfall des § 246 Abs. 2 S. 3 Hs. 1 AktG vertritt der Aufsichtsrat die Gesellschaft im Prozess sogar allein. Dementsprechend ist er auch in diesen Fällen für Prozesshandlungen (mit-)verantwortlich. Schließlich liegen beim Aufsichtsrat Vertretungsbefugnisse für die Gesellschaft, soweit sie sich gemäß § 111 Abs. 1 AktG unmittelbar aus seiner Überwachungsfunktion ergeben und sie für die ordnungsgemäße Wahrnehmung seiner Aufgaben erforderlich sind.[250] Darunter fällt die Befugnis zum Abschluss des Prüfungsauftrags für besondere (Prüfungs-)Aufgaben mit bestimmten Sachverständigen gemäß § 111 Abs. 2 S. 2 AktG.[251] Außerdem geht es um den Abschluss des Prüfungsauftrags mit dem Abschlussprüfer, § 111 Abs. 2 S. 3 AktG, auch wenn dieser von der Hauptversammlung gemäß § 119 Abs. 1 Nr. 4 AktG bestellt wird.[252] Ebenso darf

---

246 *Schlitt*, DB 2005, 2007 (2007 mit Fn. 9); siehe aber auch *v. Falkenhausen*, ZIP 2015, 956 (956 f.); ausführlich *Wasserbäch*, Vertretung der Aktiengesellschaft durch ihren Aufsichtsrat, S. 9 ff.

247 Weiterführend *Werner*, ZGR 1989, 369; *Semler*, in: Pfeiffer/Wiese/Zimmermann, FS Rowedder 1994, 441 (443); *Vetter*, in: Altmeppen/Fitz/Honsell, FS Roth 2011, 855.

248 Statt vieler *Vedder*, in: Grigoleit, AktG, § 78 Rn. 10.

249 Vorstand und Aufsichtsrat sind darüber hinaus in den Fällen der §§ 250 Abs. 3, 251 Abs. 3, 253 Abs. 2, 254 Abs. 2 S. 1, 255 Abs. 3, 256 Abs. 7, 257 Abs. 2 S. 1 AktG und § 275 Abs. 4 AktG zur gemeinsamen Vertretung berechtigt.

250 Vgl. nur BGHZ 218, 122 (126 f.).

251 BGHZ 218, 122 (124 ff.); *Habersack*, in: MüKo-AktG, § 111 Rn. 86; *Koch*, in: Hüffer/Koch, AktG, § 111 Rn. 24, auch § 112, Rn. 1; siehe auch *Werner*, ZGR 1989, 369 (383); *Lutter/Krieger*, DB 1995, 257 (258 f.); *Schlitt*, DB 2005, 2007 (2007, Fn. 9); *Fleischer/Wedemann*, GmbHR 2010, 449 (451); *Arnold*, ZGR 2014, 76 (96).

252 Vgl. die Begründung des RegE KonTraG, BTDrucks 13/9712, S. 16 f.; hierzu auch *Koch*, in: Hüffer/Koch, AktG, § 112, Rn. 1; *Habersack/Schürnbrand*, in: Bayer/Habersack, Aktienrecht im Wandel, 889 (897); *Lingemann/Wasmann*, BB 1998, 853 (857);

der Aufsichtsrat die Gesellschaft vertreten, wenn er gemäß § 111 Abs. 2 S. 4 AktG „eine externe inhaltliche Überprüfung der nicht-finanziellen Erklärung oder des gesonderten nicht-finanziellen Berichts (§ 289b des Handelsgesetzbuchs), der nicht-finanziellen Konzernerklärung oder des gesonderten nicht-finanziellen Konzernberichts (§ 315b des Handelsgesetzbuchs) beauftragen“ möchte. Ferner kann er die Gesellschaft in den Fällen des § 109 Abs. 1 S. 2 AktG vertreten, wenn der Aufsichtsrat punktuell Sachverständige „zur Beratung über einzelne Gegenstände“ in den Aufsichtsratssitzungen hinzuziehen möchte.[253] Im Übrigen ist er zur Vertretung der Aktiengesellschaft beim Abschluss von Hilfsgeschäften oder Mandatsverträgen zur Erledigung seiner sonstigen Aufgaben befugt, etwa wenn Sachverständige oder Rechtsberater mandatiert oder Personalberater zur Suche einer neu zu besetzenden Vorstandsposition hinzugezogen werden sollen.[254] Schließlich hat auch speziell der Aufsichtsratsvorsitzende ausnahmsweise das Recht, die Gesellschaft aus eigenem Recht zu vertreten. Er kann, wenn und soweit dies zur ordnungsgemäßen Vorbereitung und Durchführung der Aufsichtsratssitzungen notwendig ist, finanzielle Verpflichtungen begründen und etwa die Anmietung von Sitzungsräumen eigenmächtig durchführen.[255] Die rechtsgeschäftliche Vertretungsmacht des Aufsichtsrats umfasst in allen zuvor genannten Fällen ohne Zweifel auch die Befugnis zur Kommunikation mit den entsprechenden Akteuren. Etwa muss sich der Aufsichtsrat mit sämtlichen Sachverständigen im Vorfeld wie auch während des Prüfungsauftrags über Prüfschwerpunkte oder Honorarvereinbarungen einigen.[256]

Fleischer/Wedemann, GmbHR 2010, 449 (451); *Schindler/Rabenhorst*, BB 1998, 1886 (1886 f.).

253 *Lutter/Krieger*, DB 1995, 257 (258 f.); *Fleischer/Wedemann*, GmbHR 2010, 449 (451).

254 *Koch*, in: Hüffer/Koch, AktG, § 112, Rn. 1; *Werner*, ZGR 1989, 369 (383); *Vetter*, AG 2014, 387 (389); auch *Witte/Indenhuck*, BB 2014, 2563 (2567 f.); *Fleischer/Wedemann*, GmbHR 2010, 449 (451); *Hoffmann-Becking*, ZGR 2011, 136 (139-142); *v. Falkenhausen*, ZIP 2015, 956 (957); zudem *Semler*, in: Pfeiffer/Wiese/Zimmermann, FS Rowedder 1994, 441 (454 f.).

255 Siehe *Vetter*, in: Marsch-Barner/Schäfer, Hdb. börsennotierte AG, Rn. 27.10; *Drinhausen/Marsch-Barner*, AG 2014, 337 (349); *Fleischer/Wedemann*, GmbHR 2010, 449 (451 f.); *Arnold*, ZGR 2014, 76 (96); *v. Falkenhausen*, ZIP 2015, 956 (957).

256 Vgl. zum Festlegen des Prüfungsschwerpunkts durch den Aufsichtsrat die Begründung des RegE zum KonTraG, BTDrucks 13/9712, S. 16 f.; zudem *Lingemann/Wasmann*, BB 1998, 853 (857); *Schindler/Rabenhorst*, BB 1998, 1886 (1887).

b) Öffentliche Bekanntgabe von Aufsichtsratsbeschlüssen

Auch werden wichtige Aufsichtsratsbeschlüsse durch den Aufsichtsrat bzw. seinen Vorsitzenden nach außen, etwa durch eine entsprechende Pressemitteilung, kundgegeben. Werden bspw. gemäß § 84 Abs. 1 und 3 AktG Vorstandsmitglieder durch den Aufsichtsrat bestellt und abberufen, hat der Aufsichtsrat darüber naturgemäß im Außenverhältnis zu berichten.[257]

c) Kommunikation im Zusammenhang mit der Hauptversammlung

Darüber hinaus wirkt der Aufsichtsrat im Zusammenhang mit der Hauptversammlung, an deren Teilnahme er gemäß § 118 Abs. 3 S. 1 AktG grundsätzlich verpflichtet ist, kommunikativ nach außen. Etwa steht dem Aufsichtsrat gemäß § 111 Abs. 3 S. 1 AktG das Recht zu, die Hauptversammlung einzuberufen, wenn das Wohl der Gesellschaft es fordert.[258] Gemäß § 124 Abs. 3 S. 1 AktG hat auch der Aufsichtsrat zu jedem Gegenstand der Tagesordnung, über den die Hauptversammlung beschließen soll, in der Bekanntmachung einen eigenen Vorschlag zur Beschlussfassung zu machen. Zudem hat nur der Aufsichtsrat gemäß § 124 Abs. 3 S. 1 AktG in der Bekanntmachung die Vorschläge der Verwaltung zur Neubesetzung von Aufsichtsratsmitgliedern und Prüfern zur Beschlussfassung zu unterbreiten. Das Aktiengesetz sieht außerdem gemäß § 171 Abs. 2 AktG ausdrücklich vor, dass der Aufsichtsrat in der Hauptversammlung schriftlich über die von ihm im abgelaufenen Geschäftsjahr wahrgenommenen Überwachungstätigkeiten informiert, wobei auch das Ergebnis der Rechnungslegungsprüfung enthalten sein muss.[259] Der Berichtspflicht kommt wegen der damit verbundenen Informationsfunktion für die Entscheidungen der Hauptversammlung erhebliche Bedeutung zu. Der Aufsichtsratsbericht wird deshalb auch als Rechenschaftsbericht des Aufsichtsrats gegenüber

---

257 *Mertens/Cahn*, in: KK-AktG, § 107 Rn. 61; allenfalls für Personalentscheidungen und deshalb zurückhaltend *Lutter/Krieger/Verse*, Rechte und Pflichten des Aufsichtsrats, 7. Auflage, Rn. 40 und 683, wobei sie betonen, dass der Aufsichtsrat als Innenorgan zu Presseerklärungen grundsätzlich nicht befugt ist; *Vollhard*, GRUR 1980, 496 (497); *Schwintowski*, NJW 1990, 1009 (1010); ausdrücklicher *Theisen*, AR 2017, 75: „uneingeschränkt mit der Personalkompetenz verbunden, gegebenenfalls sogar zwingend". Dagegen *Jaeger*, in: Ziemons/Binnewies, Hdb. Aktiengesellschaft, Rn. 9.201; *Säcker*, in: Lutter/Stimpel/Wiedemann, FS Fischer 1979, 635 (636); *Säcker*, Informationsrechte, S. 46. Pressemitteilungen des Aufsichtsrats sind jedoch bislang kaum verbreitet, so *Wadewitz*, in: Börsen-Zeitung vom 29. Dezember 2015, S. 7.

258 Hierzu vertiefend *Butzke*, Die Hauptversammlung der Aktiengesellschaft, B. 40 ff.

259 Vgl. darüber hinaus § 314 Abs. 2 AktG.

seinem Wahl- und Kontrollorgan bezeichnet.[260] Dieser ist darüber hinaus gem. § 325 Abs. 1 S. 1 Nr. 2 HGB und § 175 Abs. 2 S. 4 AktG zu veröffentlichen, wodurch daraus ein Mittel der Kapitalmarktkommunikation wird, das über den eigenen Aktionärskreis hinaus wirkt.[261] Ferner ist der Aufsichtsratsvorsitzende gemäß § 176 Abs. 1 S. 2 AktG verpflichtet, den Bericht des Aufsichtsrats zu Beginn der Hauptversammlung den Aktionären inhaltlich zu erläutern.[262] Mit seinen Erläuterungen muss er sich im Grunde an die wesentlichen Aspekte des schriftlichen Aufsichtsratsberichts und dessen Tendenz halten.[263] Es liegt jedoch in seinem Ermessen, ob und welche sonstigen Informationen er den Aktionären – bspw. bei Mängeln im Aufsichtsratsbericht oder, um zu erwartenden Fragen bei einem Wechsel im Vorstand zuvorzukommen – mitteilt.[264] Vertritt er abweichende Meinungen von den übrigen Aufsichtsratsmitgliedern, hat er sie deutlich als solche anzuzeigen.[265] Eine Aussprache oder ein wechselseitiger Dialog ist mit

260 Zur erheblichen Bedeutung des Aufsichtsratsberichts ausdrücklich etwa BGH, ZIP 2010, 1437 (1439 f.). Näher zum Aufsichtsratsbericht, bspw. zu deutlich gestiegenen Anforderungen an die Berichterstattung des Aufsichtsrats sowie der situationsbedingten Intensität der Berichtspflicht, *Euler/Klein*, in: Spindler/Stilz, AktG, § 171 Rn. 73 ff.; siehe auch *Lutter/Krieger/Verse*, Rechte und Pflichten des Aufsichtsrats, 7. Auflage, Rn. 561; *von der Linden*, in: Drinhausen/Eckstein, Beck'sches Hdb. AG, § 25 Rn. 81; *Vetter*, ZIP 2006, 257 (258, 262); *Liese/Theusinger*, BB 2007, 2528; *Lutter*, AG 2008, 1; *Sünner*, AG 2008, 411; *Gernoth/Wernicke*, NZG 2010, 531; *Fleischer/Bauer/Wansleben*, DB 2015, 360 (363); *Hirt/Hopt/Mattheus*, AG 2016, 725 (731 f.); *Theisen/Probst*, DB 2016, 1 (5); *Vetter*, in: Aderhold/u.a., FS Westermann 2008, 1589 (1597 f.); *Bachmann*, in: Grundmann/u.a., FS Hopt 2010, 337 (351); *Vetter*, in: Hoffmann-Becking/Hüffer/Reichert, GS Winter 2011, 701 (724 ff.); *Marsch-Barner*, in: Habersack/Huber/Spindler, FS Stilz 2014, 397; *Vetter*, in: Bergmann/Hoffmann-Becking/Noack, FS Seibert 2019, 1007 (1008 f.). Siehe im Kontrast noch die empirische Prüfung von *Theisen*, BB 1988, 705; auch *Baums*, ZIP 1995, 11 (13), der die Berichtspflicht des Aufsichtsrats in der Praxis als eine nichtssagende Formalie kritisiert.

261 So auch *Vetter*, ZIP 2006, 257 (258); *Vetter*, AG 2014, 387 (390); *Marsch-Barner*, in: Habersack/Huber/Spindler, FS Stilz 2014, 397 (398).

262 Hierbei wirkt er „quasi als Investor Relations Officer des Emittenten", so *Scherer*, in: Dehnen, Der professionelle Aufsichtsrat, 148 (154).

263 *Koch*, in: Hüffer/Koch, AktG, § 176 Rn. 4; *Hennrichs/Pöschke*, in: MüKo-AktG, § 176 Rn. 19 f.

264 *Euler/Klein*, in: Spindler/Stilz, AktG, § 176 Rn. 18; *Koch*, in: Hüffer/Koch, AktG, § 176 Rn. 4; *Hennrichs/Pöschke*, in: MüKo-AktG, § 176 Rn. 19 f.; *Vetter*, in: Marsch-Barner/Schäfer, Hdb. börsennotierte AG, Rn. 26.59; *Vetter*, AG 2014, 387 (390).

265 *Hennrichs/Pöschke*, in: MüKo-AktG, § 176 Rn. 19; *Koch*, in: Hüffer/Koch, AktG, § 176 Rn. 4; *Euler/Klein*, in: Spindler/Stilz, AktG, § 176 Rn. 18.

den Aktionären auf der Hauptversammlung aktienrechtlich aber nicht vorgesehen.[266] Darüber hinaus kommt es zu Äußerungen im Außenverhältnis, wenn der Aufsichtsratsvorsitzende gleichzeitig der satzungsmäßig bestimmte Hauptversammlungsleiter ist.[267] In diesem Fall kommt ihm die – gesetzlich ungeschriebene – Kompetenz bei der Ordnung der Hauptversammlung zu.[268] Schließlich sehen die Auskunftsrechte der Aktionäre gemäß § 131 Abs. 1 und 4 AktG zwar nur den Vorstand in der Pflicht, für die Gesellschaft Fragen der Aktionäre zu beantworten, sodass dieser und nicht der Aufsichtsrat der zuständige Informationsschuldner für sämtliche Auskunftsverlangen gegenüber der Gesellschaft ist.[269] Das umfasst auch Aktionärsfragen, die in den Tätigkeitsbereich des Aufsichtsrats fallen, für die der Vorstand also zum einen nicht zuständig ist und zum anderen wegen eines natürlichen Wissensvorsprungs des Aufsichtsrats über seine eigenen Angelegenheiten sogar auskunftsunfähig sein könnte.[270] In dieser ersichtlich unbefriedigenden Situation kommt es in der im Gesetz nicht geregelten Hauptversammlungspraxis aber häufig dazu, dass der Aufsichtsratsvorsitzende für den Aufsichtsrat unmittelbar antwortet und der Vorstand sich dessen Aussage durch widerspruchsloses Danebensitzen konkludent zu eigen macht bzw. der Vorstand die Beantwortung der Aktionärsfrage meist durch den

---

266 *Vetter*, AG 2014, 387 (390); *Hexel*, AR 2014, 121 (121); *Koch*, in: Fleischer/u.a., 50 Jahre Aktiengesetz, 65 (91).

267 *Vetter*, in: Marsch-Barner/Schäfer, Hdb. börsennotierte AG, Rn. 27.11; zudem *Marsch-Barner*, in: Marsch-Barner/Schäfer, Hdb. börsennotierte AG, Rn. 33.20; *Theisen*, AR 2017, 75.

268 BGHZ 44, 245 (248); vertiefend *Koch*, in: Hüffer/Koch, AktG, § 129 Rn. 22 ff.; dazu auch *Bachmann*, AG 1999, 210 (211 ff.).

269 *Koch*, in: Hüffer/Koch, AktG, § 131 Rn. 7; *Meilicke/Heidel*, DStR 1992, 72 (74); *Bortenlänger*, BOARD 2014, 71 (71); *Mutter*, AR 2014, 98 (98); *Vetter*, in: Aderhold/u.a., FS Westermann 2008, 1589 (1593); *Spindler*, in: Bergmann/Hoffmann-Becking/Noack, FS Seibert 2019, 855 (864).

270 Dazu *Decher*, in: GroßKomm/AktG, § 131 Rn. 66; *Vetter*, ZIP 2006, 257 (263); *Bortenlänger*, BOARD 2014, 71 (71); *Vetter*, in: Aderhold/u.a., FS Westermann 2008, 1589 (1590). Kritisch deshalb *Butzke*, Die Hauptversammlung der Aktiengesellschaft, G. 28; *Trescher*, DB 1990, 515 (515 f.). *Roth*, in: Dreher/u.a., FS Bergmann 2018, 565 (575) geht „von einer Zuständigkeit des Aufsichtsrats für die Tätigkeit des Aufsichtsrats betreffenden Fragen" aus und befürwortet dafür eine Annexkompetenz des Aufsichtsrats. Für ein Auskunftsrecht der Aktionäre gegenüber dem Aufsichtsrat und einer entsprechenden Ergänzung des § 176 Abs. 1 S. 2 AktG *Lieder*, Der Aufsichtsrat im Wandel der Zeit, S. 936-938.

Aufsichtsratsvorsitzenden durch eine wie auch immer rechtlich zu qualifizierende Autorisierung erlaubt.[271]

d) *Entsprechenserklärung gemäß § 161 AktG*

Auch mit seiner Erklärung gemäß § 161 Abs. 1 S. 1 AktG wirkt der Aufsichtsrat kommunikativ nach außen.[272] Hier erklärt das Kontrollorgan zusammen mit dem Vorstand in einem retrospektiven Teil sowie in einer Absichtserklärung für zukünftiges Verhalten jährlich die Beachtung der Empfehlungen des DCGK.[273] Ebenso kann der Aufsichtsrat zu den Anregungen des DCGK Stellung nehmen, wozu er jedoch gesetzlich nicht verpflichtet ist.[274] Die

---

271 Näheres bei *Decher*, in: GroßKomm/AktG, § 131 Rn. 66; *Hopt/Roth*, Der Aufsichtsrat, § 111 Rn. 560; *Koch*, in: Hüffer/Koch, AktG, § 131 Rn. 7; *Hoffmann-Becking*, in: Hoffmann-Becking, Münchener Hdb. GesR IV, § 38 Rn. 7; *Kremer*, in: Kremer/u.a., DCGK, Rn. 1268; *Vetter*, ZIP 2006, 257 (263); *Merkner/Schmidt-Bendun*, AG 2011, 734 (736 ff.); *Bortenlänger*, BOARD 2014, 71 (71); *Mutter*, AR 2014, 98 (98 f.); *Bachmann*, in: VGR, Gesellschaftsrecht 2016, 135 (155 ff.), insbesondere sei es in der Praxis zu umständlich, wenn der Vorstand die Antwort zunächst intern vom Aufsichtsrat einholen müsste, um sie anschließend den Aktionären gegenüber zu wiederholen (auf 156); siehe auch *Hoffmann-Becking*, NZG 2017, 281 (285 f.), der jedoch zur Beantwortung von an den Aufsichtsrat gerichteten Aktionärsfragen den Weg über § 176 Abs. 2 S. 1 AktG befürwortet; *Henning*, BOARD 2017, 41 (43); *Vetter*, in: Aderhold/u.a., FS Westermann 2008, 1589 (1590 f.), der damit auf ein Entgegenkommen des Aufsichtsrats hinweist, weil es seitens der Aktionäre keinen Rechtsanspruch auf Beantwortung von an den Aufsichtsrat gerichtete Fragen gebe.

272 Vgl. die Begründung des RegE TransPuG, BTDrucks 14/8769, S. 21; dazu auch *Schulz*, in: Hölscher/Altenhain, Hdb. Aufsichts- und Verwaltungsräte, 489 (497); *Fleischer/Bauer/Wansleben*, DB 2015, 360 (363); *Hirt/Hopt/Mattheus*, AG 2016, 725 (731 f.); *Hopt*, ECGI Law Working Paper 365/2017, S. 11.

273 *Lutter*, in: KK-AktG, § 161 Rn. 27 ff.; auch *Lutter*, in: Bayer/Habersack, Aktienrecht im Wandel, 389 (425). Uneinheitlich wird beantwortet, ob die Entsprechenserklärung als eigenstände Verpflichtung des Aufsichtsrats von der Erklärung des Vorstands unabhängig ist. Für eine eigenständige Verantwortlichkeit auch des Aufsichtsrats *Leyens*, in: GroßKomm/AktG, § 161 Rn. 145; *Hölters*, in: Hölters, AktG, § 161 Rn. 20; *Ihrig/Wagner*, BB 2002, 789 (790); *Ihrig/Wagner*, BB 2002, 2509 (2511 f.); *Semler/Wagner*, NZG 2003, 553 (554 f.); *Vetter*, DNotZ 2003, 748 (755 f.); *Hirt/Hopt/Mattheus*, AG 2016, 725 (732); *Krieger*, in: Habersack/u.a., FS Ulmer 2003, 365 (369 f.); *Vetter*, in: Aderhold/u.a., FS Westermann 2008, 1589 (1599). A.A. *Bayer/Scholz*, in: Spindler/Stilz, AktG, § 161 Rn. 36 m.w.N. in Fn. 169; *Schüppen*, ZIP 2002, 1269 (1271); *Seibt*, AG 2002, 249 (253).

274 Statt vieler *Bayer/Scholz*, in: Spindler/Stilz, AktG, § 161 Rn. 30.

Entsprechenserklärung zum DCGK ist als Teil der jährlichen Rechnungslegungspublizität gemäß § 325 Abs. 1 Nr. 2 Hs. 2 HGB und auf der Internetseite der Gesellschaft, § 161 Abs. 2 AktG, für die Gesamtöffentlichkeit dauerhaft zugänglich.[275] Ganz ähnlich verhält es sich mit der (Konzern-)Erklärung zur Unternehmensführung nach § 289f HGB (ggf. i.V.m. § 315d HGB) im Lagebericht der Gesellschaft, vgl. § 325 Abs. 1 Nr. 1 i.V.m. §§ 289 ff. HGB.[276]

e) Vergütungsbericht gemäß § 162 AktG

Ferner haben der Vorstand und Aufsichtsrat gemäß § 162 Abs. 1 AktG einen Bericht über die im letzten Geschäftsjahr jedem einzelnen gegenwärtigen oder früheren Mitglied des Vorstands oder Aufsichtsrats von der Gesellschaft oder von Unternehmen desselben Konzerns gewährte oder geschuldete Vergütung zu erstellen.[277] Auch dieser Bericht muss für zehn Jahre über die Internetseite des Unternehmens öffentlich zugänglich sein, § 162 Abs. 4 AktG.

f) Stellungnahme nach § 27 WpÜG

Wird die Aktiengesellschaft Ziel eines öffentlichen Erwerbsangebotes, § 2 Abs. 1 WpÜG, müssen Vorstand und Aufsichtsrat unverzüglich nach Übermittlung der Angebotsunterlage eine zu veröffentlichende Stellungnahme gemäß § 27 Abs. 1 S. 1, Abs. 3 S. 1 WpÜG abgeben, mit der sie ihre Meinung zum Erwerbsangebot und seiner Qualität und Attraktivität nicht nur den Aktionären der Aktiengesellschaft, sondern dem gesamten Kapitalmarkt gegenüber ausdrücken.[278] Beide Organe sind dadurch selbstständig angesprochen. Sie sind nicht verpflichtet, eine gemeinsame Stellungnahme abzugeben.[279]

---

275 Zu diesem Aspekt ebenfalls *Vetter*, AG 2014, 387 (390).

276 *Hirt/Hopt/Mattheus*, AG 2016, 725 (732).

277 Vertiefend zu den entsprechenden Regelungen der Aktionärsrechterichtlinie 2017 sowie der Umsetzung im Referentenentwurf zum ARUG II *Anzinger*, ZGR 2019, 39 (69 ff., 84 ff.).

278 Auch bei *Vetter*, AG 2014, 387 (390); *v. Falkenhausen*, ZIP 2015, 956 (957); *Hopt*, ECGI Law Working Paper 365/2017, S. 11; *Leyens*, Information des Aufsichtsrats, S. 384.

279 *Müller-Michaels*, in: Hölters, Hdb. Unternehmenskauf, Rn. 13.142; *Drinkuth*, in: Marsch-Barner/Schäfer, Hdb. börsennotierte AG, Rn. 60.154; *Hirt/Hopt/Mattheus*, AG 2016, 725 (732).

g) *Verfahrenserklärungen gegenüber Gerichten*

Ein Außenhandeln des Aufsichtsrats ist gemäß § 258 Abs. 3 S. 1 AktG auch dann vorgesehen, wenn gerichtlich ein Sonderprüfer bestellt werden soll. In diesem Fall ist das Gericht verpflichtet, eine Aufsichtsratserklärung einzuholen. Außerdem kann der Aufsichtsrat gemäß § 265 Abs. 3 S. 1 AktG bei Vorliegen eines wichtigen Grundes bei Gericht den Antrag stellen, einen Abwickler zu bestellen oder abzuberufen. Einen Außenbezug hat zudem das Handeln des Aufsichtsratsvorsitzenden bei der Gründung der Gesellschaft und der Anmeldung von Kapitalmaßnahmen, da er bei deren Eintragung in das Handelsregister mitzuwirken hat.[280] Das betrifft vor allem die in §§ 36 Abs. 1, 184 Abs. 1 S. 1, 188 Abs. 1, 195 Abs. 1 S. 1, 203 Abs. 1 S. 1 i.V.m. 188 Abs. 1, 207 Abs. 2 S. 1, 221 Abs. 2 S. 2, 223, 229 Abs. 3 oder 237 Abs. 4 S. 5 AktG geregelten Fälle.[281]

h) *Gesetzliche Auskunftspflichten gegenüber Behörden*

Schließlich berechtigen und verpflichten besondere gesetzliche Offenbarungspflichten wie bspw. § 44 KWG, aber auch § 138 StGB den Aufsichtsrat zu Äußerungen im Außenverhältnis.

3. *Zurückhaltung in der Rechtsprechung*

Die Rechtsprechung hat sich bislang lediglich vereinzelt zu einer Kommunikationsfunktion des Aufsichtsrats nach außen äußern müssen. Die Aussagen aus drei wichtigen Entscheidungen sollen im Folgenden skizziert und gewürdigt werden.

a) *BGH, Urteil vom 5. Juni 1975, II ZR 156/73*

Bereits im Jahr 1975 hatte der BGH über die Reichweite der Verschwiegenheitspflicht des Aufsichtsrats zu entscheiden.[282] In diesem Fall erhob ein Aufsichtsratsmitglied Feststellungsklage gegen die Geschäftsordnung seines Kontrollorgans, mit der zuvor versucht wurde, die Verschwiegenheitspflicht der Mandatsträger durch ein unbeschränktes Schweigegebot auszuweiten. Der Klage wurde stattgegeben und die entsprechende Klausel wegen eines Verstoßes gegen § 23 Abs. 5 AktG für nichtig erklärt. Hierbei bezog der zur Entscheidung

280 Siehe auch *v. Falkenhausen*, ZIP 2015, 956 (960).

281 *Hopt/Roth*, Der Aufsichtsrat, § 107 Rn. 113.

282 Die Entscheidung findet sich in BGHZ 64, 325; hierzu auch *Meyer-Landrut*, ZGR 1976, 510; *Reutershahn*, Außenkommunikation des Aufsichtsratsvorsitzenden, S. 152 ff.

berufene Senat zu einer eigenständigen Kommunikation von Aufsichtsratsmitgliedern über Aufsichtsratsinterna mit Dritten oder der Öffentlichkeit Stellung. Nach Ansicht des BGH könne es im Einzelfall im Unternehmensinteresse erforderlich sein, durch die Kundgabe von im Aufsichtsrat besprochenen Angelegenheiten „Mißverständnisse auszuräumen, Gerüchten entgegenzutreten, Unruhen zu vermeiden oder sonst die Beziehungen und das Bild der Gesellschaft nach innen und außen günstig zu beeinflussen"[283]. Wann das der Fall ist, ließe sich nicht nach starren Regeln, sondern nur für den Einzelfall entscheiden.[284] Allerdings betonte der BGH auch, dass sich vielfach empfehlen wird, zunächst eine Kundgabe der Information durch den Vorstand oder den Gesamtaufsichtsrat anzuregen.[285]

b) OLG Zweibrücken, Beschluss vom 28. Mai 1990, 3 W 93/90

Das OLG Zweibrücken beschäftigte sich im Jahr 1990 mit einem Fall, in dem zwei Aufsichtsratsmitglieder Kontakt zu einem Geschäftspartner der Aktiengesellschaft gesucht und daraufhin Gespräche über sachliche Einzelheiten der Geschäftsbeziehung führten.[286] Wegen der Vorfälle wurden die Aufsichtsratsmitglieder abberufen. Das OLG prüfte die Rechtmäßigkeit der Abberufung, die es für zulässig hielt. Nach Ansicht des OLG Zweibrücken war das betroffene Aufsichtsratsmitglied im Rahmen seines Informationsrechts nicht berechtigt, sich wie erfolgt mit einem Geschäftspartner der Gesellschaft auszutauschen. Das wäre allein Aufgabe der Geschäftsleitung gewesen.[287] Bedeutend war zudem der Hinweis des OLG Zweibrücken, dass der Überwachungsauftrag des Aufsichtsrats selbstverständlich ein Informationsniveau erfordere, das demjenigen der Geschäftsleitung entspricht. Diesem Erfordernis sei jedoch mit der umfassenden gesetzlichen Regelung der Berichtspflicht des Vorstands gemäß § 90 AktG hinreichend Rechnung getragen.[288]

---

283 BGHZ 64, 325 (331).

284 BGHZ 64, 325 (331).

285 BGHZ 64, 325 (331).

286 OLG Zweibrücken, DB 1990, 1401, mit zustimmenden Anmerkungen von *Theisen*, DB 1990, 1401; hierzu auch *Lutter/Krieger/Verse*, Rechte und Pflichten des Aufsichtsrats, 7. Auflage, Rn. 191 mit Fn. 5; *Selter*, Die Beratung des Aufsichtsrats und seiner Mitglieder, Rn. 332 mit Fn. 34; *Leyens*, Information des Aufsichtsrats, S. 232 mit Fn. 683; *Reutershahn*, Außenkommunikation des Aufsichtsratsvorsitzenden, S. 147 f.

287 OLG Zweibrücken, DB 1990, 1401.

288 OLG Zweibrücken, DB 1990, 1401.

c) *OLG Stuttgart, Urteil vom 29. Februar 2012, 20 U 3/11*

Prominent wurde schließlich ein Fall des OLG Stuttgart im Jahr 2012.[289] Ein Aktionär klagte gegen den Entlastungsbeschluss der Aufsichtsratsmitglieder, weil zuvor ein Aufsichtsratsmitglied Journalisten gegenüber geäußert hatte, dass es mangels Klarheit nicht hätte einschätzen können, welche Risiken der Gesellschaft aus getätigten Optionsgeschäften entstanden sind. Das OLG Stuttgart gab der Klage statt, weil durch die Entlastung ein Verhalten gebilligt worden sei, das eindeutig einen schwerwiegenden Gesetzes- oder Satzungsverstoß darstelle. Diskutiert wurde hierbei auch, inwieweit durch die Äußerung des Aufsichtsratsmitglieds im Außenverhältnis eine Gefährdung der Kreditwürdigkeit der Gesellschaft und demgemäß eine Verletzung der auch Aufsichtsratsmitglieder bindenden Treuepflicht anzunehmen war.[290] Ausdrücklich wurde herausgearbeitet, dass der Aufsichtsrat ein Binnenorgan sei, der Vorstand hingegen die Geschäftsführung und die Vertretung der Gesellschaft zu verantworten habe.[291] Ferner äußerte sich das OLG Stuttgart dazu, dass gesellschaftsinterne Konflikte eines Aufsichtsratsmitglieds zunächst intern zu lösen sind. Nur in notstandsähnlichen Extremfällen sei es für Aufsichtsratsmitglieder zulässig, über den Innenbereich hinaus Dritte oder die Öffentlichkeit anzusprechen.[292] In der im Anschluss an das Urteil abgelehnten Nichtzulassungsbeschwerde bestätigte der BGH, dass angesichts der Treuepflicht des Aufsichtsratsmitglieds öffentliche Kritik am Vorstand, wenn sie überhaupt zulässig sei, jedenfalls die Kreditwürdigkeit der Gesellschaft nicht in Frage stellen dürfe.[293]

d) *Würdigung der gerichtlichen Entscheidungen*

Ob der Aufsichtsrat mit Investoren nichtöffentliche Dialoge führen darf, hatte noch kein deutsches Gericht zu entscheiden.[294] Zuletzt wurde durch das OLG Stuttgart im Jahr 2012 noch ausdrücklich offengelassen, ob der Aufsichtsrat generell zur Außenkommunikation befugt ist. In der Tendenz verdeutlichen die gerichtlichen Entscheidungen aber, dass auch die Judikatur einem

---

289 OLG Stuttgart, ZIP 2012, 625; hierzu auch *Reutershahn*, Außenkommunikation des Aufsichtsratsvorsitzenden, S. 148 ff.

290 OLG Stuttgart, ZIP 2012, 625 (630).

291 OLG Stuttgart, ZIP 2012, 625 (631).

292 OLG Stuttgart, ZIP 2012, 625 (631).

293 BGH, NZG 2013, 339 (340).

294 Vgl. auch das Fazit von *Reutershahn*, Außenkommunikation des Aufsichtsratsvorsitzenden, S. 156.

kommunikativen Auftreten des Aufsichtsrats oder einzelner Aufsichtsratsmitglieder im Außenverhältnis zurückhaltend gegenübersteht. Die erstgenannte BGH-Entscheidung bestätigt zwar, dass es im Einzelfall im Unternehmensinteresse erforderlich sein kann, durch die Kundgabe von im Aufsichtsrat besprochenen Angelegenheiten „Mißverständnisse auszuräumen, Gerüchten entgegenzutreten, Unruhen zu vermeiden oder sonst die Beziehungen und das Bild der Gesellschaft nach innen und außen günstig zu beeinflussen“[295]. Für die weitere Untersuchung ist also festzuhalten, dass der BGH mit Blick auf das gesetzliche Verschwiegenheitsgebot der Aufsichtsratsmitglieder nicht von einem uneingeschränkten Äußerungsverbot des Aufsichtsrats ausgeht.[296] Die beiden letztgenannten OLG-Entscheidungen heben jedoch auch deutlich die Grenzen der Aufsichtsratskommunikation hervor, die, wenn sie denn überhaupt zulässig sei, zwingend aus der Stellung des Aufsichtsrats, seinem Verhältnis zum Vorstand, seiner besonderen Verschwiegenheitspflicht sowie seiner Treuepflicht gegenüber der Gesellschaft folgen. Das OLG Stuttgart bezeichnete den Aufsichtsrat in diesem Zusammenhang zudem ausdrücklich als Binnenorgan.[297]

III. Hauptversammlung wird faktisch entwertet

Von Gegnern des Investorendialogs wird drittens die faktische Entwertung der Hauptversammlung befürchtet, die sich mit dem Zugeständnis an den nichtöffentlichen Dialog zwischen Aufsichtsrat und Investor etabliere.[298] In der Folge entstehen bzw. verschärfen sich ihrer Meinung nach die nachfolgenden Probleme, die jeweils gegen eine eigenständige Dialogbefugnis des Aufsichtsrats sprechen.

---

295 BGHZ 64, 325 (331).

296 So jedenfalls auch *Schilha/Theusinger*, NZG 2019, 521 (522).

297 OLG Stuttgart, ZIP 2012, 625 (631).

298 Vor allem *Koch*, AG 2017, 129 (130). Vgl. darüber hinaus *Rieckers*, DB 2016, 2526 (2535); selbst *Wettich*, AG 2017, 60 (65), der im Grundsatz eine aktivere Kommunikation des Aufsichtsrats befürwortet, empfindet die mit dem Investorendialog eintretende Verlagerung weg von der Hauptversammlung aktienrechtlich nicht unkritisch, weil damit das Aktienrecht faktisch ausgehöhlt wird; aus der Wirtschaftspresse dazu *Döring*, in: Börsen-Zeitung vom 6. Juli 2016, S. 1; *Seibt*, in: manager magazin, August 2016, S. 69.

1. *Meinungsaustausch auf der Hauptversammlung wird obsolet*

Die Hauptversammlung ist der im Gesetz vorgesehene Ort der Meinungs- und Willensbildung in der Aktiengesellschaft.[299] Die §§ 118 ff. AktG regeln dafür überwiegend die funktionale Stellung der Hauptversammlung als Beschlussorgan. Ein Beschluss der Aktionäre wird grundsätzlich erst nach einem ergebnisoffenen Informations- und Meinungsaustausch und der Beratung der Aktionäre und der Verwaltung gefasst.[300] Die Hauptversammlung ist deshalb das klassische Forum für den Dialog zwischen Unternehmen und ihren Kapitalgebern.[301] In diese Richtung weisen auch die hauptversammlungsgebunden Informationsrechte der Aktionäre, durch die eine sinnvolle Ausübung von Stimm- und Minderheitenrechten auf informierter Grundlage ermöglicht werden soll.[302] So steht gemäß § 131 Abs. 1 AktG der Vorstand den Aktionären zu den Punkten der Tagesordnung Rede und Antwort, soweit dies zur sachgemäßen Beurteilung dieser erforderlich ist. Gemäß § 131 Abs. 4 S. 1 und 2 AktG trifft ihn darüber

---

299 Vgl. hierzu den Beschluss des BVerfG, NJW 2000, 349 (351), wonach die Hauptversammlung „Entscheidungsforum und „Sitz der Aktionärsdemokratie““ ist; *Cromme/Claassen*, in: Hommelhoff/Hopt/v. Werder, Hdb. Corporate Governance, 603 (619 f.) bestätigen, dass Hauptversammlungen hochkommunikative Plattformen und für einen Informationsaustausch von erheblicher Bedeutung sind; auch *Klose*, in: Grundei/Zaumseil, Der Aufsichtsrat, 331 (335) bezeichnet die Hauptversammlung als „Dreh- und Angelpunkt der Einflussnahme der Aktionäre auf die Gesellschaft und den Aufsichtsrat sowie des Informations- und Meinungsaustauschs“; siehe zudem *Grüner*, NZG 2000, 770 (770 f.); *Wettich*, AG 2017, 60 (65); *Franken/Heinsius*, in: Förschle/Kaiser/Moxter, FS Budde 1995, 213 (217); *Inci*, Shareholder Engagement, S. 110.

300 Siehe so zur historischen Idealvorstellung der Hauptversammlung *Kocher*, BB 2014, 2317 (2317); auch *Vetter*, AG 2014, 387 (388).

301 *Schreib*, BFuP 1993, 163 (168); *Vetter*, in: Aderhold/u.a., FS Westermann 2008, 1589 (1590). Aus US-amerikanischer Perspektive auch *Kim/Schloetzer*, The Conference Board DN-V5N20 (2013), S. 1.

302 Siehe hierzu schon *Hüffer*, ZIP 1996, 401 (405 f.); *Schaefer*, NZG 2007, 900 (901); vgl. auch *Koch*, AG 2017, 129 (133), der das Informationsbedürfnis der Aktionäre mit der Konzeption des Aktienrechts beschränkt: Das Aktionariat brauche nicht über sämtliche Geschäftsvorgänge informiert zu werden, ausreichend seien grundsätzlich die Informationen der Regelpublizität und das Auskunftsrecht gemäß § 131 AktG. Vertiefend *Casper*, in: Bayer/Habersack, Aktienrecht im Wandel, 546 (548 f.); *Zetzsche*, Aktionärsinformation, S. 16-22. Siehe aber auch *Fleischer/Bauer/Wansleben*, DB 2015, 360 (364), die hauptversammlungsgebundene Informationsrechte der Aktionäre lediglich als gesetzlich einzuhaltenden Mindeststandard bezeichnen; ebenso *Schockenhoff/Nußbaum*, AG 2019, 321 (328).

hinaus eine Verpflichtung zur Folgeauskunft.[303] Ein intensiver Investorendialog der Verwaltung führt aber bereits vor der Hauptversammlung zu den notwendigen Absprachen. Befürchtet wird daher, dass die Hauptversammlung als vorgesehener Ort des Meinungsaustauschs zwischen Verwaltung und Aktionariat zunehmend obsolet wird.[304]

2. Unterjähriger Rechtfertigungsdruck des Aufsichtsrats

Die Hauptversammlung ist zudem der aktienrechtlich vorgesehene Ort der Rechenschaftslegung und Berichterstattung der Verwaltung.[305] Der Aufsichtsrat hat der Hauptversammlung etwa mit dem Ziel der Entlastung (§ 120 Abs. 1 AktG) gemäß § 171 Abs. 2 AktG jahresperiodisch über sein Tun zu berichten.[306] Hierdurch wurde er bislang weitgehend von einem kontinuierlichen Rechtfertigungszwang befreit und Raum für unterjährige Tätigkeiten ermöglicht.[307] Investorengespräche, die typischerweise zwischen den Hauptversammlungen stattfinden, etablieren hingegen einen andauernden Rechtfertigungsdruck. Daran ist einerseits positiv zu bewerten, dass dem Aufsichtsrat mit Blick auf den Entlastungsbeschluss in der Hauptversammlung eine zusätzliche Möglichkeit gegeben wird, seine Arbeit zu präsentieren und Rechenschaft über seine Tätigkeiten abzulegen.[308] Andererseits ist jedoch zu befürchten, dass ein ständiger Rechtfertigungsdruck eine störungsfreie unterjährige Arbeit des Gremiums behindern kann.[309] Schließlich sind zeitliche Kapazitätsgrenzen der Aufsichtsratstätigkeit zu berücksichtigen, die bei einer großen Anzahl eingehender Dialoganfragen ungebührlich strapaziert werden können.[310] Jedenfalls ist nicht

---

303 Statt vieler *Hoffmann-Becking*, in: Hoffmann-Becking, Münchener Hdb. GesR IV, § 38 Rn. 51 ff.

304 Vgl. *Wettich*, AG 2017, 60 (65).

305 *Wettich*, AG 2017, 60 (65).

306 Hierzu bereits die Nachweise in Fn. 260 dieser Untersuchung.

307 *Wilsing*, ZGR 2012, 291 (299).

308 Vgl. *Stöhr*, in: Grundei/Zaumseil, Der Aufsichtsrat, 311 (326); *Bortenlänger*, BOARD 2014, 71 (71 f.); *Koch*, in: Fleischer/u.a., 50 Jahre Aktiengesetz, 65 (89); *Hirt/Viehs*, BOARD 2018, 178 (179).

309 So ist selbst nach der Rechtsprechung des BVerfG der Aufsichtsratsbericht in der Hauptversammlung die maßgebliche Informationsquelle, um über die Entlastung der Aufsichtsratsmitglieder zu entscheiden, siehe BVerfG, NJW 2000, 349 (351); *Wilsing/von der Linden*, ZHR 178 (2014), 419 (420).

310 Vgl. zu den mit dem Investorendialog verbundenen Kapazitätsgrenzen für die Mitglieder des *board of directors* im US-amerikanischen System *Fairfax*, University of Illinois Law Review 2013, 821 (822 f., 838 f.).

auszuschließen, dass eine zusätzliche Kommunikations- bzw. Rechtfertigungsaufgabe Organmitglieder stark belastet und die Qualität anderer, originärer Aufsichtsratstätigkeiten wegen eines deutlich vergrößerten Arbeitsaufwands oder sogar wegen einer Dauerüberforderung mindert.[311] Die Sorge einer wenig konstruktiven, unterjährigen Infragestellung der Aufsichtsratsarbeit ist insbesondere zu befürchten, wenn und weil sich das Gremium vermehrt öffentlich mit aktivistischen Aktionären aneinandersetzen muss.[312]

3. *Nicht kontrollierbare Beziehungen zu einzelnen Kapitalgebern*

Auch wird Investorengesprächen mit Misstrauen begegnet, weil mit ihnen nicht kontrollierbare Beziehungen der Verwaltung zu einzelnen Kapitalgebern entstehen, die den rechtlich normierten und geordneten Bahnen der Hauptversammlung entgleisen.[313] Besonders problematisch ist, dass von einflussreichen aktiv(istisch)en Aktionären bewusst versucht wird, die Öffentlichkeit der Hauptversammlungsdebatte zu umgehen, um in einem privaten Rahmen direkt mit den Mitgliedern der Verwaltung zu sprechen.[314] Nicht ausgeschlossen ist hier ein äußerst dominantes und druckvolles Auftreten gegenüber den jeweils gesprächsführenden Mitgliedern der Verwaltung.[315] Zu befürchten ist daher auch bei Aufsichtsratsgesprächen, dass Gremienmitglieder zu stark einzelnen Investoreninteressen und -impulsen ausgesetzt sind, die sie unangemessen beeinflussen und anstehende Plenumsentscheidungen präjudizieren können.[316] Ein schädigender Einfluss ist vor allem dann anzunehmen, wenn sich einzelne Aufsichtsratsmitglieder dem Druck einer Investorenforderung im Dialog nicht erwehren und sich durch persönlich erteilte Zugeständnisse an bestimmte Handlungen

---

311 *Koch*, in: Fleischer/u.a., 50 Jahre Aktiengesetz, 65 (83); vgl. auch ein empirisches Ergebnis bei *Kienbaum/Flick Gocke Schaumburg*, Kamingespräche 2017, S. 18.

312 Vgl. *Kienbaum/Flick Gocke Schaumburg*, Kamingespräche 2017, S. 18.

313 *Wilsing*, ZGR 2012, 291 (299).

314 *Bommer/Steinbach*, BOARD 2013, 219 (220); kritisch auch *Kuntz*, ZHR 183 (2019), 190 (214).

315 Zur Gefahr, dass nichtöffentliche Gespräche des Investors auch dazu dienen, Druck auf die Unternehmensleitung auszuüben, *Schreyögg/Unglaube*, AG 2013, 97 (109); vgl. *Ihrig*, in: Börsen-Zeitung vom 29. Oktober 2016, S. 13.

316 Zur Gefahr der Instrumentalisierung des Aufsichtsrats durch aktive Aktionäre bereits *Smend*, ZCG 2008, 53 (57); in diese Richtung weist auch die Stellungnahme von *Rieger* im DCGK-Konsultationsverfahren 2016, S. 2; siehe aber auch *Winzig/Labbé*, in: Börsen-Zeitung vom 4. Juni 2011, S. B4. Zu dieser Befürchtung aus den USA *Davis/Alogna*, Policy Briefing 2 (2008), S. 5.

oder Entscheidungen binden, ohne die jeweiligen Anliegen selbstständig und sorgfältig und mit Blick auf das Unternehmensinteresse zu prüfen.[317] Befürchtet wird als negative Folge einer intensiveren informellen Kommunikation deshalb, die faktische Entscheidungsgewalt von institutionellen Investoren zu stärken und ein neues dominierendes Machtzentrum zu fördern, ohne es in die Pflicht zu nehmen.[318]

Teilt man die Bedenken mit Blick auf das Einflusspotenzial einzelner Kapitalgeber auf die Mitglieder des Aufsichtsrats nicht oder möchte man wegen der rechtlichen Schranken, die eine rücksichtslose Durchsetzung von Aktionärsinteressen verhindern,[319] nicht so weit gehen, kann es bei regelmäßigen

---

317 Zu einer möglichen Gefährdung der Interessen der Gesellschaft, anderer Aktionäre oder sonstiger Stakeholder wegen des Einflusses eines institutionellen Investors auch *Weber-Rey/Reps*, ZGR 2013, 597 (627 ff., 633). Darüber hinaus betont *v. Werder*, DB 2019, 41 (42) nochmals, dass das Unternehmensinteresse und die Belange institutioneller Investoren als Anteilseignerinteressen nicht identisch sind.

318 Vgl. hierzu *Schneider*, ZGR 2012, 518 (532); zu den Schattenseiten einer verstärkten Aktionärsmitwirkung, wodurch einzelne Investoren die Geschicke des Unternehmens mitbestimmen oder sogar fremdbestimmen können und die Aufsichtsratstätigkeit aushöhlen, ausdrücklich *Hommelhoff*, in: Hoffmann-Becking/Hüffer/Reichert, GS Winter 2011, 255 (256 ff., 260); siehe zudem *Hannigan*, in: Siekmann, FS Baums 2017, 561 (578) mit Blick auf die Rolle von *non-executive directors*. Relativierend zu einer ähnlichen Befürchtung in den USA *Fairfax*, University of Illinois Law Review 2013, 821 (842 f.).

319 Begrenzt wird eine fehlleitende Einwirkungsmacht einzelner Aktionäre und eine rücksichtslose Durchsetzung von Aktionärsinteressen, die nicht nur dem Gesellschaftszweck, sondern auch in unverhältnismäßiger Weise anderen Aktionärsinteressen zuwiderlaufen, durch die gesellschaftsrechtliche Treuepflicht, hierzu *Schmolke*, ZGR 2007, 701 (729); *Thaeter/Guski*, AG 2007, 301 (303 f.); *Weber-Rey/Reps*, ZGR 2013, 597 (630); *Kocher*, Journal of International Banking Law and Regulation 30.7 (2015), 402 (405); *Döding*, ZBB 2020, 168 (173); *Heuser*, Shareholder Activism, S. 162 f. Vgl. aus den USA hierzu *Anabtawi/Stout*, Stanford Law Review 60.5 (2008), 1255 (1265 ff., 1294 ff.). Ausdrücklich normiert ist gemäß § 117 Abs. 1 AktG außerdem ein Schadensersatzanspruch gegenüber demjenigen, der wissentlich unter Ausnutzung seines Einflusses auf die Gesellschaft Leitungspersonen zu einem schädigenden Verhalten zum Nachteil der Gesellschaft oder ihrer Aktionäre bestimmt, siehe ausdrücklich für den Fall des Investorengesprächs *Heuser*, Shareholder Activism, S. 164. Die Voraussetzungen der Schadensersatzpflicht nach § 117 Abs. 1 AktG sind jedoch derart hoch, dass sie nur in seltenen Ausnahmefällen vorliegen, vertiefend *Thaeter/Guski*, AG 2007, 301 (304); *Roth*, ZGR 2012, 343 (369); *Weber-Rey/Reps*, ZGR 2013, 597 (630); *Kocher*, Journal of International Banking Law and Regulation 30.7 (2015), 402 (405); *Kocher*, DB 2016, 2887 (2889). Im Übrigen

Investorengesprächen mit einzelnen Prinzipalen oder Prinzipalgruppen zu dauerhaften Zusatzinformationen und Informationsvorsprüngen kommen. Im Schrifttum wurde unter dem Stichwort „Schattenaufsichtsrat“[320] dazu konstatiert, dass eine die Kontrollfunktion des Aufsichtsrats aushöhlenden Parallelstruktur entstehen kann, die das aktienrechtliche Kompetenzgefüge beschädigt und ggf. die (Informations-)Interessen der übrigen Aktionäre – vor allem die der Kleinanleger – beeinträchtigt.[321]

Kritisch ist bei Investorengesprächen im „stillen Kämmerlein“ in diesem Zusammenhang überdies die weitgehende Heimlichkeit über Zeitpunkte, Gesprächspartner und ihre Inhalte.[322] Auch darin liegt ein gewichtiger Unterschied zum quasi-öffentlichen Forum der Hauptversammlung, mit der die informationelle Gleichbehandlung der Aktionäre sichergestellt ist, weil alle Aktionäre gleichmäßigen Zugang zu ihr und ihren Debatten erhalten.[323] Ob und inwieweit Investorengespräche, die an der Hauptversammlungsöffentlichkeit vorbeigehen und in denen nur ausgewählten Kapitalgebern Gelegenheit zum eingehenden Gedankenaustausch mit der Verwaltung gegeben wird, das aktienrechtliche Gebot der (informationellen) Gleichbehandlung gemäß § 53a AktG (i.V.m. § 131 Abs. 4 S. 1 AktG) verletzten, soll deshalb noch ausführlich in § 4.B.II dieser Untersuchung behandelt werden.

---

kommt in krassen Ausnahmefällen ein Schadensersatzanspruch gemäß § 826 BGB in Betracht, *Thaeter/Guski*, AG 2007, 301 (305); *Heuser*, Shareholder Activism, S. 165.

320 Hierzu *Assmann*, AG 1997, 50 (57); *Fleischer*, ZGR 2009, 505 (524 f., 529); *Fleischer*, ZGR 2011, 155 (166); *Fleischer/Strothotte*, AG 2011, 221 (227); *Hell*, NZG 2019, 338 (342); ausführlich auch *Verse*, Der Gleichbehandlungsgrundsatz, S. 537 f.; *Hommelhoff*, in: Hoffmann-Becking/Hüffer/Reichert, GS Winter 2011, 255 (257).

321 Systembedingt bleibe deshalb vorgegeben, dass der Vorstand ausschließlich durch den Aufsichtsrat und nicht unmittelbar durch einzelne Aktionäre kontrolliert wird, so *Koch*, AG 2017, 129 (137). Wegen nur punktueller Zusatzinformationen sind gegen diese Befürchtung *Hirt/Hopt/Mattheus*, AG 2016, 725 (737 f.). Mit Blick auf die europarechtlichen Einflüsse der Aktionärsrechterichtlinie 2017 sowie fehlender Realitätsnähe eines Schattenaufsichtsrats durch institutionelle Investoren ist gegen diese Befürchtung zudem *Herz*, NZG 2020, 285 (290). Vgl. aus den USA *Katz/McIntosh*, New York Law Journal 254.15 (2015), 5.

322 Ausführlich zu den damit verbundenen Störungen § 4.B.II dieser Untersuchung.

323 In diesem Sinne bezeichnen *Franken/Heinsius*, in: Förschle/Kaiser/Moxter, FS Budde 1995, 213 (217) die Hauptversammlung als wichtigste periodische Informationsquelle für die Aktionäre. Zur Hauptversammlung als Medium der informationellen Gleichbehandlung bereits *Bachmann*, in: Altmeppen/Fitz/Honsell, FS Roth 2011, 37 (47).

IV. Verstoß gegen mitbestimmungsrechtliche Vorgaben

Schließlich wird von Gegnern eines Investorendialogs auch des Aufsichtsrats betont, dass dieser den Einfluss der Arbeitnehmervertreter in einem mitbestimmungsrechtlich besetzten Aufsichtsrat schwächt.[324] Der Aufsichtsrat ist unter Berücksichtigung der unternehmerischen Mitbestimmung ein vielköpfiges und heterogenes Gremium, § 95 S. 4 AktG. Das Gesamtplenum fasst im Besonderen mit Anteilseigner- und Arbeitnehmervertreter zwei Gruppen zusammen, deren Interesse bei bestimmten Entscheidungen gegensätzlich sein können.[325] Führt allein der von Anteilseignervertretern gewählte Aufsichtsratsvorsitzende Investorengespräche, sind in der mitbestimmten Aktiengesellschaft sämtliche Arbeitnehmervertreter am Kommunikationsvorgang sowie seiner Vorbereitung unbeteiligt.[326] Fehlt es darüber hinaus an einer angemessenen intraorganschaftlichen Transparenz über die Ergebnisse des Investorendialogs, können sich aufsichtsratsinterne Konflikte zwischen den Anteilseigner- und Arbeitnehmervertretern verschärfen und der Charakter des Aufsichtsrats als Kollegialorgan untergraben werden.[327] Daher werden Investorengespräche allein des Aufsichtsratsvorsitzenden kritisiert, nicht im Einklang mit mitbestimmungsrechtlichen Vorgaben zu stehen.[328]

C. Zutreffende Neuinterpretation der aktienrechtlichen Grundlagen

Die Investorenkommunikation mit einem ausgesuchten Empfängerkreis kann jedoch auch nicht von vornherein als Geschäftsführungs- und ausschließlich als Vorstandsaufgabe eingeordnet werden. Das Aktiengesetz erlaubt stattdessen bereits *de lege lata* und dogmatisch unter Rückgriff auf eine rechtsfortbildend konstruierte Annexkompetenz ausreichend Flexibilität, eine

---

324 Vgl. *Koch*, in: Hüffer/Koch, AktG, § 107 Rn. 8; ausdrücklich *Hexel*, AR 2014, 121 (121).

325 *Koch*, in: Fleischer/u.a., 50 Jahre Aktiengesetz, 65 (83).

326 *Rahlmeyer*, AR 2015, 144 (145) bekräftigt, dass die Arbeitnehmervertreter in den Investorendialog zwingend einzubeziehen wären; siehe auch *Koch*, AG 2017, 129 (130).

327 Zum Spannungsverhältnis des Aufsichtsratsvorsitzenden und dem Gesamtplenum vertiefend in § 5.A dieser Untersuchung.

328 Siehe vor allem die Stellungnahmen der Gewerkschaften *DGB*, S. 2, *ver.di*, S. 2 f. und *Kocsis*, S. 2 f. im DCGK-Konsultationsverfahren 2016, die die uneingeschränkte Beachtung der mitbestimmungsrechtlichen Teilhaberechte verlangen und betonen, dass ein allein wichtigen Kapitalgebern gewährter Dialog dazu nicht passt.

innergesellschaftliche Zuständigkeit des Aufsichtsrats für einen inhaltlich auf Aufsichtsratsthemen beschränkten Investorendialog zu begründen.[329] Folgt man dem, ist – ungeachtet dessen, dass Details stark umstritten und noch unklar sind[330] – die Grenze im Verhältnis zum Vorstand erst dort überschritten, wo der Aufsichtsrat den Kommunikations- und Kompetenzbereich des Vorstands missachtet und mit Investoren über Vorstandsthemen spricht.[331] Die teleologischen und rechtspragmatischen Argumente, die für diese (Neu-)Bewertung der aktienrechtlichen Grundlagen sprechen, sollen im Folgenden substantiiert vorgetragen werden. Zuvor gilt es jedoch zu untersuchen, warum nur eine rechtsfortbildend konstruierte Annexkompetenz ein eigenes Kommunikationsrecht des Aufsichtsrats dogmatisch begründen kann.

---

329 Bei Gesamtbetrachtung des heutigen Diskussionsstandes überwiegend anerkannt, dennoch zurückhaltend wegen der noch nicht abschließenden Diskussion *Kremer*, in: Kremer/u.a., DCGK, Rn. 1269c. Deutlicher aus der Kommentarliteratur *Spindler*, in: Spindler/Stilz, AktG, § 107 Rn. 40; *Bachmann*, in: Spindler/Stilz, AktG, § 287 Rn. 8 mit Fn. 40; *Spindler*, in: MüKo-AktG, § 76 Rn. 25; *Habersack*, in: MüKo-AktG, § 116 Rn. 66 f.; *Habersack*, in: Habersack/Henssler, Mitbestimmungsrecht, § 25 MitbestG Rn. 112a; *Mertens/Cahn*, in: KK-AktG, § 107 Rn. 61; *Drygala*, in: Schmidt/Lutter, AktG, § 107 Rn. 25; *Grigoleit/Tomasic*, in: Grigoleit, AktG, § 111 Rn. 73; *Schick*, in: Wachter, AktG, § 107 Rn. 9; *Henssler*, in: Henssler/Strohn, Gesellschaftsrecht, AktG, § 107 Rn. 10. Jetzt auch *Lutter/Krieger/Verse*, Rechte und Pflichten des Aufsichtsrats, 7. Auflage, Rn. 284, 680. Im Übrigen finden sich zahlreiche Aufsätze, die dem folgen. Statt aller hier beispielhaft *Roth*, ZGR 2012, 343 (368 f.); *Roth*, Fordham Journal of Corporate & Financial Law 18.4 (2013), 751 (807); *Fleischer/Bauer/Wansleben*, DB 2015, 360 (362); *Hirt/Hopt/Mattheus*, AG 2016, 725 (730 ff.); umfassend auch *Bachmann*, in: VGR, Gesellschaftsrecht 2016, 135 (142); *Pikó*, WPg 2016, 1383 (1390 f.); *Henning*, BOARD 2017, 41 (43); *Roth*, in: Dreher/u.a., FS Bergmann 2018, 565 (581); *Spindler*, in: Bergmann/Hoffmann-Becking/Noack, FS Seibert 2019, 855 (865 ff.). Gegnern einer eigenen Dialogkompetenz des Aufsichtsrats wirft *Krämer*, AR 2017, 18 (18) vor, das Aktiengesetz in einem rückwärtsgewandten Sinne zu restriktiv auszulegen.

330 Ausführlich zu den erheblichen rechtlichen Unsicherheiten bei der inhaltliche Reichweite der Annexkompetenz wie auch zu den übrigen aktien- und kapitalmarktrechtlichen Schranken der Investorenkommunikation des Aufsichtsrats in § 4 dieser Untersuchung.

331 So bestätigen auch *Grigoleit/Tomasic*, in: Grigoleit, AktG, § 111 Rn. 72, dass eine konkurrierende, allgemeine Kompetenz des Aufsichtsrats zum regelmäßigen Dialog mit (Groß-)Aktionären und (institutionellen) Investoren mit der Vorstandskompetenz zur Investorenkommunikation unvereinbar ist.

I. Kompetenz kraft Rechtsfortbildung

Die dogmatische Fundierung einer eigenständigen Kompetenz des Aufsichtsrats zur Investorenkommunikation ist nicht ganz einfach, weil das Aktiengesetz kaum Orientierung bietet und ohne Rechtfortbildung ein eigenes Kommunikationsrecht des Aufsichtsrats dogmatisch unterentwickelt bleibt.[332]

1. *Keine im Aktiengesetz stillschweigend mitgeregelte Kompetenz*

Eine ausdrückliche Ermächtigung oder eine gesetzliche Öffnungsklausel, die dem Aufsichtsrat den Investorendialog gestattet, ist im Aktiengesetz nicht geregelt. Im Übrigen ist aber auch weder ein Wirken des Aufsichtsrats nach außen noch speziell der Dialog mit Investoren aktienrechtlich verboten.[333] Trotz der im Grundsatz hohen Regelungsdichte des Aktiengesetzes fehlt somit für die direkte Investorenkommunikation des Aufsichtsrats ein ausreichender aktienrechtlicher Anknüpfungspunkt, aus dem Rückschlüsse auf das Bestehen oder Fehlen einer Dialogkompetenz des Aufsichtsrats gezogen werden könnten.[334]

Überzeugend ist in diesem Zusammenhang zwar einerseits, dass allein das Schweigen des Gesetzgebers nicht ausreicht, dem Aufsichtsrat eine eigenständige Dialogkompetenz *a priori* abzusprechen.[335] Dafür spricht erstens, dass das Aktiengesetz die Aufgaben des Aufsichtsrats nicht abschließend aufzählt, wie die Gesetzesmaterialien zum Aktiengesetz 1965 bestätigen.[336] Zweitens beruht die Sichtweise, dass es stets einer ausdrücklichen Kompetenzzuweisung bedarf, auf

---

332 *Koch*, BB 2016, Heft 50, Die erste Seite betont das ausgesprochen schwankende juristische Fundament; *Bachmann*, in: VGR, Gesellschaftsrecht 2016, 135 (146) weist auf den bislang noch fehlenden „methodischen Unterbau“ der Lösung über eine beschränkte Aufsichtsratskompetenz zum Dialog mit Investoren hin; *Hopt*, ZGR 2019, 507 (526) spricht von einem maßgeblich dogmatischen Einwand gegen den Investorendialog des Aufsichtsrats.

333 Ähnlich *Spindler*, in: MüKo-AktG, § 76 Rn. 25; *Spindler*, in: Spindler/Stilz, AktG, § 107 Rn. 40; *Bortenlänger*, BOARD 2014, 71 (71); *Fleischer/Bauer/Wansleben*, DB 2015, 360 (362, 364); *Kocher*, Journal of International Banking Law and Regulation 30.7 (2015), 402 (404); *Spindler*, in: Bergmann/Hoffmann-Becking/Noack, FS Seibert 2019, 855 (866); *Hein*, Die Stewardship-Verantwortung, S. 266; *Thomas/Wüllner*, in: hv-magazin 04/2017, 18 (18); die Aussage von Dr. Maximilian Degenhart im Interview mit *Wadewitz*, in: Börsen-Zeitung vom 25. März 2017, S. 9.

334 Auch bei *Leyendecker-Langner*, NZG 2015, 44 (44 f.); *Koch*, in: Fleischer/u.a., 50 Jahre Aktiengesetz, 65 (89).

335 *Leyendecker-Langner*, NZG 2015, 44 (45).

336 *Kropff*, AktG 1965, S. 147, 154.

einer öffentlich-rechtlichen Vorstellung, wonach Eingriffe in Individualrechte eine eindeutige Ermächtigungsgrundlage erfordern (Lehre vom Gesetzesvorbehalt). Auf ein privatrechtliches Organisationsverhältnis und die Frage der Reichweite verbandsrechtlicher Organkompetenzen in der Aktiengesellschaft ist dies jedoch nicht ohne Weiteres zu übertragen, wie bspw. der Fall ungeschriebener Hauptversammlungszuständigkeiten entgegen des klaren Wortlauts des § 119 Abs. 1 AktG zeigt.[337]

Trotz dieses Befundes bleibt es andererseits und nach hier vertretener Auffassung dogmatisch unzureichend, eine im Gesetz stillschweigend mitgeregelte Kompetenz des Aufsichtsrats zur Dialogführung mit Investoren anzunehmen. Dafür könnte zwar sprechen, dass der nichtöffentlichen Investorenkommunikation des Aufsichtsrats durchaus solche aktienrechtliche Normen nahekommen, die dem Aufsichtsrat in verschiedenen Bereichen kommunikative Außenkompetenzen zuschreiben.[338] In diese Richtung könnte weiter argumentiert werden, dass derjenige, der dem Aufsichtsrat bereits in vielfältigen Situationen abverlangt, mit Aktionären oder dem Kapitalmarkt zu kommunizieren, auch den Dialog mit einzelnen Investoren erlauben müsste, um Widersprüche zu vermeiden.[339] Mit Blick auf die zahlreichen rechtlich anerkannten Kommunikationsakte kann das Aufsichtsratsgremium zudem richtigerweise nicht mehr nur als ein bloßes Binnenorgan der Aktiengesellschaft charakterisiert werden, das ausschließlich auf die gesellschaftliche Innenperspektive beschränkt ist.[340]

---

337 Siehe *Bachmann*, in: VGR, Gesellschaftsrecht 2016, 135 (145), auch mit Verweis auf BGHZ 83, 122 sowie BGHZ 159, 30; auch *Landsittel*, Investorenkommunikation, S. 181 ff.

338 Siehe § 3.B.II.2 dieser Untersuchung. Vgl. dazu auch *Schulz*, in: Hölscher/Altenhain, Hdb. Aufsichts- und Verwaltungsräte, 489 (497); siehe auch *Krämer*, AR 2017, 18 (18); ausführlich zu möglichen Anknüpfungsnormen auch *Landsittel*, Investorenkommunikation, S. 209 ff., 227 f.

339 Siehe *Bachmann*, in: VGR, Gesellschaftsrecht 2016, 135 (145), der die aktienrechtlich anerkannten Außenkompetenzen des Aufsichtsrats als „ausbaufähigen teleologischen Brückenkopf" bezeichnet; auch *Hein*, Die Stewardship-Verantwortung, S. 250-252; vgl. *Ihrig*, in: Börsen-Zeitung vom 29. Oktober 2016, S. 13.

340 Vgl. bereits BGHZ 64, 325 (331), wonach es im Interesse des Unternehmens im Einzelfall notwendig werden kann, eine im Aufsichtsrat besprochene Angelegenheit in einem geschlossenen Kreis oder auch öffentlich zu erörtern, um Missverständnisse auszuräumen, Gerüchten entgegenzutreten, Unruhen zu vermeiden oder sonst die Beziehungen und das Bild der Gesellschaft nach innen und außen günstig zu beeinflussen, hierzu bereits § 3.B.II.3.a) dieser Untersuchung. Aus dem Schrifttum: *Hopt/Roth*, Der Aufsichtsrat, § 107 Rn. 87 und 157, aber auch § 111 Rn. 577b;

Erklärungen des Aufsichtsrats werden stattdessen auch für den Kapitalmarkt relevant, was im Besonderen für die Themen Corporate Governance und Vergütung die vergleichsweise jungen Publizitätsvorschriften gemäß §§ 161, 162 AktG bestätigen. Klar gegen einen generalisierenden Rückgriff auf die im Aktienrecht geregelten oder vorausgesetzten Kommunikationsakte des Aufsichtsrats spricht jedoch, dass ein solcher den Rahmen der noch zulässigen Auslegung des möglichen Wortsinns der entsprechenden Normen sprengen würde, zumal die jeweiligen Normtexte weder missverständlich sind noch ihr normativer Sinn unklar ist.[341] Die Außenkommunikation des Aufsichtsrats wird durch sie vielmehr ausschließlich anlass- und funktionsbezogen geregelt und dadurch entweder auf spezielle Foren wie bspw. die Hauptversammlung oder öffentliche Formen der Kapitalmarktkommunikation – etwa im Rahmen der jährlichen Regelpublizität zu §§ 161, 162 AktG – begrenzt.[342] Nichtöffentliche, nur selektiv gewährte Direktkontakte des Aufsichtsrat mit Investoren unterscheiden sich von den gesetzlich erfassten Ausnahmefällen hingegen erheblich. Der Versuch, eine Kompetenz des Aufsichtsrats zum Investorendialog unter Verweis auf die bereits anerkannten Außenkompetenzen des Aufsichtsrats zu begründen, überzeugt deshalb nicht.[343] Da weitere Anknüpfungsnormen nicht in Betracht kommen, ist für den Dialog des Aufsichtsrats mit Investoren ein Kommunikationsrecht außerhalb des geschriebenen Aktiengesetzes im Wege der Rechtsfortbildung zu konstruieren.[344]

Roth, in: Davies/u.a., Corporate Boards in Law and Practice, 253 (315); *Noerr/Hering Schuppener/v. Werder*, Rolle des Aufsichtsrats in der Krisenkommunikation, S. 13; vgl. auch die Ausführungen von *v. Falkenhausen*, ZIP 2015, 956 (956); *Fleischer/Bauer/Wansleben*, DB 2015, 360 (363); ausführlich hierzu *Hirt/Hopt/Mattheus*, AG 2016, 725 (731 ff.); *Henning*, BOARD 2017, 41 (43); *Hopt*, ECGI Law Working Paper 365/2017, S. 11; *Seibt*, in: Börsen-Zeitung vom 17. Juni 2017, S. 9.

341 *Holle*, ZIP 2019, 1895 (1897). Vgl. auch *Lutter*, Information und Vertraulichkeit im Aufsichtsrat, Rn. 562: „Die Fälle, in denen der Aufsichtsrat als Organ (...) *nach außen* für das Organ oder gar die Gesellschaft in Erscheinung tritt, sind selten und vom Gesetz genau fixiert."

342 Vgl. *Holle*, ZIP 2019, 1895 (1897).

343 Ebenso *Holle*, ZIP 2019, 1895 (1897). A.A. *Hopt/Roth*, Der Aufsichtsrat, § 107 Rn. 157 sowie § 111 Rn. 577: „Einer besonderen Durchbrechung der §§ 77 Abs 1, 111 Abs 4 Satz 1 oder gar der Rechtsfortbildung bedarf es (...) methodisch nicht."

344 *Bachmann*, in: VGR, Gesellschaftsrecht 2016, 135 (151-153); *Holle*, ZIP 2019, 1895 (1897). Kritisch zur Öffnung des Aktiengesetzes in diesem Bereich *Koch*, AG 2017, 129 (132 ff.).

2. *Keine teleologische Reduktion der §§ 77 Abs. 1, 111 Abs. 4 S. 1 AktG*

Nach Ansicht einzelner Literaturstimmen muss hierfür die Hürde des Verbots zur Wahrnehmung von Geschäftsführungsmaßnahmen gemäß §§ 77 Abs. 1, 111 Abs. 4 S. 1 AktG zunächst überwunden werden, damit im Verhältnis zum Vorstand überhaupt Handlungsspielräume für den Aufsichtsrat im Bereich der Investor Relations entstehen.[345] Zwar soll die Schwelle zur Geschäftsführung bei Investorengesprächen erst dann erreicht sein, wenn es sich um förmliche, im Voraus arrangierte Investorentreffen handelt. Namentlich werden zwanglose Gespräche am Rande der Hauptversammlung oder die Kontaktpflege des Aufsichtsrats mit der eigenen „Wählerschaft" für zulässig erachtet, weil sie noch keine Geschäftsführungsmaßnahme darstellen.[346] Wesentliches Kriterium für die Frage, wann Investorenkontakte ausschließlich der Geschäftsführung zuzuordnen sind, wäre dann die Förmlichkeit von Gesprächsanlass und -situation über eine gewisse Bagatellschwelle hinaus. Eine klare Trennlinie gelingt hierdurch jedoch nicht.[347] Für die Praxis ist die vorgenannte Unterscheidung zudem untauglich, weil strategische Investorentreffen und -gespräche geradezu im Fokus liegen und damit in aller Regel ein hohes Maß an Förmlichkeit – etwa hinsichtlich Terminierung, Vorbereitung etc. – einhergeht. Um den Geschäftsführungscharakter der Investorenkommunikation und damit ihre ausschließliche Zuweisung an den Vorstand klar(er) zu überwinden, wurde deshalb vorgeschlagen, die Geschäftsführungsbefugnis des Vorstands im Bereich der

345 Dafür *Koch*, AG 2017, 129 (132 ff.); *Reutershahn*, Außenkommunikation des Aufsichtsratsvorsitzenden, S. 192 f. befürwortet, das Geschäftsführungsverbot aus teleologischen Erwägungen für Außenkommunikationsmaßnahmen einschränkend auszulegen und nicht anzuwenden, wenn diese weder Geschäftsführungsmaßnahmen initiieren, noch Weisungen an den Vorstand aufstellen oder diesem faktisch eigene Entscheidungen unmöglich machen, wobei sie im Ergebnis das Gesellschaftsinteresse als maßgebliche Handlungsmaxime für die Kompetenzabgrenzung von Vorstand und Aufsichtsrat bei der Außenkommunikation und für deren Inhalte hervorhebt, S. 207 ff.

346 *Koch*, in: Fleischer/u.a., 50 Jahre Aktiengesetz, 65 (88); *Koch*, AG 2017, 129 (134); *Bachmann*, in: VGR, Gesellschaftsrecht 2016, 135 (145).

347 *Koch*, in: Fleischer/u.a., 50 Jahre Aktiengesetz, 65 (88) schreibt diesem Kriterium ebenfalls nur gewisse Filterfunktion zu, um den Streit von vornherein etwas zu entschärfen; vgl. hierzu auch *Reutershahn*, Außenkommunikation des Aufsichtsratsvorsitzenden, S. 141, 186.

Investorenkommunikation rechtstechnisch im Wege der teleologischen Reduktion zu behandeln.[348]

Der Umweg über eine teleologische Reduktion der §§ 77 Abs. 1, 111 Abs. 4 AktG überzeugt jedoch nicht. Im Schrifttum wird dagegen argumentiert, dass hierdurch der mit dem Geschäftsführungsverbot verbundene Wille des Gesetzgebers negiert wird und Rechtssicherheit verloren geht.[349] Hinzuzufügen ist, dass sich eine andere, weit weniger missverständliche Lösung anbietet, um ein eigenes Kommunikationsrecht des Aufsichtsrats zu begründen. Aufgaben in den Investor Relations sind danach nur dann als dem Vorstand ausschließlich zugewiesene Geschäftsführungsmaßnahmen einzuordnen, wenn auch der jeweilige Gesprächsinhalt, über den gesprochen wird, Maßnahmen der Geschäftsführung betrifft.[350] In Fällen, in denen der Aufsichtsrat über Themen spricht, für die er kompetent ist, entfalten die §§ 77 Abs. 1, 111 Abs. 4 S. 1 AktG hingegen keine Sperrwirkung. Damit ist für den Aufsichtsrat ein gewisses Maß an Freiheit gewonnen, im Einzelfall mit gebotener Sorgfalt selbst zu prüfen und zu entscheiden, ob, wann und mit wem Investorengespräche stattfinden sollen und hierdurch seine – gesetzlich zugewiesene – Überwachungsfunktion bestmöglich zu erfüllen.[351]

348 *Koch*, AG 2017, 129 (132 ff.); *Reutershahn*, Außenkommunikation des Aufsichtsratsvorsitzenden, S. 192 f.

349 *Landsittel*, Investorenkommunikation, S. 194 f. Vgl. auch die Argumentation von *Mülbert*, in: Habersack/Huber/Spindler, FS Stilz 2014, 411 (420 f. sowie Fn. 70, 76) für eine Annexkompetenz des Aufsichtsrats für insiderrechtliche Selbstbefreiungsentscheidungen, in der er eine teleologische Reduktion des Geschäftsführungsverbots ebenfalls ablehnt.

350 So auch *Grunewald*, ZIP 2016, 2009 (2010 f.). Dagegen *Koch*, AG 2017, 129 (132), weil nicht widerlegt sei, dass ganz unabhängig des Kommunikationsinhalts der Kommunikationsakt an sich oder eine ihn vorbereitende Handlung – etwa die Auswahl des Zeitpunktes, des Gesprächspartners, der Kommunikationsform – bereits Geschäftsführungscharakter hat. Weiterführend schlägt *Ebrahimzadeh*, Investorendialog des Aufsichtsrats, S. 159 ff., 209 ff. ein Grundsatz-Ausnahme-Verhältnis bei der Auswahl der Gesprächspartner vor (bei der Auswahl der Dialogpartner sei die bestehende Dialogpraxis des Vorstands entscheidend; bestehe bislang kein Kontakt zwischen Vorstand und dem jeweiligen Investor, müsse er darüber zunächst positiv entscheiden).

351 Vgl. für den Wortlaut BGHZ 64, 325 (327).

3. *Annexkompetenz nach dem Prinzip communication follows competence*

Für die im Verhältnis zum Vorstand besonders relevante Frage, worüber der Aufsichtsrat mit Investoren sprechen darf, wird das zulässige Maß an Freiheit durch eine akzessorische Annexkompetenz des Aufsichtsrats ausgefüllt, die dem Aufsichtsrat ein Kommunikationsrecht lediglich über die Themen seines originären Aufgabenbereichs gestattet.[352] Etabliert hat sich hierzu der Verweis auf das Prinzip *communication follows competence*, demnach für den Aufsichtsrat ebenfalls nur zu seinen Sachkompetenzen komplementäre Außenkompetenzen hinzutreten.[353] Nur mit dieser engen inhaltlichen Beschränkung wird die bei der

352 *Spindler*, in: Spindler/Stilz, AktG, § 107 Rn. 40; *Spindler*, in: MüKo-AktG, § 76 Rn. 25; *Leyendecker-Langner*, NZG 2015, 44 (45) schreibt in seinem Aufsatz von „**induktive[r] Kompetenzabgrenzung/Annexkompetenz**"; *Fleischer/Bauer/Wansleben*, DB 2015, 360 (365) nennen es „**Kommunikationskompetenzen als Korollar der Sachkompetenzen**"; *Hirt/Hopt/Mattheus*, AG 2016, 725 (733): „**Innenkompetenzen und komplementäre Außenkompetenzen des Aufsichtsrats**"; *Koch*, AG 2017, 129 (132): „**Annexkompetenzen als methodisches Vehikel**"; Holle, ZIP 2019, 1895 (1897): „**Aufgabenbezogene Annexkompetenz im Wege gesetzesübersteigender Rechtsfortbildung**"; siehe auch *Spindler*, in: Bergmann/Hoffmann-Becking/Noack, FS Seibert 2019, 855 (866); *Seibt*, in: Börsen-Zeitung vom 17. Juni 2017, S. 9. Ausführlich die Darstellung von *Bachmann*, in: VGR, Gesellschaftsrecht 2016, 135 (146 ff.), mit der er nicht nur die wesentlichen Gedankengänge von *Fleischer/Bauer/Wansleben*, *Leyendecker-Langner*, *Hirt/Hopt/Mattheus* und *Koch* (bezogen auf den Aufsatz *Koch*, in: Fleischer/u.a., 50 Jahre Aktiengesetz, 65 (87 ff.), nicht jedoch auf den später veröffentlichten Aufsatz in AG 2017, 129) zusammenfasst, sondern auch einen eigenen Ansatz unter Rückgriff auf die Grundrechtsdogmatik und die Figur der praktischen Konkordanz und der mit ihr pflichtenkollidierenden „Konzentrationsmaxime" des Vorstands präsentiert (auf 150 f.). Allgemein zur Argumentationsfigur der Annexkompetenz im Aktienrecht, um Kompetenzlücken zu schließen und Kompetenzkonflikte zu lösen, wie auch zu ihrer methodischen Reflexion *Fleischer/Wedemann*, GmbHR 2010, 449 (450 ff.); zu Begriff und Methodik auch *Lieder*, NZG 2015, 569 (569 f.); weiterführend zum verfassungsrechtlichen Hintergrund von Annexkompetenzen *Landsittel*, Investorenkommunikation, S. 196 ff.; *Ebrahimzadeh*, Investorendialog des Aufsichtsrats, S. 115 ff.

353 Dafür *Kremer*, in: Kremer/u.a., DCGK, Rn. 1269c; *Leyendecker-Langner*, NZG 2015, 44 (45 f.); *Fleischer/Bauer/Wansleben*, DB 2015, 360 (365); *Hirt/Hopt/Mattheus*, AG 2016, 725 (733); *Krämer*, AR 2017, 18 (18); *Schaper*, AG 2018, 356 (357); *Schilha/Theusinger/v. Manikowsky/v. Werder*, BOARD 2019, 42 (43); vgl. auch die Aussage von Dr. Maximilian Degenhart im Interview mit *Wadewitz*, in: Börsen-Zeitung vom 25. März 2017, S. 9. Mit Bedenken *Bachmann*, in: VGR, Gesellschaftsrecht 2016,

Rechtsfortbildung gebotene restriktive Grundtendenz angemessen berücksichtigt und verhindert, die im geschriebenen Aktienrecht verfestigte Gesamtkompetenzordnung mit ihren gemäß § 23 Abs. 5 AktG zwingenden Struktur- und Wertungsprinzipien und das klar bestimmte Verhältnis zwischen Vorstand und Aufsichtsrat abzuändern.[354] Um die Leitungsverantwortung des Vorstands hinreichend zu respektieren, ist der Aufsichtsrat bei seiner Kommunikation mit Kapitalgebern außerdem zu Zurückhaltung aufgefordert.[355] Weitgehend

---

135 (145 f.), weil nicht zwingend geboten sei, dass derjenige, der eine Sachentscheidung trifft, diese auch nach außen kommuniziert.

354 Dazu ausdrücklich für den Fall der Aufsichtsratskommunikation mit Investoren *Grigoleit/Tomasic*, in: Grigoleit, AktG, § 111 Rn. 72: „[E]ine außerpositive Kompetenz des AR zur Außenkommunikation [kann] nur **ausnahmsweise- und annexweise** (...) begründet werden"; vgl. auch etwa *Hambloch-Gesinn/Gesinn*, in: Hölters, AktG, § 107 Rn. 54a; *Bachmann*, in: VGR, Gesellschaftsrecht 2016, 135 (151-153); auch *Koch*, AG 2017, 129 (131-134); *Holle*, ZIP 2019, 1895 (1897) unter Verweis auf die Wertungen des Gesetzgebers. Weiterführend *Fleischer/Wedemann*, GmbHR 2010, 449 (456), die darauf hinweisen, dass die Argumentationsfigur der Annexkompetenz nicht zur freischöpferischen Kompetenzbestimmung missbraucht werden darf und keine originären Kompetenztitel gewährt, sondern nur der behutsamen Fortentwicklung geschriebener Organkompetenzen dient; siehe zudem *Lieder*, NZG 2015, 569 (570), der darauf aufmerksam macht, dass mit einer Annexkompetenz substanzielle Kompetenzerweiterungen nicht mehr zu legitimieren sind.

355 Ausdrücklich hierzu *Breuer/Fraune*, in: Heidel, Aktienrecht, § 111 Rn. 29; *Hopt/Roth*, Der Aufsichtsrat, § 111 Rn. 577; *Grigoleit/Tomasic*, in: Grigoleit, AktG, § 111 Rn. 76: **„nur mit großer Zurückhaltung"**; *Schulz*, in: Hölscher/Altenhain, Hdb. Aufsichts- und Verwaltungsräte, 489 (495) hebt hervor, dass die Investorenkommunikation keinen Keil zwischen Vorstand und Aufsichtsrat treiben darf oder gar dem Aufsichtsrat einen Freibrief erteilt, sich in guten Zeiten vor dem Vorstand zu profilieren und sich in schlechten Zeiten hinter dem Vorstand zu verstecken; *Smend*, ZCG 2008, 53 (57); *Semler*, NZG 2013, 771 (777) fordert Zurückhaltung nicht nur für Vorstände, sondern noch mehr für Aufsichtsräte; *Leyendecker-Langner*, NZG 2015, 44 (47) verlangt allgemein Zurückhaltung und lehnt kritische Äußerungen zu der Führungsarbeit des Vorstands ab; *Rahlmeyer*, AR 2015, 144 betont mehrfach, dass Zurückhaltung geboten ist; *Fleischer/Bauer/Wansleben*, DB 2015, 360 (365) stellen bspw. darauf ab, dass der Aufsichtsrat bei der Kommunikation nicht „vorpreschen", sich nicht „aus der Reserve locken" und dem Vorstand nicht „in die Parade fahren" darf; *Kocher*, Journal of International Banking Law and Regulation 30.7 (2015), 402 (404) hierzu: „supervisory board should display restraint in communication matters"; *Hirt/Hopt/Mattheus*, AG 2016, 725 (733) lösen das Spannungspotenzial zwischen Vorstand und Aufsichtsrat mit dem Grundsatz zum loyalen Zusammenwirken, woraus für den Aufsichtsrat ein Gebot der Mäßigung folgt, das dazu verpflichtet, den

ungeklärt ist jedoch, was das im Einzelnen für die inhaltliche Ausgestaltung von Investorengesprächen und die praktische Dialogführung bedeutet. Wegen der erheblichen Unsicherheiten in diesem Bereich soll diese Streitfrage noch gesondert und ausführlich in § 4 dieser Untersuchung behandelt werden (vgl. insbesondere § 4.A.I zu der inhaltlichen Reichweite der Annexkompetenz des Aufsichtsrats).

4. *Investorenkommunikation als unternehmerische Entscheidung*

In dem zuvor dargelegten Rahmen sind Entscheidungen zu den Fragen, ob, wann, mit wem und über welche aufsichtsratsspezifischen Themen Investorengespräche stattfinden, unternehmerische Entscheidung des Aufsichtsrats, die mangels strikter rechtlicher Bindung durch einen zukunftsgerichteten Prognosecharakter geprägt sind.[356] Auch dem Aufsichtsrat kommt bei der Ausübung seines inhaltlich beschränkten Kommunikationsrechts deshalb ein breites und gerichtlich nur eingeschränkt überprüfbares unternehmerisches Entscheidungsermessen

Vorstand nach außen nicht zu beschädigen, Zurückhaltung zu üben und gesellschaftsinterne Konflikte nicht unnötig nach außen zu tragen. Außerdem bedarf es nach ihrer Ansicht einer Abstimmung mit dem Vorstand zur Vermeidung von Missverständnissen; für *Bachmann*, in: VGR, Gesellschaftsrecht 2016, 135 (151) ist die (Annex-) Kompetenz des Aufsichtsrats zum Dialog mit Investoren umso stärker, je mehr es sich um genuin aufsichtsratsbezogene Aufgaben handelt, jedoch umso schwächer, je mehr sie inhaltlich an Themen heranreicht, die vorrangig vom Vorstand verantwortet werden. Zudem fordert er (auf 175), dass der Aufsichtsrat bei kritischen Gesprächsthemen „besonders sensibel agieren muss"; *Krämer*, AR 2017, 18 (19) spricht von einem abwägend und behutsam geführten Investorendialog; zum Gebot der Zurückhaltung ausdrücklich auch *Schick*, WPg 2018, 1379 (1381 f.); *Roth*, in: Dreher/u.a., FS Bergmann 2018, 565 (580) befürwortet, dass den Äußerungen von Aufsichtsratsmitgliedern eine größere Distanz von der Geschäftsführung anzumerken sein sollte. Darüber hinaus wurde in empirischen Befragungen bestätigt, dass sich der Aufsichtsrat bei der Kommunikation mit Investoren zurückhalten solle, siehe *Kienbaum/Flick Gocke Schaumburg*, Kamingespräche 2017, S. 16, wobei jedoch Aufsichtsräte ihre Rolle und Sprachfähigkeit deutlich weiter interpretierten als die befragten Vorstände, siehe auch S. 19; *Heidrick & Struggles*, Chairman 2.0, S. 14.

356 Hierzu auch *Noerr/Hering Schuppener/v. Werder*, Rolle des Aufsichtsrats in der Krisenkommunikation, S. 24; *Schilha/Theusinger/v. Manikowsky/v. Werder*, BOARD 2019, 42 (43 f.); *Schilha/Theusinger*, NZG 2019, 521 (525). Grundlegend zu unternehmerischen Entscheidungen die Begründung des RegE UMAG, BTDrucks 15/5092, S. 11; *Bosch/Lange*, JZ 2009, 225 (230); *Cahn*, WM 2013, 1293 (1294 f.); *Lieder*, ZGR 2018, 523 (526 ff.).

zu. In Einzelfällen kann sich dieses theoretisch auf null reduzieren und sich zu einer Dialogpflicht verdichten.[357] Das ist aber lediglich in Betracht zu ziehen, wenn es die Überwachungsaufgabe des Aufsichtsrats wegen eines unabweisbaren Bedürfnisses im Unternehmensinteresse – etwa zur Abwendung erheblicher Nachteile für die Gesellschaft – zwingend verlangt und unerlässlich macht, mit bestimmten Investoren unmittelbar in Investorengespräche zu treten.[358] Das wird jedoch nur in sehr seltenen, notstandsähnlichen Sonder- und Ausnahmefällen der Fall sein.

Im Übrigen hat sich eine pflichtgemäße Entscheidungsfindung des Aufsichtsrats, ob und wie er in Investorengesprächen auftritt, an der Sorgfaltspflicht eines ordentlichen und gewissenhaften Aufsichtsratsmitglieds nach §§ 116 S. 1 i.V.m. 93 Abs. 1 S. 1 AktG auszurichten. Vernünftigerweise hat sich der Aufsichtsrat im Rahmen einer pflichtgemäßen Prüfung dafür an den folgenden Elementen zu orientieren, die sich mit Blick auf seine Haftung aus der *business judgement rule* gemäß §§ 116 S. 1 i.V.m. 93 Abs. 1 S. 2 AktG ableiten lassen.[359]

a) Handeln auf angemessener Informationsgrundlage

Wesentlich ist zunächst ein Handeln aufgrund angemessener Information, was eine sorgfältige Ermittlung der Entscheidungsgrundlagen durch vernünftiges Ausschöpfen der gegebenen und in Betracht kommenden Informationsmöglichkeiten erfordert.[360] Die hieran zu stellenden Anforderungen sind

---

357 So auch *Hopt/Roth*, Der Aufsichtsrat, § 111 Rn. 577b; *Schilha/Theusinger/v. Manikowsky/v. Werder*, BOARD 2019, 42 (43). Dagegen *Grunewald*, ZIP 2016, 2009 (2011).

358 Vgl. die Argumentation von *Bürgers*, ZHR 179 (2015), 173 (197 f.) im Fall von Mitarbeiterbefragungen.

359 Zutreffend *Noerr/Hering Schuppener/v. Werder*, Rolle des Aufsichtsrats in der Krisenkommunikation, S. 24-26 unter Verweis auf *Scholz*, AG 2018, 173; siehe zudem *Schilha/Theusinger*, NZG 2019, 521 (525). Allgemein zur *business judgement rule* bereits Fn. 206 dieser Untersuchung. Speziell zur *business judgement rule* für Aufsichtsratsmitglieder *Paefgen*, AG 2008, 761 (764, 766 ff.); *Cahn*, WM 2013, 1293; *Fassbach/Wettich*, KSzW 2016, 269 (273); *Scholderer/v. Werder*, ZGR 2017, 865 (876 f.). Näher zu Sinn und Zweck einer Haftungserleichterung für Aufsichtsräte *Kropff*, in: Damm/Heermann/Veil, FS Raiser 2005, 225 (229).

360 So auch *Noerr/Hering Schuppener/v. Werder*, Rolle des Aufsichtsrats in der Krisenkommunikation, S. 25; siehe zudem *Bosch/Lange*, JZ 2009, 225 (231); *Redeke*, NZG 2009, 496; *Hopt*, ZIP 2013, 1793 (1801); *Cahn*, WM 2013, 1293 (1297); *Paefgen*, AG 2014, 554 (561 ff.); vertiefend *Lieder*, ZGR 2018, 523 (554 ff.); *Hopt*, ZGR 2019, 507 (528); *Kropff*, in: Damm/Heermann/Veil, FS Raiser 2005, 225 (231 ff.).

situationsbezogen und hängen bspw. von der Bedeutung und Komplexität und Tragweite der zu treffenden Entscheidung, dem Wissensstand der Aufsichtsratsmitglieder, den Kosten und Nutzen der Informationsbeschaffung sowie der Zeit ab, die für die Entscheidungsfindung (noch) zur Verfügung steht.[361] Vor der Investorenkommunikation wird sich der Aufsichtsrat also in der Regel ausreichend vorbereiten müssen.[362] Das umfasst zum einen, Informationen über die Gesprächspartner und die anvisierten Kommunikationsgegenstände einzuholen.[363] Zum anderen wird der Aufsichtsrat prüfen müssen, ob das gesprächsführende Aufsichtsratsmitglied über die notwendigen kommunikativen Fähigkeiten wie auch eine ausreichende rechtliche Kenntnis verfügt, um sich den Herausforderungen eines persönlichen Dialogs mit – ggf. ausländischen – Investoren zu stellen.[364]

361 Vgl. die Begründung des RegE UMAG, BTDrucks 15/5092, S. 12; *Noerr/Hering Schuppener/v. Werder*, Rolle des Aufsichtsrats in der Krisenkommunikation, S. 25; *Cahn*, WM 2013, 1293 (1297 f.); *Lieder*, ZGR 2018, 523 (554 f.).

362 Dafür auch *Schulz*, in: Hölscher/Altenhain, Hdb. Aufsichts- und Verwaltungsräte, 489 (491 sowie 493); *Bommer/Steinbach*, BOARD 2013, 219 (220); *Schilha/Theusinger/v. Manikowsky/v. Werder*, BOARD 2019, 42 (43 f.).

363 Siehe *Noerr/Hering Schuppener/v. Werder*, Rolle des Aufsichtsrats in der Krisenkommunikation, S. 25, die darüber hinaus auf die Möglichkeit verweisen, auf die vom Vorstand erstatteten Berichte zurückzugreifen wie aber auch – insbesondere für die Fälle der Dissens-Krise – eigene, vorstandsunabhängige Maßnahmen zur Informationsbeschaffung zu ergreifen, siehe zudem S. 37; *Schilha/Theusinger*, NZG 2019, 521 (522, 525, 527). Zum Vertrauen auf Vorstandsberichte *Cahn*, WM 2013, 1293 (1298 f.); *Lieder*, ZGR 2018, 523 (560). Speziell zur vorstandsunabhängigen Information des Aufsichtsrats durch ein Auskunftsverlangen an Mitarbeiter des Unternehmens oder externe Berater *Lieder*, ZGR 2018, 523 (563 ff.).

364 *Noerr/Hering Schuppener/v. Werder*, Rolle des Aufsichtsrats in der Krisenkommunikation, S. 25, 37; vgl. auch *Kienbaum/Flick Gocke Schaumburg*, Kamingespräche 2017, S. 21, wonach die Mehrheit der Befragten bestätigte, dass der Aufsichtsratsvorsitzende ausreichend kompetent sei; *Nieber*, Rolle des Aufsichtsrates in der Kapitalmarktkommunikation, S. 70-71. Weitergehend fordert der DIRK, dass mindestens ein Mitglied des Aufsichtsrats über besondere Investor Relations-Kenntnisse und berufliche Erfahrungen verfügt, damit alle kommunikativen Tätigkeiten des Aufsichtsrats mit ihrer Wirkung auf den Kapitalmarkt hinterfragt und auch die Abstimmung mit dem Vorstand bzw. der Investor Relations-Abteilung koordiniert werden kann, hierzu *Bommer/Steinbach*, BOARD 2013, 219 (221).

b) Handeln zum Wohl der Gesellschaft

Zweitens ist ein ausschließlich am Unternehmenswohl orientiertes unternehmerisches Handeln maßgeblich.[365] Abzuwägen sind dafür alle direkten und indirekten Auswirkungen der jeweiligen Entscheidung auf die Lage der Gesellschaft.[366] Außerhalb des Unternehmenswohls werden Organmitglieder jedenfalls dann handeln, wenn sie grob sorgfaltswidrig vorgehen oder schlichtweg unverantwortliche Risiken eingehen oder der Gesellschaft einen nicht unerheblichen Nachteil zufügen.[367] Vor Investorenkontakten hat der Aufsichtsrat daher kritisch zu prüfen, ob die direkte Kommunikation mit einzelnen Investoren im Interesse der Gesellschaft liegt. Dies ist stark einzelfallbezogen.

c) Keine sachfremden Einflüsse und Sonderinteressen

Drittens wird notwendig, dass der Aufsichtsrat frei von Interessenkonflikten, Fremdeinflüssen, unmittelbarem Eigennutz oder den Interessen nahestehender Personen oder wirtschaftlich verbundener Unternehmen handelt.[368] Zutreffend gelten hier weniger strenge Maßstäbe als bei Vorstandsmitgliedern, weil sich Aufsichtsratsmitglieder nicht nur in klassischen Interessenkonflikten befinden, sondern wegen ihrer Tätigkeiten auch darüber hinausgehende Pflichtenkollisionen entstehen.[369] Diese beruhen bspw. in ihrer Beziehung zu der jeweiligen Wählerschaft, auf einer etwaigen hauptamtlichen Tätigkeit in einem anderen Unternehmen oder als Funktionär einer Gewerkschaft und damit aufgrund unterschiedlicher Rollenerwartungen und

---

365 Vgl. die Begründung des RegE UMAG, BTDrucks 15/5092, S. 11, wonach es jedenfalls darum geht, die nachhaltige Profitabilität und Wettbewerbsfähigkeit der Gesellschaft und ihrer Produkte und Dienstleistungen zu stärken; siehe ferner *Noerr/Hering Schuppener/v. Werder*, Rolle des Aufsichtsrats in der Krisenkommunikation, S. 25; *Bosch/Lange*, JZ 2009, 225 (230 f.); vertiefend *Lieder*, ZGR 2018, 523 (576 ff.); *Schilha/Theusinger*, NZG 2019, 521 (526).

366 Auch bei *Noerr/Hering Schuppener/v. Werder*, Rolle des Aufsichtsrats in der Krisenkommunikation, S. 26; *Schilha/Theusinger*, NZG 2019, 521 (526).

367 Siehe nur *Lieder*, ZGR 2018, 523 (578).

368 So auch *Noerr/Hering Schuppener/v. Werder*, Rolle des Aufsichtsrats in der Krisenkommunikation, S. 26; *Schilha/Theusinger*, NZG 2019, 521 (526). Vgl. darüber hinaus auch die Begründung des RegE UMAG, BTDrucks 15/5092, S. 11; *Bosch/Lange*, JZ 2009, 225 (231 f.); näher zudem *Lieder*, ZGR 2018, 523 (568 ff.).

369 *Lieder*, ZGR 2018, 523 (569 f.).

widerstreitender rechtlicher Interessenbindungen in geschäftlichen und persönlichen Beziehungen.[370]

d) Gutgläubigkeit

Schließlich muss der Aufsichtsrat im guten Glauben handeln, d.h. er muss *ex ante* davon überzeugt sein, eine ordnungsgemäß zustande gekommene und in der Sache richtige Entscheidung zu treffen.[371]

e) Dokumentation der Rahmenbedingungen der Entscheidung

Der Aufsichtsrat sollte sich im Einzelfall bewusst und gewissenhaft für oder gegen Investorengespräche mit ausgewählten Kapitalgebern entscheiden.[372] Die Rahmenbedingungen der Entscheidung – etwa Datum, Uhrzeit, Entscheidungsträger –, die angestellten Überlegungen sowie die Gründe für die getroffene Entscheidung sollten dokumentiert werden, um im Streitfall einen Beleg dafür zu bekommen, sich hinreichende Gedanken über die Entscheidung gemacht und diesbezüglich das Für und Wider sorgfältig geprüft zu haben.[373]

II. Argumente zugunsten eines eigenständigen Investorendialogs des Aufsichtsrats

Die Argumente, die teleologisch und rechtspragmatisch für ein eigenes Kommunikationsrecht des Aufsichtsrats mit Investoren sprechen, werden

370 Zu den potenziellen Interessenkonflikten von Aufsichtsratsmitgliedern etwa *Breuer/Fraune*, in: Heidel, Aktienrecht, § 116 Rn. 9; *Leyens*, RabelsZ 67 (2003), 57 (85); übersichtlich auch die Abbildungen von *Hutzschenreuter/Metten/Weigand*, ZfB 2012, 717 (721, 723); *Fassbach/Wettich*, KSzW 2016, 269 (273); vertiefend *Seibt*, in: Grundmann/u.a., FS Hopt 2010, 1363 (1364 ff.); *Schneider*, in: Habersack/Hommelhoff, FS Goette 2011, 475 (476).

371 So auch *Noerr/Hering Schuppener/v. Werder*, Rolle des Aufsichtsrats in der Krisenkommunikation, S. 26; *Schilha/Theusinger*, NZG 2019, 521 (526). Vgl. zudem die Begründung des RegE UMAG, BTDrucks 15/5092, S. 11; *Bosch/Lange*, JZ 2009, 225 (231); bewusste Pflichtverletzungen lassen die *business judgement rule* im Umkehrschluss entfallen, so auch *Lieder*, ZGR 2018, 523 (579).

372 Dafür *Noerr/Hering Schuppener/v. Werder*, Rolle des Aufsichtsrats in der Krisenkommunikation, S. 25.

373 *Noerr/Hering Schuppener/v. Werder*, Rolle des Aufsichtsrats in der Krisenkommunikation, S. 25 mit Fn. 117. Vgl. zu Dokumentation der unternehmerischen Ermessensentscheidung auch *Lutter*, ZIP 2007, 841 (848).

im Folgenden vertieft. Dafür gilt es zunächst das hohe praktische Bedürfnis für einen intensiveren unterjährigen Investorendialog durch das Aufsichtsratsorgan herauszuarbeiten und darzulegen, dass dieser die Aktionärskommunikation und Entscheidungsfindung auf der Hauptversammlung sowohl aus Sicht der Verwaltung als auch aus der Sicht institutioneller Investoren sinnvoll ergänzt. Anschließend richtet sich der Blick auf die britische und US-amerikanische Praxis von Investorengesprächen zwischen *non-executive directors* des *board* und Investoren. Nach dem Verständnis dieser Untersuchung sprechen vor allem die Einflüsse dieser beiden besonders kapitalmarktorientierten Rechtssysteme auf das deutsche Recht auch für den Dialog zwischen Aufsichtsrat und Investor hierzulande. Sodann wird der Investorendialog in den Prozess der sogenannten Professionalisierung des Aufsichtsrats eingeordnet, bei dem im Vergleich zu früher nicht nur die steigende strategische Verantwortung des Aufsichtsrats, sondern auch die immer höheren Anforderungen an die Qualifikation der Mandatsträger bemerkenswert sind. Schließlich wird begründet, dass der Investorendialog des Aufsichtsrats als Element guter Corporate Governance nicht nur geeignet ist, gegenüber einem ausgewählten Adressatenkreis glaubwürdig Transparenz über Aufsichtsratsthemen zu zeigen, sondern auch dazu beitragen kann, die Überwachungsqualität des Aufsichtsrats zu steigern. Zu den einzelnen Argumenten:

1. *Hauptversammlung als einziges Diskussionsforum ungenügend*

Für die Zulässigkeit eines unterjährigen Dialogs zwischen Aufsichtsrat und Investor spricht erstens, dass die im Aktienrecht als Dialogforum vorgesehene Hauptversammlung für die Verwaltung wie auch institutionelle Investoren als wirtschaftlich besonders einflussreiche Prinzipale für das Ziel eines unterjährigen und intensiven Informationsaustauschs und eine vertrauensschaffende Interessenannäherung ungeeignet ist.[374] Aufsichtsratsgespräche zwischen den

---

374 Weiterführend *Bachmann*, AG 2011, 181 (190 f.), der weiterführend sogar die Frage nach der Abschaffung einer durch das Aktiengesetz obligatorisch durchzuführenden Hauptversammlung stellt; zu ihren (unterstellten) Funktionsdefiziten *Bachmann*, in: Altmeppen/Fitz/Honsell, FS Roth 2011, 37. Zur Hauptversammlung im Wandel, bei der die zentralen Funktionen der Information und der Entscheidung nicht versammlungsgebunden sind, *Noack*, WM 2009, 2289 (2294); *Mosca*, ECFR 2018, 805 (847); vgl. darüber hinaus *Claussen*, in: FS Schmidt 2009, 217 (227), der bestätigt, dass die Hauptversammlung für diffizile Aussprachen nicht das rechte Milieu darstellt. Zu vergleichbaren Überlegungen in den USA *Fairfax*, University of Illinois Law Review 2013, 821 (843 ff.).

Hauptversammlungen versuchen für diese Zwecke auszugleichen, was die Hauptversammlung aus strukturellen Gründen nicht leisten kann, und ergänzen sie sinnvoll, anstatt sie – wie von den Gegnern eines Investorendialogs des Aufsichtsrats befürchtet[375] – zu entwerten.[376]

a) *Aus Sicht der Verwaltung*

Wenn wichtige Hauptversammlungsbeschlüsse anstehen, wird nicht nur für den Vorstand, sondern auch für den Aufsichtsrat die frühzeitige und wirksame Kommunikation mit den Aktionären – im Ergebnis: mit wirtschaftlich besonders einflussreichen institutionellen Investoren – relevant, um kritische Themen vorzubesprechen und das anstehende Votum der Hauptversammlung abzusichern.[377] Der persönliche Meinungsaustausch in *one-on-ones* ist als Kommunikationsinstrument dafür besonders gut geeignet.[378] Abweichende Investorenvorstellungen zu den jeweiligen Beschlussvorschlägen der Verwaltung können im informellen Investorengespräch frühzeitig sondiert werden, um ein besseres Gefühl für den Verständnishorizont und die Erwartungen der Anleger zu bekommen.[379] Auf Kritik kann zudem unmittelbar reagiert werden, was

---

375 Dazu bereits oben § 3.B.III dieser Untersuchung.

376 *Bachmann*, in: VGR, Gesellschaftsrecht 2016, 135 (161); *Landsittel*, Investorenkommunikation, S. 247 f.; ausdrücklich auch Dr. Hans-Christoph Hirt im Interview mit *Döring*, in: Börsen-Zeitung vom 6. Juli 2016, S. 9: „Die Hauptversammlung wird durch einen Dialog zwischen Investor und Aufsichtsrat nicht entwertet, sondern sinnvoll ergänzt."; *Seibt*, in: manager magazin, August 2016, S. 69. Auch schon *Wilsing*, ZGR 2012, 291 (298), wenn auch ohne Bezug zu Aufsichtsratsgesprächen; vgl. ferner *Inci*, Shareholder Engagement, S. 128.

377 Hierfür *Klose*, in: Grundei/Zaumseil, Der Aufsichtsrat, 331 (347); *Hirt/Hopt/Mattheus*, AG 2016, 725 (729). Vgl. auch *IHS Markit/DIRK*, Who owns the German DAX?, S. 14.

378 Zu den strategischen Vorteilen von Investorengesprächen bereits § 2.A.II dieser Untersuchung. Siehe auch *Faber*, in: Hommelhoff/Hopt/v. Werder, Hdb. Corporate Governance, 219 (228); dazu *Than*, in: Lutter/Scholz/Sigle, FS Peltzer 2001, 577 (596): „Die Hauptversammlung [ist] zunehmend nicht mehr die primäre Informationsquelle für Aktionäre, insbesondere nicht für institutionelle Anleger. (...) One-to-One-Meetings geben dem Vorstand heute im weitaus größerem Maße als früher die Möglichkeit zur Informationsvermittlung."; *Brandt*, in: KPMG's ACI, Audit Committee Quarterly III/2017, 40 (42): „Um mögliche Konfliktpotenziale zu verringern und das gestiegene Informationsbedürfnis der institutionellen Investoren zu befriedigen, sollte ein kritischer und konstruktiver Dialog erfolgen."

379 So *Meyer-Landrut/Heuser*, AG 2011, R241 (R241) für Vorstandsgespräche mit Investoren; siehe darüber hinaus *Strampelli*, Virginia Law and Business Review 12.2 (2018), 187 (194).

größere Spannungslagen – etwa Streitigkeiten durch kritische Wortmeldungen in der folgenden Hauptversammlung – verhindert.[380] Darüber hinaus wird möglich, für unternehmensspezifische Gestaltungen und Entscheidungen zu werben und eine ggf. vorherrschende Abwehrhaltung der Aktionäre abzubauen.[381] Das wird auch die negative Reputationswirkung eines überraschend nicht gestützten Hauptversammlungsbeschlusses abwenden.[382] Werden infolge des Kommunikationsvorgangs mit einzelnen Aktionären Missverständnisse bekannt, bei denen zu befürchten ist, dass sie auch bei weiteren Aktionären entstanden sind, besteht die Möglichkeit, die am unmittelbaren Kommunikationsvorgang nicht beteiligten Aktionäre nachträglich zu informieren und entsprechende Fehlverständnisse noch vor dem Zeitpunkt der Hauptversammlung auszuräumen.[383] Investorengespräche sind insgesamt also als wichtiger Teil eines angemessenen unternehmerischen Risikomanagements bei der Hauptversammlungsvorbereitung einzuordnen, deren Mit-Verantwortung sich der Aufsichtsrat nicht entziehen kann.[384] Unter Umständen besteht wegen unbefriedigender Abstimmungsergebnisse auch nach der Hauptversammlung Kommunikationsbedarf.[385] Anschaulich

380 Vgl. *Meyer-Landrut/Heuser*, AG 2011, R241 (R241) mit Verweis auf zwei Negativbeispiele mangelnder Gesprächsbereitschaft und der konfrontativen Haltung zwischen Management und Investoren: (i) Deutsche Börse (2005) und (ii) CeWe Color und IWKA (2007); *Speich*, BOARD 2015, 193 (193); *Hirt/Hopt/Mattheus*, AG 2016, 725 (728); *Strampelli*, Virginia Law and Business Review 12.2 (2018), 187 (194); *Leyens*, ZGR 2019, 544 (559 f.).

381 *Kocher*, BB 2014, 2317 (2322); hinsichtlich der Chancen des Dialogs für Vorstände *Meyer-Landrut/Heuser*, AG 2011, R241 (R241); für den Aufsichtsrat *Hirt/Hopt/Mattheus*, AG 2016, 725 (728). Vgl. aus internationaler Perspektive *Yockey*, South Carolina Law Review 61.2 (2009), 171 (199-201); *Fairfax*, University of Illinois Law Review 2013, 821 (833); *Mehta*, Executive Compensation Insights 13.3 (2013), S. 1 f.; *Miller*, workspan 2015, 44 (46).

382 *Roth*, in: Dreher/u.a., FS Bergmann 2018, 565 (578 f.). Vgl. aus den USA *Miller*, workspan 2015, 44 (46).

383 Vgl. die Ausführungen von *Zetzsche*, AG 2019, 701 (706).

384 *Roth*, in: Dreher/u.a., FS Bergmann 2018, 565 (572): „Ganz generell erleichtert es die Erfüllung der Aufgaben des Aufsichtsrats, wenn dieser bereits vor der Hauptversammlung das Gespräch jedenfalls mit den bedeutenderen Aktionären sucht. Dies erscheint für die sachgemäße Vorbereitung (...) bei größeren Gesellschaften nachgerade unabdingbar."

385 „Nach einem unbefriedigenden Abstimmungsergebnis muss der Aufsichtsrat das Gespräch mit den Anlegern suchen.", so Rolf Nonnenmacher im Interview mit *Wadewitz*, in: Börsen-Zeitung vom 21. Juni 2017, S. 13.

werden die vorgenannten Ausführungen am Beispiel des Votums der Hauptversammlung zur Vorstandsvergütung.[386] Zwar besteht für börsennotierte Gesellschaften und Aktionäre mit dem verpflichtend durchzuführenden Votum zum Vergütungssystem und Vergütungsbericht gemäß § 120a Abs. 1 bzw. 4 AktG bereits ein Diskussionsforum über dieses Thema auf der Hauptversammlung.[387] Die meist sehr intensive und teils in der breiten Öffentlichkeit geführte Debatte sollte jedoch nicht auf diesen Zeitpunkt beschränkt bleiben, sondern frühzeitig in Investorengesprächen des Aufsichtsrats beginnen. Die bisherige praktische Entwicklung zum *say on pay*-Beschluss hat jedenfalls gezeigt, dass Hauptversammlungen Vergütungsmodelle immer häufiger kritisch bewerten.[388] Um dem vorzubeugen, muss der Aufsichtsrat inzwischen umso dringlicher und vor allem rechtzeitig für das unternehmensspezifische Vergütungssystem werben und mit der im Investorengespräch gesicherten Rückendeckung einflussreicher Aktionäre das Hauptversammlungsvotum gemäß § 120a AktG auf eine sichere Grundlage stellen.[389]

---

386 Speziell zur Kommunikation über das System der Vorstandsvergütung *Kremer*, in: Kremer/u.a., DCGK, Rn. 1270; *Noerr/Hering Schuppener/v. Werder*, Rolle des Aufsichtsrats in der Krisenkommunikation, S. 22; *Heldt*, in: DAI, Kurvenlage 2017/II, 83 (85). Aus internationaler Perspektive *Yockey*, South Carolina Law Review 61.2 (2009), 171 (214 ff.); *Mehta*, Executive Compensation Insights 13.3 (2013), S. 2 f.; *Miller*, workspan 2015, 44 (45 ff.); *Tonello/Gatti*, The Conference Board DN-V10N3 (2019), S. 2. Zur für den Aufsichtsrat besonders wichtigen Akzeptanz des Vergütungssystems durch institutionelle Investoren *AdAR/Hengeler-Mueller*, Aufsichtsratsstudie 2019, B.2.

387 Bereits seit 2009 gab es gemäß § 120 Abs. 4 AktG a.F. eine freiwillige Konsultativabstimmung über die Vorstandsvergütung (*say on pay*), die jedes DAX-Unternehmen mindestens einmal durchgeführt hat, hierzu *hkp/// group/Georg-August-Universität Göttingen/DIRK*, Vorstandsvergütung als Herausforderung, S. 6; *Fleischer/Bedkowski*, AG 2009, 677 (680 ff.); *Fleischer/Bauer/Wansleben*, DB 2015, 360 (364).

388 So auch *Degenhart*, AR 2017, 100 (100). Vertiefend zur Entwicklung der *say on pay*-Zustimmungsraten zwischen 2010 und 2018 *hkp/// group/Georg-August-Universität Göttingen/DIRK*, Vorstandsvergütung als Herausforderung, S. 6 f.; *Heldt*, in: DAI, Kurvenlage 2017/II, 83 (83).

389 Noch zum Votum nach § 120 Abs. 4 AktG a.F. *Koch*, AG 2017, 129 (133 f.); *Henning*, BOARD 2017, 41 (41); *Degenhart*, AR 2017, 100 (100); *Lange*, AR 2019, 5 (7); vgl. hierzu Leitlinie 3.1.-3.2. des Arbeitskreises Leitlinien für eine nachhaltige Vorstandsvergütung (siehe dazu noch § 9.A.IV dieser Untersuchung); vgl. zusätzlich die Antwort von Jens Wilhelm im Interview mit *Wadewitz*, in: Börsen-Zeitung vom 7. Februar 2019, S. 13: „Die kontroversen Abstimmungen über Vergütungsprogramme waren ein Katalysator. Seither suchen Aufsichtsratsvorsitzende verstärkt den Dialog mit Investoren. Die schlechten Abstimmungsergebnisse haben sie alarmiert."

Dass die Kommunikation des Aufsichtsrats zu institutionellen Investoren einzig zum Zeitpunkt der Hauptversammlung unzureichend ist, zeigt sich ferner vor und in der Sondersituation der Unternehmenskrise, die vom jährlichen Turnus der ordentlichen Hauptversammlung und des Rechenschaftsberichts des Aufsichtsrats gemäß § 171 Abs. 2 AktG zeitlich unabhängig ist. Als laufende Präventivmaßnahmen wirkt der Investorendialog bereits vor der jeweiligen Krisensituationen als Verteidigungsstrategie, weil in friedlichen Zeiten ein Vertrauensverhältnis zu wichtigen Aktionären und Rückhalt im eigenen Aktionariat aufgebaut sowie allgemein die Reputation des Unternehmens gestärkt wird.[390] Kommt es zur Eskalation, kann durch eine verstärkte Kommunikation einer unternehmerischen Schieflage und etwaigen Negativentwicklungen zudem leichter getrotzt werden, wenn und weil wichtige Investoren auch vom Aufsichtsrat zeitnah davon überzeugt werden, dass der Aufsichtsrat zusammen mit dem Vorstand an der Bewältigung der Krise und etwaigen Angriffspunkten arbeitet.[391] Im Übrigen steigern sich in Krisenzeiten die Überwachungspflichten und die Kontrolldichte des Aufsichtsrats,[392] worüber in Investorengesprächen

---

390 So schreibt *Scherer*, in: Dehnen, Der professionelle Aufsichtsrat, 148 (160): „Die Unternehmensaufseher müssen positive Image-Effekte durch ihre persönliche und aktive Kommunikation erwirtschaften."; *Thienel*, in: Dehnen, Der professionelle Aufsichtsrat, 119 (125) betont ebenfalls die Möglichkeiten der Vertrauensbildung bei der externen Kommunikation über die Fachrollen im Aufsichtsrat; *EY/DIRK*, Effektive Finanzkommunikation, S. 2; *Schulz*, in: Hölscher/Altenhain, Hdb. Aufsichts- und Verwaltungsräte, 489 (505) bezeichnet den Aufsichtsrat als „Multiplikator", wenn Vertrauen neu aufgebaut werden muss; *Bommer/Steinbach*, BOARD 2013, 219 (220); vgl. zum Potenzial einer zielgruppenadäquaten Kommunikation des Aufsichtsrats auch *Ruhwedel/Weitzel*, AR 2013, 40 (41); zur Stärkung gegenseitigen Vertrauens zudem *Durstberger/Nicolussi*, GesRZ 2016, 304 (305); *Schilha/Theusinger/v. Manikowsky/v. Werder*, BOARD 2019, 42 (42); *Nieber*, Rolle des Aufsichtsrates in der Kapitalmarktkommunikation, S. 68.

391 Näheres zur Kommunikationskompetenz des Aufsichtsrats in der Krise bei *Noerr/Hering Schuppener/v. Werder*, Rolle des Aufsichtsrats in der Krisenkommunikation, S. 17 f., die auf S. 36 aber auch darauf hinweisen, dass ein kommunikativ unterstützendes Handeln des Aufsichtsrats in der Unternehmenskrise kontraproduktiv sein kann, etwa weil es als Abweichung vom Normalfall gewertet wird und damit Spekulationen Vorschub leistet und den Vorstand destabilisiert, sodass statt Vertrauensbildung in der Zeit der Krise dann größere Verwirrung drohe; auch *Kocher*, DB 2016, 2887 (2889); zur Einbindung von (Groß-)Aktionären *Witte*, WPg 2016, 1246 (1247); *Schilha/Theusinger/v. Manikowsky/v. Werder*, BOARD 2019, 42.

392 Etwa wird der Aufsichtsrat das Recht zur Einsichtnahme und Prüfung (§ 111 Abs. 2 S. 1 AktG) engmaschiger und umfangreicher ausüben, regelmäßig

berichtet werden könnte, um das Erkennen der Krise nach außen zu signalisieren und Vertrauen aufzubauen. Eingehender Erläuterung bedürfen vom Aufsichtsrat dann bspw. Personalwechsel im Vorstand oder die Bestellung eines krisenerfahrenen Interimsmanagers, aber auch die Entscheidung, am bisherigen Management festzuhalten.[393]

b) *Aus Sicht institutioneller Investoren*

Aus der Sicht institutioneller Investoren setzt die Hauptversammlung ihrer Beteiligungsunternehmen für die qualifizierte Ausübung des eigenen Stimmrechts ein möglichst vollständiges Informationsbild voraus. Die Hauptversammlung ermöglicht dieses in der von ihnen geforderten Informationstiefe und -qualität unter Umständen jedoch nur unzureichend.[394] Die Hauptversammlung spielt für institutionelle Investoren zudem kaum noch eine Rolle als Kommunikationsplattform, sondern ist nur ein Ort der finalen Abstimmung, mit der eine bereits vor der Hauptversammlung abgeschlossene Willensbildung bestätigt wird.[395] Um sich deshalb zum einen umfassend und zum anderen frühzeitig

---

Sachverständige hinzuziehen (§ 111 Abs. 2 S. 2 AktG) oder zusätzliche Vorstandsberichte (§ 90 Abs. 3 AktG) einholen. Unter Umständen wird auch die Einbindung von Beratern zur Krisenbewältigung sinnvoll sein. Zu den sich verdichtenden Aufsichtsratspflichten in der Zeit der Unternehmenskrise *Mertens/Cahn*, in: KK-AktG, § 111 Rn. 25; *Noerr/Hering Schuppener/v. Werder*, Rolle des Aufsichtsrats in der Krisenkommunikation, S. 17 f.; *Semler*, AG 1983, 141 (141 f., 145 ff.); *Thümmel*, BB 2002, 1105 (1106 f.); *Scheffler*, BB 2014, 2859 (2860, 2862); *Theisen/Probst*, DB 2016, 1 (7 f.); *Witte*, WPg 2016, 1246.

393 Vgl. *Noerr/Hering Schuppener/v. Werder*, Rolle des Aufsichtsrats in der Krisenkommunikation, S. 18.

394 Vgl. *Decher*, in: GroßKomm/AktG, § 131 Rn. 40; *Noack*, WM 2009, 2289 (2294); auch *Schneider/Burgard*, in: Beisse/Lutter/Närger, FS Beusch 1993, 783 (793), die betonen, dass Hauptversammlungen häufig nur einen sehr eingeschränkten Informationswert haben; ferner *Than*, in: Lutter/Scholz/Sigle, FS Peltzer 2001, 577 (596); *Bachmann*, in: Altmeppen/Fitz/Honsell, FS Roth 2011, 37 (47).

395 *Faber*, in: Hommelhoff/Hopt/v. Werder, Hdb. Corporate Governance, 219 (229); *Klose*, in: Grundei/Zaumseil, Der Aufsichtsrat, 331 (352); von einem „Willensfeststellungsorgan" sprechen *Hellgardt/Hoger*, ZGR 2011, 38 (68 f., 80 f.); *Kocher*, BB 2014, 2317 (2317 f.); *Seibt/Scholz*, AG 2016, 739 (743); *Bachmann*, in: VGR, Gesellschaftsrecht 2016, 135 (161): „Die Wahrheit ist, dass die Hauptversammlung (...) die ihr zugedachte Rolle des zentralen Informationsforums (...) längst ausgespielt hat."; *Leyens*, ZGR 2019, 544 (555). Aus internationaler Perspektive *Fairfax*, University of Illinois Law Review 2013, 821 (837, 844); *Mosca*, ECFR 2018, 805 (847).

über die relevanten Themen zu informieren und Unklarheiten mit dem Unternehmen besprechen zu können, werden fortlaufende Investorendialoge mit der Verwaltung zwischen den Hauptversammlungen gesucht.[396] Auf die aus ihrer Sicht bestehenden Vorteile von Investorengesprächen als Mittel der Informationsgewinnung und der effektiven und flexiblen Einflussnahme auf unternehmensinterne Entscheidungen wurde in dieser Untersuchung bereits zuvor im Zusammenhang mit einem stärkeren Stewardship-Engagement institutioneller Investoren hingewiesen.[397] Für Gespräche speziell mit dem Aufsichtsrat ist hinzuzufügen, dass diese als zusätzlicher Kommunikationskanal über Aufsichtsratsthemen das zwischen institutionellen Investoren als wahlberechtigte Aktionäre und den einzelnen Aufsichtsratsmitgliedern bestehende und auf der Hauptversammlung begründete Mandatsverhältnis gemäß §§ 101 Abs. 1 S. 1, 102 Abs. 1 AktG berücksichtigen.[398] Richten aktive institutionelle Investoren im Investorengespräch bspw. eigene Impulse an den Aufsichtsrat, kann dieser ihre Interessen nicht nur besser nachvollziehen, sondern ggf. auch zukünftige Entscheidungen daran ausrichten.[399] Darüber hinaus wird den daran interessierten institutionellen Investoren durch unterjährige Kontakte mit dem Aufsichtsrat eine ausreichende Qualitätsprüfung über die Aufsichtsratstätigkeit ermöglicht, anstatt dafür lediglich auf – ggf. unzureichende[400] – Informationen aus dem Rechenschaftsbericht des Aufsichtsrats gemäß § 171 Abs. 2 AktG zu vertrauen oder auf die mündlichen Erläuterungen des Aufsichtsratsvorsitzenden auf der Hauptversammlung gemäß § 176 Abs. 1 S. 2 AktG zu warten. Das betrifft z.B.

---

396 Zur zeitlich vorverlagerten Kommunikation auch *Bortenlänger*, BOARD 2014, 71 (72); *Rahlmeyer*, AR 2015, 144 (145).

397 Hierzu bereits § 2.B.III.1 sowie § 2.B.III.2 dieser Untersuchung.

398 Vgl. *Speich*, BOARD 2015, 193 (196): „Die Kapitalseite im Aufsichtsrat sollte sich stärker als Vertreter der Aktionäre begreifen und für deren Belange einsetzen. Um diese Interessen zu verstehen und glaubhaft vertreten zu können, ist auch ein intensiverer Dialog mit den Investoren nötig.“; *Fleischer/Bauer/Wansleben*, DB 2015, 360 (362, 365); mit Bezug zum Dialog zwischen institutionellen Investoren und den englischen *board members Hirt/Hopt/Mattheus*, AG 2016, 725 (728); zu diesem Argument auch *Koch*, AG 2017, 129 (133); *Hirt/Viehs*, BOARD 2018, 178 (179); vgl. zudem die Antwort von Dr. Hans-Christoph Hirt im Interview mit *Döring*, in: Börsen-Zeitung vom 6. Juli 2016, S. 9 sowie im Interview mit *Schäfer*, in: Handelsblatt Online vom 25. Mai 2018; siehe zudem *Schoppen*, in: Börsen-Zeitung vom 24. Januar 2019, S. 9.

399 Zu den damit verbundenen Vorteilen vertiefend in § 3.C.II.4.b) dieser Untersuchung.

400 *Ruhwedel/Weitzel*, AR 2013, 40 (41) halten als Ergebnis ihrer Analyse zur Berichterstattung des Aufsichtsrats im Jahr 2012 fest, dass die Informationsqualität über den Aufsichtsrat in zahlreichen Unternehmen unzureichend ist.

Informationen zu den besonders relevanten Fragen, ob das Kontrollorgan mit den geeigneten Persönlichkeiten und umfassenden Kompetenzen – etwa mit Blick auf fachliche Erfahrungen, Kapazitäten oder etwa bezüglich Zielsetzungsbereitschaft, Durchsetzungsfähigkeit oder Widerspruchsbereitschaft– richtig besetzt ist und den Vorstand ordnungsgemäß und effektiv überwacht.[401] Insoweit ermöglichen Investorengespräche des Aufsichtsrats ein erhöhtes Transparenzniveau, das für institutionelle Investoren hinsichtlich einer ausreichend informierten Abstimmung bei Hauptversammlungsbeschlüssen, etwa für den Entlastungsbeschluss der jeweiligen Aufsichtsratsmitglieder gemäß § 120 AktG oder für ihre Wahl und Abberufung, §§ 101, 103 AktG, wesentlich ist.[402]

2. Angelsächsische Dialogkultur erhält größeres Gewicht

Von besonderem Interesse ist zweitens, dass ausländische institutionelle Investoren mit ihrem stetig wachsenden wirtschaftlichen Einfluss erwarten, unmittelbar mit dem Aufsichtsratsvorsitzenden der deutschen Aktiengesellschaft in den Dialog zu treten.[403] Dadurch kommt es im Bereich der Investor Relations zu einem hohen externen Standardisierungsdruck, der von den Gepflogenheiten globalisierter und im Besonderen anglo-amerikanisch geprägter Kapitalmärkte und der Gesprächskultur ausländischer institutioneller Investoren auf das deutsche Aktienrecht ausgeht.[404] Für deutsche Juristen empfiehlt sich zunächst die Kenntnis

401 Auch *Hirt/Hopt/Mattheus*, AG 2016, 725 (728) zum berechtigten Interesse der Investoren, sich zu informieren und sicherzustellen, dass der Aufsichtsrat richtig besetzt ist und effektiv arbeitet; zudem *Bachmann*, in: VGR, Gesellschaftsrecht 2016, 135 (152) mit Blick auf das legitime Informationsbedürfnis der Investoren.

402 Dass ein erhöhtes Transparenzniveau für Aktionäre hinsichtlich einer informierten Abstimmung bei Hauptversammlungsbeschlüssen wesentlich ist und insofern mit den Investor Relations grundlegend versucht wird, die negativen Folgen der typischen informationellen Ungleichgewichtslage zwischen Aktionären und der Verwaltung des Unternehmens zu überwinden, bestätigt *Langenbucher*, Aktien- und Kapitalmarktrecht, § 1 Rn. 22 und § 6 Rn. 137; vgl. auch *Schmolke*, ZGR 2007, 701 (702); aus europäischer Sicht *Mosca*, ECFR 2018, 805 (810); vgl. aus US-amerikanischer Perspektive *Fairfax*, University of Illinois Law Review 2013, 821 (833).

403 Zur dieser Erwartungshaltung bereits Fn. 182, zu ihrem stetig wachsenden wirtschaftlichen Einfluss bereits Fn. 39 ff. dieser Untersuchung.

404 In diese Richtung betonen *EY/DIRK*, Effektive Finanzkommunikation, S. 2, dass Investoren mit steigender Internationalität die Einhaltung internationaler Standards in der Finanzkommunikation erwarten und auf S. 3, dass die schnelle Kommunikation internationaler Investoren eine Herausforderung für etablierte Governance-Strukturen und nationale gesetzliche Grundlagen ist; vgl. darüber hinaus *Bassen*,

der monistischen Kommunikationsgewohnheiten, um anschließend zu überlegen, ob das inländische Aktienwesen von einer Übertragung der Rechtseinflüsse profitiert.[405] Hierfür wird im Folgenden beispielhaft auf die Praxis von Investorengesprächen der Mitglieder des *board* in der mit der deutschen Aktiengesellschaft vergleichbaren *public limited company* im Vereinigten Königreich und der *corporation* in den USA aufmerksam gemacht.[406]

ZBB 2002, 430 (435), der hervorhebt, dass auf Basis der Forderungen institutioneller Anleger starke Anpassungen von den Unternehmen hinsichtlich der Investor Relations vorgenommen wurden; vgl. zudem die Aussagen von Dr. Maximilian Degenhart im Interview mit *Wadewitz*, in: Börsen-Zeitung vom 25. März 2017, S. 9. Allgemeiner zur Verbreitung von Corporate Governance-Strukturen durch institutionelle Investoren *Gillan/Starks*, Journal of Applied Finance 13.2 (2003), 4 (15 f.); *Aggarwal/Erel/Ferreira/Matos*, Journal of Financial Economics 100 (2011), 154 (155, 178); auch *Fleischer*, ZGR 2012, 160 (191 f.), der ebenfalls die weltweite Zirkulation von Corporate Governance-Mustern durch transnationale Akteure beschreibt und (auf 194) betont, dass gerade anglo-amerikanische institutionelle Investoren entscheidende Reformvorschläge in Europa und Deutschland einbringen können. Weitergehend zum Anpassungsdruck für deutsche Gesellschaften an das monistische System *Schiessl*, ZHR 167 (2003), 235 (236 f., 256); zur Beeinflussung des deutschen Aktienrechts durch ausländische Rechtsordnungen, vor allem das US-amerikanische und englische Aktien- und Kapitalmarktrecht, auch *Habersack*, AG 2009, 1 (5 f.); zur Überlagerung und Komplementierung des Verbandsrechts durch den Kapitalmarkt und entsprechend das Kapitalmarktrecht *Assmann*, AG 2015, 597; *Seibert*, AG 2015, 593 (594 f.); zum enormen Standardisierungsdruck, der von den Gepflogenheiten globalisierter Kapitalmärkte ausgeht, ebenfalls *Langenbucher*, in: Fleischer/u.a., 50 Jahre Aktiengesetz, 273 (284 f.); siehe schließlich noch *Börsig/Löbbe*, in: Krieger/Lutter/Schmidt, FS Hoffmann-Becking 2013, 125 (133 f.).

405 Diesen Ansatz verfolgt auch *Hopt*, ZHR 175 (2011), 444 (444): „Nationale Alleingänge greifen zu kurz. Zumindest müssen die Erfahrungen anderer Länder ausgewertet werden."; vgl. zudem *Habersack*, Gutachten 69. DJT, E 23 f., der konstatiert, dass die Corporate Governance-Debatte sich unter anderem wegen des hohen Anteils ausländischer Aktionäre sowie der Erwartungshaltung institutioneller Investoren nicht mehr nur national führen lasse, zumal es längst zu einer weltweiten Annäherung auch in inhaltlicher Hinsicht gekommen sei. Dagegen meint *Grunewald*, ZIP 2016, 2009 (2010, Fn. 17), dass Parallelen zum englischen Recht wenig zielführend sind.

406 In den genannten Rechtssystemen ist die hohe Bedeutung von *one-on-ones* empirisch bestätigt. Für das Vereinigte Königreich *Becht/Franks/Mayer/Rossi*, The Review of Financial Studies 22.8 (2009), 3093 (3096, 3108 f., 3125); *Ivanova*, Business Ethics: A European Review 26.2 (2017), 175 (176, 179). Für die USA bspw. schon *Carleton/Nelson/Weisbach*, The Journal of Finance 53.4 (1998), 1335 (1336); *Kahan/Rock*, University of Pennsylvania Law Review 155.5 (2007), 1021 (1042, 1044); *Millstein/Gregory*, The

a) *Investorenkontakte im Vereinigten Königreich*

In einer *public limited company* ist es allgemein üblich, dass die Direktoren des *board* Gespräche mit Kapitalgebern führen, sogar proaktiv auf ihre Investoren zugehen und aktiv Kommunikationsbereitschaft anbieten.[407] Rechtlich wurde eine regelmäßige Kommunikation zwischen Unternehmen und Anteilseignern bereits etwa durch den Cadbury Report aus dem Jahr 1992, im Hampel Report (1998) und im Higgs-Bericht im Jahr 2003 empfohlen, deren Ergebnisse in den Combined Code in seiner ersten Version von 1998 sowie der überarbeiteten Fassung (2003) eingeflossen sind.[408] Der Wunsch nach einem intensiven Dialog zwischen Unternehmen und den wesentlichen Anteilseignern findet sich beispielhaft auch im Kay-Bericht aus dem Jahr 2012.[409] Ausdrückliche Regelungen stellt ferner der die Unternehmenspraxis maßgebend prägende UK Corporate

---

Corporate Governance Advisor 16.2 (2008), 1; *Davis/Lukomnik*, Compliance Week 8.88 (2011), 56; *Kim/Schloetzer*, The Conference Board DN-V5N20 (2013), S. 1; *Miller*, workspan 2015, 44 (45 f.); *Katz/McIntosh*, New York Law Journal 254.15 (2015), 5; *Bushee/Gerakos/Lee*, Journal of Accounting and Economics 65.2-3 (2018), 358; *Sorkin*, in: New York Times vom 22. Juli 2014, B1 mit Fortsetzung auf B4. Mit Blick auf die USA und Europa *Strampelli*, Virginia Law and Business Review 12.2 (2018), 187 (196).

407 Auch *Hirt/Hopt/Mattheus*, AG 2016, 725 (727 f.); *Hopt*, ECGI Law Working Paper 365/2017, S. 1 („established practice"), S. 2 („common practice") sowie S. 3: „Many corporations in the UK contact the shareholders who are of importance for the corporation, for example the twenty to thirty largest shareholders in the enterprise register."; *Hirt*, in: Börsen-Zeitung vom 7. Mai 2010, S. 8. Speziell zum Thema *remuneration* und *board compensation Davis/Alogna*, Policy Briefing 2 (2008), S. 8; *Fleischer/Bedkowski*, AG 2009, 677 (678) ebenfalls mit Blick auf den Dialog zwischen Direktoren und institutionellen Investoren über Vergütungsfragen.

408 Zu den einzelnen Berichten: *Cadbury Committee*, Report of the Committee on the Financial Aspects of Corporate Governance, S. 35, 48 ff.; *Hampel Committee*, Committee on Corporate Governance: Final Report, S. 20, 43 f.; *Higgs*, Review of the role and effectiveness of non-executive directors, S. 69, 78 f., 88, 91. Zu den Kodizes: FRC, Combined Code 1998, C.1. und E.2.; FRC, Combined Code 2003, D.1. sowie E.1. Dazu auch *Tomorrow's Company*, Defining, differentiating and rewarding stewardship, S. 14; *Cheffins*, Modern Law Review 73.6 (2010), 1004 (1007 f.); *Hirt/Hopt/Mattheus*, AG 2016, 725 (726); *Hill*, ECGI Law Working Paper 343/2017, S. 9; *Hopt*, ECGI Law Working Paper 365/2017, S. 4, 6.

409 *Kay*, The Kay Review of UK Equity Markets and Long-Term Decision Making, S. 13, 58; vgl. *Hill*, Seattle University Law Review 41.2 (2018), 497 (504).

Governance Code auf.[410] Dieser gibt in seiner aktuellen Fassung in Provision 3 vor, dass der Vorsitzende des *board* und die Ausschussvorsitzenden in ihren Zuständigkeitsbereichen regelmäßigen Kontakt zu Anteilseignern suchen sollen und der *chairman* außerdem gewährleistet, dass sämtlichen *board*-Mitglieder die Ansichten der Aktionäre kommuniziert werden.[411] Hinzu kommen entsprechende Vorschriften unter den Nummern 34 bis 39 der vom FRC herausgegebenen „Guidance on Board Effectiveness", mit denen in einem zusätzlichen Dokument dem *board* Hilfe bei der Anwendung des UK Corporate Governance Code geboten wird.[412] Darüber hinaus sollen gemäß Provision 9 des UK Corporate Governance Code große Anteilseigner (*major shareholders*) befragt werden, falls der *board* ausnahmsweise vorschlägt, die Rolle des CEO und des *chairman* personenidentisch zu besetzen.[413] Investorenkontakte gehören also

---

410 Vertiefend zur Entstehung des UK Corporate Governance Code *Winner*, ZGR 2012, 246 (250 ff.); *Hopt*, in: Bergmann/Hoffmann-Becking/Noack, FS Seibert 2019, 389 (390).

411 Es heißt dort ausdrücklich: „In addition to formal general meetings, the chair should seek regular engagement with major shareholders in order to understand their views on governance and performance against the strategy. Committee chairs should seek engagement with shareholders on significant matters related to their areas of responsibility. The chair should ensure that the board as a whole has a clear understanding of the views of shareholders." Der UK Corporate Governance Code betonte aber schon in seiner vorherigen Fassung den Wert des Dialogs zwischen institutionellen Investoren und Unternehmen, vgl. Main Principle E.1 des UK Corporate Governance Code 2016, wo zwingend vorgesehen war, dass *board*-Mitglieder Dialoge mit institutionellen Anlegern führen sollen; hierzu *Mülbert*, ZHR 174 (2010), 375 (381); *Roth*, Fordham Journal of Corporate & Financial Law 18.4 (2013), 751 (807 mit Fn. 403); *Kim/Schloetzer*, The Conference Board DN-V5N20 (2013), S. 4; *Bachmann*, WM 2013, 2009 (2013 f.); *Roth*, ZHR 178 (2014), 638 (665, 669); *Hopt*, ECGI Law Working Paper 365/2017, S. 6, 13; *Strampelli*, Virginia Law and Business Review 12.2 (2018), 187 (202 f.); *Mosca*, ECFR 2018, 805 (849); *Reutershahn*, Außenkommunikation des Aufsichtsratsvorsitzenden, S. 70. Vertiefend zu der wichtigen Kommunikationsfunktion des *chairman* etwa *Hannigan*, Company Law, Rn. 6.29, 6.49; *Strampelli*, Virginia Law and Business Review 12.2 (2018), 187 (232); *Hopt*, in: Bergmann/Hoffmann-Becking/Noack, FS Seibert 2019, 389 (396 mit Fn. 41). Vgl. aber auch die Aussage eines *chairman* im Interview mit *Owen/Kirchmaier*, European Business Organization Law Review 9 (2008), 187 (198), der ausdrücklich keine Investorengespräche führen möchte.

412 *FRC*, Guidance on Board Effectiveness, S. 11; hierzu auch *Hopt*, in: Bergmann/Hoffmann-Becking/Noack, FS Seibert 2019, 389 (391 mit Fn. 7).

413 *Hopt*, in: Bergmann/Hoffmann-Becking/Noack, FS Seibert 2019, 389 (399). Vertiefend zur Trennung zwischen CEO und *chairman* im Vereinigten Königreich Provision 9 UK

insgesamt mit zu den Kernaufgaben der *board*-Mitglieder, wobei nicht nur geschäftsführende Direktoren des *board* (*executive directors*), sondern auch nicht-geschäftsführende Direktoren (*non-executive directors*) zu aktiver Dialogpflege aufgefordert sind.[414] Neben dem *chairman*, der typischerweise ein *non-executive director* ist, hat denn auch der *senior independent director* als besonders erfahrener *non-executive director* eine kommunikative Schlüsselrolle inne, weil er gemäß Provision 12 des UK Corporate Governance Code 2018 und den Nummern 66 bis 68 der entsprechenden Guidance[415] als *sounding board* für den Vorsitzenden des *board* wie auch als Mittler für die übrigen Direktoren und die Aktionäre auftreten soll.[416] Im Vereinigten Königreich wird zusätzlich im UK Stewardship Code direkt an institutionelle Investoren appelliert und sie hierdurch in eine Kommunikationspflicht mit den Emittenten genommen.[417] Vor allem sollen sie sich einen Eindruck über die Arbeitsweise der *non-executive*

Corporate Governance Code; zurückhaltender noch Ziffer 4.9 des Cadbury Report (siehe hierzu bereits Fn. 408 dieser Untersuchung); auch *Hannigan*, Company Law, Rn. 6.27 ff.; *Böckli*, in: Hommelhoff/Hopt/v. Werder, Hdb. Corporate Governance, 255 (262 f.); *Davies*, ZGR 2001, 268 (275); *Winner*, ZGR 2012, 246 (253); *Owen/Kirchmaier*, European Business Organization Law Review 9 (2008), 187 (188); *Davies/Hopt*, The American Journal of Comparative Law 61.6 (2013), 301 (330 ff.); *Roth*, ZHR 178 (2014), 638 (645); *Börsig/Löbbe*, in: Krieger/Lutter/Schmidt, FS Hoffmann-Becking 2013, 125 (126, 132).

414 Dazu *Kremer*, in: Kremer/u.a., DCGK, Rn. 1269; *Davies*, ZGR 2001, 268 (282); *Roth*, ZGR 2012, 343 (365 f.); *Fleischer/Bauer/Wansleben*, DB 2015, 360 (360-362); *Hirt/Hopt/Mattheus*, AG 2016, 725 (727 f.); *Becker/v. Werder*, AG 2016, 761 (774); *Hopt*, ECGI Law Working Paper 365/2017, S. 13; *Strampelli*, Virginia Law and Business Review 12.2 (2018), 187 (233); *Mosca*, ECFR 2018, 805 (849); *Hopt*, in: Bergmann/Hoffmann-Becking/Noack, FS Seibert 2019, 389 (397).

415 *FRC*, Guidance on Board Effectiveness, S. 20.

416 Hierfür zuvor Code Provision A.4.1 des UK Corporate Governance Code 2016. Aus dem Schrifttum *Davies*, ZGR 2001, 268 (275); *Just*, RIW 2004, 199 (202); *Davies/Hopt*, The American Journal of Comparative Law 61.6 (2013), 301 (321); *Hopt*, ECGI Law Working Paper 365/2017, S. 4, 13; *Strampelli*, Virginia Law and Business Review 12.2 (2018), 187 (233); *Hopt*, in: Bergmann/Hoffmann-Becking/Noack, FS Seibert 2019, 389 (399); *Leyens*, Information des Aufsichtsrats, S. 99 f., 261 f., 385; *Reutershahn*, Außenkommunikation des Aufsichtsratsvorsitzenden, S. 70 f., 78 f. *Owen/Kirchmaier*, European Business Organization Law Review 9 (2008), 187 (202) finden in ihrer qualitativ empirischen Studie heraus, dass *senior independent directors* nach Ansicht der befragten *chairmen* nicht separat mit Investoren sprechen sollten, es sei denn Investoren hätten ausdrücklich darum gebeten.

417 Hierzu bereits in Fn. 150 dieser Untersuchung.

directors im *board* verschaffen, eine angemessene Interessenvertretung durch sie prüfen, ggf. frühzeitig kritische Themen besprechen wie auch wichtige Anregungen – bspw. bei der Personalplanung oder über Kompetenzanforderungen für *board*-Mitglieder – äußern.[418] Geschätzt wird die Kommunikation mit diesen Direktoren im Besonderen auch dann, wenn sich die Geschäftslage der Gesellschaft verschlechtert.[419] Darüber hinaus gelten *non-executive director*s aus Investorensicht als wichtige Ansprechpartner für ESG-Themen.[420]

b) Investorenkontakte in den USA

Auch in den USA sind Investorenkontakte der Mitglieder des *board* gängige Unternehmenspraxis.[421] Z.B. verfolgen US-amerikanische Unternehmen mit nichtöffentlichen Investorengesprächen das Ziel, möglichen Kampagnen aktivistischer Aktionäre und ablehnenden Abstimmungsempfehlungen von *proxy advisors* mit Transparenz zu begegnen, sodass sie nicht nur auf Informationsersuche von Investoren eingehen, sondern die Kapitalmarktkommunikation darüber hinaus proaktiv gestalten.[422] Als besonders wichtige Kommunikatoren

---

418 *Hirt/Hopt/Mattheus*, AG 2016, 725 (727).

419 *Davies*, ZGR 2001, 268 (279); siehe auch *Strampelli*, Virginia Law and Business Review 12.2 (2018), 187 (231): „preferred point of contact".

420 *Skipper*, in: BlackRock/Ceres, 21st Century Engagement, 45 (45).

421 Mit Beispielen aus der Praxis *Yockey*, South Carolina Law Review 61.2 (2009), 171 (175, 190 ff.); ebenfalls mit Beispielen *Kim/Schloetzer*, The Conference Board DN-V5N20 (2013), S. 6 f.; *McCahery/Sautner/Starks*, The Journal of Finance 71.6 (2016), 2905 (2906, 2911 ff.); *Hopt*, ECGI Law Working Paper 365/2017, S. 3; *Strampelli*, Virginia Law and Business Review 12.2 (2018), 187 (197 f.); *Tonello/Gatti*, The Conference Board DN-V10N3 (2019), S. 2; *Reutershahn*, Außenkommunikation des Aufsichtsratsvorsitzenden, S. 59. Zurückhaltender noch *Davis/Alogna*, Policy Briefing 2 (2008), S. 5, 9. Dass institutionelle Investoren die direkte Kommunikation mit den Direktoren des *board* wünschen, bestätigt die empirische Studie von *Goldstein*, Defining Engagement, S. 14 f.; dazu auch bereits *Karmel*, George Washington Law Review 61.4 (1993), 1156 (1162). Weitergehend zum Dialog zwischen Investoren und *senior executives* und mit einer Zusammenfassung über entsprechende empirische Studien *Koch/Lefanowicz/Robinson*, Accounting Horizons 27.3 (2013), 619 (639 ff.); *Solomon/Soltes*, The Journal of Law & Economics 58.2 (2015), 325; *Bushee/Jung/Miller*, Journal of Financial Reporting 2.1 (2017), 31; *Bushee/Gerakos/Lee*, Journal of Accounting and Economics 65.2-3 (2018), 358; *Park/Soltes*, Working Paper 2018.

422 Dafür *Plagemann/Rahlmeyer*, NZG 2015, 895 (898 f.); *Katz/McIntosh*, New York Law Journal 254.15 (2015), 5; vgl. *Madden*, in: BNA, Corporate Governance Report 14.2 (2011), 1 (5).

treten neben dem CEO der *non-executive chairman*[423] oder der *lead independent director*[424] auf, etwa weil Investoren die Stimme dieser vom Management unabhängigen Direktoren besonders schätzen.[425] Außerdem werden Gespräche mit ihnen zu den von ihnen mitzuverantwortenden Themen wie der Vergütung des Managements sowie der Zusammensetzung und Struktur des *board* gesucht.[426] Rechtlich ist in den USA vor allem die SEC bestrebt, den Dialog zwischen Direktoren und den Aktionären zu fördern.[427] So verlangt etwa Section 229 407 (f) (1) der SEC Regulation S-K eine Erklärung von börsennotierten Gesellschaften dazu, ob eine Kommunikationsmöglichkeit zum *board of directors* gegeben ist.[428] Darüber hinaus wurde von der SEC in den Erläuterungen zur Regulation Fair Disclosure ausdrücklich hervorgehoben, dass diese nicht

423 Anders als im Vereinigten Königreich nimmt in den USA meist der CEO auch die Funktion des *chairman* als Vorsitzender des *board* wahr, hierzu *Böckli*, in: Hommelhoff/Hopt/v. Werder, Hdb. Corporate Governance, 255 (262 f.); *Baums*, ZIP 1995, 11 (14); *Martin*, NZG 2003, 948 (949); *Leyens*, RabelsZ 67 (2003), 57 (72, 79); *Roth*, ZHR 178 (2014), 638 (646 sowie 653 mit Fn. 125); *v. Werder*, DB 2017, 977 (978); *Hopt*, ZGR 2019, 507 (521); *Cromme*, in: Krieger/Lutter/Schmidt, FS Hoffmann-Becking 2013, 283 (283, Fn. 4 sowie 285). Kritisch zu der Verflechtung von CEO und *chairman* etwa *Hoffmann-Becking*, NZG 2003, 745 (746).

424 Zu diesem besonders erfahrenen, in der Regel älteren Mitglied des *board* auch *Böckli*, in: Hommelhoff/Hopt/v. Werder, Hdb. Corporate Governance, 255 (270 f.).

425 So auch *Goldstein*, Defining Engagement, S. 20 f., wonach der Dialog am häufigsten mit dem *chairman* oder dem *lead director* stattfindet; *Perlman*, Directors & Boards 34.3 (2010), 25; *Kane*, Directors & Boards 34.3 (2010), 28; mit Fokus auf die Zeit der Unternehmenskrise *Frank*, Directors & Boards 34.3 (2010), 28; *Fairfax*, University of Illinois Law Review 2013, 821 (840); *Mehta*, Executive Compensation Insights 13.3 (2013), S. 3; *Katz/McIntosh*, New York Law Journal 254.15 (2015), 5; *Tonello/Gatti*, The Conference Board DN-V10N3 (2019), S. 5; siehe darüber hinaus die Beiträge von *Wong*, in: Harvard Business Review vom 2. Juli 2013 und vom 28. Juli 2016.

426 Weitergehend zum Bedürfnis zunehmend aktiver Investoren, darüber direkt mit Direktoren des *board* kommunizieren zu können, *Yockey*, South Carolina Law Review 61.2 (2009), 171 (171 f., 182 f.); *Fairfax*, University of Illinois Law Review 2013, 821 (831, 842); *Fisch/Sepe*, ECGI Law Working Paper 415/2018, S. 19.

427 Vgl. *Yockey*, South Carolina Law Review 61.2 (2009), 171 (211); *Fairfax*, University of Illinois Law Review 2013, 821 (831); *Georgiev*, UCLA Law Review Discourse 62 (2014), 71 (75).

428 Hierzu auch *Plagemann/Rahlmeyer*, NZG 2015, 895 (898); *Fleischer/Bauer/Wansleben*, DB 2015, 360 (361 f.); *Reutershahn*, Außenkommunikation des Aufsichtsratsvorsitzenden, S. 59 f.

grundsätzlich den direkten Kontakt zwischen Unternehmen und Aktionären untersagt, sondern nur dort, wo wesentliche, nicht öffentliche Unternehmensinformationen betroffen sind, bei denen zu erwarten ist, dass sie für (Des-)Investitionsentscheidungen entscheidend sein werden.[429] Des Weiteren regeln bspw. die Zulassungsvorschriften zur NYSE, dass ein Unternehmen offenlegen muss, auf welche Weise eine Kommunikation mit der Gruppe der *non-management* oder *independent directors* oder ihrem *presiding director* möglich ist, vgl. NYSE Listed Company Manual Section 303A.03.[430] Schließlich wird in den USA der regelmäßige Kontakt von zahlreichen Experten(gruppen) und Organisationen als gute Corporate Governance-Maßnahme empfohlen.[431] Beachtlich waren

---

429 Siehe hierzu SEC, Compliance and Disclosure Interpretations: Regulation FD, abrufbar unter www.sec.gov/divisions/corpfin/guidance/regfd-interp.htm (letzter Abruf am 15. September 2020), Question 101.11 mit Stand vom 4. Juni 2010: „**Question:** Does Regulation FD prohibit directors from speaking privately with a shareholder or groups of shareholders? **Answer:** No. Regulation FD prohibits a company or a person acting on its behalf – such as directors, executive officers and investor relations personnel – from selectively disclosing material, non-public information to a shareholder under circumstances in which it is reasonably foreseeable that the shareholder will purchase or sell the company's securities on the basis of that information. If a company's directors are authorized to speak on behalf of the company and plan on speaking privately with a shareholder or group of shareholders, then the company should consider implementing policies and procedures intended to help avoid Regulation FD violations, such as pre-clearing discussion topics with the shareholder or having company counsel participate in the meeting. In addition, because Regulation FD does not apply to disclosures made to a person who expressly agrees to maintain the disclosed information in confidence, a private communication between an independent director and a shareholder would not present Regulation FD issues if the shareholder provided such an express agreement." Näher *Yockey*, South Carolina Law Review 61.2 (2009), 171 (174, 198, 211); *Strampelli*, Virginia Law and Business Review 12.2 (2018), 187 (198, 207 f.), etwa mit Verweis auf die den Investorendialog befürwortenden Aussagen der ehemaligen SEC-Vorsitzenden Mary Jo White in den Jahren 2013 und 2015; *Mosca*, ECFR 2018, 805 (815, 817, 847); *Reutershahn*, Außenkommunikation des Aufsichtsratsvorsitzenden, S. 61.

430 Auch bei *Plagemann/Rahlmeyer*, NZG 2015, 895 (898); *Fleischer/Bauer/Wansleben*, DB 2015, 360 (361); *Reutershahn*, Außenkommunikation des Aufsichtsratsvorsitzenden, S. 60.

431 Etwa wurde im Jahr 2006 von der National Association of Corporate Directors eine *task force* zur Verbesserung der Kommunikation zwischen Direktoren und Aktionären eingerichtet, siehe *Fairfax*, University of Illinois Law Review 2013, 821 (831 f.); *Strampelli*, Virginia Law and Business Review 12.2 (2018), 187 (199 f.). In die gleiche Richtung weisen bspw. die Aspen Principles, die im Jahr 2008 unter anderem unter

vor Kurzem die Corporate Governance Principles For US Listed Companies 2018 der Investor Stewardship Group, mit denen auch die Notwendigkeit eines regelmäßigen Dialogs zwischen Investoren und *appropriate independent directors* hervorgehoben wurde.[432] Insoweit folgen alle Expertengruppen und Organisationen einer schon früh in der US-amerikanischen Literatur formulierten Empfehlung, dass sich die Direktoren des *board* jährlich – in Krisenzeiten auch verstärkt – mit den größten Investoren des Unternehmens treffen sollen, um wechselseitig das Verständnis füreinander zu fördern.[433]

c) Einfluss auf das deutsche Aktienrecht

Die vorstehenden Ausführungen zeigen beispielhaft, dass der Investorendialog des Aufsichtsrats der kapitalmarktrechtlichen Konzeption monistischer

---

Mitwirkung des US Business Roundtable entstanden sind und die Prinzipien der National Association of Corporate Directors aus dem Jahr 2008, hierzu *Yockey*, South Carolina Law Review 61.2 (2009), 171 (197 f.). Zu den Aspen Principles, einer Empfehlung des Committee on Capital Markets aus dem Jahr 2009 wie auch der American Bar Association, *Fairfax*, University of Illinois Law Review 2013, 821 (832) sowie (849 ff.) zu weiteren Bestrebungen, den Dialog zu fördern; ferner *Strampelli*, Virginia Law and Business Review 12.2 (2018), 187 (199 f.) mit Blick auf das sogenannte Shareholder-Director Exchange Protocol wie auch die Engagement Guidelines des Conference Board aus dem Jahr 2014, den 2016 etablierten Commonsense Principles for Corporate Governance oder den Principles of Corporate Governance des Business Roundtable. Die Commonsense Principles for Corporate Governance sind online abrufbar unter www.governanceprinciples.org/wp-content/uploads/2016/07/GovernancePrinciples_Principles.pdf (letzter Abruf am 15. September 2020); hierzu bspw. auch *Wong*, in: Harvard Business Review vom 28. Juli 2016. Auch die Principles of Corporate Governance des Business Roundtable sind abrufbar unter https://s3.amazonaws.com/brt.org/Principles-of-Corporate-Governance-2016.pdf (letzter Abruf am 15. September 2020); hierzu ebenfalls *Hopt*, ECGI Law Working Paper 365/2017, S. 7, 13; auch *Landsittel*, Investorenkommunikation, S. 167 f.

432 Investor Stewardship Group, Corporate Governance Principles For US Listed Companies 2018, Principle 3 (abrufbar unter www.isgframework.org/corporate-governance-principles/, letzter Abruf am 15. September 2020); *Hopt*, ECGI Law Working Paper 365/2017, S. 13; *Strampelli*, Virginia Law and Business Review 12.2 (2018), 187 (199). Zu dieser Initiative auch *Hill*, ECGI Law Working Paper 343/2017, S. 11; *Hill*, Seattle University Law Review 41.2 (2018), 497 (510 ff., 521 ff.); *Fisch/Sepe*, ECGI Law Working Paper 415/2018, S. 21 f.; *Fisch/Hamdani/Davidoff Solomon*, University of Pennsylvania Law Review 168.17 (2019), 17 (50).

433 *Lipton/Lorsch*, The Business Lawyer 48.1 (1992), 59 (74-76); auch *Fairfax*, University of Illinois Law Review 2013, 821 (831).

Unternehmensstrukturen deutlich näher steht als der traditionellen aktienrechtlichen Binnenorganisation in Deutschland und den daraus resultierenden spezifischen Organkompetenzen.[434] Trotzdem sollte das deutsche Aktienrechtsystem die angelsächsischen Standards der Investorenkommunikation gewinnbringend aufnehmen. Beharrungstendenzen im nationalen Recht sind jedenfalls kein hinreichender Grund, sich der Rechtsfortbildung im Bereich der Investorenkommunikation des Aufsichtsrats gänzlich zu verweigern, obwohl durch sie nationale Besonderheiten weiterhin berücksichtigt bleiben können.[435] Zwar ist festzustellen, dass sich mit dem Einheitsmodell wie bspw. im Vereinigten Königreich oder den USA und dem Trennungsmodell in Deutschland im Grunde zwei Grundtypen der Unternehmensverfassung gegenüberstehen, die strukturelle Unterschiede und Pfadabhängigkeiten vorweisen und deshalb eine Übertragung von rechtlichen Standards nicht ohne Weiteres erlauben.[436] Trotz der strukturellen Unterschiede nähern sich das monistische und das dualistische Grundmodell in den letzten Jahrzehnten deutlich sichtbar an und beeinflussen sich wechselseitig.[437] Besonders relevant ist vor allem die im anglo-amerikanischen Bereich

434 Zur kapitalmarktrechtlichen Erwartungshaltung beim Investorendialog des Aufsichtsrats, die nicht zur Binnenkonzeption des deutschen Aktienrechts von 1965 passt, ausdrücklich auch *Langenbucher*, in: Fleischer/u.a., 50 Jahre Aktiengesetz, 273 (288); vgl. *Vetter*, AG 2016, 873 (874).

435 Deutlich kritisiert *Hopt*, in: Bergmann/Hoffmann-Becking/Noack, FS Seibert 2019, 389 (405) es als „ganz kurzsichtige Strategie" aus Furcht vor angelsächsischen Einflüssen „nationale Befindlichkeiten zu beschwören und real und mental Verteidigungswälle zu bauen". Dagegen *Hexel*, AR 2014, 121 (121); *Vetter*, AG 2016, 873 (876) befürchtet die weitere „Ver*board*isierung" des deutschen Modells; siehe auch *Koch*, AG 2017, 129 (132 f.).

436 Vgl. *Becker/v. Werder*, AG 2016, 761 (762); *Hopt*, ZGR 2019, 507 (518-522).

437 Näheres zu Konvergenztendenzen findet man bei *Davies/Hopt/Nowak/van Solinge*, in: Davies/u.a., Corporate Boards in Law and Practice, 3 (105 f.); *v. Werder*, in: Hommelhoff/Hopt/v. Werder, Hdb. Corporate Governance, 3 (23 f.); *Böckli*, in: Hommelhoff/Hopt/v. Werder, Hdb. Corporate Governance, 255 (269 ff.); *Klose*, in: Grundei/Zaumseil, Der Aufsichtsrat, 331 (357 f.); *Hopt*, ZGR 2000, 779 (784 ff.); *Hansmann/Kraakman*, Georgetown Law Journal 89.2 (2001), 439 (454 ff.); *Teichmann*, ZGR 2001, 645 (668); *Leyens*, RabelsZ 67 (2003), 57 (95); *Hopt*, The American Journal of Comparative Law 59.1 (2011), 1 (22); *Davies/Hopt*, The American Journal of Comparative Law 61.6 (2013), 301 (306 ff.); *Bortenlänger*, BOARD 2014, 71 (71); *Rahlmeyer*, AR 2015, 144 (144); vor allem zum Rechtsangleichungsprozess im europäischen Gesellschaftsrecht *Verse*, in: Fleischer/u.a., 50 Jahre Aktiengesetz, 303 (304 ff.), speziell zum zunehmenden britischen Einfluss (312 ff.); auch *Vetter*, in: Fleischer/u.a., 50 Jahre Aktiengesetz, 103 (109); *Hopt*, ECGI Law Working Paper 305/2016,

zunehmend etablierte Unterscheidung zwischen *executive* und *non-executive directors*, wobei letztgenannte große Ähnlichkeit zu Aufsichtsratsmitgliedern der deutschen Aktiengesellschaft aufweisen, weil sie neben ihrer weiter bestehenden Geschäftsführungsbefugnis vorrangig eine Kontrollfunktion im *board* über die Tätigkeiten der geschäftsführenden Direktoren wahrnehmen.[438] Dass Dialoge zwischen ihnen und institutionellen Investoren nicht nur stattfinden, sondern auch als Instrument guter Corporate Governance gewünscht sind,[439] ist deshalb auch für die Diskussion hierzulande von besonderem Interesse. Nicht zuletzt haben Corporate Governance-Regelungen aus diesen beiden besonders kapitalmarktzentrierten Rechtsordnungen weltweit Vorbildfunktion.[440] Ein Mehr an

---

S. 7.; *Hopt*, EuZW 2016, 201; *Becker/v. Werder*, AG 2016, 761 (763); *Hirt/Hopt/Mattheus*, AG 2016, 725 (730); vgl. auch *v. Werder*, DB 2017, 977 (978); *Hopt*, ECGI Law Working Paper 365/2017, S. 13; erneut *Hopt*, ZGR 2019, 507 (516-518); aber auch *Börsig/Löbbe*, in: Krieger/Lutter/Schmidt, FS Hoffmann-Becking 2013, 125 (131-135); *Cromme*, in: Krieger/Lutter/Schmidt, FS Hoffmann-Becking 2013, 283; siehe zudem *Gentz*, in: DAI, Kurvenlage 2016/I, 36 (39); sowie *Habersack*, in: KPMG's ACI, Audit Committee Quarterly II/2017, 4 (5); schließlich erneut *Gentz*, Rede anlässlich der 15. Konferenz Deutscher Corporate Governance Kodex vom 21./22. Juni 2016, S. 8. Zurückhaltender aber *Davies*, ZGR 2001, 268 (283 ff.).

438 Zur Ähnlichkeit zu deutschen Aufsichtsratsmitgliedern explizit *Böckli*, in: Hommelhoff/Hopt/v. Werder, Hdb. Corporate Governance, 255 (263 f., 271); *Ostermeyer*, IStR 2001, 256 (256 f.); *Jungmann*, ECFR 2006, 426 (437); *Davies/Hopt*, The American Journal of Comparative Law 61.6 (2013), 301 (311 ff.); *Hopt*, ECGI Law Working Paper 365/2017, S. 13. Vertiefend für das Vereinigte Königreich: *Davies/Worthington*, Gower's Principles of Modern Company Law, Rn. 14.76; *Kort*, in: GroßKomm/AktG, Vor § 76 Rn. 109; *Ringe/Otte*, in: Triebel/u.a., Englisches Handels- und Wirtschaftsrecht, Kapitel V, § 7 Rn. 209; *Owen/Kirchmaier*, European Business Organization Law Review 9 (2008), 187 (188); *Becker/v. Werder*, AG 2016, 761 (763); *v. Werder*, DB 2017, 977 (978); *Strampelli*, Virginia Law and Business Review 12.2 (2018), 187 (228); *Reutershahn*, Außenkommunikation des Aufsichtsratsvorsitzenden, S. 69. Für das US-amerikanische System *Kraakman*, in: Feddersen/Hommelhoff/Schneider, Corporate Governance, 129 (129); *Leyens*, RabelsZ 67 (2003), 57 (76 ff.); *Wackerbarth*, ZGR 2005, 686(714); *Merkt*, ZGR 2017, 129 (140); *Fisch/Sepe*, ECGI Law Working Paper 415/2018, S. 16.

439 Mit Blick auf die Kommunikation von *independent directors Davies/Hopt*, The American Journal of Comparative Law 61.6 (2013), 301 (366); zu *non-executive directors* im Vereinigten Königreich *Hirt/Hopt/Mattheus*, AG 2016, 725 (727); zu *independent* sowie *non-executive directors* auch *Mosca*, ECFR 2018, 805 (848).

440 Jedenfalls für das Vereinigte Königreich so *Hopt*, in: Bergmann/Hoffmann-Becking/Noack, FS Seibert 2019, 389 (395), der zudem hervorhebt, dass daran auch der Brexit nichts ändern wird.

Konvergenz im Bereich der Investorenkommunikation ist auch naheliegend, weil der Anteil ausländischer institutioneller Investoren in vielen deutschen börsennotierten Unternehmen inzwischen die Mehrheit bildet.[441] Inländische Corporate Governance-Strukturen sind schließlich in der Finanzwelt im Vergleich mit anderen Rechtsordnungen darauf angewiesen, im Wettstreit um Kapital am global vernetzten Kapitalmarkt konkurrenzfähig zu sein und auch zukünftig zu bleiben.[442] Um im Wettbewerb mitzuhalten, ist der Blick auf tradierte Rechtspositionen und reine Binnenkonzeptionen somit immer wieder neu zu adjustieren.[443] Anderenfalls könnte dies im internationalen Wettbewerb als rechtlicher Standortnachteil bewertet werden und weitere Prosperität blockieren.[444] Im Fall der Investorenkommunikation ist nicht ersichtlich, warum dies riskiert werden sollte, anstatt der Erwartungshaltung ausländischer Investoren und dem Informationsdruck der Finanzmärkte mit einer rechtsfortbildend konstruierten Annexkompetenz des Aufsichtsrats zur direkten Kommunikation mit Investoren als Kompromiss zwischen den Besonderheiten des dualistischen Systems im deutschen Aktienrecht einerseits und unabweisbaren Bedürfnissen des Rechtsverkehrs andererseits angemessen zu begegnen.[445] Aufsichtsräten eine

441 Dafür auch *Klose*, in: Grundei/Zaumseil, Der Aufsichtsrat, 331 (366).

442 Zur Internationalisierung und institutionellem Wettbewerb zwischen Rechtsordnungen *Wymeersch*, ZGR 2001, 294 (305 ff.); *Hansmann/Kraakman*, Georgetown Law Journal 89.2 (2001), 439 (450 f.); *Schiessl*, ZHR 167 (2003), 235 (236 f., 256); *Langenbucher*, in: Fleischer/u.a., 50 Jahre Aktiengesetz, 273 (295): „Märkte existieren auch für Rechtsordnungen."

443 Siehe *Langenbucher*, in: Fleischer/u.a., 50 Jahre Aktiengesetz, 273 (295), wobei sie betont, dass es weiterhin möglich bleibt, die Eigenheiten des deutschen Aktienrechts gegen den Standardisierungsdruck zu verteidigen (auf 296). *Becker/v. Werder*, AG 2016, 761 (775) betonen speziell mit Blick auf den DCGK, dass dieser nicht den Anschluss an internationale Governance-Entwicklungen verlieren sollte, um das deutsche System der Corporate Governance für die angelsächsisch geprägten Kapitalmärkte transparent zu machen und wettbewerbsfähig zu halten.

444 Das erkennt auch *Koch*, AG 2017, 129 (133): „Wenn das deutsche Aktienrecht anders als die rechtlichen Vorgaben in anderen Ländern den Desiderata institutioneller Investoren nicht mehr genügt, kann dies gravierende volkswirtschaftliche Folgen haben."

445 Vgl. *Noerr/Hering Schuppener/v. Werder*, Rolle des Aufsichtsrats in der Krisenkommunikation, S. 14; siehe auch *Bachmann*, in: VGR, Gesellschaftsrecht 2016, 135 (152 f.); *Holle*, ZIP 2019, 1895 (1897). In diese Richtung geht zudem ein Zitat aus der Rede von *Nonnenmacher* auf der Konferenz Corporate Governance und Gesellschaftsrecht am 4. April 2019, S. 3: „Die enge Interpretation der Rolle des Aufsichtsrats als reines Binnenorgan musste ob der globalen Wirklichkeit von Investorenerwartungen weiterentwickelt werden".

Kommunikationsmöglichkeit mit Investoren zu gewähren, versteht sich zugleich als Chance, die Vorzüge des deutschen Governance-Modells bei ausländischen Investoren transparent zu machen und zu bewerben.[446] Mit einem zusätzlichen Kommunikationskanal kann so etwa auch der verbreiteten Abneigung ausländischer Investoren entgegengewirkt werden, sich in der angelsächsisch geprägten Finanzwelt ausschließlich dem monistischen System zuzuwenden und den Aufwand zu scheuen, sich mit den Vorteilen des dualistischen Systems ausreichend zu beschäftigen.[447] In Investorengesprächen werden Aufsichtsräte dafür zunächst der verbreiteten Fehlinterpretation angelsächsischer Investoren entgegentreten müssen und klarstellen, dass ihre Rolle als *chairman* zutreffend interpretiert wird und nicht unmittelbar mit derjenigen vergleichbar ist, die der *chairman of the board* ausübt.[448] Anschließend können sie dafür argumentieren, dass das deutsche Aufsichtsratssystem den international verbreiteten *one tier*-Systemen funktional mindestens ebenbürtig ist und sich – auch mit Blick auf die Finanzkrise – als stabil und dennoch flexibel genug bewährt hat.[449] Insoweit wird außerdem das Informationsbedürfnis ausländischer Investoren, im Vorfeld von Investitionsentscheidungen über die Organisationsstruktur der Gesellschaft hinreichend aufgeklärt zu werden, ausreichend adressiert.[450]

---

446 *Henning*, BOARD 2017, 41 (43); Dr. Hans-Christoph Hirt im Interview mit *Döring*, in: Börsen-Zeitung vom 6. Juli 2016, S. 9. Parallelen ergeben sich insoweit zu der dem DCGK ursprünglich zugedachten Kommunikationsfunktion im Sinne eines „Marketing-Instruments" am Kapitalmarkt, mit dem vor allem bei ausländischen Kapitalgebern für deutsche Aktiengesellschaften geworben werden soll, vgl. dazu die Begründung des RegE TransPuG, BTDrucks 14/8769, S. 21; *Seibt*, AG 2002, 249 (250); auch *Berg/Stöcker*, WM 2002, 1569 (1570).

447 Zur bislang vorherrschenden internationalen Ignoranz gegen das robuste dualistische Modell pointiert *Hakelmacher*, WPg 2018, 187 (188 f.).

448 Vgl. *Drinhausen/Marsch-Barner*, AG 2014, 337 (350); *Leyendecker-Langner*, NZG 2015, 44 (47); *Theisen*, AR 2017, 75. Zu diesem Missverständnis bereits Fn. 185 dieser Untersuchung.

449 Hierfür *Lutter*, in: Bayer/Habersack, Aktienrecht im Wandel, 389 (429); *Leyens*, RabelsZ 67 (2003), 57 (96); *Jungmann*, ECFR 2006, 426 (428, 462); *Hopt*, The American Journal of Comparative Law 59.1 (2011), 1 (22); *Hopt*, ECGI Law Working Paper 305/2016, S. 1, 3, 13 f.; *Hopt*, ZGR 2019, 507 (522) betont, dass das zweistufige System international mitnichten als bloßes Minderheitsmodell zurückstehen muss.

450 *Vetter*, DNotZ 2003, 748 (750) bestätigt, dass solche Informationen gefordert werden.

3. *Professionalisierung des Aufsichtsrats auch bei der Investorenkommunikation*

Mit der rechtsfortbildenden Annexkompetenz entsteht drittens Raum für ein eigenverantwortliches Handeln des Aufsichtsrats im Bereich der Investorenkommunikation, das einem modernen Verständnis der heutigen Aufsichtsratsaufgabe in kapitalmarktorientierten Aktiengesellschaften entspricht.[451] Wegen tatsächlicher Veränderungen und entsprechender gesetzgeberischer Reaktionen kommt dem Kontrollorgan inzwischen jedenfalls eine bei Weitem gestiegene Bedeutung als noch zur Zeit der Abfassung des Aktiengesetzes 1965 zu, was komplementär die Erweiterung seiner Kompetenzen bzgl. der Unternehmensstrategie wie auch die gestiegenen Anforderungen an eine gute Aufsichtsratsarbeit und die Qualifikation der Mandatsträger offenbaren.[452] Auch diese

451 In diese Richtung *Hirt/Hopt/Mattheus*, AG 2016, 725 (731); siehe auch *v. Werder*, DB 2017, 977 (977, 980, 983).

452 Hierzu etwa *Noerr/Hering Schuppener/v. Werder*, Rolle des Aufsichtsrats in der Krisenkommunikation, S. 14; früh *Peltzer*, NZG 2002, 593 (594); auch *Bayer*, NZG 2013, 1 (2) bestätigt, dass im Bereich der Aufsichtsratstätigkeit die Rechtsordnung stets aufs Neue auf aktuelle Entwicklungen und Missstände flexibel reagieren musste; *Weber-Rey/Reps*, ZGR 2013, 597 (618); *Dietlmaier*, BOARD 2015, 181 (182); *Vetter*, in: Fleischer/u.a., 50 Jahre Aktiengesetz, 103 (106 und 111) mit Verweis auf die Begründung zum KonTraG, BTDrucks 13/9712, S. 15 ff., die Begründung zum TransPuG, BTDrucks 14/8769, S. 10, 14 ff., die Begründung zum BilMoG, BTDrucks 16/10067, S. 101 ff. sowie die Begründung zum VorstAG, BTDrucks 16/12278, S. 5 ff.; auch *Becker/v. Werder*, AG 2016, 761 (763); *Scholderer/v. Werder*, ZGR 2017, 865 (866); zum Rollenwandel des Aufsichtsrats und seinem Bedeutungsanstieg ferner *Ruhwedel/Weitzel*, AR 2018, 69 (69); *Seibt*, DB 2018, 237 (238, 240); *Freund*, NZG 2018, 1361 (1362); *Hopt*, ZGR 2019, 507 (514); *Kley*, AG 2019, 818 (818); auch *Bachmann*, in: Grundmann/u.a., FS Hopt 2010, 337 (337 f.); ausführlich *Börsig/Löbbe*, in: Krieger/Lutter/Schmidt, FS Hoffmann-Becking 2013, 125 (128 ff.). Abstrakt wird von der „Professionalisierung der Aufsichtsräte" gesprochen, siehe hierzu vor allem die Begründung des RegE KonTraG, BTDrucks 13/9712, S. 16; früh dazu *Lutter*, NJW 1995, 1133 (1133 f.). Kritisch, weil das Schlagwort „Professionalisierung des Aufsichtsrats" für alle erdenklichen Überlegungen zur Neuausrichtungen der Aufsichtsratstätigkeit stehe, *Rubner/Fischer*, NZG 2015, 782 (782). Weitergehend zur geschichtlichen Entwicklung des Aufsichtsrats *Lutter*, in: Bayer/Habersack, Aktienrecht im Wandel, 389 (392 ff.); *Hopt*, ZGR 2019, 507 (508 ff.); ebenfalls *Lieder*, Der Aufsichtsrat im Wandel der Zeit, S. 35 ff.; *Reutershahn*, Außenkommunikation des Aufsichtsratsvorsitzenden, S. 27-52; *Landsittel*, Investorenkommunikation, S. 122-133. Allgemeiner zur „Aktienrechtsreform in Permanenz" *Zöllner*, AG 1994, 336; *Seibert*, AG 2002, 417; *Seibert*, AG 2015, 593 (593 f.).

Entwicklungen stützen die Rechtsauffassung, dass nicht nur der Vorstand, sondern auch der Aufsichtsrat zum eigenständigen Dialog mit Kapitalgebern befugt sein sollte.[453] Auch das gilt es im Folgenden näher zu beleuchten.

a) Steigende strategische Verantwortung des Aufsichtsrats

Wie angesprochen sticht heute zum einen ein neues Rollenverständnis des Aufsichtsratsorgans mit einer stärkeren präventiven und strategischen Überwachungs- und Mitwirkungsverantwortung in der Aktiengesellschaft heraus.[454]

aa) Überwachung und Beratung auch ex ante

Die Überwachungsfunktion des Aufsichtsrats beschränkt sich nicht mehr nur auf die reaktive Kontrolle abgeschlossener Sachverhalte, wie es noch das althergebrachte Bild von der Aufsichtsratstätigkeit vorsah. Sie betrifft gleichermaßen – wenn nicht sogar vorrangig – den vorausschauendem Blick auf laufende und künftige Geschäfte und strategische Maßnahmen der Gesellschaft.[455] Das wurde durch das KonTraG im Jahr 1998 klargestellt, zuvor aber bereits höchstrichterlich durch den BGH entschieden.[456] Wesentlich war damals vor allem die Erkenntnis, dass ein rein repressives Einschreiten des Aufsichtsrats die effektive Überwachungsfunktion des Aufsichtsrats zeitlich zu stark einschränkt und den Anforderungen an eine effektive Überwachung des Vorstands nicht genügt.[457]

---

453 Ähnlich *Scherer*, in: Dehnen, Der professionelle Aufsichtsrat, 148 (150 f.): „Eine Intensivierung der Aufsicht muss jedoch mit einem Wandel im Kommunikationsverhalten einhergehen."; vgl. auch *Holle*, ZIP 2019, 1895 (1896).

454 Vertiefend auch *Jungmann*, ECFR 2006, 426 (433); *Habersack*, NJW-Beil. 2012, 94 (96); *Roth*, ZGR 2012, 343 (346); *Vetter*, AG 2014, 387 (388); *Vetter*, in: Fleischer/u.a., 50 Jahre Aktiengesetz, 103 (124, 152); *Hopt*, ECGI Law Working Paper 305/2016, S. 12; *Hirt/Hopt/Mattheus*, AG 2016, 725 (731); *Fendt*, AG 2017, 99 (109-111); *v. Werder*, DB 2017, 977 (977 f.).

455 *Lieder*, Der Aufsichtsrat im Wandel der Zeit, S. 797; *Lutter*, ZHR 159 (1995), 287 (290 ff.); *Henze*, BB 2005, 165 (165); *Schlitt*, DB 2005, 2007 (2007); *Lieder*, ZGR 2018, 523 (524 f.); *Hopt*, ECGI Law Working Paper 365/2017, S. 11; *Hopt*, ZGR 2019, 507 (523); *Vetter*, in: Aderhold/u.a., FS Westermann 2008, 1589 (1594); *Simon*, in: Bergmann/Hoffmann-Becking/Noack, FS Seibert 2019, 847.

456 Siehe nur BGHZ 114, 127 (129 f.); *Boujong*, AG 1995, 203. Zudem die Begründung des RegE KonTraG, BTDrucks 13/9712, S. 15; hierzu etwa *Zimmer*, NJW 1998, 3521 (3524).

457 Zu den dem KonTraG vorausgegangenen Unternehmensschieflagen, in denen die Überwachungsfunktion des Aufsichtsrats nicht immer hinreichend wahrgenommen

Der Aufsichtsrat prüft daher heute immer auch zukunftsbezogen, ob der Vorstand seine Leitungsaufgabe im Unternehmensinteresse erfüllt und die rechtlichen, satzungsmäßigen und durch den Aufsichtsrat vorgegebenen Grenzen mit Blick auf Rechtmäßigkeits- und Ordnungsmäßigkeitsprüfung wie auch auf die Zweck- und Wirtschaftlichkeit der Geschäftsführung einhält.[458] Hierfür nimmt der Aufsichtsrat vor allem eine laufende Beratungsaufgabe wahr, um unternehmerischen Fehlentwicklungen in der Aktiengesellschaft rechtzeitig bzw. möglichst früh entgegenwirken zu können.[459] Sie ist sogar das vorrangige Mittel seiner in die Zukunft gerichteten Kontrolltätigkeit.[460] Im Aktienrecht lässt sie sich aus § 90 AktG ableiten. § 90 Abs. 1 AktG verpflichtet zunächst ganz allgemein zur Kommunikation der Verwaltungsorgane, weil der Vorstand dem Aufsichtsrat regelmäßig berichten oder einem jederzeitigen Berichtsverlangen des Aufsichtsrats bzw. eines einzelnen Aufsichtsratsmitglieds gemäß § 90 Abs. 3 S. 1, 2 AktG nachkommen muss. Den wohl eindeutigsten Hinweis für eine Beratungsfunktion des Aufsichtsrats als das vorrangige Mittel für die in die Zukunft gerichtete Kontrolle des Vorstands liefert § 90 Abs. 1 Nr. 1 AktG, wonach der Vorstand dem Aufsichtsrat auch über die beabsichtigte Geschäftspolitik und andere wesentlichen Fragen der Unternehmensplanung zu berichten hat.[461] Auch im DCGK wurde die Beratungsfunktion des Aufsichtsrats berücksichtigt. Grundsatz 2 DCGK 2020 bestimmt, dass der Vorstand die strategische Ausrichtung des Unternehmens mit dem Aufsichtsrat abstimmt. Grundsatz 13 DCGK 2020 regelt ferner, dass Vorstand und Aufsichtsrat zum Wohle des Unternehmens vertrauensvoll zusammenarbeiten, was zwingend eine offene Diskussion voraussetzt. Grundsatz 15 DCGK 2020 sieht darüber hinaus vor, dass der Vorstand den Aufsichtsrat regelmäßig, zeitnah und umfassend über alle für das Unternehmen relevanten Fragen, insbesondere der Strategie, der Planung, der Geschäftsentwicklung, der Risikolage, des Risikomanagements und der Compliance, informiert. Gemäß der Empfehlung D.6 DCGK 2020 soll insbesondere auch

---

wurde, *Forster*, AG 1995, 1 (1 f., Fn. 1-4); auch *Fey*, DStR 1995, 1320 (1320); *Lingemann/Wasmann*, BB 1998, 853 (856, Fn. 65); *Zimmer*, NJW 1998, 3521 (3521, Fn. 8); *Baums*, ZGR 2011, 218 (221 mit Fn. 5).

458 Statt aller *Habersack*, in: MüKo-AktG, § 111 Rn. 12, 29 ff., 50-54.

459 Näher dazu *Lutter/Kremer*, ZGR 1992, 87 (87-91); *Wettich*, AG 2017, 60 (64).

460 Ausdrücklich BGHZ 114, 127 (130); aber bspw. auch bei *Lutter/Kremer*, ZGR 1992, 87 (89); *Simon*, in: Bergmann/Hoffmann-Becking/Noack, FS Seibert 2019, 847 (852).

461 Hierfür *Lutter/Kremer*, ZGR 1992, 87 (88 f.); *Lutter*, ZHR 159 (1995), 287 (292); vgl. auch *Lutter*, DB 2009, 775 (775); *Vetter*, in: Fleischer/u.a., 50 Jahre Aktiengesetz, 103 (113 f.).

der Aufsichtsratsvorsitzende zwischen den Sitzungen mit dem Vorstand, insbesondere mit dem Vorsitzenden bzw. Sprecher des Vorstands, regelmäßig Kontakt halten und mit ihm Fragen der Strategie, der Geschäftsentwicklung, der Risikolage, des Risikomanagements und der Compliance des Unternehmens beraten. Viele Aufsichtsräte und ihre Vorsitzenden arbeiten in der Unternehmenspraxis deshalb als Sparringspartner des Vorstands, wodurch sie die unternehmerische Tätigkeit des Vorstands und in dessen Folge die künftige Unternehmensstrategie aktiv, konstruktiv und nicht unerheblich nach ihrem Ermessen mitgestalten.[462] Das erfordert gleichzeitig die Kenntnis und das umfassende Auseinandersetzen mit anstehenden strategischen Entscheidungen des Vorstands.[463]

bb) Veto-Position bei zustimmungspflichtigen Geschäften

Besonders stark nimmt der Aufsichtsrats Einfluss auf die Vorstandsarbeit und die strategische Ausrichtung der Gesellschaft durch Zustimmungsvorbehalte, die er zu bestimmten Geschäften gemäß § 111 Abs. 4 S. 2 AktG durch die Satzung oder durch eigenen Beschluss an sich bindet.[464] Der Aufsichtsrat erhält dadurch im Rahmen seiner vorbeugenden Überwachungsaufgabe eine gewichtige Veto-Position in der Aktiengesellschaft, durch die er mittelbar an der Geschäftsführung der Aktiengesellschaft beteiligt ist.[465] Durch Zustimmungsvorbehalte des Aufsichtsrats wird außerdem eine die Strategie des Unternehmens entwickelnde Zusammenarbeit mit dem Vorstand geradezu eingefordert.[466] Weichenstellung

---

462 *Habersack*, in: MüKo-AktG, Vor § 95 Rn. 2; *Hirt/Hopt/Mattheus*, AG 2016, 725 (731). Zurückhaltender *Simon*, in: Bergmann/Hoffmann-Becking/Noack, FS Seibert 2019, 847 (852).

463 *Vetter*, in: Fleischer/u.a., 50 Jahre Aktiengesetz, 103 (116); *Hirt/Hopt/Mattheus*, AG 2016, 725 (731, 734).

464 *Habersack*, in: MüKo-AktG, § 111 Rn. 14; *Klose*, in: Grundei/Zaumseil, Der Aufsichtsrat, 331 (358); vertiefend *Habersack*, in: Kindler/u.a., FS Hüffer 2010, 259. Zu den Ermessensschranken bei Bestimmung des Zustimmungskatalogs, durch den die Leitungsautonomie des Vorstands gemäß § 76 Abs. 1 AktG bewahrt bleiben muss, *Mertens/Cahn*, in: KK-AktG, § 111 Rn. 84; *Weber*, in: Hölters, AktG, § 76 Rn. 36; ebenfalls bei *Bortenlänger*, BOARD 2014, 71 (71); *Lieder*, ZGR 2018, 523 (537 f.); *Altmeppen*, in: Bitter/u.a., FS Schmidt 2009, 23 (25 ff.).

465 *Habersack*, in: MüKo-AktG, § 111 Rn. 114; *Vetter*, in: Fleischer/u.a., 50 Jahre Aktiengesetz, 103 (119 f.); *Hommelhoff*, in: Spindler/Wilsing/Butzke, FS Marsch-Barner 2018, 261 (266).

466 Auch *Lieder*, DB 2004, 2251 (2151); *Vetter*, in: Fleischer/u.a., 50 Jahre Aktiengesetz, 103 (119 f.).

hatte hierfür auch die Änderung des Wortlauts des § 111 Abs. 4 S. 2 AktG durch das TransPuG im Jahr 2002, seitdem nicht mehr nur erlaubt ist, einen Katalog an zustimmungspflichtigen Maßnahmen zu erstellen („kann jedoch bestimmen"), sondern Aktiengesellschaften verpflichtet wurden, eine Liste von Geschäften abzufassen, denen der Aufsichtsrat zuzustimmen „hat".[467] Im Einzelfall kann der Aufsichtsrat sogar verpflichtet sein, *ad hoc*-Zustimmungsvorbehalte zu begründen, wenn sich eine drohende Pflichtverletzung des Vorstands nicht auf anderem Wege abwenden oder stoppen lässt.[468]

cc) Verantwortlichkeit für die Vorstandsarchitektur

Dem Aufsichtsrat stehen bei Erarbeitung der Unternehmensstrategie und deren Umsetzung durch den Vorstand ebenfalls erhebliche indirekte Einflussmöglichkeiten zu, weil er allgemein für die Vorstandsarchitektur verantwortlich ist.[469] Dafür bestimmt der Aufsichtsrat erstens die variablen Parameter der Vorstandsvergütung und sonstige Leistungsanreize, § 87 AktG. Dabei muss er bei börsennotierten Gesellschaften die Vorstandsvergütung auf eine „nachhaltige und langfristige Entwicklung der Gesellschaft"[470], bei Kreditinstituten etwa an „der Gesamtrisikobereitschaft und -strategie" und „der Eigenmittelausstattung des Unternehmens"[471] ausrichten. Ansonsten ist es die unternehmerische Entscheidungsfreiheit des Aufsichtsrats, wie die Strategie oder etwa das Erreichen ethischer oder ökologischer Zielvorgaben incentiviert wird, wobei der Aufsichtsrat seiner besonderen Verantwortung bewusst sein muss, nicht über die Vergütung „quasi durch die Hintertür" die Strategie der Aktiengesellschaft an Stelle des Vorstands zu bestimmen.[472] Zweitens trifft den Aufsichtsrat mit Blick auf die

---

467 Begründung des RegE TransPuG, BTDrucks 14/8729, S. 17 f.; *Lutter/Krieger/Verse*, Rechte und Pflichten des Aufsichtsrats, 7. Auflage, Rn. 113; *Ihrig/Wagner*, BB 2002, 789 (794); *Bachmann*, in: Grundmann/u.a., FS Hopt 2010, 337 (351 f.).

468 *Habersack*, in: MüKo-AktG, § 111 Rn. 130 f.; *Henze*, BB 2005, 165 (167); *Drinhausen/Keinath/Waldvogel*, in: Spindler/Wilsing/Butzke, FS Marsch-Barner 2018, 159 (161).

469 Hierzu *v. Werder*, in: Kremer/u.a., DCGK, Rn. 505; *Vetter*, in: Fleischer/u.a., 50 Jahre Aktiengesetz, 103 (118); *v. Werder*, DB 2017, 977 (982).

470 Siehe § 87 Abs. 1 S. 2 AktG. Vgl. vertiefend die Begründung des Gesetzesentwurfs der Fraktionen der CDU/CSU und FDP zum VorstAG, BTDrucks 16/12278, S. 5; zur lediglich redaktionellen Anpassung des Wortlauts vgl. die Begründung des RegE ARUG II, BTDrucks 19/9739, S. 72.

471 Siehe § 25d Abs. 12 S. 3 KWG.

472 Mit dem Hinweis auf den Grundsatz *compensation follows strategy Vetter*, in: Fleischer/u.a., 50 Jahre Aktiengesetz, 103 (118); auch *Scholderer/v. Werder*, ZGR 2017, 865 (877); speziell zu CSR-Zielsetzungen *Bachmann*, ZGR 2018, 231 (243).

Vorstandszusammensetzung gemäß § 84 AktG eine direkt gestaltende Funktion für die zukünftige Geschäftspolitik, da die Berufung und Abberufung der Vorstandsmitglieder regelmäßig auch zugleich eine Entscheidung darüber ist, wie sich das Unternehmen strategisch ausrichtet.[473] Mit seiner Personalhoheit kommt dem Kontrollorgan folglich erhebliche Entscheidungsmacht zu, die für die zukünftige Ertrags- und Wettbewerbsfähigkeit des Unternehmens maßgebend ist.[474] Schließlich kann der Aufsichtsrat Einfluss auf die Geschäftsführung gemäß § 77 Abs. 2 S. 1 AktG nehmen, wenn er über die innere Ordnung im Vorstand und damit über seine Organisation und die Schwerpunktsetzung bei seiner Arbeit entscheidet.[475]

b) Höhere Anforderungen an die Qualifikation der Mandatsträger

Zum anderen werden an die Qualifikation der Aufsichtsratsmitglieder heute deutlich höhere sachliche und persönliche Anforderungen gestellt als jemals zuvor.[476] Zwar regelt das geschriebene Aktienrecht die Mindestbefähigung von Aufsichtsratsmitgliedern und dessen Arbeitseffizienz im Grunde nicht.[477] Ausnahmen sind – neben den persönlichen Anforderungen in

---

473 Prägnant *Krieger*, Personalentscheidungen des Aufsichtsrats, S. 25: „Personen [stehen] für Programme".

474 *Feddersen*, in: Hommelhoff/Hopt/v. Werder, Hdb. Corporate Governance, 441 (449); so auch *Bull*, AR 2016, 82 (82).

475 Hierzu etwa *Spindler*, in: MüKo-AktG, § 77 Rn. 46 ff.; *Hoffmann-Becking*, ZGR 1998, 497 (501-503); *Schlitt*, DB 2005, 2007 (2007); *Bachmann*, in: Grundmann/u.a., FS Hopt 2010, 337 (347).

476 Siehe hierfür *Thienel*, in: Dehnen, Der professionelle Aufsichtsrat, 119 (120 ff.); zu Forderungen zur Aufsichtsratsqualifikation in und nach den Zeiten der Finanzmarktkrise auch *Bachmann*, AG 2011, 181 (186); *Roth*, Fordham Journal of Corporate & Financial Law 18.4 (2013), 751 (793 f.); zu den Anforderungen an einen professionellen Aufsichtsrat ebenfalls *Bommer/Steinbach*, BOARD 2013, 219 (221); *Witte/Indenhuck*, BB 2014, 2563 (2563 f.); *Grunewald*, NZG 2015, 609 (609); *Langenbucher*, in: Fleischer/u.a., 50 Jahre Aktiengesetz, 273 (291); *Hopt*, ECGI Law Working Paper 305/2016, S. 10 f.; *Bull*, AR 2016, 82 (82); vgl. *v. Werder*, DB 2017, 977 (979 f.); *Seibt*, DB 2018, 237 (240) schreibt von „Spiegelbildkompetenzen" zum Vorstand; *Kley*, AG 2019, 818 (819 f.); *Drinhausen/Keinath/Waldvogel*, in: Spindler/Wilsing/Butzke, FS Marsch-Barner 2018, 159 (160 f.). Weiterführend zu der Qualifikation von Mitgliedern des *board of directors* in den USA *Adams/Akyol/Verwijmeren*, Journal of Financial Economics 130 (2018), 641.

477 Dazu auch *Fey*, DStR 1995, 1320 (1324); *Hommelhoff*, ZGR 2001, 238 (254 f.); zu dem im Aktienrecht schwächer ausgeprägten Prinzip der Qualifikation bei der Gremienbesetzung ebenfalls *Langenbucher*, ZGR 2012, 314 (325 f.); *Pikó*, WPg 2016, 1383 (1384);

§ 100 Abs. 1 S. 1 AktG – gemäß § 100 Abs. 5 AktG Qualifikationsstandards für mindestens ein Aufsichtsratsmitglied, den *financial expert*, der über Sachverstand auf den Gebieten der Rechnungslegung und der Abschlussprüfung verfügen muss, sowie die sogenannte Sektorkenntnis des Aufsichtsrats in seiner Gesamtheit.[478] Weitere spezialgesetzliche Vorschriften, welche ähnlich § 24 Abs. 1 VAG (zuvor: § 7a Abs. 4 S. 1 VAG a.F.) oder § 25d Abs. 1 S. 1, Abs. 2 S. 1 oder Abs. 12 S. 3 KWG im Bereich der regulierten Wirtschaft branchenspezifische Kenntnisse der einzelnen Aufsichtsratsmitglieder erfordern und damit besondere Anforderungen an die Sachkunde der Mitglieder des Aufsichtsrats stellen,[479] existieren im Aktiengesetz hingegen nicht. Trotzdem hat das zunehmende Aufgabenspektrum des Gremiums wesentlichen Einfluss auf eine bestimmte Mindestbefähigung aller Aufsichtsratsmitglieder.[480] Die Praxis sorgt außerdem dafür, dass nur solche Mitglieder neu aufgenommen werden, die entsprechenden Kriterienkatalogen und damit aktienrechtlich ungeschriebenen Anforderungen entsprechen. Rückschlüsse auf einen aufgabenadäquat zusammengesetzten Aufsichtsrat erlaubt in gewissem Maße außerdem die Angabe des ausgeübten Berufs bei den Wahlvorschlägen für neue Aufsichtsratskandidaten gemäß § 124 Abs. 3 S. 4 AktG und die entsprechende Angabe im Anhang zum Jahresabschluss, § 285 Nr. 10 HGB.[481] Im Übrigen bleibt es bei den Aussagen des BGH aus dem Jahr 1982 im Hertie-Urteil, wonach jedes Mitglied im Aufsichtsrat „diejenigen Mindestkenntnisse und -fähigkeiten besitzen oder sich aneignen muß, die es braucht, um alle normalerweise anfallenden Geschäftsvorgänge auch ohne fremde Hilfe verstehen und sachgerecht beurteilen zu können."[482] Verhaltensgrundsätze, die

---

Dreher, in: Ebenroth/Hesselberger/Rinne, FS Boujong 1996, 71 (73, 75); *Drinhausen/Keinath/Waldvogel*, in: Spindler/Wilsing/Butzke, FS Marsch-Barner 2018, 159 (160).

478 Siehe zum *financial expert* die Vorschrift in § 100 Abs. 5 AktG, die am 25. Mai 2009 mit dem BilMoG eingeführt wurde, vgl. BGBl 2009, Teil I, 1102 (1122). Die Sektorkenntnis gemäß § 100 Abs. 5 a.E. AktG wurde mit dem Abschlussprüfungsreformgesetz (AReG) im Jahr 2016 eingeführt, vgl. BGBl 2016, Teil I, 1142 (1149). Zu beidem statt vieler *Habersack*, in: MüKo-AktG, § 100 Rn. 68 ff. Zur Sektorkenntnis etwa auch *Pikó*, WPg 2016, 1383 (1384 f.); vertiefend *Simons/Kalbfleisch*, AG 2020, 526.

479 Weiterführend zur Eignung von Aufsichtsratsmitgliedern nach den Eignungsleitlinien der Europäischen Bankenaufsichtsbehörde *Henning/Gissing*, AG 2018, 925 (927 ff.).

480 Hierfür *Dehnen*, in: Dehnen, Der professionelle Aufsichtsrat, 13 (16 f.); speziell mit Blick auf ihre Fachkompetenz und Branchenkenntnis, um mit dem Vorstand über die Strategie des Unternehmens diskutieren zu können, *Merz*, AR 2017, 1 (3).

481 *Hommelhoff*, ZGR 2001, 238 (254).

482 BGHZ 85, 293 (295 f.); vertiefend dazu *Hommelhoff*, ZGR 1983, 551 (571-575).

Aufsichtsratsmitglieder bei ihrer Arbeit zu beachten haben, wurden zudem im Jahr 2011 im Ision-Urteil formuliert.[483] Schließlich hat der BGH im Fall Piëch weitergehend verlangt, dass sich Aufsichtsratsmitglieder über erhebliche Risiken, die der Vorstand mit Geschäften eingeht, kundig zu machen und ihr Ausmaß unabhängig vom Vorstand selbstständig einzuschätzen haben, obwohl es sich hierbei im Einzelfall um ausgesprochen komplexe Vorgänge handeln kann.[484] Im DCGK präzisiert Grundsatz 11 DCGK 2020, dass die Mitglieder des Aufsichtsrats insgesamt die zur ordnungsgemäßen Wahrnehmung der Aufgaben erforderlichen Kenntnisse, Fähigkeiten und fachlichen Erfahrungen besitzen müssen. Die Empfehlung C.1 DCGK 2020 befürwortet darüber hinaus, Kompetenzprofile für das Gesamtgremium zu erarbeiten. Außerdem sollen Mitglieder des Aufsichtsrats zur sorgfältigen Ausübung ihres Amtes darauf achten, dass ihnen genügend Zeit für die Ausübung ihres Mandats zur Verfügung steht, Grundsatz 12 DCGK 2020.[485]

c) *Konsequenz: Wandel des Kommunikationsverhaltens*

Seine strategische Verantwortung in der Aktiengesellschaft auf der einen Seite und die gestiegenen fachlichen und persönlichen Anforderungen an die Mandatsträger auf der anderen Seite verdeutlichen, dass der Aufsichtsrat über seine ursprüngliche Prägung hinaus zunehmend zum unternehmerischen Entscheidungsorgan und Mitgestalter avanciert, von dem eigenes unternehmerisches Denken und Handeln verlangt wird.[486] Diese Entwicklung spricht für die

---

483 BGH, ZIP 2011, 2097; dazu etwa der Kurzkommentar von *Vetter*, EWiR 2011, 793 (794); auch *Merkt/Mylich*, NZG 2012, 525 (528 ff.).

484 BGH, NZG 2013, 339 (339 f.); dazu auch *Drinhausen/Marsch-Barner*, AG 2014, 337 (351). Vgl. auch bereits § 3.B.II.3.c) dieser Untersuchung.

485 Das erfordert mindestens, sich auf die Sitzungen des Aufsichtsrats vorzubereiten, an diesen teilzunehmen, die Berichte des Vorstands kritisch zur Kenntnis zu nehmen und die eigene Meinung dazu zu äußern, so *Drinhausen/Marsch-Barner*, AG 2014, 337 (351).

486 Zur veränderten Rolle des Aufsichtsrats bereits *Peltzer*, NZG 2002, 593 (594): „Der Aufsichtsrat soll nicht mehr nur der retrograde Kontrolleur und Aufpasser sein – das vielleicht auch noch – sondern vielmehr der begleitende, gut und aufmerksam zuhörende und vielfach sachkundige erfahrene Ratgeber."; *Roth*, AG 2004, 1 (4 f.); *Lutter*, DB 2009, 775; vgl. auch *Schneider/Schneider*, AG 2015, 621 (622, 624 f.); *Roth*, ZGR 2012, 343 (348 f.); *Bull*, AR 2016, 82 (82); *Bachmann*, in: VGR, Gesellschaftsrecht 2016, 135 (154 f.); *Ruhwedel/Weitzel*, AR 2018, 69 (69); vgl. auch die Aussagen von Klaus F. Jaenecke im Gespräch mit *Thümmel*, AR 2018, 130 (130); *Hopt*, ZGR 2019, 507 (523 ff.); *Lutter*, in: Sadowski, FS Albach 2001, 225 (230 f.). Zurückhaltender *Cahn*,

Zulässigkeit von Investorengesprächen, weil derjenige, der dem Aufsichtsrat ein eigenes, abgewogenes Urteil über Investorenkontakte mit Blick auf das bestmögliche Wohl des Unternehmens nicht zutraut, die Existenzberechtigung des Organs vor dem Hintergrund seiner gestiegenen strategischen Verantwortung und Qualifikation in Frage stellen würde.[487] Auch in der Situation von Investorengesprächen *ex ante* zu bewerten, was die Gesellschaft zu gewinnen oder zu verlieren hat und welche Risiken mit dem eigenen Handeln verbunden sind, wird einen professionellen, fachlich und persönlich richtig besetzten Aufsichtsrat also nicht überfordern, sondern zunehmend seinem Selbstverständnis entsprechen.[488] Dazu gehört ohne Weiteres, die interessenmonistische Perspektive von selbst druckvoll geäußerten Forderungen institutioneller Investoren spätestens in der Phase der Beschlussfassung besonders kritisch und eigenverantwortlich auf eine Übereinstimmung mit dem Unternehmensinteresse zu prüfen

---

AG 2014, 525 (526), der es ausdrücklich ablehnt, den Aufsichtsrat als unternehmerisches Führungsorgan zu bezeichnen. Weitergehend zu der Frage, ob der Vorstand sein Leitungsmonopol in der Aktiengesellschaft bereits verloren hat, *Koch*, in: Fleischer/u.a., 50 Jahre Aktiengesetz, 65 (77 ff.); kritisch zum Ruf nach einer Doppelspitze in der Aktiengesellschaft, die das Machtgefüge im dualistischen Organisationssystem erschüttere, *Vetter*, AG 2016, 873 (876).

487 In diese Richtung *Mertens/Cahn*, in: KK-AktG, § 107 Rn. 61; *Drinhausen/Marsch-Barner*, AG 2014, 337 (350); vgl. auch *Bachmann*, in: VGR, Gesellschaftsrecht 2016, 135 (154 f.); *Seibt/Scholz*, AG 2016, 739 (743). A.A. ist *Koch*, in: Fleischer/u.a., 50 Jahre Aktiengesetz, 65 (78 f.), der ein deskriptives Verständnis des Aufsichtsrats als „Leitungsorgan" bzw. mit-unternehmerisches Organ zwar als unschädlich erachtet, dies aber nicht als eigenständigen gedanklichen Ausgangspunkt deduktiver Schlussfolgerungen und damit als Argument dafür gelten lassen will, dem Aufsichtsratsvorsitzenden die Kapitalmarktkommunikation zu gestatten. Trotzdem erkennt auch *Koch* die „große argumentative Wucht" der Trennung „Leitungsorgan/kein Leitungsorgan" an.

488 Hierzu *Schulz*, in: Hölscher/Altenhain, Hdb. Aufsichts- und Verwaltungsräte, 489 (495), der wegen der immer stärkeren Verknüpfung von kontrollierenden und operativen Aufgaben des Aufsichtsrats davon ausgeht, dass die vielfach geübte Praxis *„So wenig Transparenz und so viel Verschwiegenheit wie möglich"* dem Selbstverständnis *„So viel Verschwiegenheit wie nötig, so viel Transparenz wie möglich"* weichen wird; *Henning*, BOARD 2017, 41 (41); *Ruhwedel/Weitzel*, AR 2018, 69 (69); siehe auch *Brandt*, in: KPMG's ACI, Audit Committee Quarterly III/2017, 40 (42), der *roadshows* des Aufsichtsratsvorsitzenden außerhalb der Hauptversammlungen als Teil einer verantwortungsvollen Aufsichtsratsarbeit einordnet. Weiter geht sogar *Fendt*, AG 2017, 99 (110 f.), der mit Blick auf die Leitmaxime und Formalzielbestimmung der Aktiengesellschaft dem Aufsichtsrat nicht nur eine zentrale Rolle als Gestalter, sondern auch als Kommunikator mit Aktionären und den übrigen Stakeholdern zuweist.

und ggf. abzulehnen.[489] Der Aufsichtsrat kann zwar durchaus Anregungen und Wünsche der Investoren im Rahmen der Beschlussvorbereitung in seine Entscheidungsfindung mit einfließen lassen, er hat sich dann jedoch einer von den Gegnern eines eigenständigen Investorendialogs des Aufsichtsrats befürchteten, zu dominanten Einflussnahme und dem Versuch einer faktischen Weisungsbindung durch aktiv(istisch)e institutionelle Investoren zu erwehren.[490] Aktienrechtlich ist das wegen der Höchstpersönlichkeit des Amts, § 111 Abs. 6 AktG, wodurch ein imperatives, weisungsgebundenes Aufsichtsratsmandat zwingend ausgeschlossen ist,[491] und der Haftungsandrohung gemäß § 117 Abs. 2 AktG[492] eindeutig. In der Praxis bedeutet das für einzelne Aufsichtsratsmitglieder, durch ein gehöriges Maß an Selbstbewusstsein und Mut für die Wahrnehmung der Überwachungsaufgabe jederzeit Neutralität und eine kritische innere Distanz in der Sache sicherstellen zu können.

4. *Element guter Corporate Governance*

Schließlich ist es richtig, im Aktienrecht eine Kompetenz des Aufsichtsrats zum Dialog mit Kapitalgebern zuzulassen, weil nicht nur Gespräche zwischen Vorstand und Investor, sondern auch der Dialog zwischen Aufsichtsrat und Investor ein Instrument guter Corporate Governance ist.[493] Dafür sprechen vor allem die beiden folgenden Gedanken.

a) Glaubwürdige Transparenz über Aufsichtsratsthemen

Über aufsichtsratsspezifische Themen kann nur der Aufsichtsrat als sachnächster Ansprechpartner authentisch kommunizieren und dem Informationsinteresse

489 *Smend*, ZCG 2008, 53 (57); *Weber-Rey/Reps*, ZGR 2013, 597 (626).

490 Zu diesen Befürchtungen zuvor oben § 3.B.III.3 dieser Untersuchung.

491 Näher hierzu Habersack, in: MüKo-AktG, § 111 Rn. 156 f., 160 ff.; *Hommelhoff*, ZGR 1983, 551 (554 ff.); *Heidel*, NZG 2012, 48 (51 ff.); *Reichert/Ott*, in: Habersack/Hommelhoff, FS Goette 2011, 397 (399).

492 Hierzu noch in § 4.C.II.1 dieser Untersuchung.

493 Dafür *Gentz*, in: DAI, Kurvenlage 2016/I, 36 (38); mit diesem Ausblick auch *Hopt*, ECGI Law Working Paper 365/2017, S. 2. Zurückhaltender *Fleischer/Bauer/Wansleben*, DB 2015, 360 (367): „Zum jetzigen Zeitpunkt ist die Diskussion, ob der Aufsichtsratsvorsitzende als Zeichen guter Corporate Governance den Investoren für Gespräche zur Verfügung stehen sollte, wohl am besten in der Fachöffentlichkeit aufgehoben.“ Vgl. zur Vorstandskommunikation bereits Fn. 201 dieser Untersuchung.

der Investoren glaubwürdig begegnen.[494] Der Vorstand oder die ihm unterstellte Investor Relations können bspw. nicht über sich ändernde Personalentscheidungen oder Nachfolgeplanungen im Vorstand Auskünfte geben, weil hierüber regelmäßig nur der Aufsichtsrat die Hintergründe kennt.[495] Außerdem würde ihren Äußerungen über Aufsichtsratsthemen stets der Makel einer „Information aus zweiter Hand" anhaften.[496] Nicht von der Hand zu weisen ist zudem die Befürchtung, dass bei der Kommunikation ausschließlich über den Vorstand eine fehlerhafte Darstellung der Überwachungstätigkeiten des Aufsichtsrats droht, etwa weil der Vorstand als überwachtes Organ anderer Meinung ist als der Aufsichtsrat und kritische Themen aus Eigeninteresse anders darstellen möchte als tatsächlich gegeben.[497] Zu aufsichtsratsspezifischen Themen kann sich daher nur der Aufsichtsrat unverfälscht und unbefangen äußern.[498] Darüber hinaus droht sogar, dass der Vorstand die Informationspolitik des Aufsichtsrats weitestgehend fremdbestimmen und seine Außenwahrnehmung und Akzeptanz im Markt nach Belieben steuern könnte, wenn das Kontrollorgan sich nicht selbst und eigenverantwortlich im Außenverhältnis über die eigenen Tätigkeiten und zur Entscheidung zugewiesenen Aufgaben äußern darf.[499] Die Unabhängigkeit

---

494 Hierzu etwa *Kremer*, in: Kremer/u.a., DCGK, Rn. 1269; *Bortenlänger*, BOARD 2014, 71 (72); *Leyendecker-Langner*, NZG 2015, 44 (45); auch *Hopt*, ECGI Law Working Paper 365/2017, S. 10: „[T]here are areas which do not fall into the competence of the CEO or the chairman of the management board and for which there must be a company organ available to inform the public if this is in the interest of the company."; *Schick*, WPg 2018, 1379 (1381); siehe auch *Gentz*, Rede anlässlich der 15. Konferenz Deutscher Corporate Governance Kodex vom 21./22. Juni 2016, S. 8.

495 Dazu bereits in Fn. 209 dieser Untersuchung.

496 *Leyendecker-Langner*, NZG 2015, 44 (45); zum „stille Post-Effekt" auch *Bachmann*, in: VGR, Gesellschaftsrecht 2016, 135 (152).

497 Hierzu ebenfalls *Leyendecker-Langner*, NZG 2015, 44 (45); *Henning*, BOARD 2017, 41 (41) betont, dass ein Interessenkonflikt des Vorstands inhärent ist; *Hein*, Die Stewardship-Verantwortung, S. 256.

498 Ebenso *Noerr/Hering Schuppener/v. Werder*, Rolle des Aufsichtsrats in der Krisenkommunikation, S. 13, 16; *Leyendecker-Langner*, NZG 2015, 44 (45); *Hirt/Hopt/Mattheus*, AG 2016, 725 (734); *Krämer*, AR 2017, 18 (18); *Nieber*, Rolle des Aufsichtsrates in der Kapitalmarktkommunikation, S. 73.

499 *Leyendecker-Langner*, NZG 2015, 44 (45); *Schilha/Theusinger*, NZG 2019, 521 (523). Vgl. zudem prägnant *Koch*, in: Fleischer/u.a., 50 Jahre Aktiengesetz, 65 (92): „Der Vorstand hat keinen Anspruch auf einen handlungsschwachen Aufsichtsrat."

des Organs wäre dadurch erheblich gefährdet, was auch das Vertrauen des Kapitalmarkts in eine effektive Überwachungstätigkeit massiv verkürzt.[500]

b) Steigerung der Überwachungsqualität des Aufsichtsrats

Zudem können direkte Investorenkontakte die Kontrolltätigkeiten des Aufsichtsrats verbessern,[501] weil sie eine vorstandsunabhängige Informationsquelle sein können und dem Aufsichtsrat einen Abgleich der eigenen Selbsteinschätzung mit einer professionellen Fremdeinschätzung institutioneller Investoren ermöglichen.

aa) Vorstandsunabhängige Informationsquelle

Die Informationsversorgung des Aufsichtsrats ist als Grundlage seiner Überwachungsfunktion und damit unter Gesichtspunkten der Corporate Governance von großer Bedeutung.[502] Der Aufsichtsrat hat dafür zu identifizieren, welche

---

500 Hierfür *Mertens/Cahn*, in: KK-AktG, § 107 Rn. 61; *Schulz*, in: Hölscher/Altenhain, Hdb. Aufsichts- und Verwaltungsräte, 489 (506); *Leyendecker-Langner*, NZG 2015, 44 (45); *Fleischer/Bauer/Wansleben*, DB 2015, 360 (362); *Henning*, BOARD 2017, 41 (43). Weitergehend zur Bedeutung der Unabhängigkeit der Aufsichtsratsmitglieder die ausführlichen Empfehlungen C.6 bis C.12 DCGK 2020; auch *Hopt*, ZHR 175 (2011), 444 (472 ff., 484 ff.); *Bayer*, NZG 2013, 1 (10 f.); *Vetter*, in: Fleischer/u.a., 50 Jahre Aktiengesetz, 103 (133); *Hopt/Leyens*, ZGR 2019, 929 (956 ff.); *Kumpan*, ZGR 2020, 749.

501 Dafür sind grundsätzlich *Smend*, ZCG 2008, 53 (57); *Heuser*, Shareholder Activism, S. 168; früh schon *Hirt*, in: Börsen-Zeitung vom 7. Mai 2010, S. 8. Dagegen *Vetter*, AG 2014, 387 (389), der betont, dass es für die Wahrnehmung des gesetzlichen Überwachungsauftrags des Aufsichtsrats grundsätzlich keiner Kommunikationsfunktion gegenüber der Öffentlichkeit und dem Kapitalmarkt bedürfe; erneut *Vetter*, in: Fleischer/u.a., 50 Jahre Aktiengesetz, 103 (112), diesmal wird von ihm aber auch wegen der nicht selten intransparenten und meist kurzfristigen Orientierung institutioneller Investoren bezweifelt, ob ihre verstärkte Einbeziehung in die Unternehmensüberwachung eine Gewähr für eine Steigerung der Überwachungsqualität bedeute; vgl. auch *Kienbaum/Flick Gocke Schaumburg*, Kamingespräche 2017, S. 14, 18, in deren empirischen Untersuchung die Befragten eher nicht von einer Verbesserung der Kontroll- und Überwachungstätigkeit des Aufsichtsrats durch den intensiveren Dialog mit Investoren ausgehen.

502 Auch *Seibt*, in: Hommelhoff/Hopt/v. Werder, Hdb. Corporate Governance, 391 (407); *Stöhr*, in: Grundei/Zaumseil, Der Aufsichtsrat, 311 (313); *Zitzmann/Decker*, in: Zerfaß/Piwinger, Hdb. Unternehmenskommunikation, 271 (274); *Roth*, ZGR 2012, 343 (343, 349); *Scheffler*, BB 2014, 2859 (2859); *Hopt*, ZGR 2019, 507 (527 f.).

Informationsquellen im Unternehmen für einen zeitnahen Informationszugang existieren und wie er diese für die gewissenhafte Überwachung der Geschäftsführung nutzen kann.[503] Für eine optimale Überwachungsqualität müssen Aufsichtsräte ihre Erkenntnisquellen deshalb so organisieren, dass sie sich zur Beschlussvorbereitung ein genaues und möglichst umfassendes Bild von der jeweiligen Angelegenheit oder Situation der Gesellschaft machen können.[504] Hierfür dienen dem Aufsichtsrat und seinen Mitglieder etwa der Prüfungsbericht des Abschlussprüfers, § 321 HGB, und die entsprechenden Erläuterungen in der Aufsichtsrats- oder Ausschusssitzung gemäß § 171 Abs. 1 S. 2 AktG.[505] Im Wesentlichen beruht die Informationsversorgung des Aufsichtsrats aber auf den Vorstandsberichten.[506] Berichte werden im Regelfall periodisch erteilt.[507] So müssen z.B. gemäß § 90 Abs. 2 Nr. 1 AktG Berichte nach § 90 Abs. 1 S. 1 Nr. 1 AktG jährlich erfolgen, Berichte im Sinne des § 90 Abs. 1 S. 1 Nr. 4 AktG hingegen sind gemäß § 90 Abs. 2 Nr. 4 AktG so rechtzeitig zu erteilen, dass der Aufsichtsrat nicht vor vollendete Tatsachen gestellt wird. § 90 Abs. 2 Nr. 1 Hs. 2 AktG durchbricht die Periodizität teilweise, indem die „unverzügliche" Berichterstattung für Fälle vorgesehen ist, wenn „Änderungen der Lage oder neue Fragen" es gebieten.[508] Außerdem ist dem Vorsitzenden des Aufsichtsrats gemäß § 90 Abs. 1 S. 3 AktG aus sonstigen wichtigen Anlässen zu berichten.[509] Schließlich ist der Aufsichtsrat jederzeit berechtigt, Vorstandsberichte einzufordern, § 90 Abs. 3 AktG.[510] Ein eigenständiges Informationssystem des Aufsichtsrats existiert neben dem unternehmensspezifischen Informationsmanagementsystem durch den Vorstand

503 *Hasselbach*, NZG 2012, 41 (42).

504 So auch *Hüffer*, NZG 2007, 47 (48 f.); *Kropff*, in: Damm/Heermann/Veil, FS Raiser 2005, 225 (231 ff.).

505 Siehe nur *Fleischer*, in: Spindler/Stilz, AktG, § 90 Rn. 15.

506 *Fleischer*, in: Spindler/Stilz, AktG, § 90 Rn. 7 ff., 14; *Feddersen*, in: Hommelhoff/Hopt/v. Werder, Hdb. Corporate Governance, 441 (458); *Seibt*, in: Hommelhoff/Hopt/v. Werder, Hdb. Corporate Governance, 391 (393 ff.); *Arnold*, ZGR 2014, 76 (86 ff.); *Diekmann/Wurst*, NZG 2014, 121 (122 f.).

507 Weiterführend *Koch*, in: Hüffer/Koch, AktG, § 90 Rn. 4 ff.

508 Näheres bspw. bei *Spindler*, in: MüKo-AktG, § 90 Rn. 24; *Seibt*, in: Hommelhoff/Hopt/v. Werder, Hdb. Corporate Governance, 391 (395). Zu den damit verbundenen Unklarheiten bspw. *Koch*, in: Fleischer/u.a., 50 Jahre Aktiengesetz, 65 (84 f.).

509 *Fleischer*, in: Spindler/Stilz, AktG, § 90 Rn. 8; ebenfalls hierzu *Seibt*, in: Hommelhoff/Hopt/v. Werder, Hdb. Corporate Governance, 391 (395).

510 Vertiefend *Fleischer*, in: Spindler/Stilz, AktG, § 90 Rn. 38 ff.; *Mertens*, AG 1980, 67 (71 ff.).

nicht, sodass für den Aufsichtsrat – neben dem Abschlussprüfer – meist der Vorstand erster und einziger Ansprechpartner ist.[511] Der Dialog mit Kapitalgebern eröffnet dem Aufsichtsrat hingegen eine zusätzliche Erkenntnisquelle, da das Investorengespräch nicht nur die reine Weitergabe von Informationen an Investoren, sondern als Pendant auch den Erhalt wertvoller Informationen von der Investorenseite umfasst.[512] Der Aufsichtsrat kann damit unabhängig vom Informationsvermittlungsmonopol des Vorstands am Puls des Kapitalmarkts ein durch die Anteilseignerseite ergänztes Informationsbild erhalten.[513] Außerdem ist der Aufsichtsrat nicht mehr nur auf die Hauptversammlung oder Informationsweitergaben durch die Investor Relations-Abteilung angewiesen, um die Interessen der Aktionäre zu erfahren. Die Kommunikationsform des Investorendialogs zählt dementsprechend zu einem Mittel der vorstandsunabhängigen Informationsversorgung des Aufsichtsrats, was – soweit ersichtlich – im Schrifttum bislang nur selten diskutiert wurde.[514]

---

511 Siehe *Kübler/Assmann*, Gesellschaftsrecht, § 33 III 1.a); *Lutter/Krieger/Verse*, Rechte und Pflichten des Aufsichtsrats, 7. Auflage, Rn. 191; *Roth*, in: Davies/u.a., Corporate Boards in Law and Practice, 253 (314 f.); auch *Hengeler Mueller/Heiner Thorborg*, Aufsichtsräte in Deutschland 2017, S. 3 bestätigen, dass der Vorstand die klar dominierende Informationsquelle für Aufsichtsräte ist, weil 91% der Informationen von ihm kommen, vgl. im Übrigen S. 5, 7; *Jungmann*, ECFR 2006, 426 (453 f.); *v. Rosen*, AG 2008, 537 (537); *v. Schenck*, AR 2009, 111 (111); *Hasselbach*, NZG 2012, 41 (42); *Davies/Hopt*, The American Journal of Comparative Law 61.6 (2013), 301 (333 f.); *Arnold*, ZGR 2014, 76 (88 sowie 91); *Hopt*, ECGI Law Working Paper 305/2016, S. 13. Zum strukturellen Informationsdefizit des Aufsichtsrats, das die Aufgabenwahrnehmung erschwert, *Marsch-Barner*, in: Marsch-Barner/Schäfer, Hdb. börsennotierte AG, Rn. 2.11.; *Böckli*, in: Hommelhoff/Hopt/v. Werder, Hdb. Corporate Governance, 255 (267 f.); zum Dilemma der Informationsasymmetrie zwischen Vorstand und Aufsichtsrat auch *Seibt*, in: Hommelhoff/Hopt/v. Werder, Hdb. Corporate Governance, 391 (392); *Börsig/Löbbe*, in: Krieger/Lutter/Schmidt, FS Hoffmann-Becking 2013, 125 (136 f.).

512 Siehe bereits *Seibt*, in: Hommelhoff/Hopt/v. Werder, Hdb. Corporate Governance, 391 (402); auch *Bachmann*, in: VGR, Gesellschaftsrecht 2016, 135 (141).

513 Zu diesem Vorteil schon *Leyens*, Information des Aufsichtsrats, S. 386.

514 Zur Information des Aufsichtsrats durch Aktionäre *Hopt/Roth*, Der Aufsichtsrat, § 111 Rn. 526; auch *Seibt*, in: Hommelhoff/Hopt/v. Werder, Hdb. Corporate Governance, 391 (402); *Leyens*, Information des Aufsichtsrats, S. 231 f., 382 ff. Vgl. zur Information des Aufsichtsrats durch Dritte *Feddersen*, in: Hommelhoff/Hopt/v. Werder, Hdb. Corporate Governance, 441 (460, 462 f.). Als vorstandsunabhängige Informationsquellen werden klassischerweise lediglich das Einsichts- und Prüfungsrecht des Aufsichtsrats gemäß § 111 Abs. 2 S. 1 AktG, die Beauftragung des

bb) Abgleich von Selbst- und professioneller Fremdeinschätzung

Lernt der Aufsichtsrat in Investorengesprächen die Forderungen und Wünsche der Kapitalmarktakteure unmittelbar kennen, kann er sie in seine Überwachungstätigkeit angemessen miteinbeziehen und diese effektiver gestalten, ggf. sogar zukünftige Überwachungstätigkeiten daran anpassen.[515] Etwa kann er durch externe Investorenimpulse erfahren, ob sie bestimmte Tätigkeiten des Vorstands für kritisch oder sogar unvertretbar halten. Sondiert werden könnte bspw.

(Konzern-)Abschlussprüfers und die Information durch Mitarbeiter und die interne Revision diskutiert, siehe bspw. *Fleischer*, in: Spindler/Stilz, AktG, § 90 Rn. 15, *Roth*, AG 2004, 1 (7 ff.); *Arnold*, ZGR 2014, 76 (90 ff.); *Scheffler*, BB 2014, 2859 (2859); *Kropff*, in: Damm/Heermann/Veil, FS Raiser 2005, 225 (239 ff.). *Fey*, DStR 1995, 1320 (1322) fügt hinzu, dass der Aufsichtsrat Informationen unter Umständen auch auf andere Weise – etwa durch Medienberichte – erhalten kann.

515 Dazu *Hopt/Roth*, Der Aufsichtsrat, § 107 Rn. 155: „Zur Erfüllung der Aufgaben des Aufsichtsrats, primär der Wahrnehmung der Interessen der Aktionäre, ist es unerlässlich, dass der Aufsichtsrat deren Interessen kennt."; *Stöhr*, in: Grundei/Zaumseil, Der Aufsichtsrat, 311 (325); *Roth*, ZGR 2012, 343 (369); *Speich*, BOARD 2015, 193 (195) bestätigt gegenseitige Erkenntnisgewinne; ein über Investorenpräferenzen nur mittelbar durch den Vorstand informierter Aufsichtsrat ist hingegen in seiner Überwachungsverantwortung eingeschränkt, so *Fleischer/Bauer/Wansleben*, DB 2015, 360 (364 f.); *Hirt/Hopt/Mattheus*, AG 2016, 725 (728); *Bachmann*, in: VGR, Gesellschaftsrecht 2016, 135 (141); *Kirchhoff*, BOARD 2017, 193 (193); *Grenz*, WPg 2019, 52 (54) spricht ebenfalls von wichtigen Impulsen; *Hein*, Die Stewardship-Verantwortung, S. 276; auch *Inci*, Shareholder Engagement, S. 139; vgl. auch *Winzig/Labbé*, in: Börsen-Zeitung vom 4. Juni 2011, S. B1, die empfehlen, dass auch der Aufsichtsrat seine Entscheidungen mit den Erwartungen des Kapitalmarkts verprobt; siehe zudem die Stellungnahme von *EUMEDION* im Rahmen des DCGK-Konsultationsverfahrens 2016, S. 2: „Without direct communication between the supervisory board and investors, the supervisory board does not have a sufficiently clear picture of what the relationships with stakeholders and with long-term oriented institutional investors in particular actually are. Signals are not picked up soon enough, particularly when problems already exist. In the absence of a direct relationship with investors of its own, the supervisory board then has little choice but to support its own CEO also in situations where institutional investors have a point." Vgl. – wenn auch ohne Bezug zu Aufsichtsratsgesprächen – *Bassen*, ZBB 2002, 430 (436): „Viele Anforderungen der institutionellen Anleger sind den Unternehmen nicht bekannt. Eine offene Kommunikation von beiden Seiten kann somit dazu beitragen, die Unternehmensaktivitäten stärker an den Bedürfnissen Kapitalmarktteilnehmer auszurichten." Aus US-amerikanischer Perspektive bspw. *Yockey*, South Carolina Law Review 61.2 (2009), 171 (202); *Kim/Schloetzer*, The Conference Board DN-V5N20 (2013), S. 2.

auch ganz allgemein die Akzeptanz des Vorstands oder speziell des Vorstandsvorsitzenden, um zu wissen oder zumindest ein Gefühl dafür zu bekommen, ob die eigene Einschätzung über das Vorstandshandeln mit derjenigen übereinstimmt, wie sie im Markt vorherrscht. Fälle, in denen Investoren als externe Beobachter anderer Meinung sind als der Aufsichtsrat, werden beim Aufsichtsrat regelmäßig ein Störgefühl auslösen, auf das der Aufsichtsrat mit einer eigenen kritischen Prüfung reagieren kann.[516] Missstände, die zukünftig unter Umständen zu krisenhaften Entwicklungen führen, können dadurch unter Umständen besser oder in ihrer ganzen Tragweite erfasst werden. Das gilt ferner mit Blick auf die eigene Effizienzprüfung und Selbstkontrolle des Aufsichtsratsorgans, sodass Schwachstellen – bspw. Kompetenzverfehlungen in der Aufsichtsratsbesetzung, mangelnde Unabhängigkeit oder Zeitmängel – aufgedeckt und in der Folge abgestellt werden können.[517] Besonders wertvoll ist der informelle Investorenkontakt insbesondere, wenn eine – ggf. unerkannte – Überforderung des Aufsichtsrats droht. Möglich erscheint das bspw. im Bereich der CSR-Sensibilität des Aufsichtsrats, weil dort der Aufsichtsrat erst seit Kurzem die alleinige materielle Prüfungspflicht der nicht-finanziellen Erklärung als Teil des Lageberichts bzw. des nicht-finanziellen Berichts gemäß § 171 Abs. 1 S. 1 und 4 AktG trägt, wenn er keinen Abschlussprüfer gemäß § 111 Abs. 2 S. 4 AktG hinzuzieht.[518]

---

516 Vgl. auch schon *Feddersen*, in: Hommelhoff/Hopt/v. Werder, Hdb. Corporate Governance, 441 (460) zu Aufklärungsgesprächen mit Außenstehenden, die aufgrund von geschäftlichen Verbindungen zu dem Unternehmen in der Lage sind, über bestimmte, das Unternehmen betreffende Sachverhalte wertvolle Informationen zu liefern: „[H]äufig führen Hinweise von Dritten zu verstärkten Nachfragen aus dem Aufsichtsrat." Möglich wären als Reaktion des Aufsichtsrats etwa (i) Befragungen und Ermittlungen (§§ 90 Abs. 3, 109 Abs. 1 S. 2, 111 Abs. 2 S. 2 AktG), (ii) die Ausweitung der zustimmungspflichtigen Geschäfte (§ 111 Abs. 4 S. 2 AktG), (iii) die Kürzung der Vorstandstantiemen (§§ 86, 87 AktG), die Geltendmachung von Schadensersatzansprüchen (§§ 93 Abs. 2, 112 AktG) oder (iv) in Extremfällen den Widerruf der Bestellung des Vorstands (§§ 84, 112 AktG); hierzu auch *Fey*, DStR 1995, 1320 (1322).

517 Zur Möglichkeit, unternehmensexternes Feedback zur Arbeit des Aufsichtsrats in Investorengesprächen einzuholen, *Hönsch/Fischer/Kaspar*, AR 2017, 126 (128); vgl. *Lieder*, Der Aufsichtsrat im Wandel der Zeit, S. 937, wenngleich zu einem hauptversammlungsgebundenen Auskunftsrecht der Aktionäre gegenüber dem Aufsichtsrat: „Der unmittelbare Kontakt mit den institutionellen und anderen professionellen Anlegern konfrontiert den Aufsichtsrat besonders eindringlich mit etwaigen Defiziten seiner Arbeit und sensibilisiert ihn für seine gesetzliche Hauptaufgabe, die Geschäftsführung des Vorstands effektiv und effizient zu überwachen."

518 Grundsätzlich ist vom Abschlussprüfer nur eine formelle Prüfung der Recht- und Ordnungsmäßigkeitsbeurteilung durchzuführen, weil die nicht-finanzielle

Hierfür muss der Aufsichtsrat den CSR-Bericht des Vorstands kritisch durcharbeiten, anhand seiner Erfahrungen und Sachkunde auf Plausibilität prüfen, aktiv Nachfragen stellen und erkennbaren Unklarheiten nachgehen.[519] Das setzt aber ein schon ausgeprägtes Bewusstsein darüber voraus, welche Themen eine Nachfrage oder kritische Prüfung wert sind. Fehlen ausreichende Kenntnisse, Fähigkeiten oder Erfahrungen, ist das Risiko von *blind spots* besonders hoch.[520] Wird der Aufsichtsrat investorenseitig gerade für solche Themen sensibilisiert, können nicht auffällige Fehler oder Unregelmäßigkeiten aufgedeckt werden.[521] Die Kenntnis von Investorenpräferenzen und -forderungen kann überdies Beschleuniger für interne Prozesse und Entscheidungen sein. Wird im Dialog mit wichtigen Kapitalgebern bspw. Nachhaltigkeit und CSR-Sensibilität gefordert, wird der Aufsichtsrat mit Blick auf ESG-Faktoren zum schnelleren Lernen sowie zur Schwerpunktsetzung in diesem Bereich angeregt, was unter Umständen zu zügigeren Entscheidungen führt.[522] Blickt man schließlich auf die den Vorstand in Strategiefragen beratende Funktion des Aufsichtsrats, wäre

---

Erklärung oder der nicht-finanzielle Bericht materiell nicht unter die Gegenstände der Abschlussprüfung fällt, vgl. § 317 Abs. 2 S. 4-6 HGB. Vertiefend zur Prüfung der CSR-Berichterstattung durch den Abschlussprüfer *Kajüter*, DB 2017, 617 (623 f.); *Blöink/Halbleib*, Der Konzern 2017, 182 (191 f.); *Böcking/Althoff*, Der Konzern 2017, 246 (251 f.); *Velte*, AG 2018, 266 (268 f.); hierzu auch *Hennrichs*, ZGR 2018, 206 (220 ff.); *Hommelhoff*, in: Bergmann/Hoffmann-Becking/Noack, FS Seibert 2019, 371 (377 ff.); *Vetter*, in: Bergmann/Hoffmann-Becking/Noack, FS Seibert 2019, 1007 (1013).

519 Zu den neuen Herausforderungen *Böcking/Althoff*, Der Konzern 2017, 246 (254); *Hennrichs*, NZG 2017, 841 (845 f., 847); *Hennrichs*, ZGR 2018, 206 (222 ff.); *Bachmann*, ZGR 2018, 231 (240 ff.); *Velte*, AG 2018, 266; *Mense*/Klie, BOARD 2018, 47 (50); *Scheid*, AR 2019, 1; *Braun/Ruhwedel*, AR 2019, 141 (142 f.); vertiefend *Vetter*, in: Spindler/Wilsing/Butzke, FS Marsch-Barner 2018, 559 (566 ff.); *Hommelhoff*, in: Bergmann/Hoffmann-Becking/Noack, FS Seibert 2019, 371 (376 ff.); *Vetter*, in: Bergmann/Hoffmann-Becking/Noack, FS Seibert 2019, 1007 (1012 ff.).

520 Zum Risiko von *blind spots* etwa *Hengeler Mueller/Heiner Thorborg*, Aufsichtsräte in Deutschland 2017, S. 3.

521 Hierzu für das US-amerikanische System *Simpson*, in: BlackRock/Ceres, 21st Century Engagement, 7 (7).

522 Vgl. *Schwalbach/Schwerk*, in: Zerfaß/Piwinger, Hdb. Unternehmenskommunikation, 203 (214), die den Kapitalmarkt bzw. Finanzinvestoren als wichtige Einflussfaktoren für die Befolgung von CSR-Prinzipien bezeichnen; *Hirt/Viehs*, BOARD 2018, 178 (179). International etwa *Hall*, Directors & Boards 42.4 (2017), 19 (19-21); *Matheson/Nicolet*, Minnesota Law Review 103.4 (2019), 1649 (1666 f.); *Krüger/Sautner/Starks*, ECGI Finance Working Paper 610/2019, S. 2 f.

es denkbar, dass Investorenkontakte des Aufsichtsrats die Qualität des Strategiedialogs zwischen Aufsichtsrat und Vorstand erhöhen. Der Aufsichtsrat ist wegen eigener Investorengespräche jedenfalls gezwungen, sich eingehend mit der Perspektive des Marktes auseinanderzusetzen. Im Ergebnis ermöglichen Investorengespräche daher einen äußerst sinnvollen Abgleich der eigenen Selbsteinschätzung mit einer professionellen Fremdeinschätzung.[523] Eine solche könnte der Aufsichtsrat anderenfalls erst durch das Hinzuziehen von externen Beratern und Wirtschaftsprüfern erhalten.[524] Investorenkontakte zeichnen sich demgegenüber jedoch durch ihren vergleichsweise geringen bürokratischen Aufwand und geringere Kosten aus. Außerdem sind etwaige Folgeprobleme, wie sie sich bei Gutachten von externen Beratern bspw. hinsichtlich fachlicher Befähigung und Unabhängigkeit stellen,[525] bei bloß mündlichen Impulsen an den Aufsichtsrat nicht zu erwarten.

D. Zwischenfazit

Fasst man die vorstehenden Untersuchungsergebnisse zusammen, ist – in aller Knappheit und ohne die Vielzahl der Argumente zu wiederholen – festzuhalten, dass neben dem primär für die Investorenkommunikation zuständigen Vorstand ergänzend auch der Aufsichtsrat bereits *de lege lata* im Rahmen einer in Rechtsfortbildung konstruierten Annexkompetenz zusätzlich zu seinen Sachbefugnissen zu einem inhaltlich auf Aufsichtsratsthemen beschränkten, zurückhaltend geführten Dialog mit Kapitalgebern befugt ist. Was das im Einzelnen,

---

523 Mit Verweis auf die sogenannte Perception Analyse, d.h. die regelmäßige Überprüfung der externen Einschätzung des eigenen Unternehmens im Abgleich mit der internen Wahrnehmung, *Kirchhoff*, BOARD 2017, 193 (193); vgl. auch *Mosca*, ECFR 2018, 805 (847); in diese Richtung die Stellungnahme von *Legal & General Investment Management Limited (LGIM)* im DCGK-Konsultationsverfahren 2016, S. 3: „Many companies globally also use shareholders as a sounding board for market views. The company will be hearing directly from key shareholders rather than through a third party intermediary and receive valuable informed advice at the same time."

524 Zum Hinzuziehen externer Berater *Hasselbach*, NZG 2012, 41 (45); *Habersack*, NJW-Beil. 2012, 94 (97); *Witte/Indenhuck*, BB 2014, 2563 (2568 f.); vertiefend zum Vertrauen auf den Rat durch Experten nach dem kapitalgesellschaftsrechtlicher Vertrauensgrundsatz *Lieder*, ZGR 2018, 523 (566 ff.); außerdem *Fleischer*, in: Kindler/u.a., FS Hüffer 2010, 187 (188 ff.).

525 Weiterführend zu den etablierten Sorgfaltspflichten für die Auswahl und Kontrolle von externen Beratern *Hüffer*, in: Hoffmann-Becking/Ludwig, FS Happ 2006, 93 (106); *Landsittel*, Investorenkommunikation, S. 95.

vor allem mit Blick auf die zulässigen Gesprächsthemen und die übrigen aktien- und kapitalmarktrechtlichen Schranken der Investorenkommunikation, für die praktische Ausgestaltung des Investorendialogs bedeutet, soll im sogleich anschließenden Kapitel zu den rechtlichen Grenzen der Investorenkommunikation (§ 4 der Untersuchung) betrachtet werden. Entscheidungen über das „Ob und Wie" der Investorenkommunikation sind im Übrigen unternehmerische Entscheidungen des Aufsichtsrats (vgl. §§ 116 S. 1 i.V.m. 93 Abs. 1 S. 1 AktG) und nur eingeschränkt überprüfbar. Einschränkende Vorgaben leiten sich mit Blick auf die Haftung aus der *business judgement rule* gemäß §§ 116 S. 1 i.V.m. 93 Abs. 1 S. 2 AktG ab. Erforderlich ist danach eine Entscheidung auf angemessener Informationsgrundlage und zum Wohl der Gesellschaft, die ohne sachfremde Einflüsse oder Sonderinteressen und im guten Glauben getroffen wird.

§ 4. Grenzen der selektiven Kommunikation mit Investoren

Weiterhin besteht Klärungsbedarf zu der inhaltlichen Reichweite der Annexkompetenz des Aufsichtsrats und den übrigen aktien- und kapitalmarktrechtlichen Schranken, die seine Kommunikation mit Investoren begrenzen. Wegen vielzähliger rechtlicher Graubereiche sind die zulässigen Handlungsspielräume des Aufsichtsrats im Bereich der Investorenkommunikation im Einzelnen stark umstritten. Im Folgenden soll versucht werden, sie zu präzisieren. Für einen einfachen Zugriff werden dafür aufsichtsratsspezifische Grenzen einerseits (dazu Abschnitt A) und allgemeine gesellschafts- und kapitalmarktrechtliche Schranken der Investorenkommunikation der Verwaltung andererseits (siehe Abschnitt B) getrennt. Überschreitet der Aufsichtsrat diese Grenzen, drohen nicht unerhebliche Sanktionen. Ihnen wird sich in Abschnitt C gewidmet.

A. Aufsichtsratsspezifische Schranken

Mit Blick auf seine Kompetenzen und Pflichtenbindung richten sich die folgenden Grenzen der Investorenkommunikation speziell an den Aufsichtsrat. Er darf erstens seine inhaltlich beschränkte Kompetenz zur Kommunikation über aufsichtsratsspezifische Themen nicht überschreiten. Zweitens wird er durch die organschaftliche Treuepflicht verpflichtet, bei sämtlichen Investorenkontakten zum Wohl des Unternehmens zu handeln. Schließlich wird im Aktienrecht gemäß § 116 S. 2 AktG die Verschwiegenheitspflicht der Aufsichtsratsmitglieder explizit hervorgehoben. Die drei genannten Elemente sind konkretisierungsbedürftig und sollen im Folgenden näher betrachtet werden.

I. Inhaltliche Differenzierung nach Sachbefugnissen

Die Auswahl der Gesprächsthemen, über die sich der Aufsichtsrat im Gespräch mit Investoren konkret äußern darf, hat sich an der aufgabenbezogenen Annexkompetenz des Aufsichtsrats zur Investorenkommunikation und der Geschäftsleitungsfunktion des Vorstands als Zulässigkeitsschranke, vgl. § 111 Abs. 4 S. 1 AktG, zu orientieren.[526] Obwohl sich damit im Grunde eine

526 *Kremer*, in: Kremer/u.a., DCGK, Rn. 1270; *Fleischer/Bauer/Wansleben*, DB 2015, 360 (365); siehe auch *Roth*, in: Dreher/u.a., FS Bergmann 2018, 565 (580), der

Trennlinie zwischen vorstands- oder aufsichtsratsspezifischen Gesprächsgegenständen ergibt, führen einige Gesprächsinhalte zu erheblichen Zweifelsfragen, weil sie nicht eindeutig oder ausschließlich den jeweiligen Organkompetenzen zugewiesen werden können.[527] Um die Annexkompetenz des Aufsichtsrats zum Investorendialog und deren inhaltliche Reichweite handhabbarer zu machen, sollen im Folgenden zulässige und unzulässige Gesprächsthemen im Einzelnen identifiziert und von Problembereichen abgegrenzt werden.[528]

1. Vorstandsspezifische Gesprächsinhalte sind unzulässig

Festzustellen ist zunächst, dass der Aufsichtsrat Sachkompetenzen, die gemäß § 76 Abs. 1 AktG gesellschaftsintern der Leitungsmacht des Vorstands unterliegen, nicht in der Außendarstellung an sich ziehen und sie wie der Vorstand mit Kapitalgebern diskutieren darf.[529] Nicht sprechen darf der Aufsichtsrat also

---

zutreffend darauf verweist, dass sich Aufsichtsratsmitglieder „keine Geschäftsführungsbefugnisse oder gar die Oberleitung anmaßen dürfen."; vgl. ebenfalls *Hein*, Die Stewardship-Verantwortung, S. 254 f.

527 *Leyendecker-Langner*, NZG 2015, 44 (46); *Fleischer/Bauer/Wansleben*, DB 2015, 360 (363); *Vetter*, AG 2016, 873 (874, 876); hierzu ebenfalls *Hirt/Hopt/Mattheus*, AG 2016, 725 (733); *Koch*, ZHR 180 (2016), 578 (607); *Hippeli*, GmbHR 2017, R113 (R114); *Mense/Klie*, BOARD 2018, 47 (49); *Schaper*, AG 2018, 356 (357). Vgl. auch *Kley*, AG 2019, 818 (823): „So illustrieren auch die Diskussionen um den Investorendialog des Aufsichtsrats die zunehmend undeutlichere Grenze der Zuständigkeitsbereiche."

528 Den Handlungsauftrag, eine Liste aller zulässigen Gesprächsthemen aufzustellen, formulierte bereits *Heidrick & Struggles*, Chairman 2.0, S. 14; auch *Fleischer/Bauer/Wansleben*, DB 2015, 360 (360, 363 ff.), weil auch ihrer Ansicht nach für jede Aufgabe des Aufsichtsrats gesondert zu untersuchen ist, ob sie einen kommunikativen Kontakt mit Investoren legitimiert; *Strampelli*, Virginia Law and Business Review 12.2 (2018), 187 (231) spricht sich ebenfalls dafür aus, die Themen des Investorendialogs konkreter zu fassen, um Compliance-Kosten zu reduzieren.

529 So auch *Habersack*, in: MüKo-AktG, § 116 Rn. 67; *Habersack*, in: Habersack/Henssler, Mitbestimmungsrecht, § 25 MitbestG Rn. 112a; *Roth*, ZGR 2012, 343 (368, 380); *Leyendecker-Langner*, NZG 2015, 44 (46); *Grunewald*, ZIP 2016, 2009 (2010); *Koch*, AG 2017, 129 (134); auch *Mense/Klie*, BB 2017, 771 (772); *Mense/Klie*, BOARD 2018, 47 (49). A.A. aber *Hopt/Roth*, Der Aufsichtsrat, § 111 Rn. 579, die Fragen der Geschäftsführung und der Unternehmensleitung, Fragen der Strategie und Produktplanung, Fragen zu laufenden Gerichtsverfahren und behördlichen Ermittlungen in der Öffentlichkeit von der Beratungs- und Überwachungsaufgabe des Aufsichtsrats umfasst sehen und bei einer Äußerung des Aufsichtsrats darüber lediglich „besondere Zurückhaltung" und eine loyale Zusammenarbeit mit dem Vorstand fordern.

insbesondere über Fragen der unmittelbaren strategischen Ausrichtung und Ziele der Gesellschaft – z.B. Akquisitionsvorhaben oder Umstrukturierungen, neue Märkte und Produkte oder Kapitalmaßnahmen.[530] Der Ausschluss ist zwingend, sodass sich der Aufsichtsrat selbst dann nicht äußern darf, wenn von bedeutenden Investoren Einschätzungen des Aufsichtsrats über Strategiethemen dringlich eingefordert werden.[531] Überaus beunruhigend sind deshalb Berichte über Investorengespräche in der Unternehmenspraxis, in denen der Aufsichtsrat auch über Strategiethemen spricht.[532]

---

530 Hierzu *Lutter/Krieger/Verse*, Rechte und Pflichten des Aufsichtsrats, 7. Auflage, Rn. 284, 680; *Vetter*, AG 2016, 873 (876); *Grunewald*, ZIP 2016, 2009 (2010); *Pikó*, WPg 2016, 1383 (1391); *Schick*, WPg 2018, 1379 (1382); *Hippeli*, wistra 2018, 409 (410); *Nieber*, Rolle des Aufsichtsrates in der Kapitalmarktkommunikation, S. 73; *Thomas/Wüllner*, in: hv-magazin 04/2017, 18 (19); vgl. auch *Nonnenmacher* in seiner Rede auf der Konferenz Corporate Governance und Gesellschaftsrecht am 4. April 2019, S. 3: „Selbstredend hat der Aufsichtsratsvorsitzende nicht mit Investoren über die Strategie zu sprechen. Das ist die Aufgabe des Vorstands." Zu weit gehen deshalb *Drinhausen/Marsch-Barner*, AG 2014, 337 (350), die „Gespräche über die Ziele des Unternehmens" erlauben. A.A. sind *Hopt/Roth*, Der Aufsichtsrat, § 111 Rn. 579.

531 Eine entsprechende Erwartungshaltung von (ausländischen) Investoren bestätigen *Drinhausen/Marsch-Barner*, AG 2014, 337 (349); auch *Hippeli*, wistra 2018, 409 (410) merkt an, dass Investoren in der Praxis im Kern immer die zukünftige unternehmerische Ausrichtung interessiert. Zu weit geht deshalb *Dietlmaier*, BOARD 2015, 181 (182), der davon spricht, dass besondere Situationen, ausgelöst etwa durch strategische Entscheidungen oder eine Krise, eine externe Kommunikation des Aufsichtsrats immer rechtfertigen.

532 Mit Einsichten aus der Praxis *Speich*, BOARD 2015, 193 (195); *Nikoleyczik/Graßl*, NZG 2017, 161 (165), die bestätigen, dass ein konsequentes Umsetzen der begrenzten Kommunikationsbefugnis des Aufsichtsrats in der Praxis (leider) nur selten erreicht wird; *Tietz/Hammann/Hoffmann*, AR 2019, 69 (70) und die entsprechende empirische Studie von *Hammann*, Investoren und Aufsichtsrat im Dialog, S. 25 f., im Besonderen Abbildung 7; empirisch auch *Gundel/Pfaff*, in: KPMG's ACI, Audit Committee Quarterly II/2017, 16 (18); vgl. zudem *Nieber*, Rolle des Aufsichtsrates in der Kapitalmarktkommunikation, S. 72 mit der Aussage eines Leiters der Abteilung Investor Relations eines DAX30-Unternehmens, der betont, dass sich eine sortenreine Trennung dessen, worüber der Aufsichtsrat spricht, vor allem in direkten Kommunikationssituationen wie dem persönlichen Investorengespräch, als schwierig erweisen kann. Aus dem Schrifttum dazu auch *Kocher*, Journal of International Banking Law and Regulation 30.7 (2015), 402 (403); *Vetter*, AG 2016, 873 (876); vgl. *Pikó*, WPg 2016, 1383 (1391).

a) Keine Delegation an den Aufsichtsrat

Darf der Aufsichtsrat nicht eigenständig über solche Themen sprechen, die im Kompetenzbereich des Vorstands liegen, ist an die Möglichkeit einer Delegation durch den Vorstand zu denken. Selbst wenn der Vorstand den Aufsichtsrat in die Investorenkommunikation über Vorstandsthemen einbinden möchte – etwa, weil er sich davon positive Auswirkungen erhofft oder Investoren es wünschen –, bleibt dies jedoch wegen des Geschäftsführungsverbots gemäß § 111 Abs. 4 S. 1 AktG organisationsrechtlich unzulässig.[533] Die Regelung verbietet ausdrücklich, dass der Aufsichtsrat auf Wunsch des Vorstands eine von ihm zu verantwortende Geschäftsführungsmaßnahme – hier: den Kommunikationsakt mit einzelnen Investoren über vorstandsspezifische Themen – ausführt.[534] Die Vorschrift ist zwingend und kann weder vom Vorstand noch durch Satzungsänderung, vgl. § 23 Abs. 5 AktG, außer Kraft gesetzt werden.[535] Keine Veranlassung besteht ferner, das in § 111 Abs. 4 S. 1 AktG geregelte Delegationsverbot von Maßnahmen der Geschäftsführung für diesen Fall im Wege einer teleologischen Reduktion zu überwinden und die Regelkompetenzzuweisung der §§ 76 Abs. 1, 77 Abs. 1 AktG an den Vorstand zu überspielen. Nicht ganz widerspruchsfrei wollen einige Literaturstimmen hier punktuell Ausnahmen zulassen.[536]

b) Einzelne Aufsichtsratsmitglieder als Delegationsempfänger?

Uneinheitlich wird beantwortet, ob der Vorstand anstatt des Gesamtplenums einzelne Aufsichtsratsmitglieder, insbesondere den Aufsichtsratsvorsitzenden, mit in die Investorenkommunikation über Vorstandsthemen einbinden darf.[537] In Einzelfällen soll das jeweilige Aufsichtsratsmitglied dabei nicht als Funktionsträger oder Repräsentant des Kontrollgremiums, sondern unabhängig davon als besonders qualifizierte Hilfsperson des Vorstands im Außenverhältnis kommunizieren und durch eine irgendwie geartete Ermächtigung entweder anstelle des Vorstands oder gemeinsam mit dem Vorstand im Investorengespräch

533 *Koch*, AG 2017, 129 (134 f.); *Holle*, ZIP 2019, 1895 (1897); *Landsittel*, Investorenkommunikation, S. 96 f.

534 So auch *Koch*, AG 2017, 129 (135).

535 Siehe nur *Habersack*, in: MüKo-AktG, § 111 Rn. 6, 110.

536 Für Kommunikationsakte in Krisensituationen *Koch*, AG 2017, 129 (135).

537 Allgemein zur Übertragung von Geschäftsführungsaufgaben an einzelne Aufsichtsratsmitglieder statt vieler und m.w.N. *Hambloch-Gesinn/Gesinn*, in: Hölters, AktG, § 111 Rn. 70.

auftreten.[538] Befürwortet man dieses Vorgehen, unterliegt das handelnde Aufsichtsratsmitglied ständig dem Weisungsrecht des Vorstands, sodass es nur in enger Abstimmung mit dem Vorstand und ohne eigenes Ausübungsermessen zum Handeln befugt ist.[539] Dafür spricht, dass der an der Investorenkommunikation teilnehmende Aufsichtsratsvorsitzende mit dem ihm grundsätzlich vom Aktionariat oder dem jeweiligen Gesprächspartner entgegengebrachten Vertrauen dem Vorstand unterstützend beistehen, für eine Unterstützung des Vorstands werben, konfligierende Interessen ausgleichen und das Gespräch zu einer konstruktiven Lösung begleiten kann.[540] Ein Vorteil liegt außerdem in einer verbesserten intraorganschaftlichen Transparenz innerhalb der Verwaltung, weil das aktive Hinzuziehen eines Aufsichtsratsmitglieds zum Investorengespräch über Vorstandsthemen über eine bloß nachträgliche Information über die Ergebnisse desselben hinausgeht.[541] Trotzdem ist zu berücksichtigen, dass aus Investorensicht einem Gespräch, in dem ein Mitglied des Aufsichtsrats weisungsgebunden

---

538 Dafür *Kremer*, in: Kremer/u.a., DCGK, Rn. 1270: „nach Abstimmung und Zustimmung des Vorstands"; *Lutter/Krieger/Verse*, Rechte und Pflichten des Aufsichtsrats, 7. Auflage, Rn. 284; *Noerr/Hering Schuppener/v. Werder*, Rolle des Aufsichtsrats in der Krisenkommunikation, S. 21; *Fleischer/Bauer/Wansleben*, DB 2015, 360 (365); *Grunewald*, ZIP 2016, 2009 (2010); *VGR*, AG 2017, 1 (5): „Solange der Vorstand die Leitlinien der Außenkommunikation festlegt und den Aufsichtsratsvorsitzenden in diese Kommunikation einbindet, würden wir darin keine unzulässige Übertragung von Geschäftsführungsbefugnissen auf den Aufsichtsrat entgegen § 111 Abs. 4 S. 1 AktG sehen."; auch *Hippeli*, GmbHR 2017, R113 (R114); *Schaper*, AG 2018, 356 (357); *Holle*, ZIP 2019, 1895 (1897); *Schilha/Theusinger*, NZG 2019, 521 (523); *Landsittel*, Investorenkommunikation, S. 97 f.

539 *Noerr/Hering Schuppener/v. Werder*, Rolle des Aufsichtsrats in der Krisenkommunikation, S. 21; auch *Landsittel*, Investorenkommunikation, S. 97 ff.

540 *Fleischer/Bauer/Wansleben*, DB 2015, 360 (365); *Grunewald*, ZIP 2016, 2009 (2010). *Noerr/Hering Schuppener/v. Werder*, Rolle des Aufsichtsrats in der Krisenkommunikation, S. 21 f. sowie *Schilha/Theusinger*, NZG 2019, 521 (523) unterscheiden die Konsens-Krise, in der der Aufsichtsrat mit Einwilligung des Vorstands auch zu Themen sprechen darf, die im Kompetenzbereich des Vorstands liegen, von der Dissens-Krise, in der sich die Kommunikation schwieriger gestaltet, weil sich in Äußerungen über Vorstandsthemen ein deutliches Misstrauensvotum gegenüber dem amtierenden Vorstand offenbaren könne, das die vertrauensvolle Zusammenarbeit zwischen Vorstand und Aufsichtsrat – ggf. schwer – belastet. Vertiefend zur vertrauensvollen und loyalen Zusammenarbeit mit dem Vorstand noch in § 4.A.II.2 dieser Untersuchung.

541 Vgl. *Schiessl*, AG 2009, 385 (391 f.), der speziell für den Fall der Suche nach einem Ankerinvestor die möglichst frühe Einbeziehung des Aufsichtsrats bzw. des Vorsitzenden des Gremiums empfiehlt.

nur das widerholt, was ihm zuvor vom Vorstand aufgetragen wurde, lediglich begrenzter Wert zukommen wird. Dem Wunsch, einzelne Aufsichtsratsmitglieder zu Investorengesprächen über vorstandsspezifische Themen hinzuzuziehen, mangelt es zudem aus einem weiteren Grund an durchschlagender Argumentation. Übersehen wird jedenfalls, dass die Gefahr, die Überwachungsaufgabe des Gesamtaufsichtsrats einzuschränken, immer dann gegeben ist, wenn einzelnen Aufsichtsratsmitgliedern und insbesondere dem Vorsitzenden des Gremiums die Distanz zur Geschäftsführung verloren geht.[542] Im Grundsatz verdienen daher restriktivere Stimmen Zuspruch, nach denen eine Delegation der Kommunikationsaufgabe durch den Vorstand auch an einzelne Aufsichtsratsmitglieder ausscheidet.[543] Ausnahmen bleiben möglich, wenn Äußerungen einzelner Aufsichtsratsmitglieder über vorstandsspezifische Gesprächsinhalte im Interesse des Unternehmens dringend geboten sind und deren Fähigkeit zur Überwachung der Geschäftsführung hierdurch nicht eingeschränkt wird.

2. *Aufsichtsratsspezifische Themen sind zulässig*

Zulässig ist es für den Aufsichtsrat bei der Investorenkommunikation aber, sich an den Sachkompetenzen zu orientieren, für die er in seinem originären Aufgabenbereich alleine verantwortlich ist und bei denen das Organ alleine entscheidet.[544] Auch diese Aussage bedarf schärferer Konturen. Mit den folgenden Fallgruppen sollen zunächst klare Aufsichtsratsthemen herausgearbeitet werden, die der Aufsichtsrat in Investorendialogen besprechen darf. Anschließend

---

542 Zu diesen Bedenken *Noerr/Hering Schuppener/v. Werder*, Rolle des Aufsichtsrats in der Krisenkommunikation, S. 21; ausdrücklich *Grunewald*, ZIP 2016, 2009 (2010): „Wenn [ein Aufsichtsratsmitglied] als solches auftritt (also im Beispiel für das Unternehmen Gespräche führt), verliert es die Distanz zur Geschäftsführung und damit oft auch die Fähigkeit zur Überwachung eben dieser Geschäftsführung."

543 Zum Delegationsverbot auch an einzelne Aufsichtsratsmitglieder, namentlich den Aufsichtsratsvorsitzenden, *Koch*, in: Hüffer/Koch, AktG, § 111 Rn. 33.

544 Dazu beispielhaft *Kremer*, in: Kremer/u.a., DCGK, Rn. 1270; *Breuer/Fraune*, in: Heidel, Aktienrecht, § 107 Rn. 19 sowie § 111 Rn. 29; *Kocher*, Journal of International Banking Law and Regulation 30.7 (2015), 402 (404); *VGR*, AG 2017, 1 (4); *Bachmann*, in: VGR, Gesellschaftsrecht 2016, 135 (174 f.); *Seibt*, DB 2018, 237 (241) nennt Inhalte, bei denen dem Aufsichtsrat eine Primärkompetenz zukommt; *Schick*, WPg 2018, 1379 (1381 f.) betont ebenfalls, dass der Aufsichtsrat die mit diesen Themen verbundenen Zusammenhänge und Prozesse mit Investoren erläutern darf; *Holle*, ZIP 2019, 1895 (1897 f.) mit einer Auflistung zulässiger Gesprächsthemen; *Thomas/Wüllner*, in: hv-magazin 04/2017, 18 (19).

gilt es solche Gesprächsinhalte zu identifizieren, bei denen gesprächsführende Aufsichtsratsmitglieder vor besondere Herausforderungen gestellt werden.

a) Personalkompetenz

Zunächst ist das Thema Personal bei der Kommunikation zwischen Aufsichtsrat und Investor wesentlich. Die Zuordnung der damit verbundenen Gesprächsinhalte zur Annexkompetenz des Aufsichtsrats ist mit Blick auf die Funktionstrennung zwischen Vorstand und Aufsichtsrat im dualistischen System im Grunde unkritisch.[545]

aa) Zusammensetzung des Aufsichtsrats

Die eigene Aufsichtsratszusammensetzung hat einen aufsichtsratsspezifischen Sachzusammenhang, auch wenn die Besetzung des Aufsichtsrats gemäß § 101 Abs. 1 AktG in die Kompetenz der Hauptversammlung fällt.[546] Der Aufsichtsrat hat der Hauptversammlung jedenfalls Kandidatenvorschläge zur Wahl der Aufsichtsratsmitglieder der Arbeitnehmerseite zu unterbreiten, § 124 Abs. 3 S. 1, 4 AktG. Der Aufsichtsrat darf deshalb hierüber im Investorendialog sprechen.[547] Ausgetauscht werden kann sich zum einen über den Nominierungsprozess und Anforderungsprofile – etwa hinsichtlich Branchenerfahrung, Marktkompetenz, Digitalkompetenz etc. – künftiger

545 Statt vieler *Hambloch-Gesinn/Gesinn*, in: Hölters, AktG, § 107 Rn. 54a. Deutlich zurückhaltender ist *Spindler*, in: Bergmann/Hoffmann-Becking/Noack, FS Seibert 2019, 855 (861), weil durch Gespräche über Anforderungsprofile für Vorstandsmitglieder oder die Geschäftsverteilung im Vorstand Rückschlüsse auf strategische Entscheidungen und die Gewichtung bestimmter Sektoren und Geschäftsfelder gezogen werden könnten.

546 *Lutter*, ZIP 2003, 417; vgl. auch *Bachmann*, in: Grundmann/u.a., FS Hopt 2010, 337 (343 ff.).

547 Ausdrücklich *Hopt/Roth*, Der Aufsichtsrat, § 111 Rn. 579; *Kremer*, in: Kremer/u.a., DCGK, Rn. 1270; *Breuer/Fraune*, in: Heidel, Aktienrecht, § 111 Rn. 29; *Lutter/Krieger/Verse*, Rechte und Pflichten des Aufsichtsrats, 7. Auflage, Rn. 284, 680; auch *Vetter*, AG 2016, 873 (874, Fn. 10), anders aber noch in seinem früheren Aufsatz, AG 2014, 387 (391, 392); *Hirt/Hopt/Mattheus*, AG 2016, 725 (729, 733 f.); *Seibt/Scholz*, AG 2016, 739 (743); *Tüngler*, BOARD 2016, 173 (174); *Hopt*, ECGI Law Working Paper 365/2017, S. 11; *Schick*, WPg 2018, 1379 (1382); unter Rückgriff auf die Leitsätze Developing Shareholder Communication (siehe dazu noch § 9.A.II dieser Untersuchung) *Strampelli*, Virginia Law and Business Review 12.2 (2018), 187 (229); *Holle*, ZIP 2019, 1895 (1897 f.).

Aufsichtsratsmitglieder. Durch einen vorherigen Abgleich der Anforderungsprofile mit den Präferenzen der Kapitalgeber lassen sich frühzeitig Differenzen zwischen der Leistung des Aufsichtsrats und den Markterwartungen an eine angemessene und effektive Interessenvertretung verringern.[548] Gleiches gilt für Informationen des Aufsichtsrats zu den Themen Geschlechtervielfalt, den kulturellen Hintergründen und der Internationalität bei der Aufsichtsratszusammensetzung. Auch kommt es *ex ante* zu einer für das Verhältnis zwischen Aufsichtsrat und Investoren gewichtigen Interessenannäherung über die künftigen Schwerpunkte der Arbeit im Gremium sowie seine strategische Ausrichtung und damit mittelbar über die strategische Ausrichtung des Unternehmens. Nicht zu verwechseln ist damit jedoch ein Gespräch unmittelbar über die strategische Ausrichtung der Gesellschaft, sodass Vorsicht geboten ist.[549] Möglich sind zum anderen Investorengespräche über das Kompetenzprofil des aktuellen Aufsichtsratsgremiums, die teilweise mit Gesprächen über die Binnenorganisation sowie der Überwachungseffizienz des Aufsichtsrats verknüpft sind.[550] In diesen können bspw. Informationen vertieft werden, die in den Lebensläufen der Kandidaten für den Aufsichtsrat sowie den Übersichten über die wesentlichen Tätigkeiten neben der Aufsichtsratstätigkeit bereits offen liegen und im Internet abrufbar sind, vgl. Empfehlung C. 14 DCGK 2020. Ebenso können die Anzahl

---

548 Zum Interesse institutioneller Investoren an der Zusammensetzung des Aufsichtsrats *Bachmann*, AG 2011, 181 (188); vgl. zudem *Schneider*, ZGR 2012, 518 (525); zu der Erwartungshaltung von (ausländischen) institutionellen Investoren mit Blick auf die Aufsichtsratszusammensetzung auch *Langenbucher*, ZGR 2012, 314 (320); *Hirt/Hopt/Mattheus*, AG 2016, 725 (726); von einer „Qualitätsunsicherheit" spricht *Bull*, AR 2016, 82 (83); *Hirt/Viehs*, BOARD 2018, 178 (181) bezeichnen das Thema Besetzung des Aufsichtsrats für institutionelle Investoren als „Schwerpunkt-Thema bei der Governance"; zum Einfluss der Aktionäre auf die Aufsichtsratszusammensetzung *Langenbucher*, in: Dreher/u.a., FS Bergmann 2018, 443 (450); vgl. auch *Hirt*, in: Börsen-Zeitung vom 7. Mai 2010, S. 8; *swa Frankfurt*, in: Börsen-Zeitung vom 16. September 2015, S. 13; auch die Stellungnahme von *BlackRock* im Rahmen des DCGK-Konsultationsverfahrens 2016, S. 4: „In fulfilling our duty to monitor companies, our focus is on the performance and competence of the members of the supervisory board." International hierzu *Tonello/Gatti*, The Conference Board DN-V10N3 (2019), S. 4. Weiterführend *Lieder*, Der Aufsichtsrat im Wandel der Zeit, S. 732, der sich für mehr Transparenz beim Auswahlprozess von Aufsichtsratsmitgliedern ausspricht; für eine Besetzungserklärung mit gesetzlich vorgegebenem Mindestinhalt *Langenbucher*, ZGR 2012, 314 (339 ff.).

549 Hierzu bereits § 4.A.I.1 dieser Untersuchung.

550 Zu Letzterem noch in § 4.A.I.2.c) dieser Untersuchung.

der Mandate und die zur Verfügung stehende Zeit der Aufsichtsratsmitglieder angesprochen werden.[551] Gesprächsthema kann überdies die hinreichende Unabhängigkeit des Aufsichtsrats und seiner Mitglieder sein.[552] Herrschen potenziell Interessenkonflikte vor, darf der Aufsichtsrat – nach interner Prüfung – auch über deren Auftreten sowie den Umgang mit ihnen, im Besonderen also über Konfliktvermeidung und Konfliktbewältigung sprechen.[553] Naheliegend ist in diesem Zusammenhang ebenfalls eine Diskussion darüber, welche zeitliche Sperre für eine *cooling off*-Periode als maßgeblich erachtet wird.[554]

bb) Personalpolitik des Vorstands

Gemäß § 84 Abs. 1 und 3 AktG fallen die Bestellung und Abberufung der Mitglieder des Vorstands in die ausschließliche Aufgabenzuständigkeit des Aufsichtsrats.[555] Wegen der unmittelbaren Zuständigkeit des Aufsichtsrats für die Personalpolitik des Vorstands darf der Aufsichtsrat auch hierüber Investorengespräche führen.[556] Wichtig wird vor allem die Diskussion über

---

551 Die Relevanz dieser Informationen bestätigt Jens Wilhelm im Interview mit *Wadewitz*, in: Börsen-Zeitung vom 7. Februar 2019, S. 13: „Die Zahl der Mandate ist aus Sicht der Investoren ein zentrales Thema. Aufsichtsräte sind ein wichtiges Instrument im System von Checks and Balances. Sie brauchen vor allem eines: genügend Zeit."

552 *Kremer*, in: Kremer/u.a., DCGK, Rn. 1270; *Roth*, ZHR 178 (2014), 638 (665 f.); *Schick*, WPg 2018, 1379 (1382). Vertiefend zum Prinzip der Unabhängigkeit *Langenbucher*, ZGR 2012, 314 (323-325); rechtsvergleichend *Florstedt*, RIW 2014, 719.

553 *Kremer*, in: Kremer/u.a., DCGK, Rn. 1270; *Schick*, WPg 2018, 1379 (1382). Weitergehend zu der Frage, ob und wie man Interessenkollisionen von Aufsichtsratsmitgliedern auflöst, *Seibt*, in: Grundmann/u.a., FS Hopt 2010, 1363 (1369 ff.); *Schneider*, in: Habersack/Hommelhoff, FS Goette 2011, 475 (477 ff.).

554 Vgl. *Roth*, ZHR 178 (2014), 638 (665 f.).

555 Bestellung, Abberufung und Wieder-Bestellung der Vorstandsmitglieder bezeichnet *Bernhardt*, ZHR 159 (1995), 310 (318) als die wichtigste Aufsichtsratsaufgabe; siehe auch *Lutter*, DB 2009, 775 (776): „Herzstück der Aufsichtsratspflichten"; *Theisen*, AR 2017, 75.

556 Dafür auch *Hopt/Roth*, Der Aufsichtsrat, § 111 Rn. 579; *Kremer*, in: Kremer/u.a., DCGK, Rn. 1270; *Breuer/Fraune*, in: Heidel, Aktienrecht, § 111 Rn. 29; *Lutter/Krieger/Verse*, Rechte und Pflichten des Aufsichtsrats, 7. Auflage, Rn. 284; *Fleischer/Bauer/Wansleben*, DB 2015, 360 (364); *Dietlmaier*, BOARD 2015, 181 (182); *Grunewald*, ZIP 2016, 2009 (2010); *Hirt/Hopt/Mattheus*, AG 2016, 725 (734); *Vetter*, AG 2016, 873 (874, Fn. 10); *Tüngler*, BOARD 2016, 173 (174); dazu ebenfalls *Merz*, AR 2017, 1 (4); *Hopt*, ECGI Law Working Paper 365/2017, S. 11; *Schick*, WPg 2018, 1379 (1381 f.); *Strampelli*, Virginia Law and Business Review 12.2 (2018), 187 (229) unter Rückgriff auf die Leitsätze Developing Shareholder Communication (siehe dazu

Anforderungsprofile für künftige Vorstandsmitglieder und Nachfolgeplanungen, weil der Dialog über neu zu berufene Vorstandsmitglieder für die zukünftige strategische Ausrichtung der Aktiengesellschaft wesentlich sein kann.[557] Deswegen besteht in der Regel auch ein hohes Investorenbedürfnis, Anforderungen an und die Gründe für Personalentscheidungen auf Vorstandsebene eingehend erläutert zu bekommen.[558] Wegen der angezeigten Nähe zur Strategie des Unternehmens ist aber erneut Vorsicht geboten. Entscheidet sich der Aufsichtsrat bewusst dafür, den Vorstand nicht umzubesetzen, kann er auch hierüber berichten.[559] Selbstverständlich kann der Aufsichtsrat auch Gründe für das Ausscheiden von Vorstandsmitgliedern bekannt geben. Sie sind schließlich Teil und Folge der Überwachung des Aufsichtsrats. Werden mehrere Vorstandsmitglieder bestellt, kann der Aufsichtsrat gemäß § 84 Abs. 2 AktG ein Vorstandsmitglied zum Vorsitzenden ernennen. Außerdem hat er die Kompetenz, eine Geschäftsordnung für den Vorstand zu erlassen, § 77 Abs. 2 S. 1 AktG, wodurch er Verfahrensabläufe bei der Organisation der Vorstandstätigkeit bestimmen kann. Dementsprechend kann der Aufsichtsrat Investoren im Gespräch auch darüber informieren, welche Ressorts – ggf. neue – Vorstandsmitglieder im Gesamtvorstand übernehmen sollen.[560]

cc) Schwierigkeiten bei der Kommunikation über Personalfragen

Auch wenn der Aufsichtsrat unter Berücksichtigung seiner Annexkompetenz über Personalentscheidungen sprechen darf, erfordert die Kommunikation hierüber eine ausreichende rechtliche Kenntnis und ein besonderes Kommunikationsgeschick.[561] Eine besonders strenge rechtliche Grenze setzt in diesem Bereich das Insiderrecht, wonach vor allem die unrechtmäßige Weitergabe von Insiderinformationen untersagt ist.[562] Die hier im Einzelnen zu beachtenden Anforderungen

---

noch § 9.A.II dieser Untersuchung); *Holle*, ZIP 2019, 1895 (1898); *Thomas/Wüllner*, in: hv-magazin 04/2017, 18 (19).

557 Vgl. bereits oben in Fn. 473 sowie 474 dieser Untersuchung.

558 *Schick*, WPg 2018, 1379 (1381 f.).

559 Vgl. für den Bericht des Aufsichtsrats in der Hauptversammlung und zumindest bei wirtschaftlichen Schwierigkeiten der Gesellschaft OLG Stuttgart, NZG 2006, 472 (475).

560 *Dietlmaier*, BOARD 2015, 181 (182); *Schick*, WPg 2018, 1379 (1382); *Holle*, ZIP 2019, 1895 (1898).

561 Nachdrücklich *Bortenlänger*, BOARD 2014, 71 (72).

562 *Bortenlänger*, BOARD 2014, 71 (72) prägnant mit ihrer Zwischenüberschrift „**Personalfragen sind heikel**"; so auch *Vetter*, AG 2014, 387 (393).

sollen im weiteren Verlauf der Untersuchung noch näher betrachtet werden.[563] Bereits hier ist jedoch zu betonen, dass Personalthemen – bspw. ein Wechsel im Vorstand oder im Aufsichtsrat – wegen ihrer strategischen Relevanz für die Zukunftsentwicklung des Unternehmens nicht selten als Insiderinformationen einzuordnen sind.[564] Besondere Aufmerksamkeit verdienen auch gestreckte Abläufe. Zieht sich etwa das Ausscheiden eines Vorstandsmitglieds von der ersten Rücktrittsüberlegung bis zur Ansprache des Aufsichtsratsvorsitzenden, der Besprechung im Präsidialausschuss und anschließender Zustimmung des Aufsichtsrats über einen längeren Zeitraum hin, so kann grundsätzlich jedem dieser Zwischenschritte Insiderqualität zukommen.[565]

Da es sich bei Personalfragen in der Regel um Interna des Aufsichtsrats und daher vertrauliche Informationen oder ein Geschäftsgeheimnis des Unternehmens handeln wird, über das grundsätzlich Stillschweigen zu bewahren ist, wird der Aufsichtsratsdialog darüber zudem mit Blick auf die Gremienvertraulichkeit gefährlich. Der Aufsichtsrat ist aktienrechtlich jedenfalls gemäß §§ 116 S. 1 i.V.m. 93 Abs. 1 S. 3 AktG verpflichtet, über sämtliche Geheimnisse und sonstige vertraulichen Angaben Stillschweigen zu bewahren. Darüber hinaus wurde seine Pflicht zur Verschwiegenheit über vertrauliche Berichte und Beratungen in § 116 S. 2 AktG rechtlich positiv und ausdrücklich klargestellt.

---

563 Zur Schranke des Insiderrechts noch ausführlich in § 4.B.III.2 dieser Untersuchung.

564 *BaFin*, Emittentenleitfaden 2019, S. 19 f.; zuvor bereits *BaFin*, Emittentenleitfaden 2013, S. 35, 57; *Koch*, AG 2017, 129 (140) mit den folgenden Beispielen: Der Wechsel von Kasper Rorstedt von der Henkel AG & Co. KGaA zur adidas AG hat zu einem Kurssturz von 5% bei der Henkel AG & Co. KGaA, zu einem Kurssprung bei der adidas AG von 12% geführt, die Amtsaufgabe von Jürgen Schrempp bei der Daimler AG ergab einen Kurssprung von 10%, die Amtsaufgabe von Anshu Jain bei der Deutschen Bank AG führte zu einem Kurssprung von 8%, die Amtsaufgabe von Martin Winterkorn bei der Volkswagen AG zu einem Kurssprung von 5%; *Holle*, ZIP 2019, 1895 (1898); *Merkner/Sustmann/Retsch*, AG 2019, 621 (626 f.); vertiefend *Seibt/Danwerth*, NZG 2019, 121.

565 Vgl. Art. 7 Abs. 3 MMVO. Hierfür auch EuGH, ZIP 2012, 1282. Darüber hinaus *BaFin*, Emittentenleitfaden 2019, S. 13 f., 20; *Spindler*, in: MüKo-AktG, § 93 Rn. 140; ausführlich *Bachmann*, DB 2012, 2206; *Ihrig/Kranz*, BB 2013, 451 (451); *Drinhausen/Marsch-Barner*, AG 2014, 337 (348); *Seibt/Danwerth*, NZG 2019, 121 (123 f.). Kritisch wegen der Beeinträchtigung der Arbeit des Aufsichtsratsvorsitzenden *Merkner/Sustmann/Retsch*, AG 2019, 621 (627).

Auch die damit verbundenen Grenzen sollen im weiteren Verlauf dieser Untersuchung noch genauer untersucht werden.[566]

Schließlich ist zu berücksichtigen, dass im Interesse des Unternehmens, aber auch, um die betroffenen Personen nicht zu schädigen, konkrete Amtsinhaber oder einzelne Kandidatenvorschläge grundsätzlich nicht zum Gegenstand der Diskussion werden sollten.[567] Investorengesprächen sollten daher vor allem Prozesse und allgemeinen Fragen zu Personalentscheidungen ohne den Bezug zu konkreten Personen thematisieren. Problematisch ist es deshalb, wenn in der Realität „am konkreten Beispiel diskutiert“[568] wird oder sich aus Investorengesprächen weiterführende Rückschlüsse auf aktuelle Ressortinhaber und deren aktuelle oder zukünftige Stellung innerhalb der Gesellschaft ziehen lassen.[569] Des Weiteren ist in Gesprächen über zukünftige Personalia das Veröffentlichen eines zu detailliertes Suchprofils gefährlich, da der Aufsichtsrat sich dadurch erheblich einschränkt.[570] *Bachmann* empfiehlt Aufsichtsräten deshalb den „Empfängermodus“, mit dem Investorenwünsche aufgenommen werden können, ohne sich selbst durch eine zu frühe Stellungnahme zu binden.[571] In der Literatur wird darüber hinaus betont, dass Investoren dem Aufsichtsrat keine konkreten Kandidaten vorschlagen sollen.[572]

---

566 Zur Verschwiegenheitspflicht der Aufsichtsratsmitglieder noch vertiefend in § 4.A.III und § 4.B.I dieser Untersuchung.

567 So auch *Hopt/Roth*, Der Aufsichtsrat, § 111 Rn. 579; *Noerr/Hering Schuppener/v. Werder*, Rolle des Aufsichtsrats in der Krisenkommunikation, S. 14; *Bortenlänger*, BOARD 2014, 71 (72); *Hirt/Hopt/Mattheus*, AG 2016, 725 (729); *Schick*, WPg 2018, 1379 (1382); *Schoppen*, in: Börsen-Zeitung vom 24. Januar 2019, S. 9. Vgl. auch die Leitsätze des privaten Expertenkreises Developing Shareholder Communication, dazu noch § 9.A.II dieser Untersuchung.

568 *Student*, in: manager magazin, November 2016, S. 64 mit dem Zitat eines Anwalts.

569 Vgl. auch *Bachmann*, in: VGR, Gesellschaftsrecht 2016, 135 (175): „Dass Personalien in derartigen Gesprächen gar nicht erwähnt werden, ist jedenfalls kaum vorstellbar.“; *DAV-Handelsrechtsausschuss*, NZG 2017, 57 (59); ausführlich dazu auch die Stellungnahme von *Linklaters* im DCGK-Konsultationsverfahren 2016, S. 5.

570 So *Bortenlänger*, BOARD 2014, 71 (72).

571 *Bachmann*, in: VGR, Gesellschaftsrecht 2016, 135 (175).

572 *Noerr/Hering Schuppener/v. Werder*, Rolle des Aufsichtsrats in der Krisenkommunikation, S. 14 m.w.N.; *Bortenlänger*, BOARD 2014, 71 (72). Dagegen betont Dr. Hans-Christoph Hirt mit Blick auf die Praxis im Interview mit *Döring*, in: Börsen-Zeitung vom 6. Juli 2016, S. 9, dass es in Gesprächen mit dem Aufsichtsrat nicht darum geht, eigene Kandidaten in Aufsichtsräten zu platzieren.

b) Vergütungsentscheidungen

Möglich ist für Aufsichtsräte ebenfalls die Kommunikation über Vergütungsentscheidungen. Auch die hiermit verbundenen Themen sind aufsichtsratsspezifisch und können ohne größere Schwierigkeiten der Annexkompetenz des Aufsichtsrats zum Dialog mit Investoren zugeordnet werden.[573]

aa) Aufsichtsratsvergütung

Die Aufsichtsratsvergütung wird durch Satzung festgesetzt oder durch Beschluss der Hauptversammlung gebilligt, § 113 Abs. 1 AktG. Die Vergütung der Aufsichtsratsmitglieder ist außerdem mindestens alle vier Jahre von der Hauptversammlung zu billigen, § 113 Abs. 3 AktG. Die Vergütung der Mitglieder des Aufsichtsrats ist dennoch eine *genuine*, die allein den Aufsichtsrat betrifft, sodass auch sie in Investorengesprächen thematisiert werden darf.[574] Bedenken bestehen dagegen insoweit, weil der gesamte Aufsichtsrat bei diesem Thema selbst betroffen ist, was unbefangene Informationsweitergaben durch ihn und deren Glaubwürdigkeit beeinträchtigt. Weil die Aufsichtsratsvergütung jedoch nicht annähernd an das Zahlenniveau der Vorstandsvergütung reicht, ist die Diskussion hierüber regelmäßig nicht erheblich. Diskussionsbedarf wird sich wohl nur bei einer grundlegenden Änderung der Vergütungspolitik des Aufsichtsrats ergeben.

bb) Vergütung des Vorstands

Die Entscheidung über die Vergütung des Vorstands ist eine originäre Sachkompetenz des Aufsichtsrats, § 87 Abs. 1 AktG. Der Aufsichtsrat darf im Investorendialog also etwa über Gehalt, Gewinnbeteiligungen, Aufwandsentschädigungen, Versicherungsentgelte, Provisionen, anreizorientierte Vergütungszusagen und Nebenleistungen jeder Art sowie die Struktur und Gewichtung

---

573 Statt vieler *Habersack*, in: MüKo-AktG, § 116 Rn. 67. Deutlich zurückhaltender ist erneut *Spindler*, in: Bergmann/Hoffmann-Becking/Noack, FS Seibert 2019, 855 (861), weil auch durch Gespräche über das Vergütungssystem Rückschlüsse auf strategische Entscheidungen und die Gewichtung bestimmter Sektoren und Geschäftsfelder gezogen werden könnten.

574 Hierzu *Lutter/Krieger/Verse*, Rechte und Pflichten des Aufsichtsrats, 7. Auflage, Rn. 680; *Hirt/Hopt/Mattheus*, AG 2016, 725 (733); *Hopt*, ECGI Law Working Paper 365/2017, S. 11; *Strampelli*, Virginia Law and Business Review 12.2 (2018), 187 (229) unter Rückgriff auf die Leitsätze Developing Shareholder Communication (zu diesen noch in § 9.A.II dieser Untersuchung); *Holle*, ZIP 2019, 1895 (1897 f.).

der unterschiedlichen Bestandteile als Maßnahme zur Incentivierung der Vorstandsmitglieder sprechen.[575] Außerdem geht es um die Angemessenheit der Vorstandsvergütung vor allem anhand der Vorgaben gemäß § 87 Abs. 1 AktG. Darüber hinaus soll der Aufsichtsrat gemäß § 87 Abs. 2 S. 1 AktG bei einer eintretenden Verschlechterung der Lage der Gesellschaft die Bezüge der Vorstandsmitglieder herabsetzen. Auch hierüber darf der Aufsichtsrat also in Investorengesprächen Auskünfte erteilen. Im Investorengespräch können zudem Informationen über die Vorstandsvergütung erläutert werden, die Unternehmen seit Inkrafttreten des ARUG II am 1. Januar 2020 im Rahmen der neu eingeführten Pflichtpublizität veröffentlichen müssen. Zum einen geht es um die abstrakte Vergütungspolitik gemäß § 87a Abs. 1 AktG, d.h. das System der Vorstandsvergütung, das gemäß § 120a Abs. 2 AktG auf der Internetseite des Unternehmens zur Verfügung gestellt werden muss. Zum anderen geht es um Erläuterungen zum jährlichen Vergütungsbericht gemäß § 162 Abs. 1 S. 1 AktG, der die jedem einzelnen gegenwärtigen und früheren Mitglied der Verwaltung gewährte oder geschuldete Höhe der Vergütung enthält und ebenfalls öffentlich zugänglich zu machen ist, § 162 Abs. 4 AktG. Obwohl diese schriftlichen Unternehmensinformationen bereits ein hohes Transparenzniveau gewährleisten, ist nicht davon auszugehen, dass ein darüber hinausgehender Gesprächsbedarf zwischen Aufsichtsräten und Aktionären obsolet wird.[576] Zum einen wird das weitreichende Informationsbedürfnis der Aktionäre durch Pflichtangaben des Unternehmen nicht gänzlich befriedigt werden können. Zum anderen ist die abstrakte Vergütungspolitik gemäß § 120a Abs. 1 AktG zukünftig bei jeder Änderung, spätestens aber alle vier Jahre, von der Hauptversammlung durch ein empfehlendes Votum erneut zu billigen. Der Vergütungsbericht ist sogar jedes Jahr zu billigen, § 120a Abs. 4 AktG. Die Vorstandsvergütung avanciert also zu

---

575 Dafür auch *Hopt/Roth*, Der Aufsichtsrat, § 111 Rn. 579; *Breuer/Fraune*, in: Heidel, Aktienrecht, § 111 Rn. 29; *Fleischer/Bauer/Wansleben*, DB 2015, 360 (364); *Hirt/Hopt/Mattheus*, AG 2016, 725 (734); *Speich*, BOARD 2015, 193 (195); *Tüngler*, BOARD 2016, 173 (174); *Hopt*, ECGI Law Working Paper 365/2017, S. 11; *Schick*, WPg 2018, 1379 (1382); vgl. unter Rückgriff auf die Leitsätze Developing Shareholder Communication (siehe noch § 9.A.II dieser Untersuchung) *Strampelli*, Virginia Law and Business Review 12.2 (2018), 187 (229); *Holle*, ZIP 2019, 1895 (1898); *Thomas/Wüllner*, in: hv-magazin 04/2017, 18 (19).

576 *Noerr/Hering Schuppener/v. Werder*, Rolle des Aufsichtsrats in der Krisenkommunikation, S. 14. Vgl. für die USA *Fairfax*, University of Illinois Law Review 2013, 821 (844 f.), die betont, dass schriftliche Unternehmensinformationen einen konstruktiven Investorendialog ergänzen, aber nicht ersetzen können.

einem jährlich wiederkehrenden Top-Thema auf Hauptversammlungen, was für den Aufsichtsrat automatisch zu Gesprächsbedarf mit wichtigen Aktionären führt.[577] Insgesamt hat der Aufsichtsrat aber auch bei der Kommunikation über die Vergütung des Vorstands im Außenverhältnis darauf zu achten, nicht „quasi durch die Hintertür" die Strategie der Aktiengesellschaft zu erläutern und damit seine (Kommunikations-)Kompetenzen zu überschreiten.[578]

c) Innere Organisation des Aufsichtsrats

Eindeutig aufsichtsratsspezifisch sind drittens Informationen über die Selbst- und Binnenorganisation im Aufsichtsrat, sodass Investorengespräche auch darüber geführt werden dürfen.[579] Die Investorenkommunikation kann sich dafür im Grunde an der Reichweite der Informationen im Aufsichtsratsbericht an die Hauptversammlung gemäß § 171 Abs. 2 AktG orientieren. Inhaltlich könnte ein Schwerpunkt auf die Sitzungszahl, die Ausschüsse des Aufsichtsrats sowie deren Mitglieder und Sitzungszahl gesetzt werden, weil gemäß § 171 Abs. 2 S. 2 AktG ausdrücklich vorgesehen ist, Aktionäre hierüber zu informieren.[580] Auch wird wesentlich sein, im Investorengespräch über die Ausschussbildung, vgl. § 107 Abs. 3 AktG, zu sprechen.[581] Wichtig ist in diesem Zusammenhang, welche Ausschüsse gebildet worden sind und welche Inhalte deren Aufgabenbereich umfasst. Weitergehend könnten Investorengespräche sämtliche Informationen über die Selbstorganisation des Aufsichtsrats aufgreifen. Das umfasst z.B. die in der Geschäftsordnung für den Aufsichtsrat getroffenen Regelungen.

---

577 Zu Ersterem *hkp/// group/Georg-August-Universität Göttingen/DIRK*, Vorstandsvergütung als Herausforderung, S. 2. Zu Letzterem bereits § 3.C.II.1.a) dieser Untersuchung.

578 Entsprechendes gilt auch bei der internen Willensbildung des Aufsichtsrats zu Festlegung und Gewichtung der Leistungsanreize für den Vorstand, vgl. bereits Fn. 472 dieser Untersuchung. Deutlich zurückhaltender deshalb *Spindler*, in: Bergmann/Hoffmann-Becking/Noack, FS Seibert 2019, 855 (861).

579 Hierfür *Lutter/Krieger/Verse*, Rechte und Pflichten des Aufsichtsrats, 7. Auflage, Rn. 284; *Hirt/Hopt/Mattheus*, AG 2016, 725 (734); *Strampelli*, Virginia Law and Business Review 12.2 (2018), 187 (229) unter Rückgriff auf die Leitsätze Developing Shareholder Communication (siehe auch § 9.A.II dieser Untersuchung); *Holle*, ZIP 2019, 1895 (1898); *Spindler*, in: Bergmann/Hoffmann-Becking/Noack, FS Seibert 2019, 855 (867); *Thomas/Wüllner*, in: hv-magazin 04/2017, 18 (19).

580 Zur Widergabe organisatorischer Informationen im Aufsichtsratsbericht bspw. *Vetter*, ZIP 2006, 257 (260); *Liese/Theusinger*, BB 2007, 2528 (2531).

581 Dafür *Grunewald*, ZIP 2016, 2009 (2011); *Holle*, ZIP 2019, 1895 (1898). Grundlegend zur Ausschussbildung im Aufsichtsrat *Roth*, ZGR 2012, 343 (353 ff.).

Gesprächsthema können auch etwa Überlegungen des Aufsichtsrats beim Prozess der Effizienzprüfung und Selbstevaluation und ihre wesentlichen Ergebnisse sein, was ein erheblicher Vertrauensfaktor für Kapitalgeber sein kann.[582] Ohnehin wird darüber im Bericht an die Hauptversammlung zu berichten sein.[583]

d) Kompetenzielle Gratwanderung in Zwischenbereichen

Im Gegensatz zu den drei vorgenannten Fallgruppen ist es in allen weiteren Fällen schwieriger, eine eindeutige Trennlinie zwischen vorstands- und aufsichtsratsspezifischen Gesprächsinhalten zu ziehen. Mangels klarer Grenzen ist für Aufsichtsräte hier die Gefahr deutlich größer, die primäre Vorstandszuständigkeit im Bereich der Investor Relations zu verletzen.[584] Im Folgenden werden die kritischen Fälle benannt und vermeidbare Fehler bei der Vorbereitung und Ausgestaltung von Investorengesprächen über diese Themen ausgeleuchtet, um diese in eine rechtssichere bzw. möglichst rechtssichere Form zu bringen.

aa) Kontrolltätigkeit des Aufsichtsrats

Zu den Kernkompetenzen des Aufsichtsrats gehört die Überwachung des Vorstandshandelns, vgl. § 111 Abs. 1 AktG. Bilaterale Investorengespräche können sich im Rahmen der Annexkompetenz somit im Grunde auch auf die Kontrollrolle des Aufsichtsrats und auf seine Tätigkeiten und Maßnahmen als Überwachungsorgan beziehen, d.h. vor allem auf die von ihm ausgeübten Überwachungsprozesse hinsichtlich Rechtmäßigkeit, Ordnungsmäßigkeit, Zweckmäßigkeit und Wirtschaftlichkeit des – ggf. konzernweiten – Vorstandshandelns.[585] Die umfassende Überwachungsverantwortung des Aufsichtsrats über sämtliches Vorstandshandeln im Innenverhältnis mahnt bei der Kommunikation

---

582 Siehe hierzu *Klose*, in: Grundei/Zaumseil, Der Aufsichtsrat, 331 (342); *Grunewald*, ZIP 2016, 2009 (2011); *Strampelli*, Virginia Law and Business Review 12.2 (2018), 187 (229) mit Verweis auf die Leitsätze Developing Shareholder Communication (dazu noch § 9.A.II dieser Untersuchung); *Holle*, ZIP 2019, 1895 (1898). Die Bedeutung der Effizienzsteigerung des Aufsichtsrats für den US-amerikanische Fonds CalPERS betonte bereits *Davies*, ZGR 2001, 268 (292). Vertiefend zur Effizienzprüfung des Aufsichtsrats *Semler*, in: Damm/Heermann/Veil, FS Raiser 2005, 399.

583 Statt vieler *Hennrichs/Pöschke*, in: MüKo-AktG, § 171 Rn. 201 ff.

584 Vgl. *Döring*, in: Börsen-Zeitung vom 6. Juli 2016, S. 1: „Es ist eine Gratwanderung, auf die Aufsichtsräte sich in Deutschland begeben, wenn sie den direkten Dialog mit Aktionären pflegen."

585 So auch *Hopt/Roth*, Der Aufsichtsrat, § 111 Rn. 579; *Hirt/Hopt/Mattheus*, AG 2016, 725 (734).

nach außen jedoch zu Vorsicht. Jedenfalls kann es nicht richtig sein, dass der Aufsichtsrat damit für nahezu jedes Thema zum Investorendialog befugt ist.[586] Zu Recht wird deshalb eine besondere Zurückhaltung vom Aufsichtsrat bei der Kommunikation mit Investoren über seine Kontrolltätigkeit gefordert.[587] Um die Bereichsgrenzen zwischen Überwachung und Geschäftsführung zu präzisieren, eignet sich zum einen, zwischen der vergangenheitsbezogenen Kontrolle des Aufsichtsrats und der laufenden bzw. präventiven Überwachungstätigkeit mit einer *ex ante*-Sichtweise zu trennen. Weit weniger problematisch ist es, wenn der Aufsichtsrat über erstere im Investorendialog berichtet. Informationsweitergaben über laufende oder präventiv wirkende Überwachungstätigkeiten des Aufsichtsrats begegnen hingegen größeren Bedenken, weil sie wie ein Spiegel konkrete Rückschlüsse auf die laufende oder künftige Vorstandsarbeit zulassen können.[588] Zum anderen bietet die Reichweite des Berichts des Aufsichtsrats an die Hauptversammlung gemäß § 171 Abs. 2 AktG einen hilfreichen Gradmesser zu der Frage, über welche konkreten Inhalte der Aufsichtsrat mit Blick auf seine Überwachungsaufgabe berichten darf.[589] Folgt man dem, darf der Aufsichtsrat über die nachstehenden Themen im Investorengespräch sprechen.

---

586 Davor warnt auch *Vetter*, AG 2016, 873 (876); *Grunewald*, ZIP 2016, 2009 (2011); auch *Koch*, AG 2017, 129 (132) mit Bedenken; *VGR*, AG 2017, 1 (4); *Holle*, ZIP 2019, 1895 (1898); *Thomas/Wüllner*, in: hv-magazin 04/2017, 18 (18 f.).

587 *Vetter*, in: Marsch-Barner/Schäfer, Hdb. börsennotierte AG, Rn. 27.10a; *Bachmann*, in: VGR, Gesellschaftsrecht 2016, 135 (175); *Vetter*, AG 2016, 873 (876); *Grunewald*, ZIP 2016, 2009 (2011). Deutlich großzügiger *Hopt/Roth*, Der Aufsichtsrat, § 111 Rn. 579: „Zurückhaltung wird bei Fragen der Geschäftsführung und Unternehmensleitung angemahnt, vor allem aber in Fragen der Strategie und Produktplanung, bei laufenden Gerichtsverfahren und behördlichen Ermittlungen in der Öffentlichkeit. Jedoch erstreckt sich die Beratungs- und Überwachungsaufgabe des Aufsichtsrats auch darauf, und im Einzelfall kann es das Unternehmensinteresse durchaus erfordern, dass der Aufsichtsrat sich dazu äußert." Deutlich restriktiver ist *Spindler*, in: Spindler/Stilz, AktG, § 107 Rn. 40; *Spindler*, in: MüKo-AktG, § 76 Rn. 25: „Hingegen darf die Überwachung des Vorstands nicht Thema der informellen Gespräche mit den Investoren sein, da dieses die Außendarstellung der Gesellschaft als Leitungsaufgabe des Vorstands beträfe."; auch *Spindler*, in: Bergmann/Hoffmann-Becking/Noack, FS Seibert 2019, 855 (866 f.).

588 *DAV-Handelsrechtsausschuss*, NZG 2017, 57 (59); dazu auch die Stellungnahme von *Linklaters* im DCGK-Konsultationsverfahren 2016, S. 5.

589 Zu den Inhalten des Aufsichtsratsberichts näher *Hennrichs/Pöschke*, in: MüKo-AktG, § 171 Rn. 187 ff., insbesondere Rn. 194; *Lutter/Krieger/Verse*, Rechte und Pflichten des Aufsichtsrats, 7. Auflage, Rn. 562 ff.; *Vetter*, ZIP 2006, 257 (258 ff.); zu den normativen Vorgaben, der Berichtstiefe und inhaltlichen Schwerpunkten von

(1) Prüfung der Abschlussunterlagen

Grundlage für Gespräche des Aufsichtsrats mit Investoren kann zunächst etwa Art und Umfang der aufsichtsratseigenen Prüfung von Jahresabschluss und ggf. Konzernabschluss gemäß § 171 Abs. 1 S. 1 AktG sein.[590] Diese Dokumente sind vom Vorstand unverzüglich nach deren Aufstellung dem Aufsichtsrat zur Prüfung vorzulegen, § 170 Abs. 1 AktG. Der Aufsichtsrat hat im Ergebnis zu entscheiden, ob er den aufgestellten Jahres- bzw. Konzernjahresabschluss billigt. Darüber hat er sich gegenüber der Hauptversammlung unter Angabe von Gründen schriftlich zu erklären, § 171 Abs. 2 S. 4 AktG. Insoweit darf er also auch gegenüber Investoren im Investorengespräch kommunizieren.

Auch erhält der Aufsichtsrat gemäß § 321 Abs. 5 HGB die Berichte des Abschlussprüfers und ggf. des Konzernabschlussprüfers. Wird der Aufsichtsrat auf Unrichtigkeiten, auf Verstöße gegen Gesetz oder Satzung oder auf Bestandsgefährdung hingewiesen, vgl. § 321 Abs. 1 S. 3 HGB, hat das Kontrollorgan diesen intensiv(er) nachzugehen. Der Aufsichtsrat darf im Investorengespräch dazu insoweit Stellung beziehen, dass er das Ergebnis der Prüfung durch den Abschlussprüfer und etwaige Hinweise aufgenommen und diese – etwa in Erörterung mit dem Abschlussprüfer oder dem Vorstand – angemessen berücksichtigt hat. Der konkrete Inhalt des fraglichen Prüfungsberichts ist jedoch nicht zu besprechen, weil dieser gerade nicht öffentlich ist.[591]

Gemäß § 171 Abs. 1 S. 1 AktG trifft den Aufsichtsrat außerdem die Pflicht zur Prüfung von Lagebericht und ggf. Konzernlagebericht, nachdem sie vom Vorstand vorgelegt wurden, § 170 Abs. 1 AktG. Auch hierüber ist der Hauptversammlung zu berichten, § 171 Abs. 2 S. 1 AktG. Neben der Vollständigkeit dieser Berichte, §§ 289, 315 HGB, hat der Aufsichtsrat zu prüfen, ob seine Einschätzung der Lage von Gesellschaft und Konzern mit der des Vorstands ganz, teilweise oder überhaupt nicht übereinstimmt.[592] Insoweit ist der Aufsichtsrat – vorbehaltlich der weiteren Schranken zur Investorenkommunikation – auch im Investorengespräch auskunftsberechtigt. Auch hat der Aufsichtsrat gemäß

Aufsichtsratsberichten zudem *Liese/Theusinger*, BB 2007, 2528 (2530 ff.); ausführlich *Lutter*, AG 2008, 1; *Sünner*, AG 2008, 411; siehe auch *Gernoth/Wernicke*, NZG 2010, 531 (532); *Marsch-Barner*, in: Habersack/Huber/Spindler, FS Stilz 2014, 397 (399 ff.).

590 Gleiches gilt selbstverständlich für die Prüfung eines Einzelabschlusses im Sinne von § 325 Abs. 2a HGB, wenn ein solcher offengelegt wird, vgl. § 171 Abs. 4 AktG.

591 Bezogen auf den Bericht des Aufsichtsrats an die Hauptversammlung *Vetter*, ZIP 2006, 257 (259); *Liese/Theusinger*, BB 2007, 2528 82531); *Lutter*, AG 2008, 1 (4).

592 Siehe nur *Lutter*, AG 2008, 1 (5).

§ 171 Abs. 1 S. 1 AktG die nicht-finanzielle Erklärung als Teil des Lageberichts, vgl. § 289b Abs. 1 HGB bzw. § 315b Abs. 1 HGB, zu prüfen. Darüber hinaus verpflichtet ihn § 171 Abs. 1 S. 4 AktG zu einer Prüfung, wenn ein gesonderter nichtfinanzieller Berichts außerhalb des Lageberichts gemäß § 289b Abs. 3 HGB bzw. § 315b Abs. 3 HGB erstellt wurde.[593] Über das Ergebnis, die Art und den Umfang seiner eigenen Prüfungen darf der Aufsichtsrat deshalb nicht nur im Bericht an die Hauptversammlung,[594] sondern auch im Investorendialog berichten.

Überdies kann der Aufsichtsrat mit Investoren über die eigene Prüfung des Dividendenvorschlags des Vorstands, § 171 Abs. 1 S. 1 AktG, sprechen. Diesen hat der Vorstand zuvor dem Aufsichtsrat vorzulegen, vgl. § 170 Abs. 2 AktG. Das Ergebnis der Prüfung ist schließlich auch der Hauptversammlung mitzuteilen, § 171 Abs. 2 S. 1 AktG. Auch hier geht es aber nur um Art und Umfang der eigenen Prüfung. Nicht missverstanden werden darf deshalb, dass der Aufsichtsrat im Investorengespräch umfassend zu allen finanzpolitischen Themen des Unternehmens – etwa zu Liquidität der Gesellschaft oder zur Finanz- oder Investitionsplanung – Stellung beziehen darf, obwohl er sich im Rahmen seiner Prüfpflicht mit diesen Themen im Innenverhältnis durchaus beschäftigen wird, um zu einer ordnungsgemäßen Entscheidung zu gelangen.[595]

Eine Prüfpflicht des Aufsichtsrats existiert ferner gemäß § 314 AktG für den ggf. jährlich aufzustellenden Abhängigkeitsbericht des Vorstands gemäß § 312 AktG und des entsprechenden Prüfungsberichts des Abschlussprüfers gemäß § 313 AktG, wenn die vom Aufsichtsrat zu überwachende Gesellschaft gemäß § 17 AktG von einem anderen Unternehmen abhängig ist. Über das Ergebnis sowie Art und Umfang seiner Prüfung darf der Aufsichtsrat – ähnlich wie bei Jahresabschluss und Konzernabschluss – mit Investoren kommunizieren, weil er gemäß § 314 Abs. 2 AktG darüber auch der Hauptversammlung zu berichten hat.[596]

---

593 Zur Prüfung der CSR-Berichterstattung bereits Fn. 519 dieser Untersuchung.

594 Näher zum Bericht des Aufsichtsrats gemäß § 171 Abs. 2 AktG hinsichtlich der CSR-Berichterstattung *Hennrichs/Pöschke*, in: MüKo-AktG, § 171 Rn. 204a; *Vetter*, in: Bergmann/Hoffmann-Becking/Noack, FS Seibert 2019, 1007 (1016 ff.).

595 Näher zur Kommunikation über Aspekte der Unternehmensfinanzierung noch in § 4.A.I.2.d)dd) dieser Untersuchung.

596 Zur Berichtspflicht gegenüber der Hauptversammlung bspw. *Vetter*, in: Henssler/Strohn, Gesellschaftsrecht, AktG, § 171 Rn. 11.

(2) Prüfung der Abschlussprüferdokumente und Zusammenarbeit

Der Aufsichtsrat hat auch die Dokumente des Abschlussprüfers zu prüfen und über das Ergebnis der Prüfung zu berichten, vgl. § 171 Abs. 2 S. 2 AktG.[597] Dass eine eigenständige Prüfung erfolgt ist, wie sorgfältig das geschehen ist und welche Erkenntnisse der Aufsichtsrat daraus gewonnen hat, kann also auch in Investorengespräch thematisiert werden. Möglich ist auch eine Stellungnahme dazu, ob die Berichte den gesetzlichen Anforderungen aus §§ 317, 321 HGB entsprechen. Naheliegend und rechtlich zulässig ist in diesem Zusammenhang auch ein Gespräch über die konkrete Zusammenarbeit mit dem Abschlussprüfer bzw. Konzernabschlussprüfer, dem der Aufsichtsrat gemäß § 111 Abs. 2 S. 3 AktG den Prüfungsauftrag erteilt.[598] Maßgebend sind mit Blick auf die Qualität des Abschlussprüfers zunächst das jeweilige Auswahlverfahren, die diesem zugrunde liegenden Auswahlkriterien sowie Entscheidungsgründe, die den Aufsichtsrat zu seinem Wahlvorschlag an die Hauptversammlung, § 124 Abs. 3 S. 1 AktG, bewogen haben.[599] Wesentlich sind auch individuell mit dem Abschlussprüfer vereinbarte Prüfschwerpunkte und Berichtspflichten, die zusätzlich zu dem im Gesetz festgelegten Auftragsinhalt gemäß § 317 HGB vereinbart wurden.[600]

(3) Wahrnehmung von Überwachungsaufgaben

§ 171 Abs. 2 S. 2 AktG verlangt vom Aufsichtsrat im Bericht an die Hauptversammlung einen Rechenschaftsbericht über die Erfüllung seiner eigenen Pflicht zur Überwachung des Vorstands gemäß § 111 Abs. 1 AktG.[601] Der Aufsichtsrat

---

597 *Lutter*, AG 2008, 1 (4) bezeichnet den Aufsichtsrat deshalb als den ersten Kontrolleur der Arbeit des Abschlussprüfers.

598 Siehe *Breuer/Fraune*, in: Heidel, Aktienrecht, § 111 Rn. 29; *Vetter*, AG 2016, 873 (874, Fn. 10), der damit die Formulierungen in einem früheren Aufsatz (AG 2014, 387 (391, 392)) als zu pauschal und missverständlich revidiert; *Holle*, ZIP 2019, 1895 (1898). Weitergehend zur Zusammenarbeit zwischen Abschlussprüfer und Aufsichtsrat *Vetter*, in: Fleischer/u.a., 50 Jahre Aktiengesetz, 103 (126 ff.); *Hennrichs*, in: Erle/u.a., FS Hommelhoff 2012, 383 (386 ff.); *Hommelhoff*, in: Krieger/Lutter/Schmidt, FS Hoffmann-Becking 2013, 547 (550 ff.).

599 Auch *Spindler*, in: Bergmann/Hoffmann-Becking/Noack, FS Seibert 2019, 855 (867); *Thomas/Wüllner*, in: hv-magazin 04/2017, 18 (19).

600 Vgl. *Lutter*, AG 2008, 1 (9) für den schriftlichen Bericht des Aufsichtsrats.

601 Zu dieser Pflicht im Bericht an die Hauptversammlung *Hennrichs/Pöschke*, in: MüKo-AktG, § 171 Rn. 193 ff.; *Lutter/Krieger/Verse*, Rechte und Pflichten des Aufsichtsrats, 7. Auflage, Rn. 566 ff.; *Vetter*, ZIP 2006, 257 (259); *Liese/Theusinger*, BB 2007, 2528 (2531); *Lutter*, AG 2008, 1 (5); speziell zur Berichtspflicht bei besonderen

darf im Grundsatz also auch im Investorengespräch darüber sprechen, in welcher Art und in welchem Umfang er die Geschäftsführung der Gesellschaft während des Geschäftsjahrs geprüft hat. Insoweit geht es aber nur um seine Tätigkeiten und Maßnahmen.[602] Der Aufsichtsrat kann Investoren im Dialog deshalb etwa darüber unterrichten, ob und inwieweit der Vorstand seinen Informationspflichten aus § 90 AktG oder der jeweiligen Geschäftsordnung gegenüber dem Kontrollorgan nachgekommen ist. Sprechen kann der Aufsichtsrat auch darüber, ob Zusatzberichte angefordert werden mussten. Darüber hinaus wäre als Gesprächsthema zulässig, ob der Aufsichtsrat von seinem Einsichtsrecht gemäß § 111 Abs. 2 AktG Gebrauch machen musste. Bekräftigen kann der Aufsichtsrat zudem im Investorengespräch, ob und wie er sich – ggf. zusammen mit dem Abschlussprüfer – über die Recht- und Ordnungsmäßigkeit, Wirtschaftlichkeit und Zweckmäßigkeit der Unternehmensführung vergewissert hat. Hierbei darf er – in den Grenzen der übrigen Schranken zur Investorenkommunikation, insbesondere seiner Verschwiegenheitspflicht gemäß § 116 S. 2 AktG – auch über inhaltliche Schwerpunkte bei einzelnen Beratungen oder über die Gegenstände außerordentlicher Aufsichtsratssitzungen informieren. Stellung nehmen kann der Aufsichtsrat schließlich dazu, wie er Unregelmäßigkeiten aufklärt und welche Maßnahmen er trifft, um diese für die Zukunft zu verhindern. Im Wesentlichen geht es dabei um die Wirksamkeit und Leistungsfähigkeit interner Kontrollsysteme (z.B. von der Compliance-Abteilung), des Risikomanagementsystems gemäß § 91 Abs. 2 AktG sowie interner Revisionssysteme der Gesellschaft oder des Konzerns.[603]

Zur Rechenschaftspflicht des Aufsichtsrats über seine Überwachungstätigkeiten gehören im Aufsichtsratsbericht darüber hinaus Stellungnahmen zu seiner den Vorstand präventiv beratenden Mitwirkung, etwa bei der Entwicklung der Unternehmensstrategie, und zu Zustimmungsvorbehalten gemäß § 111 Abs. 4 S. 2 AktG.[604] Ob und inwieweit auch hierüber im Investorendialog gesprochen werden darf, wird in der Literatur besonders intensiv diskutiert. Beide Fälle werden deshalb in dieser Untersuchung noch gesondert erläutert.[605]

Prüfungsmaßnahmen hinsichtlich der CSR-Berichterstattung *Vetter*, in: Bergmann/Hoffmann-Becking/Noack, FS Seibert 2019, 1007 (1019 f.).

602 Dazu *Lutter*, AG 2008, 1 (6).

603 Vgl. *Hirt/Hopt/Mattheus*, AG 2016, 725 (731).

604 Siehe nur *Lutter*, AG 2008, 1 (6 und 9).

605 Siehe hierzu sogleich in § 4.A.I.2.d)bb) und cc) dieser Untersuchung. Vgl. ausdrücklich *Hopt*, ECGI Law Working Paper 365/2017, S. 11: „The most difficult case is the strategy of the corporation."

(4) Rechtsstreitigkeiten mit Vorstandsmitgliedern

Typischerweise sind Informationen über Rechtsstreitigkeiten der Gesellschaft und behördliche Ermittlungen vorstandsspezifische Gesprächsinhalte, die vom Aufsichtsrat im Investorendialog nicht kommentiert werden dürfen.[606] Das gilt jedoch nicht, wenn der Gesellschaft (möglicherweise) Schadensersatzansprüche gegen Vorstandsmitglieder zustehen. Welche Maßnahmen der Aufsichtsrat in diesem Zusammenhang unternommen hat, hat das Kontrollorgan in seinem Bericht an die Hauptversammlung darzustellen.[607] Der Aufsichtsrat darf somit auch die Prüfung und Durchsetzung von Schadensersatzansprüchen oder sonstige Rechtsstreitigkeiten der Gesellschaft gegen (ehemalige) Vorstandsmitglieder sowie in der Folge den Ausgang eines entsprechenden Verfahrens zum Inhalt von Investorengesprächen machen.[608] Besondere Vorsicht gilt hier aber mit Blick auf das Verbot zur Weitergabe von Insiderinformationen.[609]

bb) Beratende Mitwirkung im Strategieprozess

Einige Stimmen möchten auch bei der Investorenkommunikation berücksichtigen, dass der Aufsichtsrat an der strategischen Ausrichtung des Unternehmens mit beratender Stimme unterstützend mitwirkt und Einfluss auf die zukünftige Geschäftspolitik und Strategie des Unternehmens nimmt.[610] Jedenfalls wird der Aufsichtsrat darüber im Rahmen seiner Rechenschaftspflicht im Bericht an die Hauptversammlung berichten müssen.[611] Deshalb soll der Aufsichtsrat auch in Investorengesprächen über seine überwachende und mitwirkende Rolle im

---

606 Die Litigation- und Compliance-Kommunikation ist ein vergleichsweise junges Betätigungsfeld in den Investor Relations, um juristische Auseinandersetzungen des Unternehmens kommunikativ im Außenverhältnis zu begleiten, so *Zerfaß/Piwinger*, in: Zerfaß/Piwinger, Hdb. Unternehmenskommunikation, 1 (14); vgl. dazu auch *Jahn*, in: Hauschka/Moosmayer/Lösler, Corporate Compliance, § 40 Rn. 25 f.

607 *Vetter*, ZIP 2006, 257 (260); *Lutter*, AG 2008, 1 (8).

608 Hierfür auch *Lutter/Krieger/Verse*, Rechte und Pflichten des Aufsichtsrats, 7. Auflage, Rn. 284; *Hirt/Hopt/Mattheus*, AG 2016, 725 (734) mit Verweis auf die ARAG/Garmenbeck-Rechtsprechung; vgl. *Koch*, AG 2017, 129 (133); *Holle*, ZIP 2019, 1895 (1898).

609 Siehe *Holle*, ZIP 2019, 1895 (1898). Näher zur Schranke des Insiderrechts noch in § 4.B.III.2 dieser Untersuchung.

610 Vgl. dazu außerdem § 3.C.II.3.a)aa) dieser Untersuchung.

611 *Lutter/Krieger/Verse*, Rechte und Pflichten des Aufsichtsrats, 7. Auflage, Rn. 573; *Lutter*, AG 2008, 1 (9); *Hirt/Hopt/Mattheus*, AG 2016, 725 (734).

Strategieprozesses sprechen dürfen.[612] Zuzustimmen ist dieser Auffassung, dass nur der Aufsichtsrat als sachnächster Ansprechpartner über seine eigene Rolle bei der Strategiebegleitung differenziert und glaubwürdig Informationen nach außen weitergeben kann. Zudem wird richtigerweise betont, dass im Besonderen Investorengespräche über die überwachende und mitwirkende Rolle des Aufsichtsrats bei der Unternehmensstrategie für den weitergehenden Vertrauensaufbau mit Investoren sowie ihre (Des-)Investitionsentscheidungen und somit für den zukünftigen Erfolg der Aktiengesellschaft ausschlaggebend sein können.[613] Diesen großzügigeren Stimmen ist entgegenzuhalten, dass sich Aufsichtsratsmitglieder in laufenden Gesprächssituationen kaum auf die aufsichtsratseigene Rolle im Strategieprozess beschränken können, ohne zugleich die Strategie des Unternehmens mit zu erläutern oder zu offenbaren.[614] Darüber hinaus wird bei einem vorstandsunabhängigen Dialog des Aufsichtsrats über dieses Thema befürchtet, ein dissonantes Auftreten der Verwaltung regelrecht zu provozieren.[615] Somit sprechen gegen eine Kommunikationsbefugnis des Aufsichtsrats über seine beratende Funktion bei der Unternehmensstrategie vor allem Konflikte bei der praktischen Gesprächsführung und Gesprächsausgestaltung. Das Fehlerpotenzial kann jedoch angemessen reduziert werden, wenn Aufsichtsräte Äußerungen in diesem Bereich äußerst sensibel treffen. Nicht selten werden sie

---

612 Hierzu *Kremer*, in: Kremer/u.a., DCGK, Rn. 1270; *Noerr/Hering Schuppener/v. Werder*, Rolle des Aufsichtsrats in der Krisenkommunikation, S. 15; *Hirt/Hopt/Mattheus*, AG 2016, 725 (729, 734); *Krämer*, AR 2017, 18 (19); *Hirt/Viehs*, BOARD 2018, 178 (178); *Schick*, WPg 2018, 1379 (1382); vgl. auch Leitsatz 5 des Expertenkreises Developing Shareholder Communication, der sogar eine Einschätzung des Aufsichtsrats über den Stand der Strategieumsetzung zulassen möchte (dazu kritisch § 9.A.II dieser Untersuchung). Dagegen ist *Spindler*, in: Spindler/Stilz, AktG, § 107 Rn. 40; auch *Spindler*, in: Bergmann/Hoffmann-Becking/Noack, FS Seibert 2019, 855 (867).

613 *Vetter*, AG 2016, 873 (874 f.) betont, dass der Dialog mit dem Aufsichtsrat für die Investorenseite gerade deshalb lohnend erscheint, weil er den Vorstand in Strategiefragen berät; hierzu ebenfalls *Winzig/Labbé*, in: Börsen-Zeitung vom 4. Juni 2011, S. B4. Im Besonderen sei für institutionelle Investoren das im Investorendialog geprüfte Strategieverständnis der Aufsichtsratsmitglieder und ihre Fähigkeit, einen Strategieprozess zu begleiten, entscheidend, so *Hirt/Hopt/Mattheus*, AG 2016, 725 (729); *Krämer*, AR 2017, 18 (19).

614 Zum illusionären Erfordernis übermenschlicher Gesprächsdisziplin an den Aufsichtsratsvorsitzenden *Koch*, AG 2017, 129 (134).

615 Vgl. *Krämer*, AR 2017, 18 (19).

deshalb konkrete Stellungnahmen unterlassen müssen.[616] Das verlangt selbstverständlich ein hohes Verantwortungsbewusstsein des gesprächsführenden Aufsichtsrats(vorsitzenden), aber auch eine eiserne Selbstbeschränkung und Durchsetzungsvermögen gegenüber penetrant nachforschenden Investoren. Unter diesen Voraussetzungen ist der Aufsichtsrat jedoch befugt, auch über seine beratende Mitwirkung im Strategieprozess zu sprechen.

cc) Sachverhalte mit Zustimmungsvorbehalten gemäß § 111 Abs. 4 S. 2 AktG

Außerdem begründen miteinbeziehende Zustimmungsvorbehalte gemäß § 111 Abs. 4 S. 2 AktG ein präventives Mitwirkungs- und Mitentscheidungsrecht des Aufsichtsrats bei wichtigen, in der Regel strategischen Unternehmensentscheidungen, die sonst ausschließlich Sache des Vorstands sind. Auch sie sind ein wichtiges Mittel der präventiven Überwachungsaufgabe des Aufsichtsrats.[617] Deswegen hat der Aufsichtsrat in seinem Bericht an die Hauptversammlung gemäß § 171 Abs. 2 AktG über sie zu berichten.[618] Einige Literaturstimmen fordern deshalb auch für den Investorendialog, dass der Aufsichtsrat über zustimmungspflichtige Geschäfte sprechen können soll, weil er gemäß § 111 Abs. 4 S. 2 AktG an der jeweiligen Maßnahme beteiligt ist und seine Mitentscheidung in diesem Belang eng mit seiner vorbeugenden Überwachungsfunktion verbunden ist.[619] Dagegen wird argumentiert, dass die bloße Zustimmung zu Geschäftsführungsmaßnahmen als nachgelagerte mitunternehmerische Aktivität des Aufsichtsrats im gesellschaftsrechtlichen Innenverhältnis nichts daran ändert, dass die Kompetenz für die Initiative, die Gestaltung sowie die Umsetzung dieser Maßnahmen in allen Einzelheiten beim Vorstand verbleibt, der Aufsichtsrat also lediglich befugt ist, die Maßnahme so anzunehmen oder abzulehnen, wie der Vorstand

616 Zu besonderer Zurückhaltung beim Thema Beratungsfunktion des Aufsichtsrats im Hinblick auf die Strategie etwa *Noerr/Hering Schuppener/v. Werder*, Rolle des Aufsichtsrats in der Krisenkommunikation, S. 15; *Hirt/Hopt/Mattheus*, AG 2016, 725 (734); *Krämer*, AR 2017, 18 (19). Restriktiv auch *Landsittel*, Investorenkommunikation, S. 269.

617 Siehe hierzu bereits Fn. 460 dieser Untersuchung.

618 *Lutter/Krieger/Verse*, Rechte und Pflichten des Aufsichtsrats, 7. Auflage, Rn. 569; *Lutter*, AG 2008, 1 (6).

619 In diese Richtung *Fleischer/Bauer/Wansleben*, DB 2015, 360 (364 f.); *Schick*, WPg 2018, 1379 (1382).

sie geplant und angelegt hat.[620] Deswegen soll auch die Außenkommunikation über die konkrete Maßnahme allein dem Vorstand zustehen.[621] Ein Kompromiss zeichnet sich insoweit ab, als dass der Aufsichtsrat über Zustimmungsvorbehalte nur als Mittel der Überwachung und damit lediglich in engen Grenzen berichten darf. Wesentlich ist also der Schwerpunkt der Aussagen im Außenverhältnis, der nicht auf der Maßnahme an sich, sondern darauf liegen muss, wie der Aufsichtsrat mit ihr als Kontrollorgan umgeht. Äußern könnte sich der Aufsichtsrat etwa darüber, ob der Vorstand ihm zustimmungspflichtige Geschäfte korrekt vorgelegt hat. Erläutern könnte der Aufsichtsrat zudem näher, warum und welche Maßnahmen des Vorstands seiner Zustimmung unterworfen sind und ob unterjährig neue zustimmungspflichtige Geschäfte festgelegt wurden.[622] Nicht mehr zulässig wäre es, über das – ggf. zukünftig geplante – Ergebnis, die Zustimmung zu einer konkreten Maßnahme zu erteilen oder abzulehnen, zu berichten, weil der Aufsichtsrat hierdurch das Leitungsermessen des Vorstands für diese Maßnahme präjudizieren und dessen Hauptverantwortlichkeit für die konkrete Maßnahme einschränken würde.[623]

dd) Aspekte der Unternehmensfinanzierung

Die Unternehmensfinanzierung und die Gewinnverwendung sind traditionell Vorstandsthemen und damit keine tauglichen Gesprächsgegenstände, zu denen der Aufsichtsrat im Investorengespräch Informationen weitergeben darf.[624] Trotzdem ist die Unternehmensfinanzierung ein Aufgabenfeld, in dem

---

620 Näher zum Initiativrecht allein des Vorstands *Henze*, BB 2005, 165 (166); *Koch*, in: Fleischer/u.a., 50 Jahre Aktiengesetz, 65 (82).

621 Hierzu auch *Noerr/Hering Schuppener/v. Werder*, Rolle des Aufsichtsrats in der Krisenkommunikation, S. 15 f.; *Vetter*, AG 2016, 873 (876); *VGR*, AG 2017, 1 (4); *Holle*, ZIP 2019, 1895 (1898); *Landsittel*, Investorenkommunikation, S. 269.

622 Vgl. *Holle*, ZIP 2019, 1895 (1898). Kritisch *Spindler*, in: Bergmann/Hoffmann-Becking/Noack, FS Seibert 2019, 855 (867), weil die Festlegung von Zustimmungsvorbehalten Teil der Unternehmensstrategie sein kann.

623 *Holle*, ZIP 2019, 1895 (1898).

624 Auch *Fleischer/Bauer/Wansleben*, DB 2015, 360 (365) betonen, dass das Aufstellen eines Finanzplans, die Strategieentwicklung der Unternehmensfinanzierung sowie die Refinanzierungsstrategie zur Bewältigung einer potenziellen Krise zu den Aufgaben des Vorstands gehört; *Koch*, AG 2017, 129 (134); siehe zudem *Spindler*, in: Bergmann/Hoffmann-Becking/Noack, FS Seibert 2019, 855 (867). Weitergehend zu der Leitungsverantwortung des Vorstands bei der Unternehmensfinanzierung *Seibt*, ZIP 2013, 1597.

der Aufsichtsrat tätig werden muss. So wird sich der Aufsichtsrat unter anderem auch mit der Bilanzpolitik des Vorstands einverstanden erklären, wenn er gemäß § 172 S. 1 AktG den Jahresabschluss billigt. Nach der Abschlussprüfung und -feststellung hat der Aufsichtsrat ferner zusammen mit dem Vorstand gemäß § 58 Abs. 2 S. 1 AktG im Rahmen des Ergebnisverwendungsentscheids finanzpolitisch darüber zu beschließen, einen Teil des Jahresüberschusses in andere Gewinnrücklagen einzustellen. Auch kommt dem Aufsichtsrat ein Recht zur Mitentscheidung über eine Abschlagszahlung auf den Bilanzgewinn zu, § 59 Abs. 3 AktG. Ein zwingender Zustimmungsvorbehalt des Aufsichtsrats ist zudem bei Maßnahmen der Eigenkapitalbeschaffung geregelt, wenn es um die Bedingungen der Aktienausgabe und den Bezugsrechtsausschuss im Rahmen des genehmigten Kapitals geht, §§ 204 Abs. 1 S. 2, 203 Abs. 2 AktG. Schließlich sollen neue Aktien nur mit Zustimmung des Aufsichtsrats ausgegeben werden, § 202 Abs. 3 S. 2 AktG. Einige Stimmen wollen die Mitverantwortung des Aufsichtsrats für bilanzpolitische Maßnahmen auch in Investorengesprächen angemessen berücksichtigen und lassen Gespräche darüber zu.[625] Nicht täuschen darf aber, dass die Finanzierungsverantwortung in der Aktiengesellschaft primär allein beim Vorstand liegt. Beim zwingenden Zustimmungsvorbehalt gemäß § 204 Abs. 1 S. 2 AktG gilt zudem, dass bei Eigenkapitalbeschaffung durch genehmigtes Kapital ausschließlich der Vorstand initiativ tätig wird. Darüber hinaus nimmt das Aktienrecht nur ihn gemäß § 203 Abs. 1 S. 1 i.V.m. § 186 Abs. 4 S. 2 AktG in eine Berichtspflicht. Ein allzu freizügiges Kommunikationsrecht für den Aufsichtsrat kann deshalb bei Themen der Unternehmensfinanzierung und Gewinnverwendung nicht festgestellt werden, sondern er ist erneut mit Blick auf seine eigenen Maßnahmen in diesem Bereich zu besonderer Zurückhaltung verpflichtet.[626]

ee) ESG-bezogene Kommunikation

Bereits zuvor wurde die dem Aufsichtsrat obliegende Prüfungspflicht der nicht-finanziellen Erklärung bzw. des nicht-finanziellen Berichts als rechtlicher

---

625 Dafür sind *Dietlmaier*, BOARD 2015, 181 (182); *Fleischer/Bauer/Wansleben*, DB 2015, 360 (364 f.); *Hirt/Hopt/Mattheus*, AG 2016, 725 (734).

626 Restriktiver ist *Koch*, AG 2017, 129 (134); auch *Spindler*, in: Bergmann/Hoffmann-Becking/Noack, FS Seibert 2019, 855 (867): Er lehnt Investorengespräche über die Gewinnverwendung und die Unternehmensfinanzierung ab, selbst wenn der Vorstand diese Themen nicht als geheimhaltungsbedürftig einstufe oder das Unternehmensinteresse für solche Gespräche spricht.

Anknüpfungspunkt für eine Dialogbefugnis über das Ergebnis, die Art und den Umfang der aufsichtsrateigenen Prüfung hervorgehoben.[627] Die zulässige Reichweite seiner Äußerungen ist somit stark eingeschränkt und reicht bei Weitem nicht an die Freiheiten des Vorstands heran. Dieser ist schließlich primär dafür verantwortlich, das Geschäftsmodell der Gesellschaft mit Blick auf Umwelt-, Arbeitnehmer- und Sozialbelange wie auch die Achtung der Menschenrechte und die Bekämpfung von Korruption und Bestechung zu bestimmen und nach außen zu kommunizieren.[628] In der Praxis zeichnet sich dagegen eine weit höhere Verantwortlichkeit des Aufsichtsrats zur Kommunikation der wesentlichen, materiell bedeutenden ESG-Thematiken ab. Die Kommunikation hierüber ist im Allgemeinen für Vorstände wie auch Aufsichtsräte in den letzten Jahren bedeutender geworden.[629] Zukünftig wird die Kommunikation über diese Themen insbesondere für Aufsichtsratsvorsitzende wichtiger, weil speziell professionelle Investoren zunehmend von ihnen erwarten, zu wesentlichen ESG-Thematiken Stellung zu beziehen und diese zwischen den Hauptversammlungen zu diskutieren.[630] Handlungsspielraum entsteht für Aufsichtsräte bei der ESG-Kommunikation jedoch nur dann, wenn man sie als sehr großzügigen Annex zu seiner allgemeinen Überwachungs- und Mitberatungspflicht über die für das Unternehmen relevanten CSR-Belange zulässt, die schon vor der aufsichtsrateigenen Prüfung der nicht-finanziellen Berichterstattung des Vorstands einsetzt.[631] Ein Anknüpfungspunkt für eine weitreichendere Kommunikation durch den Aufsichtsrat kommt zudem in solchen Fällen in Betracht, in denen

627 Siehe oben § 4.A.I.2.d)aa)(1) dieser Untersuchung.

628 Vgl. nur die Pflicht des Vorstands zur Offenlegung des um nicht-finanzielle Belange ergänzten (Konzern-)Lageberichts gemäß § 325 Abs. 1 HGB i.V.m. §§ 289b Abs. 1 bzw. 315b Abs. 1 HGB oder des gesonderten nicht-finanziellen Berichts, §§ 289b Abs. 3 bzw. 315b Abs. 3 HGB.

629 *Eurosif*, Shareholder Stewardship, S. 8, 62; auch *DAI/Rothschild*, ESG from the perspective of institutional investors, S. 11, 15; vgl. *Monley*, in: Börsen-Zeitung vom 26. Juli 2019, S. 5. Siehe aber schon *Strenger*, in: Hommelhoff/Hopt/v. Werder, Hdb. Corporate Governance, 697 (705).

630 Mit dieser Prognose bereits *Scherer*, in: Dehnen, Der professionelle Aufsichtsrat, 148 (155, 158); vgl. *Speich*, BOARD 2015, 193 (194 f.), der jedoch im Ergebnis die Kommunikationsaufgabe des Finanzvorstands für extrafinanzielle Daten betont; deutlicher wird *Monley*, in: Börsen-Zeitung vom 26. Juli 2019, S. 5: „Im Kern ist Nachhaltigkeit jedoch noch immer eine Frage guter Corporate Governance und vor allem eine Aufgabe für Aufsichtsgremien."

631 Näher zu CSR-bezogenen Aufsichts- und Beratungspflicht des Aufsichtsrats *Hommelhoff*, NZG 2017, 1361 (1365).

gemäß § 289b Abs. 4 HGB bei einer externen Prüfung die Beurteilung des Prüfungsergebnisses öffentlich zugänglich gemacht wird und diesbezüglich Fragen gestellt werden.[632] Trotzdem müssen gesprächsführende Aufsichtsratsmitglieder bei der Kommunikation über ESG-Belange wachsam bleiben, ihre Kompetenzen nicht zu überschreiten. Kritisch zu würdigen ist im Übrigen immer, dass Investoren in Gesprächen mit dem Aufsichtsrat kontinuierlich versuchen, ESG-Themen mit der Unternehmensstrategie und operativen Schwerpunkten zu verknüpfen.[633] Darüber darf der Aufsichtsrat aber nicht sprechen.[634]

ff) Allgemeine Entwicklungen und wirtschaftliche Themen

Schließlich ist die Frage, ob allgemeine (wirtschaftliche) Themen von der Annexkompetenz des Aufsichtsrats zur Dialogführung umfasst sind, nicht ohne Weiteres zu beantworten. Auch sie können nicht trennscharf in jeweiligen Kompetenzbereiche des Vorstands oder des Aufsichtsrats eingeordnet werden.[635] Darunter fällt etwa die Ansprache ohnehin allgemein bekannter Informationen – bspw. zur Kursentwicklung – oder die Diskussion über aktuelle Entwicklungen des Marktes bzw. der Branche oder der Marktstellung des Unternehmens in einem globalen Kontext.[636] Auch allgemeine Fragen zum Unternehmen wie zur Reputation im Verhältnis zu unterschiedlichen Stakeholder-Gruppen oder zur Unternehmenskultur kommen in Betracht. Dazu kommen Aussagen zu nationalen wie auch globalen gesellschaftlichen, politischen, gesamtwirtschaftlichen und technologischen Entwicklungen oder Krisen, die Herausforderungen für das jeweilige Unternehmen oder Konzerngesellschaften darstellen oder solche zukünftig abzeichnen.[637] Oftmals ist davon auszugehen, dass diese Themen

---

632 Zur Publikation des sachverständigen Prüfungsergebnisses *Hommelhoff*, in: Bergmann/Hoffmann-Becking/Noack, FS Seibert 2019, 371 (382 f.)

633 *Hirt/Viehs*, BOARD 2018, 178 (180).

634 So ausdrücklich in § 4.A.I.1 dieser Untersuchung.

635 *Noerr/Hering Schuppener/v. Werder*, Rolle des Aufsichtsrats in der Krisenkommunikation, S. 16 f.; *Leyendecker-Langner*, NZG 2015, 44 (46).

636 Zum Fall von informatorischen Gesprächen über die allgemeine Entwicklung der Branche *Leyendecker-Langner*, NZG 2012, 721 (721, Fn. 2); siehe darüber hinaus *Leyendecker-Langner*, NZG 2015, 44 (46).

637 Solche Themen wurden in den Jahren 2016 und 2017 von Aufsichtsratsvorsitzenden jedenfalls in Presseinterviews besprochen, was die Studie von *Noerr/Hering Schuppener/v. Werder*, Rolle des Aufsichtsrats in der Krisenkommunikation, S. 39 bestätigt; vgl. darüber hinaus *Nieber*, Rolle des Aufsichtsrates in der Kapitalmarktkommunikation, S. 74.

unverbindlich sind und eine gewisse Relevanzschwelle nicht überschreiten. In diesem Fall sind sie kaum von formellem Geschäftsführungscharakter, sodass es keine Kontaktsperre des Aufsichtsrats gibt.[638] Darauf zu achten ist jedoch immer, keine (versteckten) Äußerungen zur konkreten Unternehmensentwicklung und zu Strategiefragen zu treffen. Kritisch ist deswegen bereits ein Investorentreffen, in dem sich die handelnden Akteure über die allgemeine Entwicklung der Branche unterhalten, der jeweilige Investor aber vor allem an Informationen über die häufig eng damit verknüpfte strategische Ausrichtung des Unternehmens interessiert ist und diese gezielt auszuforschen versucht.[639]

II. Organschaftliche Treuepflicht des Aufsichtsrats

Eine weitere Schranke bei der Investorenkommunikation wird dem Aufsichtsrat durch die ihn bindende organschaftliche Treuepflicht gesetzt, was ein Handeln zum Wohl des Unternehmens voraussetzt.[640] Sie ist im Zusammenhang mit der Annexkompetenz des Aufsichtsrats zur Investorenkommunikation ein zweckdienliches Instrument, die bereits zuvor mehrfach angemahnte Zurückhaltung des Aufsichtsrats rechtlich zu garantieren und die Dialogführung mit Investoren mit der Leitungskompetenz des Vorstands zu synchronisieren.

1. Einheitliche Außenkommunikation sicherstellen

Aus der organschaftlichen Treuepflicht leitet sich für die Investorenkommunikation zunächst das Gebot der Zurückhaltung zur Sicherstellung eines einheitlichen Außenauftritts des Unternehmens ab.[641] Die Gesellschaft hat in der Kapitalmarktkommunikation jedenfalls ein zentrales Interesse, nach außen mit einer Stimme aufzutreten, d.h. einen einheitlichen Auftritt nach außen zu wahren (*one voice policy*).[642] Werden hingegen zur gleichen Zeit widersprüchliche

---

638 *Koch*, AG 2017, 129 (134).

639 *Leyendecker-Langner*, NZG 2015, 44 (46).

640 Zur Treuepflicht des Aufsichtsrats statt aller *Grigoleit/Tomasic*, in: Grigoleit, AktG, § 116 Rn. 10 ff.

641 *Drygala*, in: Schmidt/Lutter, AktG, § 107 Rn. 25; *Noerr/Hering Schuppener/v. Werder*, Rolle des Aufsichtsrats in der Krisenkommunikation, S. 20 ff.; vgl. *Schick*, WPg 2018, 1379 (1382).

642 *Rudolf*, in: Habersack/Mülbert/Schlitt, Hdb. Kapitalmarktinformation, § 1 Rn. 48; *Mertens/Cahn*, in: KK-AktG, § 107 Rn. 61; *Cromme/Claassen*, in: Hommelhoff/Hopt/v. Werder, Hdb. Corporate Governance, 603 (614) mit einem Zitat von Dr. Claus Ehrenbeck; *Noerr/Hering Schuppener/v. Werder*, Rolle des Aufsichtsrats in der Krisenkommunikation, S. 20-22; dazu ebenfalls *Schiessl*, ZIP 2009, 689 (696);

Botschaften kommuniziert, verliert die Kommunikation des Unternehmens nicht nur an Wirkung, sondern auch massiv an Glaubwürdigkeit.[643] In der Folge wären das Vertrauen des Kapitalmarkts in das Unternehmen und seine Organe geschwächt und erhebliche Kurs- und Reputationsschäden zu befürchten.[644] Weil das Auftreten der Gesellschaft im Außenverhältnis vom Vorstand im Rahmen der unternehmenseigenen Investor Relations-Strategie bestimmt wird,[645] darf der Investorendialog des Aufsichtsrats einer vorausgegangenen Vorstandskommunikation grundsätzlich nicht widersprechen.[646] In diese Richtung sichert bereits die strenge Kompetenzverteilung im Sinne der Annexkompetenz das *one voice*-Prinzip ab: Äußert sich die Verwaltung jeweils zu den ihr zugewiesenen Sachkompetenzen, ist garantiert, dass das Unternehmen mit einer Stimme spricht.[647] Kommt es wie gesehen in einigen Bereichen zu Überschneidungen, hat sich die Aufsichtsratskommunikation in die allgemeine Unternehmenskommunikation ohne Weiteres einzufügen.[648] Äußerst kommunikations- und redefreudige Mandatsträger, die auch zu kritischen Dialoginhalten zu weitschweifenden oder detaillierten Ausführungen tendieren, sollten deshalb besonders vorsichtig sein. Für die Praxis empfehlen sich ermessensleitend die folgenden drei Handlungsempfehlungen. Die Aufsichtsratskommunikation wird sich erstens nur dann in die allgemeine Unternehmenskommunikation einfügen, wenn Aufsichtsräte anfangen, ihre – ggf. geplanten – Äußerungen ständig mit bereits getätigten Äußerungen des Vorstands abzugleichen. Um einer noch ausstehenden oder noch nicht kommunizierten Vorstandspositionierung nicht vorwegzugreifen,

---

Bunz, NZG 2014, 1049 (1052); *Koch*, AG 2017, 129 (132 f.); *Hopt*, ECGI Law Working Paper 365/2017, S. 12; *Landsittel*, Investorenkommunikation, S. 251 f. Weitergehend *Hopt/Roth*, Der Aufsichtsrat, § 111 Rn. 580, die anmahnen, dass die *one voice policy* lediglich ein ermessensleitender Gesichtspunkt und keine allgemeine Rechtspflicht ist, weshalb im Einzelfall auch anderes vertretbar oder sogar geboten sein kann. *Leyendecker-Langner*, NZG 2015, 44 (46 f.) präzisiert, dass nur in krassen Ausnahmefällen entgegengesetzte Äußerungen doch im Unternehmensinteresse zuzulassen sind. Aus US-amerikanischer Perspektive *Perlman*, Directors & Boards 34.3 (2010), 25.

643 *Schulz*, in: Hölscher/Altenhain, Hdb. Aufsichts- und Verwaltungsräte, 489 (493).

644 *Hirt/Hopt/Mattheus*, AG 2016, 725 (735).

645 Siehe bereits oben in § 3.A dieser Untersuchung.

646 So auch *Leyendecker-Langner*, NZG 2015, 44 (46); *Fleischer/Bauer/Wansleben*, DB 2015, 360 (365); *Hirt/Hopt/Mattheus*, AG 2016, 725 (735); *Krämer*, AR 2017, 18 (18); ebenfalls *Schick*, WPg 2018, 1379 (1382).

647 *Grunewald*, ZIP 2016, 2009 (2010); *Holle*, ZIP 2019, 1895 (1897).

648 *Hirt/Hopt/Mattheus*, AG 2016, 725 (733); *Schick*, WPg 2018, 1379 (1382).

empfehlen sich im Besonderen zeitlich nachfolgende Äußerung des Aufsichtsrats.[649] Zweitens bietet es sich zur Sicherstellung einer einheitlichen Außenkommunikation an, häufiger die Position des Zuhörenden einzunehmen, d.h. selbst keine Unternehmensinformationen offenzulegen oder dazu wertend Stellung zu beziehen.[650] Bereits ein aktives Zuhören wird dem Aufsichtsrat ermöglichen, die Positionen einzelner Investoren besser nachzuvollziehen und ihnen das Gefühl des „Gehörtwerdens" zu vermitteln.[651] Ähnliches gilt bereits für das Vorgehen des Aufsichtsrats im Gespräch mit Mitarbeitern des Unternehmens unterhalb der Vorstandsebene: Gespräche sind regelmäßig sinnvoll und hilfreich, um ein authentisches Meinungs- und Stimmungsbild aufzunehmen. Dieses sollte aber nicht durch den Aufsichtsrat kommentiert werden.[652] Die Erwartungshaltung der Kapitalmarktteilnehmer macht oftmals jedoch eine Diskussion und damit einen zweiseitigen Informationsaustausch der Beteiligten notwendig. In diesen Fällen ist es nicht möglich, sich ausschließlich auf die Position des Zuhörenden zurückzuziehen. Es empfiehlt sich für Aufsichtsratsmitglieder daher drittens, sich vor dem Investorengespräch salvatorische Klauseln und Äußerungen zurechtzulegen, um Themen, zu denen er nicht Stellung beziehen will, in formelhafter Weise abzuwenden.[653]

---

649 *Noerr/Hering Schuppener/v. Werder*, Rolle des Aufsichtsrats in der Krisenkommunikation, S. 15; auch *Holle*, ZIP 2019, 1895 (1898).

650 Im Gegensatz zu der Informationsweitergabe ist die bloße Informationsentgegennahme des Aufsichtsrats im Investorengespräch kaum problematisch, so *Bachmann*, in: VGR, Gesellschaftsrecht 2016, 135 (141, 149). Vgl. auch *Grigoleit/Tomasic*, in: Grigoleit, AktG, § 111 Rn. 76. Zu dieser Möglichkeit, aber auch zum Vorwurf der Lebensfremdheit und Realitätsferne eines solchen Verhaltens, da es an den Erwartungen der Investoren vorbeigeht, *Vetter*, AG 2016, 873 (874); auch für *Koch*, AG 2017, 129 (134) ist das Zuhören zulässig, weil es unter einer Relevanz- bzw. Bagatellgrenze liegt; *Henning*, BOARD 2017, 41 (43) betont ebenfalls, dass dieser Vorschlag an der Realität und den Erwartungen der Investoren vorbeigeht; aus der Wirtschaftspresse zum sogenannten *listening mode* des Aufsichtsratsvorsitzenden *Student*, in: manager magazin, November 2016, S. 65 f.

651 Dass „Zuhören" dem ursprünglichen Geist des Investorendialogs des Aufsichtsrats entspricht, um sich ein Bild davon zu machen, was Investoren sorgt, betont *Tüngler*, BOARD 2018, 74 (77); vgl. auch *Perlet*, Rede anlässlich der 15. Konferenz Deutscher Corporate Governance Kodex vom 22. Juni 2016, S. 8.

652 Vgl. Ziffer 4 S. 3 der FEA-Leitlinie zur Praxis des Dialogs zwischen Investoren und Aufsichtsrat, S. 4 (dazu noch § 9.A.III dieser Untersuchung).

653 *Student*, in: manager magazin, November 2016, S. 66.

2. *Vertrauensvolle Zusammenarbeit mit dem Vorstand*

Zwischen Aufsichtsrat und Vorstand gilt zweitens der eng mit der organschaftlichen Treuepflicht verbundene Grundsatz vertrauensvoller Zusammenarbeit zum Wohl des Unternehmens.[654] Im Besonderen sollen emotional geführte oder sogar öffentlich ausgetragene Machtkämpfe zwischen Aufsichtsrat und Vorstand verhindert werden, weil sie eine konstruktive und offene Kommunikationsatmosphäre innerhalb der Verwaltung stören, die Gremien spalten und Unternehmen lähmen. Für die Investorenkommunikation des Aufsichtsrats folgt daraus, dass selbst bei erheblichen Zerwürfnissen mit dem Vorstand oder einzelnen seiner Mitglieder gesellschaftsinterne Konflikte vorrangig unternehmensintern und zwischen den Organen zu klären sind und im Außenverhältnis nicht fortgeführt werden dürfen.[655] Der Dialog mit Investoren darf also kein Instrument verärgerter Aufsichtsräte sein, destruktiv persönliche Konflikte auszutragen und den Vorstand bzw. Vorstandsmitglieder durch unsachliche sowie herabsetzende Stellungnahmen nach außen zu diskreditieren.[656]

Weitergehend haben Aufsichtsratsmitglieder in Investorengesprächen vernünftigerweise und andauernd zu prüfen, den Vorstand bzw. einzelne Mitglieder nicht in ihrer Stellung zu destabilisieren. Unwahrscheinlich ist das zwar in Fällen, in denen der Aufsichtsrat das Investorengespräch nutzt, dem Vorstand sein uneingeschränktes, unterstützendes Vertrauen auszusprechen.[657] Ein

---

654 Hierzu *Lutter*, Information und Vertraulichkeit im Aufsichtsrat, Rn. 404 f.; *Noerr/Hering Schuppener/v. Werder*, Rolle des Aufsichtsrats in der Krisenkommunikation, S. 20 ff.; *Leyendecker-Langner*, NZG 2015, 44 (47); zum Gebot des interorganfreundlichen Verhaltens, das der Aufsichtsrat *sub specie* zu beachten hat, ebenfalls *Fleischer/Bauer/Wansleben*, DB 2015, 360 (366); *Hirt/Hopt/Mattheus*, AG 2016, 725 (735); *Hopt*, ECGI Law Working Paper 365/2017, S. 12; vgl. zudem *Säcker*, in: Lutter/Stimpel/Wiedemann, FS Fischer 1979, 635 (639 ff.).

655 Auch *Noerr/Hering Schuppener/v. Werder*, Rolle des Aufsichtsrats in der Krisenkommunikation, S. 21; *Hirt/Hopt/Mattheus*, AG 2016, 725 (735). Siehe schon im Zusammenhang mit der Öffentlichkeitsarbeit *Vollhard*, GRUR 1980, 496 (497): „Dem AR ist eine (...) "externe Kritik" verwehrt."

656 *Noerr/Hering Schuppener/v. Werder*, Rolle des Aufsichtsrats in der Krisenkommunikation, S. 21; hierzu auch *Fleischer/Bauer/Wansleben*, DB 2015, 360 (366). Vgl. darüber hinaus OLG Stuttgart, ZIP 2012, 625 (630 f.), wonach pointierte Meinungsäußerungen von Aufsichtsratsmitgliedern gegenüber Journalisten im Rahmen eines unternehmensinternen Konflikts mit der organschaftlichen Treuepflicht unvereinbar sind, gebilligt durch den BGH, NZG 2013, 339.

657 Nicht zu verharmlosen ist aber die neue Gefahr, dass jede fehlende unterstützende Aussage des Aufsichtsrats als bewusstes Schweigen und damit als Ablehnung des

Problem entsteht mit Blick auf die Wirkungen seiner Äußerungen im Außenverhältnis aber schnell, wenn Vorstand und Aufsichtsrat zu einem bestimmten Thema – z.B. dem Fortschritt bei der Strategieumsetzung – unterschiedlicher Auffassung sind. In diesen Situationen wird sich der Aufsichtsrat entweder absichtlich – etwa um sich vom Vorstand zu distanzieren – oder auch unüberlegt und spontan zum Führungsstil oder der Qualität des amtierenden Vorstands kritisch äußern.[658] Im Interesse des Unternehmens sind kritische Stellungnahmen des Aufsichtsrats(vorsitzenden) über die Qualität der laufenden Vorstandsarbeit aber regelmäßig untersagt, etwa weil sie Spekulationen Vorschub leisten und zu Verwirrung am Kapitalmarkt führen können.[659] Aufsichtsräte haben auch nicht nur zu berücksichtigen, dass bei der persönlichen Dialogführung die eigene Wortwahl, sondern auch nonverbale Elemente wie spontane Gestik oder Mimik erhebliche Bedeutung zukommt, was unter Umständen zu nicht kontrollierbaren Risiken, insbesondere zu Fehldeutungen und Missverständnissen auf der Investorenseite, führen kann. Bei Unzufriedenheit mit dem Vorstandshandeln hat der Aufsichtsrat stattdessen zunächst seine Personalkompetenz unternehmensintern auszuüben, d.h. den Vorstand auszuwechseln, und im Anschluss darüber im Außenverhältnis zu berichten.[660] Diese Trennung folgt einem professionellen Führungsstil, bei dem erkannte Defizite zunächst intern anzumahnen und zu verfolgen sind, ehe Einschätzung und etwaige Reaktion nach außen erläutert werden.[661]

Vorstandshandelns ausgelegt werden könnte, hierzu *Noerr/Hering Schuppener/v. Werder*, Rolle des Aufsichtsrats in der Krisenkommunikation, S. 15.

658 Besonders risikobehaftet ist bspw. die Äußerung, er hätte den Vorstand in einer strategischen Frage anders beraten, so *Noerr/Hering Schuppener/v. Werder*, Rolle des Aufsichtsrats in der Krisenkommunikation, S. 15. Dass Gespräche über die Qualität der Geschäftsführung von einflussreichen Investoren gewünscht werden, bestätigen *Drinhausen/Marsch-Barner*, AG 2014, 337 (349 f.).

659 Vgl. *Noerr/Hering Schuppener/v. Werder*, Rolle des Aufsichtsrats in der Krisenkommunikation, S. 15; *Leyendecker-Langner*, NZG 2015, 44 (46); *Ihrig*, in: Börsen-Zeitung vom 29. Oktober 2016, S. 13.

660 So auch *Noerr/Hering Schuppener/v. Werder*, Rolle des Aufsichtsrats in der Krisenkommunikation, S. 37; *Schilha/Theusinger*, NZG 2019, 521 (523).

661 Vgl. *Krämer*, AR 2017, 18 (19), der bestätigt, dass sich eine Profilierung über externe Investorenkommunikation verbietet.

3. Informationspflichten gegenüber dem Vorstand

Fraglich ist schließlich, ob aus der organschaftlichen Treuepflicht des Aufsichtsrats Informationspflichten gegenüber dem Vorstand folgen. Hierbei sind drei Abstufungen zu unterscheiden: Erstens reichen die organschaftliche Treuepflicht und ihre vorgenannten Ausprägungen nicht so weit, dass jedes Detail der Aufsichtsratskommunikation mit dem Vorstand abgestimmt werden muss.[662] Insbesondere existiert kein Einwilligungsvorbehalt des Vorstands, durch den sich der Aufsichtsrat den Inhalt seiner Gespräche absegnen lassen muss oder in sonstiger Weise durch den Vorstand bevormundet wird.[663]

Zweitens besteht jedoch keine Einigkeit zu der Frage, ob dem Vorstand ein Recht zur vorherigen Information zukommt, um frühzeitig zu erfahren, mit wem, wann, wie oft und worüber der Aufsichtsrat Investorengespräche plant.[664] Dagegen spricht einerseits, dass dem Vorstand im Innenverhältnis nicht die Möglichkeit eingeräumt werden soll, auf eine unabhängige Darstellung aufsichtsratsspezifischer Inhalte durch den Aufsichtsrat im Außenverhältnis Einfluss zu nehmen.[665] Außerdem kann es unter Umständen geboten sein, dass gewisse Informationen nicht von der Sphäre des Aufsichtsrats in die Sphäre des Vorstands gelangen.[666] Andererseits ergeben sich mit einer Vorabstimmung der Organe nicht unerhebliche Vorteile für das Unternehmen. Zum einen ermöglicht

---

662 *Leyendecker-Langner*, NZG 2015, 44 (46); *Schick*, WPg 2018, 1379 (1382).

663 *Noerr/Hering Schuppener/v. Werder*, Rolle des Aufsichtsrats in der Krisenkommunikation, S. 21; *Leyendecker-Langner*, NZG 2015, 44 (46). A.A. *Ebrahimzadeh*, Investorendialog des Aufsichtsrats, S. 161 f., 210-212: der Vorstand könne bei besonderen Gründen die Gesprächsaufnahme durch den Aufsichtsrat unterbinden, zudem könne die grundsätzliche Entscheidung über die Aufnahme eines Dialogs allein dem Vorstand vorbehalten sein.

664 Dafür sind *Hirt/Hopt/Mattheus*, AG 2016, 725 (735); *Bachmann*, in: VGR, Gesellschaftsrecht 2016, 135 (176); *Degenhart*, AR 2017, 100 (101) zu entsprechenden Regelungen in einer Kommunikationsordnung; *Seibt*, DB 2018, 237 (241) mit Bezug zur begleitenden Stakeholder-Kommunikation des Aufsichtsrats nach Abstimmung mit dem Vorstand; *Holle*, ZIP 2019, 1895 (1901). Dagegen *Noerr/Hering Schuppener/v. Werder*, Rolle des Aufsichtsrats in der Krisenkommunikation, S. 21.

665 *Noerr/Hering Schuppener/v. Werder*, Rolle des Aufsichtsrats in der Krisenkommunikation, S. 21.

666 Als Beispiel nennt *Holle*, ZIP 2019, 1895 (1901) Fälle, in denen der Aufsichtsrat mit Marktteilnehmern über Details der Aufarbeitung von im Raum stehenden Vorwürfen gegen den Vorstand oder Änderungen in der Besetzung des Vorstands sprechen möchte.

im Grunde nur die intensive Vorabstimmung der Verwaltung einen einheitlichen Auftritt des Unternehmens ohne offene Widersprüche und Missverständnisse.[667] Das gilt vor allem für solche Themen, bei denen die Bereichsgrenzen zwischen Vorstand und Aufsichtsrat nicht trennscharf sind oder eindeutig gezogen werden können. Zum anderen können wechselseitig die jeweiligen Bedenken und Wünsche der Organe besprochen werden, bevor es zu unwiderruflichen Äußerung im Außenverhältnis kommt.[668] Wenn eine vorherige Information des Vorstands also nicht bereits zwingend ist, dann wird sie in der Regel im Interesse des Unternehmens dringend geboten sein.[669] Richtig ist es deshalb, bei der Investorenkommunikation von einer faktischen Koordinierungspflicht zwischen Vorstand und Aufsichtsrat zu sprechen.[670]

Nach einem Investorengespräch ist für den Aufsichtsrat drittens ein ergebnisorientierter Bericht an den Vorstand das angemessene Mittel, seiner organschaftlichen Treuepflicht zu genügen und im Interesse der Gesellschaft auf die Leitungsaufgabe des Vorstands Rücksicht zu nehmen.[671] Der Vorstand kann

---

667 Auch *Ihrig/Schäfer*, in: Ihrig/Schäfer, Rechte und Pflichten des Vorstands, Rn. 658; *Bommer/Steinbach*, BOARD 2013, 219 (222); *Henning*, BOARD 2017, 41 (43); *Dimeg/Asmussen/Mentré*, BOARD 2017, 92 (94); *Ihrig*, in: Börsen-Zeitung vom 29. Oktober 2016, S. 13; *Degenhart*, in: Webmagazin der Börse München vom 21. Februar 2017. Im Besonderen ist in Krisensituationen eine gemeinsame Abstimmung sinnvoll, weil nur ein einvernehmliches Auftreten von Vorstand und Aufsichtsrat dazu beitragen wird, Schäden zu minimieren und die Reputation des Unternehmens aufzubauen, *Noerr/Hering Schuppener/v. Werder*, Rolle des Aufsichtsrats in der Krisenkommunikation, S. 21.

668 *Bachmann*, in: VGR, Gesellschaftsrecht 2016, 135 (176) empfiehlt bspw., dass sich der Aufsichtsrat nicht über die Bedenken und Wünsche des Vorstands hinwegsetzt, es sei denn sie seien treuwidrig oder das Unternehmensinteresse erfordere eine eigene Stellungnahme des Aufsichtsrats.

669 Hierfür auch *Noerr/Hering Schuppener/v. Werder*, Rolle des Aufsichtsrats in der Krisenkommunikation, S. 21; *Kienbaum/Flick Gocke Schaumburg*, Kamingespräche 2017, S. 18; *Leyendecker-Langner*, NZG 2015, 44 (47); *Hirt/Hopt/Mattheus*, AG 2016, 725 (735); *Schick*, WPg 2018, 1379 (1383); vgl. auch *Hammann*, Investoren und Aufsichtsrat im Dialog, S. 32; *Seibt*, in: Börsen-Zeitung vom 17. Juni 2017, S. 9.

670 *Hippeli*, wistra 2018, 409 (411). Zur Absprache vor jedem einzelnen Investorenkontakt auch *Gundel/Pfaff*, in: KPMG's ACI, Audit Committee Quarterly II/2017, 16 (17).

671 Siehe *Kremer*, in: Kremer/u.a., DCGK, Rn. 1270a; *Leyendecker-Langner*, NZG 2015, 44 (47); *Rahlmeyer*, AR 2015, 144 (145); *Hirt/Hopt/Mattheus*, AG 2016, 725 (735); *Bachmann*, in: VGR, Gesellschaftsrecht 2016, 135 (176); so auch *Schilha/Theusinger*, NZG 2019, 521 (526); *Holle*, ZIP 2019, 1895 (1901).

seiner Leitungsaufgabe jedenfalls nur dann gerecht werden, wenn er Kenntnis von allen wichtigen Vorgängen in Bezug auf das Unternehmen hat.[672] Informationen mit erheblichen Auswirkungen auf die Gesellschaft sind daher unverzüglich an den Vorstand weiterzuleiten, um ausreichend Handlungsflexibilität zu gewährleisten.[673] Auch in weniger dringlichen Fällen kann eine weitergegebene Information den Vorstand frühzeitig initiieren, auf Wünsche und Interessen der Investoren zu reagieren.[674]

III. Schutz des Aufsichtsratsgeheimnisses gemäß § 116 S. 2 AktG

Spezifisch an den Aufsichtsrat richtet sich auch § 116 S. 2 AktG, wonach Aufsichtsratsmitgliedern ausdrücklich die Pflicht zur Verschwiegenheit über erhaltene vertrauliche Berichte und vertrauliche Beratungen obliegt.[675] Sie gilt als klarstellende Hervorhebung der besonderen Verschwiegenheitspflicht der Mitglieder des Aufsichtsrats über „vertrauliche Angaben" gemäß §§ 116 S. 1 i.V.m. 93 Abs. 1 S. 3 AktG und wurde mit dem TransPuG (2002) eingeführt.[676] Der Verschwiegenheitspflicht gemäß § 116 S. 2 AktG unterfallen im Grunde

672 Dieses Argument auch bei *Noerr/Hering Schuppener/v. Werder*, Rolle des Aufsichtsrats in der Krisenkommunikation, S. 27; *Hirt/Hopt/Mattheus*, AG 2016, 725 (735).

673 *Leyendecker-Langner*, NZG 2015, 44 (47).

674 *Noerr/Hering Schuppener/v. Werder*, Rolle des Aufsichtsrats in der Krisenkommunikation, S. 27; *Leyendecker-Langner*, NZG 2015, 44 (47).

675 Näher *Habersack*, in: MüKo-AktG, § 116 Rn. 48, 52; *Habersack*, in: Habersack/Henssler, Mitbestimmungsrecht, § 25 MitbestG Rn. 106; *Breuer/Fraune*, in: Heidel, Aktienrecht, § 116 Rn. 13 ff.; *Kolb*, in: Drinhausen/Eckstein, Beck'sches Hdb. AG, § 7 Rn. 266 f.; *Raiser/Veil*, Recht der Kapitalgesellschaften, § 15 Rn. 99; *Lutter*, Information und Vertraulichkeit im Aufsichtsrat, Rn. 451 ff. zu „vertraulichen Angaben"; *Noerr/Hering Schuppener/v. Werder*, Rolle des Aufsichtsrats in der Krisenkommunikation, S. 19 f.; *Veil*, ZHR 172 (2008), 239 (242 ff.); *Vetter*, AG 2014, 387 (392 f.); *Scholderer/v. Werder*, ZGR 2017, 865 (881 f.).

676 Aufgenommen wurde die Vertraulichkeitspflicht insbesondere wegen des unlösbaren Zusammenhangs zwischen der umfassenden Information der Aufsichtsratsmitglieder durch den Vorstand auch über sensible Themen und der Pflicht, im Interesse des Unternehmens Geheimnisse und Vertraulichkeit zu achten, vgl. die Begründung des RegE TransPuG, BTDrucks 14/8769, S. 15, 18; auch *Vetter*, in: Marsch-Barner/Schäfer, Hdb. börsennotierte AG, Rn. 29.13; *Götz*, NZG 2002, 599 (603); *Ihrig/Wagner*, BB 2002, 789 (794); *Wilsing/von der Linden*, ZHR 178 (2014), 419 (420); *Bortenlänger*, BOARD 2014, 71 (71); *Spindler*, in: Bergmann/Hoffmann-Becking/Noack, FS Seibert 2019, 855 (860 ff.). Zur Verschwiegenheitspflicht gemäß §§ 116 S. 1 i.V.m. 93 Abs. 1 S. 3 AktG sogleich in § 4.B.I dieser Untersuchung.

sämtliche Stellungnahmen der Vorstandsmitglieder und Inhalte der vom Vorstand weitergegebenen „vertraulichen Berichte". Umfasst ist überdies das Schweigen über Interna der Beratungen der Aufsichtsratssitzungen sowie diejenigen seiner Ausschüsse, etwa über Stellungnahmen, Überlegungen und Motive einzelner Aufsichtsratsmitglieder oder deren Abstimmungsverhalten.[677] Gremieninterna, die die zukünftige und effektive Aufsichtsratsarbeit belasten können, dürfen also grundsätzlich nicht veröffentlicht werden, selbst wenn das Ergebnis der Beratungen und der entsprechende Aufsichtsratsbeschluss bereits veröffentlicht wurde oder keiner Geheimhaltung unterliegt.[678] Ableiten lässt sich aus der Verschwiegenheitspflicht gemäß § 116 S. 2 AktG zudem das Verbot für Aufsichtsratsmitglieder, ihre eigene Meinung, die sie im Aufsichtsratsgremium intern vertreten, sowie ihr eigenes Abstimmungsverhalten frei nach außen zu kommunizieren.[679] Das gilt selbst für mit der Aufsichtsratsmehrheit dissentierende Aufsichtsratsmitglieder: Zur Konfliktbewältigung sind auch für sie interne Maßnahmen das mildere und deshalb vorzugswürdige Mittel.[680] Für die Situation des Investorendialogs des Aufsichtsrats mit ausgewählten Kapitalgebern folgt daraus, sich vorwiegend in einem Bereich zu bewegen, der keine vertraulichen Angaben umfasst.[681] Dennoch ergibt sich ein gewisser Spielraum, weil die Verschwiegenheitspflicht nicht absolut gilt, sondern am Unternehmensinteresse

---

677 Zur Schweigepflicht über Verlauf und Abstimmungsergebnis von Aufsichtsratssitzungen und -verhandlungen etwa BGHZ 64, 325 (332); überdies *Veil*, ZHR 172 (2008), 239 (246); *Wilsing/von der Linden*, ZHR 178 (2014), 419 (419 f.); *Bachmann*, in: VGR, Gesellschaftsrecht 2016, 135 (163); vertiefend *Hengeler*, in: Fischer/Hefermehl, FS Schilling 1973, 175 (186 ff.); *Spindler*, in: Bergmann/Hoffmann-Becking/Noack, FS Seibert 2019, 855 (861).

678 *Wilsing/von der Linden*, ZHR 178 (2014), 419 (420, 426); *Bortenlänger*, BOARD 2014, 71 (71); *Bachmann*, in: VGR, Gesellschaftsrecht 2016, 135 (163). Dass der Gesetzgeber der Vertraulichkeit im Aufsichtsrat einen hohen Stellenwert zuweist, belegt schließlich auch die Regelung in § 109 Abs. 1 AktG über die beschränkte Teilnahme dritter Personen an Sitzungen, siehe *Vetter*, in: Aderhold/u.a., FS Westermann 2008, 1589 (1603); *Ihrig*, in: Börsen-Zeitung vom 29. Oktober 2016, S. 13.

679 Siehe hierzu m.w.N. *Habersack*, in: MüKo-AktG, § 116 Rn. 57 mit Fn. 175; *Spindler*, in: Spindler/Stilz, AktG, § 116 Rn. 12; *Hirt/Hopt/Mattheus*, AG 2016, 725 (737). A.A. *Säcker*, NJW 1986, 803 (807 ff.).

680 Vgl. zum Gang an die Öffentlichkeit als *ultima ratio Scholderer/v. Werder*, ZGR 2017, 865 (885, 909, 915).

681 *Hirt/Hopt/Mattheus*, AG 2016, 725 (737); *Schick*, WPg 2018, 1379 (1383) ist ebenfalls für den geheimnisfreien Bereich; *Spindler*, in: Bergmann/Hoffmann-Becking/Noack, FS Seibert 2019, 855 (861).

auszurichten ist.[682] Wie weit diese Überlegungen reichen, wird im sogleich folgenden Abschnitt B.I dieser Untersuchung für den Geheimnisschutz nach §§ 116 S. 1 i.V.m. 93 Abs. 1 S. 3 AktG untersucht, da sich insoweit keine Abweichungen ergeben.

B. Allgemeine gesellschafts- und kapitalmarktrechtliche Schranken

Über aufsichtsratsspezifische Schranken hinaus wird die Reichweite der Investorenkommunikation des Aufsichtsrats durch allgemeine gesellschafts- und kapitalmarktrechtliche Schranken begrenzt, die im Grunde deckungsgleich auch vom Vorstand bei seiner Kommunikation mit Investoren zu beachten sind.[683] Wesentlich sind die folgenden vier Elemente, die im Folgenden näher untersucht werden sollen: Erstens die Verschwiegenheitspflicht der Verwaltung, zweitens die Gleichbehandlung und Nachinformation der Aktionäre, drittens die kapitalmarktrechtliche Gleichbehandlung von Investoren und schließlich das im Aktiengesetz an nur wenigen Stellen angedeutete Gebot der inhaltlichen richtigen Darstellung.

I. Verschwiegenheitspflicht der Verwaltung

Bereits zuvor wurde die Verschwiegenheitspflicht der Aufsichtsratsmitglieder gemäß § 116 S. 2 AktG als aufsichtsratsspezifische Schranke und klarstellende Verdeutlichung der allgemeinen Verschwiegenheitspflicht hervorgehoben. Sie lässt letztere jedoch unberührt.[684] Dogmatisch handelt es sich bei der allgemeinen Verschwiegenheitspflicht um eine Ausprägung der organschaftlichen Treuepflicht, wonach unternehmensschädigende Indiskretionen von Vorstand

682 So auch *Holle*, ZIP 2019, 1895 (1899).

683 Hierzu *Breuer/Fraune*, in: Heidel, Aktienrecht, § 111 Rn. 29; *Habersack*, in: MüKo-AktG, § 116 Rn. 65-67; *Habersack*, in: Habersack/Henssler, Mitbestimmungsrecht, § 25 MitbestG Rn. 112a; *Fleischer/Bauer/Wansleben*, DB 2015, 360 (366) gehen von Deckungsgleichheit der Schranken der Kapitalmarktkommunikation des Vorstands auch bei Gesprächen zwischen Aufsichtsrat und Investor aus; dazu auch *Hirt/Hopt/Mattheus*, AG 2016, 725 (735); *Hopt*, ZGR 2019, 507 (526). Näher zu den Schranken der Kapitalmarktkommunikation des Vorstands bereits Fn. 207 dieser Untersuchung.

684 Auch die Begründung des RegE TransPuG, BTDrucks 14/8769, S. 18; *Habersack*, in: MüKo-AktG, § 116 Rn. 48; *Vetter*, in: Marsch-Barner/Schäfer, Hdb. börsennotierte AG, Rn. 29.13.

und Aufsichtsrat unzulässig sind.[685] Schließlich bestätigen §§ 116 S. 1 i.V.m. 93 Abs. 1 S. 3 AktG ausdrücklich, dass neben Vorstandsmitgliedern auch Aufsichtsratsmitglieder verpflichtet sind, über vertrauliche Angaben und Geheimnisse der Gesellschaft, namentlich Betriebs- oder Geschäftsgeheimnisse, die ihnen durch ihre Tätigkeit im Aufsichtsrat bekanntgeworden sind, Stillschweigen zu bewahren.[686] Wie bereits in Abschnitt A.III festgestellt wurde, sollten sich Investorendialoge des Aufsichtsrats deshalb im geheimnisfreien Bereich bewegen.[687] Wie weit dieser Bereich reicht und unter welchen Voraussetzungen Ausnahmen zulässig sind, ist nachfolgend genauer zu konturieren.

1. *Reichweite der Verschwiegenheitspflicht*

Geheimnisse der Gesellschaft sind alle nicht allgemein bekannten oder offenkundigen Tatsachen, an deren Geheimhaltung ein objektives Interesse des Unternehmens besteht.[688] Ebenso umfasst die Verschwiegenheitspflicht sonstige „vertrauliche Angaben". Darunter fallen sämtliche Umstände, deren Bekanntwerden sich für die Gesellschaft nachteilig auswirken können, mögen sie auch bereits bekannt und damit keine Geheimnisse (mehr) sein.[689] Umfasst werden

---

685 *Lutter*, Information und Vertraulichkeit im Aufsichtsrat, Rn. 408; *Vetter*, in: Marsch-Barner/Schäfer, Hdb. börsennotierte AG, Rn. 29.12; *Pitkowitz*, Praxishdb. Vorstands- und Aufsichtsratshaftung, § 4 Rn. 199; bereits *Säcker*, NJW 1986, 803 (803); *Schwintowski*, NJW 1990, 1009 (1011); dazu auch *Wilsing/von der Linden*, ZHR 178 (2014), 419 (422, 425); *Mülbert/Sajnovits*, NJW 2016, 2540 (2541); *Schaper*, AG 2018, 356 (359); *Spindler*, in: Bergmann/Hoffmann-Becking/Noack, FS Seibert 2019, 855 (856 ff.).

686 Vertiefend *Habersack*, in: MüKo-AktG, § 116 Rn. 52 ff.; *Lutter*, Information und Vertraulichkeit im Aufsichtsrat, Rn. 408 ff.; *Raiser/Veil*, Recht der Kapitalgesellschaften, § 15 Rn. 99; *Leyendecker-Langner*, NZG 2015, 44 (47); *Fleischer/Bauer/Wansleben*, DB 2015, 360 (366); *Schick*, WPg 2018, 1379 (1383); siehe auch *Hengeler*, in: Fischer/Hefermehl, FS Schilling 1973, 175; vgl. zudem *Heuser*, Shareholder Activism, S. 178.

687 *Veil*, ZHR 172 (2008), 239 (243 f.); *Hirt/Hopt/Mattheus*, AG 2016, 725 (737); *Schick*, WPg 2018, 1379 (1383).

688 BGHZ 64, 325 (329); *Habersack*, in: MüKo-AktG, § 93 Rn. 134 und § 116 Rn. 55; *Habersack*, in: Habersack/Henssler, Mitbestimmungsrecht, § 25 MitbestG Rn. 103; siehe auch die Definition von *Vetter*, in: Marsch-Barner/Schäfer, Hdb. börsennotierte AG, Rn. 29.18; *Wilsing/von der Linden*, ZHR 178 (2014), 419 (429); *Hirt/Hopt/Mattheus*, AG 2016, 725 (736); *Schaper*, AG 2018, 356 (358 f.).

689 *Habersack*, in: MüKo-AktG, § 93 Rn. 137 und § 116 Rn. 57; *Vetter*, in: Marsch-Barner/Schäfer, Hdb. börsennotierte AG, Rn. 29.19; *Veil*, ZHR 172 (2008), 239 (243 f.); *Wilsing/von der Linden*, ZHR 178 (2014), 419 (429); *Schaper*, AG 2018, 356 (358 f.).

von der Verschwiegenheitspflicht zudem vage Andeutungen, aus denen sich der Inhalt des vertraulichen Vorgangs ableiten lässt. Maßgeblich ist nicht, ob Mitglieder des Vorstands oder des Aufsichtsrats bestimmte Informationen ausdrücklich für vertraulich erklären oder subjektiv geheim halten wollen. Entscheidend für die Vertraulichkeit ist eine rein objektive Betrachtung aus einer *ex ante*-Sicht, bei der es insbesondere eine Rolle spielt, ob der Gesellschaft aus der Kommunikation ein materieller oder immaterieller Schaden bzw. ein Nachteil erwächst.[690]

Der Verschwiegenheitspflicht unterliegen neben den Vorstandsmitgliedern alle Aufsichtsratsmitglieder in gleicher Weise, ohne dass es darauf ankommt, durch wen sie entsandt oder gewählt wurden.[691] Die einzige, eng umgrenzte Durchbrechung dieses Grundsatzes findet sich in § 394 S. 1 AktG für diejenigen Aufsichtsratsmitglieder, die auf Veranlassung einer Gebietskörperschaft in den Aufsichtsrat gewählt oder entsandt worden sind.[692] Eine Entbindung einzelner Aufsichtsratsmitglieder von der Verschwiegenheitspflicht für einen gesamten Themenbereich ist nicht möglich.[693]

2. *Dispens von der Verschwiegenheitspflicht*

Die Verschwiegenheitspflicht ist keine absolute, starre Auskunftsschranke, sondern dient dem Gesellschaftsinteresse.[694] Entgegen des strengen Gesetzeswortlauts ist deshalb im Einzelfall der Dispens von der Verschwiegenheitspflicht zur Weitergabe von (bislang) vertraulichen Informationen erlaubt, wenn nach pflichtgemäßer Prüfung das Offenlegungsinteresse der Gesellschaft das

690 *Lutter*, Information und Vertraulichkeit im Aufsichtsrat, Rn. 409 ff.; auch *Noerr/Hering Schuppener/v. Werder*, Rolle des Aufsichtsrats in der Krisenkommunikation, S. 19.

691 *Spindler*, in: Spindler/Stilz, AktG, § 116 Rn. 103; *Vetter*, in: Marsch-Barner/Schäfer, Hdb. börsennotierte AG, Rn. 29.14; *Wilsing/von der Linden*, ZHR 178 (2014), 419 (420); *Schockenhoff/Culmann*, ZIP 2015, 297 (304); *Spindler*, in: Bergmann/Hoffmann-Becking/Noack, FS Seibert 2019, 855 (860). Speziell zu Geheimhaltungspflichten der Arbeitnehmervertreter im Aufsichtsrat *Keilich/Brummer*, BB 2012, 897.

692 Vertiefend zu diesem Informationsprivileg *Schürnbrand*, in: MüKo-AktG, § 394 Rn. 1 ff.; dazu auch *Meyer-Landrut*, ZGR 1976, 510 (514); *Koch*, AG 2017, 129 (139).

693 BGH, NJW 2016, 2569; *Spindler*, in: Spindler/Stilz, AktG, § 116 Rn. 102; *Schockenhoff/Culmann*, ZIP 2015, 297 (304).

694 So auch BGHZ 64, 325 (329); siehe auch *Linker/Zinger*, NZG 2002, 497 (499 f.); *Wilsing/von der Linden*, ZHR 178 (2014), 419 (430); *Hirt/Hopt/Mattheus*, AG 2016, 725(736); *Spindler*, in: Bergmann/Hoffmann-Becking/Noack, FS Seibert 2019, 855 (858).

widerstreitende Geheimhaltungsinteresse an der jeweiligen Information wegen eindeutiger Vorteile überwiegt.[695] Wann dies konkret der Fall ist, lässt sich abstrakt kaum bestimmen.[696] Die Sorgfaltspflicht der Verwaltungsmitglieder kann dann aber gebieten, nicht weiter zu schweigen, sondern nach außen zu kommunizieren.[697] Problematisch ist lediglich, wenn die Verschwiegenheitspflicht durch Dispensentscheidungen derart großzügig umgangen wird, dass ihr Kerngehalt faktisch ausgehöhlt ist. Pauschal objektiv konstruierte Unternehmensinteressen, die eine gewisse Relevanzschwelle nicht überschreiten, reichen für eine pflichtgemäße Rechtfertigung deshalb nicht aus.[698] Eine weitere Grenze der

---

695 Zum ungeschriebenen Vorbehalt unverzichtbarer Kommunikationserfordernisse im Interesse der Gesellschaft auch *Grigoleit/Tomasic*, in: Grigoleit, AktG, § 93 Rn. 50; *Fleischer*, in: Spindler/Stilz, AktG, § 93 Rn. 169; *Spindler*, in: MüKo-AktG, § 93 Rn. 150; *Dauner-Lieb*, in: Henssler/Strohn, Gesellschaftsrecht, AktG, § 93 Rn. 15; *Noerr/Hering Schuppener/v. Werder*, Rolle des Aufsichtsrats in der Krisenkommunikation, S. 19; auch bereits *Wilde*, ZGR 1998, 423 (460 f.); auch *Menke*, NZG 2004, 697 (698); bspw. kann bei anstehenden Großprojekten die Weitergabe von vertraulichen Informationen für die Zwecke einer Vorabstimmung mit wichtigen Aktionären zulässig sein, um die Erfolgsaussichten des Projekts zu sichern, bevor vergebliche Kosten investiert werden und evtl. ein öffentliches Scheitern der Maßnahme riskiert wird, dazu *Fleischer*, ZGR 2009, 505 (521 f., 526); *Fleischer/Bauer/Wansleben*, DB 2015, 360 (366 f.); *Hirt/Hopt/Mattheus*, AG 2016, 725 (736); *Koch*, AG 2017, 129 (139); *Scholderer/v. Werder*, ZGR 2017, 865 (883 f.); *Schaper*, AG 2018, 356 (359); *Holle*, ZIP 2019, 1895 (1899); *Spindler*, in: Bergmann/Hoffmann-Becking/Noack, FS Seibert 2019, 855 (858 f.); *Seibt*, in: Börsen-Zeitung vom 17. Juni 2017, S. 9.

696 Vgl. BGHZ 64, 325 (327); *Spindler*, in: Bergmann/Hoffmann-Becking/Noack, FS Seibert 2019, 855 (858).

697 Speziell zur Verschwiegenheitspflicht des Aufsichtsrats BGHZ 64, 325 (331), wonach es im Unternehmensinteresse und im Einzelfall notwendig werden kann, interne Aufsichtsratsangelegenheiten mit Einzelpersonen oder auch öffentlich zu erörtern, um „Mißverständnisse auszuräumen, Gerüchten entgegenzutreten, Unruhen zu vermeiden oder sonst die Beziehungen und das Bild der Gesellschaft nach innen und nach außen günstig zu beeinflussen."; auch *Noerr/Hering Schuppener/v. Werder*, Rolle des Aufsichtsrats in der Krisenkommunikation, S. 19; *Schilha/Theusinger*, NZG 2019, 521 (524).

698 Nach *Bachmann*, in: VGR, Gesellschaftsrecht 2016, 135 (163) reicht daher nicht, wenn man darauf abstellt, dass ein Gedankenaustausch mit Investoren generell im Interesse der Gesellschaft liegt; in diesem Sinne auch *Koch*, AG 2017, 129 (139), der es ebenfalls für nicht ausreichend erachtet, pauschal zu begründen, dass gute Investorenkontakte auch gut für die Gesellschaft sind; schließlich reicht es für *Spindler*, in: Bergmann/Hoffmann-Becking/Noack, FS Seibert 2019, 855 (859) nicht aus, wenn versucht wird,

Selbstbefreiung liegt wiederum dort, wo es sich um Insiderinformationen handelt, weil deren Offenlegung einen Verstoß gegen das Verbot in Art. 14 MMVO darstellt.[699]

Offen war bislang, ob ausschließlich der Vorstand für die Befreiung von der Verschwiegenheitspflicht zuständig ist oder auch der Aufsichtsrat befugt ist, darüber zu befinden. Traditionell gilt nur der Vorstand als alleiniger „Herr der Geschäftsgeheimnisse".[700] Inzwischen ist jedoch anerkannt, dass auch der Aufsichtsrat dispositionsbefugt ist, wenn es um Inhalte aus seinem eigenen Kompetenzbereich geht.[701] Folgt man dem, hat der Gesamtaufsichtsrat nach

---

Informationsweitergaben mit dem Interesse an einem soliden Aktionärskreis oder dem Anziehen potenzieller Investoren zu rechtfertigen.

699 Hierzu noch in § 4.B.III.2 dieser Untersuchung.

700 Offengelassen von BGHZ 64, 325 (329). Hierfür *Spindler*, in: MüKo-AktG, § 93 Rn. 136; vgl. auch *Lutter*, Information und Vertraulichkeit im Aufsichtsrat, Rn. 429, 586; dazu auch *Meyer-Landrut*, ZGR 1976, 510 (512); *Vollhard*, GRUR 1980, 496 (498); *Säcker*, NJW 1986, 803 (805); *Menke*, NZG 2004, 697 (698); *Hirt/Hopt/Mattheus*, AG 2016, 725 (737); *Wilsing/von der Linden*, ZHR 178 (2014), 419 (431 f.); *Mülbert/Sajnovits*, NJW 2016, 2540 (2542); *Bachmann*, in: VGR, Gesellschaftsrecht 2016, 135 (163); *DAV-Handelsrechtsausschuss*, NZG 2017, 57 (59); *Hopt*, ECGI Law Working Paper 365/2017, S. 8; *Schaper*, AG 2018, 356 (359); *Schick*, WPg 2018, 1379 (1383); *Spindler*, in: Bergmann/Hoffmann-Becking/Noack, FS Seibert 2019, 855 (857, 861, 865).

701 Vgl. zwei Entscheidungen des BGH, wonach sich der Aufsichtsrat im Einzelfall von seiner Verschwiegenheitspflicht befreien kann, BGHZ 193, 110 (121); BGHZ 196, 195 (206 f.). Siehe zudem BGH, NJW 2016, 2569 (2571), hierzu *Habersack*, DB 2016, 1551. Aus dem Schrifttum darüber hinaus *Habersack*, in: MüKo-AktG, § 116 Rn. 65; *Breuer/Fraune*, in: Heidel, Aktienrecht, § 116 Rn. 17; *Israel*, in: Bürgers/Körber, Aktiengesetz, § 116 Rn. 20; *Noerr/Hering Schuppener/v. Werder*, Rolle des Aufsichtsrats in der Krisenkommunikation, S. 19; *Leyendecker-Langner*, NZG 2015, 44 (47); *Fleischer/Bauer/Wansleben*, DB 2015, 360 (367); *Kocher*, Journal of International Banking Law and Regulation 30.7 (2015), 402 (405); *Hirt/Hopt/Mattheus*, AG 2016, 725 (736 f.); *Mülbert/Sajnovits*, NJW 2016, 2540 (2542); *Bachmann*, in: VGR, Gesellschaftsrecht 2016, 135 (163); *Krämer*, AR 2017, 18 (19); *Schick*, WPg 2018, 1379 (1383); *Schaper*, AG 2018, 356 (359 f.); *Spindler*, in: Bergmann/Hoffmann-Becking/Noack, FS Seibert 2019, 855 (861); *Landsittel*, Investorenkommunikation, S. 253 f.; *Seibt*, in: Börsen-Zeitung vom 17. Juni 2017, S. 9. *Linker/Zinger*, NZG 2002, 497 (497, 502) erlauben den Dispens nur, wenn der Aufsichtsrat die Gesellschaft gerichtlich und außergerichtlich vertritt. *Wilsing/von der Linden*, ZHR 178 (2014), 419 (432 ff.) lassen Dispensentscheidungen des Aufsichtsrats nur dann zu, wenn er ausnahmsweise geschäftsführend tätig wird. Mit Bedenken *Koch*, AG 2017, 129 (139), insbesondere weil die Übertragung der oben genannten BGH-Rechtsprechung wegen deren besonderen Fallkonstellationen auf eine umfassende Zuständigkeit für sämtliche Geschäftsgeheimnisse aus der Sphäre

pflichtgemäßer Prüfung über den Dispens von der Verschwiegenheitspflicht im Rahmen einer autonomen unternehmerischen Ermessensentscheidung durch Beschluss zu entscheiden und entsprechende Informationen erst danach in Investorengesprächen weiterzugeben.[702] Der Dispens von der Vertraulichkeit muss hierbei nicht ausdrücklich zum Gegenstand der Beschlussfassung über bestimmte Kommunikationsinhalte gemacht werden, sollte sich aber zumindest konkludent hieraus ergeben.[703] Ohnehin sollte der gesamte Prozess begründet und für Nachweiszwecke sorgfältig dokumentiert werden.[704] Schließlich hat der Aufsichtsrat bei einer Befreiung von der Verschwiegenheitspflicht gegenüber dem primär für die Investorenkommunikation zuständigen Vorstand besondere Zurückhaltung zu wahren, wenn es um Themen geht, bei denen die Bereichsgrenzen zwischen Vorstand und Aufsichtsrat nicht trennscharf sind oder eindeutig gezogen werden können.[705]

II. Gleichbehandlung und Nachinformation der Aktionäre

Der Investorendialog ist als Kommunikationsform durch Informationsweitergaben an selektiv ausgewählte institutionelle Investoren gekennzeichnet, wobei

---

des Aufsichtsrats zu weit gehe. Dagegen ist etwa *Vollhard*, GRUR 1980, 496 (498); auch *Hengeler*, in: Fischer/Hefermehl, FS Schilling 1973, 175 (182), wonach dem Aufsichtsrat oder einzelnen Aufsichtsratsmitgliedern nicht das Recht zusteht, ein Geheimnis aus der Verschwiegenheitspflicht herauszunehmen.

702 Hierfür *Spindler*, in: Spindler/Stilz, AktG, § 116 Rn. 102, 106; *Breuer/Fraune*, in: Heidel, Aktienrecht, § 116 Rn. 17; *Grigoleit/Tomasic*, in: Grigoleit, AktG, § 111 Rn. 73; *Noerr/Hering Schuppener/v. Werder*, Rolle des Aufsichtsrats in der Krisenkommunikation, S. 20, 23; *Wilsing/von der Linden*, ZHR 178 (2014), 419 (440); *Leyendecker-Langner*, NZG 2015, 44 (47); *Fleischer/Bauer/Wansleben*, DB 2015, 360 (367); *Kocher*, Journal of International Banking Law and Regulation 30.7 (2015), 402 (405); *Hirt/Hopt/Mattheus*, AG 2016, 725 (736 f.); *Mülbert/Sajnovits*, NJW 2016, 2540 (2542); *Bachmann*, in: VGR, Gesellschaftsrecht 2016, 135 (163 f., 173); *Schaper*, AG 2018, 356 (360); *Schick*, WPg 2018, 1379 (1383); *Schilha/Theusinger*, NZG 2019, 521 (524); *Holle*, ZIP 2019, 1895 (1900). A.A. *Lutter*, Information und Vertraulichkeit im Aufsichtsrat, Rn. 431 f.: Er befürwortet zwar, dass der Aufsichtsrat in seinem Zuständigkeitsbereich entscheidet. Die Bekanntgabe nach außen soll aber nicht durch den Aufsichtsrat selbst erfolgen, sondern durch den Vorstand als das Außenorgan der Gesellschaft nach „Freigabe" durch den Aufsichtsrat.

703 Auch *Noerr/Hering Schuppener/v. Werder*, Rolle des Aufsichtsrats in der Krisenkommunikation, S. 20.

704 Vgl. *Schiessl*, AG 2009, 385 (390).

705 Auch bei *Hirt/Hopt/Mattheus*, AG 2016, 725 (737); *Schaper*, AG 2018, 356 (360).

Klein- und Privatanlegern in der Regel ein Gespräch mit dem Vorstands- oder Aufsichtsratsorgan nicht ermöglicht wird.[706] Sie werden damit im Verhältnis zu ihren wirtschaftlich besonders einflussreichen Mitanteilsinhabern nicht nur im Hinblick auf die konkrete Form des Informationszugangs ungleich behandelt, sondern meist – mit Blick auf die strengen Vorgaben des Insiderrechts jedenfalls unterhalb der Schwelle kursrelevanter Informationen[707] – informationell benachteiligt.[708] Dass zusätzlich zum Vorstand auch der Aufsichtsrat in Investorengesprächen auftritt, wirft deshalb eine ganze Reihe ungeklärter Fragen mit Bezug auf die Gewähr der (informationellen) Gleichbehandlung der Aktionäre auf.[709] Die folgenden Ausführungen orientieren sich zunächst

---

706 Nachweise hierzu bereits in Fn. 38 dieser Untersuchung.

707 Zum Insiderhandelsverbot noch in § 4.B.III.2 dieser Untersuchung.

708 Zu beiden Formen der Ungleichbehandlung *Grigoleit/Tomasic*, in: Grigoleit, AktG, § 111 Rn. 73 f.; auch schon *Wilsing*, ZGR 2012, 291 (299); *Schneider*, ZGR 2012, 518 (525); *Mosca*, ECFR 2018, 805 (827); *Holle*, ZIP 2019, 1895 (1899); *Herz*, NZG 2020, 285 (287); auch *Zetzsche*, Aktionärsinformation, S. 372, der mit Blick auf Gleichheitsprobleme bei selektiven Informationen an professionelle Marktteilnehmer ebenfalls zwischen einer „*formell* asymmetrischen Information durch separierte Informationswege" und einer „*materiell* selektiven Information" trennt.

709 *Hirt/Hopt/Mattheus*, AG 2016, 725 (737); *Mense/Klie*, BB 2017, 771 (773). Vgl. auch bereits *Habersack*, Gutachten 69. DJT, E 88; *Hommelhoff*, in: VGR, Gesellschaftsrecht 2011, 175 (186), der anmahnt, dass ein privilegierter Investorendialog nur unter penibler Befolgung des Gebots informationeller Gleichbehandlung aller Aktionäre tolerabel ist; *Cahn/v. Spannenberg*, in: Spindler/Stilz, AktG, § 53a Rn. 20 dazu: „Nicht unproblematisch". Vgl. darüber hinaus *Hopt/Leyens*, ZGR 2019, 929 (995): „Gleichbehandlung der Aktionäre auch bei den Informationen ist richtig, aber angesichts der internationalen Erfahrungen mit dem Bedürfnis nach einem unterjährigen Investorendialog praktisch nicht leicht umsetzbar."; *Ruhwedel/Weitzel*, AR 2018, 69 (71) konstatieren in ihrem Beitrag, dass die informationelle Gleichbehandlung der Aktionäre bei Aufsichtsratsgesprächen mit Investoren nicht gewährleistet sei. Kritisch *Koch*, AG 2017, 129 (130, insbesondere auf 137): „Die[] ohnehin schon bedenkliche Praxis [des Investorendialogs des Vorstands] nunmehr mit gleicher Großzügigkeit auf den Aufsichtsrat zu übertragen, vertieft die Diskrepanz zu den aktienrechtlichen Vorgaben [des § 53a AktG]. Der Grad der Ungleichbehandlung wird wesentlich intensiviert, wenn man es nicht mehr nur einem Organ gestattet, einzelne Aktionäre bevorzugt zu behandeln, sondern diese Möglichkeit auch einem zweiten Organ eröffnet."; hierzu auch *Herz*, NZG 2020, 285 (291); vgl. *Franken/Heinsius*, in: Förschle/Kaiser/Moxter, FS Budde 1995, 213 (217, 219-221). Mit Bedenken hinsichtlich des Prinzips *fair disclosure* zudem *Faber*, in: Hommelhoff/Hopt/v. Werder, Hdb. Corporate Governance, 219 (230). Vertiefend zum Umgang mit Informationsvorsprüngen von Großaktionären und professionellen Marktteilnehmern aufgrund selektiver Information *Zetzsche*,

am verbandsrechtlichen Gleichbehandlungsgebot gemäß § 53a AktG und dem erweiterten Auskunftsrecht gemäß § 131 Abs. 4 S. 1 AktG. Sodann werden zwei für die (informationelle) Gleichbehandlung von Aktionären relevante Regeln im DCGK hervorgehoben. Abschließend wird zu überlegen sein, inwieweit sich eine erhöhte freiwillige Transparenz der Verwaltung über die Inhalte von nicht-öffentlichen Investorengesprächen anbietet, um Informationsasymmetrien zwischen den Prinzipalen bestmöglich auszugleichen.

1. *Gleichbehandlungsgebot gemäß § 53a AktG*

Mit Blick auf die Auswahl der Teilnehmer des Investorengesprächs einerseits und einen privilegierenden Informationsfluss an einzelne Aktionäre andererseits ist die Zulässigkeit einer Ungleichbehandlung vor allem am aktienrechtlichen Gleichbehandlungsgebot gemäß § 53a AktG zu messen.[710] Danach sind Aktionäre „unter gleichen Voraussetzungen gleich zu behandeln". *Telos* der Regelung ist der Schutz der Mitgliedschaft des einzelnen Aktionärs gegen Eingriffe von Gesellschaftsorganen durch eine sachwidrige Differenzierung.[711] Ausgedrückt

---

Aktionärsinformation, S. 365 ff., 371 ff. Vgl. aus europäischer Perspektive *Mosca*, ECFR 2018, 805 (809, 826 ff.).

710 Dazu z.B. *Grigoleit/Tomasic*, in: Grigoleit, AktG, § 111 Rn. 73 f.; *Vetter*, AG 2014, 387 (392); *Vetter*, AG 2016, 873 (875, 877); *Hirt/Hopt/Mattheus*, AG 2016, 725 (737); *Koch*, AG 2017, 129 (136 f.); *Leyens*, ZGR 2019, 544 (576) betont die Verbindung zu § 131 Abs. 4 AktG; vgl. auch etwa *Herz*, NZG 2020, 285 (285 f.). Dagegen betont *Zetzsche*, AG 2019, 701 wegen der fehlenden Schärfe der Vorschrift, dass sie „für eine nuancierte Detailsteuerung informationsrechtlicher Fragen, wie etwa die Frage, ob und wann Vorstand und Aufsichtsrat Investoren treffen dürfen und worüber mit diesen gesprochen werden darf, ungeeignet" ist. Er reichert seine Argumentation zudem mit dem Hinweis an, dass die Rechtsprechung – soweit ersichtlich – § 53a AktG bislang nicht auf Informationsflüsse zwischen Verwaltung und Aktionariat angewendet hat, prüft § 53a AktG auf einen informationellen Gehalt nach den gängigen Auslegungsparametern und lehnt einen solchen im Ergebnis ab; vertiefend *Zetzsche*, Aktionärsinformation, S. 280 ff.

711 Statt vieler zum verbandsrechtlichen Gleichbehandlungsgebot *Henze/Notz*, in: Groß-Komm/AktG, § 53a Rn. 26 ff.; *Lange*, in: Henssler/Strohn, Gesellschaftsrecht, AktG, § 53a Rn. 1 ff. Speziell zur Herleitung des Gleichbehandlungsprinzips noch vor Kodifizierung des § 53a AktG im Jahr 1978, vgl. BGBl 1978, Teil 1, 1959 (1969), bereits *Voges*, AG 1975, 197; *Henn*, AG 1985, 240. Näher zu den entsprechenden Vorgaben in der Gesellschaftsrechts-, Transparenz-, und Aktionärsrechterichtlinie *Habersack/Verse*, Europäisches Gesellschaftsrecht, § 6 Rn. 91 f.; *Strampelli*, Virginia Law and Business Review 12.2 (2018), 187 (220 f.).

ist darin zudem die Treuepflicht der Gesellschaft gegenüber ihren Aktionären.[712] Dogmatisch handelt es sich um ein relatives Gleichbehandlungsgebot, das nur eine sachlich nicht gerechtfertigte Ungleichbehandlung verbietet.[713] So sieht es auch der BGH, der eine Ungleichbehandlung erlaubt, „wenn sie sachlich berechtigt bzw. nicht sachwidrig ist und damit nicht den Charakter der Willkür trägt."[714] Eine absolute, schematische Neutralitätspflicht ist mit dem aktienrechtlichen Gleichbehandlungsgebot demnach nicht verbunden.[715] Deshalb sind auch Investorengespräche, die an der Hauptversammlungsöffentlichkeit vorbeigehen und in denen nur ausgewählten Kapitalgebern Gelegenheit zum eingehenden Gedankenaustausch mit der Verwaltung gegeben wird, nicht *per se* unzulässig.[716] Welche Anforderungen von der Verwaltung konkret beachtet werden müssen, um das Gleichbehandlungsgebot der Aktionäre zu wahren, wird indes unterschiedlich beurteilt. Im Folgenden sollen zunächst die in der Literatur bislang vertretenen Lösungsansätze herausgearbeitet werden. Anschließend gilt es mit Blick auf das Unternehmensinteresse und das zunehmend regulatorisch geforderte Stewardship-Engagement institutioneller Investoren zu überlegen, inwieweit sich ein neues Kriterium für die Auswahl der Gesprächspartner und eine informationelle Privilegierung von institutionellen Investoren anbietet,

---

712 *Janssen*, in: Heidel, Aktienrecht, § 53a Rn. 26; *Herz*, NZG 2020, 285 (286). Näher zum Verhältnis des Gleichbehandlungsgrundsatzes zur Treuepflicht *Verse*, Der Gleichbehandlungsgrundsatz, S. 87-93.

713 Hierzu etwa *Janssen*, in: Heidel, Aktienrecht, § 53a Rn. 4; *Fleischer*, ZGR 2009, 505 (520); *Schockenhoff/Culmann*, ZIP 2015, 297 (300); *Zetzsche*, AG 2019, 701 (702).

714 Zitat aus BGH, ZIP 2018, 1586 (1589 f.); zuvor aber bspw. schon BGHZ 33, 175 (186); BGHZ 44, 245 (256).

715 So bereits *Boesebeck*, AG 1963, 89 (91); *Janberg*, AG 1965, 191 (193); auch *Seibt*, ZGR 2006, 501 (508 f.); zu marktrechtlichen Gleichbehandlungspflichten und insoweit allgemeiner *Bachmann*, ZHR 170 (2006), 144 (173); *Fleischer*, ZGR 2009, 505 (520); ausdrücklich *Bachmann*, WM 2013, 2009 (2014): „[E]s ist anerkannt, dass der Grundsatz informationeller Gleichbehandlung keine strikte Egalität gebietet."; *Weber-Rey/Reps*, ZGR 2013, 597 (610, 612 und 628 f.); *Bachmann*, in: Grundmann/u.a., FS Schwark 2009, 331 (338).

716 Siehe bereits Fn. 199 dieser Untersuchung. Für Investorenkontakte des Vorstands bspw. *Schaefer*, NZG 2007, 900 (901); *Schaefer*, AR 2008, 42; ebenso *Schockenhoff/Culmann*, ZIP 2015, 297 (300); vgl. zudem die Ausführungen von *Claussen*, in: FS Schmidt 2009, 217 (226 f.); ebenfalls *Landsittel*, Investorenkommunikation, S. 111. Zu Aufsichtsratsgesprächen etwa *Kocher*, Journal of International Banking Law and Regulation 30.7 (2015), 402 (404). Aus europäischer Perspektive *Mosca*, ECFR 2018, 805 (827).

die mit einem Stewardship-Anliegen an die Gesellschaft herantreten. In diesem Zusammenhang soll zudem die Frage beantwortet werden, ob über eine nur punktuell-anlassbezogene informationelle Sonderbehandlung hinaus auch eine dauerhafte Privilegierung einzelner Stewardship-Aktionäre durch institutionalisierte Investorengespräche zulässig ist.

a) Keine Preisgabe neuer, nicht öffentlich bekannter Informationen

Um eine informationelle Gleichbehandlung der Aktionäre sicherzustellen, wurde vorgeschlagen, in Investorengesprächen ausschließlich bekannte Informationen zu erläutern und zu vertiefen sowie entstandene Missverständnisse auszuräumen, ohne jedoch neue, bislang nicht öffentlich bekannte Informationen preiszugeben.[717] Obwohl Informationsvorsprünge einzelner Aktionäre damit weitgehend verhindert werden, gelingt jedoch nicht, die Ungleichbehandlung der Aktionäre bezüglich der Auswahl der Gesprächsteilnehmer und der nur ihnen ermöglichten persönlichen Form der Kommunikation aufzuheben.

b) Vortrag eines substantiellen Informationsbegehrens

Im Schrifttum wird ein Verstoß gegen § 53a AktG vereinzelt auch bereits deshalb abgelehnt, weil nicht alle Aktionäre um persönliche Einzelgespräche in gleicher Form bitten, sodass kein vergleichbarer Sachverhalt vorliegt, der eine Gleichbehandlung erfordert.[718] Der substantielle Aktionärsvortrag, Informationszugang in der Form eines Investorengesprächs zu begehren, ist jedoch ein wenig

---

717 Ähnlich *Fleischer*, ZGR 2009, 505 (525 f.), der sich jedoch aber darauf beschränkt, dass keine kursrelevanten Neuigkeiten preisgegeben werden; siehe auch *Hopt*, ECGI Law Working Paper 365/2017, S. 10; *Schneider/Singhof*, in: Hönn/Konzen/Kreutz, FS Kraft 1998, 585 (599 f.), nach denen die selektive Information von Aktionären über nicht öffentlich bekannte Tatsachen wegen Verletzung des Grundsatzes der Gleichbehandlung unzulässig ist und Unternehmen verpflichtet sind, diese Informationen zeitgleich breitflächig – etwa über das Internet – bekanntzumachen (vgl. hierzu aber auch die Bewertung von *Drygala*, WM 2001, 1313 (1322), der Schneider und Singhof wegen der Gefahr der Informationsüberflutung bei Fehlen einer Relevanzschwelle, der *free rider*-Problematik und der ausdrücklichen Regelung in § 131 Abs. 4 AktG, die als eine abschließende Regelung des Problems gerade auch im Verhältnis zu § 53a AktG gedacht sei, nicht folgt); zum Vermeiden jeglicher Informationsasymmetrie, um den Pflichten aus dem Gleichbehandlungsgebot nachzukommen auch *Zetzsche*, Aktionärsinformation, S. 342; vgl. zudem *Heuser*, Shareholder Activism, S. 177.

718 Hierzu *Laubert*, in: Hölters, AktG, § 53a Rn. 6; *Schockenhoff/Culmann*, ZIP 2015, 297 (300).

geeignetes Differenzierungskriterium. Jedenfalls wäre es den übrigen (Klein-) Anlegern ohne größere Schwierigkeiten möglich, ebenfalls Gesprächsanfragen an das Unternehmen zu richten. Berücksichtigt werden mit dieser Unterscheidung unter Gleichbehandlungsgesichtspunkten auch nicht diejenigen Fälle, in denen Unternehmen proaktiv an Aktionäre herantreten und von sich aus Gesprächsbereitschaft anbieten.

c) Prüfung der Verhältnismäßigkeit durch die Verwaltung

Investorengespräche mit selektiv ausgewählten Aktionären und sie privilegierende Informationsweitergaben sind deshalb in der Regel damit zu begründen, dass sie das Ergebnis einer sachgerechten Entscheidung sind, bei der eine Ungleichbehandlung der Aktionäre gemessen am Unternehmensinteresse geeignet und erforderlich ist und die betroffenen Aktionäre nicht unverhältnismäßig beeinträchtigt.[719] Eine informationelle Sonderbehandlung ausgewählter Investoren ist danach also eine sachlich differenzierte, zugleich „bewegliche" Einzelfallentscheidung der Verwaltung.[720] Bei Vorstandsgesprächen ist sie als Ausfluss des Leitungsermessens und dessen Grenzen, §§ 76 Abs. 1, 93 Abs. 1 AktG, allein vom Vorstand zu treffen. Bei Investorengesprächen des Aufsichtsrats trifft das Kontrollorgan eine eigene Entscheidung über die sachliche Rechtfertigung einer Ungleichbehandlung.[721]

aa) Keine pauschale Vergleichsgruppenbildung

Hierbei ist es nach bislang herrschender Ansicht nicht ausreichend, die Auswahl der Gesprächspartner allein anhand verschiedener Aktionärsgruppen, vor allem anhand der pauschalen Trennung zwischen wesentlich beteiligten

---

719 *Cahn/v. Spannenberg*, in: Spindler/Stilz, AktG, § 53a Rn. 19; *Janssen*, in: Heidel, Aktienrecht, § 53a Rn. 16; *Lange*, in: Henssler/Strohn, Gesellschaftsrecht, AktG, § 53a Rn. 6; *Zitzmann/Fischer/Decker*, in: Kirchhoff/Piwinger, Praxishdb. Investor Relations, 93 (135); *Seibt*, ZGR 2006, 501 (509); *Fleischer*, ZGR 2009, 505 (521 ff.); vgl. *Kocher*, Der Konzern 2008, 611 (612); *Hirt/Hopt/Mattheus*, AG 2016, 725 (737); *Bachmann*, in: VGR, Gesellschaftsrecht 2016, 135 (167); *Herz*, NZG 2020, 285 (285, 291); *Verse*, Der Gleichbehandlungsgrundsatz, S. 252-307.

720 *Bachmann*, in: VGR, Gesellschaftsrecht 2016, 135 (166 f.); *Herz*, NZG 2020, 285 (285, 287 f.).

721 *Leyendecker-Langner*, NZG 2015, 44 (47); *Fleischer/Bauer/Wansleben*, DB 2015, 360 (366); *Koch*, AG 2017, 129 (137); *Ihrig*, in: Börsen-Zeitung vom 29. Oktober 2016, S. 13.

Großaktionären und Kleinaktionären, zu treffen.[722] § 53a AktG sieht eine solche Trennung nicht vor. Auch allgemein differenziert das Aktiengesetz nicht zwischen unterschiedlichen Prinzipalen, sondern geht im Grundsatz von den gleichen Rechten und Pflichten aller Aktionäre aus.[723] Lediglich an den Umfang der Beteiligung knüpft das Gesetz weitergehende rechtlichen Folgen, wie etwa an die Schwelle von 1% des Grundkapitals zur Ausübung von Minderheitsrechten oder unter Verweis auf die §§ 33 ff. WpHG an die Schwelle von 3% oder 5%.[724] Aber auch eine Auswahlschwelle bereits allein aufgrund der Höhe der Kapitalbeteiligung wird bislang im Schrifttum zu § 53a AktG für zu pauschal und unzulässig erachtet.[725] Jüngst wollen einige Stimmen hiervon Ausnahmen

---

722 *Joussen*, DB 1994, 2485 (2486); *Fleischer*, ZGR 2009, 505 (523 ff., 529); *Bachmann*, in: VGR, Gesellschaftsrecht 2016, 135 (165): „Die Eigenschaft des Großaktionärs als solche rechtfertigt nach h.M. keine Vorzugsbehandlung."; *Herz*, NZG 2020, 285 (288 f.); *Hoffmann-Becking*, in: Pfeiffer/Wiese/Zimmermann, FS Rowedder 1994, 155 (166 f.). A.A. sind *Boesebeck*, AG 1963, 89 (92); *Janberg*, AG 1965, 191 (193); *Schockenhoff/Nußbaum*, AG 2019, 321 (328 f.); *Seibt*, in: Börsen-Zeitung vom 17. Juni 2017, S. 9. Zum Streitstand und m.w.N. *Verse*, Der Gleichbehandlungsgrundsatz, S. 214 ff., 534 ff.; *Zetzsche*, Aktionärsinformation, S. 365 f.; *Heuser*, Shareholder Activism, S. 177; auch *Faure*, Verantwortung institutioneller Aktionäre, S. 194 ff. *De lege ferenda* wurde in einem älteren Festschriftenbeitrag von *Duden*, in: Ficker/u.a., FS Caemmerer 1978, 499 (512 f.) zur Diskussion angestoßen, ob ein zusätzliches Informationsrecht und eine bevorzugte Information von Großaktionären sinnvoll sei. Er schlug vor, das Informationsprivileg insbesondere auf jene Aktionäre zu beschränken, die Repräsentanten in den Aufsichtsrat entsenden; hierzu auch *Fleischer*, ZGR 2009, 505 (528 f.).

723 Das Gesetz trennt zwar Gründer- und Nichtgründeraktionäre, § 28 AktG. Ebenso könnte zwischen Vorzugsaktionären, § 140 AktG, und stimmberechtigten Aktionären unterschieden werden. Daneben existieren Hauptaktionäre, Paketaktionäre, Großaktionäre, Ankeraktionäre oder Minderheitsaktionäre, Kleinaktionäre, Alleinaktionäre, Belegschaftsaktionäre, Publikumsaktionäre oder Streubesitzaktionäre, ohne dass das Gesetz eine terminologische Unterscheidung trifft oder sie voneinander differenziert, vgl. *Hein*, Die Stewardship-Verantwortung, S. 55 ff.

724 Vgl. *Veil*, ZHR 172 (2008), 239 (265); *Schneider/Singhof*, in: Hönn/Konzen/Kreutz, FS Kraft 1998, 585 (602) gehen bspw. davon aus, dass die Offenlegungspflichten für die Frage, welche Aktionäre als Aktionäre mit wesentlicher Beteiligung anzusehen sind, „einen guten Anhaltspunkt" liefern.

725 *Cahn/v. Spannenberg*, in: Spindler/Stilz, AktG, § 53a Rn. 13; *Noerr/Hering Schuppener/v. Werder*, Rolle des Aufsichtsrats in der Krisenkommunikation, S. 22; so auch zunächst *Bachmann*, in: VGR, Gesellschaftsrecht 2016, 135 (165); *Holle*, ZIP 2019, 1895 (1899).

zulassen, indem sie ein Teilnahmerecht von Aktionären am Investorendialog ab einer Beteiligungsschwelle von 1% konstruieren.[726] Anknüpfung bietet hierfür der Gedanke der effizienten Ungleichbehandlung, wonach es regelmäßig im Interesse der Gesellschaft sein wird, einflussreiche Großaktionäre – etwa durch Investorengespräche – zu bevorzugen, im Gegensatz aber Kleinaktionären, die eine geringere Bedeutung für das Unternehmen haben, diese Möglichkeit nicht zu gewähren.[727] Dem durchaus pragmatischen Vorschlag, für die Auswahl der Dialogpartner auf eine abstrakte Höhe der Kapitalbeteiligung abzustellen, wird in dieser Untersuchung nicht gefolgt.[728] Dagegen spricht in erster Linie, dass damit zu weitgehend Flexibilität für unternehmensspezifische Gestaltungsmöglichkeiten verloren geht.[729]

---

726 *DAI/McKinsey*, Investorendialog im Umbruch, S. 38 f. setzen die Grenze bspw. bei 5%. Mit rechtspolitischem Blick auf die Beteiligung von „Ankerinvestoren", die in der Regel eine Beteiligung von 5% bis 30% der Stimmrechte halten, wobei auch eine Beteiligung unter 5% in Einzelfällen ausreichen könne, *Weber-Rey/Reps*, ZGR 2013, 597 (602 f., 639). Siehe vor allem auch *Bachmann*, in: VGR, Gesellschaftsrecht 2016, 135 (168), der ein Teilnahmerecht am Investorendialog ab einer Beteiligungsschwelle von 1% empfiehlt und nur unterhalb einer Schwelle von 1% des Grundkapitals ein Ermessen der Verwaltung nach sachlichen Kriterien für die Auswahl der Gesprächspartner und dabei die grobe Orientierung an der einschlägigen Verwaltungsrechtsprechung zur Kontrolle von Auswahlentscheidungen (vgl. seine Fn. 109) befürwortet; für eine Schwelle von 1% als verallgemeinerungsfähige Leitlinie ist zudem *Degenhart*, AR 2017, 100 (101); repetierend *Holle*, ZIP 2019, 1895 (1899); auch *Ebrahimzadeh*, Investorendialog des Aufsichtsrats, S. 230 f. Ohne Bezug zu einem konkreten Schwellenwert *Krämer*, AR 2017, 18 (19); ohne Begrenzung auf einen mathematisch genau bestimmten Prozentsatz, aber mit der Begrenzung auf „wesentliche Investoren" außerdem *Schilha/Theusinger*, NZG 2019, 521 (524).

727 Zur These effizienter Ungleichbehandlung ausdrücklich *Fleischer*, ZGR 2009, 505 (523 ff., im Besonderen Fn. 114 und 118); *Herz*, NZG 2020, 285 (288 mit Fn. 46); auch *Ruffner*, Die ökonomischen Grundlagen eines Rechts der Publikumsgesellschaft, S. 263-265; *Faure*, Verantwortung institutioneller Aktionäre, S. 194 f. Vgl. darüber hinaus *Noerr/Hering Schuppener/v. Werder*, Rolle des Aufsichtsrats in der Krisenkommunikation, S. 22 f.; *Hirt/Hopt/Mattheus*, AG 2016, 725 (737); *Schaefer*, NZG 2007, 900 (901); *Inci*, Shareholder Engagement, S. 141 f. Weiterführend *Klöhn*, in: Burgard/u.a., FS Schneider 2011, 633 (640 f.), der betont, dass „ein Maß „effektiver Ungleichbehandlung" die Integrität des Kapitalmarkts stärkt."

728 Ebenso *Noerr/Hering Schuppener/v. Werder*, Rolle des Aufsichtsrats in der Krisenkommunikation, S. 23.

729 Hierzu *Verse*, Der Gleichbehandlungsgrundsatz, S. 270-278. Speziell mit Blick auf Aufsichtsratsgespräche *Koch*, AG 2017, 129 (139), demnach Aufsichtsräte im Grundsatz

bb) Sachlich hinreichend differenzierte Rechtfertigung

Notwendig wird es stattdessen, an die individuelle Bedeutung des jeweiligen Aktionärs für und aus Sicht des jeweiligen Unternehmens anzuknüpfen, um eine informationelle Privilegierung zu rechtfertigen.[730] Im Rahmen dieser Bewertung ist zum einen die Beteiligungshöhe und die Stellung des Aktionärs innerhalb der konkreten Aktionärsstruktur ein gewichtiger Maßstab.[731] Sachgerecht erscheint dafür auch ein Abgleich mit den Investorenlisten der Investor Relations-Abteilung.[732] Zum anderen kann aus Sicht des Unternehmens geprüft werden, ob selektive Informationsweitergaben zweckbezogen in der jeweiligen konkreten Unternehmenssituation – ggf. dringend – geboten sind.[733] Für einen sachlich gerechtfertigten Informationsvorsprung einzelner Aktionäre spricht im Einzelfall bspw. ihre Rolle als *white knight* zur Abwehr einer feindlichen

---

frei wählen dürfen, welchen Investoren sie bessere Informations- und Interessenvertretungskanäle anbieten.

730 *Noerr/Hering Schuppener/v. Werder*, Rolle des Aufsichtsrats in der Krisenkommunikation, S. 23; bereits *Hopt*, ZGR 1997, 1 (26); *Schockenhoff/Culmann*, ZIP 2015, 297 (300).

731 Ähnlich *Noerr/Hering Schuppener/v. Werder*, Rolle des Aufsichtsrats in der Krisenkommunikation, S. 22 f.; in diese Richtung auch *Degenhart*, AR 2017, 100 (101), der als Kriterien für die Auswahl von Gesprächspartnern auch auf ihr (potenzielles) Investitionsvolumen, ihre Bedeutung und ihren Multiplikatoreneffekt für andere Aktionäre abstellt; vgl. zudem *Mosca*, ECFR 2018, 805 (828 f.) mit der Unterscheidung zwischen institutionellen Investoren und Privatinvestoren.

732 *Krämer*, AR 2017, 18 (19). Zur Investor Relations-Abteilung als interner Informationspool auch für den Aufsichtsrat *Bommer/Steinbach*, BOARD 2013, 219 (219-222); vgl. auch ein Ergebnis von *EY/DIRK*, Effektive Finanzkommunikation, S. 13, wonach ca. 34% der befragten Unternehmen angaben, dass neben dem Vorstand auch der Aufsichtsrat mit der Investor Relations-Abteilung monatliche Gespräche führt, um deren Erkenntnisse und Informationen über das Marktumfeld oder das Investorensentiment als Informationspool zu nutzen. Weiterführend zum vielfältigen Aufgabenspektrum der Investor Relations-Abteilung *EY/DIRK*, Effektive Finanzkommunikation, S. 7; *DAI/McKinsey*, Investorendialog im Umbruch, S. 32, 35; *Hoffmann/Tietz*, Strategien in der IR & Finanzmarktkommunikation, S. 8, 12; *Bommer/Steinbach*, BOARD 2013, 219 (220) mit kurzer Tätigkeitsbeschreibung des IR-Managers.

733 Vgl. *Grigoleit/Tomasic*, in: Grigoleit, AktG, § 111 Rn. 73 verweisen auf ein „sinnvolles Abstimmungsbedürfnis"; *Fleischer*, ZGR 2009, 505 (521 ff.). Restriktiver *Koch*, AG 2017, 129 (136): nur bei außergewöhnlichen Anlässen; auch *Holle*, ZIP 2019, 1895 (1899).

Übernahme.[734] Zudem wird eine Vorabinformation von wichtigen Aktionären zur Vorbereitung eines Hauptversammlungsbeschlusses zulässig sein, um sich der Unterstützung bspw. bei einer Kapitalerhöhung zu vergewissern oder das Vergütungssystem vorzubesprechen.[735] Als noch zulässiger Sachgrund kann schließlich die Stellung eines Ankeraktionärs oder institutionellen Investors vor dem Hintergrund der längerfristigen Ziele und der strategischen Ausrichtung der Gesellschaft in Betracht kommen.[736] Inwieweit sich diese Aussage unter Rückgriff auf den Stewardship-Gedanken präzisieren lässt, wird sogleich im folgenden Abschnitt geprüft.

d) Öffnung des Informationsflusses mit Stewardship-Aktionären

Im Rahmen der zuvor angesprochenen Verhältnismäßigkeitsprüfung kann eine informationelle Ungleichbehandlung von Aktionären zunehmend aus einem bislang nicht zentral beachteten Aspekt sachlich gerechtfertigt werden: dem international und in Europa, inzwischen auch national immer deutlicher

---

734 Dieses Beispiel findet sich auch bei *Noerr/Hering Schuppener/v. Werder*, Rolle des Aufsichtsrats in der Krisenkommunikation, S. 22; *Hopt*, ZGR 1997, 1 (26); *Koch*, AG 2017, 129 (136); vgl. auch *Schockenhoff/Nußbaum*, AG 2019, 321 (324 f.); *Verse*, Der Gleichbehandlungsgrundsatz, S. 539.

735 Hierzu ebenfalls *Noerr/Hering Schuppener/v. Werder*, Rolle des Aufsichtsrats in der Krisenkommunikation, S. 22; *Hopt*, ZGR 1997, 1 (26); *Veil*, ZHR 172 (2008), 239 (265); *Fleischer*, ZGR 2009, 505 (521 f.); *Meyer-Landrut/Heuser*, AG 2011, R241 (R241); siehe auch *Weber-Rey/Reps*, ZGR 2013, 597 (629); *Hirt/Hopt/Mattheus*, AG 2016, 725 (737); *Strampelli*, Virginia Law and Business Review 12.2 (2018), 187 (223); *Mosca*, ECFR 2018, 805 (830 f., 841); *Schockenhoff/Nußbaum*, AG 2019, 321 (324 f.); *Herz*, NZG 2020, 285 (288); siehe zu diesem Fall ebenfalls *Schneider/Singhof*, in: Hönn/Konzen/Kreutz, FS Kraft 1998, 585 (602 f.); *Verse*, Der Gleichbehandlungsgrundsatz, S. 535; *Heuser*, Shareholder Activism, S. 175; *Landsittel*, Investorenkommunikation, S. 111.

736 Siehe *Noerr/Hering Schuppener/v. Werder*, Rolle des Aufsichtsrats in der Krisenkommunikation, S. 22; vgl. *Schiessl*, AG 2009, 385 (391); *Bachmann*, in: VGR, Gesellschaftsrecht 2016, 135 (165); auch *Koch*, AG 2017, 129 (136); *Strampelli*, Virginia Law and Business Review 12.2 (2018), 187 (224); vgl. auch *Schockenhoff/Nußbaum*, AG 2019, 321 (324 f.); *Ruffner*, Die ökonomischen Grundlagen eines Rechts der Publikumsgesellschaft, S. 264; *Seibt*, in: manager magazin, August 2016, S. 69 möchte den Investorendialog mit wesentlichen Investoren zulassen, die aufgrund ihrer Investitionssumme aus dem Aktionärskreis herausragen oder eine Sprecherfunktion inne haben.

vorgetragenen Wunsch nach einem intensiveren Stewardship-Engagement institutioneller Investoren.[737]

aa) Klares und transparentes Auswahlkriterium für die Verwaltung

Für Unternehmen geht es auf der einen Seite um ein neues Kriterium, anhand dessen die Auswahl des Teilnehmerkreises von Investorengesprächen im Rahmen der am Unternehmensinteresse ausgerichteten Verhältnismäßigkeitsprüfung gemäß § 53a AktG hinreichend klar und transparent werden kann. Unter Rückgriff auf den Stewardship-Gedanken ist das ein von institutionellen Investoren jeweils nachweislich verfolgtes, langfristiges Engagement, ihre Eigentumsrechte aktiv und verantwortungsvoll auf der Grundlage von transparenten und die Nachhaltigkeit berücksichtigenden Grundsätzen auszuüben.[738]

---

737 Vgl. hierzu auch eine Aussage von *Hopt*, ECGI Law Working Paper 365/2017, S. 9 zum Thema Informationsgleichbehandlung: „But as far as the investor dialogue is concerned, the German discussion has just begun, and the recently acknowledged roles – of stewardship and responsibility – placed upon institutional investors have not yet been taken into consideration more generally." Eine Verbindung zum Stewardship-Gedanken findet sich außerdem bei *Hirt/Hopt/Mattheus*, AG 2016, 725 (738); *Strampelli*, Virginia Law and Business Review 12.2 (2018), 187 (224); in diese Richtung auch *Mosca*, ECFR 2018, 805 (828, 847 ff.); *Herz*, NZG 2020, 285 (289 f.); *Wymeersch*, in: Grundmann/u.a., FS Hopt 2010, 1565 (1585). Zu den angelegten Schnittstellen einer aktiveren Stewardship-Rolle institutioneller Investoren und speziell dem Dialog zwischen Aufsichtsrat und Investor auch *v. Werder*, in: Kremer/u.a., DCGK, Rn. 113a: „Die Aufforderung institutioneller Investoren, Verantwortung als Aktionäre ihrer Portfoliounternehmen zu übernehmen, findet ein Pendant in der neuen Anregung an den Aufsichtsratsvorsitzenden, zum Investorendialog bereit zu sein." Die Nähe des Dialogs zwischen Aufsichtsrat und Investoren zur europäischen Aktionärsrechterichtlinie 2017 betont ferner *Kremer*, in: Kremer/u.a., DCGK, Rn. 1269; auch *Gundel/Pfaff*, in: KPMG's ACI, Audit Committee Quarterly II/2017, 16 (18); *Mattheus*, in: Börsen-Zeitung vom 3. März 2017, S. 8. Ablehnend *Koch*, in: Hüffer/Koch, AktG, § 111 Rn. 34a, weil insbesondere die Aktionärsrechterichtlinie 2017 eine privilegierte Informationsversorgung institutioneller Investoren nicht vorsieht; schon *Koch*, AG 2017, 129 (133, 137 f.), der die europäisch initiierten Entwicklungen zur Incentivierung institutioneller Investoren unabhängig von der Frage versteht, ob vermehrt Informationen von der Unternehmensseite erteilt, welche Gesprächsthemen diskutiert und welcher Kommunikator auf Unternehmensseite auftreten soll. Zum Thema Stewardship bereits ausführlich in § 2.B dieser Untersuchung.

738 Vgl. für den Wortlaut Abs. 6 S. 3 der Präambel des DCGK 2020. Vgl. inhaltlich auch *Tomorrow's Company*, Defining, differentiating and rewarding stewardship, S. 14: „The development of a recognised class of stewardship funds in the listed company sector

Das bedeutet, dass bei dem wie bisher nach sachlichen Kriterien auszuübenden Ermessen der Verwaltung, Investorendialoge im Einzelfall zu gestatten oder abzulehnen, ein Stewardship-Engagement des jeweiligen Investors argumentativ größeres Gewicht erhält. Ein – ggf. einklagbares – Teilnahmerecht folgt daraus nicht, sodass es auch zukünftig bei ausreichend Flexibilität für unternehmensspezifische Gestaltungsmöglichkeiten im Rahmen der Verhältnismäßigkeitsprüfung im Sinne des § 53a AktG verbleibt.[739] Das Gegenargument von *Koch*, dass nicht nur unbedeutend beteiligte Kleinaktionäre, sondern auch etwa mit 15% beteiligte Großaktionäre vernachlässigt werden, wenn ein unter Umständen mit weniger als 1% beteiligter institutioneller Investor in der Informationsversorgung bessergestellt wird,[740] greift deshalb nicht zwingend. Auch kann die weiter bestehende Flexibilität für unternehmensspezifische Gestaltungsmöglichkeiten den Bedenken von *Bachmann* entgegengehalten werden, der als gefährliche Kehrseite einer zu weitreichenden Rechtfertigung von Informationsprivilegien vor allem das entstehende Erpressungspotenzial gegenüber der Verwaltung befürchtet, das sie unter Umständen zu informationellen Ungleichbehandlungen zwingt.[741]

Für den eingehenden Dialog mit institutionellen Stewardship-Aktionären und ihre informationelle Sonderbehandlung spricht grundlegend, dass ihr aktives Engagement einen Beitrag zur Corporate Governance des Unternehmens und damit mittelbar zur langfristigen Förderung des Unternehmens leisten kann.[742] Überzeugend ist zudem, dass Stewardship-Aktionäre aus Unternehmenssicht

---

will create a subset among the total population of institutional investors with a declared interest in promoting the long-term health of the companies in which they invest.“

739 Ähnlich *Hirt/Hopt/Mattheus*, AG 2016, 725 (738).

740 *Koch*, AG 2017, 129 (138).

741 *Bachmann*, in: VGR, Gesellschaftsrecht 2016, 135 (166); vgl. hierzu auch *Herz*, NZG 2020, 285 (288 f.).

742 Hierzu bereits Fn. 85 sowie die Ausführungen in § 3.C.II.4.b) dieser Untersuchung. Siehe auch *Hirt/Hopt/Mattheus*, AG 2016, 725 (737); *Bachmann*, in: VGR, Gesellschaftsrecht 2016, 135 (166) bestätigt, dass institutionellen Investoren etwas „Mehr“ gesagt werden darf als anderen Aktionären, wobei er auch auf die schwache Rechtfertigung ihres Status hinweist; *Schick*, WPg 2018, 1379 (1383); *Herz*, NZG 2020, 285 (288 ff.); in diese Richtung auch *Weber-Rey*, in: Bergmann/Hoffmann-Becking/Noack, FS Seibert 2019, 1057 (1067, 1072); siehe zudem eine Aussage von Dr. Jürgen Hambrecht im Interview mit *Döring*, in: Börsen-Zeitung vom 6. Juli 2016, S. 9. Vgl. – wenn auch mit Bezug zu wesentlich beteiligten (Groß-)Aktionären – *Noerr/Hering Schuppener/v. Werder*, Rolle des Aufsichtsrats in der Krisenkommunikation, S. 22.

wegen ihrer in der Regel langfristigeren Anlagestrategie und Professionalität einem nahezu idealen Investorenbild entsprechen.[743] Insbesondere können sie für die Verwaltung wertvolle Informationsquelle und geschätzter Impulsgeber sein. Auch spielt gegenseitige Fairness eine wichtige Rolle.[744] Eine solche wird in der Regel von Stewardship-Aktionären zu erwarten sein, da sie am nachhaltigen Vertrauensaufbau durch kritisch-konstruktive Dialoge interessiert sind.[745] Eine enge Zusammenarbeit und intensive Kommunikation der Gesellschaft gerade zu diesen Aktionären erscheint insgesamt also mit Blick auf das langfristige Unternehmensinteresse sinnvoll und geboten.[746]

Selbstverständlich kann bei mangelnder Investorentransparenz kaum geprüft werden, ob sich der jeweilige Investor einem Stewardship-Engagement verpflichtet. In diesem Zusammenhang versprechen aber die Regelungen der Aktionärsrechterichtlinie 2017 europaweit und das sie speziell in Deutschland umsetzende ARUG II eine ausreichende Investorentransparenz. Sie zielen zum einen mit der Aktionärsidentifikation (vgl. §§ 67a ff. AktG) auf eine verbesserte Kommunikation zwischen Unternehmen und ihren Aktionären ab.[747] Zum anderen ermöglichen die weitgehenden Transparenzpflichten für institutionelle

---

743 So *DAI/McKinsey*, Investorendialog im Umbruch, S. 38 f.; siehe auch *Achleitner/Bassen/Fieseler*, in: Meckel/Schmid, Unternehmenskommunikation, 261 (273): „Das Interesse des betroffenen Unternehmens ist es in der Regel, langfristig orientierte und an der Wertsteigerung des Unternehmens interessierte Investoren im In- und Ausland zu finden."

744 *DAI/McKinsey*, Investorendialog im Umbruch, S. 39.

745 Vgl. bereits § 2.B.I dieser Untersuchung.

746 Damit folgt die Überlegung zum Teil den Principles of Corporate Governance 2016 des US-amerikanischen Business Roundtable, die in Ziffer 7 einen Schwerpunkt auf den Dialog der Unternehmen mit langfristigen Investoren legen, hierzu auch *Becker/v. Werder*, AG 2016, 761 (774); in eine ähnliche Richtung *Rock*, Cornell Law Review 97.4 (2012), 849 (895-897) im Kapitel „New Investor Relations: Strategic Engagement with Key Shareholders" und schließlich (auf 904 f.): „Regular meetings between the board and major investors on topics such as corporate strategy, risk control, compensation, ethics, CEO succession, and ESG (environmental, social, and corporate governance) could be a useful way to create good shareholders." Vgl. hierzu darüber hinaus *Herz*, NZG 2020, 285 (289 ff.).

747 Siehe Erwägungsgrund 4 und 6 der Aktionärsrechterichtlinie 2017; *Eggers/de Raet*, AG 2017, 464 (465 ff.); *Noack*, NZG 2017, 561; ausführlich nach Verabschiedung des ARUG II *Kuntz*, AG 2020, 18; vgl. auch *Diekmann*, in: Spindler/Wilsing/Butzke, FS Marsch-Barner 2018, 145 (145 ff., 152 ff., 157); *Gundel*, in: KPMG's ACI, Audit Committee Quarterly III/2017, 30.

Anleger und Vermögensverwalter der Unternehmensseite eine bessere Auswahl der Gesprächspartner, da vermehrt Informationen über die Mitwirkungspolitiken sowie die Anlagestrategien institutioneller Investoren bekannt und zugänglich werden.[748] Dass institutionelle Investoren ihre Mitwirkungspolitiken transparenter gestalten, stärkt im Sinne publizierter Erwartungen zusätzlich die Qualität des Investorendialogs und eine produktive Zusammenarbeit.[749] Wie konstruktiv der Meinungsaustausch zwischen Gesellschaft und Investor ist, hängt immerhin davon ab, wie gut das Unternehmen die Absichten des aktiven Investors kennt.[750] Schließlich gelingt Unternehmen hierdurch eine gezielte Vorbereitung auf Investorengespräche, bei denen das jeweilige Informationsangebot adressatenspezifisch zugeschnitten und die Effizienz des Investorengesprächs sichergestellt werden kann.

bb) Abbau rechtlicher Informationsschranken für Stewardship-Aktionäre

Stewardship-Aktionären wird auf der anderen Seite ein möglichst rechtssicherer Zugang zu Investorengesprächen mit der Verwaltung gewährt. Zum einen wird ihnen hierdurch ein für ihre Anliegen erforderliches Informationsmittel an die Hand geben, sodass sie sich besser und vor allem leichter über ihre Beteiligungsgesellschaften informieren und in der Folge verantwortungsvoll engagieren können.[751] Zum anderen erreichen diese Aktionäre vor dem Hintergrund

---

748 Auch *Weber-Rey*, in: Bergmann/Hoffmann-Becking/Noack, FS Seibert 2019, 1057 (1065) betont, dass die neuen Transparenzpflichten ein wichtiger Schritt sind, Unternehmen und ihre Organe in die Lage zu versetzen, sich besser auf die Tätigkeiten und Agitation institutioneller Investoren vorzubereiten. Kritisch jedoch *Baums*, ZHR 183 (2019), 605 (608 f.), weil von den neuen Transparenzpflichten die wohl bedeutsamsten ausländischen institutionellen Anleger und ihre Kapitalverwaltungsgesellschaften nicht erfasst werden. Dem ist entgegenzuhalten, dass Transparenzpflichten für institutionelle Investoren sich inzwischen international weithin durchgesetzt haben, hierzu bspw. *Florstedt*, ZGR 2019, 630 (635).

749 Ausdrücklich *Brandt*, in: KPMG's ACI, Audit Committee Quarterly III/2017, 40 (41); siehe auch *scd/fed Frankfurt*, in: Börsen-Zeitung vom 18. September 2019, S. 8.

750 *DAI/McKinsey*, Investorendialog im Umbruch, S. 35, 39 (mit Grafik), 42.

751 *Hirt/Hopt/Mattheus*, AG 2016, 725 (738); auch *Bachmann*, in: VGR, Gesellschaftsrecht 2016, 135 (166 f.), wenn auch zurückhaltend; *Mosca*, ECFR 2018, 805 (847); *Herz*, NZG 2020, 285 (289). Vgl. darüber hinaus *Fleischer/Strothotte*, AG 2011, 221 (227), die ebenfalls das Informationsbedürfnis institutioneller Investoren zur Ermöglichung des Stewardship-Engagements ansprechen; vgl. auch *Langenbucher*, in: Fleischer/u.a., 50 Jahre Aktiengesetz, 273 (289): „Kommunikation in dieser Art setzt möglichst ungehinderten Zugang zu den Gesellschaftsorganen voraus."

der Kostensensitivität ihrer Stewardship-Maßnahmen mehr wirtschaftliche Planungssicherheit, weil vergeblich aufgewendete Informationskosten bzw. Ressourcen eines schlussendlich von der Unternehmensseite zurückgewiesenen Gesprächsgesuchs bestmöglich verhindert werden können.[752] Damit folgt die hier in Rede stehende Überlegung den Zielen anderer Stoßrichtungen, die ebenfalls versuchen, langfristig ausgerichtetes Aktionärsverhalten sowie die intensivere Einbindung institutioneller Investoren in ihre Unternehmen durch den Abbau hinderlicher Informations- und Partizipationsschranken attraktiver zu gestalten bzw. durch Belohnungswirkung[753] wirksame Anreize hierfür zu schaffen.[754]

cc) Zulässigkeit regelmäßig privilegierender Investorengespräche

Selbst dann, wenn ein hinreichender sachlicher Grund für eine (informationelle) Ungleichbehandlung spricht, wird mit Blick auf das Gebot der

---

752 Zur rationalen Apathie institutioneller Investoren bereits in § 2.B.II.1 dieser Untersuchung.

753 In Betracht kommen etwa doppelte Stimmrechte in Abhängigkeit von Haltedauer bzw. Treuestimmrechte, Dividendenaufschläge für Engagement oder für langfristige Loyalität (*loyality shares*).

754 Zu einzelnen Vorschlägen vertiefend *Habersack*, Gutachten 69. DJT, E 90; *Langenbucher*, Aktien- und Kapitalmarktrecht, § 1 Rn. 15; *Klühs*, ZIP 2006, 107; *Lenz*, NZG 2006, 534; *Dauner-Lieb*, WM 2007, 9 (15); *Schmolke*, ZGR 2007, 701 (702 f., 730); *Storck/Schneider*, AG 2008, 700 speziell zum Treuestimmrecht nach französischem Muster; *Roth*, ZGR 2011, 516 (554 f.); *Fleischer/Strothotte*, AG 2011, 221 (227 f.); *Habersack*, NJW-Beil. 2012, 94 (97); *Windbichler*, NJW 2012, 2625 (2630); *Roth*, NZG 2012, 881 (886 f.); auch *Weber-Rey/Reps*, ZGR 2013, 597 (633, 643); *Roth*, Fordham Journal of Corporate & Financial Law 18.4 (2013), 751 (808-810); *Seibert*, in: Aderhold/u.a., FS Westermann 2008, 1505 (1506 ff.); *Wymeersch*, in: Grundmann/u.a., FS Hopt 2010, 1565 (1585 f.); *Seibert*, in: Krieger/Lutter/Schmidt, FS Hoffmann-Becking 2013, 1101 (1105 ff.); *Inci*, Shareholder Engagement, S. 232 ff., 381 ff. Vgl. auch den Beschluss Nr. 20 anlässlich des 69. DJT in der Abteilung Wirtschaftsrecht zum Thema „Anreize in Form von Präsenzbonus oder Dividendenaufschlag zur Stärkung eines nachhaltigen Engagements für längerfristig engagierte Aktionäre“, der damals mit 32 Ja- und 32-Nein-Stimmen sowie 12 Enthaltungen abgelehnt wurde, hierzu auch *Hecker/Peters*, BB 2012, 2639 (2640). International etwa *Rock*, Cornell Law Review 97.4 (2012), 849 (899 ff.); *Bootsma*, Erasmus Law Review 6.2 (2013), 111 (119 f., 128 ff.); *Birkmose*, ECFR 2014, 214 (236 f.); *Reisberg*, Journal of Corporate Law Studies 15.2 (2015), 217 (249 f.); *Fried*, The Yale Law Journal 124 (2015), 1554 (1559 f. mit den Fn. 18-20 und auf 1570 ff.).

Aktionärsgleichbehandlung in der Literatur bislang daran festgehalten, dass ausschließlich punktuelle Vorabinformationen einzelner Aktionäre erlaubt sind.[755] Punktuell-anlassbezogene informationelle Privilegierungen lassen zudem bestmöglich die Befürchtung leerlaufen, durch dauerhaft informationsprivilegierte Aktionäre einen „Schattenaufsichtsrat" einzuführen, der dem Aktiengesetz fremd ist.[756]

Zu den in dieser Untersuchung zuvor benannten, vielfältigen Vorteilen eingehender Investorengespräche zwischen Unternehmen und institutionellen Investoren passt diese restriktive Sicht im bisherigen Schrifttum jedoch nicht.[757] Das betrifft im Besonderen den Investorendialog mit Stewardship-Aktionären, der wegen den Möglichkeiten, gute Corporate Governance zu stärken und das langfristige Unternehmensinteresse zu fördern, besonders lohnenswert erscheint. Um die hiermit verbundenen Vorteile zu erreichen, ist bereits aus der Natur der Sache eine gewisse Regelmäßigkeit bzw. institutionalisierte Form des gegenseitigen Kontakts gefordert. Mit mehr Offenheit werden regelmäßige Investorengespräche über den punktuell-anlassbezogenen Austausch hinaus in der Praxis auch nicht mehr nur als unvermeidlich hingenommen,[758] sondern in vernünftigen Maße legalisiert.[759] Mit einer großzügigeren Sicht auf den unterjährigen Informationsfluss zwischen Unternehmen und Stewardship-Aktionären gleicht man sich außerdem an die rechtspolitischen Stoßrichtungen der

755 Vgl. *Koch*, in: Hüffer/Koch, AktG, § 111 Rn. 34a speziell mit Blick auf den institutionalisierten Dialog zwischen Aufsichtsrat und Investor; *Veil*, ZHR 172 (2008), 239 (268); *Fleischer*, ZGR 2009, 505 (523 ff.); *Meyer-Landrut/Heuser*, AG 2011, R241 (R242); gegen ein generelles Informationsprivileg für handverlesen ausgesuchte Investoren stellen sich auch *Fleischer/Strothotte*, AG 2011, 221 (227); *Koch*, AG 2017, 129 (137) und (auf 141) mit dem folgenden Zitat: „Für einen institutionalisierten Dialog zwischen Investor und Aufsichtsrat ist de lege lata kein Raum."; *Schick*, WPg 2018, 1379 (1383); *Verse*, Der Gleichbehandlungsgrundsatz, S. 537 f.; ablehnend gegenüber einem Informationsprivileg für institutionellen Investoren zudem *Winkler*, Verantwortung institutioneller Anleger, S. 269 ff.; *Heuser*, Shareholder Activism, S. 176 f.; *Faure*, Verantwortung institutioneller Aktionäre, S. 194 ff.

756 Nachweise hierzu bereits in Fn. 320 dieser Untersuchung.

757 Mit Blick auf institutionelle Investoren sind auch *Hirt/Hopt/Mattheus*, AG 2016, 725 (738) offener; auch *Herz*, NZG 2020, 285 (288 ff.).

758 Dass die Praxis die Grenze eines punktuell-anlassbezogenen Austauschs mit institutionellen Investoren häufiger überschreitet, bestätigt und besorgt *Koch*, AG 2017, 129 (136 f.).

759 Vgl. für ein ähnliches Argument *Duden*, in: Ficker/u.a., FS Caemmerer 1978, 499 (512) zugunsten der bevorzugten Information von Großaktionären *de lege ferenda*.

Aktionärsrechterichtlinie 2017 und des sie in Deutschland umsetzenden ARUG II an, einen intensiveren Dialog zwischen Unternehmen und institutionellen Anlegern wie auch Vermögensverwaltern fördern zu wollen und die letztgenannten Prinzipalgruppen stärker in die Corporate Governance ihrer Beteiligungsgesellschaften einzubinden.[760] Schließlich sprechen die engen, namentlich durch das Aktien- und Kapitalmarktrecht geprägten rechtlichen Grenzen selektiver Investorenkommunikation für eine Öffnung des Informationsflusses zwischen der Verwaltung und Stewardship-Aktionären. Wesentlich sind insbesondere die strengen insiderrechtlichen Grenzen selektiver Informationsweitergaben,[761] sodass die Befürchtungen, einen aktienrechtswidrigen „Schattenaufsichtsrat" zu etablieren, zumindest hinsichtlich kursrelevanter Informationen leerlaufen.[762] Des Weiteren ist zu beachten, dass aktienrechtlich mit dem Auskunftsrecht gemäß § 131 Abs. 4 S. 1 AktG ausdrücklich vorgesehen ist, unterjährige Informationsvorsprünge einzelner Aktionäre zu dem für sie entscheidungserheblichen Zeitpunkt der Hauptversammlung, vgl. § 118 Abs. 1 AktG, zu beseitigen.[763] Ein darüber hinausgehendes, strengeres informelles Gleichbehandlungsprinzip außerhalb der Hauptversammlung ist *de lege lata* hingegen nicht vorgesehen.[764] Ergänzt werden die gesetzlichen Schranken durch Empfehlung F.1 DCGK 2020, wonach allen Aktionären „unverzüglich sämtliche wesentlichen neue Tatsachen" zur Verfügung zu stellen sind, wenn sie Finanzanalysten oder vergleichbaren Adressaten mitgeteilt wurden.[765]

---

760 Vgl. bereits § 2.B.II.3.b) dieser Untersuchung.

761 Zu den Grenzen des Insiderrechts noch in § 4.B.III.2 dieser Untersuchung.

762 Vgl. *Herz*, NZG 2020, 285 (290), der ebenfalls die Gefahr eines „Schattenaufsichtsrats" entkräftet, weil sich erstens das Aktiengesetz im europaweit beeinflussten Bereich der Aktionärsrechte nicht hinter seiner Kompetenzordnung verstecken dürfe und zweitens das tatsächliche Entstehen eines Schattenaufsichtsrats wegen der übrigen aktien- und kapitalmarktrechtlichen Schranken der Investorenkommunikation sehr unwahrscheinlich sei.

763 Dazu sogleich im folgenden Abschnitt § 4.B.II.2 dieser Untersuchung.

764 *Wilde*, ZGR 1998, 423 (461 ff.); *Seibt*, ZGR 2006, 501 (508) m.w.N.; auch *Zetzsche*, AG 2019, 701 (707) verweist für die Aktionärskommunikation nur auf § 131 Abs. 4 S. 1 AktG und betont, dass „[n]ach der aktienrechtlichen Grundordnung (...) in den allgemeinen Schranken jeden Verwaltungshandelns (Treupflichtbindung, Willkürverbot) außerhalb der Hauptversammlung im Grundsatz keinerlei Informationsgleichbehandlung geboten [ist]."

765 Dazu noch in § 4.B.II.3.b) dieser Untersuchung.

dd) Keine generelle Bevorzugung aktivistischer Aktionäre

Die zuvor beschriebene Privilegierung beschränkt sich wegen der damit verbundenen Vorteile zunächst einmal auf Stewardship-Aktionäre. Ein intensiver Dialog soll hierdurch insbesondere nur dort zugelassen werden, wo ein aufdrängendes unternehmerisches Interesse für seine Anerkennung spricht und die Gefahr eines schädigenden Investoreneinflusses am wenigsten droht. Darüber hinaus wäre zu überlegen, inwieweit in die Öffnung des Informationsflusses auch solche Aktionäre mit einzubeziehen sind, die aktivistisch gegenüber der Gesellschaft auftreten. Unterschiede zwischen den hinter den beiden Gruppen stehenden *active* und *activist shareholders* wurden in dieser Untersuchung bereits herausgearbeitet.[766] Weil die zunehmende Aktivität beider Prinzipalgruppen einen Beitrag zur Corporate Governance leisten kann, liegt auch die informationelle Sonderbehandlung aktivistischer Aktionäre nahe. Dennoch spricht gegen ihre grundlegende informationelle Bevorzugung, dass die ebenfalls zuvor angesprochene Fairness zwischen Unternehmen und ihren Gesprächspartnern bei Aktivisten nicht immer erwartet werden kann. Nicht ausgeschlossen ist wegen ihrer geringeren Hemmschwelle zur öffentlichen Konfrontation jedenfalls die jederzeitige Eskalation mit dem Gang an die Öffentlichkeit. Das wird einen gegenseitigen Vertrauensaufbau durch Investorengespräche nur eingeschränkt ermöglichen. Ferner kann das Interesse aktivistischer Aktionäre, die sich unter Umständen rasch von ihrer Beteiligung trennen wollen, mit Blick auf die Langfristigkeit der Zusammenarbeit mit dem Unternehmen und im Verhältnis zu Stewardship-Aktionären äußerst unterschiedlich sein. Insofern ergeben sich aus Sicht des Unternehmens erhebliche Abweichungen zwischen Investorendialogen mit Stewardship-Aktionären und Gesprächen mit Aktivisten. Im Ergebnis wird es auf den unternehmensspezifischen Einzelfall ankommen. Die eingehende Kommunikation in Investorengesprächen mit aktivistischen Aktionären kann mit Blick auf das Unternehmensinteresse vor dem Hintergrund des § 53a AktG sachlich gerechtfertigt sein und sei es bspw. nur, um einen drohenden Angriff oder eine provozierte Öffentlichkeit und damit verbundene Reputationsverluste abzuwenden.[767] Eine generelle informationelle Vorzugsbehandlung aktivistischer

---

766 Siehe bereits § 2.B.I dieser Untersuchung.

767 Vgl. auch *Landsittel*, Investorenkommunikation, S. 267: „Ausschlaggebend für die Annahme eines Gesprächsersuchens kann (...) das bis *dato* zu beobachtende Verhalten des institutionellen Investors als Aktionär des eigenen Unternehmens oder anderer Unternehmen sein. So sollte sich eines Gesprächsansinnens nicht verwehrt werden, wenn der Investor bekannt dafür ist, dass er seine Unzufriedenheit gerne publik macht und nicht vor Reputationsverlusten der Gesellschaft zurückschreckt."

Aktionäre, bei der eine intensivere Kommunikation der Gesellschaft gerade zu diesen Aktionären im Sinne des langfristigen Unternehmensinteresses sinnvoll und geboten erscheint, ist wegen der Unterschiede zu Stewardship-Aktionären jedoch nicht überzeugend.

2. Erweitertes Auskunftsrecht gemäß § 131 Abs. 4 AktG

Zuvor wurde bereits das Recht der Aktionäre zur Folgeauskunft gemäß § 131 Abs. 4 S. 1 AktG angesprochen. Danach muss auf Verlangen eines Aktionärs auf der nächsten Hauptversammlung die Auskunft preisgegeben werden, die einem Aktionär wegen seiner Eigenschaft als Aktionär außerhalb der Hauptversammlung selektiv erteilt wurde.[768] Verhindert bzw. beseitigt werden sollen also vor allem dauerhafte Informationsvorsprünge von zuvor informationell begünstigten Aktionären.[769] § 131 Abs. 4 S. 1 AktG ist in diesem Sinne eine informationsrechtliche Spezialnorm zu § 53a AktG.[770] Normiert ist zur gleichen Zeit ein gesetzlich zulässiger Fall der Ungleichbehandlung: Die Auskunftserteilung an einzelne Aktionäre außerhalb der Hauptversammlung hat nicht einen sofortigen, ebenfalls außerhalb der Hauptversammlung zu vollziehenden, sondern nur einen nachträglichen, hauptversammlungsgebundenen Auskunftsanspruch zur Folge.[771] Der zeitliche Informationsvorsprung einzelner Aktionäre lässt sich deswegen auch nach § 131 Abs. 4 S. 1 AktG nicht mehr beseitigen.[772] Davon abgesehen wird § 131 Abs. 4 S. 1 AktG für eine verbandsrechtlich sinnvolle Feinsteuerung von Investorenkontakten der Verwaltung herangezogen, um außerhalb der Hauptversammlung gewährte Informationsvorsprünge zu dem für die Aktionäre entscheidungserheblichen Zeitpunkt der Hauptversammlung

---

768 Siehe dazu *Koch*, in: Hüffer/Koch, AktG, § 131 Rn. 70, der aber auch betont, dass die Norm in der Praxis häufig missachtet wird; *Seibt*, ZGR 2006, 501 (509); *Fleischer*, ZGR 2009, 505 (520); *Zetzsche*, AG 2019, 701 (703 f.); *Herz*, NZG 2020, 285 (287 f.); vertiefend *Duden*, in: Ficker/u.a., FS Caemmerer 1978, 499; ausführlich auch *Hoffmann-Becking*, in: Pfeiffer/Wiese/Zimmermann, FS Rowedder 1994, 155; *Spindler*, in: Bergmann/Hoffmann-Becking/Noack, FS Seibert 2019, 855 (862 ff.).

769 LG Flensburg, NZG 2004, 677 (680); *Koch*, in: Hüffer/Koch, AktG, § 53a Rn. 1a; *Hoffmann-Becking*, in: Hoffmann-Becking, Münchener Hdb. GesR IV, § 38 Rn. 52.

770 *Herrler*, in: Grigoleit, AktG, § 131 Rn. 54; *Kersting*, in: KK-AktG, § 131 Rn. 455; *Zetzsche*, AG 2019, 701 (704).

771 Statt vieler *Henze/Notz*, in: GroßKomm/AktG, § 53a Rn. 58, 132; *Kubis*, in: MüKo-AktG, § 131 Rn. 158.

772 Schon früh *Boesebeck*, AG 1963, 89 (91); *Henn*, AG 1985, 240 (248); *Mense/Klie*, BB 2017, 771 (773).

(vgl. § 118 Abs. 1 AktG) auszugleichen.[773] Umstritten ist jedoch erstens, ob die Norm speziell auf Aufsichtsratsgespräche mit Investoren Anwendung findet. Interessant ist zweitens, dass das Nachauskunftsrecht der Aktionäre gemäß § 131 Abs. 4 S. 1 AktG vereinzelt als faktisches Informationsweitergabeverbot der Verwaltung eingeordnet wird, andere hingegen die praktische Bedeutungslosigkeit der Vorschrift hervorheben. Beide Aspekte sollen im Folgenden kurz erläutert werden.

a) Anwendbarkeit auf Investorengespräche des Aufsichtsrats

Für die Frage, ob § 131 Abs. 4 S. 1 AktG auf Informationsweitergaben des Aufsichtsrats anwendbar ist, ist zunächst der Wortlaut des § 131 AktG augenfällig, der sich ausschließlich vorstandsbezogen liest.[774] Zudem entschied das LG Frankfurt a.M. im Jahr 2016, dass einem Aktionär im Rahmen der Hauptversammlung nicht das erweiterte Auskunftsrecht nach § 131 Abs. 4 S. 1 AktG zukomme, wenn ein anderer Aktionär ebendiese Information zuvor durch Mitglieder des Aufsichtsrats erlangt hat.[775] Damit bestätigte das LG Frankfurt a.M. die bisher herrschende Literaturmeinung, nach der eine informationelle Ausgleichspflicht nur besteht, wenn die erlangte Information berechtigt, d.h. willentlich und bewusst durch den Vorstand oder durch einen vom Vorstand dazu veranlassten Dritten, mitgeteilt wurde.[776] In der Folge wäre jedoch das erweiterte Auskunftsrecht der Aktionäre gemäß § 131 Abs. 4 S. 1 AktG nicht auf Informationsweitergaben

---

773 So *Zetzsche*, AG 2019, 701 (704). Vertiefend *Franken/Heinsius*, in: Förschle/Kaiser/Moxter, FS Budde 1995, 213 (220).

774 *Bachmann*, in: VGR, Gesellschaftsrecht 2016, 135 (156) betont, dass die wiederholte und betonte Verwendung des Wortes „Vorstand" in §§ 131, 132 AktG zeigt, dass es sich nicht um ein gesetzgeberisches Versehen handelt. In der Folge sei die Norm nicht im Wege der Analogie auf den Aufsichtsrat zu erstrecken, vgl. demgegenüber aber (auf 169) mit anderer Meinung zu § 131 Abs. 4 AktG, weil hier der Wortlaut dem nicht entgegenstehe.

775 LG Frankfurt a.M., ZIP 2016, 1535; hierzu auch *Rieckers*, DB 2016, 2526 (2533 f.); *Mense/Klie*, GWR 2017, 1 (2).

776 *Decher*, in: GroßKomm/AktG, § 131 Rn. 460-462; *Herrler*, in: Grigoleit, AktG, § 131 Rn. 55; *Kersting*, in: KK-AktG, § 131 Rn. 433; *Kubis*, in: MüKo-AktG, § 131 Rn. 149; *Koch*, in: Hüffer/Koch, AktG, § 131 Rn. 74; *Noerr/Hering Schuppener/v. Werder*, Rolle des Aufsichtsrats in der Krisenkommunikation, S. 27 f.; *Meilicke/Heidel*, DStR 1992, 113 (113 f.); *Hirt/Hopt/Mattheus*, AG 2016, 725 (738); auch bei *Mense/Klie*, GWR 2017, 1 (2); *Spindler*, in: Bergmann/Hoffmann-Becking/Noack, FS Seibert 2019, 855 (864); *Landsittel*, Investorenkommunikation, S. 249 ff.

anwendbar, über die der Aufsichtsrat entsprechend seiner Annexkompetenz in eigenen Investorengesprächen entscheidet. Die Entscheidung des LG Frankfurt a.M. wurde deshalb bereits als systematisch richtig, aber sachlich falsch kritisiert.[777] Die Anwendung des § 131 Abs. 4 S. 1 AktG darf jedenfalls teleologisch nicht auf Vorstandsinformationen reduziert bleiben, wenn auch der Aufsichtsrat Investorengespräche führt und zwischen den Hauptversammlungen einzelne Aktionäre informationell bevorzugt.[778] Insofern ist auf zukünftigen Hauptversammlungen vermehrt damit zu rechnen, dass auch Investorengespräche des Aufsichtsrats(vorsitzenden) Gegenstand von Aktionärsfragen sein werden, um an die darin übermittelten Informationen zu gelangen.[779] Ggf. werden Aktionäre gerichtlich gegen eine nicht erteilte Auskunft vorgehen, § 132 AktG.[780]

---

777 Ausdrücklich *Bachmann*, in: VGR, Gesellschaftsrecht 2016, 135 (169).

778 *Koch*, in: Hüffer/Koch, AktG, § 131 Rn. 74; anderenfalls nicht „konsequent und sachgerecht", vgl. *Noerr/Hering Schuppener/v. Werder*, Rolle des Aufsichtsrats in der Krisenkommunikation, S. 28; siehe auch *Koch*, AG 2017, 129 (138); *Krämer*, AR 2017, 18 (19); *Schilha/Theusinger*, NZG 2019, 521 (526); *Holle*, ZIP 2019, 1895 (1899); *Spindler*, in: Bergmann/Hoffmann-Becking/Noack, FS Seibert 2019, 855 (864); *Landsittel*, Investorenkommunikation, S. 251. Für *Decher*, in: GroßKomm/AktG, § 131 Rn. 461, 482 ist § 131 Abs. 4 AktG jedenfalls für den mit dem Vorstand abgestimmten Dialog des Aufsichtsrats mit Investoren anwendbar; in die gleiche Richtung *Ebrahimzadeh*, Investorendialog des Aufsichtsrats, S. 236. Abweichend *Hirt/Hopt/Mattheus*, AG 2016, 725 (739), weil nur Auskünfte des Vorstands erfasst seien. Weiterführend *Vetter*, in: Aderhold/u.a., FS Westermann 2008, 1589 (1600 ff.), der sich *de lege ferenda* für ein eigenständiges Auskunftsrecht der Aktionäre gegenüber dem Aufsichtsrat ausspricht.

779 Vgl. *Decher*, in: GroßKomm/AktG, § 131 Rn. 451 dazu mit folgendem Ausblick: „Es bleibt abzuwarten, ob der von Ziff 5.2 DCGK, A.3 DCGK idF 9.5.2019 angeregte Dialog zwischen dem Aufsichtsrat und Investoren der Regelung zu größerer praktischer Bedeutung verhelfen wird."; vgl. auch *Tüngler*, BOARD 2016, 173 (174): „Es könnte sein, dass § 131 Abs. 4 AktG mit der verstärkten Kommunikation des Aufsichtsrats eine Renaissance erlebt."; *Zetzsche*, AG 2019, 701 (706). Weiter gehen *Mense/Klie*, BOARD 2018, 47 (49), weil ihrer Meinung nach Gegenstände dieser Fragen nicht nur die Gesprächsinhalte, sondern darüber hinaus vielzählige Einzelumstände wie etwa die Identität des Investors, die Kommunikationsfrequenz der Beteiligten, die Gesprächsdauer sowie die Beweggründe für den geführten Dialog sein können.

780 *Mense/Klie*, BOARD 2018, 47 (49).

b) *Kein faktisches Informationsweitergabeverbot, sondern geringe praktische Bedeutung*

Vereinzelt wurde das erweiterte Auskunftsrecht gemäß § 131 Abs. 4 AktG als faktisches Informationsweitergabeverbot interpretiert, das vertrauliche Gespräche mit einzelnen Aktionären nahezu unmöglich macht. Vorstände und nach der hier vertretenden Auffassung auch Aufsichtsräte müssten jedenfalls das Verlangen einzelner Investoren nach informationeller Bevorzugung vor dem Hintergrund des Unternehmensinteresses wie auch der eigenen Haftungsrisiken ablehnen, weil selektiv weitergegebene, vertrauliche Informationen in der (nächsten) Hauptversammlungsöffentlichkeit aufgedeckt werden könnten.[781] Diese Befürchtung ist nachvollziehbar, weil es bei § 131 Abs. 4 S. 1 AktG auf die Erforderlichkeit des Auskunftsrechts und damit eine sachliche Begrenzung der Debatte auf die Gegenstände der Tagesordnung nicht ankommt und der Verwaltung gemäß § 131 Abs. 4 S. 2 AktG die Auskunftsverweigerungsrechte in § 131 Abs. 3 S. 1 Nr. 1 bis 4 AktG nicht zustehen.[782] Informationen müssen also selbst dann erteilt werden, wenn sie der Gesellschaft einen erheblichen Nachteil zufügen, vgl. § 131 Abs. 3 S. 1 Nr. 1 AktG.

Klar gegen ein faktisches Informationsweitergabeverbot spricht aber die fehlende praktische Bedeutung und Wirkkraft des Nachauskunftsanspruchs der Aktionäre gemäß § 131 Abs. 4 S. 1 AktG.[783] Sie leidet erstens darunter, dass ein

---

781 Zu dieser Befürchtung *Kersting*, in: KK-AktG, § 131 Rn. 429; auch *Decher*, in: GroßKomm/AktG, § 131 Rn. 455 betont diesen praktischen Nachteil; vgl. auch *Koch*, in: Hüffer/Koch, AktG, § 131 Rn. 70: „§ 131 IV wird (...) in der Praxis als **rechtspolitisch problematisch** angesehen, da sie vertrauliche Gespräche mit Investoren erschwert."; auch bereits *Boesebeck*, AG 1963, 89 (92 f.); *Möhring*, NJW 1966, 87 (87); *Menke*, NZG 2004, 697 (700); *Kocher*, Der Konzern 2008, 611 (612); *Fleischer*, ZGR 2009, 505 (537); vgl. auch *Leyens*, ZGR 2019, 544 (576); *Hoffmann-Becking*, in: Pfeiffer/Wiese/Zimmermann, FS Rowedder 1994, 155 (163 ff.); *Pentz*, in: Hommelhoff/Rawert/Schmidt, FS Priester 2007, 593 (603).

782 Dazu *Koch*, in: Hüffer/Koch, AktG, § 131 Rn. 70; *Kocher*, Der Konzern 2008, 611 (611); *Wilsing*, ZGR 2012, 291 (299); *Spindler*, in: Bergmann/Hoffmann-Becking/Noack, FS Seibert 2019, 855 (863).

783 *Herrler*, in: Grigoleit, AktG, § 131 Rn. 54; *Decher*, in: GroßKomm/AktG, § 131 Rn. 451; *Kersting*, in: KK-AktG, § 131 Rn. 461 f.; *Hoffmann-Becking*, in: Hoffmann-Becking, Münchener Hdb. GesR IV, § 38 Rn. 52, 55; *Butzke*, Die Hauptversammlung der Aktiengesellschaft, G. 85 ff.; auch *Wilde*, ZGR 1998, 423 (461 f.); *Hoffmann-Becking*, in: Pfeiffer/Wiese/Zimmermann, FS Rowedder 1994, 155 (155 f., 161); *Spindler*, in: Bergmann/Hoffmann-Becking/Noack, FS Seibert 2019, 855 (863). Empirisch *Gundel/Pfaff*, in: KPMG's ACI, Audit Committee Quarterly II/2017, 16 (17).

informationell benachteiligter Aktionär sein Auskunftsrecht nur beschränkt auf der Hauptversammlung geltend machen kann. Im Zweifel müsste dieser mit einer zeitlichen Diskrepanz von bis zu einem Jahr auf die weitergegebene Information warten.[784] In derart langen Zeitspannen wird die gewünschte Auskunft regelmäßig überflüssig, weil die weitergegebene Information anderweitig bekannt geworden oder nicht mehr relevant ist.[785] Rechtlicher Hintergrund ist zweitens, dass das Gesetz die Konkretisierungs- und Beweisführungspflicht für einen bestimmten Informationsvorgang dem nachforschenden Aktionär aufbürdet.[786] In der Regel gelingt diese Beweisführung nicht, weil Informationen zu den Gesprächspartnern, deren Kommunikationsfrequenz und über die besprochenen – ggf. sensitiven – Inhalte meist nichtöffentlich bleiben.[787] Die Verwaltung ist auch nicht verpflichtet, die Aktionäre unaufgefordert über außerhalb der Hauptversammlung erteilte Auskünfte zu informieren.[788] Außerdem reicht die allgemeine Behauptung des nachforschenden Aktionärs, Auskünfte seien an andere Aktionäre erteilt worden, für das Verlangen nach § 131 Abs. 4 S. 1 AktG

---

784 Siehe *Butzke*, Die Hauptversammlung der Aktiengesellschaft, G. 90; *Grüner*, NZG 2000, 770 (778); *Duden*, in: Ficker/u.a., FS Caemmerer 1978, 499 (512); *Bachmann*, in: Grundmann/u.a., FS Schwark 2009, 331 (332 f.); *Verse*, Der Gleichbehandlungsgrundsatz, S. 514.

785 Dieses Argument auch bei *Wilde*, ZGR 1998, 423 (462); *Mense/Klie*, BB 2017, 771 (773); *Bachmann*, in: Altmeppen/Fitz/Honsell, FS Roth 2011, 37 (47); *Spindler*, in: Bergmann/Hoffmann-Becking/Noack, FS Seibert 2019, 855 (863); *Verse*, Der Gleichbehandlungsgrundsatz, S. 514.

786 *Kubis*, in: MüKo-AktG, § 131 Rn. 158; *Decher*, in: GroßKomm/AktG, § 131 Rn. 484 f.; *Kersting*, in: KK-AktG, § 131 Rn. 460; *Hoffmann-Becking*, in: Hoffmann-Becking, Münchener Hdb. GesR IV, § 38 Rn. 55; *Wilde*, ZGR 1998, 423 (462); *Duden*, in: Ficker/u.a., FS Caemmerer 1978, 499 (512); *Bachmann*, in: Grundmann/u.a., FS Schwark 2009, 331 (332); *Spindler*, in: Bergmann/Hoffmann-Becking/Noack, FS Seibert 2019, 855 (863).

787 *Hoffmann-Becking*, in: Hoffmann-Becking, Münchener Hdb. GesR IV, § 38 Rn. 52. Speziell für Aufsichtsratsgespräche *Bachmann*, in: VGR, Gesellschaftsrecht 2016, 135 (169); *Koch*, AG 2017, 129 (138); für das Geschäftsjahr 2017 bestätigte eine Untersuchung von *Ruhwedel/Weitzel*, AR 2018, 69 (71), dass nur wenige (im Ergebnis: fünf) DAX30-Gesellschaften über Investorengespräche – etwa durch kurze Erwähnung im Bericht des Aufsichtsrats – berichteten und in keinem Fall eine detailreiche Nennung der Gesprächspartner, der jeweilige Gesprächsdauer oder der konkret besprochenen Dialoginhalte erfolgte.

788 *Kubis*, in: MüKo-AktG, § 131 Rn. 158 lehnt eine Verpflichtung des Vorstands zur unaufgeforderten Nachholung aller zuvor erteilten Auskünfte ebenfalls ab; *Kersting*, in: KK-AktG, § 131 Rn. 457; früh bereits *Henn*, AG 1985, 240 (248).

nicht aus.[789] Ausforschungsfragen, mit denen geklärt werden könnte, ob, wann und mit wem Investorengespräche geführt wurden, sind zudem von § 131 Abs. 4 S. 1 AktG nicht umfasst und kommen regelmäßig mangels Bezugs zu einem Gegenstand der Tagesordnung bzw. der Erforderlichkeit zu dessen sachgemäßen Beurteilung auch gemäß § 131 Abs. 1 S. 1 AktG nicht in Betracht.[790] Drittens setzt der Nachinformationsanspruch gemäß § 131 Abs. 4 S. 1 AktG ausdrücklich voraus, dass die jeweilige Information einem Aktionär auf Grund seiner Eigenschaft als Aktionär mitgeteilt wurde.[791] Daher findet der Auskunftsanspruch bspw. keine Anwendung, wenn Informationen an einen gesellschaftsfremden Dritten oder sogar Erwerbsinteressenten, die an der Gesellschaft bereits beteiligt sind, weitergegeben werden.[792] Viertens bleiben die Auskunftsverweigerungsgründe gemäß § 131 Abs. 3 Nr. 5-7 AktG weiterhin möglich.[793] Fünftens

---

789 *Decher*, in: GroßKomm/AktG, § 131 Rn. 484; *Herrler*, in: Grigoleit, AktG, § 131 Rn. 59; *Kersting*, in: KK-AktG, § 131 Rn. 460; *Noerr/Hering Schuppener/v. Werder*, Rolle des Aufsichtsrats in der Krisenkommunikation, S. 28.

790 Näheres bei *Decher*, in: GroßKomm/AktG, § 131 Rn. 484; *Kubis*, in: MüKo-AktG, § 131 Rn. 158, auch mit Verweis auf die abweichende Ansicht einiger Autoren (wie bspw. *Meilicke/Heidel*, DStR 1992, 113 (114)) in seiner Fn. 415; *Kersting*, in: KK-AktG, § 131 Rn. 461 ff.; *Herrler*, in: Grigoleit, AktG, § 131 Rn. 59; *Hoffmann-Becking*, in: Hoffmann-Becking, Münchener Hdb. GesR IV, § 38 Rn. 52, 55; *Butzke*, Die Hauptversammlung der Aktiengesellschaft, G. 89; *Noerr/Hering Schuppener/v. Werder*, Rolle des Aufsichtsrats in der Krisenkommunikation, S. 28; hierzu auch *Kocher*, Der Konzern 2008, 611 (616 f.); *Schockenhoff/Culmann*, ZIP 2015, 297 (300); *Leyens*, ZGR 2019, 544 (577); *Hoffmann-Becking*, in: Pfeiffer/Wiese/Zimmermann, FS Rowedder 1994, 155 (160 ff.); *Bachmann*, in: Altmeppen/Fitz/Honsell, FS Roth 2011, 37 (47); *Spindler*, in: Bergmann/Hoffmann-Becking/Noack, FS Seibert 2019, 855 (863); zudem *Verse*, Der Gleichbehandlungsgrundsatz, S. 518 f.; *Heuser*, Shareholder Activism, S. 178.

791 Hierzu *Kropff*, AktG 1965, S. 187; *Decher*, in: GroßKomm/AktG, § 131 Rn. 457 ff., 464 ff.; *Herrler*, in: Grigoleit, AktG, § 131 Rn. 56; *Butzke*, Die Hauptversammlung der Aktiengesellschaft, G. 86-88; *Meilicke/Heidel*, DStR 1992, 113 (113); *Seibt*, ZGR 2006, 501 (508 f.); *Bachmann*, in: Grundmann/u.a., FS Schwark 2009, 331 (332).

792 *Herrler*, in: Grigoleit, AktG, § 131 Rn. 56 f.; *Henze/Notz*, in: GroßKomm/AktG, § 53a Rn. 58; *Butzke*, Die Hauptversammlung der Aktiengesellschaft, G. 91; *Wilde*, ZGR 1998, 423 (463); *Ziemons*, AG 1999, 492 (495); *Grüner*, NZG 2000, 770 (778); *Linker/Zinger*, NZG 2002, 497 (502); *Seibt*, ZGR 2006, 501 (509); *Kocher*, Der Konzern 2008, 611 (614); ferner *Leyens*, ZGR 2019, 544 (577), der zusätzlich auf Anleihengläubiger und Kreditgeber verweist; *Zetzsche*, Aktionärsinformation, S. 369; *Spindler*, in: Bergmann/Hoffmann-Becking/Noack, FS Seibert 2019, 855 (864).

793 Insbesondere zu § 131 Abs. 3 Nr. 5 AktG als anwendbarem Auskunftsverweigerungsgrund *Kocher*, Der Konzern 2008, 611 (615 f.).

wird das erweiterte Auskunftsrecht in den in § 131 Abs. 4 S. 3 AktG benannten Fällen ausdrücklich ausgeschlossen.[794] Schließlich wird § 131 Abs. 4 AktG nach bislang herrschender Ansicht nicht angewendet, wenn die in Frage stehende Informationsweitergabe gemäß § 53a AktG sachlich gerechtfertigt war.[795] Wird der Nachinformationsanspruch derart teleologisch reduziert, wird er in den allermeisten Fällen von Unternehmen abzublocken sein.[796] Inwieweit es sich hier empfiehlt, *de lege ferenda* Abhilfe zu schaffen, gilt es am Ende dieser Untersuchung in § 9.C.II zu überlegen.

3. *Regelungen des DCGK*

Über die Gleichbehandlung und die Nachinformation der Aktionäre enthält darüber hinaus der DCGK zwei entscheidende Aussagen.[797]

a) Gleichbehandlungsgebot nach Grundsatz 20 DCGK 2020

Zunächst enthält Grundsatz 20 DCGK 2020 (zuvor: Ziffer 6.1 S. 1 DCGK 2017) das Gebot zur informationellen Gleichbehandlung der Aktionäre. Zu internationaler und nationaler *best practice* gehört es danach, dass jeder Anteilseigner, unabhängig vom Umfang seines Aktienbesitzes oder von anderen in seiner

794 Näher hierzu *Herrler*, in: Grigoleit, AktG, § 131 Rn. 58.

795 Für eine teleologische Reduktion des § 131 Abs. 4 AktG im Lichte des § 53a AktG *Henze/Notz*, in: GroßKomm/AktG, § 53a Rn. 58 m.w.N., 132; *Krömker*, NZG 2003, 418 (423); *Seibt*, ZGR 2006, 501 (509); ebendiese Auslegung bestätigen die Gesetzesmaterialien, auch wenn der Wortlaut auf eine absolute Gleichbehandlungspflicht deutet, so *Fleischer*, ZGR 2009, 505 (520); *Kocher*, Der Konzern 2008, 611 (612); *Hirt/Hopt/Mattheus*, AG 2016, 725 (739); *Holle*, ZIP 2019, 1895 (1899); *Herz*, NZG 2020, 285 (288); *Verse*, Der Gleichbehandlungsgrundsatz, S. 511 f., 524; *Heuser*, Shareholder Activism, S. 174. Dagegen ist mit ausführlicher Begründung *Kersting*, in: KK-AktG, § 131 Rn. 427; *Decher*, in: GroßKomm/AktG, § 131 Rn. 454; siehe auch *Koch*, in: Hüffer/Koch, AktG, § 131 Rn. 71; *Herrler*, in: Grigoleit, AktG, § 131 Rn. 57; *Zetzsche*, AG 2019, 701 (704), der wegen des Spezialitätsgrundsatzes (*lex specialis derogat legi generali*) betont, dass § 131 Abs. 4 S. 1 AktG dem § 53a AktG für die informationsrechtliche Feinsteuerung von privilegierenden Informationen an einzelne Aktionäre vorgehe; *Bachmann*, in: Grundmann/u.a., FS Schwark 2009, 331 (332); *Spindler*, in: Bergmann/Hoffmann-Becking/Noack, FS Seibert 2019, 855 (862 f.). Mit Bedenken *Herrler*, in: Grigoleit, AktG, § 131 Rn. 56.

796 Dazu auch *Bachmann*, in: VGR, Gesellschaftsrecht 2016, 135 (170).

797 Siehe zuletzt *Hopt/Leyens*, ZGR 2019, 929 (992 f.); vgl. auch *Bachmann*, in: Grundmann/u.a., FS Schwark 2009, 331 (344).

Person liegenden Gründen, die gleichen Informationen von der Gesellschaft erhalten sollte oder zumindest erhalten kann.[798] Auch die DCGK-Regelung erstrebt jedoch kein absolutes Gleichbehandlungsgebot. Bestimmte Anteilseigner können also aus legitimen Gründen einen vergleichsweise großzügigeren Zugang zu Informationen über die Gesellschaft bekommen und *de facto* besser informiert sein.[799] Daher besteht nicht nur sprachlich, sondern auch inhaltlich eine große Übereinstimmung mit dem verbandsrechtlichen Gleichbehandlungsgebot gemäß § 53a AktG.[800]

b) Fair Disclosure nach Empfehlung F.1 DCGK 2020

Bei Fragen der informationellen Gleichbehandlung und zur Nachinformation der übrigen Aktionäre hat darüber hinaus Empfehlung F.1 DCGK 2020 (zuvor: Ziffer 6.1 S. 2 DCGK 2017), die der US-amerikanischen Regulation Fair Disclosure aus dem Jahr 2000 nachgebildet ist, eine praxisrelevante Rolle.[801] Danach sollen wesentliche neue Tatsachen, die Finanzanalysten und vergleichbare Adressaten mitgeteilt worden sind, den übrigen Aktionären von der Gesellschaft unverzüglich zur Verfügung gestellt werden.[802] Den von der Regelung ausdrücklich erfassten Finanzanalysten geht es nicht um die eigene Anlageentscheidung, sondern darum, die erhaltenen Informationen aufbereitet an einen Dritten für Anlageentscheidungen weiterzugeben, Kauf- oder Verkaufsempfehlungen

---

798 *v. Werder*, in: Kremer/u.a., DCGK, Rn. 1604.

799 *v. Werder*, in: Kremer/u.a., DCGK, Rn. 1604.

800 Vgl. den Wortlaut „unter gleichen Voraussetzungen" in § 53a AktG sowie auch Grundsatz 20 DCGK 2020; zu der Anpassung des Wortlauts im Jahr 2015 *v. Werder*, in: Kremer/u.a., DCGK, Rn. 1605.

801 Näher hierzu *v. Werder*, in: Kremer/u.a., DCGK, Rn. 1606 ff.; *von der Linden*, in: Drinhausen/Eckstein, Beck'sches Hdb. AG, § 25 Rn. 86 f.; *Bachmann*, WM 2013, 2009 (2014 f.). Vertiefend zur US-amerikanischen Regulation Fair Disclosure bereits *Drygala*, WM 2001, 1282 (1283 ff.) und in der Fortsetzung *Drygala*, WM 2001, 1313 (1313-1316); *Fleischer*, ZGR 2009, 505 (515 ff.); *Klöhn*, WM 2010, 1869 (1870 f.); *Klöhn*, in: Burgard/u.a., FS Schneider 2011, 633 (636 ff.). Aus dem internationalen Schrifttum: *Yockey*, South Carolina Law Review 61.2 (2009), 171 (205 ff.); *Rock*, Cornell Law Review 97.4 (2012), 849 (871 ff.); *Koch/Lefanowicz/Robinson*, Accounting Horizons 27.3 (2013), 619; *Fairfax*, University of Illinois Law Review 2013, 821 (834 ff.); *Strampelli*, Virginia Law and Business Review 12.2 (2018), 187 (206 ff.); *Mosca*, ECFR 2018, 805 (814 ff.); *Tonello/Gatti*, The Conference Board DN-V10N3 (2019), S. 6, 42 f.

802 Vertiefend *v. Werder*, in: Kremer/u.a., DCGK, Rn. 1608.

auszusprechen bzw. den fairen Wert eines Unternehmens zu ermitteln.[803] Vergleichbare Adressaten sind deshalb vor allem Wirtschaftsjournalisten, Ratingagenturen, aber auch Personen, die von der Gesellschaft im Rahmen der Investor Relations Informationen erhalten.[804] Erfasst werden nach hier vertretener Auffassung auch institutionelle Investoren, die an Investorengesprächen mit der Verwaltung teilnehmen.[805] Ihr Informationsbedürfnis ist jedenfalls mit dem von professionellen Analysten weitgehend ähnlich, da beide strukturierte, an Fundamentaldaten orientierte Verfahren zur Bewertung eines Investitionsobjekts anwenden.[806] Dagegen könnte man lediglich einwenden, dass die an institutionelle Investoren weitergegebenen Informationen wegen ihres Inhalts streng vertraulich sind und sich deshalb von den typischen Analysteninformationen des Vorstands unterscheiden.[807] Die Schlagkraft dieses Arguments ist jedoch mit Blick auf die auch durch den DCGK angestrebte informationelle Gleichbehandlung der Aktionäre über exklusive Informationen nicht besonders hoch. Schließt man sich dem an, müssen die übrigen Aktionäre unverzüglich über alle „wesentlichen neuen Tatsachen"[808] nachinformiert werden, die in Investorengesprächen von der Verwaltung weitergegeben werden.[809] Das Merkmal der Wesentlichkeit einer Information ermöglicht jedoch einen gewissen Spielraum,

---

803 *v. Werder*, in: Kremer/u.a., DCGK, Rn. 1611 mit Verweis auf die Definition der DVFA; *Noerr/Hering Schuppener/v. Werder*, Rolle des Aufsichtsrats in der Krisenkommunikation, S. 28.

804 *v. Werder*, in: Kremer/u.a., DCGK, Rn. 1611; *Noerr/Hering Schuppener/v. Werder*, Rolle des Aufsichtsrats in der Krisenkommunikation, S. 28.

805 Speziell zu Gesprächen zwischen Aufsichtsrat und institutionellen Investoren *v. Werder*, in: Kremer/u.a., DCGK, Rn. 1611; *Bachmann*, in: VGR, Gesellschaftsrecht 2016, 135 (170); *Holle*, ZIP 2019, 1895 (1899 f.). A.A. *Schilha/Theusinger*, NZG 2019, 521 (527) unter Verweis auf die bisherige Auslegung der DCGK-Empfehlung.

806 Dazu *Zülch/Benary/Hottmann*, DB 2016, 1509 (1510); zudem *Spindler*, in: Bergmann/Hoffmann-Becking/Noack, FS Seibert 2019, 855 (864): „[D]er Unterschied zwischen einem Finanzanalysten und einem Investor ist marginal." Vgl. auch *Bachmann*, WM 2013, 2009 (2014), der Informationsweitergaben an institutionelle Investoren als von Ziffer 6.1 S. 2 DCGK a.F. erfasst ansieht, dann jedoch die selektive Informationsweitergabe an (Groß-)Aktionäre wieder ausschließt (auf 2015).

807 *Noerr/Hering Schuppener/v. Werder*, Rolle des Aufsichtsrats in der Krisenkommunikation, S. 29.

808 Zu den davon umfassten Informationen *v. Werder*, in: Kremer/u.a., DCGK, Rn. 1608.

809 Vgl. *Bachmann*, WM 2013, 2009 (2014); *Hopt*, ECGI Law Working Paper 365/2017, S. 10.

von einer Veröffentlichung abzusehen.[810] Der Praxis wurde wegen der Auslegungsbedürftigkeit des Begriffs der Wesentlichkeit und der damit verbundenen Rechtsunsicherheit aber bereits empfohlen, vorsorglich alle den Adressaten neu mitgeteilten Tatsachen publik zu machen.[811] Dafür sind Veröffentlichungen auf der Internetseite des Unternehmens entsprechend der üblichen Praxis bei Informationen aus Analystenveranstaltungen geeignet.[812] Anderenfalls besteht das Risiko, fehlerhafte Entsprechenserklärungen gemäß § 161 Abs. 1 AktG zu veröffentlichen.[813]

4. *Freiwillige Transparenz über Investorengespräche*

Um die informationell benachteiligten Aktionäre nicht zu vernachlässigen, können Unternehmen über die gesetzlichen Mindestvorgaben hinaus weitergehend freiwillig Transparenz über nichtöffentliche Investorenkontakte zeigen.[814] Detailliert könnte etwa darüber berichtet werden, wann, mit wem, zu welchen Themen und mit welchem Ergebnis Investorengespräche geführt wurden. Damit werden Aktionärsfragen auf der Hauptversammlung ermöglicht bzw. solchen bereits zuvorgekommen.[815] Vermieden wird überdies ein falscher Anschein

---

810 *v. Werder*, in: Kremer/u.a., DCGK, Rn. 1608 f.; hierzu auch *Schilha/Theusinger*, NZG 2019, 521 (527); *Holle*, ZIP 2019, 1895 (1900).

811 Dafür *v. Werder*, in: Kremer/u.a., DCGK, Rn. 1609; *Bachmann*, WM 2013, 2009 (2015): „Was relevant ist, soll jeder Investor für sich entscheiden."; *Bachmann*, in: VGR, Gesellschaftsrecht 2016, 135 (170); siehe auch *Hommelhoff*, in: VGR, Gesellschaftsrecht 2011, 175 (186).

812 Zu dieser Form der Veröffentlichung auch *v. Werder*, in: Kremer/u.a., DCGK, Rn. 1612; *Schick*, WPg 2018, 1379 (1384).

813 Bislang geben 97,7% der börsennotierten Gesellschaften an, der Empfehlung zu folgen, siehe *v. Werder/Danilov*, DB 2018, 1997 (2005); zuvor mit 99,9% noch *v. Werder/Turkali*, DB 2015, 1357 (1363); auch *Koch*, AG 2017, 129 (138 f.). Weitergehend zu der Anfechtbarkeit von Hauptversammlungsbeschlüssen aufgrund fehlerhafter Entsprechenserklärungen *Bayer/Scholz*, in: Spindler/Stilz, AktG, § 161 Rn. 91 ff.; *Kleefass*, NZG 2019, 298; vertiefend *Goette*, in: Kindler/u.a., FS Hüffer 2010, 225 (231 ff.).

814 Näheres findet man bei *Strampelli*, Virginia Law and Business Review 12.2 (2018), 187 (237 ff.); zudem *Schilha/Theusinger*, NZG 2019, 521 (527). Zur Transparenz über *board-shareholder engagement* in den USA *Tonello/Gatti*, The Conference Board DN-V10N3 (2019), S. 6, 39 ff. Allgemeiner *Decher*, in: GroßKomm/AktG, § 131 Rn. 34, der die immer größer werdende Bedeutung von freiwilligen Informationen bspw. auf der Homepage der Unternehmen betont.

815 Auch *Noerr/Hering Schuppener/v. Werder*, Rolle des Aufsichtsrats in der Krisenkommunikation, S. 28.

oder das Entstehen von Misstrauen im Aktionariat im Hinblick auf eine fehlgeleitete, asymmetrische Informationspolitik der Verwaltung.[816] Speziell für Aufsichtsratsgespräche mit Investoren wäre für diese Zwecke der Aufsichtsratsbericht auf der Hauptversammlung gemäß § 171 Abs. 2 AktG ein geeignetes Informationsmedium.[817] Auch wäre es möglich, hierzu in der Erklärung zur Unternehmensführung gemäß § 289f HGB Stellung zu beziehen.[818] Als dritter Lösungsweg wurde bereits vorgeschlagen, die Kommunikationsplattform des allen Anteilseignern laufend verfügbaren Aktionärsforums gemäß § 127a AktG zu nutzen.[819] In die gleiche Richtung weist der Vorschlag, die Protokolle von Investorengesprächen auf der Internetseite des Unternehmens öffentlich zugänglich zu machen.[820] Die Internetseite ist jedenfalls auch für viele weitere Unternehmensinformationen das zentrale Kommunikationsmittel.[821] Weiterführend könnte für deutsche Aktiengesellschaften die Vorschrift in Principle 4.2.3 des Dutch Corporate Governance Code 2018 Vorbildfunktion bekommen. Danach sollen Treffen oder Präsentationen mit Analysten oder (institutionellen) Investoren sowie Pressekonferenzen des Unternehmens zuvor auf der Website des Unternehmens bekannt gemacht werden.[822] Außerdem sollen Möglichkeiten

---

816 *Noerr/Hering Schuppener/v. Werder*, Rolle des Aufsichtsrats in der Krisenkommunikation, S. 28; *Tüngler*, BOARD 2016, 173 (174).

817 Auch *Kremer*, in: Kremer/u.a., DCGK, Rn. 1270a; *Noerr/Hering Schuppener/v. Werder*, Rolle des Aufsichtsrats in der Krisenkommunikation, S. 28; *Bachmann*, in: VGR, Gesellschaftsrecht 2016, 135 (169 f.); *Tüngler*, BOARD 2016, 173 (174); vgl. *Ihrig*, in: Börsen-Zeitung vom 29. Oktober 2016, S. 13. Zur mangelhaften Berichterstattung über Investorendialoge des Aufsichtsrats in den DAX30-Gesellschaften für das Geschäftsjahr 2017 *Ruhwedel/Weitzel*, AR 2018, 69 (71).

818 Ebenfalls *Kremer*, in: Kremer/u.a., DCGK, Rn. 1270a; *Noerr/Hering Schuppener/v. Werder*, Rolle des Aufsichtsrats in der Krisenkommunikation, S. 28. *Schick*, WPg 2018, 1379 (1384) empfiehlt aber den Bericht des Aufsichtsrats, weil er sich ausschließlich auf aufsichtsratsspezifische Themen bezieht.

819 *Vetter*, AG 2016, 873 (875 f.). Zu dessen Bedeutungslosigkeit aber *Leyens*, ZGR 2019, 544 (580).

820 Siehe *Bachmann*, in: VGR, Gesellschaftsrecht 2016, 135 (171) mit Verweis auf die Wirtschaftspresse.

821 Vgl. etwa §§ 124a, 126 Abs. 1 S. 3 AktG, 131 Abs. 3 S. 1 Nr. 7 AktG oder § 161 S. 2 AktG.

822 Der niederländische Corporate Governance Code 2018 wurde vom Monitoring Committee Corporate Governance Code bereits 2016 herausgegeben. Zu der entsprechenden Regelung *Hirt/Hopt/Mattheus*, AG 2016, 725 (738, Fn. 124); *Hopt*, ECGI Law Working Paper 365/2017, S. 9. Zu Ankündigungen auf der Website auch *Hopt/Leyens*, ZGR 2019, 929 (993, Fn. 407). Vgl. weiterführend Artikel 8.3 des belgischen Corporate Governance Code 2009, der vom Corporate Governance Committee herausgegeben

geschaffen werden, diese Treffen und Präsentationen in Echtzeit – bspw. durch Webcastings, per Telefon etc. – zu verfolgen und nachträglich auf der Website des Unternehmens abzurufen.[823] Einem Konflikt von Investorengesprächen mit dem Gleichbehandlungsgebot würde hierdurch weitgehend zuvorgekommen werden.[824] Dagegen könnte sprechen, dass es die Verwaltung überfordern könnte, alle Aktionäre bezüglich Unternehmensinformationen parallel, d.h. im gleichen Umfang und zur gleichen Zeit, auf dem neuesten Stand zu halten.[825] Unter Berücksichtigung der technischen Möglichkeiten des Internets und des Streamings ist das jedoch nicht überzeugend.[826] Berechtigt ist hingegen die Befürchtung, dass wegen der Quasi-Öffentlichkeit der Investorengespräche nicht nur die Auskunftsbereitschaft der Verwaltung, sondern auch die Fragebereitschaft teilnehmender Investoren leidet und die im Investorengespräch erstrebte vertrauensbildende Interessenannäherung zwischen Verwaltung und Investoren wie auch wechselseitige Informationszugewinne wesentlich gebremst werden.[827]

---

wird; vertiefend *Geens*, in: Davies/u.a., Corporate Boards in Law and Practice, 119 (149); *Hirt/Hopt/Mattheus*, AG 2016, 725 (738); auch *Hopt*, ECGI Law Working Paper 365/2017, S. 9; *Strampelli*, Virginia Law and Business Review 12.2 (2018), 187 (238). Im neuen belgischen Corporate Governance Code 2020 wurden die Ausführungen zu Principle 8 deutlich verkürzt.

823 Dazu ebenfalls *Bachmann*, WM 2013, 2009 (2015); zudem *Hopt/Leyens*, ZGR 2019, 929 (993, Fn. 407); *Spindler*, in: Bergmann/Hoffmann-Becking/Noack, FS Seibert 2019, 855 (870), der eine elektronische Teilnahme an Investorengesprächen für interessierte Aktionäre befürwortet und dafür auch auf das Aktionärsforum verweist. In den USA finden sich diese Überlegungen ebenfalls, etwa von *Thompson*, Compliance Week 8.88 (2011), 54 (55), der in seinem Beitrag die Idee eines sogenannten „Fifth Analyst Call" mit den größten institutionellen Investoren des Unternehmens diskutiert.

824 Siehe dazu *Holle*, ZIP 2019, 1895 (1899); *Hein*, Die Stewardship-Verantwortung, S. 121 f. Zu dieser Empfehlung mit Blick auf das Insiderrecht auch *Rose*, International Review of Law and Economics 23 (2007), 227 (228, 235).

825 Das Argument etwa bei *Schockenhoff/Nußbaum*, AG 2019, 321 (329) m.w.N.

826 Ähnlich *Noerr/Hering Schuppener/v. Werder*, Rolle des Aufsichtsrats in der Krisenkommunikation, S. 23; auch *Schilha/Theusinger*, NZG 2019, 521 (524).

827 Ablehnend deshalb *Leyens*, ZGR 2019, 544 (579). Vgl. auch bereits *Bachmann*, in: VGR, Gesellschaftsrecht 2016, 135 (171), der eine Einladung an die übrigen Aktionäre zur Teilnahme an Investorengesprächen nur dann für sinnvoll hält, wenn absehbar ist, dass ohnehin nur eine begrenzte Anzahl von Aktionären einer derartigen Einladung Folge leistet; so auch *Holle*, ZIP 2019, 1895 (1899).

III. Kapitalmarktrechtliche Gleichbehandlung von Investoren

Geht es bei den §§ 53a, 131 Abs. 4 AktG um die (informationelle) Gleichbehandlung von Aktionären, weitet das Kapitalmarktrecht das Gleichbehandlungsgebot auf alle Kapitalmarktteilnehmer aus, vgl. § 48 Abs. 1 Nr. 1 WpHG. Zudem verbietet das durch die MMVO geprägte Insiderrecht zum Schutz der Integrität der Finanzmärkte und des Vertrauens der übrigen Investoren[828] die privilegierte Weitergabe bestimmter Informationen an beliebige Dritte, unabhängig davon, ob diese bereits Gesellschafter sind. Das Konzept der informationellen Gleichbehandlung ist für die börsennotierte Aktiengesellschaft durch das Kapitalmarktrecht somit um eine weitere Dimension der informationellen Chancengleichheit ergänzt.[829] Dennoch ist auch im Kapitalmarktrecht kein vollständiger Informationsausgleich gegenüber allen Dritten vorgesehen, sondern nur dort, wo die Information die Schwelle der Wesentlichkeit oder der Kursrelevanz überschreitet.[830]

1. Gleichbehandlungsgebot gemäß § 48 Abs. 1 Nr. 1 WpHG

Gemäß § 48 Abs. 1 Nr. 1 WpHG (bis 2. Februar 2018: § 30a Abs. 1 Nr. 1 WpHG) haben Emittenten sicherzustellen, dass alle Inhaber der zugelassenen Wertpapiere unter gleichen Voraussetzungen gleich behandelt werden.[831] Diesem

---

828 Vgl. ausdrücklich Erwägungsgrund 23 der MMVO: „Das wesentliche Merkmal von Insidergeschäften ist ein ungerechtfertigter Vorteil, der mittels Insiderinformationen zum Nachteil Dritter erzielt wird, die diese Informationen nicht kennen, und infolgedessen in der Untergrabung der Integrität der Finanzmärkte und des Vertrauens der Investoren."

829 Zum Verhältnis des Insiderrechts zur verbandsrechtlichen (informationellen) Gleichbehandlung näher *Klöhn*, in: Klöhn, MMVO, Art. 17 Rn. 452; zum kapitalmarktrechtlichen Prinzip der informationellen Gleichbehandlung auch *Seibt*, ZGR 2006, 501 (511 f.); zum Prinzip der informationellen Chancengleichheit im europäischen Insiderrecht *Klöhn*, ECFR 2010, 347 (354 ff.); *Klöhn*, NZG 2011, 166 (168); zum Prinzip der informationellen Chancengleichheit als Lehre aus der bisherigen Rechtsprechung des EuGH explizit *Hupka*, EuZW 2011, 860 (863 f.); siehe darüber hinaus auch *Strampelli*, Virginia Law and Business Review 12.2 (2018), 187 (192, 211 ff.); *Mosca*, ECFR 2018, 805 (809, 830); *Zetzsche*, AG 2019, 701 (704 f.); *Klöhn*, in: Burgard/u.a., FS Schneider 2011, 633 (633 f.); *Zetzsche*, Aktionärsinformation, S. 343 ff.

830 *Strampelli*, Virginia Law and Business Review 12.2 (2018), 187 (211 ff., 224); *Mosca*, ECFR 2018, 805 (824); *Zetzsche*, AG 2019, 701 (706).

831 Ausdrücklich zu § 30a Abs. 1 Nr. 1 WpHG a.F. und dem Problem der Investorengespräche *Bachmann*, WM 2013, 2009 (2013 ff.); *Fleischer*, ZGR 2009, 505 (527 f.); zu

kapitalmarktrechtlichen Gleichbehandlungsgebot kommt neben der aktienrechtlichen Norm des § 53a AktG im Grunde keine eigenständige Bedeutung zu, weil beide Gleichbehandlungsgebote inhaltlich deckungsgleich sind.[832] Abweichungen entstehen, insoweit § 48 Abs. 1 Nr. 1 WpHG auch gegenüber ausländischen Emittenten Geltung beansprucht.[833] Überdies betonte vor Kurzem *Zetzsche* instruktiv, dass sich die richtige Leseart des § 48 Abs. 1 Nr. 1 WpHG erst im Zusammenspiel mit der prospektrechtlichen Parallelnorm in Art. 22 Abs. 5 ProspektVO (EU) 2017/1129 ableitet und sich deshalb an dem Gedanken der Wesentlichkeit der Information orientiert.[834]

2. *Verbot der Weitergabe von Insiderinformationen gemäß Art. 14 lit. c) i.V.m. Art. 10 MMVO*

Nach Erwägungsgrund 19 der MMVO sollen „allgemeine Diskussionen" zwischen Anteilseignern und der Unternehmensführung wegen der grundlegenden Bedeutung solcher Beziehungen für das effiziente Funktionieren der Märkte nicht verboten werden.[835] Im Bereich kursrelevanter Informationen werden der selektiven Investorenkommunikation der Verwaltung durch die MMVO jedoch strikte gesetzliche Grenzen gesetzt, denn hier steht das Weitergabeverbot von Insiderinformationen gemäß Art. 14 lit. c) i.V.m. 10 MMVO im Fokus.[836] Es ergänzt

---

§ 30a Abs. 1 Nr. 1 WpHGa.F. auch *Bachmann*, in: Grundmann/u.a., FS Schwark 2009, 331 (333).

832 Dazu *Kiem*, in: Habersack/Mülbert/Schlitt, Hdb. Kapitalmarktinformation, § 12 Rn. 8; *Fleischer*, ZGR 2009, 505 (528); *Wieneke*, in: Grundmann/u.a., FS Schwark 2006, 37 (53) sowie weitergehend zum übernahmerechtlichen Gleichbehandlungsgebot (53 f.).

833 *Habersack/Verse*, Europäisches Gesellschaftsrecht, § 6 Rn. 93.

834 *Zetzsche*, AG 2019, 701 (705).

835 Dort heißt es: „Diese Verordnung hat nicht zum Ziel, allgemeine Diskussion zwischen Anteilseignern und der Unternehmensführung über die Geschäfts- und Marktentwicklung, die einen Emittenten betreffen, zu verbieten. Solche Beziehungen sind von grundlegender Bedeutung für das effiziente Funktionieren der Märkte und sollten durch diese Verordnung nicht verboten werden."; hierzu auch *Strampelli*, Virginia Law and Business Review 12.2 (2018), 187 (216); *Mosca*, ECFR 2018, 805 (847); zudem *Knierbein*, Freiwillige Kapitalmarktkommunikation, S. 39.

836 Vertiefend zu dieser Schranke, wenn auch teilweise noch zum alten Recht: *Klöhn*, in: Klöhn, MMVO, Art. 10 Rn. 187 und Art. 17 Rn. 450 ff.; *Ekkenga*, NZG 2001, 1 (5); *Drygala*, WM 2001, 1313 (1318 ff.); *Veil*, ZHR 172 (2008), 239 (248 ff.); *Fleischer*, ZGR 2009, 505 (512); *Klöhn*, WM 2010, 1869 (1869, 1875 f.); *Drinhausen/Marsch-Barner*, AG 2014, 337 (348); *Kocher*, Journal of International Banking Law

die ebenfalls in der MMVO geregelte *ad hoc*-Publizität, mit der – abgesehen von Fällen einer zulässigen Selbstbefreiung gemäß Art. 17 Abs. 4 MMVO – frühzeitig viele Insiderinformationen gegenüber einem breiten Anlegerpublikum mitzuteilen sind.[837]

Gemäß der Definition in Art. 7 Abs. 1 lit. a) MMVO hat eine Insiderinformation im Wesentlichen drei Merkmale. Es muss sich erstens um eine präzise Information handeln, die Finanzinstrumente oder deren Emittenten betrifft. Zweitens darf sie nicht öffentlich bekannt sein, d.h. es darf keine Zugangsmöglichkeit für ein breites Anlegerpublikum bestehen. Schließlich muss sie von (erheblicher) Kursrelevanz sein.[838] Durch das Merkmal der Kursrelevanz sind die Grenzen des Insiderrechts für den Investorendialog zwar in gewissem Umfang relativiert, weil Bagatellfälle unter einer gewissen Erheblichkeitsschwelle ausgeschlossen werden.[839] Einzelheiten zum Kriterium der Kursrelevanz sind jedoch

---

and Regulation 30.7 (2015), 402 (406); *Poelzig*, NZG 2016, 528 (534); *Hirt/Hopt/Mattheus*, AG 2016, 725 (736); *Hopt*, ECGI Law Working Paper 365/2017, S. 7 f.; *Schick*, WPg 2018, 1379 (1383); *Mosca*, ECFR 2018, 805 (823 ff.); *Zetzsche*, AG 2019, 701 (706); *Holle*, ZIP 2019, 1895 (1898); *Spindler*, in: Bergmann/Hoffmann-Becking/Noack, FS Seibert 2019, 855 (867 f.); auch Dr. Jürgen Hambrecht im Interview mit *Döring*, in: Börsen-Zeitung vom 6. Juli 2016, S. 9. Aus US-amerikanischer Perspektive ergänzend *Fisch/Sepe*, ECGI Law Working Paper 415/2018, S. 42 f. Ohnehin ist zu berücksichtigen, dass Investoren in der Regel selbst kein Interesse daran haben, Informationen im kursrelevanten Bereich zu erfahren, weil sie bei deren Entgegennahme einem Weitergabe- und Handelsverbot unterliegen, vgl. Art. 14 lit. a) und b) i.V.m. Art. 8 Abs. 1 MMVO; hierzu *Klöhn*, in: Klöhn, MMVO, Art. 10 Rn. 192; *Schmolke*, ZGR 2007, 701 (731); *Weber-Rey/Reps*, ZGR 2013, 597 (615 f.); *Schockenhoff/Culmann*, ZIP 2015, 297 (306); *Graßl/Nikoleyczik*, AG 2017, 49 (57); *Mosca*, ECFR 2018, 805 (812); *Zetzsche*, AG 2019, 701 (705); *Forstmoser*, in: Bucher/u.a., FS Wiegand 2005, 785 (800).

837 Hierzu *Buck-Heeb*, in: Assmann/Schütze/Buck-Heeb, Hdb. des Kapitalanlagerechts, § 8 Rn. 337; *Spindler*, in: Bergmann/Hoffmann-Becking/Noack, FS Seibert 2019, 855 (868 f.). Weiterführend zur *ad hoc*-Publizität etwa *Klöhn*, in: Klöhn, MMVO, Art. 17 Rn. 34 ff.

838 Zum Begriff der Insiderinformation ausführlich *Klöhn*, in: Klöhn, MMVO, Art. 7 Rn. 23 ff.; *Lutter/Bayer/Schmidt*, Europäisches Unternehmens- und Kapitalmarktrecht, Rn. 35.18 ff.; *Poelzig*, NZG 2016, 528 (531 f.); *Mosca*, ECFR 2018, 805 (831 ff.). Vertiefend zur besonderen Bedeutung des Kriteriums der Kursrelevanz *Merkner/Sustmann/Retsch*, AG 2019, 621 (622 ff.).

839 Speziell für Aufsichtsratsgespräche mit Investoren *Koch*, AG 2017, 129 (137, 139). Zum Ausschluss von Bagatellfällen auch *Hopt/Kumpan*, in: Schimansky/Bunte/Lwowski, BankR-Hdb., § 107 Rn. 54.

nicht vollständig geklärt.[840] Auch lässt sich wegen der hohen Komplexität der Finanzmärkte die Kursrelevanz *ex ante* schwer abschätzen.[841] Je niedriger die Erheblichkeitsschwelle gesetzt wird, desto höher wird für die Mitglieder der Verwaltung die Gefahr, bei der Weitergabe von Informationen in Investorengesprächen gegen das insiderrechtliche Weitergabeverbot zu verstoßen.[842]

Art. 14 lit. c) MMVO untersagt nur die unrechtmäßige Offenlegung von Insiderinformationen. Rechtmäßig ist eine Offenlegung von Insiderinformationen in Fällen des Art. 10 Abs. 1 S. 1 Hs. 2 MMVO, wenn die Offenlegung im Zuge der normalen Ausübung einer Beschäftigung oder eines Berufs oder der normalen Erfüllung von Aufgaben geschieht. Diese Voraussetzungen hat der EuGH in der Entscheidung *Grøngaard und Bang*– wenngleich zur Auslegung des Ausnahmetatbestandes in der Insiderrichtlinie 1989/592/EG – unter Rückgriff auf das von ihm entwickelte Kriterium der Unerlässlichkeit äußerst eng ausgelegt.[843] Dieser restriktiven Haltung ist auch unter Geltung der MMVO zu folgen.[844] Auch speziell für die Weitergabe von Insiderinformationen durch den

---

840 *Poelzig*, NZG 2016, 528 (532); *Mosca*, ECFR 2018, 805 (832 ff.). Vertiefend *Klöhn*, in: Klöhn, MMVO, Art. 7 Rn. 156 ff.

841 *Spindler*, in: Bergmann/Hoffmann-Becking/Noack, FS Seibert 2019, 855 (868).

842 Bezogen auf Aufsichtsratsgespräche *Koch*, AG 2017, 129 (140). Vgl. aus europäischer Perspektive *Mosca*, ECFR 2018, 805 (836).

843 EuGH, ZIP 2006, 123 (125 f.), wonach jede zusätzliche Weitergabe von Insiderinformationen die Gefahr vergrößert, die Ziele des Insiderrechts zu vereiteln, die Weitergabebefugnis deshalb eine eng auszulegende Ausnahme darstellt und nur dann gerechtfertigt ist, wenn sie für die Ausübung einer Arbeit oder eines Berufes oder für die Erfüllung einer Aufgabe unerlässlich ist und der Grundsatz der Verhältnismäßigkeit gewahrt bleibt; auch bei *Hopt/Kumpan*, in: Schimansky/Bunte/Lwowski, BankR-Hdb., § 107 Rn. 105; *Raiser/Veil*, Recht der Kapitalgesellschaften, § 15 Rn. 100; *Veil*, ZHR 172 (2008), 239 (252 ff.); *Bachmann*, ZHR 172 (2008), 597 (624); *Fleischer*, ZGR 2009, 505 (527); *Hupka*, EuZW 2011, 860 (861 f.); *Bachmann*, WM 2013, 2009 (2014); *Poelzig*, NZG 2016, 528 (534); *Mosca*, ECFR 2018, 805 (836 f.); *Leyens*, ZGR 2019, 544 (578); *Bachmann*, in: Grundmann/u.a., FS Schwark 2009, 331 (337). Vgl. darüber hinaus *Klöhn,* WM 2010, 1869 (1875), der ausdrücklich betont, dass die Weitergabe von Insiderinformationen grundsätzlich unbefugt ist, was insbesondere auch für die Informationsweitergabe an institutionelle Anleger zur Pflege der Investor Relations gelte. Überholt ist daher die Ansicht von *Schneider/Singhof*, in: Hönn/Konzen/Kreutz, FS Kraft 1998, 585 (602 f.), die es dem Vorstand im Rahmen des unternehmerischen Ermessens erlauben, einem wesentlich beteiligten Aktionär neben Geschäftsgeheimnissen auch Insidertatsachen zu offenbaren.

844 Hierfür *Lutter/Bayer/Schmidt*, Europäisches Unternehmens- und Kapitalmarktrecht, Rn. 35.39; *Poelzig*, NZG 2016, 528 (534); *Mosca*, ECFR 2018, 805 (823).

Aufsichtsrat in Investorengesprächen ist deshalb davon auszugehen, dass sie in der ganz überwiegenden Mehrheit der Fälle unrechtmäßig sind.[845] Das gilt ohne Zweifel auch dann, wenn man die legitimen Ziele der Investor Relations berücksichtigen und hervorheben möchte, dass es für selektive Weitergaben von Insiderinformationen an einflussreiche Investoren im Einzelfall rechtsökonomische Gründe geben mag und sie im Interesse des Unternehmens liegen.[846] Sollten Aufsichtsratsmitglieder im Ausnahmefall gemäß Art. 10 Abs. 1 MMVO doch Insiderinformationen gegenüber einem Dritten offen legen dürfen, ist die Insiderinformation anschließend gemäß Art. 17 Abs. 8 MMVO vollständig, wirksam sowie zeitgleich bei absichtlicher Offenlegung und unverzüglich im Fall einer nicht absichtlichen Offenlegung offenzulegen, es sei denn, der Empfänger wurde wirksam zur Geheimhaltung verpflichtet.[847]

Eine gesetzlich geschriebene Ausnahme vom Weitergabeverbot findet sich ferner in Art. 11 Abs. 1 MMVO für die Fälle der Marktsondierung.[848] Danach kann – unter den Voraussetzungen des Art. 11 Abs. 3, 5 MMVO sowie den gemäß Art. 11 Abs. 9, 10 MMVO von der ESMA entworfenen technischen Standards – der Emittent im Vorfeld bestimmter Kapitalmarkttransaktionen die erwartete Marktreaktion durch das Einholen von Einschätzungen vereinzelter Marktteilnehmer vorfühlen, um die Zweckmäßigkeit der anvisierten Maßnahme besser beurteilen zu können. Insoweit gilt die Offenlegung von Insiderinformationen gemäß Art. 11 Abs. 4 MMVO als im Zuge der normalen Ausübung der Beschäftigung oder des Berufs oder der normalen Erfüllung der Aufgaben einer Person vorgenommen und somit gemäß Art. 10 Abs. 1 MMVO als rechtmäßig.

---

845 So auch *Noerr/Hering Schuppener/v. Werder*, Rolle des Aufsichtsrats in der Krisenkommunikation, S. 20; *Rahlmeyer*, AR 2015, 144 (145); *Bachmann*, in: VGR, Gesellschaftsrecht 2016, 135 (162); *Scholderer/v. Werder*, ZGR 2017, 865 (908); *Holle*, ZIP 2019, 1895 (1898). Deutlich großzügiger ist unter Verweis auf Erwägungsgrund 19 der MMVO und Art. 17 Abs. 8 MMVO *Strampelli*, Virginia Law and Business Review 12.2 (2018), 187 (215).

846 Näher zu den hiermit verbundenen Argumenten *Klöhn*, in: Klöhn, MMVO, Art. 10 Rn. 189 ff.; *Fleischer*, ZGR 2009, 505 (512, 527); kurz auch *Fleischer/Bauer/Wansleben*, DB 2015, 360 (366); *Koch*, AG 2017, 129 (140).

847 Zu den Voraussetzungen und Rechtsfolgen *Klöhn*, in: Klöhn, MMVO, Art. 17 Rn. 466 ff.; vgl. auch *Mosca*, ECFR 2018, 805 (825).

848 *Lutter/Bayer/Schmidt*, Europäisches Unternehmens- und Kapitalmarktrecht, Rn. 35.40; *Zetzsche*, AG 2016, 611 (611, 619); *Poelzig*, NZG 2016, 528 (534 f.); *Singhof*, ZBB 2017, 193 (195, 203 f.); *Strampelli*, Virginia Law and Business Review 12.2 (2018), 187 (216 ff.); *Mosca*, ECFR 2018, 805 (844 ff.).

Hierdurch ergibt sich auch für Investorengespräche ein gewisser Freiraum.[849] Da es jedoch vor allem um „Interaktionen zwischen einem Verkäufer von Finanzinstrumenten und einem oder mehreren potenziellen Anlegern [geht], die vor der Ankündigung eines Geschäfts erfolgen, um das Interesse potenzieller Anleger an einem möglichen Geschäft, seiner preislichen Gestaltung, seinem Umfang und seiner Struktur abzuschätzen"[850], wird diese Ausnahme in der Regel ausschließlich Vorstandsgespräche mit Investoren betreffen.[851]

Insiderinformationen, die von der Gesellschaft zuvor durch eine *ad hoc*-Mitteilung veröffentlicht wurden, liegen als bereits bekannte Informationen „offen" und erweitern den kleinzuhaltenden Kreis der Insider nicht.[852] Sie können in Investorengesprächen unter Vorbehalt der sonstigen Schranken der Investorenkommunikation besprochen werden.

IV. Allgemeines Gebot der inhaltlich richtigen Darstellung

Schließlich muss der Aufsichtsrat ebenso wie der Vorstand das Gebot der inhaltlichen Richtigkeit bei der Investorenkommunikation achten, sodass ausschließlich sachgerechte Informationsweitergaben, die ein realistisches und nachvollziehbares Bild über die Aufsichtsratsarbeit und das Unternehmen vermitteln, im Außenverhältnis geboten sind.[853] Das gilt auch und ganz besonders in der Krise des Unternehmens, in der für Mitglieder der Verwaltung etwa wegen eines drohenden Schadens der persönlichen Reputation besonders starke Anreize zur Fehlinformation bestehen.[854] Dazu gehört, dass die tatsächlichen Verhältnisse des Unternehmens nicht derart verändert, verzerrt oder sogar verfälscht werden, dass ihre Darstellung nach außen nicht mehr vertretbar ist. Äußert sich der Aufsichtsrat zukunftsbezogen, müssen die der Prognose zugrundeliegenden Annahmen glaubhaft sein, anderenfalls sollten Unsicherheiten, Prognoserisiken

---

849 Ausdrücklich auch *Strampelli*, Virginia Law and Business Review 12.2 (2018), 187 (218 f.): „[T]he market soundings regime seems to confirm indirectly that the MAR leaves sufficient scope for director-shareholder dialogue."

850 Erwägungsgrund 32 der MMVO.

851 Speziell für *roadshows* und *one-on-ones* des Managements *Singhof*, ZBB 2017, 193 (199).

852 *Hopt/Kumpan*, in: Schimansky/Bunte/Lwowski, BankR-Hdb., § 107 Rn. 101; auch *Hirt/Hopt/Mattheus*, AG 2016, 725 (736).

853 Vgl. die Ausführungen von *Lutter*, AG 2008, 1 (5); *Vetter*, in: Hoffmann-Becking/Hüffer/Reichert, GS Winter 2011, 701 (725).

854 Vgl. *Baums*, ZHR 167 (2003), 139 (174).

oder eine unvollständige Informationsbasis offengelegt werden.[855] Dass keine Falschinformationen veröffentlicht werden dürfen ist dabei so selbstverständlich, dass dieser Grundsatz nur in wenigen gesellschaftsrechtlichen Vorschriften angedeutet wird.[856] Am deutlichsten wird er in § 131 Abs. 2 S. 1 AktG, wonach eine Auskunft auf der Hauptversammlung inhaltlich den Grundsätzen einer gewissenhaften und getreuen Rechenschaft zu entsprechen hat.[857] Der Gesetzgeber hat überdies die Bedeutung der richtigen Darstellung für die Sondersituation der Hauptversammlung durch Strafbewährung gemäß § 400 Abs. 1 Nr. 1 AktG unterstrichen. Weitere Beispiele finden sich in § 331 Nr. 1 und 2 HGB oder im Kapitalmarktrecht etwa in § 98 WpHG für falsche *ad hoc*-Meldungen oder die Vorschriften zur Marktmanipulation, Art. 12 MMVO. Positive Unternehmensdarstellungen sind damit nicht von Vornherein ausgeschlossen. Lediglich ist die „Schönfärberei“ durch übertriebene werbliche Aussagen untersagt. Ohnehin wird für die Verwaltung im Rahmen ihrer Investor Relations-Tätigkeiten Ehrlichkeit sinnvoll sein, um nicht als *sunshine-publisher* diskreditiert zu werden und zu riskieren, dass positiven Nachrichten später nicht mehr die gewünschte Wirkung zukommt.[858] Auch ist sie Ausdruck von Professionalität.

C. Durchsetzung und Sanktion

Bei Überschreiten der rechtlichen Grenzen der Investorenkommunikation drohen dem Aufsichtsrat bzw. den handelnden Mandatsträgern nicht unerhebliche rechtliche Sanktionen. Im folgenden Abschnitt soll sich deshalb der potenziellen Strafbarkeit der Aufsichtsratsmitglieder, zivilrechtlichen Haftungsfolgen, internen Sanktionen und schließlich einer möglichen Kompetenzschutzklage des Vorstands gewidmet werden. Inwieweit es in der Praxis zu ihrer Verfolgung und Durchsetzung kommt, muss der zukünftigen Entwicklung überlassen bleiben.[859]

---

855 Hierfür – wenn auch zur Beantwortung von hauptversammlungsbezogenen Aktionärsfragen durch den Vorstand – *Butzke*, Die Hauptversammlung der Aktiengesellschaft, G. 37.

856 Vertiefend *Posdziech*, Freiwillige Publizität, S. 43, 98, 123, 165.

857 Näher *Butzke*, Die Hauptversammlung der Aktiengesellschaft, G. 37.

858 Weiterführend zu Ehrlichkeit bei der Investorenkommunikation Buchstabe A. der DVFA-Grundsätze für Effektive Finanzkommunikation, vgl. bereits Fn. 25 dieser Untersuchung. Zu diesem Grundgesetz der Finanzkommunikation schon *Link*, AG 1994, 364 (369); auch *v. Rosen/Herdina*, BFuP 2001, 45 (49).

859 Weiterführend *Hengeler Mueller/Heiner Thorborg*, Aufsichtsräte in Deutschland 2017, S. 6, 11-12, wonach Haftungs- und Reputationsrisiken allgemein von Aufsichtsratsmitgliedern als „sehr relevant“ oder jedenfalls „relevant“ eingeschätzt werden. Insoweit

I. Strafbarkeit der Organmitglieder

In besonderen Fällen und bei Vorliegen bestimmter subjektiver Voraussetzungen droht den Mitgliedern des Aufsichtsratsgremiums eine strafrechtliche Verantwortlichkeit. Zunächst kann die unrechtmäßige Weitergabe einer Insiderinformation für das handelnde Aufsichtsratsmitglied zur Strafbarkeit gemäß § 119 Abs. 3 Nr. 3 WpHG führen. Um Verstöße gegen das Weitergabeverbot von Insiderinformationen zu verhindern, ist also nicht nur vom Vorstand, sondern auch vom Aufsichtsrat sorgfältig und *ex ante* zu prüfen, ob im Investorendialog insiderrechtlich relevante Gesprächsthemen anstehen.[860] In der konkreten Gesprächssituation muss darauf geachtet werden, den Gesprächsverlauf so beschränkt zu steuern, dass die Grenzen des insiderrechtlich Zulässigen eingehalten werden.[861] Beachtet werden muss insbesondere, dass das Tatbestandsmerkmal des Offenlegens nicht nur durch ein aktives, ausdrückliches Mitteilen der Insiderinformation, sondern bereits durch Zugänglichmachen sonstiger Informationen erfüllt sein kann, wenn der Empfänger hierdurch in der Lage ist, sich ohne wesentliche Schwierigkeiten selbst Kenntnis von der betreffenden Insiderinformation zu verschaffen.[862] Um zu große Risiken zu vermeiden, sollten Vorstände und Aufsichtsräte in einer *quiet period* keine Investorendialoge führen bzw. bereits terminierte Gespräche verschieben, wenn kursrelevante Ereignisse oder deren Publizität kurz bevorstehen.[863]

Darüber hinaus macht sich gemäß § 404 Abs. 1 Nr. 1, Abs. 2 AktG strafbar, wer ein Geheimnis, das ihm als Mitglied des Aufsichtsrats bekanntgeworden ist, unbefugt offenbart.[864] Die Tat wird jedoch nur auf Antrag der Gesellschaft

---

sollte bei der Diskussion um Investorengespräche des Aufsichtsrats auch bedacht werden, dass sich Aufsichtsratsmitglieder nicht nur zusätzliche Arbeit, sondern auch mit der Investorenkommunikation verbundene (Haftungs-)Risiken zukünftig vergüten lassen wollen.

860 *Noerr/Hering Schuppener/v. Werder*, Rolle des Aufsichtsrats in der Krisenkommunikation, S. 20; vgl. bereits *Roth*, ZGR 2012, 343 (368): „Das Gespräch hat sich also grundsätzlich im insiderrechtlich nicht relevanten Bereich zu bewegen.“ Weiterführend *Hopt/Kumpan*, in: Schimansky/Bunte/Lwowski, BankR-Hdb., § 107 Rn. 54 ff.

861 So auch *Noerr/Hering Schuppener/v. Werder*, Rolle des Aufsichtsrats in der Krisenkommunikation, S. 20.

862 Statt vieler *Hopt/Kumpan*, in: Schimansky/Bunte/Lwowski, BankR-Hdb., § 107 Rn. 103.

863 Vgl. Ziffer 4.2.3 S. 2 des niederländischen Corporate Governance Code 2018 (zu diesem bereits in Fn. 822 dieser Untersuchung).

864 Die Strafandrohung des § 404 AktG gilt nur für das „Geheimnis“ der Gesellschaft, nicht aber für „vertraulichen Angaben“ i.S.v. § 93 Abs. 1 S. 3 AktG. Beim Bruch der

verfolgt, § 404 Abs. 3 S. 1 und 2 Hs. 2 AktG. Sie führte vor allem deshalb in der Rechtswirklichkeit bislang ein Schattendasein.[865] Trotz mangelnder praktischer Relevanz kommt dieser nebenstrafrechtlichen Norm jedoch eine Steuerungsfunktion für eine pflichtgemäße Investorenkommunikation des Aufsichtsrats zu. Verbunden sind mit einer potenziellen Strafbarkeit jedenfalls häufig Reputationsschäden, die für Mandatsträger abschreckend wirken.

Eine Strafbarkeit der Organmitglieder gemäß der Haftungstatbestände in §§ 263, 264a StGB scheidet bei der Investorenkommunikation regelmäßig aus und ist hier nicht zu vertiefen.[866] Auch die Frage, ob die pflichtwidrige Investorenkommunikation eines Aufsichtsratsmitglieds geeignet ist, den Untreuetatbestand i.S.v. § 266 StGB zu verwirklichen, soll an dieser Stelle nicht vertieft werden.[867] Die unrichtige Wiedergabe oder das Verschleiern der wahren Verhältnisse des Unternehmens ist für Aufsichtsräte ebenfalls strafbewehrt, dies jedoch lediglich in Sondersituationen.[868] Informationsweitergaben in Investorengesprächen sind von diesen Spezialtatbeständen nicht erfasst.

Vertraulichkeit bleibt es bei zivilrechtlichen Sanktionen (dazu sogleich in § 4.C.II dieser Untersuchung); kritisch hierzu *Kley*, AG 2019, 818 (822). Näheres findet man bei *Ek/Kock*, Haftungsrisiken, Rn. 613; *Pitkowitz*, Praxishdb. Vorstands- und Aufsichtsratshaftung, § 4 Rn. 212; *Vetter*, in: Marsch-Barner/Schäfer, Hdb. börsennotierte AG, Rn. 29.23; *Meyer-Landrut*, ZGR 1976, 510 (514); *Veil*, ZHR 172 (2008), 239 (243).

865 Hierzu *Hefendehl*, in: Spindler/Stilz, AktG, § 404 Rn. 2 f.; *Pitkowitz*, Praxishdb. Vorstands- und Aufsichtsratshaftung, § 4 Rn. 212; *Götz*, NZG 2002, 599 (603); *Scholderer/v. Werder*, ZGR 2017, 865 (882). Siehe *Krause*, NStZ 2011, 57 (63) zum wenig verbreiteten Unrechtsbewusstsein der Mandatsträger.

866 Vgl. *Hippeli*, wistra 2018, 409 (412 f.), der auch eine Strafbarkeit für den speziellen Fall einer mit Blick auf die Kodex-Anregung in Ziffer 5.2 Abs. 2 DCGK 2017 fehlerhaften Entsprechenserklärung gemäß § 161 Abs. 1 AktG analysiert.

867 Näher *Hippeli*, wistra 2018, 409 (413 f.).

868 Etwa gemäß § 331 Nr. 1 und Nr. 2 HGB, wonach einzelne Pflichtverstöße bei der Rechnungslegungstransparenz strafbar sind. Gemäß § 400 Abs. 1 Nr. 1 AktG machen sich Mitglieder des Aufsichtsrats außerdem strafbar, wenn sie die Verhältnisse der Gesellschaft einschließlich ihrer Beziehungen zu verbundenen Unternehmen in Darstellungen oder Übersichten über den Vermögensstand, in Vorträgen oder Auskünften in der Hauptversammlung unrichtig wiedergeben oder verschleiern. Wettbewerbsrechtlich können speziell Falschinformationen schließlich unter dem Gesichtspunkt einer durch unwahre Angaben irreführenden Werbung gemäß § 16 Abs. 1 UWG strafbar sein.

II. Zivilrechtliche Haftungsfolgen

Darüber hinaus können pflichtvergessene Aufsichtsratsmitglieder beim Investorendialog zivilrechtlich sowohl im Innenverhältnis gegenüber der Gesellschaft als auch im Außenverhältnis haften.[869]

1. *Innenhaftung gegenüber der Gesellschaft*

Aufsichtsratsmitglieder haften im Innenverhältnis der Gesellschaft zunächst gemäß §§ 116 S. 1, 93 Abs. 2 S. 1 AktG nach denselben Regeln wie der Vorstand für alle durch schuldhafte Pflichtverletzungen begründete Schäden.[870] Bereits die Entscheidung, im Einzelfall in den Investorendialog einzutreten, kann wegen des Verstoßes gegen die allgemeine Sorgfaltspflicht eines ordentlichen und gewissenhaften Aufsichtsratsmitglieds gemäß §§ 116 S. 1 i.V.m. 93 Abs. 1 S. 1 AktG haftungsrelevant sein. Möglich sind Haftungsfolgen zudem bei jeglichen Kompetenzüberschreitungen, die die Privilegierung der *business judgement rule* gemäß §§ 116 S. 1 i.V.m. 93 Abs. 1 S. 2 AktG ausschließen.[871] Kommt es bspw. zu einer pflichtwidrigen Kundgabe von vertraulichen Angaben und Geheimnissen der Gesellschaft, können Aufsichtsratsmitglieder gerichtlich auf Schadensersatz in Anspruch genommen

---

869 Dazu *Koch*, in: Hüffer/Koch, AktG, § 116 Rn. 11: „gefährliche Haftungsfalle"; *Koch*, in: Fleischer/u.a., 50 Jahre Aktiengesetz, 65 (84) weist darauf hin, dass ein Recht des Aufsichtsrats zum Investorendialog mit Blick auf sein dadurch erhöhtes Haftungsrisiko im Hinblick auf die gesetzliche Ausgestaltung als Nebenamt problematisch sein kann; vor einer Haftung warnt zudem *Koch*, BB 2016, Heft 50, Die erste Seite; vgl. auch *Leyens*, Information des Aufsichtsrats, S. 385; zudem *Austmann/Seyfarth*, in: Börsen-Zeitung vom 26. November 2016, S. 13. Zur Haftung speziell des Aufsichtsratsvorsitzenden bei Kompetenzverletzungen *Schlitt*, DB 2005, 2007 (2012).

870 Vertiefend *Ek/Kock*, Haftungsrisiken, Rn. 606 ff.; *Peltzer*, in: Wellhöfer/Peltzer/Müller, Die Haftung von Vorstand Aufsichtsrat Wirtschaftsprüfer, § 16 Rn. 3 f.; *Thümmel*, AG 2004, 83 (84); *Leyendecker-Langner*, NZG 2012, 721 (722 f.); *Fassbach/Wettich*, KSzW 2016, 269 (272).

871 Für den Fall der Investorenkommunikation *Noerr/Hering Schuppener/v. Werder*, Rolle des Aufsichtsrats in der Krisenkommunikation, S. 18 und 25; *Schilha/Theusinger/v. Manikowsky/v. Werder*, BOARD 2019, 42 (44); *Schilha/Theusinger*, NZG 2019, 521 (525). Gesetzeswidriges Handeln ist nicht von der *business judgement rule* gedeckt, siehe die Begründung des RegE UMAG, BTDrucks 15/5092, S. 11. Vgl. grundlegend zur *business judgement rule* für Aufsichtsratsmitglieder bereits die Nachweise in Fn. 359 dieser Untersuchung.

werden.[872] Trotzdem werden Schadensersatzklagen in der Praxis mit Blick auf die übrigen Haftungsvoraussetzungen des Anspruchs gemäß §§ 116 S. 1, 93 Abs. 2 S. 1 AktG selbst bei Kompetenzüberschreitungen der gesprächsführenden Aufsichtsräte regelmäßig ausscheiden. Selbst wenn ein Vermögensschaden der Gesellschaft gegeben ist, wird es jedenfalls nur in Ausnahmefällen gelingen, diesen auf die konkrete Pflichtwidrigkeit des jeweiligen Aufsichtsratsmitglieds bei der Investorenkommunikation zurückzuführen.[873] Dennoch besteht ein Haftungsrisiko, weil der Vorstand in spiegelbildlicher Anwendung der ARAG/Garmenbeck-Rechtsprechung[874] bei entsprechenden Anhaltspunkten verpflichtet ist, den Sachverhalt zu ermitteln, die Erfolgsaussichten der Anspruchsverfolgung in rechtlicher und tatsächlicher Hinsicht durch eine sorgfältige und sachgerechte Risikoanalyse zu prüfen und ggf. geltend zu machen.[875] Überdies können Ansprüche gegen Aufsichtsratsmitglieder durch das Klageerzwingungsrecht oder das Recht auf Bestellung eines besonderen Vertreters aus § 147 Abs. 1 oder Abs. 2 AktG sowie das Klagerecht aus § 148 AktG durch die Aktionäre geltend gemacht werden.[876] Das

---

872 Speziell zu diesem Fall *Ek/Kock*, Haftungsrisiken, Rn. 612 ff.; *Pitkowitz*, Praxishdb. Vorstands- und Aufsichtsratshaftung, § 4 Rn. 212; *Vetter*, in: Marsch-Barner/Schäfer, Hdb. börsennotierte AG, Rn. 29.23; *Peltzer*, in: Wellhöfer/Peltzer/Müller, Die Haftung von Vorstand Aufsichtsrat Wirtschaftsprüfer, § 16 Rn. 6 sowie § 17 Rn. 16; *Schlitt*, DB 2005, 2007 (2009); vgl. auch *Koch*, ZHR 180 (2016), 578 (607).

873 Vgl. *Koch*, ZHR 180 (2016), 578 (607 f.), der nochmals betont, dass es im Regelfall an einem Schaden der Gesellschaft fehlen wird. Vertiefend zu den einzelnen Haftungsanforderungen statt vieler *Ek/Kock*, Haftungsrisiken, Rn. 616 ff.

874 BGHZ 135, 244 (255).

875 *Vetter*, in: Marsch-Barner/Schäfer, Hdb. börsennotierte AG, Rn. 29.70; *Pitkowitz*, Praxishdb. Vorstands- und Aufsichtsratshaftung, § 4 Rn. 124; *Thum/Klofat*, NZG 2010, 1087 (1087); *Leyendecker-Langner*, NZG 2012, 721 (722 f.); *Fassbach/Wettich*, KSzW 2016, 269 (272); *Koch*, ZHR 180 (2016), 578 (607 mit Nachweisen in Fn. 17); *Freund*, NZG 2018, 1361 (1362). Trotzdem ist eine gewisse „Beißhemmung" des Vorstands erklärbar, da die Vorstandsmitglieder vom Aufsichtsrat bestellt und abberufen werden und auch dem Vorstand an einer einvernehmlichen Zusammenarbeit mit dem Aufsichtsrat gelegen ist, hierzu *Lutter*, ZHR 159 (1995), 287 (303); *Koch*, ZHR 180 (2016), 578 (607); *Merkt*, ZGR 2017, 129 (131). A.A. sind *Fassbach/Wettich*, KSzW 2016, 269 (269): „Die lange verbreitete Auffassung, Vorstände hätten eine Beißhemmung hinsichtlich der Verfolgung von Schadensersatzansprüchen gegen Aufsichtsratsmitglieder, stimmt heute jedenfalls in dieser Allgemeinheit nicht mehr."

876 *Raiser/Veil*, Recht der Kapitalgesellschaften, § 15 Rn. 94; *Fassbach/Wettich*, KSzW 2016, 269 (272).

Gleiche gilt für die gesamtschuldnerische Haftungsandrohung der Organmitglieder gemäß § 117 Abs. 2 S. 1 AktG, wenn sich der Aufsichtsrat in Investorengesprächen schädigenden Einflüssen Dritter pflichtwidrig beugt.[877]

2. Unmittelbare Außenhaftung

Eine unmittelbare Haftung der Aufsichtsratsmitglieder im Außenverhältnis ist wegen hoher Beweishürden der Anleger unwahrscheinlich, wenn auch nicht generell ausgeschlossen. Zwar scheidet eine Haftung für fehlerhafte freiwillige Kapitalmarktpublizität unter den Voraussetzungen der bürgerlich-rechtlichen Prospekthaftung aus, weil Informationen in Investorengesprächen lediglich mündlich weitergegeben werden.[878] In Ausnahmefällen kommen aber selbst bei mündlichen Erklärungen Schadensersatzansprüche unter den engen Voraussetzungen der deliktischen Grundsätze gemäß § 823 Abs. 2 AktG i.V.m. einem Schutzgesetz[879] sowie bei vorsätzlich sittenwidriger Schädigung gemäß § 826 BGB in Betracht.[880] Im Besonderen wird § 826 BGB als generalklauselförmiger Haftungstatbestand für die fehlerhafte Informationsversorgung durch die Verwaltung relevant.[881] Hatten diese Anspruchsgrundlagen bislang keine allzu große praktische Bedeutung für Aufsichtsratsmitglieder, könnte sich das mit einer intensivierten Kommunikationsfunktion zukünftig ändern.[882] Im Grunde

---

877 Hierzu ebenfalls *Hippeli*, wistra 2018, 409 (410 f.).

878 Vgl. *Mülbert/Steup*, in: Habersack/Mülbert/Schlitt, Unternehmensfinanzierung am Kapitalmarkt, Rn. 41.294; *Fleischer*, in: Assmann/Schütze/Buck-Heeb, Hdb. des Kapitalanlagerechts, § 6 Rn. 64; zur Besonderheit von falschen mündlichen Äußerungen auch *Baums*, ZHR 167 (2003), 139 (155 f.).

879 Als Schutzgesetze können etwa § 404 Abs. 1 Nr. 1 AktG, § 119 Abs. 3 Nr. 3 WpHG oder § 263 StGB in Betracht gezogen werden.

880 Näher zu diesen Haftungsgrundlagen *Ek/Kock*, Haftungsrisiken, Rn. 621; *Vetter*, in: Marsch-Barner/Schäfer, Hdb. börsennotierte AG, Rn. 29.71 f.; *Fleischer*, in: Assmann/Schütze/Buck-Heeb, Hdb. des Kapitalanlagerechts, § 6 Rn. 64; *Peltzer*, in: Wellhöfer/Peltzer/Müller, Die Haftung von Vorstand Aufsichtsrat Wirtschaftsprüfer, § 20 Rn. 176; *Baums*, ZHR 167 (2003), 139 (156); *Thümmel*, AG 2004, 83 (84); *Fassbach/Wettich*, KSzW 2016, 269 (274).

881 So *Mülbert/Steup*, in: Habersack/Mülbert/Schlitt, Unternehmensfinanzierung am Kapitalmarkt, Rn. 41.1 und 41.294, zu den Voraussetzungen einer solchen Haftung Rn. 41.241 ff.

882 Insofern sind zukünftig z.B. die folgenden Aussagen kritisch zu prüfen und ggf. abzulehnen: *Habersack*, in: MüKo-AktG, § 116 Rn. 85 nur mit Blick auf die „für die Kapitalmarktkommunikation zuständigen Vorstandsmitglieder“, vgl. aber auch seine Fn. 289 zum nicht näher verfolgten Vorhaben des Kapitalmarktinformationshaftungsgesetzes

werden derartige Ansprüche aber wohl nur in seltenen Ausnahmefällen durchdringen, weil vor allem der Kausalitätsbeweis kaum zu leisten ist.[883] Als weitere Anspruchsgrundlage im Außenverhältnis ist § 117 Abs. 2 AktG denkbar.[884] Erwägen könnte man in bestimmten Konstellationen nach der Rechtsprechung des BGH schließlich einen Schadensersatzanspruch gemäß §§ 280 Abs. 1 S. 1, 241 Abs. 2 BGB i.V.m. § 311 Abs. 2 BGB.[885] Ein darüber hinausgehender Haftungstatbestand für fehlerhafte freiwillige Kapitalmarktinformationen existiert *de lege lata* nicht.[886]

III. Interne Sanktionen gegen das Aufsichtsratsmitglied

Als interne Sanktion gegen ein bei der Kommunikationsaufgabe pflichtvergessenes Aufsichtsratsmitglied kommt zunächst eine irgendwie geartete Abmahnung durch den Vorstand oder einzelne Aufsichtsratsmitglieder, in der Regel den Aufsichtsratsvorsitzenden, in Betracht.[887] Tritt das Fehlverhalten beim Aufsichtsratsvorsitzenden selbst auf, ist als Sanktion seine jederzeitige

---

und einer möglichen Einbeziehung von Aufsichtsratsmitgliedern; *Pitkowitz*, Praxishdb. Vorstands- und Aufsichtsratshaftung, § 4 Rn. 300, der bestätigt, dass deliktsrechtliche Anspruchsgrundlagen in der Praxis keine allzu große Bedeutung hätten, weil der Aufsichtsrat im Außenverhältnis grundsätzlich nicht für die Aktiengesellschaft tätig werde; *Peltzer*, in: Wellhöfer/Peltzer/Müller, Die Haftung von Vorstand Aufsichtsrat Wirtschaftsprüfer, § 20 Rn. 164, 168, der hervorhebt, dass Aufsichtsratsmitglieder kaum einer Außenhaftung ausgesetzt seien, weil der Aufsichtsrat ein Innenorgan sei, und allenfalls eine akzessorische Haftung im Verhältnis zur Haftung des Vorstands in Betracht komme, weil regelmäßig nur dieser Kapitalmarktinformationen herausgebe.

883 Vgl. *Baums*, ZHR 167 (2003), 139 (141); vertiefend *Knierbein*, Freiwillige Kapitalmarktkommunikation, S. 160, 191.

884 Näher dazu *Pitkowitz*, Praxishdb. Vorstands- und Aufsichtsratshaftung, § 4 Rn. 298; *Fassbach/Wettich*, KSzW 2016, 269 (274).

885 Vgl. BGH, WM 2008, 1545. Ausführlich und m.w.N. zu dem Ergebnis, dass diese Haftungsfigur wegen des ihr innewohnenden Fehlsteuerungspotenzials und der Einebnung sachlich berechtigter Differenzierungen zwischen Prospekten und sonstigen Informationen abzulehnen ist, *Mülbert/Steup*, in: Habersack/Mülbert/Schlitt, Unternehmensfinanzierung am Kapitalmarkt, Rn. 41.294 und 41.176 f.

886 *Mülbert/Steup*, in: Habersack/Mülbert/Schlitt, Unternehmensfinanzierung am Kapitalmarkt, Rn. 41.4, 41.294; siehe auch *Hopt*, in: Aderhold/u.a., FS Westermann 2008, 1039 (1050).

887 Vgl. *Ek/Kock*, Haftungsrisiken, Rn. 614 bei einem Verstoß gegen die Verschwiegenheitspflicht.

vorzeitige Abberufung durch Widerruf in einem Beschluss des Gesamtgremiums möglich.[888] Ferner kann die Hauptversammlung Aufsichtsratsmitglieder sanktionieren, indem ihnen die Entlastung gemäß § 120 AktG verweigert wird. Wird die Entlastung erteilt, obwohl eine eindeutige und schwerwiegende Pflichtverletzung vorlag, kann der Entlastungsbeschluss angefochten werden, § 243 Abs. 1 AktG. Wesentlich darüber hinaus geht die Abberufung des jeweiligen Aufsichtsratsmitglieds, die zu seinem Ausscheiden aus dem Kontrollgremium führt.[889] Bei einer gerichtlichen Abberufung aus wichtigem Grund, § 103 Abs. 3 AktG, ist danach zu fragen, ob unter Berücksichtigung aller Umstände des Einzelfalls eine Fortsetzung des Aufsichtsratsmandats für die Aktiengesellschaft weiterhin zumutbar ist.[890] Verletzt das jeweilige Aufsichtsratsmitglied seine Pflichten bei der Investorenkommunikation in erheblicher Weise oder gleich mehrfach oder führt sein Handeln zu einem ganz erheblichen Schaden für die Gesellschaft, ist das unter Umständen nicht mehr möglich. Die gerichtliche Abberufung ist jedoch nur auf Antrag des Aufsichtsrats mit einfacher Mehrheit möglich, § 103 Abs. 3 S. 2 AktG. Sie kommt deshalb in der Praxis wohl nur dann in Betracht, wenn das handelnde Aufsichtsratsmitglied ohne Rückendeckung oder Kenntnis der übrigen Aufsichtsratsmitglieder handelt.[891] Stellt der Aufsichtsrats den erforderlichen Antrag zur gerichtlichen Abberufung nicht, kann nur die Hauptversammlung das gesprächsführende Aufsichtsratsmitglied sanktionieren, indem sie es ohne wichtigen Grund abberuft, § 103 Abs. 1 AktG.[892] Hierfür kann etwa der Vorstand die Hauptversammlung einberufen und einen entsprechenden Beschlussvorschlag vorlegen.[893] Im Übrigen könnte die Beschlussfassung

888 Dazu auch *Landsittel*, Investorenkommunikation, S. 255. Allgemein zur Abberufung des Aufsichtsratsvorsitzenden durch Beschluss des Gesamtorgans *Hopt/Roth*, Der Aufsichtsrat, § 107 Rn. 68 ff.; *Breuer/Fraune*, in: Heidel, Aktienrecht, § 107 Rn. 8, 12; *Israel*, in: Bürgers/Körber, Aktiengesetz, § 107 Rn. 7; *Lutter/Krieger/Verse*, Rechte und Pflichten des Aufsichtsrats, 7. Auflage, Rn. 666; vgl. auch *Schlitt*, DB 2005, 2007 (2012).

889 Siehe *Schlitt*, DB 2005, 2007 (2012).

890 Zum Erfordernis des wichtigen Grunds näher *Habersack*, in: MüKo-AktG, § 103 Rn. 39 f.; *Meyer-Landrut*, ZGR 1976, 510 (515) für den Fall der Verletzung der Verschwiegenheitspflicht; *Thum/Klofat*, NZG 2010, 1087 (1089); *Leyendecker-Langner*, NZG 2012, 721 (722).

891 So auch *Leyendecker-Langner*, NZG 2012, 721 (722).

892 Vertiefend *Habersack*, in: MüKo-AktG, § 103 Rn. 8 ff.; *Thum/Klofat*, NZG 2010, 1087 (1089).

893 *Thum/Klofat*, NZG 2010, 1087 (1089 f.), auch zum Problem der erforderlichen Mitwirkung des Aufsichtsrats; *Leyendecker-Langner*, NZG 2012, 721 (722).

über die Abberufung von Aufsichtsratsmitgliedern durch Aktionäre, deren Anteile zusammen 5% des Grundkapitals oder den Betrag von 500.000 Euro erreichen, gemäß § 122 Abs. 2 AktG auf die Tagesordnung der Hauptversammlung gesetzt oder eine Hauptversammlung auf Verlangen einer Minderheit gemäß § 122 Abs. 1 AktG einberufen werden.[894]

IV. Kompetenzschutzklage des Vorstands

Missachten oder usurpieren Aufsichtsratsmitglieder im Bereich der Kapitalmarktkommunikation den Kompetenzbereich des Vorstands, kann dieser schließlich noch im Rahmen eines innerorganisatorischen Abwehrrechts im Wege der Unterlassungsklage oder Feststellungsklage gemäß § 256 ZPO tätig werden, selbst wenn keine Vermögensinteressen der Aktiengesellschaft betroffen sind.[895] Ein gesellschaftsinterner Organstreit ist jedenfalls das einzig geeignete Mittel, mit dem der Vorstand sich gegen drohende oder bereits eingetretene kompetenzbezogene Störungen und die Einmischung des Aufsichtsrats in seine Sphäre zur Wehr setzen kann.[896] Die Kompetenzschutzklage bietet deshalb auch bei der inhaltlich lediglich begrenzt zulässigen Investorenkommunikation des Aufsichtsrats ein geeignetes Instrument, den Aufsichtsrat bei Überschreiten seiner Handlungsfreiheiten zu sanktionieren.

D. Zwischenfazit

Will man die vorstehenden Abschnitte bilanzieren, steht im Vordergrund, dass im Recht der börsennotierten Aktiengesellschaft hohe rechtliche

894 Auch bei *Thum/Klofat*, NZG 2010, 1087 (1090).

895 Zulässigkeit und Grenzen eines Interorganstreits zwischen dem Vorstand und Aufsichtsrat sind höchst umstritten, siehe nur BGHZ 106, 54. Die Kompetenzschutzklage des Vorstands für den Fall, dass sich der Aufsichtsrat in die Kompetenzen des Vorstands einmischt, wird jedoch vielfach befürwortet, siehe *Spindler*, in: MüKo-AktG, Vor § 76 Rn. 61; *Koch*, in: Hüffer/Koch, AktG, § 107 Rn. 8, zudem § 90 Rn. 25; *Kort*, in: GroßKomm/AktG, Vor § 76 Rn. 59a; vgl. *Bork*, ZGR 1989, 1 (17-20); *Schlitt*, DB 2005, 2007 (2012); *Leyendecker-Langner*, NZG 2012, 721 (723 ff.); *Koch*, ZHR 180 (2016), 578 (599-601, 608-611); *Landsittel*, Investorenkommunikation, S. 256 f. Offengelassen von *Fleischer*, in: Spindler/Stilz, AktG, § 90 Rn. 74.

896 Aus der Kommentarliteratur bspw. *Spindler*, in: MüKo-AktG, Vor § 76 Rn. 61; *Koch*, in: Hüffer/Koch, AktG, § 107 Rn. 8; *Bork*, ZGR 1989, 1 (19); *Schlitt*, DB 2005, 2007 (2012); *Leyendecker-Langner*, NZG 2012, 721 (721 ff., 725); *Fleischer/Bauer/Wansleben*, DB 2015, 360 (365).

Anforderungen an Investorengespräche des Aufsichtsrats gestellt werden. Die Praxis wird gefordert sein, nicht nur die allein für Aufsichtsräte spezifischen, sondern auch die – von Vorstand und Aufsichtsrat zu achtenden – allgemeinen aktien- und kapitalmarktrechtlichen Schranken der Investorenkommunikation konsequent umzusetzen. Hier sticht an gleich mehreren Stellen hervor, dass für die handelnden Aufsichtsratsmitglieder die eigene Zurückhaltung wesentlich ist. Hierdurch werden schließlich die Gefahren minimiert, sich strafbar zu machen oder die eigene Abberufung, Haftungs- bzw. Reputationsschäden oder auch einen Organstreit mit dem Vorstand zu riskieren. Für Aufsichtsräte und deren Berater gilt handlungsempfehlend, bei der Kommunikation mit Investoren mit einem gewissen „Sicherheitspuffer“ gerüstet zu sein und im Zweifel eine Erörterung im Investorendialog zu unterlassen, selbst wenn sie noch so nachdrücklich von Investorenseite erwartet oder eingefordert wird.[897]

Zwei Ergebnisse dieses Kapitels sollen nochmals gesondert hervorgehoben werden: Zum einen verbleibt es für die Frage nach der inhaltlichen Reichweite der Annexkompetenz des Aufsichtsrats derzeit bei einer differenzierenden Betrachtung von vorstands- und aufsichtsratsspezifischen Gesprächsinhalten. Innerhalb der aufsichtsratsspezifischen Gesprächsinhalte können wiederum klare Aufsichtsratsthemen von solchen Themen abgegrenzt werden, bei denen insgesamt ein erheblicher Graubereich existiert. Das betrifft vor allem die Kommunikation über einzelne präventive Kontroll- und Strategieaufgaben des Aufsichtsrats. Mit der Auflistung der zulässigen und der kritischen Fälle wurde versucht, vermeidbare Fehler bei der Vorbereitung und Ausgestaltung von Investorengesprächen auszuleuchten und diese in eine rechtssichere bzw. möglichst rechtssichere Form zu bringen.

Zum anderen ist die Öffnung des Informationsflusses zwischen der Verwaltung und Stewardship-Aktionären wegen den Möglichkeiten, die Corporate Governance zu stärken und das langfristige Unternehmensinteresse zu fördern, zu befürworten. Auch regelmäßig privilegierende Investorengespräche sind nach hier vertretener Auffassung mit diesen Prinzipalen unter Beachtung des aktienrechtlichen Gleichbehandlungsgebots gemäß § 53a AktG zulässig. Unter Rückgriff auf den regulatorisch auch in Deutschland immer stärker formulierten Stewardship-Gedanken wurde dafür das von institutionellen Investoren jeweils nachweislich verfolgte, langfristige

897 Ähnlich *Krämer*, AR 2017, 18 (19); *Schick*, WPg 2018, 1379 (1383) spricht von einer sorgfältig zu beachtenden Verbotszone.

Engagement, ihre Eigentumsrechte aktiv und verantwortungsvoll auf der Grundlage von transparenten und die Nachhaltigkeit berücksichtigenden Grundsätzen auszuüben, aus Unternehmenssicht als geeignetes Kriterium für die Auswahl der Gesprächspartner des Investorendialogs vorgestellt. Zugleich wird Stewardship-Aktionären damit ein möglichst rechtssicherer Zugang zu Investorengesprächen mit der Verwaltung gewährt, sodass für sie hinderliche Informationsschranken abgebaut werden und ein stärkerer Anreiz für mehr Engagement in ihren Beteiligungsgesellschaften gesetzt wird. Im Übrigen begrenzen die allgemeinen aktien- und kapitalmarktrechtlichen Schranken auch die Kommunikation zwischen der Verwaltung und Stewardship-Aktionären.

§ 5. Organinterne Zuständigkeit des Aufsichtsratsvorsitzenden

Von hoher praktischer Relevanz ist schließlich die Frage, inwieweit ausschließlich der Aufsichtsratsvorsitzende intraorganschaftlich und damit innerhalb des Aufsichtsratsgremiums für Investorengespräche zuständig ist (dazu in Abschnitt A). Daran schließt sich an, wie er an das Aufsichtsratsplenum über Investorengespräche zurückberichten muss, um ein Informationsgefälle unter den Aufsichtsratsmitgliedern bestmöglich auszugleichen und eine vertrauensvolle Zusammenarbeit im Gremium zu sichern (Abschnitt B).

A. Machtverteilung zwischen Aufsichtsratsvorsitz und Gremium

Es liegt regelmäßig im Interesse des Unternehmens, wenn in erster Linie der Aufsichtsratsvorsitzende Gespräche mit wichtigen Aktionären führt und den Kontakt mit ihnen koordiniert.[898] Keine klare Antwort gibt es freilich zu der Frage, ob der Aufsichtsratsvorsitzende die dafür notwendigen Entscheidungen allein treffen darf oder er zuvor vom Gesamtaufsichtsrat ermächtigt werden muss.

I. Willensbildung und Entscheidung nur durch das Kollegialorgan

Der Aufsichtsratsvorsitzende ist selbst weder ein Organ der Gesellschaft, noch kommt ihm organschaftliche Vertretungsmacht zu.[899] Auch ist er weder

---

898 Hierzu etwa *Roth*, ZGR 2012, 343 (369); *Rahlmeyer*, AR 2015, 144 (145); *Dietlmaier*, BOARD 2015, 181 (183); *Hirt/Hopt/Mattheus*, AG 2016, 725 (734 f.); *Hopt*, ECGI Law Working Paper 365/2017, S. 11 f.; vgl. auch das empirische Ergebnis von *Hammann*, Investoren und Aufsichtsrat im Dialog, S. 23 f. Zu den Gründen ausführlich in § 5.A.II.1 und 2 dieser Untersuchung. Häufig wird auch allein er von der Investorenseite als Ansprechpartner ausgesucht, hierzu *DAI/Rothschild*, ESG from the perspective of institutional investors, S. 42, 45; *Hirt/Hopt/Mattheus*, AG 2016, 725 (729); *Vetter*, AG 2016, 873 (875); *Kocher*, DB 2016, 2887 (2890); *Merz*, AR 2017, 1 (3); *Schick*, WPg 2018, 1379 (1380). Weitergehend wird von *Hopt/Roth*, Der Aufsichtsrat, § 107 Rn. 158 vorgeschlagen, unabhängige Aufsichtsratsmitglieder bzw. deren Sprecher am Investorendialog zu beteiligen.

899 *Hopt/Roth*, Der Aufsichtsrat, § 107 Rn. 85, 143; *Israel*, in: Bürgers/Körber, Aktiengesetz, § 107 Rn. 2, 8; *Vetter*, in: Marsch-Barner/Schäfer, Hdb. börsennotierte AG,

allgemein noch während der Hauptversammlung ein dem Vorstand gleichstehender Repräsentant der Gesellschaft, selbst wenn ihm kraft Satzungsbestimmung die Leitung der Hauptversammlung übertragen wurde.[900] Stattdessen ist der Vorsitzende des Aufsichtsrats als *primus inter pares* nur ein Mitglied in einem Gesamtplenum, das von dem Leitbild der Homogenität, d.h. der gleichen Rechte und Pflichten und dem gleichen Maß an Verantwortlichkeit aller Aufsichtsratsmitglieder, bestimmt ist.[901] Träger der organschaftlichen Kompetenzen ist ebenfalls nur das Gesamtgremium. Diesem ist die Kompetenz zur Willensbildung und Entscheidung vorbehalten, es sei denn, dass einzelne Entscheidungsbefugnisse in den Grenzen des § 107 Abs. 3 S. 4 AktG auf Ausschüsse übertragen werden.[902] Ein Vorgreifen oder Ersetzen dieses Meinungsbildungsprozesses durch den Vorsitzenden ohne Abstimmung mit dem Gesamtplenum oder sogar gegen die Mehrheit der Mitglieder ist folglich untersagt.[903] Ohnehin ist gemäß § 108 Abs. 1 AktG zwingend, dass der Aufsichtsrat nur durch Beschluss

---

Rn. 27.7; *Lutter/Krieger/Verse*, Rechte und Pflichten des Aufsichtsrats, 7. Auflage, Rn. 677, 682; *Jaeger*, in: Ziemons/Binnewies, Hdb. Aktiengesellschaft, Rn. 9.201; *Noerr/Hering Schuppener/v. Werder*, Rolle des Aufsichtsrats in der Krisenkommunikation, S. 23; *Drinhausen/Marsch-Barner*, AG 2014, 337 (338); *Vetter*, AG 2016, 873 (875). A.A. *Peus*, ZGR 1987, 545 (552, Fn. 26); *Peus*, Der Aufsichtsratsvorsitzende, S. 214.

900 Dazu *Bortenlänger*, BOARD 2014, 71 (71).

901 *Hopt/Roth*, Der Aufsichtsrat, § 107 Rn. 13 ff.; *Koch*, in: Hüffer/Koch, AktG, § 107 Rn. 1; *Kolb*, in: Drinhausen/Eckstein, Beck'sches Hdb. AG, § 7 Rn. 241; *Schlitt*, DB 2005, 2007 (2008); *Vetter*, AG 2016, 873 (875); vgl. auch die Einschätzung des *DGB* im Rahmen der DCGK-Konsultation 2016 vom 1. Dezember 2016, S. 2. Zu beachten ist jedoch, dass der Aufsichtsratsvorsitzende bei der wegen Patts zu wiederholenden Beschlussfassung eines paritätisch besetzten Aufsichtsrats ein Zweitstimmrecht besitzt, §§ 29 Abs. 2 S. 1, 31 Abs. 4 S. 1 MitbestG.

902 Aus der Kommentarliteratur etwa *Spindler*, in: Spindler/Stilz, AktG, § 107 Rn. 43; *Koch*, in: Hüffer/Koch, AktG, § 111 Rn. 17; auch *Noerr/Hering Schuppener/v. Werder*, Rolle des Aufsichtsrats in der Krisenkommunikation, S. 23; *Werner*, ZGR 1989, 369 (385); *Vetter*, AG 2016, 873 (875); auch *VGR*, AG 2017, 1 (4); *Koch*, AG 2017, 129 (135); *Holle*, ZIP 2019, 1895 (1900); *Schilha/Theusinger*, NZG 2019, 521 (524 f.);

903 Zur ständigen Rechtsprechung beispielhaft BGH, NZG 2013, 792 (794). Siehe auch *Vetter*, in: Marsch-Barner/Schäfer, Hdb. börsennotierte AG, Rn. 27.10; *Leyendecker-Langner*, NZG 2012, 721 (722); *Vetter*, AG 2014, 387 (392); *Rahlmeyer*, AR 2015, 144 (145); *Koch*, AG 2017, 129 (136); *DAV-Handelsrechtsausschuss*, NZG 2017, 57 (59). Vgl. für den Fall der Willensbildung des Aufsichtsrats bei der Selbstbefreiungsentscheidung *Mülbert*, in: Habersack/Huber/Spindler, FS Stilz 2014, 411 (422 f.).

entscheiden kann.[904] Im Grunde bedarf es deshalb auch vor Investorengesprächen der jeweiligen Willensbildung des Aufsichtsrats als Kollegialorgan.[905]

II. Sonderstellung des Aufsichtsratsvorsitzenden bei Investorengesprächen

Ungeklärt ist bislang, ob die rechtliche Stellung des Aufsichtsratsvorsitzenden bei der Investorenkommunikation erweitert werden kann, sodass er zur Initiative und Verfahrensleitung von Investorengesprächen von Amts wegen befugt ist und es keiner gesonderten Ermächtigung durch den Gesamtaufsichtsrat bedarf.[906]

---

904 Statt vieler *Vetter*, in: Marsch-Barner/Schäfer, Hdb. börsennotierte AG, Rn. 27.47. Zu fehlerhaften Aufsichtsratsbeschlüssen weiterführend *Baums*, ZGR 1983, 300.

905 Hierfür auch *Grigoleit/Tomasic*, in: Grigoleit, AktG, § 111 Rn. 75; *Spindler*, in: Spindler/Stilz, AktG, § 107 Rn. 40; *Spindler*, in: MüKo-AktG, § 76 Rn. 25; *Habersack*, in: MüKo-AktG, § 116 Rn. 67; *Habersack*, in: Habersack/Henssler, Mitbestimmungsrecht, § 25 MitbestG Rn. 112a; *Lutter/Krieger/Verse*, Rechte und Pflichten des Aufsichtsrats, 7. Auflage, Rn. 680; *Noerr/Hering Schuppener/v. Werder*, Rolle des Aufsichtsrats in der Krisenkommunikation, S. 23 f.; *Bachmann*, in: VGR, Gesellschaftsrecht 2016, 135 (168, 172); *Koch*, AG 2017, 129 (135 f.); *Holle*, ZIP 2019, 1895 (1900); *Schilha/Theusinger*, NZG 2019, 521 (525). *Hopt*, ECGI Law Working Paper 365/2017, S. 12 spricht sich jedenfalls für ein „informal general agreement" aus, ein formeller Beschluss des Aufsichtsrats wäre jedoch zu viel („would be too much and cannot be seen as being required by the law"); *Seibt*, in: Börsen-Zeitung vom 17. Juni 2017, S. 9. Vgl. *Peus*, Der Aufsichtsratsvorsitzende, S. 172-175, der jedoch auf S. 176 für Erklärungen an die Öffentlichkeit eine gesetzliche Zuständigkeit des Aufsichtsratsvorsitzenden entsprechend § 176 Abs. 1 S. 2 AktG befürwortet.

906 Dafür sind bspw. *Hopt/Roth*, Der Aufsichtsrat, § 107 Rn. 156, 158; *Roth*, ZGR 2012, 343 (370); *Drinhausen/Marsch-Barner*, AG 2014, 337 (349 f.); *Leyendecker-Langner*, NZG 2015, 44 (46); *Fleischer/Bauer/Wansleben*, DB 2015, 360 (363, 366); *Hirt/Hopt/Mattheus*, AG 2016, 725 (734 f.); diese Interpretationsrichtung findet schließlich Unterstützung durch die noch in § 9.A dieser Untersuchung näher zu betrachtenden Regelungsinitiativen, die ebenfalls ausschließlich den Dialog zwischen Aufsichtsratsvorsitzenden und Investoren befürworten. Grundlegend für Leitungsrechte des Aufsichtsratsvorsitzenden *Kley*, AG 2019, 818 (821). Dagegen vor allem *Koch*, in: Hüffer/Koch, AktG, § 111 Rn. 34b; *Grigoleit/Tomasic*, in: Grigoleit, AktG, § 111 Rn. 75; *Habersack*, in: MüKo-AktG, § 116 Rn. 67; *Habersack*, in: Habersack/Henssler, Mitbestimmungsrecht, § 25 MitbestG Rn. 112a; *Vetter*, in: Marsch-Barner/Schäfer, Hdb. börsennotierte AG, Rn. 27.10a; *Noerr/Hering Schuppener/v. Werder*, Rolle des Aufsichtsrats in der Krisenkommunikation, S. 24; *Vetter*, AG 2016, 873 (875); *Koch*, AG 2017, 129 (135 f.); *Mense/Klie*, BB 2017, 771 (773); *Schilha/Theusinger*, NZG 2019,

Damit könnte angemessen berücksichtigt werden, dass der Aufsichtsratsvorsitzende in der Praxis laufend für den Aufsichtsrat als Gesamtplenum agieren und reagieren muss, obgleich ihm dafür häufig eine ausreichende Legitimation durch das Gesamtgremium fehlt, etwa weil das Einholen eines legitimierenden Beschlusses aus organisatorischen oder zeitlichen Gründen nicht möglich oder in der entsprechenden Situation nicht opportun ist.[907] Rechtlich sprechen die dem Aufsichtsratsvorsitzenden kraft Amts obliegende Repräsentationsfunktion sowie seine verbandsrechtliche wie auch faktische Sonderstellung dafür.

1. *Repräsentationsfunktion kraft Amtsstellung*

Grundsätzlich tritt der Aufsichtsrat mit einer gemeinsamen Stimme im Außenverhältnis auf.[908] Dafür ist es praktisch erforderlich, ein Aufsichtsratsmitglied als Sprachrohr für das Gesamtgremium zu bestimmen, anstatt alle Mitglieder mit ihren jeweils vielstimmigen Ansichten mit dieser Aufgabe zu betrauen.[909] In aller Regel wird der Aufsichtsratsvorsitzende diese Funktion wahrnehmen, denn ihm obliegt *qua* Amtsstellung die allgemeine Repräsentation des Aufsichtsrats.[910] Dafür spricht erstens, dass er gemäß § 107 Abs. 1 S. 1 AktG durch

---

521 (524 f.); *Holle*, ZIP 2019, 1895 (1900); auch *Landsittel*, Investorenkommunikation, S. 240 ff. Kritisch *Hambloch-Gesinn/Gesinn*, in: Hölters, AktG, § 107 Rn. 47, 54.

907 Zum aktiven Aufsichtsratsvorsitzenden eingehend *Schlitt*, DB 2005, 2007; auch *Plagemann/Rahlmeyer*, NZG 2015, 895 (898 f.). Weiterführend zu den Unzulänglichkeiten zwischen den gesetzlichen Regelungen zum Aufsichtsratsvorsitzenden und der Rechtswirklichkeit *v. Schenck*, AG 2010, 649, der (auf 655) außerdem die Rolle des Aufsichtsratsvorsitzenden erweiternd auslegt, sodass dieser anstelle des Aufsichtsrats als solchem zum Handeln befugt ist, wenn ein Handeln des Gesamtorgans tatsächlich oder zeitnah nicht möglich oder nicht opportun ist; *Koch*, in: Fleischer/u.a., 50 Jahre Aktiengesetz, 65 (92); zu der geänderten Wirklichkeit der heutigen Tätigkeit des Aufsichtsratsvorsitzenden ferner *Schneider/Schneider*, AG 2015, 621 (626).

908 *Fleischer/Bauer/Wansleben*, DB 2015, 360 (366); vgl. *Peus*, Der Aufsichtsratsvorsitzende, S. 176.

909 So auch *Noerr/Hering Schuppener/v. Werder*, Rolle des Aufsichtsrats in der Krisenkommunikation, S. 24; *Koch*, AG 2017, 129 (135).

910 Vgl. BGH, ZIP 2010, 1437 (1438); ebenfalls bei *Hopt/Roth*, Der Aufsichtsrat, § 107 Rn. 85; *Hambloch-Gesinn/Gesinn*, in: Hölters, AktG, § 107 Rn. 54; *Breuer/Fraune*, in: Heidel, Aktienrecht, § 107 Rn. 9; *Noerr/Hering Schuppener/v. Werder*, Rolle des Aufsichtsrats in der Krisenkommunikation, S. 24; *Schlitt*, DB 2005, 2007 (2008); *Leyendecker-Langner*, NZG 2015, 44 (45 f.); *Fleischer/Bauer/Wansleben*, DB 2015, 360 (366) betonen die Sonderstellung des Aufsichtsratsvorsitzenden als geborener Repräsentant des Aufsichtsrats; *Hirt/Hopt/Mattheus*, AG 2016, 725 (734); *Kley*,

das Gremium aus dessen Mitte gewählt ist. Seine Wahl bestätigt zunächst die ihm zukommende Autorität. Darüber hinaus zeigt sie, dass die Person des Vorsitzenden das besondere Vertrauen der übrigen Aufsichtsratsmitglieder genießt.[911] Seine Repräsentationsfunktion für das Gesamtorgan wird zweitens gemäß § 176 Abs. 1 S. 2 AktG zum Zeitpunkt der Hauptversammlung betont.[912] Konsequent ist es drittens, dass der Aufsichtsratsvorsitzende im Rahmen gelebter Hauptversammlungspraxis Aktionärsfragen beantwortet, die den Aufsichtsrat betreffen.[913] Eine besondere Bedeutung des Aufsichtsratsvorsitzenden im Außenverhältnis wird viertens durch § 80 Abs. 1 AktG gefördert, wonach die Angabe seines Namens auf Geschäftsbriefen der Gesellschaft verlangt ist.[914] Für seine herausragende Stellung im Außenverhältnis sprechen fünftens eine ganze Reihe von Normen, die nur seine Mitwirkung, nicht die der einfachen Aufsichtsratsmitglieder, bei der Anmeldung von Kapitalmaßnahmen zur Eintragung in das Handelsregister erfordern.[915] Schließlich wird diese Sichtweise durch Grundsatz 7 S. 2 DCGK 2020 bestätigt, der ausdrücklich die Stellung des Aufsichtsratsvorsitzenden als Repräsentanten des Aufsichtsrats nach außen berücksichtigt.[916]

AG 2019, 818 (821); dazu etwa auch *Breidenich*, Organisation der Aufsichtsratsarbeit durch den Aufsichtsratsvorsitzenden, S. 210 ff.

911 Zum besonderen Vertrauensverhältnis der übrigen Aufsichtsratsmitglieder und dem Vorsitzenden auch *Noerr/Hering Schuppener/v. Werder*, Rolle des Aufsichtsrats in der Krisenkommunikation, S. 38; *Schilha/Theusinger*, NZG 2019, 521 (527). *Drinhausen/Marsch-Barner*, AG 2014, 337 (340) betonen darüber hinaus, dass Entscheidungen des Aufsichtsratsvorsitzenden nur selten in Frage gestellt werden.

912 Hierzu bereits in den Fn. 264 bis 266 dieser Untersuchung.

913 Hierfür Fn. 271 dieser Untersuchung.

914 *Roth*, in: Davies/u.a., Corporate Boards in Law and Practice, 253 (315); *Roth*, ZGR 2012, 343 (370); *Hein*, Die Stewardship-Verantwortung, S. 280 f. Selbst *Vetter*, AG 2014, 387 (391), der jedoch herausstellt, dass über die vertrauensbildende Zielsetzung hinaus aus § 80 Abs. 1 AktG keine weiteren Rechte für den Aufsichtsratsvorsitzenden abgeleitet werden können; so auch *Koch*, AG 2017, 129 (135 f.). Weiterführend zu der § 80 Abs. 1 AktG vorgehenden Regelung in § 100 AktG 1937 *Klausing*, Aktiengesetz von 1937, S. 85 f.; *Hopt/Roth*, Der Aufsichtsrat, § 107 Rn. 59.

915 Siehe hierzu bereits in § 3.B.II.2.g) dieser Untersuchung.

916 Noch zur alten Ziffer 5.2 Abs. 1 S. 2 DCGK 2017 *Kremer*, in: Kremer/u.a., DCGK, Rn. 1268; *Fleischer/Bauer/Wansleben*, DB 2015, 360 (363, 366).

2. *Kommunikative und koordinative Führungsrolle im Aufsichtsratsgremium*

Neben der Repräsentationsfunktion des Aufsichtsratsvorsitzenden ist auch der übrigen aktienrechtlichen Normbasis eine Sonderposition des Aufsichtsratsvorsitzenden nicht fremd.[917] Aufsichtsratsintern ist er etwa zuständig für die Einberufung der Aufsichtsratssitzungen, wobei er vorbehaltlich eines Einberufungsverlangens, § 110 Abs. 1 AktG, oder der gesetzlich vorgeschriebenen Sitzungsfrequenz, § 110 Abs. 3 S. 1 AktG, pflichtgemäß selbst entscheiden kann, wann er den Aufsichtsrat einberuft.[918] Im Anschluss hat nur er die Niederschrift über die Sitzungen des Aufsichtsrats zu unterschreiben, § 107 Abs. 2 S. 1 AktG. Eine Koordinationsfunktion hat der Aufsichtsratsvorsitzende auch für Ausschusssitzungen, weil er Aufsichtsratsmitgliedern, die dem Ausschuss nicht angehören, die Teilnahme untersagen kann, § 109 Abs. 2 AktG.[919] Der Vorstand hat darüber hinaus gemäß § 90 Abs. 1 S. 3 AktG ausdrücklich nur ihm aus sonstigen wichtigen Anlässen zu berichten, worüber er die übrigen Aufsichtsratsmitglieder spätestens in der nächsten Aufsichtsratssitzung zu unterrichten hat, § 90 Abs. 5 S. 3 AktG. Der Kontakt mit dem Vorstand ist aktienrechtlich deshalb nicht etwa Sache des Gesamtplenums, sondern des Aufsichtsratsvorsitzenden.[920] Das berücksichtigt

---

917 Zu den besonderen Aufgaben, Rechten und Pflichten des Aufsichtsratsvorsitzenden etwa *Hopt/Roth*, Der Aufsichtsrat, § 107 Rn. 85; *von der Linden*, in: Drinhausen/Eckstein, Beck'sches Hdb. AG, § 25 Rn. 51; *Schick*, in: Wachter, AktG, § 107 Rn. 9; *Vetter*, in: Marsch-Barner/Schäfer, Hdb. börsennotierte AG, Rn. 27.7 ff.; ausführlich *Drinhausen/Marsch-Barner*, AG 2014, 337. Vgl. – wenn auch zur Wahrnehmung von Vertretungsmacht gemäß § 112 AktG – *Pöschl*, BB 1966, 804 (805); *Steiner*, BB 1998, 1910 (1911).

918 *Habersack*, in: MüKo-AktG, § 107 Rn. 50 ff.; *Tomasic*, in: Grigoleit, AktG, § 110 Rn. 2.

919 *Schlitt*, DB 2005, 2007 (2008).

920 *Seibt*, in: Hommelhoff/Hopt/v. Werder, Hdb. Corporate Governance, 391 (405) dazu prägnant: „Der Aufsichtsratsvorsitzende ist (...) bei der Informationsvermittlung zwischen Vorstand und Aufsichtsrat das Bindeglied und die Clearing-Stelle."; *Krieger*, ZGR 1985, 338 (342 f.) bezeichnet die ständige Fühlungnahme zum Vorstand als die wichtigste Aufgabe des Aufsichtsratsvorsitzenden; *Schlitt*, DB 2005, 2007 (2008); *v. Schenck*, AG 2010, 649 (650). Insgesamt ist der Kontakt des Aufsichtsratsvorsitzenden zum Vorstand für die Informationsgewinnung und -verarbeitung durch den Gesamtaufsichtsrat zentral, siehe *Roth*, ZGR 2012, 343 (365); *Cahn*, AG 2014, 525 (532).

auch Grundsatz 16 DCGK 2020.[921] Schließlich wird die mit dem Vorsitzmandat erhöhte Verantwortung und Arbeitsbelastung gemäß § 100 Abs. 2 S. 3 AktG gewürdigt.[922]

Wesentlich ist darüber hinaus der faktische Einfluss des Aufsichtsratsvorsitzenden, der in den gesetzlichen Regelungen zum Organisationsgefüge der Aktiengesellschaft nur unvollständig zum Ausdruck kommt.[923] Deutlich wird dieser zum einen durch den regelmäßigen Kontakt zum Vorstand und seine Rolle als dessen wichtigster Sparringspartner, wodurch er maßgeblich Einfluss auf Vorstandsthemen – wie etwa die Strategieplanung und die Gesellschaftsentwicklung, aber auch das Risikomanagement und die Compliance – nehmen kann.[924] Seine Funktion als informationelles Bindeglied zwischen Vorstand und Aufsichtsrat verlangt außerdem, im Vergleich zu den übrigen Aufsichtsratsmitgliedern in deutlich größerem Umfang in allen Schlüsselthemen der Gesellschaft aktiv und informiert zu sein.[925] Wegen seines Informationsvorsprungs ist der Vorsitzende in der Regel das am besten informierte Aufsichtsratsmitglied.[926] Zum

---

921 Zur alten Fassung des DCGK bereits *Kremer*, in: Kremer/u.a., DCGK, Rn. 1271 ff.; siehe auch *Habersack*, in: MüKo-AktG, § 107 Rn. 46 mit Fn. 116; *Plagemann/Rahlmeyer*, NZG 2015, 895 (898).

922 *Koch*, in: Hüffer/Koch, AktG, § 100 Rn. 8; *Habersack*, in: MüKo-AktG, § 107 Rn. 46; *Vetter*, in: Marsch-Barner/Schäfer, Hdb. börsennotierte AG, Rn. 27.14; *Cahn*, AG 2014, 525 (527). Vgl. hierzu zudem die Empfehlungen C.4 und C.5 DCGK 2020.

923 *Raiser/Veil*, Recht der Kapitalgesellschaften, § 15 Rn. 54; *Seibt*, in: Hommelhoff/Hopt/v. Werder, Hdb. Corporate Governance, 391 (405); *v. Schenck*, AR 2009, 111 (111). Zum faktischen Einfluss des Aufsichtsratsvorsitzenden vertiefend *Vetter*, in: Marsch-Barner/Schäfer, Hdb. börsennotierte AG, Rn. 27.14, der zutreffend darauf hinweist, dass es stets auf die fachliche und persönliche Autorität und Führungsstärke des Aufsichtsratsvorsitzenden in Einzelfall ankommt; *Rudolf*, in: Habersack/Mülbert/Schlitt, Unternehmensfinanzierung am Kapitalmarkt, 3. Auflage, § 1 Rn. 42; *von der Linden*, in: Drinhausen/Eckstein, Beck'sches Hdb. AG, § 25 Rn. 51; *Speich*, BOARD 2015, 193 (195); *v. Werder*, DB 2017, 977 (980). Zur Rollendifferenzierung bei der Qualifikation für Aufsichtsratsvorsitzende, die zwar nicht aus rechtlicher Sicht, wohl aber aus praktischen Erwägungen zu besonderen Anforderungen führt, *Dreher*, in: Ebenroth/Hesselberger/Rinne, FS Boujong 1996, 71 (83-85).

924 Vgl. *Vetter*, in: Marsch-Barner/Schäfer, Hdb. börsennotierte AG, Rn. 27.14.

925 Vgl. *Heidrick & Struggles*, Chairman 2.0, S. 3; *v. Schenck*, AG 2010, 649 (651 f.); *Cahn*, AG 2014, 525 (532); *Drinhausen/Marsch-Barner*, AG 2014, 337 (342 ff.); *Kley*, AG 2019, 818 (821); *Börsig/Löbbe*, in: Krieger/Lutter/Schmidt, FS Hoffmann-Becking 2013, 125 (144).

926 So auch *v. Schenck*, AR 2009, 111 (112).

anderen ist das Handeln des Aufsichtsratsvorsitzenden auch für die Willensbildung im eigenen Aufsichtsratsgremium von großer Bedeutung. Er richtet den Aufsichtsrat – regelmäßig anhand der vom Vorstand vorab erhaltenen Informationen – auf die jeweils aktuellen Aufgaben aus und strukturiert die Abläufe der Aufsichtsratstätigkeit.[927] In seiner Verantwortung liegt dafür die Vorbereitung, Leitung und Koordination von Aufsichtsratssitzungen.[928] Außerdem arbeitet er laufend als Schnittstelle zwischen Plenum und Ausschüssen sowie zwischen Anteilseigner- und Arbeitnehmervertretern im Aufsichtsrat.[929] Oftmals ist der Aufsichtsratsvorsitzende auch der erste Ansprechpartner und Ratgeber für die übrigen Mitglieder des Aufsichtsrats, bspw. bei Fragen im Hinblick auf die Verschwiegenheitspflicht oder den Umgang mit Interessenkonflikten.[930] Schließlich arbeitet der Vorsitzende des Aufsichtsrats in der Regel intensiv in Aufsichtsratsausschüssen mit.[931] Zwingend ist seine Mitwirkung bspw. im Vermittlungsausschuss, § 27 Abs. 3 MitbestG. Sollte der Aufsichtsratsvorsitzende im Bereich der Rechnungslegung eine weit über Mindestkenntnisse hinausgehende Sachkunde nachweisen, kann er bspw. zugleich Finanzexperte i.S.v. § 100 Abs. 5 AktG sein und in dieser Eigenschaft dem Prüfungsausschuss angehören.[932] Eine gestaltende Mitwirkung bei der der Berufung von Vorständen im Nominierungsausschuss ist ebenfalls häufig.[933] Aus alledem folgt, dass der Aufsichtsratsvorsitzende besonders stark in der Gesellschaft verwurzelt und in das unternehmerische Geschehen involviert ist. Deshalb führt seine Rolle im Vergleich zu den übrigen Aufsichtsratsmitgliedern zu einer deutlich zeitintensiveren Tätigkeit.[934] Nicht nur in der Praxis, sondern auch in der Literatur wurde deshalb konstatiert, dass

---

927 Vgl. *Habersack*, in: MüKo-AktG, § 107 Rn. 53 ff.; *Drinhausen/Marsch-Barner*, AG 2014, 337 (337); *Diekmann/Wurst*, NZG 2014, 121 (123); zur Bedeutung des Aufsichtsratsvorsitzenden für eine erfolgreiche Aufsichtsratsarbeit auch *Hönsch/Fischer/Kaspar*, AR 2017, 126; *Kley*, AG 2019, 818 (821).

928 *Hopt/Roth*, Der Aufsichtsrat, § 107 Rn. 119; *Schlitt*, DB 2005, 2007 (2008); *Hasselbach*, NZG 2012, 41 (42).

929 Siehe *v. Schenck*, AR 2009, 111 (112).

930 Dazu *Drinhausen/Marsch-Barner*, AG 2014, 337 (340 f., 347).

931 *v. Schenck*, AR 2009, 111 (112).

932 *Drinhausen/Marsch-Barner*, AG 2014, 337 (344). Vgl. aber auch Empfehlung D.4 DCGK 2020, wonach der Aufsichtsratsvorsitzende nicht den Vorsitz im Prüfungsausschuss innehaben soll.

933 Hierfür *Heidrick & Struggles*, Chairman 2.0, S. 3.

934 *Cahn*, AG 2014, 525 (532); *Dreher*, in: Ebenroth/Hesselberger/Rinne, FS Boujong 1996, 71 (85).

der Aufsichtsratsvorsitz heute als *full time*-Job anzusehen ist.[935] Außerdem ist besonders zu würdigen, dass dem Aufsichtsratsvorsitzenden entscheidende Bedeutung für die Bewältigung einer Unternehmenskrise zukommt.[936]

3. *Schranken der Kommunikation allein des Aufsichtsratsvorsitzenden*

Alle vorgenannten Argumente sprechen dafür, dem Aufsichtsratsvorsitzenden ein eigenes Ermessen für Entscheidungen über Investorengespräche zu gewähren.[937] Zu einem ähnlichen Zwischenergebnis kam bereits *Koch* unter Rückgriff auf den Gedanken der Organadäquanz, demnach der Aufsichtsratsvorsitzende für die Kapitalmarktkommunikation besonders geeignet sei und sogar im Verhältnis zum Vorstand als das in vielerlei Hinsicht besser geeignete, schlankere Organ zur Kapitalmarktkommunikation erscheine.[938] Folgt man dem, wäre den übrigen Aufsichtsratsmitgliedern die Investorenkommunikation untersagt.[939] Als Korrektiv verbliebe dem Gesamtplenum zum einen aber der Vorbehalt einer anderweitigen Entscheidung, mit der dem Aufsichtsratsvorsitzenden ein Initiativrecht und auch verfahrensleitende Aufgaben wieder entzogen werden können.[940] Zum anderen hat der Aufsichtsratsvorsitzende das erforderliche Maß an Selbstbeschränkung wegen seiner Pflicht zum intraorganfreundlichen Verhalten sicherzustellen. Danach hat der Aufsichtsratsvorsitzende den Aufsichtsrat mit dem Grundverständnis eines Kollegialorgans zu repräsentieren, was ihn

---

935 *Hopt/Roth*, Der Aufsichtsrat, § 107 Rn. 10, 100 ff. sowie mit folgendem Zitat unter Rn. 146: „Das praktische Leitbild des Aufsichtsratsamts als Nebenamt gilt jedenfalls für die Aufsichtsratsvorsitzenden der größten börsennotierten Gesellschaften nicht mehr.“; vgl. die Forderung von *Jungmann*, ECFR 2006, 426 (464); siehe auch *Roth*, ZGR 2012, 343 (365); *Drinhausen/Marsch-Barner*, AG 2014, 337 (351); *Speich*, BOARD 2015, 193 (195); *Börsig/Löbbe*, in: Krieger/Lutter/Schmidt, FS Hoffmann-Becking 2013, 125 (145).

936 Hierzu auch *Semler*, AG 1983, 141 (144); *v. Schenck*, AR 2009, 111 (112 f.).

937 Zu den Befürwortern bereits in Fn. 906 dieser Untersuchung.

938 *Koch*, in: Fleischer/u.a., 50 Jahre Aktiengesetz, 65 (90), der jedoch im Ergebnis eine Verengung auf den Aufsichtsratsvorsitzenden deutlich ablehnt (auf 91 f.); siehe auch *Landsittel*, Investorenkommunikation, S. 237 ff. Zum Aufsichtsratsvorsitzenden als besonders geeignete Persönlichkeit, um der Öffentlichkeit Belange des Unternehmens zu vermitteln, auch *Mertens/Cahn*, in: KK-AktG, § 107 Rn. 61. Vertiefend zum Grundsatz der Organadäquanz bereits in Fn. 226 dieser Untersuchung.

939 *Leyendecker-Langner*, NZG 2015, 44 (46).

940 So jedenfalls *Hopt/Roth*, Der Aufsichtsrat, § 107 Rn. 156, 158.

bei seinem Handeln nicht nur dazu verpflichtet, das Meinungsbild der Organmehrheit angemessen zu berücksichtigen, sondern von ihm im Grunde auch verlangt, das Gesamtorgan zuvor zur Konsensbildung aufzufordern und eigenmächtige Vorgänge zu unterlassen.[941] Auch wird der Aufsichtsratsvorsitzende nur in Ausnahmefällen seine persönliche Meinung gegenüber Kapitalgebern äußern dürfen, wobei er diese ausdrücklich als solche kennzeichnen sollte.[942] Verboten ist ihm schließlich, die Gelegenheit der Investorenkommunikation zu missbrauchen, um Druck auf andere Aufsichtsratsmitglieder auszuüben oder sie im Außenverhältnis zu diskreditieren. Spricht man sich also einerseits für möglichst viele Freiheiten des Aufsichtsratsvorsitzenden bei der Investorenkommunikation aus, lastet auf ihm andererseits eine besonders hohe Verantwortung, diese nicht als Freibrief für ein hemmungsloses Alleinhandeln zu überspannen, sondern für ein pflichtgemäßes Handeln im Interesse des Gesamtplenums zu garantieren.

4. *Gefahren und rechtliche Risiken dieses Vorschlags*

Trotz der benannten Korrektive strapaziert ein allzu freies Ermessen des Aufsichtsratsvorsitzenden für den Investorendialog seine Rolle in der Aktiengesellschaft sehr stark, wohingegen die Verantwortung der einfachen Aufsichtsratsmitglieder und ihre Möglichkeiten, ebenfalls eine aktivere Rolle im Außenverhältnis wahrzunehmen, weitgehend beschränkt werden.[943] Ein Alleingang des Vorsitzenden verstärkt jedenfalls die Gefahr, dass dieser vorschnell und ohne genügende Absprache mit den übrigen Aufsichtsratsmitgliedern mit Investoren kommunizieren wird, was Konfliktlagen im Aufsichtsrat geradezu provoziert.[944] Nur die Rückkoppelung an eine Entscheidung des Gesamtorgans berücksichtigt in mitbestimmten Aktiengesellschaften zudem die Interessen der

---

941 Dazu auch *Kremer*, in: Kremer/u.a., DCGK, Rn. 1270a; *Fleischer/Bauer/Wansleben*, DB 2015, 360 (366); auch *Kocher*, DB 2016, 2887 (2890); *Koch*, AG 2017, 129 (136); *Henning*, BOARD 2017, 41 (43).

942 *Kocher*, Journal of International Banking Law and Regulation 30.7 (2015), 402 (404). Vgl. *Hennrichs/Pöschke*, in: MüKo-AktG, § 176 Rn. 19 für persönliche Meinungen des Aufsichtsratsvorsitzenden bei den Erläuterungen zum Aufsichtsratsbericht gemäß § 176 Abs. 1 S. 2 AktG.

943 Ähnlich *Bachmann*, in: VGR, Gesellschaftsrecht 2016, 135 (172).

944 *Noerr/Hering Schuppener/v. Werder*, Rolle des Aufsichtsrats in der Krisenkommunikation, S. 23; *Koch*, AG 2017, 129 (136).

Arbeitnehmerpartizipation angemessen.[945] Darüber hinaus verlangt auch der Schutz von Gesellschaftsgeheimnissen und vertraulichen Angaben eine Entscheidung des Gesamtplenums über die Befreiung von der Verschwiegenheitspflicht.[946] Gegen die Alleinverantwortung des Aufsichtsratsvorsitzenden spricht schließlich, dass die aktienrechtlichen und untergesetzlichen Vorschriften, die dem Vorsitzenden Sonderbefugnisse zugestehen, nur begrenzte Zuständigkeiten ausgestalten, die ihm keine eigenständige, nach außen wirkende Funktion zuweisen.[947] Insbesondere ist ein initiatives Entscheidungs- und Durchführungsermessen für Investorengespräche nicht von § 176 Abs. 1 S. 2 AktG oder § 80 AktG umfasst. Dahingehend können die Normen auch nicht beliebig weit ausgedehnt werden.[948] Im Besonderen handelt es sich bei § 176 Abs. 1 S. 2 AktG um eine rechtlich streng prozeduralisierte Erklärungssituation, in der der Vorsitzende einen Willensentschluss des Aufsichtsrats lediglich mitteilt, ohne eigene Standpunkte für den Aufsichtsrat selbstständig zu formulieren und zu kommunizieren.[949] Insgesamt bringt die Investorenkommunikation des Aufsichtsratsvorsitzenden ohne ausdrückliche Regelung oder konkludente Ermächtigung des Gesamtaufsichtsrats daher nicht zu unterschätzende Risiken sowohl für den Aufsichtsratsvorsitzenden wie auch die übrigen Aufsichtsratsmitglieder mit sich.

---

945 *Kocher*, DB 2016, 2887 (2890); *Koch*, AG 2017, 129 (130, 135). Siehe bereits dazu in § 3.B.IV dieser Untersuchung. Weitergehend *Hexel*, AR 2014, 121, der die Anwesenheit des stellvertretenden Aufsichtsratsvorsitzenden fordert. Überdies weist der *DAV-Handelsrechtsausschuss*, NZG 2017, 57 (60) darauf hin, dass Arbeitnehmervertreter und Gewerkschaftsvertreter im Aufsichtsrat für sich etwa ein ähnliches Äußerungsrecht gegenüber ihren Wählern einfordern und beanspruchen könnten.

946 Siehe bereits Fn. 702 dieser Untersuchung.

947 *Noerr/Hering Schuppener/v. Werder*, Rolle des Aufsichtsrats in der Krisenkommunikation, S. 23; *Schlitt*, DB 2005, 2007 (2008).

948 Dazu auch *Grigoleit/Tomasic*, in: Grigoleit, AktG, § 111 Rn. 75: „keine belastbare Analogiebasis"; Näheres bei *Koch*, in: Fleischer/u.a., 50 Jahre Aktiengesetz, 65 (91); *Koch*, AG 2017, 129 (135 f.); *Holle*, ZIP 2019, 1895 (1900).

949 *Vetter*, AG 2014, 387 (390); *Koch*, in: Fleischer/u.a., 50 Jahre Aktiengesetz, 65 (91); *Holle*, ZIP 2019, 1895 (1900); siehe auch *Peus*, Der Aufsichtsratsvorsitzende, S. 161. Kritisch zu diesem Argument jedoch *Fleischer/Bauer/Wansleben*, DB 2015, 360 (363): „Die genannten Vorschriften als abschließend anzusehen und außerdem darauf abzustellen, dass § 176 AktG keine Diskussion über den Aufsichtsratsbericht vorsieht, überzeugt nicht recht."

III. Rechtsvorsorgliche Ermächtigung durch den Gesamtaufsichtsrat

Angesichts der unterschiedlichen Auffassungen empfiehlt sich vorsorglich eine grundlegende Beschlussfassung darüber, in welchem kommunikationspolitischen Rahmen der Aufsichtsratsvorsitzende die Investorenkommunikation für das Gesamtorgan verantwortet.[950] Rechtssicherheit schafft vor allem eine einstimmige Entscheidung des Gesamtaufsichtsrats, mindestens bedarf es aber der einfachen Mehrheit, § 108 Abs. 1 AktG.[951] Ein Ermächtigungsbeschluss wird nach bislang herrschender Auffassung jedenfalls auch notwendig, wenn der Aufsichtsratsvorsitzende für den Aufsichtsrat als Erklärungsvertreter sprechen und dessen vorgefassten und bereits in einem Beschluss niedergelegten Willen bekanntgeben und ggf. erläutern möchte.[952]

Weitaus schwieriger und bislang nicht eindeutig beantwortet ist die Frage, ob der Aufsichtsrat für jeden Einzelfall einen gesonderten Legitimationsbeschluss zu fassen hat oder eine typisierende Übertragung von Verantwortlichkeiten im Bereich der Investorenkommunikation möglich ist. Überzeugender ist letzteres, weil im Rahmen der Investor Relations in den allermeisten Fällen eine kurzfristige und flexible Entscheidungsfindung notwendig wird, die sich nicht an der turnusmäßigen und in der Regel geringen Sitzungsfrequenz der Aufsichtsratsgremien orientiert.[953]

---

950 Siehe hierzu bereits Fn. 905 dieser Untersuchung.

951 Hierfür *Vetter*, AG 2016, 873 (875); *Koch*, AG 2017, 129 (136); *Schaper*, AG 2018, 356 (358); *Schilha/Theusinger/v. Manikowsky/v. Werder*, BOARD 2019, 42 (44).

952 Für das Erfordernis einer gesonderten – ggf. konkludenten – Ermächtigung des Aufsichtsratsvorsitzenden durch Aufsichtsratsbeschluss OLG Düsseldorf, AG 2004, 321 (322 f.); *Habersack*, in: MüKo-AktG, § 107 Rn. 59 f.; *Spindler*, in: Spindler/Stilz, AktG, § 107 Rn. 43; *Habersack*, in: Habersack/Henssler, Mitbestimmungsrecht, § 25 MitbestG Rn. 22, 112a; *Vetter*, in: Marsch-Barner/Schäfer, Hdb. börsennotierte AG, Rn. 27.10; *Janzen*, NZG 2003, 468 (471, 473); *Koch*, AG 2017, 129 (135). Dagegen und somit für eine Erklärungsvertretung des Aufsichtsratsvorsitzenden kraft Amtsstellung *Hopt/Roth*, Der Aufsichtsrat, § 107 Rn. 144 ff. (anders noch in der Vorauflage, vgl. Rn. 17); *Lutter/Krieger/Verse*, Rechte und Pflichten des Aufsichtsrats, 7. Auflage, Rn. 682; *Bednarz*, NZG 2005, 418 (422); *Schockenhoff/Topf*, DB 2005, 539 (540 f.).

953 Hierzu auch *Holle*, ZIP 2019, 1895 (1900). Zur Sitzungsfrequenz des Aufsichtsrats bereits in Fn. 231 dieser Untersuchung.

1. Einrichtung eines Kommunikationsausschusses

Um dem Problem angemessen zu begegnen, könnte aufsichtsratsintern ein Kommunikationsausschuss eingerichtet werden, der Investorengespräche im Namen und für den Aufsichtsrat führt.[954] Dieser Ausschuss könnte mit einer kleinen Anzahl besonders befähigter und erfahrener Mitglieder – bspw. dem Aufsichtsratsvorsitzenden zusammen mit ausgewählten Vorsitzenden der einzelnen Ausschüsse oder etwa dem Sprecher der unabhängigen Aufsichtsratsmitglieder – besetzt werden, um auf ihre Expertise zurückzugreifen. Soll ein Aufsichtsratsausschuss für die Zwecke der Investorenkommunikation nicht dauerhaft eingerichtet werden, kommt für anstehende Investorengespräche in Betracht, einen *ad hoc*-Ausschuss zu bilden.[955]

2. Zuständigkeitsübertragung auf den Vorsitzenden

Möchte das Aufsichtsratsorgan der zuvor dargestellten Ausschusslösung mangels Praktikabilität oder aus sonstigen Gründen nicht folgen, geht es um eine generelle bzw. typisierende Zuständigkeitsübertragung des Gesamtaufsichtsrats an den Aufsichtsratsvorsitzenden.[956] Dogmatisch handelt es sich hierbei

---

954 Zu diesem Lösungsweg *Breuer/Fraune*, in: Heidel, Aktienrecht, § 111 Rn. 29; *Noerr/Hering Schuppener/v. Werder*, Rolle des Aufsichtsrats in der Krisenkommunikation, S. 23; *Vetter*, AG 2016, 873 (875); *Mense/Klie*, BB 2017, 771 (773); *Schilha/Theusinger/v. Manikowsky/v. Werder*, BOARD 2019, 42 (44); *Ebrahimzadeh*, Investorendialog des Aufsichtsrats, S. 205 f., 248-250. Der Ausschuss könnte zusätzlich auch die Beantwortung von Aktionärsfragen auf der Hauptversammlung besorgen, so *Bachmann*, in: VGR, Gesellschaftsrecht 2016, 135 (173); die Einrichtung eines Kommunikationsausschusses für die Beantwortung von Aktionärsfragen auf der Hauptversammlung befürwortet auch *Vetter*, in: Aderhold/u.a., FS Westermann 2008, 1589 (1603 f.). *Schulz*, in: Hölscher/Altenhain, Hdb. Aufsichts- und Verwaltungsräte, 489 (494) spricht sich ebenfalls für einen Kommunikationsausschuss aus, um interne Kommunikationsspielräume des Gremiums zu entwickeln und deren Einhaltung einzufordern. Mit Einsichten aus der Praxis kommen *Noerr/Hering Schuppener/v. Werder*, Rolle des Aufsichtsrats in der Krisenkommunikation, S. 37 jedoch zu dem Ergebnis, dass Kommunikationsausschüsse kaum existieren.

955 Zur Zulässigkeit eines *ad hoc*-Ausschusses für Sonderaufgaben jenseits des Routineprogramms etwa *Koch*, in: Hüffer/Koch, AktG, § 107 Rn. 19; *Habersack*, in: MüKo-AktG, § 107, Rn. 99.

956 Für eine typisierende Zuständigkeitsübertragung an den Aufsichtsratsvorsitzenden *Noerr/Hering Schuppener/v. Werder*, Rolle des Aufsichtsrats in der Krisenkommunikation, S. 24; *Koch*, in: Fleischer/u.a., 50 Jahre Aktiengesetz, 65 (92); auch bei *Koch*,

(erneut) um einen Graubereich. § 111 Abs. 2 S. 2 AktG lässt zwar erkennen, dass eine Übertragung von Aufgaben an einzelne Aufsichtsratsmitglieder möglich ist.[957] Nach bislang anerkannter Ansicht können jedoch nur vorbereitende Maßnahmen übertragen werden; nicht hingegen dürfe ein weitreichender Mantelbeschluss einzelnen Mitgliedern wesentliche Entscheidungen überlassen.[958] Für einen großzügigeren Handlungsspielraum spricht aber die Aufsichtsratsautonomie zur Regelung seiner eigenen Angelegenheiten.[959] Außerdem wäre nur mit einer typisierenden Übertragung von Verantwortlichkeiten bei der Investorenkommunikation zu vermeiden, dass der Aufsichtsratsvorsitzende notgedrungen seine gesetzlichen Befugnisse überschreitet und deshalb unnötigen Haftungsrisiken ausgesetzt ist.[960] Zwei Lösungsmodelle, die eine typisierende Zuständigkeitsübertragung auf den Aufsichtsratsvorsitzenden vorsehen und die Unternehmenspraxis zukünftig maßgeblich prägen könnten, werden im Folgenden vorgestellt.

a) Kleine Lösung: Geschäftsordnung für den Aufsichtsrat

Normativ könnte eine Regelungsgrundlage in der Geschäftsordnung für den Aufsichtsrat aufgenommen werden, die als aufsichtsratsinternes, verbindliches Recht im Rang einem Aufsichtsratsbeschluss gleichsteht.[961] Eine Analyse von

---

AG 2017, 129 (136); *Hopt*, ECGI Law Working Paper 365/2017, S. 12; *Holle*, ZIP 2019, 1895 (1900) ist dafür, sofern hinreichend klare Vorgaben gemacht werden.

957 Hierzu *Spindler*, in: Spindler/Stilz, AktG, § 107 Rn. 157.

958 Allgemein *Spindler*, in: Spindler/Stilz, AktG, § 107 Rn. 157; *Koch*, in: Hüffer/Koch, AktG, § 107 Rn. 21. Für die Aufgabe der Investorenkommunikation *Noerr/Hering Schuppener/v. Werder*, Rolle des Aufsichtsrats in der Krisenkommunikation, S. 23. Ohne Bedenken dagegen *Koch*, AG 2017, 129 (136): „Anders als bei einer Übertragung der Vorstandsbefugnisse stehen einer [Zuständigkeitsübertragung des Aufsichtsrats auf seinen Vorsitzenden] rechtliche Bedenken nicht entgegen, weil die Begrenzung der Befugnisse des Aufsichtsratsvorsitzenden nicht aus gegenläufigen Befugnissen des Vorstands folgt, sondern aus dem Innenrecht des Aufsichtsrats, und dieses Recht kennt kein dem § 111 Abs. 4 Satz 1 AktG entsprechendes Übertragungsverbot."

959 *Bachmann*, in: VGR, Gesellschaftsrecht 2016, 135 (172 f.); vgl. – wenn auch im Wesentlichen mit Bezug zur Ausschussbildung und den Grundsatz der gleichen Berechtigung und Verantwortung aller Aufsichtsratsmitglieder – *Bachmann*, in: Grundmann/u.a., FS Hopt 2010, 337 (346 ff.).

960 Zu diesem Argument schon *v. Schenck*, AG 2010, 649 (655).

961 Siehe *Kremer*, in: Kremer/u.a., DCGK, Rn. 1270a; auch bei *Schick*, WPg 2018, 1379 (1381) mit Verweis auf § 11 Abs. 3 der Geschäftsordnung für den Aufsichtsrat der Siemens AG und § 5 Abs. 5 der Geschäftsordnung für den Aufsichtsrat der

Noerr/Hering Schuppener/v. Werder zu allen bis zum Stichtag des 13. Juni 2018 öffentlich zugänglichen Geschäftsordnungen für den Aufsichtsrat von DAX- und MDAX-Unternehmen zeigte hierzu bereits, dass der Investorendialog des Aufsichtsratsvorsitzenden hierin zu finden ist.[962] Sieben Aufsichtsräte hätten explizite Regelungen zur Kommunikation des Aufsichtsrats bzw. seines Vorsitzenden aufgenommen.[963] Alle Regelungen würden zudem davon ausgehen, dass ausschließlich der Aufsichtsratsvorsitzende für das Gesamtorgan kommuniziert.[964] Die Studie von *Noerr/Hering Schuppener/v. Werder* betrachtete damit eine größere Zielgruppe als noch *Ruhwedel/Weitzel*, deren Untersuchung zum Status quo der Kodex-Anregung in Ziffer 5.2 Abs. 2 DCGK 2017 und der formalen Verankerung von Investorendialogen zum Stichtag 31. März 2018 auf das Geschäftsjahr 2017 und nur auf DAX-Unternehmen beschränkt war.[965] *Ruhwedel/Weitzel* bestätigten bereits, dass fünf DAX30-Unternehmen eine Geschäftsordnung des Aufsichtsrats veröffentlichen, in der sich Regelung zum Investorendialog finden.[966]

Deutschen Bank; *Schilha/Theusinger/v. Manikowsky/v. Werder*, BOARD 2019, 42 (44). Vgl. darüber hinaus die Argumentation von *Schockenhoff/Topf*, DB 2005, 539 (541 f.) für den Fall einer generalisierenden Bevollmächtigung des Aufsichtsratsvorsitzenden.

962 Insgesamt stellten 13 DAX- und 8 MDAX-Unternehmen Geschäftsordnungen für den Aufsichtsrat öffentlich zur Verfügung, siehe *Noerr/Hering Schuppener/v. Werder*, Rolle des Aufsichtsrats in der Krisenkommunikation, S. 33.

963 *Noerr/Hering Schuppener/v. Werder*, Rolle des Aufsichtsrats in der Krisenkommunikation, S. 33, namentlich die adidas AG in § 3a Abs. 4 der Geschäftsordnung für den Aufsichtsrat der adidas AG vom 02.08.2017, die Deutsche Bank Aktiengesellschaft in § 5 Abs. 5 der Geschäftsordnung für den Aufsichtsrat der Deutsche Bank Aktiengesellschaft vom 16.03.2017, die Infineon Technologies AG in § 3 Abs. 4 der Geschäftsordnung für den Aufsichtsrat der Infineon Technologies AG vom 16.05.2018, die RWE Aktiengesellschaft in § 4 Abs. 4 der Geschäftsordnung für den Aufsichtsrat der RWE Aktiengesellschaft vom 14.12.2017, die Siemens Aktiengesellschaft in § 11 Abs. 3 der Geschäftsordnung für den Aufsichtsrat der Siemens Aktiengesellschaft vom 20.09.2017, die thyssenkrupp AG in § 3 Abs. 7 der Geschäftsordnung für den Aufsichtsrat der thyssenkrupp AG vom 07.09.2016 sowie die OSRAM Licht AG in § 4 Abs. 6 der Geschäftsordnung für den Aufsichtsrat der OSRAM Licht AG vom 20.02.2018.

964 *Noerr/Hering Schuppener/v. Werder*, Rolle des Aufsichtsrats in der Krisenkommunikation, S. 33.

965 *Ruhwedel/Weitzel*, AR 2018, 69 (70-71).

966 Die Autoren stellten fest, dass davon vier Geschäftsordnungen eine KannRegelung vorsehen, lediglich die Deutsche Bank Aktiengesellschaft Aufsichtsratsgespräche als einen Regelfall regelt, *Ruhwedel/Weitzel*, AR 2018, 69 (70). Vier Gesellschaften hätten

Über die Legitimation des Aufsichtsratsvorsitzenden hinaus kann in der Geschäftsordnung für den Aufsichtsrat nochmals eine inhaltliche Selbstbeschränkung auf aufsichtsratsspezifische Themen betont werden.[967] Hierfür kommt die Studie von *Noerr/Hering Schuppener/v. Werder* zu dem Ergebnis, dass in den sieben einschlägigen Geschäftsordnungen die zulässigen Gesprächsthemen fast immer auf „aufsichtsratsspezifische Themen" bzw. „Themen, die in den Aufgaben- und Verantwortungsbereich des Aufsichtsrats fallen" beschränkt wurden.[968] Nur die Geschäftsordnung der adidas AG nenne zusätzlich als Gesprächsthema „Angelegenheiten der Gesellschaft oder des Konzerns".[969] Schließlich ist zu berücksichtigen, dass in einer Geschäftsordnung für den Aufsichtsrat unternehmensspezifische Gestaltungsmöglichkeiten möglich werden, mit denen auch innerhalb der aufsichtsratsspezifischen Themen differenziert werden kann. Des Weiteren kann eine Regelung in der Geschäftsordnung für den Aufsichtsrat eine höhere Transparenz über den nichtöffentlichen Investorendialog des Aufsichtsratsvorsitzenden fördern, indem sie nicht nur das konkrete Verfahren zur Nachinformation des Gesamtplenums,[970]

Investorendialoge zudem in ihre Corporate Governance-Berichterstattung aufgenommen. Von diesen Gesellschaften würden zwei jedoch keine Geschäftsordnung veröffentlichen, weshalb nicht geklärt werden konnte, ob auch sie eine entsprechende Regelung in der Geschäftsordnung für den Aufsichtsrat aufgenommen haben. Die anderen beiden Unternehmen hatten keine Regelung zum Investorendialog in ihrer Geschäftsordnung für den Aufsichtsrat aufgenommen (auf 71). Die Geschäftsordnung sei insgesamt ein „Weg der Formalisierung" des Investorendialogs, obwohl die Mehrheit der Gesellschaften auf eine formalisierte Verankerung von Investorendialogen verzichte. Zudem wurde von *Ruhwedel/Weitzel*, AR 2018, 69 (71) der Corporate Governance-Bericht als Möglichkeit der Formalisierung genannt.

967 *Bachmann*, in: VGR, Gesellschaftsrecht 2016, 135 (173).

968 *Noerr/Hering Schuppener/v. Werder*, Rolle des Aufsichtsrats in der Krisenkom munikation, S. 33.

969 *Noerr/Hering Schuppener/v. Werder*, Rolle des Aufsichtsrats in der Krisenkom munikation, S. 33.

970 Soweit ersichtlich adressieren bereits § 5 Abs. 5 der Geschäftsordnung für den Aufsichtsrat der Deutsche Bank Aktiengesellschaft vom 16.03.2017, § 3 Abs. 4 der Geschäftsordnung für den Aufsichtsrat der Infineon Technologies AG vom 16.5.2018, § 4 Abs. 4 der Geschäftsordnung für den Aufsichtsrat der RWE Aktiengesellschaft vom 14.12.2017, § 11 Abs. 3 der Geschäftsordnung für den Aufsichtsrat der Siemens Aktiengesellschaft vom 20.09.2017, § 3 Abs. 7 der Geschäftsordnung für den Aufsichtsrat der thyssenkrupp AG vom 07.09.2016 und § 4 Abs. 6 der Geschäftsordnung für den Aufsichtsrat der OSRAM Licht AG vom 20.02.2018 die Nachinformation des

sondern auch des Vorstands und der übrigen Aktionäre in Grundzügen regelt.[971]

b) *Große Lösung: Kommunikationsordnung für die Verwaltung*

Zum anderen ist es dem Aufsichtsrat möglich, eine gesonderte Kommunikationsordnung als separates Regelwerk zu beschließen.[972] In einer solchen könnten detailreiche Verhaltensregeln – etwa mit Blick auf die Auswahl der Gesprächspartner, zulässige Gesprächsthemen, Transparenz und Nachinformation – aufgenommen werden, die über bloß knapp formulierte Regelungen in der Geschäftsordnung für den Aufsichtsrat hinausgehen. Weitergehend könnte das Kontrollorgan über die Kommunikationsform des Investorengesprächs hinaus für sämtliche kommunikativen Herausforderungen – etwa für Interviews mit der Presse oder Social Media – einen Gesamtordnungsrahmen erstellen, der die Zuständigkeiten der handelnden Schlüsselpersonen koordiniert und in kommunikativer und rechtlicher Hinsicht beschreibt. Eine zunächst aufsichtsratsintern abgestimmte Kommunikationsordnung kann anschließend im Verhältnis zwischen Aufsichtsrat und Vorstand konsolidiert werden.[973] Wesentlicher Vorteil

---

Gesamtplenums, dazu die Studie von *Noerr/Hering Schuppener/v. Werder*, Rolle des Aufsichtsrats in der Krisenkommunikation, S. 33.

971 Vgl. *Schick*, WPg 2018, 1379 (1381); siehe auch *Schilha/Theusinger*, NZG 2019, 521 (527).

972 Hierzu *Spindler*, in: Spindler/Stilz, AktG, § 107 Rn. 40; *Koch*, in: Hüffer/Koch, AktG, § 111 Rn. 34b; *Breuer/Fraune*, in: Heidel, Aktienrecht, § 111 Rn. 29; *Habersack*, in: Habersack/Henssler, Mitbestimmungsrecht, § 25 MitbestG Rn. 112a; auch *Hirt/Hopt/Mattheus*, AG 2016, 725 (732); *Koch*, in: Fleischer/u.a., 50 Jahre Aktiengesetz, 65 (92); *Bachmann*, in: VGR, Gesellschaftsrecht 2016, 135 (172 f.); *Koch*, AG 2017, 129 (135 f.); *Degenhart*, AR 2017, 100 (100 f.); *Hopt*, ECGI Law Working Paper 365/2017, S. 12; *Schick*, WPg 2018, 1379 (1381); *Schilha/Theusinger/v. Manikowsky/v. Werder*, BOARD 2019, 42 (44); *Schilha/Theusinger*, NZG 2019, 521 (527); *Holle*, ZIP 2019, 1895 (1900); *Thomas/Wüllner*, in: hv-magazin 04/2017, 18 (19). Vgl. für einen Entwurf einer Kommunikationsordnung *Landsittel*, Investorenkommunikation, S. 286 ff., zuvor auch S. 265 ff.; ebenfalls mit einem Entwurf *Ebrahimzadeh*, Investorendialog des Aufsichtsrats, S. 255 ff.; siehe auch *Degenhart*, in: Webmagazin der Börse München vom 21. Februar 2017, der die folgenden Inhalte für eine Kommunikationsordnung zusammenstellt: (i) Unternehmensinterne Zuständigkeiten, (ii) Kriterien für den Umgang mit Gesprächsanfragen, (iii) Kommunikationskompetenzen des Aufsichtsratsvorsitzenden, (iv) Kommunikationskompetenzen des Vorstands, (v) Ausgestaltung der Gespräche und (vi) Transparenzgrundsätze.

973 Hierzu auch *Hopt/Roth*, Der Aufsichtsrat, § 107 Rn. 159; *Leyendecker-Langner*, NZG 2015, 44 (46); *Fleischer/Bauer/Wansleben*, DB 2015, 360 (365, 367); *Koch*,

einer im Konsens ausgearbeiteten Kommunikationsordnung ist eine frühzeitige, möglichst kleinschrittige Abstimmung zwischen Vorstand und Aufsichtsrat und aller weiteren im Unternehmen beteiligten Abteilungen, was unternehmensinterne Konflikte sowie Kommunikationswidersprüche im Interesse des Unternehmens verhindert.[974] In der Praxis erleichtert sie darüber hinaus den Umgang mit Investorenanfragen, weil unternehmensinterne Abläufe, Abstimmungsprozesse sowie die Verantwortlichkeiten klar geordnet sind.[975] Besonders hilfreich wird dies sein, um für den Notfall Prozesse und Sprachregelungen klar zu haben.[976] Weitergehend wird von Unternehmen zukünftig zu überlegen sein, ob eine Kommunikationsordnung – ähnlich einer *engagement policy* bei größeren US-amerikanischen Unternehmen[977] – veröffentlicht wird, um die entsprechenden Verantwortlichkeiten auch nach außen sichtbar dazustellen. Als Form der

---

in: Fleischer/u.a., 50 Jahre Aktiengesetz, 65 (92) fordert sogar die Akzeptanz des Vorstands; *Hirt/Hopt/Mattheus*, AG 2016, 725 (735); *Kocher*, DB 2016, 2887 (2890); zum Erfordernis einer Informationsordnung (ohne gesetzliche Pflicht), die mit dem Vorstand gemeinsam abgestimmt ist, auch *Krämer*, AR 2017, 18 (18 f.); *Mense/Klie*, BB 2017, 771 (776); *Degenhart*, AR 2017, 100 (100 f.); *Nieber*, Rolle des Aufsichtsrates in der Kapitalmarktkommunikation, S. 71 f.; *Degenhart*, in: Webmagazin der Börse München vom 21. Februar 2017.

974 Dazu schon in § 4.A.II.3 dieser Untersuchung; auch *Noerr/Hering Schuppener/v. Werder*, Rolle des Aufsichtsrats in der Krisenkommunikation, S. 6: „Kommunikation muss im Interesse des Unternehmens orchestriert werden."; *Hirt/Hopt/Mattheus*, AG 2016, 725 (735); *Krämer*, AR 2017, 18 (18 f.); *Degenhart*, in: Webmagazin der Börse München vom 21. Februar 2017; ferner Dr. Maximilian Degenhart im Interview mit *Wadewitz*, in: Börsen-Zeitung vom 25. März 2017, S. 9

975 *Hirt/Hopt/Mattheus*, AG 2016, 725 (730); *Mattheus*, in: Börsen-Zeitung vom 3. März 2017, S. 8; *Degenhart*, in: Webmagazin der Börse München vom 21. Februar 2017. Aus europäischer Sicht *Mosca*, ECFR 2018, 805 (850).

976 Ausformulierte „Krisenmanuals" empfiehlt *Scherer*, in: Dehnen, Der professionelle Aufsichtsrat, 148 (155); *Schilha/Theusinger/v. Manikowsky/v. Werder*, BOARD 2019, 42 (44).

977 *Tonello/Gatti*, The Conference Board DN-V10N3 (2019), S. 4: „Formal, written policies for companies to regulate board-shareholder engagement are more commonly seen among larger firms and have become prevalent in the financial sector. When adopted, these policies most frequently state: how investors can solicit an interaction with corporate directors; the allocation of engagement responsibilities among the board, the investor relations function, and other members of the senior man[]agement team; who at the board level is expected to lead the engagement process; and the topics on which the engagement is permitted. Detailed engagement calendars are seldom included."

Veröffentlichung bietet sich hierfür eine Freischaltung auf der eigenen Internetseite des Unternehmens an.

B. Pflicht zur Nachberichterstattung an das Plenum

Im Nachgang von Investorengesprächen hat der Aufsichtsratsvorsitzende das Aufsichtsratsgremium vollständig und richtig zu unterrichten, um ein Informationsgefälle unter den Aufsichtsratsmitgliedern bestmöglich auszugleichen und eine vertrauensvolle Zusammenarbeit im Gremium zu sichern.[978] Zeitlich sollte er seine (Koordinations-)Pflicht zur Nachinformation spätestens in der jeweils folgenden Aufsichtsratssitzung erfüllen.[979] Besonders wichtige Informationen über einer gewissen Wesentlichkeitsschwelle sind vom Aufsichtsratsvorsitzenden unverzüglich an den gesamten Aufsichtsrat weiterzuleiten, um auch die übrigen Aufsichtsratsmitglieder in die Verantwortung miteinzubeziehen.[980] Eine ganz ähnliche Pflicht trifft ihn bereits im Falle von Sonderberichten nach § 90 Abs. 1 S. 3 AktG. Über diese hat der Vorsitzende des Aufsichtsrats gemäß § 90 Abs. 5 S. 3 AktG die übrigen Aufsichtsratsmitglieder spätestens in der nächsten Aufsichtsratssitzung zu unterrichten, wobei im Einzelfall auch eine unverzügliche Unterrichtung geboten sein kann.[981] In die gleiche Richtung weist die Berichtspflicht gemäß § 107 Abs. 3 S. 5 AktG, die auf die hier in Rede stehende Situation analog angewendet werden kann.[982] Kommt es zu einer verspäteten

978 Auch *Rahlmeyer*, AR 2015, 144 (145); *Schick*, WPg 2018, 1379 (1381). *Schilha/Theusinger*, NZG 2019, 521 (526) verlangen die regelmäßige Information des Aufsichtsratsplenums; *Holle*, ZIP 2019, 1895 (1900) spricht von regelmäßigen und zeitnahen Berichten an das Aufsichtsratsplenum; *Seibt*, in: Börsen-Zeitung vom 17. Juni 2017, S. 9. Zu dieser üblichen Praxis *Gundel/Pfaff*, in: KPMG's ACI, Audit Committee Quarterly II/2017, 16 (17). *Speich*, BOARD 2015, 193 (195) fordert Fingerspitzengefühl des Aufsichtsratsvorsitzenden bei der Frage, welcher Informationsstand des Aufsichtsratsplenums notwendig ist, um fundierte Entscheidungen treffen zu können. Vertiefend zur Informationsweitergabe von Sonderwissen eines Aufsichtsratsmitglieds an seine Kollegen *Emde*, DB 1990, 1486.

979 Ebenfalls *Kremer*, in: Kremer/u.a., DCGK, Rn. 1270a; *Noerr/Hering Schuppener/v. Werder*, Rolle des Aufsichtsrats in der Krisenkommunikation, S. 26; *Merz*, AR 2017, 1 (4).

980 *Drinhausen/Marsch-Barner*, AG 2014, 337 (342); *Holle*, ZIP 2019, 1895 (1900).

981 Vertiefend *Fleischer*, in: Spindler/Stilz, AktG, § 90 Rn. 61 f.; zur Informationsvermittlung durch den Aufsichtsratsvorsitzenden auch *Drinhausen/Marsch-Barner*, AG 2014, 337 (341 f.).

982 Gemäß § 107 Abs. 3 S. 4 AktG müsste jedenfalls ein für Investorengespräche eigens eingerichteter Aufsichtsratsausschuss (hierzu in § 5.A.III.1 dieser Untersuchung) an den Gesamtaufsichtsrat berichten, um ein Informationsdefizit des Plenums über die

oder unvollständigen Weitergabe des Wissens, ist dies unter Umständen als Pflichtverletzung des Aufsichtsratsvorsitzenden zu werten, die ihn zum Schadensersatz gegenüber der Gesellschaft verpflichten kann.[983] Auch deshalb bietet es sich für die Nachinformation des übrigen Aufsichtsratsmitglieder an, auf zusammenfassende Protokolle über Investorengespräche zurückzugreifen.[984] Das Aufsichtsratsgremium hat anlässlich der Nachberichterstattung des Vorsitzenden wiederum die Möglichkeit zu kontrollieren, dass der Vorsitzende nicht ungebührlich durch einzelne Investoreninteressen beeinflusst wurde.[985]

C. Zwischenfazit

Der Aufsichtsratsvorsitzende ist für Investorengespräche des Aufsichtsrats verantwortlich. Seine Sonderstellung bei der Investorenkommunikation ist aus seiner Repräsentationsfunktion kraft Amtsstellung sowie seiner kommunikativen und koordinativen Führungsrolle im Aufsichtsratsgremium herzuleiten. Rechtsvorsorglich sollte er für diese Aufgabe jedoch durch das Gesamtplenum ermächtigt werden. Hierfür bietet sich eine generelle Zuständigkeitsübertragung durch eine Regelung in der Geschäftsordnung für den Aufsichtsrat („kleine Lösung") oder eine gesondert ausgearbeitete, detailreichere Kommunikationsordnung („große Lösung") an. Möglich ist zudem, einen Kommunikationsausschuss einzurichten, dem bspw. der Aufsichtsratsvorsitzende angehört. In jedem Fall ist der Aufsichtsratsvorsitzende bzw. der Kommunikationsausschuss zur angemessenen Nachberichterstattung an die übrigen Aufsichtsratsmitglieder in der nächsten Aufsichtsratssitzung verpflichtet.

Ausschussarbeit zu vermeiden und der Gesamtverantwortung der Aufsichtsratsmitglieder Rechnung zu tragen, siehe auch *Noerr/Hering Schuppener/v. Werder*, Rolle des Aufsichtsrats in der Krisenkommunikation, S. 26; *Vetter*, AG 2016, 873 (875); vgl. auch die Stellungnahme von *Rieger* im DCGK-Konsultationsverfahren 2016, S. 2.

983 Vgl. bereits § 4.C.II.1 dieser Untersuchung; auch bei *Drinhausen/Marsch-Barner*, AG 2014, 337 (342).

984 Hierzu *Henning*, BOARD 2017, 41 (43).

985 Zu dem mit zunehmenden Investoreneinfluss verbundenen Gefahren bereits § 3.B.III.3 dieser Untersuchung.

Zweiter Teil. Empirische Prüfung

Der zweite Teil dieser Untersuchung soll die vorausgegangene Literaturanalyse ergänzen, indem eigene empirische Forschungsergebnisse zum Thema Investorendialog des Aufsichtsratsvorsitzenden vorgestellt werden (siehe § 8). Hierfür hat der Verfasser der vorliegenden Untersuchung unter Rückgriff auf empirisch arbeitende Nachbardisziplinen leitfadengestützte Experteninterviews mit zahlreichen Rechtsanwälten und Syndizi aus der Beratungs- und Unternehmenspraxis geführt. Bevor der Befragungs- und Analyseansatz der eigenen empirischen Studie näher beschrieben wird (dazu § 7), werden alle wesentlichen empirischen Erkenntnisse zum Thema Investorendialog des Aufsichtsrats in gekürzter Form zusammengefasst und die noch verbliebene Forschungslücke erörtert (sogleich in § 6). Abschließend sollen die Forschungsergebnisse in den juristischen Kontext zurückgeführt werden (vgl. § 9). Dafür werden sie zunächst kritisch mit den in Deutschland seit 2016 veröffentlichten Regelungsinitiativen zum Investorendialog des Aufsichtsrats, namentlich der Kodex-Anregung A.3 DCGK 2020 der Regierungskommission DCGK, den Leitsätzen des privaten Expertenkreises Developing Shareholder Communication, der Leitlinie der FEA und den Leitlinien eines privaten Arbeitskreises für eine nachhaltige Vorstandsvergütung verglichen. Sodann sollen aus der empirischen Prüfung resultierende Handlungsempfehlungen für die Berufspraxis formuliert und zuletzt Perspektiven für die nachfolgende rechtswissenschaftliche Forschung aufgezeigt werden.

§ 6. Über- und Rückblick über den empirischen Forschungsstand

Soweit ersichtlich beschäftigten sich bislang bereits sechs quantitative Erhebungen (dazu Abschnitt A) und fünf Interviewstudien (hierfür Abschnitt B) ganz oder zum Teil mit Investorengesprächen des Aufsichtsrats. Die einzelnen Studien und ihre Ergebnisse sollen für einen Überblick hier kurz dargestellt werden.[986] Bisweilen existiert jedoch eine Forschungslücke, an die die eigene qualitative empirische Studie anknüpfen kann. Sie wird am Ende dieses Kapitels in Abschnitt C herausgearbeitet.

A. Quantitative Erhebungen

I. Studie von *DAI/McKinsey*

Zunächst sind mit Blick auf Investorengespräche des Aufsichtsrats drei Ergebnisse einer bereits im Jahr 2009 veröffentlichten empirischen Bestandsaufnahme des DAI in Zusammenarbeit mit McKinsey & Company interessant.[987] In der Studie konnten die Ergebnisse aus 40 schriftlich ausgefüllten Fragebögen berücksichtigt werden, die im Zeitraum von Oktober bis Dezember 2008 an börsennotierte Aktiengesellschaften aus den Indizes DAX, MDAX, SDAX und TecDAX versendet wurden.[988]

Es wurde erstens herausgefunden, dass im Themenbereich Corporate Governance der Austausch zwischen aktiven Investoren und dem Aufsichtsrat und dessen Organmitgliedern wichtig wird.[989] Hierzu heißt es ausdrücklich: „Konkrete personelle Forderungen finden ebenso wie die Höhe und Struktur der Organvergütung Eingang in den Investorendialog."[990] Zweitens wurde erkannt, dass die Kommunikation zwischen aktiven Aktionären und dem Aufsichtsrat 14% aller Kommunikationsvorgänge ausmacht.[991] Konstatiert wurde deshalb,

---

986 Ihre Ergebnisse sind bereits in die Literaturanalyse und rechtliche Würdigung im ersten Teil dieser Untersuchung eingeflossen.

987 Für das DAI Prof. Dr. Rüdiger von Rosen, Dr. Franz-Josef Leven, Dr. Gerrit Fey, Dr. Norbert Kuhn. Für McKinsey & Company Carl Wieandt, Dr. Jan Krause, Dr. Dorothee Herring und Manuela Thomys.

988 *DAI/McKinsey*, Investorendialog im Umbruch, S. 12 f.

989 *DAI/McKinsey*, Investorendialog im Umbruch, S. 28.

990 *DAI/McKinsey*, Investorendialog im Umbruch, S. 28.

991 *DAI/McKinsey*, Investorendialog im Umbruch, S. 33.

dass der Aufsichtsrat deutlich seltener adressiert wird als der Vorstand.[992] Schließlich dominiere bei der Kommunikation zwischen aktiven Aktionären und dem Aufsichtsrat eine stärker formalisierte Form des Kontakts, d.h. es werde häufiger durch formelle Briefe anstatt in persönlichen Gesprächen kommuniziert.[993]

II. Studie von *Kienbaum/Flick Gocke Schaumburg*

Kienbaum Consultants International GmbH rief zusammen mit Flick Gocke Schaumburg Rechtsanwälte Wirtschaftsprüfer Steuerberater Partnerschaft mbB im Oktober und November 2016 in einem Fragebogen sowohl Vorstände als auch Aufsichtsräte börsennotierter und nicht börsennotierter Unternehmen zur Teilnahme an der Kienbaum Studie 2017 mit dem Titel „Corporate Governance vor der Zeitenwende: Wie formen Digitalisierung, Regulatorik und Öffentlichkeit die Unternehmensführung und -überwachung von morgen?" auf.[994] Die genaue Anzahl der Teilnehmer der Studie wird nicht genannt, lediglich sind in einer Übersicht über ausgewählte Studienteilnehmer 75 Unternehmen aufgelistet.[995]

Mit Blick auf die Kommunikation des Aufsichtsrats mit Investoren wurde eine ganze Reihe von Ergebnissen präsentiert. Hervorgehoben wurde etwa, dass sich Aufsichtsräte bei der Kommunikation mit Investoren zurückhalten sollen, weil der Vorstand die Investorenkommunikation federführend zu leiten habe.[996] Auffällig war jedoch auch die Selbstwahrnehmung der befragten Aufsichtsratsmitglieder, die ihre Rolle im Investorendialog deutlich aktiver interpretierten als Vorstände.[997] Letztere befürworteten häufiger eine gemeinsame Kommunikation des Aufsichtsratsvorsitzenden unter Begleitung eines Vorstandsmitglieds.[998] Eine gewisse Diskrepanz zwischen den befragten Vorständen und Aufsichtsräten bestätigte ferner die jeweilige Wahrnehmung zu der Frage, zu welchen Themen oder Fragestellungen der Aufsichtsrat mit Investoren stark positioniert und involviert ist. Dabei schätzten Aufsichtsräte ihre Sprachfähigkeit gegenüber

---

992 *DAI/McKinsey*, Investorendialog im Umbruch, S. 33.

993 *DAI/McKinsey*, Investorendialog im Umbruch, S. 33.

994 Verbunden war der Aufruf mit der Einladung zum 9. Kamingespräch im Februar 2017. Für Kienbaum vor allem Dr. Alexander v. Preen, für Flick Gocke Schaumburg Prof. Dr. Stefan Simon.

995 Zu den Teilnehmern *Kienbaum/Flick Gocke Schaumburg*, Kamingespräche 2017, S. 5 ff., 11-12.

996 *Kienbaum/Flick Gocke Schaumburg*, Kamingespräche 2017, S. 16.

997 *Kienbaum/Flick Gocke Schaumburg*, Kamingespräche 2017, S. 16.

998 *Kienbaum/Flick Gocke Schaumburg*, Kamingespräche 2017, S. 16.

Investoren bei der Themenpositionierung in weiten Teilen deutlich ausführlicher ein als Vorstände.[999] Auch im Hinblick auf die zukünftig gewünschte Positionierung des Aufsichtsrats im Investorendialog setzte sich die Diskrepanz fort. Die befragten Aufsichtsräte wünschten sich anders als die Vorstände eine deutlich stärkere Sprachfähigkeit gegenüber Investoren.[1000] Ein großer Teil aller Befragten war sich dann aber darüber einig, es solle keine proaktive und selbstinitiierende Rolle des Aufsichtsrats bei der Investorenkommunikation geben.[1001] Darüber hinaus wurde durch die Studie bestätigt, dass der zunehmende Einfluss von Investoren als eine ernstzunehmende Herausforderung eingeschätzt wird, die zukünftig vor allem den Aufsichtsratsvorsitzenden stärker in die Pflicht nehmen kann.[1002] Wesentlich war den Befragten auch, dass die Verwaltung sich zukünftig untereinander noch stärker abstimmt und den Informationsaustausch intensiviert.[1003] Zudem prognostizierten die befragten Studienteilnehmer beim Dialog mit Investoren einen deutlichen Bedeutungszuwachs des Aufsichtsratsorgans wie auch speziell des Aufsichtsratsvorsitzenden.[1004] Ihm wiederum wurde von den Befragten mehrheitlich die Qualifikation zugesprochen, Investorengespräche kompetent zu führen.[1005] Nur knapp 50% der Befragten stimmten jedoch der Annahme zu, dass der Aufsichtsrat von der Unternehmensseite inhaltlich und prozessbezogen bei der Vorbereitung von Investorengesprächen unterstützt wird.[1006] Kritisch gesehen wurde darüber hinaus die den Aufsichtsräten zur Verfügung stehende Zeit, wenngleich bei den größeren Gesellschaften im DAX-Bereich deutlich höhere Zustimmungsraten zu den kompetenz- und zeitbezogenen Fragen offenbar wurden.[1007] Ferner wurde festgehalten, dass die Befragten von einer Verbesserung und Professionalisierung der Aufsichtsratsarbeit durch eine zunehmende Investorenkommunikation eher nicht ausgehen.[1008]

---

999 *Kienbaum/Flick Gocke Schaumburg*, Kamingespräche 2017, S. 19.
1000 *Kienbaum/Flick Gocke Schaumburg*, Kamingespräche 2017, S. 20.
1001 *Kienbaum/Flick Gocke Schaumburg*, Kamingespräche 2017, S. 16.
1002 *Kienbaum/Flick Gocke Schaumburg*, Kamingespräche 2017, S. 14, 18.
1003 *Kienbaum/Flick Gocke Schaumburg*, Kamingespräche 2017, S. 18.
1004 *Kienbaum/Flick Gocke Schaumburg*, Kamingespräche 2017, S. 17.
1005 *Kienbaum/Flick Gocke Schaumburg*, Kamingespräche 2017, S. 21.
1006 *Kienbaum/Flick Gocke Schaumburg*, Kamingespräche 2017, S. 21.
1007 *Kienbaum/Flick Gocke Schaumburg*, Kamingespräche 2017, S. 21.
1008 *Kienbaum/Flick Gocke Schaumburg*, Kamingespräche 2017, S. 14, 18.

III. Studie des *Audit Committee Institute*

Anfang März 2017 befragte das ACI zusammen mit Prof. Dr. Theo Siegert unter Rückgriff auf einen Fragebogen schriftlich und anonym 25 Aufsichtsratsvorsitzende aus DAX30-Unternehmen zum Thema Investorenkontakt, wobei die Ergebnisse auf dem Rücklauf von 12 aus 25 Ansprachen beruhen.[1009]

Festgestellt wurde, dass der Dialog zwischen Aufsichtsräten und Investoren zwar eine Entwicklung der letzten Jahre, inzwischen aber üblich ist.[1010] Am häufigsten gehe die Initiative für ein Gespräch von der Investorenseite aus, wohingegen ein proaktives Vorgehen des Aufsichtsrats nur einmal bestätigt wurde.[1011] Üblicherweise führe der Aufsichtsratsvorsitzende den Investorendialog, der das Plenum darüber regelmäßig nachinformiere und in diesem Sinne mit einbinde.[1012] Außerdem spreche sich der Aufsichtsratsvorsitzende in der Regel mit dem Vorstand vor jedem Investorenkontakt ab.[1013] Eine Teilnahme des Vorstands bei Gesprächen des Aufsichtsrats wurde jedoch nur einmal bestätigt.[1014] Das Problem der informationellen Gleichbehandlung der Aktionäre sei zudem von den einzelnen Aufsichtsratsgremien erkannt und intern besprochen worden, wobei auch festgestellt wurde, dass ein entsprechendes Auskunftsverlangen nach § 131 Abs. 4 S. 1 AktG in der Hauptversammlung bislang noch nicht gestellt wurde.[1015] Detailliert wurden auch die Gesprächsthemen abgefragt, die Aufsichtsräte mit Kapitalgebern diskutieren. Am häufigsten wurden als Themen die Zusammensetzung des Aufsichtsrats, aber auch die Unternehmensstrategie genannt.[1016]

IV. Studie von *Hengeler Mueller/Heiner Thorborg*

Zum Stichtag des 26. Mai 2017 führten Hengeler Mueller Partnerschaft von Rechtsanwälten mbH und Heiner Thorborg GmbH & Co. KGaA durch das Marktforschungsinstitut Deutsches Kundeninstitut (DKI) GmbH & Co. KG

1009 Hierzu *Gundel/Pfaff*, in: KPMG's ACI, Audit Committee Quarterly II/2017, 16 (16).
1010 *Gundel/Pfaff*, in: KPMG's ACI, Audit Committee Quarterly II/2017, 16 (17).
1011 *Gundel/Pfaff*, in: KPMG's ACI, Audit Committee Quarterly II/2017, 16 (17).
1012 *Gundel/Pfaff*, in: KPMG's ACI, Audit Committee Quarterly II/2017, 16 (17).
1013 *Gundel/Pfaff*, in: KPMG's ACI, Audit Committee Quarterly II/2017, 16 (17).
1014 *Gundel/Pfaff*, in: KPMG's ACI, Audit Committee Quarterly II/2017, 16 (17).
1015 *Gundel/Pfaff*, in: KPMG's ACI, Audit Committee Quarterly II/2017, 16 (17).
1016 Siehe hierzu auch die Grafik von *Gundel/Pfaff*, in: KPMG's ACI, Audit Committee Quarterly II/2017, 16 (18).

eine Studie mit dem Titel „Aufsichtsräte in Deutschland 2017“ durch.[1017] In dieser gaben 72 Aufsichtsratsmitglieder onlinebasiert und schriftlich Antwort zu der Frage, wie sie die Initiative bewerten, dass der Dialog zwischen Aufsichtsrat bzw. dem Aufsichtsratsvorsitzenden und Investoren bzw. Medienvertretern intensiviert werden soll.[1018] Zur Studie wurden zuvor alle Aufsichtsratsmitglieder der 160 im DAX, MDAX, SDAX sowie TecDAX notierten Unternehmen eingeladen.[1019]

Als Ergebnis hielten sie fest, dass Aufsichtsräte dem Thema kontrovers gegenüberstehen. Im Einzelnen sahen 24% der Aufsichtsräte die Entwicklung „positiv“ oder „sehr positiv“, während weitere 24% die Entwicklung als „negativ“ oder „sehr negativ“ empfanden.[1020] Ablehnende Stimmen betonten, dass die Außenkommunikation Aufgabe des Vorstands sei und sich deshalb zu stark die Aufgaben des Vorstands mit denen des Aufsichtsrats vermischen.[1021] Befürworter äußerten dagegen, dass der Aufsichtsrat unabhängig vom Vorstand agiere und einen eigenen Informationsanspruch habe.[1022] Der direkte Kontakt zu Investoren fördere ihrer Ansicht nach zudem das Verständnis für die Perspektiven des Aufsichtsrats.[1023] Nach Ansicht der Autoren ist aber auch der Anteil an Aufsichtsratsmitgliedern, die die Entwicklungen als „neutral“ bewerteten, mit 39% auffällig hoch.[1024] 14% der Befragten waren unsicher, wie sie die Auswirkungen beurteilen.[1025]

V. Studie von *Hammann*

Im Jahr 2018 veröffentlichte Kerstin Hammann in der DIRK-Forschungsreihe quantitative empirische Befunde über den Status quo der Aufsichtsratskommunikation am Kapitalmarkt, seine Formen und Dynamik und die Rolle der Investor

---

1017 Für Hengeler Müller Dr. Daniela Favoccia und Dr. Christian Seidenabel, für Heiner Thorborg Christina Virzî, für das Deutsche Kundeninstitut Jörn Hüsgen und Miriam Ziesak.

1018 *Hengeler Mueller/Heiner Thorborg*, Aufsichtsräte in Deutschland 2017, S. 12 f., im Besonderen mit Abbildung 13 mit 72 Antworten.

1019 *Hengeler Mueller/Heiner Thorborg*, Aufsichtsräte in Deutschland 2017, S. 4.

1020 *Hengeler Mueller/Heiner Thorborg*, Aufsichtsräte in Deutschland 2017, S. 12-13.

1021 *Hengeler Mueller/Heiner Thorborg*, Aufsichtsräte in Deutschland 2017, S. 12.

1022 *Hengeler Mueller/Heiner Thorborg*, Aufsichtsräte in Deutschland 2017, S. 12.

1023 *Hengeler Mueller/Heiner Thorborg*, Aufsichtsräte in Deutschland 2017, S. 12.

1024 *Hengeler Mueller/Heiner Thorborg*, Aufsichtsräte in Deutschland 2017, S. 12 f.

1025 *Hengeler Mueller/Heiner Thorborg*, Aufsichtsräte in Deutschland 2017, S. 12 f.

Relations in diesem Bereich.[1026] Als Erhebungsmethode nutzte die Autorin eine standardisierte Onlinebefragung mit geschlossenen und offenen Fragen an Mitglieder des DIRK, die in verschiedenen Investor Relations-Abteilungen börsennotierter Aktiengesellschaften tätig waren.[1027] *Hammann* führte die Studie zwischen Mai und Juni 2017 durch und konnte nach Bereinigung ihres Samples die Ergebnisse von 51 Befragungsteilnehmern auswerten.

Ein zentrales Ergebnis ihrer Studie war die Beobachtung, dass nichtöffentliche Investorengespräche häufiger auftreten als öffentliche Kommunikationsformen.[1028] Zudem werde der unmittelbar persönliche Austausch auch gegenüber einer Kommunikation mittels E-Mail oder über das Telefon bevorzugt.[1029] Zur Kommunikationsfrequenz des Aufsichtsrats gaben die Befragten jedoch an, dass *one-on-ones* in der Regel „nicht einmal im monatlichen Rhythmus“[1030] stattfinden. Viele Studienteilnehmer wiesen außerdem darauf hin, dass Investorengespräche des Aufsichtsrats in ihrem Unternehmen überhaupt nicht vorkommen.[1031] Insgesamt komme der Austausch zwischen Aufsichtsräten und Investoren – auch das ist ein zentrales Ergebnis der Studie – im DAX häufiger vor als im MDAX, SDAX oder TecDAX.[1032] Überdies wurde herausgefunden, dass die Dialoginitiative deutlich häufiger von der Investorenseite ausgeht als von Unternehmen.[1033] Von besonderem Interesse ist zudem das Ergebnis, dass bei den Gesprächsinhalten die Unternehmensentwicklung und -strategie auf dem ersten Platz im Themenranking genannt wurden, obwohl es sich primär

---

1026 *Hammann*, Investoren und Aufsichtsrat im Dialog. Es handelt sich um ihre kommunikationswissenschaftliche Master-Arbeit an der Universität Leipzig unter Leitung von Prof. Dr. Christian Pieter Hoffmann. Teilergebnisse der Studie wurden im Aufsatz von *Tietz/Hammann/Hoffmann*, AR 2019, 69 (70 f.) veröffentlicht.

1027 Zu Studiendesign und -teilnehmern *Hammann*, Investoren und Aufsichtsrat im Dialog, S. 18 ff.

1028 *Hammann*, Investoren und Aufsichtsrat im Dialog, S. 21 f.

1029 *Hammann*, Investoren und Aufsichtsrat im Dialog, S. 21 f.; *Tietz/Hammann/Hoffmann*, AR 2019, 69 (70).

1030 *Hammann*, Investoren und Aufsichtsrat im Dialog, S. 34, vgl. aber auch S. 23, im Besonderen Abbildung 4.

1031 Siehe Abbildung 4 bei *Hammann*, Investoren und Aufsichtsrat im Dialog, S. 23.

1032 *Hammann*, Investoren und Aufsichtsrat im Dialog, S. 8, vgl. auch das Zitat eines SDAX-Vertreters auf S. 33: „Ein völlig überbewertetes Thema, allenfalls wichtig für große AGs oder solche, die sich im Krisenmodus befinden. Für uns (Market-Cap < 1 Mrd. €) interessieren sich sowieso kaum institutionelle Investoren.“

1033 Bestätigt bei *Hammann*, Investoren und Aufsichtsrat im Dialog, S. 30, Abbildung 10; *Tietz/Hammann/Hoffmann*, AR 2019, 69 (71).

um Vorstandsthemen handelt.[1034] Signifikant seltener konnte *Hammann* jedoch Strategiethemen bei DAX-Unternehmen beobachten. Dort belegten den ersten Platz Corporate Governance-Themen, gefolgt von der Zusammensetzung und der Vergütung des Aufsichtsrats.[1035] Im Vergleich dazu gaben Unternehmensvertreter von MDAX-Gesellschaften an, „dass bei ihnen die Unternehmensentwicklung und -strategie (Platz 1), Vergütung des Vorstands (Platz 2) und Auswahl bzw. Bestellung des Vorstands (Platz 3) die wichtigsten Themen bilden."[1036] *Hammann* stellte daher insgesamt fest, dass sich der Dialog in DAX-Unternehmen nicht nur stärker institutionalisiert, sondern auch stärker professionalisiert hat.[1037] Des Weiteren fand sie heraus, dass der Aufsichtsratsvorsitzende als gewählter Sprecher sämtliche Kommunikationsaufgaben übernimmt.[1038] Im Übrigen gebe es in den Unternehmen aber keine Strukturen, um die Kapitalmarktkommunikation des Aufsichtsrats mit der klassischen Kapitalmarktkommunikation in Einklang zu bringen.[1039] Organisierte Treffen zwischen Investor Relations und Aufsichtsrat oder ein informeller Austausch – z.B. durch gelegentliche Telefonate – fänden nur selten statt.[1040] Sollte es doch zu einer Unterstützungsfunktion kommen, würden Investor Relations-Vertreter ein anstehendes Investorengespräch überwiegend vor Ort begleiten.[1041] Sofern es existiere, sorge auch das Aufsichtsratsbüro für eine Koordination der Kapitalmarktkommunikation.[1042] Am Ende ihrer Studie fragte *Hammann* offen nach einer Bewertungen zum Dialog des Aufsichtsrats mit Investoren, worauf sie insgesamt 18 sehr unterschiedliche (positive, neutrale, gemischte und äußerst

---

1034 *Hammann*, Investoren und Aufsichtsrat im Dialog, S. 25 f., im Besonderen Abbildung 7; *Tietz/Hammann/Hoffmann*, AR 2019, 69 (70).

1035 *Hammann*, Investoren und Aufsichtsrat im Dialog, S. 26 f.

1036 *Hammann*, Investoren und Aufsichtsrat im Dialog, S. 26; *Tietz/Hammann/Hoffmann*, AR 2019, 69 (70).

1037 *Hammann*, Investoren und Aufsichtsrat im Dialog, S. 35.

1038 *Hammann*, Investoren und Aufsichtsrat im Dialog, S. 23 f.; siehe auch *Tietz/Hammann/Hoffmann*, AR 2019, 69 (70).

1039 *Hammann*, Investoren und Aufsichtsrat im Dialog, S. 8.

1040 *Hammann*, Investoren und Aufsichtsrat im Dialog, S. 27 f., vor allem Abbildung 8; auch *Tietz/Hammann/Hoffmann*, AR 2019, 69 (71). DAX-Aufsichtsräte müssten auf eine Unterstützung der Investor Relations im Dialog mit Investoren jedoch nicht verzichten, *Hammann*, Investoren und Aufsichtsrat im Dialog, S. 35.

1041 *Hammann*, Investoren und Aufsichtsrat im Dialog, S. 28 f.; *Tietz/Hammann/Hoffmann*, AR 2019, 69 (71).

1042 *Hammann*, Investoren und Aufsichtsrat im Dialog, S. 29; *Tietz/Hammann/Hoffmann*, AR 2019, 69 (71).

kritische) Antworten erhielt.[1043] Mehrfach angesprochen wurde die Relevanz strenger inhaltlicher Schranken von Aufsichtsratsgesprächen wie auch eine notwendige enge Abstimmung mit dem Vorstand und der Investor Relations.[1044] Als Zukunftstrend gingen 49% der befragten Experten von der Zunahme von Investorengesprächen des Aufsichtsrats aus, wohingegen 45,1% bestätigten, die neue Praxis werde weder zu- noch abnehmen.[1045] Lediglich 5,9% gingen davon aus, Investorendialoge werden zukünftig seltener auftreten.[1046]

VI. Studie des *Berlin Centre of Corporate Governance*

Inwieweit Kommunikationsaktivitäten des Aufsichtsratsvorsitzenden Praxis sind, versuchte für das Jahr 2017 das BCCG bei allen Finanzvorständen der an der Frankfurter Wertpapierbörse im Regulierten Markt gelisteten Unternehmen durch eine Befragung zum Stichtag 2. Februar 2018 herauszufinden, wobei 88 mitwirkende Unternehmen die Untersuchungsstichprobe bildeten.[1047] Einerseits wurde dafür nach der erklärten Akzeptanz des Kodex und damit auch Ziffer 5.2 Abs. 2 DCGK 2017 gefragt, andererseits wurde untersucht, wie ausgewählte Kodexbestimmungen und insbesondere Investorengespräche des Aufsichtsratsvorsitzenden konkret praktiziert werden.[1048] Zu der letztgenannten Frage konnten insgesamt 80 Antworten ausgewertet werden.[1049]

Bei der erklärten Akzeptanz zur Kodex-Anregung war nach Ansicht der Autoren bemerkenswert, dass diese trotz der teils massiven Kritik im Konsultationsverfahren 2016 nur schwach neuralgisch ist.[1050] Die Zustimmungsquoten reichten von 96,2% bei DAX-Unternehmen, über etwas mehr als 80% im MDAX, bis zu knapp 60% der SDAX-Gesellschaften.[1051] Darüber hinaus wurde danach gefragt, in welchem Ausmaß (nie; selten; häufiger; regelmäßig) der

1043 *Hammann*, Investoren und Aufsichtsrat im Dialog, S. 32.
1044 *Hammann*, Investoren und Aufsichtsrat im Dialog, S. 32.
1045 *Hammann*, Investoren und Aufsichtsrat im Dialog, S. 33; *Tietz/Hammann/Hoffmann*, AR 2019, 69 (71).
1046 *Hammann*, Investoren und Aufsichtsrat im Dialog, S. 33; *Tietz/Hammann/Hoffmann*, AR 2019, 69 (71).
1047 *v. Werder/Danilov*, DB 2018, 1997, vgl. insbesondere (auf 1997-1999) zur Konzeption der Studie inklusive Erhebungsmethodik, Grundgesamtheit und Rücklauf, Tests der Datenqualität und Auswertungskonzept.
1048 *v. Werder/Danilov*, DB 2018, 1997 (1997).
1049 *v. Werder/Danilov*, DB 2018, 1997 (2006).
1050 *v. Werder/Danilov*, DB 2018, 1997 (2002).
1051 *v. Werder/Danilov*, DB 2018, 1997 (2003).

Aufsichtsratsvorsitzende bereits vor Einführung der Kodex-Anregung in Ziffer 5.2 Abs. 2 DCGK 2017 Investorengespräche geführt habe.[1052] Grundlage der Auswertung waren 80 Antworten, die von den Autoren in zwei Gruppen aufgeteilt wurden: Einerseits gebe es Unternehmen, die der externen Kommunikation des Aufsichtsratsvorsitzenden eher zurückhaltend gegenüberstehen; andererseits gebe es aber auch solche, die für eine Kommunikationsaufgabe des Aufsichtsrats offen sind.[1053] Herausgefunden wurde aber auch, dass Investorengespräche bei 36,3% der Gesellschaften bislang nie bzw. bei 40% der Gesellschaften selten geführt wurden.[1054] Nur bei 11,5% der Gesellschaften fänden solche Gespräche bereits häufiger und bei 13,8% der Gesellschaften sogar regelmäßig statt.[1055] Insoweit sei abzuwarten, welche Ausprägung die Bereitschaft zum Dialog mit Investoren als Folge der Kodex-Anregung zukünftig annehmen werde.[1056]

B. Qualitative Interviewstudien

I. Studie von *Heidrick & Struggles*

Die Personalberatung Heidrick & Struggles International Inc. veröffentlichte im Jahr 2011 für den deutschen Markt eine empirische Studie zur Rolle des Aufsichtsratsvorsitzenden im 21. Jahrhundert.[1057] Der Report basiert auf Gesprächen mit 14 Experten. In der Einleitung werden die Gesprächspartner als einige der einflussreichsten Aufsichtsräte und herausragenden Persönlichkeiten der deutschen Wirtschaft beschrieben.[1058] Mit Blick auf die Kommunikationaufgabe des Aufsichtsratsvorsitzenden wurde zwischen einer allgemeinen Medienarbeit sowie einer Kommunikation gegenüber Aktionären und Finanzmärkten unterschieden.[1059]

Die Ergebnisse der Studie waren differenziert. Ein Teil der Gesprächspartner bevorzugte die gewohnte Praxis, wonach der Vorstandsvorsitzende das unumstrittene Gesicht des Unternehmens nach außen ist, etwa um Widersprüche in

---

1052 *v. Werder/Danilov*, DB 2018, 1997 (2006).

1053 *v. Werder/Danilov*, DB 2018, 1997 (2006).

1054 *v. Werder/Danilov*, DB 2018, 1997 (2006).

1055 *v. Werder/Danilov*, DB 2018, 1997 (2006).

1056 *v. Werder/Danilov*, DB 2018, 1997 (2006).

1057 *Heidrick & Struggles*, Chairman 2.0. Alleinige Autorin ist Dr. Christine Stimpel.

1058 *Heidrick & Struggles*, Chairman 2.0, S. 3. Vertreten sind bspw. Vorstände, ein Vertreter der ver.di sowie ein Mitglied der Regierungskommission DCGK. Die Liste der Gesprächspartner wurde ebenfalls veröffentlicht, hierzu auf S. 15.

1059 *Heidrick & Struggles*, Chairman 2.0, S. 13.

der Kommunikation zu vermeiden.[1060] Ein anderer Teil der Experten befürwortete, dass der Aufsichtsratsvorsitzende zunehmend eine aktivere Rolle in der Außenvertretung des Unternehmens einnehmen soll.[1061] Investorendialoge seien insbesondere sinnvoll, wenn der Aufsichtsratsvorsitzende „[g]ezügelt und in Absprache mit dem operativen Management“ vorgehe.[1062] Als Argument wurde ferner benannt, dass der Aufsichtsratsvorsitzende bei Unternehmen mit Ankerinvestor ohnehin Repräsentant und wesentliches Scharnier zum Vorstand sei.[1063] Darüber hinaus solle er aber auch bei Gesellschaften in Streubesitz zu den einzelnen Aktionärsgruppen, Fonds und Kapitalgebern belastbare Beziehungen pflegen.[1064] Die Autorin *Stimpler* empfiehlt zum Ende der Studie, der Aufsichtsratsvorsitzende solle sich in der externen Kommunikation „maßvoll zurückhalten“.[1065] Darüber hinaus fordert sie, eine definierte Liste von Themen – etwa zu Corporate Governance, Vergütung des Top-Managements, etc. – zu erstellen, zu denen der Aufsichtsratsvorsitzende nach außen Stellung beziehen könne.[1066] Vor allem solle er im Krisenfall in der Lage sein, kommunikative Aufgaben wahrzunehmen.[1067]

II. Studie von *Probst/Theisen*

Probst und *Theisen* führten im Jahr 2014 im Rahmen der 14. Panel-Befragung[1068] eine Studie zur Rolle des Aufsichtsrats bei der Unternehmensberichterstattung durch.[1069] Hierbei fragten sie mithilfe strukturierter Interviews die Einschätzung von 52 Mandatsträgern, die wegen Mehrfachmandaten insgesamt

1060 *Heidrick & Struggles*, Chairman 2.0, S. 13.
1061 *Heidrick & Struggles*, Chairman 2.0, S. 13.
1062 *Heidrick & Struggles*, Chairman 2.0, S. 13.
1063 *Heidrick & Struggles*, Chairman 2.0, S. 13.
1064 *Heidrick & Struggles*, Chairman 2.0, S. 13 mit zwei zitierten Expertenaussagen: (i) „Hin und wieder sollte auch Kontakt zu den Investoren zusammen mit dem CEO /CFO gesucht werden.“ sowie (ii) „Die Kommunikation mit dem Kapitalmarkt ist wichtiger geworden – natürlich vor allem auch mit größeren Investoren und Fonds.“
1065 *Heidrick & Struggles*, Chairman 2.0, S. 14.
1066 *Heidrick & Struggles*, Chairman 2.0, S. 14.
1067 *Heidrick & Struggles*, Chairman 2.0, S. 14.
1068 Das „Aufsichtsrats-Panel“ wurde 2007 in Zusammenarbeit mit der Wirtschaftsprüfungsgesellschaft BDO eingerichtet, um kontinuierlich ein Meinungsbild zu aktuellen Themen zu erhalten. Zum Panel-Aufbau *Probst/Theisen*, AR 2007, 66 (66-68).
1069 Zur Zusammensetzung der Expertengruppe bei dieser Panel-Befragung *Probst/Theisen*, AR 2014, 154 (154).

185 Gesellschaften repräsentierten,[1070] zu der Berichterstattung und der verstärkten Kommunikation des Aufsichtsrates ab. Wichtiger Teilaspekt war dabei auch die unmittelbare Kommunikation des Aufsichtsrats mit institutionellen Investoren.

Probst und *Theisen* deckten zu dieser Frage „stark polarisierende Einschätzungen der Befragten"[1071] auf. 42,2% der Befragten lehnten eine unmittelbare Kommunikation mit Investoren ab, die meisten davon wegen der Gefahr vor einer Vermischung mit dem monistischen System.[1072] 47,1% hingegen befürworteten eine Kommunikation des Aufsichtsratsvorsitzenden zumindest im Einzelfall unter Berücksichtigung des Gleichbehandlungsgebots.[1073] Wegen mehrfacher Antwortmöglichkeiten waren weitere 17,6% der Antworten dafür, dass jeder Aufsichtsrat als Gremium über die Kommunikation mit Dritten bestimmen können soll.[1074] Andere (5,9% der Befragten) wiesen darauf hin, dass (i) die Kommunikation auf der Hauptversammlung stattfinden oder (ii) der Aufsichtsratsvorsitzende nur in Grundsatzfragen mit „ideellen Shareholdern" sprechen soll oder (iii) alles nicht zutreffe.[1075] Thematisiert wurde von den Befragten zudem, dass der Vorstand für die externe Kommunikation zuständig sei und das Beratungsgeheimnis enge Transparenzgrenzen für den Aufsichtsrat setzte.[1076] Als Fazit wurde von den Autoren festgehalten, das Selbstbewusstsein und das Bewusstsein für die eigenständige Funktion des Aufsichtsrats sei im Bereich der Kommunikation noch nicht breitflächig entwickelt.[1077] Ihrer Meinung nach verdeutlichen die Untersuchungsergebnisse zudem, dass von vielen Aufsichtsräten das umfassende System der Rechtsregelungen für die Berichterstattung und Kommunikation als beengend empfunden werde.[1078]

III. Studie von *Köhler*

Kristin Köhler beschäftigte sich in ihrer Untersuchung aus dem Jahr 2015 vor allem mit der Institutionalisierung der Investor Relations als Managementpraktik

1070 *Probst/Theisen*, AR 2014, 154 (154).
1071 *Probst/Theisen*, AR 2014, 154 (155), insbesondere Abbildung 1.
1072 *Probst/Theisen*, AR 2014, 154 (155).
1073 *Probst/Theisen*, AR 2014, 154 (155).
1074 *Probst/Theisen*, AR 2014, 154 (155).
1075 Hierzu Abbildung 1 von *Probst/Theisen*, AR 2014, 154 (155).
1076 *Probst/Theisen*, AR 2014, 154 (154).
1077 *Probst/Theisen*, AR 2014, 154 (156).
1078 *Probst/Theisen*, AR 2014, 154 (156).

börsennotierter Unternehmen und als Berufsfeld in Deutschland. Dafür befragte sie im Rahmen einer qualitativen Studie im Zeitraum zwischen Januar und Mai 2014 80 Experten vorwiegend aus dem Bereich Investor Relations, aber auch Finanzjournalisten und Wissenschaftler.[1079] Sie wertete das ausführliche Material der Interviews qualitativ-inhaltsanalytisch sowie qualitativ-typenbildend aus.

In einem Kapitel zu der „Entwicklung des Investor-Relations-Verständnisses"[1080] betrachtete *Köhler* kurz das Verhältnis zwischen Investor Relations-Vertretern und dem Aufsichtsrat bei seiner Rolle in der Kapitalmarktkommunikation. Als Ergebnis hielt sie dazu fest, dass nur sehr wenige Unternehmen die direkte Interaktion des Aufsichtsrats mit den Kapitalmarktakteuren befürworten.[1081] Hierzu ausdrücklich: „Bislang scheint es noch nicht etabliert, dass der Aufsichtsrat direkt mit Kapitalmarktakteuren interagiert bzw. Investor Relations (...) als Mittler (ohne Vorstandseinbindung) eingesetzt werden."[1082]

IV. Studie von *Nieber*

Umfassend widmete sich dem Thema auch Mandy Nieber, die in ihrer kommunikationswissenschaftlichen Master-Arbeit[1083] zur neuen Rolle des Aufsichtsrats in der Kapitalmarktkommunikation zwischen Juli und August 2015 insgesamt zehn Experten, darunter in der Praxis arbeitende Experten der Investor Relations, aber auch Wissenschaftler interviewte.[1084]

Einerseits fand sie heraus, dass dem Aufsichtsrat mit der Corporate Governance-Bewegung eine aktivere Rolle zuteil wurde, die auch eine intensivere Kommunikation mit dem Kapitalmarkt nach sich ziehe.[1085] Andererseits handele es sich um stark determinierte sowie individuell zu bewertende und umzusetzende Kommunikationsaktivitäten.[1086] Bestätigt wurde von ihr die exponierte Rolle des Aufsichtsratsvorsitzenden, wobei nicht nur seine Abstimmung mit allen anderen Aufsichtsratsmitgliedern, sondern auch eine enge

---

1079 Die Liste ihrer Interviewpartner ist veröffentlicht, siehe *Köhler*, Investor Relations, S. 211-216.

1080 *Köhler*, Investor Relations, S. 298 ff.

1081 *Köhler*, Investor Relations, S. 301.

1082 *Köhler*, Investor Relations, S. 301.

1083 Die Arbeit wurde an der Universität Leipzig von Prof. Dr. Ansgar Zerfaß betreut.

1084 *Nieber*, Rolle des Aufsichtsrates in der Kapitalmarktkommunikation, S. 63 ff. Die Liste ihrer Interviewpartner ist weitgehend anonymisiert, S. 66.

1085 *Nieber*, Rolle des Aufsichtsrates in der Kapitalmarktkommunikation, S. 69.

1086 *Nieber*, Rolle des Aufsichtsrates in der Kapitalmarktkommunikation, S. 69.

Abstimmung zwischen Aufsichtsrat und Vorstand – etwa im Rahmen einer Kommunikationsordnung – notwendig werde.[1087] *Nieber* betonte zudem, dass kommunikative Kompetenzen der Aufsichtsratsmitglieder und des Vorsitzenden besonders relevant werden.[1088] Sie kam ferner zu dem Ergebnis, dass für die Kommunikation Themen, die vom Aufsichtsrat entschieden werden, von Inhalten abzugrenzen sind, die der Vorstand zu kommunizieren habe.[1089] Möglich sei aber auch ein Investorengespräch zu sehr allgemeinen Themen.[1090] Darüber hinaus bestätigte sie, dass der Aufsichtsrat bei der Vorbereitung und Durchführung der Kommunikation durch die Investor Relations-Abteilung bzw. die Unternehmenskommunikationsabteilung, durch das Aufsichtsratsbüro oder externe Berater unterstützt wird.[1091] Schließlich sei die Kommunikation des Aufsichtsrats mit dem Kapitalmarkt wünschenswert, weil sie einen strategischen Beitrag zur Erfüllung übergeordneter Unternehmensziele leisten könne.[1092]

V. Studie von *Noerr/Hering Schuppener/v. Werder*

Ende des Jahres 2018 wurde die interdisziplinäre Studie von Noerr LLP, Hering Schuppener Consulting Strategieberatung für Kommunikation GmbH und Prof. Dr. Axel von Werder zur Rolle des Aufsichtsrats in der Krisenkommunikation veröffentlicht.[1093] Das Projektteam führte in diesem Rahmen 12 Einzelgespräche mit Aufsichtsratsvorsitzenden, die in 15 Unternehmen aus den drei großen Marktsegmenten DAX, MDAX, und SDAX dem Aufsichtsratsorgan vorsitzen.[1094] Außerdem werteten sie ergänzend Presseinterviews von neun

1087 *Nieber*, Rolle des Aufsichtsrates in der Kapitalmarktkommunikation, S. 70-72.

1088 *Nieber*, Rolle des Aufsichtsrates in der Kapitalmarktkommunikation, S. 70-71.

1089 *Nieber*, Rolle des Aufsichtsrates in der Kapitalmarktkommunikation, S. 71, 73-74.

1090 *Nieber*, Rolle des Aufsichtsrates in der Kapitalmarktkommunikation, S. 74.

1091 *Nieber*, Rolle des Aufsichtsrates in der Kapitalmarktkommunikation, S. 72-73.

1092 *Nieber*, Rolle des Aufsichtsrates in der Kapitalmarktkommunikation, S. 75-76.

1093 *Noerr/Hering Schuppener/v. Werder*, Rolle des Aufsichtsrats in der Krisenkommunikation, S. 35 ff. Für Noerr LLP insbesondere Dr. Ralph Schilha und Dr. Ingo Theusinger. Für Hering Schuppener vor allem Dirk von Manikowsky. Vgl. auch die hierzu veröffentlichten Aufsätze von *Schilha/Theusinger/v. Manikowsky/v. Werder*, BOARD 2019, 42 (42) sowie *Schilha/Theusinger*, NZG 2019, 521 (527).

1094 *Noerr/Hering Schuppener/v. Werder*, Rolle des Aufsichtsrats in der Krisenkommunikation, S. 35.

Aufsichtsratsvorsitzenden aus, die diese in deutschen Medien in den Jahren 2016 und 2017 anlässlich von Unternehmenskrisen gegeben hatten.[1095]

Im Kern lassen sich folgende Ergebnisse der Studie zusammenfassen: Deutlich erkannten die Autoren, dass mit Blick auf die Einstellung von Aufsichtsratsvorsitzenden gegenüber der externen Kommunikation zwei verschiedene Gruppen zu trennen sind. Eine Gruppe beurteile die Aufsichtsratskommunikation sehr zurückhaltend bzw. ablehnend; eine zweite Gruppe aber sei allgemein und in Krisenfällen im Sinne einer moderneren Interpretation des dualistischen Systems dem Investorendialog gegenüber aufgeschlossener.[1096] Des Weiteren wurde die in der Studie aufgeworfene Trennung zwischen der Konsens-Krise und der Dissens-Krise empirisch verprobt. Die Interviewergebnisse gaben insoweit vor, dass Aufsichtsratsvorsitzende es in einer Krise, in der Vorstand und Aufsichtsrat an einem Strang ziehen, für sinnvoll halten, Gespräche mit Investoren zu suchen, etwa um die Krise zu beruhigen und Geschlossenheit auf der obersten Führungsebene zu demonstrieren.[1097] In einer Dissens-Krise solle sich der Aufsichtsrat kommunikativ jedoch zurückhalten und zunächst den Vorstand intern abberufen und nur diesen Vorgang nach außen erklären.[1098] Zudem wurden regelmäßige – bspw. jährliche – Gespräche mit Investoren als sinnvoll angesehen, um Krisen durch einen „Reputationsvorschuss" vorzubeugen.[1099] Die interviewten Aufsichtsratsvorsitzenden befürworteten bei jeder Kommunikationsmaßnahme außerdem eine gründliche Vorbereitung, um gesprächsfähig zu sein.[1100] Unabdingbar seien auch fachliche und kommunikative Kompetenzen

---

1095 *Noerr/Hering Schuppener/v. Werder*, Rolle des Aufsichtsrats in der Krisenkommunikation, S. 35.

1096 *Noerr/Hering Schuppener/v. Werder*, Rolle des Aufsichtsrats in der Krisenkommunikation, S. 36; *Schilha/Theusinger/v. Manikowsky/v. Werder*, BOARD 2019, 42 (43); vgl. auch *Schilha/Theusinger*, NZG 2019, 521 (527).

1097 *Noerr/Hering Schuppener/v. Werder*, Rolle des Aufsichtsrats in der Krisenkommunikation, S. 36 f.; *Schilha/Theusinger/v. Manikowsky/v. Werder*, BOARD 2019, 42 (43); *Schilha/Theusinger*, NZG 2019, 521 (527).

1098 *Noerr/Hering Schuppener/v. Werder*, Rolle des Aufsichtsrats in der Krisenkommunikation, S. 37; *Schilha/Theusinger/v. Manikowsky/v. Werder*, BOARD 2019, 42 (43); *Schilha/Theusinger*, NZG 2019, 521 (527).

1099 *Noerr/Hering Schuppener/v. Werder*, Rolle des Aufsichtsrats in der Krisenkommunikation, S. 37.

1100 *Noerr/Hering Schuppener/v. Werder*, Rolle des Aufsichtsrats in der Krisenkommunikation, S. 37; *Schilha/Theusinger/v. Manikowsky/v. Werder*, BOARD 2019, 42 (43); *Schilha/Theusinger*, NZG 2019, 521 (527).

des Aufsichtsratsvorsitzenden.[1101] Ferner sei die Kommunikation unternehmensintern zu koordinieren.[1102] Bemerkenswert ist das Ergebnis, dass sich Aufsichtsratsvorsitzende im Grundsatz mit dem geltenden Rechtsrahmen komfortabel fühlen und vor allem die rechtswissenschaftlich noch immer nicht eindeutige Diskussion auf die Praxis keinen großen Einfluss habe.[1103] Ausdrücklich heißt es in der Studie: „Juristisch begründete Einschränkungen der Kommunikation durch den Aufsichtsratsvorsitzenden wurden kaum gesehen, diesbezügliche Wünsche nach Klarstellung an den Gesetzgeber nicht formuliert."[1104] Ferner sei eine organinterne Abstimmung der Kommunikation durch den Aufsichtsratsvorsitzenden kein besonderes Thema.[1105] Stattdessen wurde das ausreichende Vertrauensverhältnis zwischen dem Vorsitzenden des Aufsichtsrats und den übrigen Mitgliedern als zentraler Faktor für vergleichsweise freie Kommunikationsaktivitäten des Aufsichtsratsvorsitzenden hervorgehoben.[1106] Das mache vorherige *ad hoc*-Abstimmungen mit wichtigen Mandatsträgern ebenso wie einzelfallbezogene nachträgliche Unterrichtungen des Aufsichtsratsgremiums nicht notwendig.[1107] Institutionelle Vorkehrungen, etwa die Einrichtung eines Kommunikationsausschusses oder handlungsleitende Handbücher, würden ebenfalls kaum existieren.[1108]

1101 *Noerr/Hering Schuppener/v. Werder*, Rolle des Aufsichtsrats in der Krisenkom munikation, S. 37.

1102 *Noerr/Hering Schuppener/v. Werder*, Rolle des Aufsichtsrats in der Krisenkom munikation, S. 37.

1103 *Noerr/Hering Schuppener/v. Werder*, Rolle des Aufsichtsrats in der Krisenkommunikation, S. 6, 37; *Schilha/Theusinger/v. Manikowsky/v. Werder*, BOARD 2019, 42 (43); *Schilha/Theusinger*, NZG 2019, 521 (527).

1104 *Noerr/Hering Schuppener/v. Werder*, Rolle des Aufsichtsrats in der Krisenkom munikation, S. 37.

1105 *Noerr/Hering Schuppener/v. Werder*, Rolle des Aufsichtsrats in der Krisenkommunikation, S. 37; *Schilha/Theusinger/v. Manikowsky/v. Werder*, BOARD 2019, 42 (43).

1106 *Noerr/Hering Schuppener/v. Werder*, Rolle des Aufsichtsrats in der Krisenkommunikation, S. 38; *Schilha/Theusinger/v. Manikowsky/v. Werder*, BOARD 2019, 42 (43); *Schilha/Theusinger*, NZG 2019, 521 (527).

1107 *Noerr/Hering Schuppener/v. Werder*, Rolle des Aufsichtsrats in der Krisenkom munikation, S. 38.

1108 *Noerr/Hering Schuppener/v. Werder*, Rolle des Aufsichtsrats in der Krisenkom munikation, S. 37.

C. Forschungslücke: juristische Problemsicht

Die vorgenannten Publikationen verdeutlichen die intensive Diskussion um das Thema Investorengespräche des Aufsichtsrats auch in der empirischen Forschung. Inhaltlich konnten bereits vielfältige Ergebnisse präsentiert werden. Mit Blick auf die unterschiedlichen akademischen und beruflichen Hintergründe der Autoren ist außerdem zu erkennen, dass es sich um ein Querschnittsthema handelt, dessen Schwerpunkt nicht nur in einer vertieften rechtswissenschaftlichen Debatte liegt, sondern auch im Forschungsfeld zu den Investor Relations in den Kommunikations- bzw. Betriebswissenschaften Bedeutung erlangt. Bislang wurde allerdings noch keine empirische Studie durchgeführt, in der ausschließlich die Sichtweise von Rechtsanwälten und Syndizi aus der Beratungs- und Unternehmenspraxis eingeflossen ist, die die handelnden Gremienmitglieder in ihrer täglichen Arbeit unterstützen. Ihre Positionen und Sichtweisen konnten damit in keiner der oben dargestellten Studien und deren Diskussion vertiefend berücksichtigt werden. Vielmehr konzentrieren sich die verschiedenen Arbeiten bislang nur auf die Aufnahme von Expertenwissen und die praktischen Erfahrungen aus der Sicht von Vorständen, Aufsichtsräten inklusive der Arbeitnehmervertreter, Investor Relations-Experten oder Wissenschaftlern. Selbstverständlich ist nicht auszuschließen, dass unter den zahlreichen Studienteilnehmern einzelne Juristen vertreten waren. Eine ausschließlich auf die Sichtweisen von im Gesellschafts- und Kapitalmarktrecht rechtsberatend tätigen Rechtsanwälten und Syndizi zugeschnittene Studie fehlt jedoch. Hier setzt die eigene qualitative empirische Studie an.

§ 7. Methodik

Die folgenden Ausführungen beschreiben das Erkenntnisinteresse der Studie (dafür Abschnitt A.) und die Struktur des gewählten Vorgehens (Abschnitt B.) genauer.

A. Erkenntnisinteresse und Leitthesen der Studie

Ziel der Befragung von unternehmensexternen Rechtsanwälten und Syndizi aus der Beratungs- und Unternehmenspraxis war es zunächst, eine juristisch fundierte Problemsicht zum Thema Investorengespräche des Aufsichtsrats zu erfassen und damit eine umfassendere Bearbeitung des Forschungsgegenstandes zu ermöglichen. Hierfür ging es zum einen um die Aufnahme von Expertenwissen, wodurch in der Tiefe des Einzelfalls neue Informationen über das Forschungsthema gewonnen werden sollten. Zum anderen sollte der Kenntnisstand des Verfassers durch die individuellen Schwerpunktsetzungen der befragten Experten – etwa mit Blick auf relevante Einflussfaktoren für die Akteure oder unternehmensinterne Prozesse zur Vorbereitung der Investorenkommunikation – bereichert werden. Damit konnten die verschiedenen Facetten des Themas insgesamt nicht nur fundierter, sondern hinsichtlich Relevanz und Authentizität für den in der Praxis arbeitenden Juristen nuancierter betrachtet werden.

Die eigenen empirischen Ergebnisse verstehen sich vor allem aber als rechtspraktischer Belastungstest wesentlicher Forschungsergebnisse aus dem ersten Teil dieser Untersuchung. Entlang der rechtlichen Prüfung und Auswertung des aktuellen Forschungsstands in §§ 2-5 dieser Untersuchung entwickelt sich deshalb der strukturelle Bezugsrahmen für den hier anschließenden empirischen Teil. Im Folgenden werden ausgewählte theoretischen Vorannahmen in sogenannte Leitthesen[1109] überführt, um anschließend prüfen zu können, ob diese aus der Sicht der befragten Rechtsexperten nachvollziehbar und korrekt dargestellt sind oder ggf. weiterentwickelt werden müssen.

1109 Im Gegensatz zur feststehenden „Hypothese“ soll mit diesem Begriff das Prinzip der theoretischen Offenheit als Charakteristikum und Stärke qualitativer Forschung bestmöglich zum Ausdruck kommen, vgl. *Bogner/Littig/Menz*, Interviews mit Experten, S. 31 f., die sogenannte „Arbeitshypothesen“ empfehlen. Der Anspruch der Hypothesenprüfung ist im Rahmen qualitativer Forschung im Übrigen umstritten, zum Streitstand statt vieler und m.w.N. *Hopf*, in: Hopf/Kuckartz, Christel Hopf, 155.

In § 2.C dieser Untersuchung wurde der bisherige Forschungsstand zu der heutigen Praxis von Investorengesprächen des Aufsichtsrats in Deutschland dargelegt. Festgestellt wurde, dass sich für das Kontrollgremium in den letzten Jahren der Druck erhöht, gesprächsbereit zu sein, etwa weil Investorendialoge von (ausländischen) institutionellen Investoren nachdrücklich eingefordert werden. Betont wurde jedoch auch, dass sich die Kommunikationsgewohnheiten deutscher Aufsichtsräte bislang stark voneinander unterscheiden. Herausgearbeitet wurden Kriterien, die die Häufigkeit von Investorenkontakten des Aufsichtsrats beeinflussen können. Aus den Ergebnissen leitet sich als Ausgangspunkt der eigenen empirischen Absicherung Leitthese 1 ab:

LT 1 – Direkte Gespräche zwischen dem Aufsichtsrat(svorsitzenden) und Investoren sind nur teilweise gelebte Praxis börsennotierter Aktiengesellschaften. Der Investorendialog des Aufsichtsrats wird für alle Gesellschaften jedoch zunehmend wichtiger.

In § 3 dieser Untersuchung wurde der Streitstand über die aktienrechtliche Zulässigkeit des Dialogs zwischen Aufsichtsrat und Investor näher betrachtet und für eine differenzierende Ansicht argumentiert, wonach eine in Rechtsfortbildung konstruierte Annexkompetenz des Aufsichtsrats zum Dialog mit Investoren über aufsichtsratsspezifische Themen bereits *de lege lata* bestehen kann. Nicht gefolgt wurde denjenigen Stellungnahmen im Schrifttum, die eine Kommunikationskompetenz im Grundsatz ablehnen und auf gesetzgeberischen Handlungsbedarf in diesem Bereich verweisen. Hieraus ergibt sich für die empirische Prüfung die nachfolgende Leitthese 2:

LT 2 – Die rechtsfortbildende Konstruktion einer Annexkompetenz ist dogmatisch ausreichend. Einer Regelung *de lege ferenda* bedarf es nicht.

In § 4.A.I dieser Untersuchung wurde die inhaltliche Reichweite der Annexkompetenz des Aufsichtsrats zur direkten Kommunikation mit Investoren in Investorengesprächen diskutiert. Festgestellt wurde, dass es eindeutig aufsichtsratsspezifische Gesprächsgegenstände wie bspw. Personal- und Vergütungsfragen gibt. Davon zu unterscheiden sind solche Kommunikationsinhalte, bei denen insgesamt ein erheblicher rechtlicher Graubereich existiert (z.B. bei präventiven Kontroll- und Strategieaufgaben des Aufsichtsrats). In § 4.A.II dieser Untersuchung wurde überdies die organschaftliche Treuepflicht des Aufsichtsrats beleuchtet und daraus das Gebot der Zurückhaltung zur Sicherstellung einer einheitlichen Außenkommunikation abgeleitet. Zudem wurde sich dem Grundsatz der vertrauensvollen Zusammenarbeit mit dem Vorstand und der Pflicht des Aufsichtsrats zur Information des Vorstands gewidmet. Festgehalten wurde im Besonderen, dass eine nachträgliche Information des Vorstands über Investorengespräche des Aufsichtsrats zwingend ist, regelmäßig aber auch frühzeitige Absprachen im Interesse des Unternehmens geboten sein werden. Diese Ergebnisse grob und pragmatisch zusammenfassend lautet Leitthese 3 wie folgt:

LT 3 – Es bestehen rechtliche Unsicherheiten über die konkrete inhaltliche Reichweite der Annexkompetenz. Der Aufsichtsrat hat insbesondere in kritischen Fällen zurückhaltend zu kommunizieren und sich inhaltlich eng mit dem Vorstand abzustimmen.

In § 4.B.II dieser Untersuchung wurde betont, dass der Investorendialog der Verwaltung mit einem ausgesuchten Empfängerkreis eine ganze Reihe ungeklärter Fragen mit Bezug auf die Gewähr der (informationellen) Gleichbehandlung und der Nachinformation der Aktionäre gemäß §§ 53a, 131 Abs. 4 S. 1 AktG aufwirft. Das allgemeine Gleichbehandlungsgebot gemäß § 53a AktG verlangt von der Verwaltung insbesondere eine sachgerechte Entscheidung, bei der eine geplante Ungleichbehandlung der Aktionäre gemessen am Unternehmensinteresse geeignet und erforderlich ist und die betroffenen Aktionäre nicht unverhältnismäßig beeinträchtigt. Für die Nachinformation der informationell zunächst benachteiligten Aktionäre ist zudem das Auskunftsrecht gemäß § 131 Abs. 4 S. 1 AktG von besonderer Bedeutung. Auf zukünftigen Hauptversammlungen ist damit zu rechnen, dass auch Investorengespräche des Aufsichtsrats(vorsitzenden) Gegenstand von Aktionärsfragen sein werden. Bislang hat der Nachauskunftsanspruch der Aktionäre jedoch mangelnde praktische Relevanz (dazu § 4.B.II.2 dieser Untersuchung). Um auch dies empirisch nachzuvollziehen, leitet sich daraus folgende Leitthese 4 ab:

LT 4 – Bei selektiven Informationsweitergaben in Investorengesprächen ist rechtlich die (informationelle) Gleichbehandlung der Aktionäre eine Herausforderung. Ihr Nachauskunftsanspruch gemäß § 131 Abs. 4 S. 1 AktG ist in der Hauptversammlungspraxis bislang nicht von Bedeutung. Zukünftig ist jedoch vermehrt mit kritischen Fragen zu rechnen.

In § 5 dieser Untersuchung wurde schließlich die Zuständigkeit für Investorengespräche innerhalb des Aufsichtsrats untersucht und die Rolle des Aufsichtsratsvorsitzenden hierfür rechtlich eingeordnet. Als Ergebnis wurde festgehalten, dass es einer gesonderten Ermächtigung des Aufsichtsratsvorsitzenden zum Investorendialog bedarf. Eine solche ist typisierend möglich und kann bspw. durch eine Regelung in der Geschäftsordnung für den Aufsichtsrat („kleine

Lösung") oder in einer ausführlicheren Kommunikationsordnung („große Lösung") umgesetzt werden. Daraus leitet sich die nachfolgende Leitthese 5 ab:

LT 5 - Probleme bereitet die Legitimation allein des Aufsichtsratsvorsitzenden zum Investorendialog durch das – ggf. mitbestimmungsrechtlich besetzte – Kollegialorgan. Als Lösung bietet sich eine Regelung in der Geschäftsordnung für den Aufsichtsrat oder eine detailreichere Kommunikationsordnung an.

B. Qualitative Methode: Experteninterviews

Als Erhebungsmethode wurden leitfadengestützte Experteninterviews, eine besondere Form des qualitativen Interviews in der empirischen Sozialforschung, geführt.[1110] Die folgenden Ausführungen beschreiben die gewählte Methode mit Blick auf die Auswahl der Experten, die Durchführung und Dokumentation der Interviews sowie den Auswertungsprozess des Interviewmaterials.

I. Auswahl der Experten

Zu der Frage, was den Begriff und den Status von Experten als Interviewpartner auszeichnet, finden sich in der kommunikationswissenschaftlichen Literatur voneinander im Detail abweichende Ansichten.[1111] Einigkeit besteht insoweit,

---

1110 Zum leitfadengestützten Experteninterview vertiefend *Gläser/Laudel*, Experteninterviews, S. 11 ff., 111 ff.; *Bogner/Littig/Menz*, Interviews mit Experten; *Kaiser*, Qualitative Experteninterviews; *Przyborski/Wohlrab-Sahr*, Qualitative Sozialforschung, S. 118 ff.; auch *Liebold/Trinczek*, in: Kühl/Strodtholz/Taffertshofer, Hdb. Methoden der Organisationsforschung, 32; zudem *Meuser/Nagel*, in: Pickel/u.a., Methoden der vergleichenden Politik- und Sozialwissenschaft, 465. Allgemeiner zum qualifizierten Interview in der Sozialforschung *Lamnek*, Qualitative Sozialforschung, S. 329 ff.; *Hopf*, in: Flick/v. Kardoff/Steinke, Qualitative Forschung, 349. Zur Unterscheidung von qualitativen und quantitativen Methoden etwa *Kühl/Strodtholz/Taffertshofer*, in: Kühl/Strodtholz/Taffertshofer, Hdb. Methoden der Organisationsforschung, 13 (14-20); zum Verhältnis von qualitativer zu quantitativ-standardisierter Forschung auch *Flick/v. Kardoff/Steinke*, in: Flick/v. Kardoff/Steinke, Qualitative Forschung, 13 (25 ff.).

1111 *Gläser/Laudel*, Experteninterviews, S. 11 ff.; einen kurzen Überblick über den Theorienstreit bieten *Przyborski/Wohlrab-Sahr*, Qualitative Sozialforschung, S. 118 ff. m.w.N.; zum Begriff des Experten ferner *Bogner/Littig/Menz*, Interviews mit Experten, S. 9 ff.; *Kaiser*, Qualitative Experteninterviews, S. 35 ff., 70 ff.; *Liebold/Trinczek*, in: Kühl/Strodtholz/Taffertshofer, Hdb. Methoden der Organisationsforschung, 32 (33 ff.); *Meuser/Nagel*, in: Bogner/Littig/Menz, Experteninterviews,

dass bei der Auswahl der Interviewpartner nicht ausschließlich auf einen vom Forscher zugeschriebenen Status abgestellt werden kann.[1112] Sinnvoll ist es stattdessen, Experten anhand ihres Spezialwissens über die zu erforschenden Sachverhalte zu bestimmen.[1113] Ihre Äußerungen und Deutungen sollen für die Ziele und Inhalte der Forschungsfrage zudem möglichst präzise und aussagekräftig sein.[1114] Darüber hinaus sollen sie das Potenzial bieten, den in Frage stehenden Problemkreis sinnhaft und handlungsleitend für Andere zu strukturieren.[1115] Als Adressaten von Experteninterviews werden also in der Regel Funktionsträger innerhalb eines organisatorischen und institutionellen Kontextes angesprochen, die sich dadurch auszeichnen, dass sie für den Entwurf, die Implementierung oder auch die Kontrolle einer Problemlösung verantwortlich sind und über einen privilegierten Zugang zu Informationen über das Thema verfügen.[1116]

Aus diesen Gründen wurden in dieser Studie ausschließlich in der Praxis arbeitende Rechtsanwälte und Syndizi interviewt, die als exponierte Spezialisten über berufliches Praxis- und Erfahrungswissen bei der rechtlichen Beratung von Aufsichtsräten und eine ausreichende gesellschafts- und kapitalmarktrechtliche Problemsicht zum Thema Investorengespräche des Aufsichtsrats vorweisen konnten. Hierbei sollte nicht nur die Außenperspektive von unternehmensexternen Rechtsberatern, sondern – dichotom – die gesellschaftliche Innenperspektive von Syndizi erfasst werden, die in der unternehmenseigenen

---

35 (37 ff.); *Meuser/Nagel*, in: Pickel/u.a., Methoden der vergleichenden Politik- und Sozialwissenschaft, 465 (466 ff.); siehe auch *Bähring/Hauff/Sossdorf/Thommes*, Die Unternehmung 62.1 (2008), 89 (92 f.).

1112 *Bogner/Littig/Menz*, Interviews mit Experten, S. 11 f.; *Meuser/Nagel*, in: Pickel/u.a., Methoden der vergleichenden Politik- und Sozialwissenschaft, 465 (466).

1113 *Meuser/Nagel*, in: Pickel/u.a., Methoden der vergleichenden Politik- und Sozialwissenschaft, 465 (467 f.). Weitergehend werden drei verschiedenen Arten von Expertenwissen getrennt: (i) Betriebswissen, (ii) Deutungswissen und (iii) Kontextwissen, hierzu *Przyborski/Wohlrab-Sahr*, Qualitative Sozialforschung, S. 119-121; *Kaiser*, Qualitative Experteninterviews, S. 41 ff.; zur Unterscheidung von Betriebswissen und Kontextwissen auch schon *Meuser/Nagel*, in: Garz/Kraimer, Qualitativ-empirische Sozialforschung, 441 (445 f.); erneut *Meuser/Nagel*, in: Pickel/u.a., Methoden der vergleichenden Politik- und Sozialwissenschaft, 465 (470-472).

1114 Vgl. *Gläser/Laudel*, Experteninterviews, S. 117.

1115 Hierfür *Bogner/Littig/Menz*, Interviews mit Experten, S. 13.

1116 So schon *Meuser/Nagel*, in: Garz/Kraimer, Qualitativ-empirische Sozialforschung, 441 (443 f.); auch *Meuser/Nagel*, in: Pickel/u.a., Methoden der vergleichenden Politik- und Sozialwissenschaft, 465 (470); zudem *Liebold/Trinczek*, in: Kühl/Strodtholz/Taffertshofer, Hdb. Methoden der Organisationsforschung, 32 (34 f.).

Rechtsabteilung, dem Corporate Office oder dem Aufsichtsratsbüro die handelnden Organmitglieder beraten. Die Auswahl der Experten folgte somit nicht einer reinen Zufallsauswahl, sondern einem qualifizierten *sampling*, d.h. der kriteriengesteuerten Fallauswahl.[1117] Hierfür wurden an ausgewählte Rechtsberater aus der anwaltlichen Beratungspraxis wie auch den Unternehmen persönlich adressierte Einladungsschreiben zur Teilnahme an der empirischen Studie elektronisch versendet. Im Rahmen der anschließenden Korrespondenz wurde der Erfahrungshorizont des jeweiligen Experten erneut geprüft, d.h. konkret bestätigt, dass der jeweilige Kandidat in seinem beruflichen Handeln mit dem Dialog zwischen Aufsichtsrat und Investor vertraut ist. Die Identifikation von Experten und erste Kontaktaufnahme erfolgte nicht nur initiativ, sondern wurde vor allem auch durch (Weiter-)Empfehlungen begleitet und ermöglicht.

Im Ergebnis wurden zunächst elf unternehmensexterne Rechtsberater aus international wie national tätigen Wirtschaftskanzleien interviewt. Ein Gespräch fand mit zwei Rechtsanwälten zur gleichen Zeit statt. Diese Ergebnisse wurden komplementiert durch Experteninterviews mit zehn Syndikusanwälten aus der Rechtsabteilung, dem Corporate Office oder dem Aufsichtsratsbüro börsennotierter Aktiengesellschaften aus den Indizes DAX (5 Interviewpartner), MDAX (3 Interviewpartner), SDAX (2 Interviewpartner). Ein Experteninterview wurde unternehmensseitig durch einen Vertreter der unternehmenseigenen Investor Relations-Abteilung begleitet. Allen Gesprächspartnern wurde Vertraulichkeit zugesichert. In der folgenden Tabelle sind nur ihre Namen und ihre berufliche Tätigkeit zum Zeitpunkt des Interviews aufgeführt. Die Darstellung der Interviewergebnisse erfolgt ausschließlich in anonymisierter Form.

1. Unternehmensexterne Rechtsanwälte

Nr.	Name	Unternehmen	Position
1	Dr. Maximilian Degenhart	BEITEN BURKHARDT Rechtsanwaltsgesellschaft mbH	Partner in München
2	Dr. Alexander Kiefner	White & Case LLP	Partner in Frankfurt
3	Dr. Marcus Klie	Sidley Austin LLP	Partner in München
4	Dr. Dirk Kocher, LL.M.	Latham & Watkins LLP	Partner in Hamburg

1117 Zum qualifizierten *sampling* etwa *Bogner/Littig/Menz*, Interviews mit Experten, S. 34 ff.; auch *Kelle/Kluge*, Vom Einzelfall zum Typus, S. 41 ff.; vertiefend *Przyborski/Wohlrab-Sahr*, Qualitative Sozialforschung, S. 177 ff.

Nr.	Name	Unternehmen	Position
5	Dr. Lutz Krämer	White & Case LLP	Partner in Frankfurt
6	Dr. Benjamin Leyendecker-Langner, LL.M.	Kirkland & Ellis LLP	Partner in München
7	Dr. Tobias Nikoleyczik	GLNS Rechtsanwälte Steuerberater Partnerschaft mbH	Partner in München
8	Dr. Jörgen Tielmann, LL.M.	Luther Rechtsanwaltsgesellschaft mbH	Partner in Hamburg
9	Dr. Eberhard Vetter	Luther Rechtsanwaltsgesellschaft mbH	Partner in Köln
10	Dr. Carsten Wettich	Berner Fleck Wettich Partnerschaft von Rechtsanwälten mbB	Partner in Düsseldorf
11	Prof. Dr. Hans- Ulrich Wilsing	Linklaters LLP	Partner in Düsseldorf

2. *Syndikusrechtsanwälte*

Nr.	Name	Unternehmen	Position
1	Dr. Richard Backhaus, LL.M.	Drägerwerk AG & Co. KGaA	Head of Legal
2	Prof. Dr. Peter Henning	Deutsche Bank AG	Leiter des Aufsichtsratsbüros
3	Dr. Dominik Kallweit, LL.M.	Infineon Technologies AG	Corporate Legal Counsel
4	Tobias Priske	BayWa AG	Leiter Corporate Governance
5	Dr. Julian Redeke, LL.M.	Münchener Rückversicherungs-Gesellschaft AG	Head of Corporate Law
6	Dr. Sara Romig	Commerzbank AG	Head of Chairman's Office
7	Dr. Kai Rossig	OSRAM Licht AG	Leiter Corporate Office
8	Markus Sattler	Symrise AG	Group General Counsel
9	Dr. Stephan Semrau, MJur	Bayer AG	Head of Law Corporate
10	Dr. Werner Paul Schick	Siemens AG	Head of Corporate Law, LC C CL

3. *Ergänzende Experteninterviews*

Die juristische Problemsicht zum Thema wurde darüber hinaus im November 2018 in einem Experteninterview mit Prof. Dr. Ulrich Seibert, dem Leiter des Referats für Gesellschaftsrecht und Corporate Governance im BMJV, ergänzt. Auch seine Wertungen haben diese Arbeit geprägt, auch wenn sie in die folgende empirische Auswertung nicht mit eingeflossen sind. Grund dafür ist die Entscheidung, sich konsequent nur auf Aussagen von in der Wirtschaftspraxis tätigen Juristen zu beschränken.

Außerdem wurde im Dezember 2018 ein Experteninterview mit Herrn Dr. Martin Schaper, LL.M., Rechtsanwalt und Partner bei Schnittker Möllmann Partners Rechtsanwälte Steuerberater PartG mbB, geführt, in dem der Verfasser dieser Untersuchung wertvolle Einblicke in Investorengespräche vor allem zwischen nicht börsennotierten Unternehmen und Venture Capital-Investoren erhalten konnte. Auch diese Gesprächsergebnisse wurden in der empirischen Auswertung nicht berücksichtigt, weil sie sich auf börsennotierte Aktiengesellschaften konzentriert.

II. Durchführung der Experteninterviews

Die Experteninterviews mit den unternehmensexternen Rechtsberatern wurden in der Zeit zwischen Oktober und Dezember 2018 geführt, woraufhin die Gespräche mit den Syndizi zwischen Februar und April 2019 folgten. Alle Interviewpartner konnten zwischen der persönlichen oder der telefonischen Form der Kommunikation wählen. 18 Gespräche fanden telefonisch statt, zwei Gespräche wurden persönlich geführt.[1118] Obwohl ein Zeitrahmen von 25 Minuten vorgegeben war, war im Gesprächsverlauf bei fast allen Interviewpartnern eine Ausdehnung und Vertiefung möglich und erwünscht, wobei die Länge des jeweiligen Interviews vor allem aufgrund der zur Verfügung stehenden zeitlichen Ressourcen und des persönlichen Profils der Befragten variierte. Zusammenfassend wurden telefonische Gespräche zwischen 22 und 61 Minuten Länge geführt, die beiden persönlichen Gespräche waren mit ca. 75 bzw. 90 Minuten deutlich länger. Im Durschnitt lag die Länge der Interviews bei ca. 41 Minuten. Die Gesamtdauer der Interviews addiert sich auf etwas mehr als 13,5 Stunden.

1118 Zu den Vorteilen von Telefoninterviews hinsichtlich Flexibilität, Zeit- und Kostenersparnis etwa *Gläser/Laudel*, Experteninterviews, S. 153.

Alle Gespräche wurden als teilstrukturierte Leitfadeninterviews geführt.[1119] Für die thematische Struktur der Gespräche wurde ein Leitfaden entwickelt, der als Bindeglied zwischen den strukturgebenden Leitthesen und der qualitativen Erhebungsmethode diente. Er sicherte zudem ein bestimmtes Maß an Standardisierung und erleichterte die Auswertung und Vergleichbarkeit der Interviews. Der verwendete Leitfaden war kein starrer Fragenkatalog, sondern bot Flexibilität für individuelle und natürliche Anpassungen an die jeweilige Gesprächssituation. Bei der Formulierung der konkreten Fragen wie auch bei der Gesprächsführung wurde darauf geachtet, die Eigenpräsentation der Akteure durch erzählungsgenerierende Fragen zu motivieren, gleichsam jedoch eine inhaltliche Fokussierung zu gewährleisten.[1120] Die konkreten Fragestellungen wurde den Gesprächspartnern vorab nicht zur Verfügung gestellt. Lediglich wurden in der Einladung zu der Studie die folgenden vier Fragenkomplexe offengelegt, die die Gespräche grob strukturierten.

Nr.	Fragekomplex
1	Entwicklung des Investorendialogs des Aufsichtsrats
2	Einfluss jüngerer Regelungsinitiativen: Ziffer 5.2 Abs. 2 DCGK (2017) und die Leitsätze des Expertenkreises Developing Shareholder Communication (2016)
3	Dogmatische Grundlagen einer Dialogkompetenz des Aufsichtsrats
4	Bewertung der rechtlichen Schranken des Dialogs

III. Dokumentation der Interviews

Insgesamt wurden 19 Gespräche nach Einwilligung des jeweiligen Experten mittels einer Audioaufnahme aufgezeichnet und im Anschluss an die Interviews

1119 Zu teilstrukturierten Leitfadeninterviews auch *Bogner/Littig/Menz*, Interviews mit Experten, S. 27 ff.; *Kaiser*, Qualitative Experteninterviews, S. 52 ff.; *Gläser/Laudel*, Experteninterviews, S. 142 ff.

1120 Zur Formulierung der Fragen und der Strategie bei der Gesprächsführung dienten die Empfehlungen von *Bogner/Littig/Menz*, Interviews mit Experten, S. 49 ff.; *Przyborski/Wohlrab-Sahr*, Qualitative Sozialforschung, S. 121 ff.; *Kaiser*, Qualitative Experteninterviews, S. 79 ff.; *Gläser/Laudel*, Experteninterviews, S. 172 ff.; *Bähring/Hauff/Sossdorf/Thommes*, Die Unternehmung 62.1 (2008), 89 (94 ff.). Zur Gratwanderung zwischen Offenheit und Strukturierung in der Erhebungssituation *Liebold/Trinczek*, in: Kühl/Strodtholz/Taffertshofer, Hdb. Methoden der Organisationsforschung, 32 (37 ff.).

elektronisch, ohne Transkriptionssoftware anonymisiert transkribiert.[1121] Es wurde nur selektiv transkribiert, sodass ausschließlich der Inhalt des Gesagten als interpretationsrelevant und maßgeblich erachtet wurde. Kurze Sprechpausen, nonverbale Aktivitäten und Gesten, Stimmlagen oder Betonungen, Dialekte, sprachliche Färbungen oder Fülllaute wurden nicht dokumentiert. Grammatik und Satzbau wurde im Transkript möglichst wortgetreu wiedergegeben; einzelne Textstellen wurden geglättet. Besonders aussagekräftige Satzformen wie auch eine emotionale Wortwahl bei der Aussprache wurden regelmäßig unverändert übernommen. Auslassungen wurden gekennzeichnet. Ein Gesprächspartner erteilte die Einwilligung zur Audioaufzeichnung nicht, sodass in diesem Fall während des Gesprächs eine ausführliche Mitschrift und unmittelbar danach ein Gedankentranskript angefertigt wurde. Alle Audiodateien wurden nach der Transkription sicher gelöscht. Die Transkripte sind nicht zur Veröffentlichung vorgesehen.

IV. Auswertungsprozess des Kommunikationsmaterials

Die Auswertung der protokollierten Gesprächsergebnisse wurde ohne Software-Unterstützung anhand von thematischen Einheiten, d.h. an inhaltlich zusammengehörigen, über die Texte verstreute Passagen, systematisch und regelgeleitet in der folgenden Stufenfolge durchgeführt.[1122] Sie orientiert sich

---

1121 Vertiefend zur Dokumentation der Daten *Bogner/Littig/Menz*, Interviews mit Experten, S. 39 ff.; *Kaiser*, Qualitative Experteninterviews, S. 83-88, 93 ff.; *Gläser/Laudel*, Experteninterviews, S. 157 f., 193 ff.; *Przyborski/Wohlrab-Sahr*, Qualitative Sozialforschung, S. 162 ff.; *Kuckartz*, Qualitative Inhaltsanalyse, S. 116 ff.; zur Notwendigkeit der Tonbandaufzeichnung und der Transkription auch *Liebold/Trinczek*, in: Kühl/Strodtholz/Taffertshofer, Hdb. Methoden der Organisationsforschung, 32 (40-42); *Bähring/Hauff/Sossdorf/Thommes*, Die Unternehmung 62.1 (2008), 89 (101 f.).

1122 Zu den Auswertungsverfahren für Experteninterviews *Bogner/Littig/Menz*, Interviews mit Experten, S. 70 ff.; auch *Kaiser*, Qualitative Experteninterviews, S. 89 ff.; *Gläser/Laudel*, Experteninterviews, S. 197 ff.; *Liebold/Trinczek*, in: Kühl/Strodtholz/Taffertshofer, Hdb. Methoden der Organisationsforschung, 32 (42 f.); *Meuser/Nagel*, in: Bogner/Littig/Menz, Experteninterviews, 35 (56 ff.); ferner *Meuser/Nagel*, in: Garz/Kraimer, Qualitativ-empirische Sozialforschung, 441 (451 ff., insbesondere 459 ff.); erneut *Meuser/Nagel*, in: Pickel/u.a., Methoden der vergleichenden Politik- und Sozialwissenschaft, 465 (476 f.); vgl. auch das Vorgehen von *Schmidt*, in: Flick/v. Kardoff/Steinke, Qualitative Forschung, 447 (448); zudem *Bähring/Hauff/Sossdorf/Thommes*, Die Unternehmung 62.1 (2008), 89 (103 ff.). Vertiefend zur Analyse zur Auswertung qualitativer Daten *Kuckartz*, Qualitative Inhaltsanalyse, S. 55 ff., 63 ff., 101 ff.

maßgeblich an dem Auswertungsverfahren der qualitativen Inhaltsanalyse[1123] und fügt dem Auswertungsprozess ausgehend von den Daten und in Anlehnung an die Grounded Theory[1124] einen induktiven Ansatz hinzu.[1125] Begonnen hat der Verfasser mit einer initiierenden Textarbeit, d.h. dem intensiven und wiederholten Lesen der Interviewtranskripte sowie dem Markieren relevanter Textstellen und Passagen. Anschließend wurden die oben aufgelisteten Leitthesen, die *ex ante* aus der theoretischen Vorbetrachtung des Verfassers deduktiv abgeleitet wurden, als thematische Ordnungskategorien der Analyse induktiv spezifiziert.[1126] Dafür wurden sie in Verhältnis zu dem erhobenen Datenmaterial gesetzt und geprüft, ob das gebildete Kategoriensystem als Analyseinstrument die wesentlichen Aussagen des Ausgangsmaterials repräsentiert wie auch die Relevanzsetzungen der Befragten angemessen berücksichtigt. Hiernach kam es zu einigen Anpassungen im Wortlaut der Leitthesen; im Grunde hat sich das Kategoriensystem jedoch am Material bewährt.[1127] Daraufhin wurde jedes Interview anhand der Leitthesen 1-5 kodiert, d.h. unter Aufhebung der jeweiligen Sequenzialität inhaltlich unter das Analyseraster subsumiert.[1128] Anschließend wurden die mit der gleichen Kategorie kodierten Textstellen unterschiedlicher Interviews zusammengefasst und miteinander thematisch verglichen bzw. kontrastiert. Dadurch wurden überindividuelle Ähnlichkeiten und Unterschiede sowie Strukturen und Strukturzusammenhänge im Expertenwissen deutlich. Sie ermöglichten anschließend – begrenzt auf das vorliegende empirische Datenmaterial ohne das Ziel einer Quantifizierung – eine empirische Generalisierung. Daran wurde schließlich die Nachvollziehbarkeit der jeweiligen Leitthese geprüft. Stimmte die Leitthese im Rahmen der Auswertung mit dem verdichteten Datenmaterial überein, so galt sie als empirisch bestätigt. Waren hingegen in den Gesprächsergebnissen Abweichungen zu beobachten, wurde daraus eine empirisch begründete Ergänzung bzw. Konkretisierung der jeweiligen Leitthese abgeleitet.

1123 Zu den Zielen und Techniken der qualitativen Inhaltsanalyse vor allem *Mayring*, Qualitative Inhaltsanalyse, S. 22 ff., 50 ff.; auch *Mayring*, in: Flick/v. Kardoff/Steinke, Qualitative Forschung, 468 (468 f., 471 ff.); *Kuckartz*, Qualitative Inhaltsanalyse, S. 29 ff.; zudem *Lamnek*, Qualitative Sozialforschung, S. 517 ff.

1124 Vertiefend auch *Przyborski/Wohlrab-Sahr*, Qualitative Sozialforschung, S. 190 ff.; zudem *Böhm*, in: Flick/v. Kardoff/Steinke, Qualitative Forschung, 475.

1125 Siehe etwa auch *Bogner/Littig/Menz*, Interviews mit Experten, S. 75 ff.

1126 *Kuckartz*, Qualitative Inhaltsanalyse, S. 95 f.

1127 Entsprechende Änderungen wurden bereits bei der Darstellung der Leitthesen in § 7.A dieser Untersuchung berücksichtigt.

1128 Grundlegend zur Kodierung bzw. Indizierung qualitativen Datenmaterials *Kelle/Kluge*, Vom Einzelfall zum Typus, S. 56 ff.

§ 8. Ergebnisse der eigenen Studie

Anknüpfungspunkt für die Ergebnisdarstellung sind die teils übereinstimmenden, teils abweichenden Einschätzungen der Experten zu den Leitthesen in der jeweiligen Bezugsgruppe (i) unternehmensexterne Sicht und (ii) unternehmensinterne Sicht (dafür Abschnitte A und B). Zitate der Gesprächspartner werden kursiv wiedergegeben; Ergänzungen des Verfassers sind durch eckige Klammern kenntlich gemacht. Unterstützt wird die Ergebnisdarstellung und -interpretation durch Paraphrasierung des Interviewmaterials. Gemeinsamkeiten und Unterschiede zwischen den Bezugsgruppen werden an den für einen Vergleich relevanten Stellen hervorgehoben. Eine Zusammenfassung der Untersuchungsergebnisse folgt in Abschnitt C.

A. Bewertungen aus Sicht unternehmensexterner Rechtsanwälte

I. Ergebnisse zu LT 1

Die Aussagen der unternehmensexternen Rechtsberater bestätigten, dass direkte Gespräche zwischen dem Aufsichtsrat(svorsitzenden) und Investoren nur teilweise gelebte Praxis börsennotierter Aktiengesellschaften sind. Präzisierend wurden von den Experten einzelne Kriterien für die Kommunikationsfrequenz des Aufsichtsrats angesprochen. Der Investorendialog des Aufsichtsrats werde jedoch zukünftig für alle Gesellschaften wichtiger. Leitthese 1 konnte aus ihrer Sicht somit verifiziert werden. Zu den einzelnen Stellungnahmen:

1. Praxis des Investorendialogs

Die Experten betonten, dass Dialoge zwischen Aufsichtsrat und Investor in der Praxis geführt werden. Solche Gespräche hätten immer schon stattgefunden, auch schon zur Zeit der sogenannten „Deutschland AG". Rechtlich seien die Probleme, die mit der Investorenkommunikation des Aufsichtsrats entstehen, damit schon auf dem Tisch gewesen. Inzwischen habe sich aber sehr viel entwickelt. Hervorgehoben wurden die folgenden Aspekte: Neu sei erstens ein erhöhtes Maß an Transparenz (*Es wird jetzt aber immer transparenter und gerät mehr in den Fokus*), sodass Gespräche nicht mehr wie früher versteckt in Kaminzimmern stattfänden. Geändert hätten sich zweitens die typischen Gesprächspartner des Aufsichtsrats. Dieser spreche heute überwiegend mit ausländischen institutionellen Investoren mit anderen Corporate Governance-Vorstellungen (*Die Erscheinungsform, wer jetzt konkret mit dem Aufsichtsratsvorsitzenden sprechen möchte, die ist eben seit einigen Jahren neu*). Nicht zu unterschätzen sei drittens der an den Aufsichtsrat gerichtete Investorendruck, Gespräche zuzulassen (*Wenn es gewünscht und erforderlich ist, dann muss ich es machen*). Schließlich wurde im Vergleich zu früher konstatiert, dass der Dialog zwischen dem Aufsichtsrat mit Investoren noch populärer geworden sei. Das Thema sei aus dem angelsächsischen Bereich kommend unter dem Begriff Investorendialog auf die Tagesordnung gerückt und liege seitdem im Fokus der Aufmerksamkeit. Klargestellt wurde von den befragten Rechtsanwälten aber auch, dass es erhebliche Unterschiede zwischen den Gesellschaften gebe. Von Einheitlichkeit oder einem homogenen Bild könne also nicht ausgegangen werden.

2. *Kriterien für die Kommunikationsfrequenz des Aufsichtsrats*

Mit Blick auf die Kommunikationsfrequenz des Aufsichtsrats konnten aus dem Interviewmaterial die folgenden Kriterien herausgearbeitet werden.

a) Unternehmensgröße

Der Dialog des Aufsichtsrats sei vor allem in großen deutschen Unternehmen etabliert (*Im DAX ist es ganz überwiegend gelebte Praxis*; ein anderer Berater dazu: *(...) bei großen Börsennotierten [ist] es eine Selbstverständlichkeit*). Konkret wurde berichtet, dass einzelne Aufsichtsratsvorsitzende in DAX-Unternehmen mit Sicherheit fünf bis sieben Stunden pro Monat für solche Gespräche aufwenden. Für kleinere Unternehmen wurde keine gelebte Praxis attestiert (*Aber ich würde nicht sagen, dass es jetzt schon bereits etablierte Praxis ist, zumindest nicht in dem Bereich mid cap*). Aus der Reihe fiel dann jedoch die Aussage eines Beraters, der regelmäßige Investorengespräche des Aufsichtsratsvorsitzenden bei einer SDAX-Gesellschaft bestätigte. Abgesehen von dieser Ausnahme ließ sich aber als gefestigtes Meinungsbild feststellen, dass sich die Kommunikationsfrequenz des Aufsichtsrats im Grunde an dem Kriterium der Unternehmensgröße orientiert.

b) Konkrete Unternehmenssituation

Darüber hinaus sei die jeweilige Situation und Lage der Gesellschaft entscheidend. Wichtig sei insbesondere die Phase der Hauptversammlungsvorbereitung. Ein Experte hierzu: *Viele, das haben wir auch gesehen, viele Unternehmen, die in der Vergangenheit auf der Hauptversammlung ihre Beschlüsse ohne Probleme durchbekommen haben, [wurden] einfach mal kalt erwischt (...), weil sie vorher ihre*

Beschlussvorschläge nicht abgestimmt haben. Unternehmen seien deshalb immer mehr daran interessiert, im Rahmen von Investorengesprächen die Kommunikation mit Investoren zu suchen und Hauptversammlungsbeschlüsse auf eine sichere Grundlage zu stellen. Ein Berater fügte hinzu, das Investorengespräch sei eine klassische Testfrage, durch die auch der Aufsichtsrat zu prüfen habe, ob er mit seinen Entscheidungen aus der Sicht des Kapitalmarkts richtigliege.

Die Experten betonten auch, dass Investorengespräche des Aufsichtsrats meistens in der Zeit einer Unternehmenskrise stattfinden und damit vor allem bei solchen Unternehmen vorkommen, bei denen etwas passiere oder zu passieren drohe (*In dem Moment, wo alles gut ist (...), da will der Investor vom Aufsichtsrat im Wesentlichen nichts wissen*). Vor allem werde ein Aufsichtsratsgespräch dann auftreten, wenn der Investor bei bestimmten Themen beim Vorstand nicht weiterkomme oder sich nicht weiter mit ihm auseinandersetzen wolle (*Sozusagen staggered approach: Man hat mal vorgetastet beim Vorstand und beißt da irgendwie auf Granit und dann zieht die Karawane weiter zum Aufsichtsratsvorsitzenden*). Als wichtiger Paradefall wurde der Fall Deutsche Börse/TCI aus dem Jahr 2005 benannt. Rückblickend sei auch vom damaligen Aufsichtsratsvorsitzenden der Deutschen Börse erkannt worden, dass es ein Fehler war, nicht in den Dialog zu treten. Insgesamt sei es in Fällen der Auseinandersetzung daher sehr klug, unmittelbar mit Investoren zu sprechen.

c) Unternehmensspezifische Aktionärsstruktur

Die Kommunikationsfrequenz des Aufsichtsrats unterscheide sich auch mit Blick auf die konkrete Zusammensetzung und Struktur des Aktionärskreises. Der Investorendialog komme bei Unternehmen mit einem starken Investor deutlich häufiger vor. Als weiterer Aspekt wurde die zunehmende Internationalisierung des Investorenkreises hervorgehoben. Fast alle Experten äußerten sich diesbezüglich und konstatierten, dass sich gerade auch ausländische Investoren nicht nur beim Vorstand, sondern auch beim Aufsichtsratsvorsitzenden erkundigen und sogar zum Investorendialog verleiten. Im Gegensatz zu einer Gesellschaft mit internationaler Aktionärsstruktur kenne eine Gesellschaft ohne internationale Anteilseigner das Thema des Investorendialogs des Aufsichtsrats nicht. Hauptsächlich wurde der Blick auf Investoren aus der anglo-amerikanischen Welt gerichtet, die den Investorendialog mit dem Aufsichtsratsvorsitzenden als selbstverständlich ansehen (*Wunsch aus dem anglo-amerikanischen Raum*). Prägnant stellte ein Experte fest: *Im DAX werden die Unternehmen im Schnitt zu 50% von anglo-amerikanischen Investoren gehalten, ich will nicht sagen beherrscht, die erwarten das.* Als Problem betonten einige Experten, dass anglo-amerikanische

Investoren die Besonderheiten des zweigliedrigen *board*-Systems in Deutschland nicht kennen. Diese Sichtweise teilte ein Experte aber ausdrücklich nicht. Er wollte den intensiveren Aufsichtsratsdialog nicht alleine mit der Unwissenheit ausländischer Investoren erklären. Stattdessen hob er hervor, dass auch ausländische Investoren die Unterschiede zwischen *two tier*-System in Deutschland und ihrem gewohnten *one tier*-System kennen. Andere Experten stellten diesbezüglich fest, dass ausländische Investoren sich für die Kompetenzabgrenzung der deutschen Aktiengesellschaft zumindest immer weniger interessieren bzw. weniger darauf Rücksicht nehmen. Neben ausländischen Investoren gebe es aber auch inländische Institutionen, die Gespräche auch mit dem Aufsichtsrat führen (wollen). Insoweit habe allgemein die zunehmende Rolle und Aktivität von institutionellen Investoren und ihr Bedürfnis, sich immer mehr zu äußern, einen nicht unwesentlichen Einfluss auf den Dialog zwischen Aufsichtsrat und Investor (*Das ist jetzt das neue Leitbild, also der mündige Aktionär, der jetzt auch mehr und mehr Überwachungstätigkeit haben soll, mit dem muss ich auch sprechen*). In eine ähnliche Richtung lenkte die Aussage, dass aktivistische Aktionäre auch in Deutschland massiv und dauerhaft Einfluss bekommen. Ganz deutlich hierzu: *Und jeder, der mal mit so einem Aktionär zu tun hatte, weiß, es gibt gar keine Alternative. Wenn du da Blinde Kuh spielst, dann wird auf der nächsten Hauptversammlung irgendwann der Aufsichtsrat ausgetauscht. Und damit ist die Frage beantwortet.*

d) Persönlichkeit des Aufsichtsratsvorsitzenden

Ein wichtiges Differenzierungskriterium sei zudem die Persönlichkeit des Aufsichtsratsvorsitzenden und seine Einstellung zum Thema Investorendialog (*Du kannst eine Praxis nur auch leben, wie der Aufsichtsratsvorsitzende, um den geht's ja, sich da öffnet*). Die Experten sprachen dahingehend von ganz verschiedenen Typen von Aufsichtsratsvorsitzenden mit einem unterschiedlich ausgeprägten Selbstverständnis von ihrer Rolle und ihrem Engagement. Proaktive bzw. sehr geltungsbewusste Aufsichtsratsvorsitzende würden den Dialog mit Investoren befürworten. Unter Umständen würden diese Persönlichkeiten sich gerne nach außen in das Zentrum stellen und eine gewisse Öffentlichkeit geradezu suchen. Ein Experte fasste zusammen: *Es gibt die Leute, die eher gerne intern wirken und es gibt diejenigen, die sich mehr einbringen, teilweise auch mal über die Grenzen dessen hinaus, was das Aktiengesetz an Kompetenzverteilung eigentlich vielleicht sich so gedacht hat. Also denken Sie an den Unternehmensgründer, der immer noch einer der größten Aktionäre ist und lange Zeit Vorstandsvorsitzender war und dann irgendwann in den Aufsichtsrat gegangen ist. Solche Leute neigen nicht immer, aber manchmal dazu, sich auch ins Tagesgeschäft und in alles Mögliche mehr einzumischen, als das der klassischen Aufsichtsratsvorsitzendenrolle vielleicht entsprechen würde, und die sprechen dann natürlich auch mit anderen Aktionären und mit Investoren vielleicht mehr, als man sich das gedacht hat.* Unter den sehr zurückhaltenden Aufsichtsratsvorsitzenden gebe es auch viele, die vom Dialog mit Investoren nicht begeistert seien. Für sie zähle die Investorenkommunikation nicht zu ihren Aufgaben. Verknüpft sei das geringe Interesse am Investorendialog auch mit der im Grundsatz niedrigen Vergütung des Aufsichtsratsmandats. Außerdem würden sich nicht alle Aufsichtsratsvorsitzenden im Dialog mit Investoren wohlfühlen (*Wenn der sich nicht wohlfühlt, dann werden andere Gründe gesucht, warum er das nicht möchte: „Halt mir die Typen vom Hals, die sind mir zu aggressiv", oder ein 70-jähriger in einem Familienunternehmen und der hat da irgendwelche Leute, die 35 sind und einen Fonds vertreten, der sagt: „Das könnte eher mein Enkel sein als mein Sohn, da hab ich keine Lust drauf." Also diese Denke, die ist ganz klar bei einigen da*). Schließlich wurde angemerkt, dass Aufsichtsratsvorsitzende unter Umständen nicht vernünftig Englisch verstehen oder verhandlungssicher kommunizieren. Investorengespräche werden nach Ansicht der Experten daher vermieden, um sich nicht die Blöße zu geben.

e) Verhältnis zum Vorstand bzw. Vorstandsvorsitzenden

Ergänzend wurde das Verhältnis zwischen dem Aufsichtsratsvorsitzenden und dem Vorstand bzw. dem Vorstandsvorsitzenden angesprochen. Dieses wirke sich auch auf das Außenhandeln des Aufsichtsratsvorsitzenden aus. Sei der Vorstand besonders geltungsbewusst und stark, komme der Investorendialog des Aufsichtsrats weniger häufig oder überhaupt nicht vor (*Kommt ganz darauf an, auf das Geltungsbewusstsein und die Stärke und das Selbstverständnis des Vorstands*). Geäußert wurde auch, dass jeder machtbewusste Vorstand es nicht gut finde, wenn auch der Aufsichtsrat mit Investoren spricht. Vorstände hätten bspw. Angst davor, dass der Aufsichtsrat unkontrollierte Kapitalmarktkommunikation betreibt. Nicht selten sei daher der Wunsch des Vorstands, den Aufsichtsrat bei der Kommunikation mit Investoren möglichst einzufangen. Trotzdem gebe es auch Vorstandsvorsitzende, die eine Kapitalmarktkommunikation ihres Aufsichtsratsvorsitzenden als Unterstützung ansehen und den Investorendialog des Aufsichtsrats befürworten.

3. Ausblick auf die zukünftige Aufsichtsratspraxis

Die Berater gingen einstimmig davon aus, dass der Aufsichtsratsdialog zukünftig wichtiger und auch weiterhin zunehmen wird. Steigen werde ihrer Ansicht nach sowohl das investorenseitige Verlangen als auch die Bereitschaft der Aufsichtsratsvorsitzenden, Gespräche zu führen. Zu Ersterem konstatiere ein Experte: *Der Trend, dass es mehr Transparenz gibt, mehr Kommunikation, das erwartet wird von Investoren, dass sie auch ihre Investorenrechte stärker ausüben und da auch ihre Verantwortlichkeiten übernehmen, ich glaube, der Trend wird sicherlich nicht weniger werden.* Zu Letzterem betonten die befragten Experten die zunehmende Professionalisierung des Aufsichtsrats für die Aufgaben des Investorendialogs: *Sie merken Jahr für Jahr auch bei den Neubesetzungen auch an der Spitze der Aufsichtsräte, das wird immer professioneller und damit sind auch Leute, die nicht vernünftig Englisch sprechen immer seltener.* Die Experten äußerten auch, der Investorendialog des Aufsichtsrats werde sich zukünftig auf die Aufsichtsratspraxis kleinerer Gesellschaften auswirken. Ein Interviewpartner hierzu: *Ich glaube, dass sich auch die Kleineren mehr und mehr mit diesen Themen auseinandersetzen müssen. (...) Ich glaube, dass das vor den kleineren Unternehmen keinen Halt machen wird.* Ein anderer Interviewpartner fasste noch prägnanter zusammen: *Das kommt von oben sowieso runter.*

II. Ergebnisse zu LT 2

Überwiegend, aber nicht vollumfänglich, bestätigten die befragten Experten Leitthese 2. Für die meisten von ihnen war die rechtsfortbildende Konstruktion einer Annexkompetenz dogmatisch ausreichend. Andere wünschten sich *de lege ferenda* jedoch eine Konkretisierung.

1. Begrenzte (Annex-)Kompetenz des Aufsichtsrats

Im Grunde betonten alle Experten, dass Investorenkontakte klassischerweise immer durch den Vorstand stattfinden. So sei es im Prinzip gesetzlich vorgesehen (*Streng genommen ist die ganze Investorenkommunikation eigentlich ein Thema der Geschäftsführung und damit des Vorstands*). Das gelte jedoch nicht für Gespräche über Aufsichtsratsthemen (*Im Grundsatz vertritt der Vorstand die Gesellschaft nach innen und außen – ja, in seinem Bereich, aber wir reden dann hier vom Aufsichtsratsbereich*). Nicht sei die Investorenkommunikation für das Unternehmen immer und ausschließlich eine Maßnahme der Geschäftsführung. Vielmehr orientiere sich diese Unterscheidung an der Frage, ob das, worüber kommuniziert wird, eine Maßnahme der Geschäftsführung ist (vertiefend: *Nur dann kann die Kommunikation auch eine Maßnahme der Geschäftsführung sein*).

Trotzdem wurde attestiert, dass es zum Thema Kommunikation des Aufsichtsrats im Aktiengesetz zunächst einmal keinen Anhaltspunkt gebe. Ein Experte hob ausdrücklich hervor, dass das Aktiengesetz zwar die Zuständigkeiten des

Aufsichtsrats regele, aber mit Blick auf seine kommunikativen Handlungsmöglichkeiten komplett blank sei. Betont wurde zudem eine verdeckte Lücke, zu der der historische Aktiengesetzgeber noch nichts sagen konnte. Bestätigt wurde deshalb, dass ein Kommunikationsrecht des Aufsichtsrats für Inhalte aus seinem eigenen Aufgabenbereich aus einer Annexkompetenz folgen müsse (genannt wurde auch: Sache kraft Sachzusammenhang oder Kompetenz aus der Natur der Sache). So sei man – etwa bei der Abschlusskompetenz für Beraterverträge – beim Aufsichtsrat sowieso sehr weitgehend mit Annexkompetenzen unterwegs. Außerdem wurde von einem Rechtsberater die folgende Grundhaltung betont: *Was nicht verboten ist, ist erlaubt.* Schließlich spielte für einige der Experten die Dogmatik keine allzu große Rolle. Hierzu besonders scharf: *Ich bin gerne dogmatisch fit, (...) wenn es um einen echten Punkt geht (...). Hier ist es so ein Fall, (...) wo Juristen eine praktisch vernünftige, ohnehin seit Jahren, seit Jahrzehnten praktizierte Praxis jetzt mit einer Dogmatik unterlegen müssen, und da lassen sie sich alles Mögliche einfallen. Da habe ich irgendwie auch gar keine große Lust, mir manche Sachen anzuschauen (...) Man müsste in manchen Dingen sagen: „Darüber reden wir nicht, das ist indiskutabel, Ende.“* Alle Experten waren sich aber einig, es könne sich nur um eine Kommunikation des Aufsichtsrats über Themen seines Aufgabenbereichs handeln. Für die Kommunikation über Themen, die aktienrechtlich dem Vorstand obliegen, fehle es an einem hinreichenden dogmatischen Anknüpfungspunkt. Einen engen Zusammenhang sahen die befragten Experten ferner zwischen der Befugnis des Aufsichtsrats zum Dialog mit Investoren und der Frage, wie weit die zulässigen Handlungsspielräume bei der Kommunikation reichen. Deshalb wurde einstimmig auf den Investorendialog in Grenzen aufmerksam gemacht, wodurch der Spielraum für den Aufsichtsrat durchaus stark begrenzt werde.

Zudem wurden die Argumente, die für die Rechtsfortbildung im Bereich der Aufsichtsratskommunikation sprechen, von den Experten konkretisiert. Allgemein stellten sie heraus, der Aufsichtsrat sei für aufsichtsratsspezifische Themen der geborene Gesprächspartner der Unternehmensseite (*Wäre irgendwie komisch und unnatürlich, wenn das auseinanderfiele und man sagt, also der Aufsichtsrat entscheidet darüber, aber der Vorstand kommuniziert dann exklusiv darüber*). Eine Annexkompetenz bestätige letztlich auch die aktienrechtliche Kompetenzverteilung, weil mit der Kommunikationsmacht immer auch Einfluss auf die dahinterliegenden Sachthemen verbunden sei (*Eine gewisse Kommunikationsmöglichkeit braucht der Aufsichtsrat auch in seinem Kompetenzberiech, um seine Kompetenzen vor einer solchen Einflussnahme [des Vorstands] zu schützen*). Als weiteres Argument für eine Dialogkompetenz des Aufsichtsrats wurde die Aufwertung des Aufsichtsrats mit Blick auf seinen Pflichtenkanon (Eingriffsbefugnisse,

Mitwirkungsrechte, Zustimmungsrechte und Eingebundenheit) und seine Haftung genannt. Er übernehme deshalb insgesamt eine zunehmend aktivere Rolle. Ändere sich dadurch die Sichtweise auf den Aufsichtsrat, sei es konsequent, eine eigene Dialogbefugnis anzuerkennen. Darüber hinaus wiesen die Experten darauf hin, Kommunikation dürfe nicht rein deutsch-rechtlich gesehen werden. Nicht nur Investoren, sondern auch Aktiengesellschaften und Aufsichtsräte seien inzwischen internationaler geworden. Außerdem befinde sich das zweigliedrige *board*-System in Konkurrenz zu dem eingliedrigen *board*-System. Daraus folgerte ein Experte prägnant: *Und da kann man nicht sagen – starr – wir machen dieses zweigliedrige System in der Urform mit der ganz passiven Rolle des Aufsichtsratsvorsitzenden bis zum Ende. Das ist einfach eine Entwicklung des Marktes.* Außerdem werde mit dem Investorendialog auch dem Aufsichtsrat die Möglichkeit gegeben, sich einen eigenen Eindruck von den Investoren und ihren Bedürfnissen zu verschaffen. Anderenfalls sei er ausschließlich auf die Informationen der Investor Relations-Abteilung und des Vorstands angewiesen. Wichtig war den befragten Experten deshalb die Freiheit, sich dem Thema öffnen zu können (*Mir geht es an der Stelle sozusagen um die Optionalität. (...) Du musst einfach nur die Optionalität haben, als Aufsichtsrat das zu machen, wenn du es denn machen willst*). Ferner wurde betont, dass ein eigener Eindruck des Aufsichtsrats auch für den Vorstand hilfreich sein kann (dazu: *Das kann doch nur allen helfen. Das ist doch kein Nachteil*). Ein wirklich professionelles Unternehmen nutze Investorengespräche zudem für eigene Zwecke (vgl. auch: *Wenn ein Gespräch gut läuft, kann man in so einem Gespräch auch wirklich was rausholen für das Unternehmen als Aufsichtsratsvorsitzender*). Einige Experten machten darüber hinaus darauf aufmerksam, dass ein vernünftig geführtes Investorengespräch des Aufsichtsratsvorsitzenden auch mit Blick auf die Haftung keine großen Löcher reiße oder zu einem Sündenfall führe.

Nur wenige Experten kritisierten die Konstruktion einer Annexkompetenz. Ihrer Meinung nach sei der Aufsichtsrat im Aktienrecht strukturell als Binnenorgan ausgestaltet und wirke nicht nach außen. Deshalb sei der Investorendialog des Aufsichtsrats mit der Corporate Governance der Aktiengesellschaft eigentlich nicht in Einklang zu bringen. Stattdessen bringe dieser die Corporate Governance-Struktur in Deutschland durcheinander. Zudem wurde betont, dass die Rolle des Aufsichtsratsvorsitzenden systemisch durchbrochen werde. Aus diesem Systembruch folge vor allem eine Schwächung des Vorstandsvorsitzenden. Zugegeben wurde außerdem, dass die Konstruktion der Annexkompetenz vom Ergebnis her argumentiert sei. Schließlich wurde von einigen Experten angemerkt, dass mit dem Investorendialog des Aufsichtsrats zusätzliche Inhalte in die Hauptversammlung getragen und die Rechtsunsicherheit zum Umfang des erweiterten Auskunftsrechts gemäß § 131 Abs. 4 AktG erhöht werde.

Überwiegend wurden kritische Stimmen aber klar abgelehnt (*Wenn es Grenzen gibt, die überschritten werden, oder Dinge, die nicht mit dem Aktiengesetz vereinbar sind, dann muss man das auch so deutlich sagen. Aber man, meine ich, müsste erstmal gucken, ob es nicht gewisse Dinge gibt oder einen gewissen Rahmen, den ich dann doch noch ausnutzen kann*). Teilweise wurden ablehnende Stimmen auch als absurd oder völlig überholt bezeichnet. Besonders meinungsstark war ein Experte: *Typischer deutscher Juristenfehler. Da ist man so professionell, dass man immer meint, man müsste überall beweisen, dass man klug ist. Und man denkt nicht politisch. Das müsste man manchmal ein bisschen tun. Diese Diskussion (...) ist relativ sinnfrei.* In der Praxis könne sich eine Gesellschaft jedenfalls nicht auf einen gänzlich ablehnenden Standpunkt zurückziehen. Das gelte vor allem in der Zeit einer Unternehmenskrise: *Aber wenn man das Gespräch schon gar nicht zulässt, dann führt das eigentlich immer zu einer Sichtweise in der Öffentlichkeit, die sehr defensiv ist und daraus wird dann gefolgert, dass an den Druckpunkten ja irgendwo was dran sein muss.* Einige wissenschaftliche Beiträge aus der Vergangenheit hätten daher eher an praxisferne Forschung im luftleeren Raum erinnert (auch: *(...) in der Theorie das Zwei-Organ-System bis zum Exodus irgendwie auseinandernehmen, das hat seinen Sinn, das muss man auch nicht lächerlich machen, aber die Praxis ist eine andere*). Schließlich gab ein Experte folgenden Ausblick auf den Diskussionstand in Deutschland: *Wenn wir uns in fünf Jahren darüber unterhalten, wird es da wenig Diskussion geben. Das geht eindeutig, da merkt man auch ganz klar diesen Schwenk.*

2. Konkretisierung de lege ferenda?

Ob der Gesetzgeber mit Blick auf den Investorendialog des Aufsichtsrats zukünftig tätig wird, wurde von einem Berater ausdrücklich bezweifelt (*Der Ruf [nach dem Gesetzgeber] (...) wird nicht gehört werden vom Gesetzgeber, der wird das nicht regeln*). Für eine Änderung des Aktiengesetzes sahen die überwiegende Anzahl der Experten im Übrigen auch keinen Anlass (*Mehr Regelungstiefe ist meines Erachtens nicht erforderlich*). Eine allgemeine gesetzliche Grundlage würde dem Themenkomplex jedenfalls wenig helfen. Ferner wurde hervorgehoben, dass die Kommunikation mit Investoren kein *one fits all*-Fall sei, sodass auch eine detaillierte gesetzliche Regelung äußerst schwierig und im Zweifel wegen erneuter Auslegungszweifel nicht sinnhaft wäre. Ein Experte hierzu: *Das kann man nicht so abstrakt regeln, deshalb ist es gut, dass es keine Regelung gibt, weil keine Regelung genau genug sein kann, um eben diese Feinheiten zu regeln.*

Andere wiederum sahen lediglich dann einen Anlass für eine Gesetzesänderung, wenn man die bislang diskutierten Grenzen der Aufsichtsratskommunikation überschreiten möchte. Das gelte etwa mit Blick auf die dominante Rolle des Aufsichtsratsvorsitzenden: *Aber Entscheidungen, sagt der § 108 AktG ganz klar, trifft der Aufsichtsrat. Also das kann der Aufsichtsratsvorsitzende sicherlich nicht. (...) Wenn man das anders sehen möchte, müsste man konsequenterweise das Gesetz ändern.*

Im Gegensatz dazu benannten einige Berater auch die Vorteile einer klaren gesetzlichen Regelung (*Wenn es natürlich eine rechtliche Regelung ist, ist es für uns natürlich besser*; und ein anderer: *Sauberer wäre es natürlich, wenn es gesetzlich auch ausdrücklich geregelt wäre*). Ein Experte wünschte sich eine gesetzliche Regelung explizit: *Ich habe oft gesagt: „Meine Güte, bringt das doch im Gesetz in Ordnung, dann haben wir Ruhe“* (derselbe: *Ich möchte das im Gesetz geregelt haben. Dann kann es der Aufsichtsratsvorsitzende. Ohne diese Regelung ist das alles schrecklich*). Kritisiert wurde in diesem Zusammenhang zudem die Entwicklung, etwas schleichend zu beginnen, um sich hinterher auf eine gelebte Praxis zu berufen. Darüber hinaus wurde das rechtlich nicht klare Verhältnis von Informationsweitergaben in Investorengesprächen des Aufsichtsrats zum erweiterten Auskunftsanspruch gemäß § 131 Abs. 4 S. 1 AktG betont (*Man muss auch regeln, wie sich das mit dem § 131 Absatz 4 verhält. (...) so wie es jetzt geregelt ist, ist es extrem ungünstig*).

III. Ergebnisse zu LT 3

Zutreffend war nach Auswertung des Interviewmaterials Leitthese 3. Die befragten Experten bestätigten Unsicherheiten über die konkrete inhaltliche Reichweite der Annexkompetenz. In diesen Fällen habe der Aufsichtsrat im Besonderen zurückhaltend zu kommunizieren und sich inhaltlich eng mit dem Vorstand abzustimmen.

1. Rechtsunsicherheit über die inhaltliche Reichweite der Annexkompetenz

Für eine Abgrenzung von zulässigen und unzulässigen Gesprächsthemen wurde überwiegend auf die konstruierte Annexkompetenz zurückgegriffen (*Dann muss es austariert werden, das ist ja der dogmatische Ansatz*). Dazu gehöre auch, Grenzbereiche genau festzulegen und klare Pflöcke dort einzuschlagen, wo der Aufsichtsrat nicht mehr kommunizieren dürfe. Bestätigt wurde aber auch, dass es klare Aufsichtsratsthemen wie etwa die Personalpolitik oder die

Binnenorganisation des Aufsichtsrats gibt, über die der Aufsichtsrat sprechen darf (*Muss der Aufsichtsrat besprechen dürfen, da gibt es überhaupt gar keine Frage*).

Darüber hinaus komme es jedoch zu erheblichen rechtlichen Unsicherheiten. Das betreffe vor allem die Fälle, in denen sich die Kompetenzen der Organe überschneiden. Die Experten ordneten im Besonderen Stellungnahmen über die Unternehmensstrategie als den größten inhaltlichen Unsicherheitsbereich bei der Aufsichtsratskommunikation ein (*Das ist aber auch nochmal ein Spannungsfeld, das für mich noch mit am unausgeleuchtetsten ist, was eigentlich in solchen Bereichen möglich ist*). Die Expertenmeinungen gingen zu diesem Thema weit auseinander, obwohl nach Ansicht aller die Strategie als Geschäftsführungsmaßnahme klassifiziert wurde. Die großzügigsten Stimmen wollten sich nicht auf einzelne inhaltliche Themen beschränken, weil man eine Entscheidung nicht schwarz-weiß bzw. zu filigran treffen könne und ein Investorengespräch von einer gewissen Dynamik lebe (*Da nimmt man sich Beinfreiheit, die man eigentlich braucht, um so ein Gespräch sinnvoll zu führen*). Außerdem komme man mit einer zu restriktiven Sichtweise in künstliche Abgrenzungsprobleme, etwa weil bereits die Personalpolitik des Aufsichtsrats ein Teil der strategischen Unternehmenspolitik sei und man die Unternehmensstrategie sowie den Kopf, der die Strategie entwickelt, kaum voneinander trennen könne (*Man darf es nur nicht zu granular machen, (...) das ist so ein bisschen die Tendenz, dass man versucht, da auf einmal Scheingenauigkeiten herzustellen bei Themen*). Befürchtet wurde darüber hinaus, dass das Instrument des Investorendialogs wertlos werde, jedenfalls aber deutlich an Relevanz für den Investor verliere, wenn der Aufsichtsrat nicht auch über die Strategie spreche (*Wenn man (...) das mit der Strategie auch noch begrenzt, dann ist ja nicht mehr sehr viel übrig, über das man noch sprechen kann außer über das Wetter*). Ferner könne eine großzügigere Sichtweise aus anwaltlicher Sicht begründet werden (*Wo kein Kläger, da kein Richter*). Eine zweite Gruppe der Experten war hier deutlich restriktiver (*Das bleibt immer noch alles Vorstandskompetenz und da hat der Aufsichtsrat die Finger von zu lassen*; noch deutlicher: *Bei Strategie (...) hat der Aufsichtsrat schlicht und ergreifend die Klappe zu halten*). Ergänzt wurde, dass Strategiedialoge mit Investoren enorm komplex seien und sich der Aufsichtsratsvorsitzende in solchen Gesprächen positionieren müsse. Das führe jedoch im Verhältnis zum Vorstand zu einem großen Konflikt. Der Aufsichtsrat könne bei der Strategie jedenfalls auch nur beraten oder seine Zustimmung nicht geben. Nicht aber dürfe er den Vorstand positiv anweisen, einen Strategieschwenk in irgendeine Richtung zu unternehmen. Weitergehend erläuterte ein Experte Alternativen bei der Außenkommunikation über die Strategie, von denen die eine uninteressant und die andere unzulässig sei: Wären

Aufsichtsrat und Vorstand über Strategiefragen einer Meinung, sei auch der Investorendialog nicht sehr spannend. Lediglich könne der Aufsichtsrat bestätigen, dass er mit der Vorstandsstrategie übereinstimme. Stimme der Aufsichtsrat aber nicht mit der Vorstandspositionierung überein, dürfe der Aufsichtsrat darüber nicht mit Investoren sprechen. Eine dritte Gruppe der Experten betonte die engen Grenzen des Strategiedialogs des Aufsichtsrats, erlaubte dann aber Gespräche zumindest über seine überwachende und mitwirkende Rolle im Strategieprozess. Nur damit sei die Annexkompetenz richtig und konsequent umgesetzt. Als Schwierigkeit wurde aber betont, dass man schnell dabei sei, die einzelne Geschäftsführungsmaßnahme zu kommentieren oder zu kritisieren. Der Dialog über die begleitende Rolle bei der Strategieentwicklung gleiche deshalb einer ganz schwierigen Gratwanderung für den Aufsichtsratsvorsitzenden. Verschärft werde das Problem dadurch, dass reine Aufsichtsratsthemen für einen Investor wenig interessant seien (*Den wird ja die Unternehmensstrategie interessieren*).

2. *Zurückhaltung des Aufsichtsratsvorsitzenden*

Für eine Lösung des zuvor dargestellten Konflikts stellten die Experten ausdrücklich fest, dass der Aufsichtsratsvorsitzende bei der Kommunikation über inhaltlich kritische Zwischenbereiche besonders zurückhaltend zu kommunizieren habe (*Im Zweifel nein, und im Zweifel muss es ein eindeutiger Fall sein, der in deinen Aufgabenbereich fällt, und sobald es die Strategie oder so betrifft, musst du dich halt zurückhalten*). Vorsicht sei insbesondere geboten, um Haftungsgefahren oder Risiken mit Blick auf die Entlastung auf der Hauptversammlung zu vermeiden. Speziell zu Strategiethemen sei es dem Aufsichtsratsvorsitzenden möglich, mehr zuzuhören und die Meinungen der Investoren zur Kenntnis zu nehmen, anstatt aktiv selbst dazu Stellung zu beziehen (*Er muss das einsacken und dann in den Diskussionen im Aufsichtsrat verwerten*). Diese Sicht wurde aber auch kritisiert, weil sie gekünstelt sei (hierzu: *Aber die Investoren wollen ja nicht nur ihre eigene Meinung und ihre Interessen sozusagen dem Aufsichtsratsvorsitzenden einpflanzen, sondern sie wollen von ihm eine Positionierung haben*). Schließlich betonten die Experten, der Aufsichtsrat habe, wenn er mit der Strategie des Vorstands unzufrieden sei, den Vorstand abzuberufen, anstatt sich in einem Investorengespräch kritisch darüber zu äußern (*Wenn ein Aufsichtsrat erkennen lässt, dass er die Strategie des Vorstands kritisch sieht, (...) dann kannst du den Vorstand natürlich direkt abberufen*). Außerdem wies ein Berater darauf hin, dass der Aufsichtsrat vor einem kurz bevorstehenden Personalwechsel im Vorstand kein Investorengespräch mehr führen sollte. Das verstehe im Nachhinein jeder.

3. *Enge Abstimmung zwischen Vorstand und Aufsichtsrat*

Für viele Berater war ebenfalls wichtig, dass sich der Aufsichtsrat vor Investorengesprächen eng mit dem Vorstand abstimmt, um die Reichweite etwaiger Äußerungen intern klar zu definieren und Abgrenzungsschwierigkeiten zu überwinden. Ein Berater dazu: *Da hat man dann eine konkludente Zustimmung, sodass man bei dem ganzen Thema mit den Kompetenzen entspannter ist.* Eine enge Abstimmung der Verwaltung sei auch praktisch umsetzbar, weil in einer Normalsituation Investorengespräche des Aufsichtsrats nicht sofort geführt werden, sondern die Zeiträume größer seien. Ein Experte hierzu: *Und dann taktet man das eben so, dass man vorher eine ganz klare Aufsichtsratssitzung nochmal hat und dazu spricht und mit dem Vorstand spricht und dann ist man aligned sozusagen.* Andere Experten machten aber auch darauf aufmerksam, dass eine enge Abstimmung zwischen Vorstand und Aufsichtsrat wahrscheinlich nur in Schön-Wetter-Zeiten zu erwarten sein wird. Hinderlich sei ferner ein irgendwie geartetes Konkurrenzverhältnis zwischen den einzelnen Persönlichkeiten in den Organen.

IV. Ergebnisse zu LT 4

Leitthese 4 konnte anhand der Bewertungen der Experten nur teilweise bestätigt werden. Nicht alle Experten teilten rechtliche Bedenken hinsichtlich der (informationellen) Gleichbehandlung der Aktionäre. Die bislang fehlende praktische Bedeutung des erweiterten Auskunftsanspruchs gemäß § 131 Abs. 4 S. 1 AktG wurde jedoch bestätigt. Ebenfalls gingen die befragten Experten davon aus, dass zukünftig zur selektiven Investorenkommunikation vermehrt kritische Fragen von Aktionären in der Hauptversammlung gestellt werden. Insoweit stimmten die Stellungnahmen der befragten Rechtsberater mit Leitthese 4 überein.

1. *Gleichbehandlung der Aktionäre*

Von einigen Beratern wurde das Thema der informationellen Gleichbehandlung der Aktionäre als Herausforderung angesehen (*Dann die Entscheidung mit der Gleichbehandlung, ist auch eine Schwierigkeit*; ein anderer: *Das Thema, was man wahrscheinlich noch am häufigsten hat und wo die Gesellschaften am unsichersten sind, ist immer das Thema mit selektiver Weitergabe an nur einzelne Shareholder*). Betont wurde dazu, dass man sich durch inhaltliche wie auch zeitliche Informationsvorsprünge einzelner Aktionäre immer angreifbar mache (*Du kannst es einem Aktionär schlecht erklären, dass so Gespräche stattfinden, dass Informationen ausgetauscht werden und er als Eigentümer der Hauptversammlung sie nicht kriegt*). Es sei jedoch völlig sinnlos, zu große Informationsasymmetrien zuzulassen (weiterführend: *(...), weil man in der Regel ohne Probleme sagen kann, worüber man gesprochen hat, wenn man das vernünftig macht*). Gegensätzlich wies ein Experte aber auch darauf hin, dass mit zunehmender Transparenz das Institut des informellen Investorengesprächs lahmgelegt werde, weil Aktiengesellschaften entsprechende Informationen gerade nicht öffentlich teilen wollen.

Andere Experten zogen die Schranke der informationellen Gleichbehandlung beim Investorendialog deutlich großzügiger. Man müsse nur im Gesamtkonzept darauf achten, keinen Aktionär zu bevorzugen. Auch sei nur Gleiches gleich zu behandeln, sodass Aktionäre mit wesentlichem Anteilsbesitz informationell bevorzugt werden dürften (*Ich bin auch nicht der Auffassung, dass ich einem 5%-Investor das Gleiche erzählen muss wie einem kleinen Aktionär*). Es liege außerdem im Interesse der Gesellschaft, zu verstehen, was die Hauptaktionäre wollen und erwarten (*Aber es geht darum, das sind keine Insiderinformationen, das sind Gespräche mit Eigentümern, let's face it*). Die Schranke der informationellen Gleichbehandlung der Aktionäre sei deshalb in der Praxis kein großes Problem. Außerdem gehe eine absolute informationelle Gleichbehandlung völlig an der Realität vorbei (vertiefend: *Die Gleichbehandlung der Aktionäre ist ja in der Praxis ohnehin nicht gegeben. Was mache ich denn mit den großen Aktionären? Die wissen eben mehr (...), das ist einfach so. Und das ist auch richtig so (...) es ist natürlich im Interesse der Gesellschaft, zu verstehen: „Was wollen meine Hauptaktionäre, was erwarten die?*).

2. Nachinformation der übrigen Aktionäre

Die Nachinformation der zunächst informationell benachteiligten Aktionäre begegnete den Beratern bei der Vorbereitung des Fragenkatalogs im *back office* für die Hauptversammlung (*(...) da wird das dezidiert nachgefragt. Jedenfalls, wenn es einen Anknüpfungsunkt gibt, dass man weiß, dass da Gespräche stattgefunden haben müssen*). Sie vermuteten zudem, dass über das erweiterte Auskunftsrecht zukünftig vermehrt kritische Fragen von Aktionären zur selektiven Investorenkommunikation des Aufsichtsrats gestellt werden (*Das wird natürlich Probleme geben. (...) das [bietet] dann natürlich mögliche Nahrung für HV-Profis*). Kritisch wurde in diesem Zusammenhang auf eine jüngere Entscheidung des LG Frankfurt a.M.[1129] aufmerksam gemacht, sodass insgesamt nicht klar sei, wie sich § 131 Abs. 4 AktG zu Informationsweitergaben des Aufsichtsrats verhalte.

1129 LG Frankfurt a.M., ZIP 2016, 1535.

Auch komme es zu Komplikationen, weil sich der Vorstand als Adressat des Auskunftsrechts in der Hauptversammlung stets beim Aufsichtsratsvorsitzenden über dessen Investorenkommunikation und deren Inhalte rückversichern müsse. Deshalb müsse der Aufsichtsratsvorsitzende dokumentieren, was mit wem besprochen werde. Darüber hinaus wurde jedoch auch hervorgehoben, dass das erweiterte Auskunftsrecht der Aktionäre in der Praxis bislang keine Relevanz hat, insbesondere weil die informationssuchenden Aktionäre über vergangene Investorengespräche nicht informiert werden (*Wie soll ich es wissen, dass da Informationen geflossen sind? Freiwillig wird das nicht offengelegt oder thematisiert in der Hauptversammlung*).

V. Ergebnisse zu LT 5

Leitthese 5 wurde durch das empirisch gewonnene Material bestätigt. Richtig war nach Ansicht der befragten unternehmensexternen Rechtsanwälte, dass die Legitimation allein des Aufsichtsratsvorsitzenden zum Investorendialog durch das Kollegialorgan Probleme bereitet. Auch ihrer Meinung nach biete sich als Lösung vor allem eine Regelung in der Geschäftsordnung für den Aufsichtsrat oder eine detailreichere Kommunikationsordnung an.

1. Aufsichtsratsvorsitzender im driver seat

Alle Experten sahen bei der Investorenkommunikation den Aufsichtsratsvorsitzenden in der kommunikativen Verantwortung. Das sei die Realität. Seine Zuständigkeit für Investorengespräche ergebe sich zudem aus der Natur seiner Rolle. Eine Reihe von Kompetenzen folge jedenfalls schon aus der besonderen, herausgehobenen Funktion des Vorsitzenden in einem Gremium. Referiert wurde auf die Leitungsfunktion des Aufsichtsratsvorsitzenden, seine Ordnungsfunktionen, seinen faktischen Einfluss auf die übrigen Aufsichtsratsmitglieder und auch seine Rolle als Sprecher des Aufsichtsrats. Im Innengefüge der Aktiengesellschaft sei er zudem das Bindeglied zwischen Vorstand und Aufsichtsrat, Adressat der Berichtspflicht des Vorstands und der primäre Ansprechpartner des Vorstandsvorsitzenden. Auch würden viele Satzungen die Sonderrolle des Aufsichtsratsvorsitzenden als Vertreter des Aufsichtsrats in der Öffentlichkeit festlegen. Einschränkend wurde hervorgehoben, der Investorendialog dürfe keine persönliche Veranstaltung sein, bei der der Aufsichtsratsvorsitzende nur seine Privatmeinung erzähle. Vielmehr habe der Vorsitzende des Aufsichtsrats die Meinung des Gesamtgremiums zu vertreten. Schließlich wurde darauf hingewiesen, dass der Aufsichtsratsvorsitzende die übrigen Aufsichtsratsmitglieder über Investorengespräche nachinformieren müsse.

Im Gegensatz zum Aufsichtsratsvorsitzenden dürfe ein ganz gewöhnliches Aufsichtsratsmitglied nicht ohne Absprache nach außen kommunizieren. Eine kommunikative Sonderrolle einfacher Aufsichtsratsmitglieder hielt ein Experte sogar für völlig verfehlt. Außerdem gefährde die Kommunikation durch zu viele Aufsichtsratsmitglieder die Einheitlichkeit der Außenkommunikation. Einige Experten ließen es dann aber zu, die Kommunikationsaufgabe an ein besonders kapitalmarkterfahrenes Aufsichtsratsmitglied zu delegieren oder einen Ausschuss zu bilden, der sich mit solchen Themen befasse. Letzteres wurde von einem Berater besonders gelobt, weil dahinter die Regelungstechnik stehe, den Ausschuss von seiner Kompetenz entsprechend durch einen Aufsichtsratsbeschluss auszustatten.

2. Legitimation durch das Gesamtorgan

Kritisch wurde diskutiert, welches rechtliche *backing* der Aufsichtsratsvorsitzende intern braucht, um Investorengespräche rechtssicher für das Gesamtgremium zu führen. Einzelne Berater konstatierten, dass es sich im Grunde um Auskünfte einer Einzelperson handele, die für ein Gremium spreche, ohne hierfür ausreichend legitimiert zu sein. Der Aufsichtsratsvorsitzende könne jedenfalls nicht den Willen des Gesamtaufsichtsrats bilden. Insofern müsse sich der Aufsichtsratsvorsitzende vorher mit dem Gesamtplenum abstimmen, um einen Gleichlauf mit der Meinung des Gesamtaufsichtsrats zu erreichen und den Aufsichtsrat als Kollegialorgan in den Investorendialog einzubinden. Es wurde aber auch festgestellt, dass der Aufsichtsratsvorsitzende nicht bei jeder Kommunikation vorher Rücksprache mit den übrigen Aufsichtsratsmitgliedern und Arbeitnehmervertretern halten könne. Dementsprechend gehe das Erfordernis eines Beschlusses für jeden Einzelfall an der Realität vorbei. Ein Experte differenzierte mit Blick auf die Stimmung unter den Aufsichtsratsmitgliedern, sodass ein alleiniges Vorpreschen des Aufsichtsratsvorsitzenden nur dann schwierig sei, wenn die einzelnen Mitglieder im Aufsichtsratsgremium zerstritten seien. Insgesamt sprachen sich die Experten für einen transparenten Prozess aus (*Wenn man da vorher darüber gesprochen hat und das geklärt hat, wer für solche Anfragen im Kollegialorgan zuständig ist, dann kriegt man das ganz gut hin*). Einige Berater verwiesen dafür auf eine Regelung in der Geschäftsordnung für den Aufsichtsrat. Hierdurch werde der Aufsichtsratsvorsitzende zum Investorendialog legitimiert, zugleich gebe eine solche Regelung den übrigen Aufsichtsratsmitgliedern aber auch die Sicherheit, dass der Vorsitzende nicht alleine davonpresche und sie vor vollendete Tatsachen stelle. Andere Experten sprachen sich für eine Kommunikationsordnung für den Aufsichtsrat aus.

B. Bewertungen aus Sicht der Syndikusrechtsanwälte

Die zuvor genannten Ergebnisse aus der Sicht unternehmensexterner Rechtsberater wurden durch die Expertenmeinungen der internen Berater komplementiert. Von ihnen wurden im Grunde ganz ähnliche Stellungnahmen und Bewertungen getroffen wie von ihren unternehmensexternen Kollegen. Auf Unterschiede wird im Folgenden ausdrücklich eingegangen.

I. Ergebnisse zu LT 1

Nach Auswertung des Interviewmaterials konnte im Gegensatz zur unternehmensexternen Sicht Leitthese 1 nur teilweise verifiziert werden. Richtig war für die befragten Syndikusrechtsanwälte zwar, dass direkte Gespräche zwischen dem Aufsichtsrat(svorsitzenden) und Investoren nicht bei allen börsennotierten Aktiengesellschaften gelebte Praxis sind. Mit Blick auf die Kommunikationsfrequenz des Aufsichtsrats benannten die unternehmensinternen Experten zudem die gleichen Kriterien wie ihre unternehmensexternen Kollegen. Uneinig waren sich die Experten jedoch zu der Frage, ob der Investorendialog des Aufsichtsrats zunehmend wichtiger wird. Ergänzend wurde sich zu einem proaktiv geführten Investorendialog des Aufsichtsrats geäußert.

1. Praxis des Investorendialogs

Einige Experten bekundeten, das Thema Investorendialog des Aufsichtsrats sei bei ihnen im Unternehmen schon immer präsent und bekannt gewesen. Ausdrücklich wurde von einer seit weit über einem Jahrzehnt gelebten Praxis gesprochen. Ein anderer Teil der Experten schilderte jedoch, dass der Dialog des Aufsichtsrats mit Investoren bei ihnen im Unternehmen ein aktuelleres Thema und damit neu auf die Tagesordnung gekommen sei. Vorher habe das Phänomen hingegen keine Rolle gespielt, etwa weil von der Investorenseite danach niemand gefragt habe (*In der jüngeren Vergangenheit ab und zu mal (...) gekommen*). Früher sei das Thema zudem als Nebenthema klar abgelehnt worden, wohingegen heute eine gewisse Offenheit vorherrsche (*Im Laufe der letzten Jahre ist das immer gängiger geworden*). Jedenfalls habe man inzwischen erkannt, man komme an dem Thema nicht vorbei. Grund dafür sei bspw. der steigende Druck von außen, für Investorengespräche bereitzustehen. Nicht zu unterschätzen sei darüber hinaus, dass das Thema in den letzten Jahren immer prominenter platziert wurde. Dementsprechend sei auch das Bewusstsein gewachsen, dass man sich dem nicht entziehen könne. Dennoch hielten einige der befragten Experten die praktische Relevanz von Aufsichtsratsgesprächen mit Investoren für überschätzt. Ein Experte hierzu: *Ist das mehr geworden? Ja bisschen. Ist es bei uns ein Riesenthema? Nein, ist es nicht.* Ein weiterer Experte äußerte sich ebenfalls sehr deutlich: *(...) das [ist] ein Thema, was in der öffentlichen Diskussion vollkommen überschätzt wird. Es findet auf Ebene unseres Hauses mit einer einzigen Ausnahme in den vergangenen zwei Jahren de facto nicht statt, dass Investoren das Gespräch mit dem Aufsichtsrat suchen.* Ein dritter Syndikus dazu: *Also sicherlich ist das nicht für jeden Aufsichtsratsvorsitzenden der Hauptjob und es gibt bestimmt bis heute viele, die noch nie so einen Dialog hatten.*

2. Kriterien für die Kommunikationsfrequenz des Aufsichtsrats

Mit Blick auf die Kommunikationsfrequenz wurden die gleichen Kriterien wie auch schon von den unternehmensexternen Rechtsberatern formuliert.

a) Unternehmensgröße

Zunächst wurde bestätigt, dass das Phänomen des Investorendialogs des Aufsichtsrats vor allem im DAX große Bedeutung erlangt hat (*Gelebte Praxis in der Breite nicht, aber bei den wirklich großen Unternehmen nach meinem Eindruck schon*). Es sei daher richtig, in DAX-Unternehmen von gelebter Praxis zu sprechen. Für kleinere Gesellschaften wurde das jedoch nicht bestätigt (*Spreizung zwischen Groß und Klein absehbar*). Bereits in den mittleren Börsensegmenten spiele der Investorendialog eine untergeordnete Rolle (*Insofern muss man da sehr, sehr vorsichtig sein, von DAX Unternehmen auf SDAX Unternehmen oder MDAX Unternehmen zu schließen*).

Interessant waren die von den Experten benannten Gründe für diese Unterschiede. Ein Experte schilderte, das Interesse der Investorenseite sei für große Unternehmen deutlich höher als bei kleinen Gesellschaften (*Man muss unterscheiden hinsichtlich der coverage, die Unternehmen durch Analysten und Investoren erfahren*). Davon hänge jedenfalls ab, wie viele Ressourcen Investoren bspw. mit ihren ESG-Abteilungen in die Analyse des Unternehmens stecken. Bei kleinen Unternehmen sei das sehr begrenzt. Auch wurde auf die unterschiedliche Rolle des Aufsichtsrats bzw. des Aufsichtsratsvorsitzenden bei einer kleinen Gesellschaft aufmerksam gemacht. Wesentlich sei, dass der Aufsichtsratsvorsitzende in großen Unternehmen einen *full time*-Job habe. In großen Unternehmen sei der Aufsichtsratsvorsitzende zudem mit Blick auf seine Ausstattung – etwa wegen eines eigenen Teams – viel weiter als in kleineren Unternehmen, sodass die zur Verfügung stehenden Firmenressourcen und die verfügbare Zeit für das im Detail komplexe Thema Investorendialog ausreichen. Zu Problemen komme es aber bei kleineren Gesellschaften: *Kleine Unternehmen greifen dann ganz gerne auch eher zu standardisierten Lösungen, wo dann auch eine roadshow keinen Sinn macht. Das bedeutet, die Kommunikationsaktivität eines kleinen Unternehmens, wo sie teilweise eine Milliarde Umsatz, aber nur eine Person in der Rechtsabteilung inhouse sehen, ist naturgemäß begrenzt* (vertiefend ein anderer: *Wir haben keine Leute, die sich hauptberuflich mit den Ideen der Kommission beschäftigen können. Wir haben keine Leute, die hauptberuflich Corporate Governance-Themen bearbeiten. Wir haben auch kein eigenes Aufsichtsratsbüro und auch kein Sekretariat für den Aufsichtsratsvorsitzenden*). Schließlich sei bei großen, kapitalmarktorientierten DAX-Werten die gesamte Investor Relations-Tätigkeit auf einem anderen Niveau. Deshalb sei auch der Investorendialog des Aufsichtsrats nicht so fremd wie bei kleineren, weniger global aufgestellten Unternehmen.

b) Konkrete Unternehmenssituation

Darüber hinaus wurde hervorgehoben, dass die konkrete Unternehmenssituation für die Kommunikationsfrequenz des Aufsichtsrats entscheidend sei (*Es ist natürlich auch immer die Frage, in welcher Situation man sich befindet*). Einige Experten bezogen den Investorendialog vor allem situationsbezogen auf die Phase der Hauptversammlungsvorbereitung. Für einen Experten war das sogar der zentrale Treiber, in das Thema einzusteigen. Sein Unternehmen habe die Notwendigkeit erkannt, einen stärkeren Schulterschluss mit Investoren zu suchen. Der Impuls für Investorengespräche sei deshalb von der Gesellschaftsseite ausgegangen, hingegen nicht so stark von der Investorenseite bespielt worden. Zum hauptversammlungsbezogenen Investorendialog wurde konstatiert wie wertvoll er sei, etwa um die Stimmung bei wichtigen Anlegern einschätzen zu können. Außerdem könne man Hauptversammlungsentscheidungen aus dem Zuständigkeitsbereich des Aufsichtsrats auf eine sichere Grundlage stellen (*Wir haben einfach gesehen, dass wir durch Nichtsprechen nicht wirklich weiterkommen, sondern dass wir den Dialog vor allem schon weit im Vorfeld vor der Hauptversammlung führen müssen, um die Leute abzuholen mit den Überlegungen, die wir angestellt haben*). Dem folgend bestätigten auch andere Experten, dass bspw. Personalentscheidungen für die Aufsichtsratswahl oder Vergütungssysteme in ihren Unternehmen durch Investorengespräche verprobt werden (*(...) sie möchten das gerne dann auch erläutern und abgesichert haben. Weil Sie wissen ja auch: Wenn die Hauptversammlung stattfindet, dann sind die Stimmen alle abgegeben*). Darüber hinaus könne Investorenfeedback eingesammelt werden und in die inhaltliche Arbeit des Aufsichtsratsgremiums einfließen. Über den hauptversammlungsbezogenen Investorendialog wurde schließlich berichtet, dieser laufe extrem zivilisiert, höflich und sachorientiert ab. Ausdrücklich wurde von offenen und transparenten Gesprächen gesprochen, bei denen die bisherigen Erfahrungen durchweg positiv seien, was sich auch an besseren Hauptversammlungsergebnissen zeige.

Ganz besonders werde der Investorendialog auch in angespannten Situationen relevant. Ein Experte präzisierte: *Sie kriegen den Investorendialog mit dem Aufsichtsrat in dem Moment, wo ihr Unternehmen entweder nicht mehr performt oder Compliance-Themen hat* (vertiefend: *Angesichts der rechtlichen Verfehlungen im DAX-Bereich aus der jüngeren Vergangenheit darf man sich auch nicht wundern, dass dieses Phänomen insbesondere dort zu Tage tritt*). Außerhalb einer Krisenzeit bestehe für Investoren hingegen kein Bedürfnis, den Dialog auch mit dem Aufsichtsrat zu suchen. Dialoge seien aufwendig und kostenintensiv, weil Mitarbeiter entsprechende Gespräche vorbereiten und nachhalten müssen. Betont wurde auch, dass Investoren sich vor allem an den Aufsichtsrat wenden, wenn das verantwortliche Management eine Unternehmenskrise nicht in den Griff bekomme. Die Ansprache des Aufsichtsrats sei also oft durch den Wunsch nach einer neuen Personalbesetzung geprägt. Ein Experte hierzu ausdrücklich: *Erst, wenn er mit dem Vorstand so richtig aneinandergeraten ist und die sich überhaupt nicht einig werden können und er dann auf Krawall gebürstet ist, dann würde er zum Aufsichtsrat gehen und sagen, „Der Vorstand muss weg."* Die Experten betonten sogar, in einer Krisenzeit bestehe kaum eine andere Alternative, als den Dialog auch mit dem Aufsichtsrat zuzulassen. Eine gänzlich abweisende Haltung werde man jedenfalls kaum einnehmen können. Als Paradefall wurde ebenso wie zuvor von den unternehmensexternen Rechtsanwälten der Fall Deutsche Börse/TCI hervorgehoben. Ein Experten fügte als neuen Aspekt hinzu, der Investorendialog könne auch und vor allem der Krisenprävention dienen.

c) Unternehmensspezifische Aktionärsstruktur

Zudem habe die unternehmensspezifische Eigentümerstruktur wesentlichen Einfluss darauf, ob und wie oft der Investorendialog stattfinde. Wichtig sei etwa die Höhe des Streubesitzanteils, weil davon abhänge, ob man um Mehrheiten auf der Hauptversammlung zu fürchten habe. Bei Unternehmen mit hohem *free float* könne die Bitte eines größeren Investors nach einem Investorengespräch kaum abgelehnt oder dauerhaft ignoriert werden (*Und was will ich denn machen, wenn ich einen Investor habe, der sagt: „Ich möchte mit dem Aufsichtsratsvorsitzenden reden, ansonsten stimme ich in der Hauptversammlung gegen alles, was ihr macht", Dann finde ich das zwar doof, aber natürlich kann er dann mit dem Aufsichtsratsvorsitzenden reden*). Darüber hinaus wurde die Rolle von ausländischen sowie insbesondere angelsächsischen Investoren betont. Mit der Internationalisierung der Aktionärsbasis habe sich ein vermeintlicher Anspruch auf ein Gespräch mit dem Aufsichtsratsvorsitzenden auch im deutschen Recht verfestigt (*Und wenn das dauernd nachgefragt wird, dann stellen sich Firmen auch darauf ein*). Einige Experten schilderten darüber hinaus, dass anglo-amerikanische Investoren manchmal Schwierigkeiten haben, das deutsche Governance-System zu verstehen (*Also die kommen nicht aus der Dogmatik, sondern einfach nur aus ihrer anglo-amerikanischen Denke*). Sie würden den Aufsichtsratsvorsitzenden ansprechen, weil sie ihn irreführend für den *chairman of the board* halten, der international viel stärker mit Investoren agiert (vertiefend: *75-80% der Footsie-Unternehmen in England haben ein Engagement des chairman mit Investoren*). Entgegnet wurde dem jedoch auch, dass ausländische Investoren die Aufteilung von Vorstand und Aufsichtsrat verstehen und mittlerweile wissen, wer zu welchen Themen sprechen kann. Schließlich bestätigten die Experten den Einfluss von aktiven Investoren, die inzwischen von sich aus häufiger auf Aufsichtsräte zugehen und Dialoge auf ihre Initiative beginnen (*Mittlerweile haben alle möglichen großen Investoren (...) entsprechende Governance-Abteilungen und damit ist es klar, dass das Thema eine ganz andere Dynamik und Konjunktur hat und (...) sich Gesprächswünsche von Investoren an den Aufsichtsrat häufen*). Wesentlich sei zudem die größere Bedeutung von Corporate Governance-Themen, aber auch von Nachhaltigkeits- und ESG-Themen im Investitionsverhalten der Kundschaft von Fondsgesellschaften. Für Investoren sei es daher insgesamt zu wenig, sich nur aus der Papierlage des Geschäftsberichts zu informieren. Darüber hinaus wurde das Auftreten von aktivistischen Aktionären angesprochen. Auch für sie sei das Instrument des Investorengesprächs mit dem Aufsichtsrat interessant, um stärkeren Einfluss auf die Verwaltung auszuüben.

d) Persönlichkeit des Aufsichtsratsvorsitzenden

Von den Experten wurde darüber hinaus hervorgehoben, dass der Investorendialog stark persönlichkeitsbezogen und personenabhängig sei. Es gebe Aufsichtsratsvorsitzende mit sehr starkem Sendungsbewusstsein, die das Investorengespräch geradezu suchen (*Nichts ist größer als das Ego von Managern und möglicherweise finden es auch manche Aufsichtsratsvorsitzende wahnsinnig toll, wenn sie von wem auch immer da in den Dialog einbezogen werden*). Motivieren könne sie jedoch auch, besonders engagiert für das Unternehmen zu kämpfen. Im Gegensatz zu ihnen gebe es Vorsitzende, die sehr zurückhaltend agieren und sich beim Investorendialog nicht in einer neuen oder veränderten Rolle sehen. Diese Mandatsträger würden den Aufsichtsrat weiterhin als internes Gremium verstehen, das mit der Außendarstellung des Unternehmens gegenüber

Investoren im Grunde nichts zu tun habe. Darüber hinaus machten einige der Experten deutlich, dass manche Aufsichtsratsvorsitzende mit dem Investorendialog auch nichts zu tun haben möchten (*Also das ist insofern auch für den Aufsichtsratsvorsitzenden eine [dreifach]-doofe Situation (...): Wenn er sich äußert, dann begibt er sich in einen potenziellen Konflikt mit seinem Vorstand. Er hat keine Stütze im Aktiengesetz und er macht sich eventuell Ärger im Aufsichtsrat, ja. Wenn er es muss: ok. Wenn er es nicht muss (...) legt er auch keinen großen Wert darauf*). Eine zusätzliche Last sei die äußerst aufwendige Integration der Aufsichtsratsmitglieder in die Compliance-Prozesse des Unternehmens: *Ich glaube, das ist nichts, was fürchterlich populär bei Mitgliedern des Aufsichtsrats wäre. Das ist aufwendig, was wir da heute im Bereich Vorstand, erste Führungsebene und IR und Corporate Communications machen. Und ich würde fast annehmen, dass mancher Aufsichtsrat sagen würde: „Damit will ich erst gar nichts zu tun haben, lasst mich aus diesen Dialogen raus, dann habe ich da auch keine weiteren Themen, auf die ich achten muss."* Außerdem wurde betont, dass es Probleme mit der Sprache gebe. Bislang habe es jedenfalls nicht zum Anforderungsprofil eines Aufsichtsratsvorsitzenden gehört, sehr gut Englisch zu sprechen. Erst recht sei nicht Voraussetzung gewesen, kritische Fragen von Profi-Anlegern in der von Investoren geforderten Detailtiefe auf Augenhöhe und in einer Fremdsprache zu behandeln. Darüber hinaus fehle bei vielen Mandatsträgern internationale Kapitalmarktexpertise und Erfahrung. Des Weiteren könne der Aufsichtsratsvorsitzende bei der Außenkommunikation aber auch sehr zurückhaltend auftreten, um dem Vorstand das Leben nicht unnötig zu erschweren.

e) Verhältnis zum Vorstand bzw. Vorstandsvorsitzenden

Einige Experten führten zudem aus, auch das Verhältnis zwischen Vorstand und Aufsichtsrat habe Einfluss auf die Kommunikationsfrequenz des Aufsichtsrats. Entscheidend sei immer, welche Persönlichkeiten in den Gremien aufeinanderstoßen. Ein Experte attestierte für sein Unternehmen, dass der Investorendialog weder vom Aufsichtsrat noch vom Vorstand gewünscht werde. Er äußerte sich wie folgt: *Insgesamt denke ich, ist es für den Vorstand immer (...) erwünschter, wenn er alleine kommuniziert und darum ist es, glaube ich, auch richtig und in unserer Unternehmung auch Praxis, dass die Aufsichtsratskommunikation mit Investoren die absolute Ausnahme ist.*

3. Ausblick auf die zukünftige Aufsichtsratspraxis

Fast alle Experten bestätigten, dass der Dialog zwischen Aufsichtsrat und Investoren zukünftig wichtiger wird. Ändern werde sich zukünftig vor allem das

Bewusstsein der Unternehmen und der betroffenen Aufsichtsräte, sodass der Investorendialog in der deutschen Unternehmenslandschaft nicht mehr nur als ungewöhnlich wahrgenommen oder ausschließlich als Sache des Vorstands eingeordnet werde. Auch sei der Investorendialog in Zukunft für kleinere Gesellschaften von Bedeutung. Des Weiteren werde mit Inkrafttreten des ARUG II durch die regelmäßige Behandlung der Vorstandsvergütung auf der Hauptversammlung der Aufsichtsratsdialog mit Investoren noch mehr im Fokus stehen. Die befragten Experten gingen auch davon aus, dass die Anzahl der Dialoganfragen von der Investorenseite zunehmen wird. Zum einen verwiesen sie dafür auf jüngere Gesetzesvorhaben, in denen die Europäische Kommission Shareholder Engagement als eine wichtige Maßnahme erkannt habe (*Jetzt die Forderung, auch mit den companies zu sprechen, auch mit dem Aufsichtsratsvorsitzenden zu sprechen, ist allgegenwärtig*). Dem würden sich heute auch Fondsgesellschaften verpflichtet fühlen, zumal darüber zunehmend Transparenz zu zeigen sei. Darin liege insgesamt also ein Treiber, auch den Dialog mit dem Aufsichtsrat aktiv einzufordern. Zum anderen war nach Ansicht einzelner Experten wesentlich, dass große Investoren eigene Kodizes haben und dadurch selbst gefordert sind, zu bestimmten Fragen mit der Gesellschaft den Kontakt zu suchen (*Und da sehe ich halt einfach: Die fordern das und das wird mehr werden*). Im Gegensatz zu allen anderen ging lediglich ein Experte davon aus, dass der Dialog bei ihm im Unternehmen nicht häufiger vorkommen wird. Er erwartete im Grund keine signifikante Zunahme in der Zukunft, es sei denn, es komme zu unerwarteten Krisen.

4. Proaktive Aufsichtsratsgespräche mit Investoren

Im Gegensatz zu den unternehmensexternen Kollegen würdigten unternehmensinterne Stimmen, den Investorendialog des Aufsichtsrats proaktiv zu gestalten, um etwa im Rahmen einer Corporate Governance-*roadshow* Investorengruppen aktiv anzusprechen. Einzelne Berater bestätigten dahingehend, bei ihnen im Unternehmen führe der Aufsichtsratsvorsitzende seit wenigen Jahren in einer gewissen institutionellen Weise Gespräche mit Investoren. Wesentlicher Vorteil sei hierbei, dass das Unternehmen selbst entscheide, mit wem es sprechen möchte. Außerdem trete man mit einer eigenen Agenda an die Investoren heran. Schließlich bedürfe ein Dialogformat, dass man es pflegt. Wiederum andere differenzierten situationsgebunden zwischen einem reaktiven und einem proaktiven Gepräge. Letzteres biete sich vor allem bei einem aktuellen Thema wie bspw. einem neuen Vergütungssystem oder einem Tagesordnungspunkt auf der Hauptversammlung an. Gegensätzlich lehnten andere Stimmen eine proaktive Gestaltung von Investorengesprächen generell ab, weil die Initiative vom Investor ausgehen solle. Alles andere gehe zu weit oder sei in der derzeitigen Lage im eigenen Unternehmen schwer durchzusetzen. Einzelne Experten bezweifelten auch ausdrücklich, ob ein aktiver Dialog für Unternehmen überhaupt erstrebenswert sei. Ihrer Meinung nach bringe der Aufsichtsratsdialog jedenfalls in ihren Unternehmen kaum einen Mehrwert.

II. Ergebnisse zu LT 2

Leitthese 2 konnte nach Auswertung der unternehmensinternen Expertenmeinungen nur teilweise bestätigt werden. Zwar war für alle Rechtsberater die rechtsfortbildende Konstruktion einer Annexkompetenz des Aufsichtsrats zum Dialog mit Investoren dogmatisch möglich. Die meisten von ihnen gingen zudem davon aus, dass es keiner klarstellenden gesetzlichen Regelung bedarf. Der Wunsch nach einer solchen wurde aber ebenfalls geäußert.

1. Begrenzte (Annex-)Kompetenz des Aufsichtsrats

Zunächst bestätigten die Experten, dass Aufgaben in den Investor Relations eigentlich Geschäftsführungsaufgaben bzw. Leitungsaufgaben und damit keine Aufsichtsratsaufgaben sind. Mangels klarer Rechtsgrundlage oder klärender obergerichtlicher Rechtsprechung könne man sich deshalb über die Frage, ob der Aufsichtsrat mit Investoren sprechen darf, trefflich streiten. Im Grunde merkten die Experten aber einstimmig an, dass zur Kommunikation des Unternehmens Bereiche gehören, die in den Aufgabenkatalog des Aufsichtsrats fallen und für die der Aufsichtsrat originär zuständig ist. Verglichen wurde die Trennung auch mit der Situation in der Hauptversammlung, in der der Aufsichtsratsvorsitzende Aktionärsfragen beantworte, sobald Fragen zum Aufsichtsrat kommen. Insoweit fasste ein Experte prägnant zusammen: *Wir haben in Deutschland ein zweigleisiges System und an sich: Erster Ansprechpartner für Investoren ist der Vorstand. Der Aufsichtsrat nur in bestimmten kleineren Bereichen, wenn es zum Beispiel um Vorstandsvergütung geht oder originäre Fragen gibt, die nur der Aufsichtsrat beantworten kann. Da ist er Ansprechpartner. Ansonsten ist es der Vorstand.*

Dogmatisch griffen die Interviewpartner für eine Investorenkommunikation des Aufsichtsrats auf eine Annexkompetenz des Aufsichtsrats zurück. Betont wurde aber auch, es bestehe relativ wenig Zeit und Interesse, sich mit diesen Fragen dogmatisch auseinanderzusetzen. Im Übrigen sei der Aufsichtsratsdialog mit Investoren aktienrechtlich nicht verboten (*Wenn nirgendwo steht, dass es verboten ist, dann darf ich es und suche nicht nochmal eine positive Erklärung im Gesetz*). Darüber hinaus sei auch eine Annexkompetenz ein Thema, das beim Aufsichtsrat sehr breitflächig Anwendung finde. Ein Experte fasste wie folgt zusammen: *Sie haben am Ende letztlich keine herrschende Meinung, die dagegenspricht.* Statt der Frage nach der grundsätzlichen Zulässigkeit komme es deshalb vor allem auf die rechtlichen Grenzen des Investorendialogs und deren fehlerfreie Umsetzung in der Praxis an, um das Aktiengesetz nicht zu überdehnen (*Und da geht es ja im Wesentlichen um die Frage: „Spricht wirklich das jeweilige Gremium wirklich nur zu den Themen, die es betrifft?"*).

Vertieft wurden auch die Argumente, die für die Konstruktion einer rechtsfortbildenden Annexkompetenz zum Investorendialog sprechen. Zu Aufsichtsratsthemen sei der Aufsichtsratsvorsitzende der richtige Ansprechpartner, weil der Vorstand entweder nichts oder nur mittelbar etwas dazu sagen könne. Verschärfend wurde von einem Experten darauf hingewiesen, dass der Vorstand zu originären Aufsichtsratsthemen wahrscheinlich auch nichts sagen dürfe. Jedenfalls gebe es für den Vorstand natürliche Interessenkonflikte zu bestimmten Themen, die die Glaubwürdigkeit und den Umfang seiner Aussagen beschränken. Über Aufsichtsratsthemen müsse also der Aufsichtsrat als „Herr des Ganzen" kommunizieren können. Ausschlaggebend seien überdies Praxisgesichtspunkte. Zum einen gebe es aus Investorensicht ein legitimes Interesse, auch mit dem Aufsichtsrat zu sprechen und hierfür nicht an die Investor Relations-Abteilung oder den Vorstand verwiesen zu werden. Zum anderen sei der Investorendialog auch aus Unternehmenssicht wertvoll, etwa um eigene Unternehmensbotschaften bei den Investoren zu hinterlassen oder (geplante) Abweichungen zu deren Corporate Governance-Richtlinien – bspw. beim Thema *cooling off* oder der Länge der Mandatsperiode – zu erläutern. Gleiches gelte vor kritischen Hauptversammlungsbeschlüssen (*Sodass also die Kommunikationsanforderungen an Unternehmen zunehmen, sie haben andere Hauptversammlungsergebnisse und andere Hauptversammlungsdynamiken. Und dem muss man sich stellen, das heißt also, die aktienrechtlichen Argumente treten da in den Hintergrund*). Außerdem habe der Aufsichtsratsvorsitzende im eingehenden Gespräch mit ausländischen Investoren die Möglichkeit, vertiefend für das deutsche Corporate Governance-System mit seinen getrennten Zuständigkeitsbereichen von Vorstand und Aufsichtsrat zu sensibilisieren, was bestehende oder zukünftige Missverständnisse verhindern könne. Darüber hinaus wurde von den Experten berichtet, das Investorengespräch sei auch für den Aufsichtsratsvorsitzenden eine unabhängige Informationsquelle, um bspw. etwas über die Akzeptanz des Vorstands am Kapitalmarkt zu erfahren. Solche Informationen könnten anschließend für die Schwerpunktsetzung bei der täglichen Aufsichtsratsarbeit genutzt werden. Begründet wurde eine Annexkompetenz des Aufsichtsratsorgans zum Dialog mit Investoren ferner mit der inzwischen veränderten Rolle des Aufsichtsrats und dessen Aufwertung hinsichtlich seiner Pflichten, der Kontrolldichte und seiner

Nähe zur geschäftlichen Tätigkeit (*Das spielt irgendwie in das Gesamtthemenfeld der zunehmenden Anforderungen an die Aufsichtsratstätigkeit, Professionalisierung, Aufsichtsratsvorsitzender als full time-Job*). Aufsichtsrats(vorsitzende) seien deshalb inzwischen in einem Investorengespräch auch auskunftsfähig. Schließlich fügten einige Experten hinzu, dass selbst der Vorstand die Kommunikation des Aufsichtsrats über Aufsichtsratsthemen als Unterstützung betrachte.

Wenige Experten äußerten sich zur Annexkompetenz des Aufsichtsrats kritisch. Ein Syndikus dazu: *Ja, die [dogmatische Grundlage für den Dialog] fehlt mir (...) eben ja, wie gesagt: Ich finde nichts im Aktiengesetz, wo drin steht „Der Aufsichtsrat sollte/könnte/müsste...“*. Der Rückgriff auf Annexkompetenzen sei zwar möglich, aber auch immer Ausdruck eigener Verzweiflung. Die Konstruktion einer Annexkompetenz sei insofern ein ziemlich dürftiger Weg, wenn es darum gehe, an der durchaus bewährten Kompetenzverteilung zwischen Aufsichtsrat und Vorstand bei deutschen Aktiengesellschaften zu rütteln (*Wir haben eine Kompetenzverteilung in Deutschland zwischen Aufsichtsrat und Vorstand, die man mit so etwas beginnt aufzubrechen. Und das kommt, sag ich mal, mit rechtlichen Unschärfen einher, sag ich mal, von denen wir nicht verstehen, warum wir uns die freiwillig antun sollten*).

Die meisten Experten konnten ablehnende Stimmen zum Investorendialog jedoch nicht nachvollziehen. Sie waren sogar irritiert, wie viele Rechtswissenschaftler sich gänzlich ablehnend zum Investorendialog geäußert haben. In der Theorie könne man zwar behaupten, dass mit einer zusätzlichen Aufsichtsratskommunikation rechtliche Risiken steigen. In der Praxis sei es aber so, dass man hierdurch den eigenen Aufsichtsratsvorsitzenden für unfähig halte, Investorengespräche professionell zu führen. Außerdem werde von akademischen Stimmen bei Weitem die praxisprägende Kraft von Einfluss unterschätzt. Einem Investor mit entsprechender Investitionsposition oder Macht könne man jedenfalls nicht mit dem Verweis auf rechtliche Bedenken einen Gesprächswunsch verweigern. Einzelne Experten hielten als Ergebnis deshalb fest, dass eine gänzlich ablehnende Sichtweise zum Investorendialog des Aufsichtsrats von der Praxis überholt wurde.

2. Konkretisierung de lege ferenda?

Von einzelnen Experten wurde eine Präzisierung *de lege ferenda* für möglich gehalten, teilweise auch gewünscht. Damit könne sich eine klarstellende dogmatische Grundlage etablieren. Eine solche sei nie verkehrt, regele den Investorendialog sauberer und habe Signalwirkung (*Es wäre ja einfach, als Gesetzgeber zu sagen, „Ich lasse den Dialog zu, aber zu folgenden drei Themen.“ Und dann haben wir eine klare Rechtslage in der Außenkommunikation*; ein anderer Experte auch: *(...) wenn das so umstritten ist, gerade mit Juristen, (...) [wäre es] klarstellend ganz schön*). Ein dritter Experte äußerte ausdrücklich: *Wenn der Gesetzgeber nichts machen will, fände ich persönlich schade.* Insoweit findet die Sichtweise der unternehmensexternen Rechtsberater, die zum Teil ebenfalls für eine klarstellende gesetzliche Regelung plädierten, auch aus unternehmensinterner Sicht eine Entsprechung.

Eine spezifische gesetzliche Regelung zum Investorendialog fehle nach überwiegender Ansicht der Experten aber nicht. Die rechtsfortbildende Konstruktion der Dialogkompetenz als Annexkompetenz reiche vollkommen aus. Dafür spreche etwa, dass sehr viele Dinge in einer Graustufe laufen (*Aber auch wenn ich Jurist bin, schreie ich nicht immer gleich nach dem Gesetzgeber*). Positiv sei zudem die Verbreitung einer belastbareren Aufsichtsratspraxis zum Investorendialog in den letzten Jahren (*Aber dadurch, dass sich die best practice dazu jetzt gebildet hat und weil das überall so gemacht wird, würde ich jetzt (...) rechtlich auch keine größeren Bedenken sehen*). Einige Experten hielten eine gesetzliche Regelung sogar für unmöglich, weil man den Investorendialog in der Praxis nicht geregelt bekomme. Allgemeine Vorgaben würden nicht helfen, sondern die Unsicherheit verstärken. Eine zu konkrete Regelung wiederum sei sehr einschränkend. Ein anderer Experte differenzierte hinsichtlich des Vertrauensverhältnisses zwischen Vorstand und Aufsichtsrat, das regulatorisch jedoch kaum greifbar sei (*Also wenn sie in einem Unternehmen arbeiten, wo dieses Verhältnis nicht ganz störungsfrei ist, ist jede zusätzliche Anfrage von Investorenseite oder jeder Wunsch des Aufsichtsratsvorsitzenden nach einer roadshow für den Vorstand keine gute Nachricht. Wenn es natürlich so ist, dass das ganze Vertrauensverhältnis eng ist, ist es oft unproblematisch und dann ist es eigentlich auch so, dass wir mit den Vorgaben des Kodex und auch diesen Leitlinien gut arbeiten können*). Insgesamt handele es sich beim Investorendialog daher um ein Problem, das man in der Praxis und vor allem unternehmensintern und nicht durch ein (neues) Regulativ lösen müsse.

III. Ergebnisse zu LT 3

Die Annahmen in Leitthese 3, wonach bei Unsicherheiten über die konkrete inhaltliche Reichweite der Annexkompetenz der Aufsichtsrat zurückhaltend zu kommunizieren und sich inhaltlich eng mit dem Vorstand abzustimmen hat, wurden durch das Interviewmaterial bestätigt. Die unternehmensinternen Rechtsberater äußerten sich im Vergleich zu ihren unternehmensexternen Kollegen außerdem zu zwei bislang noch nicht genannten Lösungsansätzen, um

Strategiedialoge des Aufsichtsrats zu verhindern. Zum einen wurde vorgeschlagen, dass Vorstand und Aufsichtsrat gemeinsam im Investorengespräch auftreten können. Zum anderen wurde empfohlen, vor Investorengesprächen ein strikteres Erwartungsmanagement durchzuführen.

1. *Rechtsunsicherheit über die inhaltliche Reichweite der Annexkompetenz*

Die Annexkompetenz des Aufsichtsrats erlaube nach Ansicht der befragten Experten zunächst eine klare Zuordnung von aufsichtsratsspezifischen Themen, die unkritisch seien. Inhaltlich könne im Investorendialog vor allem über die Personalkompetenz und damit im Wesentlichen über die Vorstandsbesetzung, die Nachfolgeplanung und Nachfolgeprozesse – ausdrücklich genannt wurde auch das Thema Diversität – und das System der Vorstandsvergütung gesprochen werden. Sprechen dürfe der Aufsichtsrat darüber hinaus über seine Zusammensetzung – etwa mit Blick auf seine Unabhängigkeit oder die Erfahrung und die Fähigkeiten seiner Mitglieder – und über aufsichtsratsinterne Themen im Sinne seines Selbstorganisationsrechts, vor allem über die Zusammenarbeit und Ausschussbildung im Kontrollgremium.

Schwierig sei es aber, im Bereich der Kontrollkompetenzen eine klare Trennlinie für zulässige Gesprächsinhalte zu ziehen. Vor allem gehe es um die Reichweite von Äußerungen im Bereich der Unternehmensstrategie. Hier komme es zu erheblichen Abgrenzungsproblemen (*Da dann eine Trennlinie zu ziehen, die auch noch trennscharf ist – äußerst schwierig*). Befeuert werde das Problem dadurch, dass sich Investoren im Besonderen für die Diskussion strategischer Themen interessieren. Außerdem sei eine stärkere Diskussion in Richtung Geschäftsstrategie zu erwarten, wenn sich die Gesellschaft in einer Schieflage befinde. Von fast allen Experten wurde darauf hingewiesen, dass der Aufsichtsrat zu strategischen und operativen Fragen im Grunde nicht antworten dürfe. Zwar trage der Aufsichtsrat die Unternehmensstrategie mit, begleite und berate den Vorstand bei der Strategieentwicklung, mache eine eigene Plausibilitätsprüfung oder stimme bestimmten Maßnahmen zu. Initiator und letztverantwortlich bleibe aber immer der Vorstand. Deshalb sei das Thema dem Vorstand auch in der Außenkommunikation exklusiv zugewiesen. Dennoch bestätigten zwei Experten, dass in ihrem Unternehmen auch der Aufsichtsrat zu strategischen Themen Stellung nimmt. Ein anderer Teil der Befragten bewertete es allenfalls noch als zulässig, dass der Aufsichtsratsvorsitzende über die Begleitung des Strategieprozesses spricht (*Also würde ich klar unterscheiden zwischen einem eher prozeduralen Angang, wie der Aufsichtsrat die Dinge begleitet seitens des Vorstands*

(...), zu der wirklich inhaltlichen Frage Strategie und da ist der Vorstand aus meiner Sicht der, der allein entscheidet). Äußern dürfe sich der Aufsichtsrat auch nur auf einem sehr abstrakten Niveau. Eine dritte Gruppe der befragten Experten war noch zurückhaltender. Diese Syndizi bestätigten als eine Regel in ihrem Unternehmen, dass der Aufsichtsratsdialog nur auf klassische Aufsichtsratsthemen im engeren Sinne, also im Wesentlichen auf die Personalkompetenz und das Vergütungsthema, begrenzt werde. Im Gegensatz zu den klassischen Aufsichtsratsthemen stehe den Investoren zu allen strategischen Fragen schließlich der Vorstand als tauglicher und deutlich kompetenterer Ansprechpartner auf der Unternehmensseite zur Verfügung (*Das ist eine Geschichte, die man besser mit dem Vorstand bespricht als mit einem Aufsichtsrat, der ja nur aus einer beobachtenden Rolle eigentlich, vielleicht noch beratenden Rolle im Sinne eines Sparringspartners damit zu tun hat*). Deutlich dazu auch ein anderer Experte: *Und (...) wenn Sie jetzt mal davon absehen, ob der Aufsichtsrat die richtigen Vorstandsmitglieder ausgesucht hat und die richtig vergütet, bleiben da de facto keine Themen mehr übrig, wo ein Vorstand oder ein IR-Mitarbeiter nicht der kompetentere Ansprechpartner wäre* (vertiefend derselbe: *Warum soll [ein Investor] da mit dem Aufsichtsrat reden? Der ist doch Lichtjahre entfernt von diesen Themen*).

2. *Zurückhaltung des Aufsichtsratsvorsitzenden*

Die Experten äußerten, jedes Gespräch über die Strategie oder zumindest die Rolle des Aufsichtsrats im Strategieprozess sei in der praktischen Ausgestaltung ungemütlich. Es bestehe für Vorstand und Aufsichtsrat eine hohe Gefahr, inhaltlich auseinanderdividiert zu werden. Sehr leicht erwecke man damit einen nicht abgestimmten und auseinanderlaufenden Eindruck, der einer konsistenten Kapitalmarktkommunikation schade. Die befragten Experten befürworteten daher eine vorsichtige Zurückhaltung des Aufsichtsrats. Es müsse sehr genau darauf geachtet werden, die Gesprächsfelder auf den eigenen Kompetenzbereich zu begrenzen. Um nicht in Schwierigkeiten zu geraten, wurde empfohlen, dass sich Aufsichtsratsvorsitzende im Strategiedialog mit Investoren möglichst passiv verhalten, d.h. vor allem aktiv zuhören und die Positionen der Investoren zu Strategiefragen nur zur Kenntnis nehmen. Komme es doch zu Aussagen über die strategische Ausrichtung des Unternehmens, beschränke bereits das Unternehmensinteresse die Auskunft des Aufsichtsrats darauf, dem Vorstand den Rücken zu stärken (*Ansonsten wäre das nicht im Unternehmensinteresse. (...) Das Unternehmensinteresse ist nicht gegenüber Dritten außerhalb des Unternehmens zu zeigen, dass man unterschiedlicher Auffassung ist*). Wenn der Aufsichtsrat mit der Vorstandsstrategie unzufrieden sei, habe man den internen Dialog zu suchen oder einen neuen Vorstand zu bestellen. Komme der Aufsichtsrat zu der Entscheidung, den Vorstand auszuwechseln, könne er anschließend darüber im Außenverhältnis berichten. Einige Experten bezweifelten aber auch ausdrücklich, dass ein Gespräch, in dem es ausschließlich zu den Vorstand unterstützenden Aussagen kommt, überhaupt einen Mehrwert bringe (*Mir kann keiner erzählen, dass das Signal an einen Investor, wie toll ich jetzt den Vorstandsvorsitzenden gerade finde, dem Unternehmensinteresse dient*).

3. *Enge Abstimmung zwischen Vorstand und Aufsichtsrat*

Ein wesentlicher Aspekt war für die Rechtsberater auch die enge Abstimmung zwischen Vorstand und Aufsichtsrat bei der Kommunikation nach außen (*Man stimmt sich ab und dann empfehlen beide das Gleiche und gut ist*; ein anderer: *Immer sozusagen in enger Abstimmung mit dem Vorstand. Also es wird schon sehr viel darauf Wert gelegt, dass man sich nicht in Widerspruch zum Vorstand setzt*; ein dritter Experte hierzu: *Da ist eine enge Abstimmung (...) zwischen Vorstand und Aufsichtsrat erforderlich und das geht auch. (...) Und dann müssen sie das soweit abstimmen, dass sie auch nicht in Nuancen auseinanderdividiert werden. Ich halte das nicht für ein Ding der Unmöglichkeit*). Andere hingegen bestätigten für ihr Unternehmen lediglich eine generelle Übereinkunft zwischen Vorstand und Aufsichtsrat darüber, dass Investorengespräche stattfinden. Ferner betonten die Experten, dass Schwierigkeiten im Grunde nur dann zu erwarten seien, wenn das Verhältnis zwischen Vorstand und Aufsichtsrat oder den handelnden Persönlichkeiten angespannt ist. Ein Investorendialog auch über strategische Themen sei aber weitgehend unproblematisch, sollte das gegenseitige Verhältnis vertrauensvoll und eng sein. Ausdrücklich wurde auch auf Schwierigkeiten in der Unternehmenskrise hingewiesen.

4. *Gemeinsam geführte Investorengespräche*

Im Gegensatz zu den zuvor befragten unternehmensexternen Rechtsanwälten betonten die unternehmensinternen Experten, dass Investorengespräche und *roadshows* auch gemeinsam mit den Vorsitzenden des Vorstands und des Aufsichtsrats durchgeführt werden können, um rein faktisch Abgrenzungsschwierigkeiten bei der Reichweite der Annexkompetenz des Aufsichtsrats zu vermeiden. Damit könne man die Einheitlichkeit der Kommunikation am ehesten sicherstellen. Tandem-Gespräche seien die Regel, wenn es sich um ein Gespräch über die Strategie des Unternehmens handele. Insoweit sei die Rechtsunsicherheit über strategische Dialogthemen theoretisch zwar schwierig, aber in der Praxis durchaus beherrschbar. Andere waren der Meinung, dass gemeinsame

Gespräche von Vorstand und Aufsichtsrat die Ausnahme sein sollten, um eine unabhängige Sicht des Aufsichtsrats zu garantieren (*Es ist nichts, was institutionalisiert werden sollte*). Schließlich berichteten einige der befragten Experten, dass Gespräche des Aufsichtsrats bei ihnen im Unternehmen weder zusammen mit dem Vorstand geplant, noch durchgeführt werden. Vor allem gebe es mit Blick auf die Vorstandsvergütung die klare Markterwartung, dass nur der Aufsichtsratsvorsitzende im Gespräch auftritt und keine *joint*-Treffen mit beiden Vorsitzenden organisiert werden: *Es gibt die klare Erwartung: „Hier reden wir jetzt mit dem Ansprechpartner, der mit und wesentlich verantwortlich ist für die Vergütung und das soll bitte nur aus dem Aufsichtsrat kommen."*

5. *Erwartungsmanagement schärfen*

Des Weiteren wurde von einzelnen Syndikusrechtsanwälten – nicht jedoch von den zuvor befragten unternehmensexternen Rechtsberatern – zur Vermeidung von Strategiedialogen des Aufsichtsrats darüber nachgedacht, ein strikteres Erwartungsmanagement durchzuführen. Vor Investorengesprächen solle den Gesprächsteilnehmern jeweils erklärt werden, dass der Aufsichtsratsvorsitzende im Verhältnis zum Vorstand nur für die Themen Personal und Vergütung der bessere Ansprechpartner ist. Ggf. abweichende Investorenvorstellung könne man dadurch frühzeitig erkennen und das Gespräch auf den Vorstand umleiten. Vertiefend ein Experte hierzu: *Einfach, um zu verhindern, dass jemand einem Aufsichtsratsmitglied gegenübersitzt und mit dem plötzlich über Details der Strategie, der Geschäftsentwicklung und der Veränderung der volkswirtschaftlichen Rahmenbedingungen sprechen will. Denn das wird für beide Beteiligten unschön.* Für den Aufsichtsrat werde ein solches Investorengespräch höchstwahrscheinlich peinlich, weil er gegenüber Investoren einräumen müsse, von bestimmten Dingen zu wenig Detailkenntnis zu haben. Für den Investor hingegen werde das Gespräch inhaltlich unbefriedigend, zumal er selbst eine extrem hohe Sachkenntnis mitbringe. Ein Berater fasste deshalb zusammen: *Da kommen dann zwei Leute aus dem Gespräch raus und haben schlechte Laune. Daran habe ich hier kein Interesse. Deswegen würde ich das versuchen, im Vorfeld im Sinne eines Erwartungsmanagements klarzustellen.* Im Ergebnis würden dann auch Investoren erkennen, dass sie sich für strategische Anliegen an den Vorstand wenden müssen (*Da haben wir (...) ganz schnell gemerkt, dass der ausländische Investor hier dann auch gedacht hat: „Da rede ich irgendwie mit dem Falschen für die Anliegen, die ich habe." Und dann waren wir wieder beim Vorstand*).

IV. Ergebnisse zu LT 4

Leitthese 4 konnte nach Auswertung der Interviewergebnisse aus Sicht der unternehmensinternen Berater nur teilweise bestätigt werden. Ein Teil der Befragten bezeichnete die Schranke der (informationellen) Gleichbehandlung der Aktionäre zwar als schwieriges Thema. Für andere Experten war die Gleichbehandlung der Aktionäre jedoch nicht wirklich problematisch. Übereinstimmend mit Leitthese 4 wurde wiederum betont, dass mit Blick auf die Nachinformation der übrigen Aktionäre speziell das erweiterte Auskunftsrecht in der Hauptversammlungspraxis häufig abgeblockt werden könne, auch wenn zukünftig mit kritischen Anfragen der Aktionäre zu Investorengesprächen des Aufsichtsrats zu rechnen sei.

1. Gleichbehandlung der Aktionäre

Als Herausforderung wurde von einigen Experten die Schranke der Gleichbehandlung der Aktionäre bezeichnet (*Naja, das ist ein schwieriges Thema*; ein anderer: *Was das Thema Gleichbehandlung angeht, (...) das ist, finde ich noch, das schwierigste Thema*). Hier gehe es insbesondere um die Frage, nach welchen Kriterien der Aufsichtsratsvorsitzende seine Gesprächspartner auswählt. Der Aufsichtsratsvorsitzende werde jedenfalls nicht mit jedem Aktionär sprechen können. Bislang überwiege eine Entscheidungsfindung auf Einzelfallbasis (*(...) wir [sind] momentan in einem Stadium, dass wir uns überlegen, wie gesagt: „Mit welchem Investoren spricht man, mit welchen nicht?“, um da auch eine gewisse Transparenz und Gleichbehandlung zu gewährleisten*). Eine gewichtige Rolle spiele dafür in jedem Fall der Einfluss und die Höhe des Anteilsbesitzes des jeweiligen Investors.

Darüber hinaus wurde aber auch darauf hingewiesen, dass es eine absolute Gleichbehandlung nicht gebe (*Das ist ein sehr theoretisches Thema die absolute Gleichbehandlung*). Im Grundsatz sei die Gleichbehandlung in § 53a AktG zudem eine sehr bewegliche Schranke, die der Gesellschaft erhebliche Spielräume ermögliche. Insgesamt sei das Thema Gleichbehandlung also nicht wirklich problematisch.

2. Nachinformation der übrigen Aktionäre

Als wichtiges Element der Gleichbehandlung wurde von einigen Experten auf die Nachinformation der übrigen Aktionäre – etwa über die Internetseite des Unternehmens oder den Bericht des Aufsichtsrats – hingewiesen (*Wir berichten auch darüber, dass dieser Investorendialog stattfindet im Bericht des Aufsichtsrats, also das ist kein Geheimnis, wir legen das offen*; ein zweiter Experte: *Mehr oder weniger zeitgleich versuchen wir oder stellen wir sicher, dass die Informationen allen Investoren und Aktionären zur Verfügung gestellt werden, dass da wir auch nicht das kleinste Problem vom Insiderrecht, über Verletzung des Gleichbehandlungsgrundsatzes bekommen*). Über Investorengespräche des Aufsichtsrats werde jedoch nur allgemein berichtet. Die jeweiligen Termine für solche Gespräche würden ebenfalls nicht angekündigt. Weil keine gesonderten Unterlagen für den Investorendialog erstellt werden, gebe es im Grunde auch keine Dokumente, die im Internet diesbezüglich hochgeladen werden.

Des Weiteren wiesen die Experten darauf hin, dass sie ihr Unternehmen mit Blick auf den Investorendialog des Aufsichtsrats dem erweiterten Auskunftsanspruch der Aktionäre auf der folgenden Hauptversammlung ausgesetzt sehen (ein Experte deutlich: *Ja, die [Anfragen] kommen. Also wir hatten sie gerade erst letztes Jahr ganz aktiv*; ein anderer: *(...) wir [wären] auch darauf eingestellt, dass da eine Frage gestellt werden kann*). Einschränkend machten die Experten aber auf eine jüngere Entscheidung des LG Frankfurt a.M.[1130] aufmerksam. Außerdem betonten sie die hohe Substantiierungslast auf Seiten der Aktionäre, die die wenigsten erfüllen könnten. Weil den Aktionären regelmäßig die Kenntnis darüber fehle, wann mit wem gesprochen wurde, sei die Schwelle für den Auskunftsanspruch denkbar hoch. Entsprechende Fragen auf der Hauptversammlung habe man daher bislang abblocken können (*Und dann ist es nur recht und ordnungsgemäß für die Gesellschaft, dass sie unterhalb dieser Schwelle sich nicht dazu äußert. Insoweit finde ich das alles rechtskonform*).

V. Ergebnisse zu LT 5

Vollumfänglich bestätigt wurde Leitthese 5. Für die befragten Experten war vor allem die Legitimation allein des Aufsichtsratsvorsitzenden zum Investorendialog durch das Kollegialorgan ein größeres Problem. Zur Lösung wurde eine Regelung in der Geschäftsordnung für den Aufsichtsrat oder eine detailreichere Kommunikationsordnung vorgeschlagen.

1. Aufsichtsratsvorsitzender im driver seat

Einstimmigkeit herrschte bei den befragten Experten über die Zuständigkeit des Aufsichtsratsvorsitzenden für Gespräche des Aufsichtsrats mit Investoren. Das zeige die bisherige praktische Erfahrung. Der Aufsichtsratsvorsitzende sei

1130 LG Frankfurt a.M., ZIP 2016, 1535.

darüber hinaus der Naturgegebene aus dem Gremium, der für die Aufgaben der Investorenkommunikation in Frage komme. Er sei das Gesicht des Aufsichtsrats nach außen. Darüber hinaus vertraue man dem Aufsichtsratsvorsitzenden, Themen aus Aufsichtsratssicht so darzustellen, wie es das Plenum in den letzten Beratungen festgehalten habe. Wichtig sei aber die Nachinformation der übrigen Aufsichtsratsmitglieder. Nur so werde transparent, dass Investorengespräche stattgefunden haben und was Gegenstand der Gespräche war (*Es ist letzten Endes so, dass sie in der nächsten Plenumssitzung daran denken müssen: „Welche Investorengespräche haben stattgefunden? Was war der wesentliche Inhalt?“*). Die Frage, ob auch andere Aufsichtsratsmitglieder zum Dialog dazu geholt werden sollen, wurde von den Experten im Grunde verneint. Eine einheitliche Aufsichtsratskommunikation sei kaum zu gewährleisten, wenn zu viele Aufsichtsratsmitglieder für das Kontrollorgan sprechen (*Also ich halte es für erheblich besser, wenn innerhalb des Gremiums über die Inhalte abgestimmt wird, gesprochen wird. Die Sitzungen dienen genau diesem Zweck. Und dann eine Person nach außen zu verschiedensten Themen spricht*). Abweichend vom Regelfall könne anstatt des Aufsichtsratsvorsitzenden jedoch ein anderes Aufsichtsratsmitglied die Kommunikationsaufgabe wahrnehmen, etwa wenn diese Person besser qualifiziert sei (*Auf jeden Fall muss ich, wenn ich das Gesamtkompetenzprofil des Aufsichtsrats sehe, jemanden haben, der das kann. In der Regel sollte es der Aufsichtsratsvorsitzende sein*). Einzelne Experten nannten den Prüfungsausschussvorsitzenden als potenziell gewünschten Ansprechpartner der Investorenseite, wenn es um die Rechnungslegung gehe. Schließlich beleuchtete ein Experte den Fall, dass sich im Aufsichtsrat ein Ausschuss bildet und dieser für das Gremium kommuniziert. Das könne zwar die Problematik der Mitbestimmung entschärfen, werde den Investorendialog als solchen jedoch nicht verbessern.

2. Legitimation durch das Gesamtorgan

Als rechtlich besonders schwierig ordneten die befragten Experten die Frage ein, ob der Aufsichtsratsvorsitzende gesondert zum Investorendialog ermächtigt werden muss (*Sie haben ein Problem, was in der Praxis viel größere Schwierigkeiten bereitet als man vielleicht denken könnte. Das wird in den wissenschaftlichen Diskussionen auch berührt, teilweise mit relativ praxisfernen Vorschlägen. Das ist die Rückspiegelung der Kommunikation des Aufsichtsratsvorsitzenden in das Plenum und die Abdeckung dieser kommunikativen Inhalte durch das Plenum*). Ausdrücklich abgewiesen wurden restriktive Stimmen im Schrifttum, die für jeden Einzelfall einen Ermächtigungsbeschluss verlangen. Stattdessen wurde sich ausdrücklich gewünscht, die Stellung des Aufsichtsratsvorsitzenden bei der

Investorenkommunikation zu stärken. Dies sei notwendig, da die Dichte von Investorengesprächen nicht mit der Rhythmik des Sitzungsturnus des Aufsichtsrats übereinstimme und es im Aufsichtsratsgremium keine Agilität gebe, um im Einzelfall zu einer Sondersitzung zusammenzukommen (*So tickt auch der Aufsichtsrat gar nicht, der will das nicht. Also der Aufsichtsrat will jetzt nicht in einer Sitzung beraten darüber, was der [Aufsichtsratsvorsitzende] mit Investoren besprechen darf*). Aus anwaltlicher Sicht müsse die Ermächtigung des Aufsichtsratsvorsitzenden als Prozess jedoch rechtskonform aufgesetzt werden (*Also das einfach nur zu leben, dann würde ich mich im Sinne von Rechtssicherheit nicht ganz wohl fühlen, weil man den Aufsichtsratsvorsitzenden an der Stelle dann in das Risiko stellt*). Nur damit werde auch die Mitwirkung der Arbeitnehmervertreter im Aufsichtsrat angemessen berücksichtigt und verhindert, dass sich das durch die Mitbestimmung angelegte Spannungsverhältnis zwischen den Aufsichtsratsmitgliedern negativ entwickelt. Auch gehe es um eine generelle Absprache bezüglich der aufsichtsratsspezifischen Dialoginhalte, wobei der Aufsichtsratsvorsitzende für eine dynamische Dialogführung nicht zu stark eingeschränkt werden solle (*Die Fragen, die da selber kommen in dem Investorendialog, lassen sich ja gar nicht so simulieren. (...) Insoweit – wie soll man das vorprägen? Denn es ist ein Gespräch und sie wollen überzeugend rüberkommen und das Individuum Aufsichtsratsvorsitzender kann auch nicht plötzlich sagen: „Diese Fragen kann ich nicht beantworten, weil da habe ich keine Deckung durch mein Plenum (...), da muss ich mich jetzt erst nochmal rückversichern“*). Darüber hinaus sei der zuvor zum Dialog ermächtigte Aufsichtsratsvorsitzenden im Bereich von Vertraulichkeitsfragen besser abgesichert (*Vor allem ein wesentliches Risiko sind Vertraulichkeitsfragen, wenn der Aufsichtsratsvorsitzende ohne irgendeine Form von Dispens vom Aufsichtsrat nach außen tritt – das halte ich persönlich für kritisch*). Außerdem könne aufgenommen werden, wie der Aufsichtsratsvorsitzende dem Aufsichtsrat über vergangene Investorengespräche und ihre Ergebnisse zurückberichtet. Als Lösungsweg eigne sich nach Ansicht der Experten eine Regelung in der Geschäftsordnung für den Aufsichtsrat. Eine solche sichere das Vorgehen des Aufsichtsratsvorsitzenden ab (*Er hat quasi das Mandat des gesamten Aufsichtsrats zu bestimmten Themen auch extern zu sprechen, auch im Hinblick auf Verschwiegenheitspflichten oder was auch immer und überhaupt als Grundlage eines solchen Dialogs*). Als zweiter Lösungsweg biete sich nach Ansicht der Experten eine Kommunikationsordnung an. Ein Experte betonte als aktuelle Überlegung in seinem Unternehmen, die bereits etablierte Geschäftsordnungsregelung um eine ausführlichere Kommunikationsordnung zu ergänzen.

C. Zusammenfassung der empirischen Studienergebnisse

Die in § 7.A dieser Untersuchung aufgestellten Leitthesen 1 bis 5 konnten im Rahmen der durchgeführten Studie von den befragten Rechtsanwälten und Syndizi zu weiten Teilen bestätigt werden. Gelegentlich kam es zu abweichenden Bewertungen einzelner Experten (vgl. dafür insbesondere die Leitthesen 1, 2 und 4). Zu den jeweiligen Leitthesen:

Nach Auswertung der Sichtweisen der unternehmensexternen wie auch -internen Berater wurde zunächst festgestellt, dass direkte Gespräche zwischen dem Aufsichtsrat(svorsitzenden) und Investoren nur teilweise gelebte Praxis börsennotierter Aktiengesellschaften sind.[1131] Ob und wie häufig Investorenkontakte gepflegt werden, lässt sich nach Ansicht der befragten Experten an den Kriterien der Unternehmensgröße, der konkreten Unternehmenssituation und -performance, der Eigentümerstruktur und der Persönlichkeit des Aufsichtsratsvorsitzenden wie auch dem Verhältnis zwischen dem Aufsichtsrat(svorsitzenden) und dem Vorstand(svorsitzenden) unterscheiden. Hierdurch konnte die Aufzählung in § 2.C.II dieser Untersuchung im Wesentlichen bestätigt und durch das letztgenannte Kriterium sogar ergänzt werden. Die befragten Experten nahmen darüber hinaus überwiegend an, dass der Dialog mit Investoren zunehmend wichtiger wird. Insbesondere werde der Investorendialog vermehrt auch ein Thema für kleinere Gesellschaften außerhalb des DAX.[1132] Der zunehmende Investorendruck verstärke das Phänomen. Lediglich ein Syndikus ging nicht von einer zukünftigen Zunahme des Dialogs aus. Eine entsprechende Entwicklung könne er jedenfalls für sein Unternehmen nicht erkennen. Andere Syndikusrechtsanwälte bestätigten jedoch, dass einige Gesellschaften inzwischen damit beginnen, den Investorendialog – etwa im Rahmen einer Corporate Governance-*roadshow* des Aufsichtsratsvorsitzenden – proaktiv zu gestalten.

1131 Insoweit stimmen die eigenen empirischen Befunde in diesem Bereich mit denen weiterer Studien überein, die bereits zuvor in § 6 dieser Untersuchung dargestellt wurden, siehe *Noerr/Hering Schuppener/v. Werder*, Rolle des Aufsichtsrats in der Krisenkommunikation, S. 36; *Probst/Theisen*, AR 2014, 154 (156); *v. Werder/Danilov*, DB 2018, 1997 (2006); *Schilha/Theusinger/v. Manikowsky/v. Werder*, BOARD 2019, 42 (43); vgl. auch *Schilha/Theusinger*, NZG 2019, 521 (527); *Köhler*, Investor Relations, S. 301; *Hammann*, Investoren und Aufsichtsrat im Dialog, S. 23, im Besonderen Abbildung 4; *Nieber*, Rolle des Aufsichtsrates in der Kapitalmarktkommunikation, S. 69.

1132 In diese Richtung weist auch ein in § 6 dieser Untersuchung dargestelltes empirisches Ergebnis von *Hammann*, Investoren und Aufsichtsrat im Dialog, S. 8, 33; auch bei *Tietz/Hammann/Hoffmann*, AR 2019, 69 (71).

Leitthese 1, die die Ergebnisse aus § 2.C dieser Untersuchung abbildet, konnte somit ganz überwiegend, wenn auch nicht vollumfänglich bestätigt werden.

Von den befragten Experten wurde zweitens und in Einklang mit den Ergebnissen aus § 3 dieser Untersuchung bestätigt, dass der Aufsichtsrat *de lege lata* aus einer seinen Sachkompetenzen folgenden Annexkompetenz zum Dialog mit Investoren befugt ist. Der ganz überwiegenden Mehrheit der Experten reichte die Rechtsfortbildung in diesem Bereich unter Rückgriff auf eine Vielzahl von praktischen wie rechtlichen Argumenten aus. Einer zusätzlichen gesetzlichen Regelung bedarf es ihrer Ansicht nicht. Eine trennscharfe Regelung, die nicht erneut zu Auslegungszweifeln führt, sei zudem kaum vorstellbar. Überlegungen zu einer aktienrechtlichen Konkretisierung *de lege ferenda* wurden deshalb deutlich abgelehnt. Gegensätzlich plädierten einige der befragten Experten dafür, eine klarstellende Rechtsgrundlage in das Aktiengesetz aufzunehmen, um vor allem rechtliche Unsicherheiten beim Dialog zwischen Aufsichtsrat und Investor zu überwinden. Dieser Wunsch wurde sowohl von einzelnen unternehmensexternen wie auch -internen Rechtsberatern vorgebracht, sodass auch Leitthese 2 zwar überwiegend, aber nicht von allen Experten bestätigt wurde.

Von den befragten Experten wurde drittens festgehalten, dass die Annexkompetenz des Aufsichtsrats bei der Bestimmung der inhaltlichen Reichweite der Dialogbefugnis nicht in allen Bereichen eine rechtssichere Zuordnung ermöglicht. Unkritisch seien zwar aufsichtsratseigene Inhalte wie Personal- und Vergütungsthemen und die Binnenorganisation des Kontrollorgans. Im Übrigen komme es aber zu erheblichen Abgrenzungsschwierigkeiten. Die Expertenmeinungen gingen vor allem mit Blick auf die beratende Rolle des Aufsichtsrats bei der Strategieentwicklung stark auseinander. Für den Aufsichtsratsvorsitzenden gleiche der Investorendialog vor allem in diesem Bereich einer Gratwanderung zwischen noch zulässigen und bereits unzulässigen Äußerungen. Für die deshalb sehr bedeutsame praktische Ausgestaltung von Investorendialogen wurde auf eine zwingende Zurückhaltung des Aufsichtsratsvorsitzenden hingewiesen. Dazu könne gehören, in der Dialogsituation mehr zuzuhören, anstatt sich zu den Themen aktiv zu positionieren. Überdies dürfe es im Unternehmensinteresse nur zu den Vorstand unterstützenden Aussagen kommen. Auch sei eine enge Abstimmung innerhalb der Verwaltung notwendig,[1133] um beim

1133 Mit Blick auf die weitere empirischen Studien (vgl. § 6 dieser Untersuchung) finden sich ähnliche Ergebnissen bei: *Kienbaum/Flick Gocke Schaumburg*, Kamingespräche 2017, S. 18; *Heidrick & Struggles*, Chairman 2.0, S. 13; *Gundel/Pfaff*, in: KPMG's ACI, Audit Committee Quarterly II/2017, 16 (17); *Hammann*, Investoren

Investorendialog eine einheitliche Investorenkommunikation des Unternehmens sicherzustellen. Leitthese 3, die zwei wesentliche Erkenntnisse aus § 4.A.I und § 4.A.II dieser Untersuchung abbildet, konnte somit vollständig bestätigt werden. Darüber hinaus wurde von den Syndizi angesprochen, dass die Verwaltung bzw. die jeweiligen Vorsitzenden der Gremien auch zusammen im Investorendialog auftreten können, um Abgrenzungsschwierigkeiten bei den Dialogthemen faktisch zu vermeiden. Dieser Vorschlag wurde von anderen Syndikusrechtsanwälten aber auch kritisch gesehen bzw. abgelehnt, weil damit eine von der Investorenseite erwartete vorstandsunabhängige Kommunikation des Aufsichtsrats unmöglich werde. Die Syndikusrechtsanwälte sprachen sich überdies für ein strengeres Erwartungsmanagement vor einem Investorengespräch aus, um die Gefahr eines Strategiedialogs des Aufsichtsrats zu entschärfen und Gesprächswünsche von Investoren an den Vorstand als den adäquaten und kompetenteren Ansprechpartner in diesem Bereich zu kanalisieren.

Ein Teil der befragten Rechtsberater bestätigte viertens und in Einklang mit Leitthese 4, dass Investorengespräche der Verwaltung mit einem ausgesuchten Empfängerkreis mit Blick auf die (informationelle) Gleichbehandlung der Aktionäre problematisch sein können (vgl. dazu auch bereits § 4.B.II.1 dieser Untersuchung). Andere teilten rechtliche Bedenken mit Blick auf die Schranken der Gleichbehandlung der Aktionäre nicht. Sie stelle nach Ansicht einzelner Berater in der Praxis kein großes Problem dar, weil § 53a AktG erhebliche Spielräume ermögliche. Zudem gehe eine absolute Gleichbehandlung völlig an der Realität vorbei. Leitthese 4 konnte deshalb nur teilweise bestätigt werden. Bezüglich der Nachinformation der übrigen Aktionäre und ihrem erweiterten Auskunftsanspruch auf der Hauptversammlung gemäß § 131 Abs. 4 S. 1 AktG wurde dann jedoch hervorgehoben, dass diesem bislang kaum praktische Relevanz zukommt. Mit entsprechenden Fragen sei auf zukünftigen Hauptversammlungen aber in jedem Fall zu rechnen. Insoweit konnte Leitthese 4, die sich dahingehend an den Ergebnissen aus § 4.B.II.2 dieser Untersuchung orientiert, verifiziert werden.

Fünftens bestätigt die Studie, dass im Grunde allein der Aufsichtsratsvorsitzende den Investorendialog führt und nach Ansicht der befragten Experten auch führen sollte.[1134] Möglich, aber keine verbreitete Praxis sei, ein anderes,

---

und Aufsichtsrat im Dialog, S. 32; *Nieber*, Rolle des Aufsichtsrates in der Kapitalmarktkommunikation, S. 70-72.

1134 Auch dieses Ergebnis folgt dem anderer empirischer Studien, die bereits in § 6 dieser Untersuchung dargestellt wurden, vgl. im Einzelnen: *Kienbaum/Flick Gocke Schaumburg*, Kamingespräche 2017, S. 17; *Gundel/Pfaff*, in: KPMG's ACI, Audit Committee

bspw. besonders kapitalmarkterfahrenes Aufsichtsratsmitglied mit dieser Aufgabe zu betrauen oder einen Kommunikationsausschuss zu bilden. Als Schwierigkeit bewerteten die Experten, einen rechtssicheren Prozess zur Legitimation allein des Aufsichtsratsvorsitzenden durch das ggf. mitbestimmungsrechtlich besetzte Gesamtorgan zu etablieren. Ein Ermächtigungsbeschluss des Gesamtplenums für jeden Einzelfall könne praktisch nicht umgesetzt werden. Man arbeite deshalb mit einer allgemeinen Regelung in der Geschäftsordnung für den Aufsichtsrat, zum Teil auch mit einer detailreicheren Kommunikationsordnung.[1135] Leitthese 5, die sich inhaltlich auf Ergebnisse aus § 5 dieser Untersuchung bezieht, wurde von den in der Praxis arbeitenden Rechtsanwälten und Syndizi somit vollumfänglich bestätigt.

Für den mit der empirischen Studie erstrebten rechtspraktischen Belastungstest wesentlicher Forschungsergebnisse aus dem ersten Teil dieser Untersuchung (vgl. §§ 2-5) ist als Gesamtergebnis somit wie folgt festzuhalten: Aus Sicht der befragten Rechtsexperten sind die im Rahmen der rechtlichen Würdigung festgehaltenen und im empirischen Teil in Leitthesen überführten Ergebnisse überwiegend nachvollziehbar und korrekt dargestellt. Übereinstimmungen bestehen nicht nur zu der mit Leitthese 1 verknüpften Tatsachenfrage, ob und inwieweit der Dialog zwischen Aufsichtsrat und Investor bereits gelebte Praxis deutscher Aktiengesellschaften ist, sondern auch weitgehend zu der jeweiligen Einschätzung der Rechtslage (vgl. die Leitthesen 2 bis 5). Die in dieser Untersuchung präsentierten Ergebnisse sind vor dem Hintergrund des aggregierten

---

Quarterly II/2017, 16 (17); *Hammann*, Investoren und Aufsichtsrat im Dialog, S. 23 f.; *Tietz/Hammann/Hoffmann*, AR 2019, 69 (70).

1135 Interessanterweise weicht dieses Ergebnis von den Befunden von *Noerr/Hering Schuppener/v. Werder*, Rolle des Aufsichtsrats in der Krisenkommunikation, S. 38 (siehe dazu auch *Schilha/Theusinger/v. Manikowsky/v. Werder*, BOARD 2019, 42 (43); *Schilha/Theusinger*, NZG 2019, 521 (527)) ab, denn sie fanden heraus, dass bereits das Vertrauensverhältnis zwischen dem Vorsitzenden des Aufsichtsrats und den übrigen Mitgliedern als zentraler Faktor für vergleichsweise freie Kommunikationsaktivitäten des Aufsichtsratsvorsitzenden ausreicht, vorherige *ad hoc*-Abstimmungen mit wichtigen Mandatsträgern ebenso wie einzelfallbezogene nachträgliche Unterrichtungen des Aufsichtsratsgremiums nicht notwendig sind und institutionelle Vorkehrungen, etwa die Einrichtung eines Kommunikationsausschusses oder handlungsleitende Handbücher, ebenfalls kaum existieren, siehe bereits § 6.B.V dieser Untersuchung. Insoweit schätzen die von ihnen befragten Aufsichtsratsvorsitzenden die Frage nach ihrer aufsichtsratsinternen Ermächtigung zur Investorenkommunikation deutlich großzügiger ein als ihre rechtlichen Berater, die in der eigenen Studie befragt wurden.

Streit- und Forschungsstands im ersten Teil dieser Untersuchung also zum einen theoretisch fundiert. Zum anderen sind sie empirisch gehaltvoll, weil ihre Relevanz und Authentizität aus der Sicht von in der Praxis arbeitenden Juristen abgesichert werden konnte.

§ 9. Rückführung in den juristischen Kontext

Abschließend soll überlegt werden, welche weiterführenden Schlussfolgerungen aus der interdisziplinären Studie im juristischen Kontext zu ziehen sind. Einen Schwerpunkt bildet dafür zunächst ein kritischer Vergleich der eigenen empirisch abgesicherten Forschungsergebnisse mit vier in Deutschland seit 2016 veröffentlichten Regelungsinitiativen zum Investorendialog des Aufsichtsrats, durch die von der Regierungskommission DCGK, zwei privaten Expertengruppen und einem Berufsverband eine effektive Finanzkommunikation durch das Aufsichtsratsorgan etabliert und gefördert werden soll (siehe Abschnitt A). Darüber hinaus können aus der eigenen Studie als konkreter Mehrwert für Aufsichtsratsvorsitzende und ihre (rechtlichen) Berater Handlungsempfehlungen für die Berufspraxis abgeleitet und entsprechende Einsichten formuliert werden (dafür Abschnitt B). Zuletzt sollen Perspektiven für die nachfolgende rechtswissenschaftliche Forschung über den Investorendialog des Aufsichtsrats aufgezeigt und diese im Besonderen mit Überlegungen *de lege ferenda* verknüpft werden (vgl. Abschnitt C).

A. Kritik der Regelungsinitiativen in Deutschland

Die in der empirischen Studie von vielen Experten bestätigte zunehmende praktische Relevanz des Dialogs zwischen Aufsichtsrat und Investor[1136] wurde in Deutschland bislang von vier rechtlich unverbindlichen Initiativen aufgegriffen. Dazu zählen Ziffer 5.2 Abs. 2 DCGK 2017 (inzwischen: Anregung A.3 DCGK 2020), die Leitsätze der privaten Expertengruppe Developing Shareholder Communication (2016), die Leitlinie der FEA (2016) und die Empfehlungen eines weiteren privaten Arbeitskreises, der im Jahr 2018 Regeln für eine angemessene Vorstandsvergütung ausgearbeitet hat.[1137] Im folgenden

---

1136 Dafür aus Sicht der befragten Rechtsexperten § 8.A.I.3 sowie § 8.B.I.3 dieser Untersuchung.

1137 Zur fehlenden Rechts- und Satzungsqualität des DCGK bereits in Fn. 112 dieser Untersuchung. Siehe dazu *Grigoleit/Tomasic*, in: Grigoleit, AktG, § 111 Rn. 71: „Angesichts ihres rechtsquellentheoretischen Charakters kann die Kodexvorschrift jedoch keine Kompetenz des AR begründen, erweitern oder einschränken."; auch *Koch*, BB 2016, Heft 50, Die erste Seite: „Ein Aufsichtsratsvorsitzender, der sich [wegen der DCGK-Regelung] den Investoren bereitwillig öffnet, läuft ungeschützt ins offene

Abschnitt werden die einzelnen, den Dialog zwischen Aufsichtsrat und Investor zur Weiterentwicklung guter Corporate Governance befürwortenden Regeln kurz skizziert, um sie mit den eigenen Forschungsergebnissen zu vergleichen.

I. Investorengespräche nach Anregung A.3 DCGK 2020

Die größte Öffentlichkeitswirkung erzeugte die Einführung einer neuen Kodex-Anregung in Ziffer 5.2 Abs. 2 DCGK 2017 am 7. Februar 2017.[1138] Seitdem befürwortet der DCGK – inzwischen unverändert in Anregung A.3 DCGK 2020 – die Beteiligung des Aufsichtsratsvorsitzenden an der Kommunikation mit Investoren wie folgt:

„Der Aufsichtsratsvorsitzende sollte in angemessenem Rahmen bereit sein, mit Investoren über aufsichtsratsspezifische Themen Gespräche zu führen."

Vorangegangen ist der Kodex-Anregung eine sehr intensive Diskussion im DCGK-Konsultationsverfahren 2016. Diese Entwicklung gilt es zunächst näher zu beleuchten, bevor sich mit Anregung A.3 DCGK 2020 inhaltlich auseinandergesetzt und eine eigene Stellungnahme präsentiert werden soll.

1. DCGK-Konsultationsverfahren 2016

Im DCGK-Konsultationsverfahren Ende des Jahres 2016 wurde zum Investorendialog des Aufsichtsrats noch eine ausführlichere Kodex-Empfehlung mit folgendem Wortlaut vorgeschlagen:

> „Der Aufsichtsratsvorsitzende soll in angemessenem Rahmen bereit sein, mit Investoren über aufsichtsratsspezifische Themen Gespräche zu führen. Das sind Gegenstände, für die der Aufsichtsrat allein verantwortlich ist und die von ihm allein zu entscheiden sind. Bei Fragen, die nur gemeinsam von Vorstand und Aufsichtsrat zu entscheiden

---

Messer, sollte ein Gericht die in jeder Hinsicht unverbindliche Rechtsauffassung der Kommission nicht teilen. Selbst der Verschuldensvorwurf bliebe ihm angesichts der fehlenden Regelsetzungs- und Regeldeutungskompetenz der Kommission wohl kaum erspart." Zur fehlenden Rechtswirkung der Leitsätze Developing Shareholder Communication bereits *Bachmann*, in: VGR, Gesellschaftsrecht 2016, 135 (139 f.). Entsprechendes gilt für die Leitlinien der FEA sowie des Arbeitskreises für eine angemessene Vorstandsvergütung.

1138 Die Bekanntmachung der geänderten Fassung ist am 24. April 2017 im Bundesanzeiger erfolgt. Zur Kodexnovelle 2017 *Wilsing/von der Linden*, DStR 2017, 1046 (1047 f.). Für einen Vergleich internationaler Kodizes (Frankreich, Großbritannien, Italien, Niederlande, Singapur, USA) mit Blick auf Regelungen zum Investorendialog des Aufsichtsrats *Becker/v. Werder*, AG 2016, 761 (773 f.).

> sind, sollen Gespräche entweder allein vom Vorstand oder vom Aufsichtsratsvorsitzenden zusammen mit dem Vorstand geführt werden."[1139]

Die Kodexkommission begründete ihren Vorstoß mit dem Ziel, den Aufsichtsratsvorsitzenden aktiv in die Unternehmenskommunikation als Bestandteil einer guten Corporate Governance einzubinden, eine gelebte Praxis zu fördern sowie Rechtsunsicherheit zu beseitigen.[1140] Sie sprach sich zudem dafür aus, dass das Aktiengesetz solche Gespräche nicht verbietet.[1141] Im Besonderen gebe es keinen Konflikt zwischen einer Annexkompetenz des Aufsichtsrats zum Dialog mit Investoren und der aktienrechtlichen Kompetenzverteilung und der darin geregelten strikten Trennung zu den Vorstandskompetenzen, §§ 76 Abs. 1, 78 Abs. 1 S. 1, 111 Abs. 4 AktG.[1142] Eine ablehnende Haltung zum Investorendialog des Aufsichtsrats hätte hingegen zur Folge, dass Kapitalgeber keine Gesprächspartner zu Themen haben, die nur der Aufsichtsrat entscheiden kann.[1143] Dies sei nicht mit dem der Corporate Governance zugrundeliegenden Gedanken von Transparenz und Offenheit vereinbar.[1144] Als wesentlich betonte die Kodexkommission schließlich, dass der Aufsichtsratsvorsitzende inzwischen eine bei weitem größere Bedeutung als zu Zeiten der Entstehung des Aktiengesetzes hat.[1145]

1139 Zur Kodex-Empfehlung etwa *Gentz*, WPg 2016, 1329; *Mense/Klie*, GWR 2017, 1 (2 f.).

1140 *Regierungskommission DCGK*, Erläuterungen der Änderungsvorschläge der Regierungskommission Deutscher Corporate Governance Kodex aus der Plenarsitzung vom 13. Oktober 2016, S. 6.

1141 *Regierungskommission DCGK*, Erläuterungen der Änderungsvorschläge der Regierungskommission Deutscher Corporate Governance Kodex aus der Plenarsitzung vom 13. Oktober 2016, S. 6.

1142 *Regierungskommission DCGK*, Erläuterungen der Änderungsvorschläge der Regierungskommission Deutscher Corporate Governance Kodex aus der Plenarsitzung vom 13. Oktober 2016, S. 6.

1143 *Regierungskommission DCGK*, Erläuterungen der Änderungsvorschläge der Regierungskommission Deutscher Corporate Governance Kodex aus der Plenarsitzung vom 13. Oktober 2016, S. 6.

1144 *Regierungskommission DCGK*, Erläuterungen der Änderungsvorschläge der Regierungskommission Deutscher Corporate Governance Kodex aus der Plenarsitzung vom 13. Oktober 2016, S. 6.

1145 *Regierungskommission DCGK*, Erläuterungen der Änderungsvorschläge der Regierungskommission Deutscher Corporate Governance Kodex aus der Plenarsitzung vom 13. Oktober 2016, S. 6.

Im Konsultationsverfahren 2016 wurde der Vorschlag kontrovers diskutiert.[1146] Vor allem institutionelle Investoren sprachen sich als Nutznießer des Dialogs mit dem Aufsichtsratsvorsitzenden positiv zu den geplanten Änderungen aus.[1147] Die zur Diskussion gestellte Kodex-Empfehlung wurde in der Mehrheit der Stellungnahmen jedoch kritisiert: Nach eigener Zählung lehnten 37 von 60 eingereichten Stellungnahmen, die den Investorendialog kommentieren, die von der Kodexkommission vorgeschlagene Kodex-Empfehlung ab.[1148] Im Fokus standen vor allem umfassende rechtliche Unsicherheiten, die mit einem Handeln des Aufsichtsratsvorsitzenden im Bereich der Investorenkommunikation verbunden sind.[1149] Das Konsultationsverfahren zur Kodexänderung im Jahr 2016 zeigte deshalb deutlich, dass sich ein einheitliches Meinungsbild zu Investorengesprächen des Aufsichtsrats nicht erstellen ließ. Bestätigt wurde hingegen, dass die juristischen Untiefen des Dialogs zwischen Aufsichtsrat und Investor nicht nur im wissenschaftlichen Schrifttum, sondern auch unter Praktikern nicht eindeutig geklärt sind.[1150] Offenbar wurde sogar, dass selbst innerhalb eines DAX-Unternehmens gegensätzliche Meinungen zum Thema vertreten werden.[1151] Darüber hinaus wurde das Vorhaben im Allgemeinen kritisch

1146 Vgl. auch *v. Werder/Bartz*, DB 2017, 769 (776).

1147 So auch *Henning*, BOARD 2017, 41 (42); *Hopt*, ECGI Law Working Paper 365/2017, S. 6; *Wilsing/von der Linden*, DStR 2017, 1046 (1048); *Wilsing*, in: Börsen-Zeitung vom 25. März 2017, S. 9. Siehe beispielhaft die Stellungnahmen von *BlackRock* oder *Hermes Equity Ownership Services Limited* (zusammen mit *California State Teachers' Retirement System* (*CalSTRS*) und *Universities Superannuation Scheme Limited*) im Konsultationsverfahren 2016.

1148 Besonders kritisch bspw. die Stellungnahme des *DAV* (durch den Ausschuss Handelsrecht), S. 10 ff., abgedruckt in NZG 2017, 57 (59 f.); vgl. etwa auch die Stellungnahmen der *Symrise AG* oder *KWS Saat SE*. Von den 37 kritischen Stellungnahmen befürworteten nach eigener Zählung 15 Stellungnahmen anstatt der vorgeschlagenen Kodex-Empfehlung eine entsprechende Kodex-Anregung oder klarstellende Erläuterungen im Kodex, hierfür bspw. die Stellungnahme der *BASF SE*, S. 3 f. (mit alternativem Textvorschlag) oder *Deutsche Bank AG*, S. 3. Zu den Stellungnahmen im DCGK-Konsultationsverfahren 2016 auch *Wadewitz*, in: Börsen-Zeitung vom 5. Januar 2017, S. 7; *Wilsing*, in: Börsen-Zeitung vom 25. März 2017, S. 9.

1149 *Koch*, BB 2016, Heft 50, Die erste Seite; *DAV-Handelsrechtsausschuss*, NZG 2017, 57 (60); *Hopt*, ECGI Law Working Paper 365/2017, S. 6; *Wilsing/von der Linden*, DStR 2017, 1046 (1048); *Wilsing*, in: Börsen-Zeitung vom 25. März 2017, S. 9.

1150 *Wilsing/von der Linden*, DStR 2017, 1046 (1048); vgl. auch *Austmann/Seyfarth*, in: Börsen-Zeitung vom 26. November 2016, S. 13.

1151 Vgl. die unterschiedlichen Stellungnahmen der *Allianz SE*, S. 2, und von *Perlet* (Vorsitzender des Aufsichtsrats der Allianz SE), S. 2, im DCGK-Konsultationsverfahren 2016.

bewertet, weil es mangels judikativer und legislativer Befugnisse nicht Aufgabe der Regierungskommission sei, Auslegungshilfen zu streitigen Rechtsfragen zu liefern oder rechtlich erwünschte Neuerungen durchzusetzen.[1152] Außerdem wurde die zeitliche und inhaltliche Nähe zu den Leitsätzen der privaten Initiative Developing Shareholder Communication als vorschnelle Übernahme derselben kritisiert.[1153]

Beschlossen hat die Regierungskommission unter Berücksichtigung der zahlreichen Stellungnahmen und nach Abwägung aller Argumente die bereits oben zitierte, lediglich knapp formulierte Kodex-Anregung.[1154] Diese hat nicht die Intensität oder Verbindlichkeit der zuvor im Konsultationsverfahren vorgeschlagenen Kodex-Empfehlung, insbesondere weil sie nicht dem § 161 Abs. 1 S. 1 AktG unterliegt und deshalb von ihr ohne Offenlegung oder Begründung abgewichen werden darf.[1155] Das spricht dafür, dass die Kommission die von ihr angeblich erkannte *best practice* zunächst falsch eingeschätzt hat und ihren Regulierungsvorstoß im Ergebnis entschärfen musste. Trotzdem war mittelbar über den Investorendialog des Aufsichtsratsvorsitzenden zu berichten,

---

1152 *Koch*, BB 2016, Heft 50, Die erste Seite; *Vetter*, AG 2016, 873 (873); *VGR*, AG 2017, 1 (4); vgl. statt vieler Stellungnahmen im DCGK-Konsultationsverfahren 2016 die von *Grunewald*, S. 1 f.; aus der Presse *Austmann/Seyfarth*, in: Börsen-Zeitung vom 26. November 2016, S. 13.

1153 *Koch*, in: Hüffer/Koch, AktG, § 111 Rn. 34a; auch *Koch*, BB 2016, Heft 50, Die erste Seite. Zur privaten Initiative Developing Shareholder Communication noch in § 9.A.II dieser Untersuchung.

1154 *Regierungskommission DCGK*, Pressemitteilung vom 14. Februar 2017, S. 3. Dagegen waren zuvor *Fleischer/Bauer/Wansleben*, DB 2015, 360 (367): „Zum jetzigen Zeitpunkt ist die Diskussion, ob der Aufsichtsratsvorsitzende als Zeichen guter Corporate Governance den Investoren für Gespräche zur Verfügung stehen sollte, wohl am besten in der Fachöffentlichkeit aufgehoben. Sollte sich dort eine verfestigte befürwortende Meinung gebildet haben, könnte erneut über die Aufnahme in den Kodex nachgedacht werden."

1155 *Ruhwedel/Weitzel*, AR 2018, 69 (69). Zwischenzeitlich war anlässlich der Kodexänderung 2019 geplant, dass *comply or explain*-Modell um ein *apply and explain*-Konzept zu erweitern, das sich auch auf die Befolgung oder Nichtbefolgung aller DCGK-Anregungen erstrecken sollte, siehe *v. Werder*, DB 2019, 41 (44); *Hopt/Leyens*, ZGR 2019, 929 (948, Fn. 121); *Roth*, AG 2020, 278 (281). Darauf wurde letztlich verzichtet, siehe *Hopt/Leyens*, ZGR 2019, 929 (932, 948); *von der Linden*, DStR 2019, 1528 (1529). Siehe darüber hinaus aber These 3 von *v. Werder*, DB 2015, 847 (850), der empfiehlt, im Sinne einer proaktiven Kodexpublizität analog zu den Empfehlungen auch über den Umgang mit Kodex-Anregungen zu informieren.

wenn gemäß Ziffer 3.10 DCGK 2017 ein Corporate Governance-Bericht veröffentlicht wurde, der auch Stellungnahmen zu den Anregungen des DCGK umfassen sollte.[1156] Mit der Kodexänderung 2019 wird diese Verpflichtung in Grundsatz 22 DCGK 2020 insoweit aufrecht erhalten, als dass über Investorengespräche des Aufsichtsrats nun mittelbar im Rahmen der Erklärung zur Unternehmensführung gemäß § 289f AktG berichtet werden kann.[1157] Im Übrigen überrascht, dass trotz der vielen kritischen Stellungnahmen der betroffenen Unternehmen im Konsultationsverfahren 2016 eine Analyse zur Kodexakzeptanz für das Geschäftsjahr 2017 ergab, dass 82,7% der börsennotierten Unternehmen der Anregung zum Investorendialog folgen, wobei die Zustimmungsrate unter den DAX-Unternehmen mit 96,2% besonders hoch war.[1158] Schließlich ist für die Zukunft zu beachten, dass eine Hochstufung der aktuellen Anregung A.3 DCGK 2020 zu einer Kodex-Empfehlung nicht ausgeschlossen ist, etwa wenn sich der Investorendialog des Aufsichtsrats in der Unternehmenspraxis als klare *best practice* etabliert.[1159]

2. *Eigene Stellungnahme*

Die von der Regierungskommission nach dem Konsultationsverfahren 2016 beschlossene Kodex-Anregung zum Investorendialog des Aufsichtsratsvorsitzenden soll im Folgenden mit den Befunden der eigenen empirischen Untersuchung verglichen werden. Die nachfolgende Auseinandersetzung ergänzt insoweit die zahlreichen Beiträge zu Ziffer 5.2 Abs. 2 DCGK 2017 im DCGK-Konsultationsverfahren 2016 und im rechtswissenschaftlichen Schrifttum.

1156 *Leyens*, ZGR 2019, 544 (575 f.).

1157 *Leyens*, ZGR 2019, 544 (576) betont, dass weiterhin über Investorendialoge des Aufsichtsrats zu berichten sein wird, weil dieser unzweifelhaft zu einem zentralen Aspekt der Corporate Governance zähle; *Roth*, AG 2020, 278 (295). Weitergehend zur Überführung des Corporate Governance Berichts in die Erklärung zur Unternehmensführung *Hopt/Leyens*, ZGR 2019, 929 (990 f.).

1158 *v. Werder/Danilov*, DB 2018, 1997 (2003).

1159 Einzelne Stimmen halten an der Kodex-Empfehlung zum Investorendialog des Aufsichtsrats fest, so etwa *Roth*, AG 2020, 278 (284); aber auch Michael Schmidt als Leiter der DVFA Kommission Corporate Governance im Gespräch mit *Wadewitz*, in: Börsen-Zeitung vom 4. Dezember 2018, S. 8; ebenfalls *DVFA-Kommission*, Stellungnahme im Konsultationsverfahren 2019, S. 2 f.; vgl. auch *Landsittel*, Investorenkommunikation, S. 259. Mit der Kodexänderung 2019 wurden bereits zwei andere Kodex-Anregungen als neue Empfehlung aufgewertet, siehe *v. Werder*, DB 2019, 41 (44 f.). Allgemein hierzu *Ihrig/Wagner*, BB 2002, 789 (790, vor allem Fn. 17).

Einige der befragten Rechtsanwälte und Syndizi äußerten sich im Rahmen der durchgeführten Experteninterviews zudem sehr deutlich zur DCGK-Anregung. Prägnante Expertenaussagen sollen auch hier wiedergegeben werden und sind in kursiver Schrift gedruckt.

a) Nur teilweise gelebte Dialogpraxis in Deutschland

Soweit die Kodexkommission ihren Vorstoß mit dem Ziel begründet, eine bereits gelebte Praxis zu fördern, konnte in dieser Untersuchung ein differenzierteres Bild erarbeitet werden. Einerseits wurde bestätigt, dass mit Ziffer 5.2 Abs. 2 DCGK 2017 vor allem für große börsennotierte Aktiengesellschaften vorwiegend im DAX eine Entwicklung der Praxis nachgezogen wurde.[1160] Für solche Gesellschaften ist eine Regelung zum Investorendialog im DCGK vernünftig, weil man dem Aufsichtsratsvorsitzenden ausdrücklich freistellt, Investorengespräche zu führen, und nicht eingeengt wird. Darüber hinaus bringt das Vorhaben der Regierungskommission Transparenz und holt den Investorendialog als Teil guter Unternehmenspolitik aus einem Graubereich und den Hinterzimmern heraus (ein unternehmensexterner Rechtsberater äußerte sich in diesem Zusammenhang wie folgt: *Der Transparenztrend ist da, der wird auch in den nächsten zehn Jahren nicht weggehen. Und das gehört da rein*). Insoweit ist die DCGK-Anregung ein Fortschritt.

Andererseits ist kritisch festzuhalten, dass die Kodex-Regelung von einer gelebten Praxis des Investorendialogs in allen börsennotierten Gesellschaften ausgeht, obwohl dieser wie gesehen nur teilweise und bislang vor allem in DAX-Unternehmen gelebte Praxis ist.[1161] Das Phänomen Investorendialog betrifft also Sonderkonstellationen, die nicht repräsentativ sind für alle in Deutschland börsennotierten Aktiengesellschaften (so auch ein Syndikus: *Das sind 30 Unternehmen von vielleicht 800. Das heißt, ein kleiner einstelliger Prozentwert, der dominiert hier die Diskussion*). Insofern mutet es merkwürdig an, dass die Regierungskommission DCGK in dieser Hinsicht keine Differenzierung trifft und überhaupt bzw. zu früh davon gesprochen hat, dass der Investorendialog bereits gelebte Praxis aller börsennotierter Aktiengesellschaften ist. Diese Aussage war falsch und trifft auch heute für viele Gesellschaften nicht zu. Vorwerfen könnte man der Regierungskommission DCGK sogar, dass sie sich das Phänomen des Investorendialogs als *self-fulfilling prophecy* quasi selbst konstruiert hat

---

1160 Vgl. hierfür die Ergebnisse zu Leitthese 1 in § 8.A.I sowie § 8.B.I dieser Untersuchung.

1161 Vgl. hierfür § 2.C sowie im Rahmen der empirischen Studie § 8.A.I und § 8.B.I dieser Untersuchung.

(ein Experte dazu: *Meine These ist ja: Das sind ja alles Multi-Aufsichtsräte und Leute mit Sendungsbewusstsein. Das haben die sich so gebaut, weil die das gerne so hätten*). Bei Unternehmen, die bislang mit dem Investorendialog des Aufsichtsrats nichts zu tun hatten, ist insoweit eine ablehnende Haltung gegenüber dieser neuen Corporate Governance-Anforderungen nachvollziehbar, zumal sie damit im Bereich Investorenkommunikation des Aufsichtsratsvorsitzenden zu einer Positionierung aufgefordert wurden, die vorher nicht erforderlich war.

Die Regierungskommission DCGK hat nach dem Konsultationsverfahren 2016 daher zu Recht eingesehen, dass eine Kodex-Anregung ausreicht, eine Empfehlung hingegen über das Ziel hinausschießt. Dazu äußerte sich auch ein Rechtsexperte wie folgt: *Und das hat die Kommission, die Kodexkommission, sicher unterschätzt und sind dann zurückgerudert, weil sie gedacht haben: „Meine Güte, das ist ja ein Wespennest. Also wie kommen wir da wieder runter?" Und dann haben sie eben eine Anregung draus gemacht.* Wichtig ist in diesem Zusammenhang, dass zu einer Kodex-Anregung gemäß § 161 AktG keine Abweichungserklärung zu veröffentlichen ist.

b) Aktienrechtliche Zulässigkeit von Investorenkontakten

Mit Blick auf die (Annex-)Kompetenz des Aufsichtsrats zum Dialog mit Investoren betont die Regierungskommission in Einklang mit den Ergebnissen dieser Untersuchung, dass das Aktiengesetz Gespräche des Aufsichtsrats nicht verbietet und die aktienrechtliche Kompetenzverteilung und die darin geregelte strikte Trennung zu den Vorstandskompetenzen mit einem inhaltlich nur auf Aufsichtsratsthemen beschränkten Kommunikationsrecht angemessen berücksichtigt werden kann. Die Regierungskommission DCGK folgt damit wie gezeigt nicht der traditionellen Interpretation der aktienrechtlichen Grundlagen, wohl aber der bereits *de lege lata* zulässigen Neuinterpretation dieser, der ganz überwiegend auch die in der empirischen Studie befragten Experten folgen.[1162]

Einschränkend sieht Anregung A.3 DCGK 2020 den Investorendialog „in angemessenem Rahmen" vor. Auch das ist überzeugend, denn die Notwendigkeit einer besonderen Zurückhaltung des Aufsichtsrats bei der Kommunikation mit Investoren wurde nicht nur im Rahmen der rechtlichen Würdigung im ersten Teil dieser Untersuchung, sondern auch durch die empirischen Analyse

---

1162 Siehe hierfür die Ergebnisse zu Leitthese 2 in § 8.A.II sowie § 8.B.II dieser Untersuchung.

deutlich.[1163] Ob die Kodex-Anregung jedoch so streng auszulegen ist, dass sie Aufsichtsratsvorsitzende im Besonderen nicht dazu auffordern soll, einen Dialog zu beginnen oder gar zu initiieren,[1164] ist zu bezweifeln. Auch ein von der Aufsichtsratsseite selbst initiierter Investorendialog kann je nach Lage des Falles im Interesse des Unternehmens liegen und im Sinne der DCGK-Anregung „im angemessen Rahmen" stattfinden. Die richtige Leseart der DCGK-Regelung sollte dem Aufsichtsrat(svorsitzenden) daher in jeder Hinsicht Flexibilität ermöglichen, die eigene Praxis zum Investorendialog selbst zu bestimmen und im Rahmen des eigenen unternehmerischen Ermessens zu entscheiden, mit wem, wann und wie oft Investorengespräche stattfinden.[1165] Der erhebliche Gestaltungsspielraum, den die DCGK-Anregung bei der praktischen Handhabung lässt, erlaubt auch zweifellos, auf den Dialog mit Investoren zu verzichten bzw. eingehende Gesprächsanfragen abzulehnen.[1166] Insoweit stimmen die Voraussetzungen von Anregung A.3 DCGK 2020 mit den Ergebnissen dieser Untersuchung überein.

c) Grenzen des Investorendialogs des Aufsichtsrats

Darüber hinaus enthält die Kodex-Anregung zu den Schranken der Investorenkommunikation des Aufsichtsrats nur wenige Aussagen. Deshalb ergeben sich allein mit dem Verweis auf die Kodex-Anregung erhebliche Lücken mit Blick auf die noch zulässigen Handlungsspielräume des Aufsichtsrats bei der Investorenkommunikation und seinen damit zusammenhängenden rechtlichen Pflichten. Das gilt zuvorderst für die zulässigen Dialogthemen, die zwar nach dem Wortlaut der Kodex-Anregung auf „aufsichtsratsspezifische Themen" begrenzt sind. Bemerkenswerterweise trifft die DCGK-Anregung hierzu jedoch keine weitergehenden Konkretisierungen. Das stellt gesprächsführende Aufsichtsratsvorsitzende vor die Herausforderung, trotz fehlender Trennschärfe die zulässige Reichweite dieser Gesprächsthemen festzulegen und von

---

1163 Vgl. die Expertenaussagen im Zusammenhang mit Leitthese 3 in § 8.A.III.2 und § 8.B.III.2 dieser Untersuchung.

1164 So *Tüngler*, BOARD 2018, 74 (77). Vgl. auch ein empirisches Ergebnis von *Kienbaum/Flick Gocke Schaumburg*, Kamingespräche 2017, S. 16.

1165 Hierzu auch *Kremer*, in: Kremer/u.a., DCGK, Rn. 1270a; *Wilsing/von der Linden*, DStR 2017, 1046 (1048); *Schick*, WPg 2018, 1379 (1380); *v. Werder/Danilov*, DB 2018, 1997 (2002); vgl. zudem *Regierungskommission DCGK*, Pressemitteilung vom 14. Februar 2017, S. 4.

1166 Vgl. *Noerr/Hering Schuppener/v. Werder*, Rolle des Aufsichtsrats in der Krisenkom munikation, S. 31.

solchen Gesprächsinhalten abzugrenzen, die ausschließlich bzw. vorrangig dem Vorstand obliegen.[1167] Eine Orientierungshilfe bieten von Seiten der Regierungskommission DCGK lediglich die in den Sätzen 2 und 3 der ursprünglich vorgeschlagenen Kodex-Empfehlung enthaltenen Konkretisierungen.[1168] Aber auch diese Ausführungen führen zu erheblichen rechtlichen Unsicherheiten.[1169] Die DCGK-Regelung bleibt für eine präzise Trennung von zulässigen von unzulässigen Gesprächsthemen deshalb zu vage und ist zur Auflösung der damit verbundenen Rechtsunsicherheit ungeeignet.

Darüber hinaus macht die Regierungskommission lediglich pauschal darauf aufmerksam, dass der Aufsichtsratsvorsitzende die Kompetenzen von Vorstand und Aufsichtsrat zu beachten und gleichzeitig immer sicherzustellen hat, dass keine Insiderinformationen gegeben werden und der Grundsatz der gleichmäßigen Information der Aktionäre beachtet wird.[1170] Klare Grenzen, die in der Praxis handhabbar sind, werden aber auch hierdurch nicht differenziert genug aufgezeigt. Beispielhaft gilt dies für den Gleichbehandlungsgrundsatz der Aktionäre, denn es bleibt in jeder Hinsicht offen, wo die Grenzen der Kommunikation in Bezug auf die Weite des Adressatenkreises liegen oder wer mit dem Begriff „Investor" gemeint ist.[1171] Insoweit wird in der DCGK-Regelung zum Investorendialog auch nicht ausreichend herausgearbeitet, unter welchen Voraussetzungen und in welchen Situationen es sich tatsächlich empfiehlt, Investorengespräche zu führen (ein Syndikusanwalt kritisch: *Ich halte die Herangehensweise schon für verkehrt, indem ich eben damit anfange, abzugrenzen: Warum soll es denn nicht erlaubt sein? Die Frage ist doch: Warum soll ich es tun? Was haben denn alle Beteiligten davon?*; ein unternehmensexterner Berater ebenfalls hierzu: *Das ist mir da noch zu undifferenziert*). Ferner fehlen Antworten zu den Fragen, ob und wie der

---

1167 *Mense/Klie*, BB 2017, 771 (772); *Mense/Klie*, BOARD 2018, 47 (49); vgl. auch die Bewertung von *Landsittel*, Investorenkommunikation, S. 258 f. Vertiefend zu dieser Frage bereits in § 4.A.I dieser Untersuchung.

1168 Vgl. die folgenden zwei Dokumente: *Regierungskommission DCGK*, Erläuterungen der Änderungsvorschläge der Regierungskommission Deutscher Corporate Governance Kodex aus der Plenarsitzung vom 13. Oktober 2016, S. 6 sowie *Regierungskommission DCGK*, Pressemitteilung vom 14. Februar 2017, S. 4.

1169 Dazu auch etwa *Hippeli*, wistra 2018, 409 (410).

1170 *Regierungskommission DCGK*, Erläuterungen der Änderungsvorschläge der Regierungskommission Deutscher Corporate Governance Kodex aus der Plenarsitzung vom 13. Oktober 2016, S. 6. Vgl. zur Gleichbehandlung der Aktionäre auch Grundsatz 20 und Empfehlung F.1 DCGK 2020.

1171 *Hippeli*, wistra 2018, 409 (411).

Aufsichtsrat zunächst informationell benachteiligte Aktionäre über nur selektiv im Investorengespräch weitergegebene Informationen zu informieren hat.

Des Weiteren konkretisiert die DCGK-Anregung überhaupt nicht, inwieweit sich der Aufsichtsrat bei Gesprächen mit Investoren mit dem Vorstand abzustimmen hat bzw. zur Nachinformation an das Leitungsorgan der Aktiengesellschaft verpflichtet ist.

d) Organinterne Zuständigkeit des Aufsichtsratsvorsitzenden

Zu der Frage, wer im Aufsichtsrat für Investorengespräche berufen ist, hält die Kodex-Kommission andere als den Vorsitzenden nicht für zuständig.[1172] Die Beschränkung auf den Vorsitzenden des Aufsichtsrats folgt zum einen aus dem ausdrücklichen Wortlaut der Anregung A.3 DCGK 2020. Dieses Verständnis konnte im DCGK 2017 zudem aus der systematischen Stellung des damals neuen Absatzes 2 in Ziffer 5.2 DCGK 2017 herausgelesen werden. Dieser enthielt auch in den Absätzen 1 und 3 Regelungen ausschließlich zur Sonderstellung des Aufsichtsratsvorsitzenden.[1173] Außerdem betonte Ziffer 5.2 Abs. 1 S. 2 DCGK 2017 als Grundsatz, dass der Aufsichtsratsvorsitzende die Belange des Aufsichtsrats nach außen wahrnimmt.[1174] Im DCGK 2020 wurde dieser Zusammenhang nicht gänzlich aufgelöst, sondern durch die Nähe von Grundsatz 7 DCGK 2020 und Anregung A.3 DCGK 2020 fortgeführt. Die Beschränkung auf den Aufsichtsratsvorsitzenden hält dem Vergleich mit den eigenen empirischen Ergebnissen dieser Untersuchung insoweit stand, als dass der Aufsichtsratsvorsitzende für die Aufgabe der Investorenkommunikation in der Tat in einer herausragenden Rolle steht und für das Gesamtgremium kommuniziert.[1175] Trotzdem ist die DCGK-Regelung auch in dieser Hinsicht unzureichend, weil eine Rückkoppelung des Handelns des Aufsichtsratsvorsitzenden an den Willen des Gesamtaufsichtsrats nicht erwähnt ist.[1176] Das betrifft zum einen die Frage nach einer vor dem Investorendialog getroffenen, wenn auch typisierenden Ermächtigung des Aufsichtsratsvorsitzenden durch das Kollegialorgan und zum anderen seine Pflicht, nach

1172 *Kremer*, in: Kremer/u.a., DCGK, Rn. 1268. Kritisch *Mense/Klie*, BB 2017, 771 (773).

1173 *Kremer*, in: Kremer/u.a., DCGK, Rn. 1269.

1174 *Kremer*, in: Kremer/u.a., DCGK, Rn. 1269.

1175 So auch die Ansicht der befragten Rechtsexperten, vgl. die Ergebnisse zu Leitthese 5 in § 8.A.V.1 und § 8.B.V.1 dieser Untersuchung.

1176 *Grigoleit/Tomasic*, in: Grigoleit, AktG, § 111 Rn. 75 betonen, dass die Kodex-Anregung insoweit missverständlich ist; auch *VGR*, AG 2017, 1 (4 f.).

Investorengesprächen an den Gesamtaufsichtsrat über die Ergebnisse des Investorendialogs zurück zu berichten.

e) Auswirkungen auf die Unternehmenspraxis

Trotz der im Einzelnen bestehenden Unklarheiten ist davon auszugehen, dass sich mit der DCGK-Anregung der Investorendialog des Aufsichtsrats in der Praxis weiter etabliert. Gespräche wurden dadurch jedenfalls auch nach deutschem Rechtsverständnis offizialisiert. Ein Rechtsexperte bestätigte im Interview, dass man inzwischen die Sicherheit hat, mit dieser Praxis nicht alleine zu sein: *Es ist ja häufig so, wenn wir auch ein Thema haben, dessen Zulässigkeit umstritten ist, wenn man der Einzige ist, der es tut, fühlt man sich anders als wenn man sozusagen Mitstreiter, also andere Unternehmen hat, die sich ebenso verhalten.* Beispielhaft hielt ein weiterer Experte fest: *Die Großen haben es sowieso schon immer gemacht, die anderen sehen jetzt, dass das offensichtlich geht, und die Berater, die sehr kritisch sind, werden so ein bisschen in die Schranken gewiesen.* Insoweit ist davon auszugehen, dass Unternehmen seit der Kodex-Anregung und der damit verbundenen Prominenz des Themas über Investorenkontakte des Aufsichtsrats lauter nachdenken und unter Umständen mutiger geworden sind, sich dem Thema zu öffnen. Ein unternehmensexterner Rechtsberater äußerte hierzu: *Aber es hat dadurch schon eine sehr große Dynamik gewonnen und aus meiner Beobachtung auch so ein bisschen überlagert, dass es im wissenschaftlichen Schrifttum ja nach wie vor gewichtige Stimmen gibt, die dem Ganzen deutlich kritischer entgegenstehen. Die sind, glaube ich, so in der praktischen Wahrnehmung ein bisschen in den Hintergrund getreten, sodass der Eindruck gerade bei vielen Gesellschaften vielleicht nicht so ganz den wissenschaftlichen Diskussionsstand widerspiegelt.* Schließlich ist zu bedenken, dass der Verweis auf die Kodex-Anregung als Druckmittel von aktiv(istisch)en Investoren eingesetzt werden kann, um ein Gespräch mit dem Aufsichtsratsvorsitzenden zu erzwingen.[1177] Diese werden jedenfalls kaum Verständnis für Aufsichtsräte aufbringen, die Investorenkontakten kritisch gegenüberstehen und Investorenanfragen – etwa mit dem Verweis auf rechtliche Unsicherheiten – zurückweisen, obwohl selbst die Regierungskommission DCGK mit ihrer Erfahrung und ihrem großen Ansehen für *best practice*-Regelungen in Deutschland Investorenkontakte anregt.[1178] Ein Syndikusrechtsanwalt dazu: *Denn die Diskussion hat sicherlich Erwartungshaltungen*

1177 *Koch*, in: Hüffer/Koch, AktG, § 111 Rn. 34a; *Nikoleyczik/Graßl*, NZG 2017, 161 (165); *Koch*, AG 2017, 129 (140).

1178 *Koch*, BB 2016, Heft 50, Die erste Seite; *Mense/Klie*, BB 2017, 771 (776).

in der Investorenschaft geweckt, wo juristische Argumente dann in der Anwendung in den Hintergrund treten. Wegen der faktischen Bindungswirkung der DCGK-Regelungen wurde auch bereits im Schrifttum hervorgehoben, dass der Kodex für die Rechtspraxis Fakten geschaffen hat.[1179] Im Rahmen der empirischen Studie wurden von einem unternehmensexternen Experten ausdrücklich bestätigt: *Es lässt sich nicht mehr aus der Welt bringen, der Geist ist aus der Flasche und das kriegen wir nicht mehr zurück.* Zugleich ist jedoch auch davon auszugehen, dass die intensive rechtswissenschaftliche Debatte über das Thema die Aufmerksamkeit zu den rechtlichen Grenzen des Investorendialogs geschärft hat. Insoweit wird bei nicht wenigen Aufsichtsratsorganen und Aufsichtsratsvorsitzenden im Gegensatz zu früher die Zurückhaltung größer geworden sein, sodass man inzwischen vorsichtiger ist, wie man Investorendialoge führt (*Der Vorsitzende des Aufsichtsrats hat natürlich auch mitbekommen: „Das ist ein sensibles Thema, da bitte nichts falsch machen", und lässt sich beraten*).

II. Expertenkreis Developing Shareholder Communication: Acht Leitsätze für den Dialog zwischen Investor und Aufsichtsrat

Kurz vor dem DCGK-Konsultationsverfahren 2016 wurden im Juli 2016 die Leitsätze der Initiative Developing Shareholder Communication veröffentlicht.[1180] Noch vor der Kodexänderung befürwortete damit ein namhaft besetzter privater Expertenkreis[1181] einen intensiveren Dialog des Aufsichtsratsvorsitzenden mit Investoren. Im Vergleich zur knapp formulierten DCGK-Anregung wurden in insgesamt acht Leitsätzen detailreichere Regelungen zu den Beteiligten und

1179 *Vetter*, NZG 2018, 899 (899). Weitergehend zur hohen (faktischen) Bindungswirkung der Kodex-Regelungen *Wernsmann/Gatzka*, NZG 2011, 1001 (1006); siehe auch *Hoffmann-Becking*, ZIP 2011, 1173 (1173 f.), auch wenn er sich nur auf Empfehlungen des Kodex beschränkt; *Krieger*, ZGR 2012, 202 (215 f.); *Bayer*, NZG 2013, 1 (5).

1180 Initiative „Developing Shareholder Communication", AG 2016, R 300.

1181 Zur Zusammensetzung der Expertengruppe etwa *Hirt/Hopt/Mattheus*, AG 2016, 725 (729); *Hopt*, ECGI Law Working Paper 365/2017, S. 5. Mit Blick auf ihre Zusammensetzung wurde ihre mangelnde pluralistischen Besetzung jedoch auch sehr kritisch bewertet, insbesondere weil Vertreter von Kleinaktionären, Arbeitnehmervertreter (insbesondere Gewerkschaften) und kleine Emittenten nicht vertreten waren und im Besonderen auch die Sicht aktiver Vorstandsmitglieder unterrepräsentiert war, *Koch*, BB 2016, Heft 50, Die erste Seite; *Bachmann*, in: VGR, Gesellschaftsrecht 2016, 135 (138 f.); nach *Koch*, AG 2017, 129 (130 ff.) haftet der Expertengruppe damit der Makel an, ausschließlich und einseitig Partikular- und Anteilseignerinteressen großer Fondsgesellschaften fördern zu wollen.

der konkreten inhaltlichen Ausgestaltung des Aufsichtsratsdialogs veröffentlicht. Vor allem sollte damit für Aufsichtsräte und Investoren eine praktische Handreichung entstehen und sinnvolle Leitplanken für die Kommunikation börsennotierter Unternehmen gesetzt werden.[1182] Dafür sollten einerseits Aufsichtsräte aufgefordert werden, sich dem Dialog mit Investoren grundsätzlich zu öffnen, andererseits institutionelle Investoren auf die zwingenden aktienrechtlichen Grenzen eines Dialogs mit dem deutschen Aufsichtsratsorgan aufmerksam gemacht werden.[1183] Lobenswert ist deshalb vor allem das Ziel der Initiative, Klarheit zu schaffen und zu signalisieren, wo die Grenzen der Investorenkommunikation sind.

Nach dem Selbstverständnis der Leitsätze steht der Dialog des Aufsichtsrats mit institutionellen Investoren im Einklang mit den geltenden rechtlichen Rahmenbedingungen und dem DCGK.[1184] Für die Beachtung der rechtlichen Beschränkungen aus dem Aktien- und Kapitalmarktrecht – im Besonderen: Verschwiegenheitspflicht, Gleichbehandlungsgebot, Insiderrecht – soll zudem sinngemäß auf die Grundsätze zurückgegriffen werden, die bereits Basis der Kommunikation von Vorstand und Investor Relations mit Investoren sind.[1185] Deutlich hebt die Arbeitsgruppe auch die Berücksichtigung der aktienrechtlichen Kompetenzordnung und die darin anerkannte Kommunikationshoheit des Vorstands hervor.[1186] Dem ist, wie im Folgenden zu zeigen sein wird, grundsätzlich zuzustimmen, weil die Leitsätze in weiten Teilen einen sachgerechten Rahmen für die Investorenkommunikation des Aufsichtsrats beschreiben. Ihre Detailtiefe kann für die Praxis zudem Orientierungspunkt und Hilfe bei der Willensbildung, Ausgestaltung und Berichterstattung über Investorendialoge sein. Die empirisch abgesicherten Erkenntnisse dieser Untersuchung weichen im Einzelnen jedoch von den Vorgaben der Initiative Developing Shareholder

---

1182 Vgl. Abs. 1 der Präambel der Leitsätze. Als „gute Leitplanken“ gelobt von *Kremer*, in: Kremer/u.a., DCGK, Rn. 1270; siehe auch *Hirt/Hopt/Mattheus*, AG 2016, 725 (729 f.); *Krämer*, AR 2017, 18 (18); *Henning*, BOARD 2017, 41 (41 f.); vgl. *Ihrig*, in: Börsen-Zeitung vom 29. Oktober 2016, S. 13.

1183 *Hirt/Hopt/Mattheus*, AG 2016, 725 (739) fassen zusammen, dass mit den Leitsätzen angemessene Wohlverhaltensregeln bzw. eine Geschäftsgrundlage der Kommunikation erarbeitet werden sollte.

1184 Vgl. Abs. 3 S. 1 der Präambel der Leitsätze; auch *Hirt/Hopt/Mattheus*, AG 2016, 725 (729).

1185 Vgl. Abs. 3 S. 2 der Präambel der Leitsätze.

1186 Siehe Abs. 2 der Präambel der Leitsätze sowie Leitsatz 8; zudem *Hirt/Hopt/Mattheus*, AG 2016, 725 (730).

Communication ab, sodass nicht jeder einzelnen Ausprägung der Leitsätze gefolgt werden sollte. Dazu im Einzelnen:

Die Leitsätze sehen inhaltlich bewusst von einer Dialogpflicht mit jeglichen Investoren ab, sondern übertragen die Entscheidung über das „Ob und Wie" des Aufsichtsratsdialogs dem jeweiligen Unternehmen, konkret dem betroffenen Aufsichtsrat und dessen Vorsitzenden.[1187] Für die Praxis empfiehlt die Expertengruppe Developing Shareholder Communication eine Entscheidung des Gesamtaufsichtsrats, ob ein solcher Dialog geführt werden soll, vgl. Leitsatz 1 S. 2. Anschließend soll nur dem Aufsichtsratsvorsitzenden die Entscheidung über den konkreten Dialog (Leitsatz 1 S. 3), seine Durchführung (Leitsatz 7 S. 1), die Beiziehung anderer Aufsichtsratsmitglieder (Leitsatz 7 S. 2) sowie die Information des Gesamtaufsichtsrats (Leitsatz 7 S. 3) nach seinem Ermessen aufgetragen sein. Dem Vorsitzenden des Aufsichtsrats kommt daher nach der Ansicht der Expertengruppe Developing Shareholder Communication eine besondere Stellung zu, die ihm sowohl eine gewichtige Rolle für die Kommunikation nach außen als auch für die Kommunikation und Information über Investorengespräche im gesellschaftlichen Innenbereich zuweist.[1188] Insoweit stimmen die Vorschläge der Initiative Developing Shareholder Communication zwar grundlegend mit den Ergebnissen dieser Untersuchung überein. Allerdings ist kritisch, dass die dem Aufsichtsratsvorsitzenden gesetzlich zugewiesene Rolle durch die Leitsätze äußerst weit verstanden und vor allem ohne eine rechtsvorsorgliche und ggf. typisierende Ermächtigung zur Investorenkommunikation durch das Gesamtplenum – z.B. durch eine Regelung in der Geschäftsordnung oder im Rahmen einer Kommunikationsordnung[1189] – überstrapaziert wird.[1190] Offengelassen wird jedenfalls, ob der Beschluss nach Leitsatz 1 S. 2 eine solche

---

1187 Vgl. Abs. 2 und 4 der Präambel der Leitsätze; *Hirt/Hopt/Mattheus*, AG 2016, 725 (729 f.).

1188 Zur zentralen Rolle des Aufsichtsratsvorsitzenden *Hirt/Hopt/Mattheus*, AG 2016, 725 (730).

1189 Siehe hierzu mit der Unterscheidung zwischen einer „kleinen" und „großen" Lösung § 5.A.III.2 dieser Untersuchung, aber auch die Ergebnisse zu Leitthese 5 im Rahmen der empirischen Prüfung, § 8.A.V.2 und § 8.B.V.2 dieser Untersuchung.

1190 Zu diesem „wunden Punkt" auch *Bachmann*, in: VGR, Gesellschaftsrecht 2016, 135 (172, 180); *Landsittel*, Investorenkommunikation, S. 263 kritisiert zu Leitsatz 7 der Initiative Developing Shareholder Communication, dass fälschlicherweise der Eindruck entsteht, der Aufsichtsratsvorsitzende habe organschaftliche Vertretungsmacht.

Ermächtigung zu enthalten hat.[1191] Zudem konkretisiert Leitsatz 7 S. 3 nicht, ob eine Information des Plenums durch den Aufsichtsratsvorsitzenden vor oder nach Investorengesprächen stattfinden soll.[1192]

Zulässige Gesprächsthemen werden durch die Leitsätze wie im DCGK auf aufsichtsratsspezifische Themen begrenzt. Darunter versteht die Expertengruppe solche Inhalte, für die der Aufsichtsrat nach der aktienrechtlichen Kompetenzordnung zuständig ist und die in seinen Aufgaben- und Verantwortungsbereich fallen.[1193] Die Leitsätze folgen bei den in den Leitsätzen 2 bis 6 dargelegten Konkretisierungen deshalb richtigerweise dem System der Annexkompetenz des Aufsichtsrats zum Dialog mit Investoren. Für den Dialog zwischen Aufsichtsrat und Investor werden die Themen Zusammensetzung, Besetzungsprozess und Vergütungssystem des Aufsichtsrats (Leitsatz 2), der Bericht des Aufsichtsrats, die aufsichtsratsbezogenen Themen des Corporate Governance-Berichts, seine Binnenorganisation, die Prozesse der Vorstandsüberwachung und der Mitwirkung, die Ausschussbildung sowie die Effizienzprüfung und daraus getroffene Maßnahmen (Leitsatz 3), die Anforderungsprofile für die Bestellung der Vorstandsmitglieder, die Geschäftsverteilung im Vorstand und die Vorstandsvergütung (Leitsatz 4), die überwachende und mitwirkende Rolle des Aufsichtsrats im Strategieprozess und seine Einschätzung zur Strategieumsetzung (Leitsatz 5) sowie die Auswahlkriterien für die Auswahl des Abschlussprüfers sowie die Inhalte und Qualität der Zusammenarbeit (Leitsatz 6) vorgeschlagen. In den Leitsätzen 2, 3 und 4 werden darüber hinaus Angaben dazu gemacht, von welchen Diskussionen und Informationen im Investorengespräch des Aufsichtsrats abgesehen werden soll. Danach sollen „konkrete Wahlvorschläge oder Einzelkandidaten" (Leitsatz 2, S. 2), die „Ergebnisse der Effizienzprüfung in Bezug auf einzelne Aufsichtsratsmitglieder" (Leitsatz 3, S. 2) und „[k]onkrete Vorschläge

---

1191 In diese Richtung kritisiert auch *Koch*, AG 2017, 129 (136), dass die Grundsatzentscheidung des Gesamtaufsichtsrats gemäß Leitsatz 1 lediglich äußerst allgemein gefasst sei. Hingegen befürwortet *Vetter*, AG 2016, 873 (876) es als positiv, dass Leitsatz 1 eine Legitimation des Aufsichtsratsvorsitzenden zur Aufnahme der Investorengespräche vorsehe; auch *Landsittel*, Investorenkommunikation, S. 260 spricht sich positiv zu Leitsatz 1 S. 2 aus, weil damit die kollegiale Natur des Gremiums ausreichend berücksichtigt werde.

1192 *Bachmann*, in: VGR, Gesellschaftsrecht 2016, 135 (172).

1193 Vgl. hierzu Abs. 2 der Präambel der Leitsätze sowie ausdrücklich Leitsatz 1, S. 4: „Der Dialog umfasst ausschließlich Themen, die in den Aufgaben- und Verantwortungsbereich des Aufsichtsrats fallen."; hierzu auch *Strampelli*, Virginia Law and Business Review 12.2 (2018), 187 (228 f.).

oder Einzelkandidaten" im Rahmen der Vorstandsbestellung (Leitsatz 4, S. 2) nicht besprochen werden. Die differenzierte Darstellung von zulässigen Gesprächsthemen ist auch nach dem Verständnis dieser Untersuchung sinnvoll, um die Annexkompetenz des Aufsichtsrats zum Investorendialog für die Praxis möglichst handhabbar zu machen. In den Leitsätzen erfolgt jedoch keine weitergehende Unterscheidung von solchen aufsichtsratsspezifischen Gesprächsinhalten, die eindeutig beim Aufsichtsrat liegen – im Ergebnis: Personal- und Vergütungsthemen sowie die Binnenorganisation des Aufsichtsrats – und weiteren Inhalten, bei denen erhebliche rechtliche Graubereiche existieren.[1194] Das verschärft im rechtswissenschaftlichen Schrifttum den maßgebenden Vorwurf gegenüber der Expertengruppe Developing Shareholder Communication, den Investorendialog des Aufsichtsrats in einem Umfang zu befürworten, der nicht mehr im Einklang mit den aktienrechtlichen Rahmenbedingungen steht.[1195] Anschaulich wird dies im Besonderen anhand von Leitsatz 5. Zwar wird in dessen S. 1 hervorgehoben, dass Entwicklung und Umsetzung der Unternehmensstrategie dem Vorstand obliegt. Zu undeutlich bleibt dann jedoch im Weiteren, dass der Investorendialog für Aufsichtsratsvorsitzende, die über die mitwirkende Rolle des Aufsichtsrats im Strategieprozess reden wollen (vgl. Leitsatz 5 S. 2), einer Gratwanderung zwischen noch zulässigen und bereits unzulässigen Äußerungen gleicht. Auf eine besondere Zurückhaltung in diesem Bereich wird nicht gesondert hingewiesen.[1196] Dass der Aufsichtsrat im Investorengespräch zusätzlich seine Einschätzung zur Strategieumsetzung erläutern können soll (Leitsatz 5 S. 2 a.E.), ist im Hinblick auf den Grundsatz der vertrauensvollen Zusammenarbeit der Verwaltung kritisch und lässt befürchten, ein dissonantes Auftreten der Verwaltung im Außenverhältnis oder sogar ein deutliches Misstrauensvotum des Aufsichtsrats gegenüber dem amtierenden Vorstand zu provozieren.[1197] Hier wäre nach den Ergebnissen dieser Untersuchung eine deutliche

1194 Dazu ausführlich § 4.A.I sowie im empirischen Teil die Ergebnisse zu Leitthese 3 in § 8.A.III und § 8.B.III dieser Untersuchung.

1195 *Koch*, AG 2017, 129 (132 ff.).

1196 *Landsittel*, Investorenkommunikation, S. 262 kritisiert ebenfalls, dass hier eine konkrete Verhaltensempfehlung an den Aufsichtsrat fehlt.

1197 Kritisch bis ablehnend deshalb auch *Grunewald*, ZIP 2016, 2009 (2011); *Bachmann*, in: VGR, Gesellschaftsrecht 2016, 135 (175); *Koch*, AG 2017, 129 (134, 139); *Landsittel*, Investorenkommunikation, S. 262 f.

Zurückhaltung des Aufsichtsrats notwendig, was in den Experteninterviews bestätigt wurde.[1198]

Um drohende Konflikte zwischen Vorstand und Aufsichtsrat zumindest teilweise zu entschärfen, wird in Leitsatz 8 schließlich die Zusammenarbeit von Vorstand und Aufsichtsrat zur gemeinsamen Unternehmenskommunikation gefordert, wonach die einzelnen Organe nicht isoliert voneinander handeln, sondern frühzeitig Absprachen für den Investorendialog treffen und Grundsätze zu den jeweiligen Tätigkeiten der Investor Relations ausarbeiten sollen.[1199] Dafür empfiehlt die Expertengruppe eine verständliche Kommunikationsordnung, mit der vor anstehenden Investorengesprächen unternehmensintern Transparenz geschaffen und ein rechtssicheres Vorgehen erreicht werden kann.[1200] Dem ist mit Blick auf die eigenen Untersuchungsergebnisse zuzustimmen, weil auch viele der befragten Experten eine enge Abstimmung zwischen Vorstand und Aufsichtsrat als sinnvolle Vorbereitungsmaßnahme auf den Investorendialog befürworteten.[1201]

III. FEA – Leitlinie zur Praxis des Dialogs zwischen Investoren und Aufsichtsrat

Auch die FEA hat nach einer Befragung ihrer Mitglieder am 30. September 2016 die „Leitlinie zur Praxis des Dialogs zwischen Investoren und Aufsichtsrat" veröffentlicht und für die Intensivierung und Verstetigung des Dialogs zwischen Investor und Aufsichtsrat geworben.[1202] Nach ihrem Selbstverständnis ist die FEA-Leitlinie mehr als eine Empfehlung, weil sie *best practices* der Investorenkommunikation des Aufsichtsrats beschreibt.[1203] Die FEA folgt insoweit dem Fehler der Regierungskommission DCGK, zu früh bzw. zu undifferenziert von einer bereits etablierten *best practice* auszugehen und zu ignorieren, dass Investorendialoge des Aufsichtsrats bislang nur teilweise Praxis börsennotierter

---

1198 Vgl. die einzelnen Stellungnahmen der befragten Experten zu Leitthese 3, insbesondere in § 8.A.III.2 und § 8.B.III.2 dieser Untersuchung.

1199 Siehe auch *Hirt/Hopt/Mattheus*, AG 2016, 725 (730).

1200 *Hirt/Hopt/Mattheus*, AG 2016, 725 (730).

1201 Siehe hierzu § 8.A.III.3 und § 8.B.III.3 dieser Untersuchung.

1202 Die „Leitlinie zur Praxis des Dialogs zwischen Investoren und Aufsichtsrat" der FEA ist abrufbar unter www.financialexperts.eu/wp-content/uploads/2019/02/161005_Leitlinie-zur-Praxis-des-Dialogs-zwischen-Investoren-und-Aufsicht.pdf (letzter Abruf am 15. September 2020), hierzu auch etwa WPg 2016, 1245.

1203 FEA, Leitlinie zur Praxis des Dialogs zwischen Investoren und Aufsichtsrat, S. 2.

Aktiengesellschaften sind. In den einleitenden Bemerkungen werden sodann die erhöhte Transparenz gegenüber den Aktionären und mittelbar weiteren Interessengruppen des Unternehmens sowie die positive Beeinflussung der Risikoeinschätzung von Investoren als wesentliche Vorteile regelmäßiger Investorendialoge des Aufsichtsrats betont. Dem ist zuzustimmen, auch weil sich die befragten Experten im Rahmen der empirischen Studie zum Teil ganz ähnlich zu den Vorteilen der Aufsichtsratskommunikation geäußert haben.[1204]

Inhaltlich erinnert die FEA-Leitlinie an die Leitsätze des Expertenkreises Developing Shareholder Communication.[1205] Es wird dem folgend ausschließlich der Investorendialog über aufsichtsratsspezifische Themen befürwortet, um die Leitungsverantwortung des Vorstands nicht zu kompromittieren. Konkrete Gesprächsgegenstände werden dafür in einer nicht abschließenden Liste aufgeführt.[1206] Inhaltlich besonders kritische Bereiche der Aufsichtsratskommunikation, z.B. über die mitwirkende Rolle des Aufsichtsrats im Strategieprozess oder Zustimmungsvorbehalte, werden jedoch nicht gesondert identifiziert oder problematisiert. Zusätzlich wird dann aber bei der Erläuterung der Grenzen zum Dialog in Ziffer 4. der FEA-Leitlinie vom Aufsichtsrat besondere Zurückhaltung in Angelegenheiten gefordert, die in der Geschäftsführungskompetenz des Vorstands liegen. Hier soll der Aufsichtsrat im Normalfall keine Stellungnahmen abgeben und sich auf die Position des „Zuhörenden" beschränken.[1207] Dies betreffe insbesondere Fragen der Unternehmensstrategie und ihrer Umsetzung sowie einzelne wesentliche Maßnahmen der Geschäftsführung (Ziffer 4. S. 2).[1208] Richtigerweise wird insoweit die Geschäftsführungskompetenz des Vorstands als Schranke eines Kommunikationsrechts des Aufsichtsrats benannt. Die Handlungsempfehlung, sich in kritischen Fällen auf die Position des „Zuhörenden" zu beschränken, wurde im Rahmen der empirischen Studie von einzelnen Rechtsexperten ebenfalls befürwortet.[1209]

Dass die FEA-Leitlinie in ihrer Ziffer 3. die besondere Verantwortung des Aufsichtsratsvorsitzenden zur Investorenkommunikation hervorhebt, ist unter

1204 Vgl. einzelne Äußerungen der Experten in § 8.A.II.1 und § 8.B.II.1 dieser Untersuchung.

1205 Vgl. den Artikel „FEA befürwortet aktiven Dialog des Aufsichtsrats mit Investoren", AR 2016, 166.

1206 Siehe Ziffer 1.a. bis 1.f. der FEA-Leitlinie zur Praxis des Dialogs zwischen Investoren und Aufsichtsrat, S. 3.

1207 Vgl. FEA-Leitlinie zur Praxis des Dialogs zwischen Investoren und Aufsichtsrat, S. 4.

1208 FEA, Leitlinie zur Praxis des Dialogs zwischen Investoren und Aufsichtsrat, S. 4.

1209 Siehe dafür § 8.A.III.2 und § 8.B.III.2 dieser Untersuchung.

Berücksichtigung der eigenen Untersuchungsergebnisse zutreffend. Dass sie in Ziffer 3. S. 2 empfiehlt, bei Bedarf weitere Aufsichtsratsmitglieder, insbesondere den Prüfungsausschussvorsitzenden, zum Dialog mit Investoren hinzuzuziehen, ist ebenfalls sachgerecht. Im Rahmen der Experteninterviews wurde ausdrücklich von einzelnen Rechtsexperten betont, dass abweichend vom Regelfall anstatt des Aufsichtsratsvorsitzenden auch andere Aufsichtsratsmitglieder wie bspw. der Vorsitzende des Prüfungsausschusses die Kommunikationsaufgabe wahrnehmen können, etwa wenn diese Personen besser qualifiziert sind oder es um die Rechnungslegung geht.[1210] Die rechtliche Anforderung, gesprächsführende Aufsichtsratsmitglieder vor Investorenkontakten zuvor vom Gesamtplenum (jedenfalls typisierend) zur Außenkommunikation zu ermächtigen, bleibt in der FEA-Leitlinie jedoch unberücksichtigt.

Über die DCGK-Anregung sowie die Leitsätze des Expertenkreises Developing Shareholder Communication hinaus befürwortet die FEA explizit die freiwillige Transparenz über Investorengespräche. Gemäß Ziffer 2.b. der FEA-Leitlinie sollen Unternehmen die Themen und Inhalte der Gespräche mit Investoren protokollieren und zeitnah veröffentlichen.[1211] Eine bewertende Stellungnahme zu vergangenen Investorengesprächen soll darüber hinaus jährlich im Bericht des Aufsichtsrats und zum Jahresabschluss erfolgen, um das Prinzip Fair Disclosure zu fördern.[1212] Außerdem soll die gleiche Informationsversorgung aller Investoren trotz eines selektiv geführten Dialogs mit ausgewählten Informationsempfängern erhalten bleiben (Ziffer 1.c.).[1213] Diese Vorschläge sind im Zusammenhang mit der (informationellen) Gleichbehandlung und möglichst umfassenden Nachinformation der zunächst benachteiligten Aktionäre sinnvoll.[1214] Dass es sich bei den Empfehlungen bereits um eine weit verbreitete Praxis handelt, ist jedoch zu bezweifeln. Im Rahmen der empirischen Untersuchung wurde geäußert, dass über Investorengespräche bislang, wenn überhaupt, nur sehr allgemein berichtet wird. Mit Blick auf die Nachinformation der übrigen Aktionäre und ihren erweiterten Auskunftsanspruch auf der Hauptversammlung gemäß § 131 Abs. 4 S. 1 AktG wurde überdies hervorgehoben, dass

1210 Dazu die Stellungnahmen einzelner Syndikusanwälte in § 8.B.V.1 dieser Untersuchung.

1211 FEA, Leitlinie zur Praxis des Dialogs zwischen Investoren und Aufsichtsrat, S. 3.

1212 Ziffer 2.d. der FEA-Leitlinie zur Praxis des Dialogs zwischen Investoren und Aufsichtsrat, S. 4.

1213 FEA, Leitlinie zur Praxis des Dialogs zwischen Investoren und Aufsichtsrat, S. 4.

1214 Zu den Möglichkeiten der freiwilligen Transparenz über Investorengespräche bereits § 4.B.II.4 dieser Untersuchung.

dieser wegen der regelmäßig fehlenden Kenntnis, wann mit wem gesprochen wurde, kaum eine praktische Relevanz hat.[1215]

IV. Arbeitskreis Leitlinien für eine nachhaltige Vorstandsvergütung

Im Juli 2018 veröffentlichte schließlich ein weiterer privater Arbeitskreis *best practice*-Leitlinien für eine nachhaltige Vorstandsvergütung.[1216] Der Arbeitskreis beschränkte sich in diesem Rahmen nicht nur darauf, Kernelemente für das Design einer nachhaltigen Vorstandsvergütung zu beschreiben und eine Orientierung für die Ausrichtung von Vergütungssystemen an den Erwartungen institutioneller Investoren darzustellen, sondern setzte sich darüber hinaus zum Ziel, einen konstruktiven Dialog zwischen Unternehmen und Investoren zu unterstützen.[1217] Handlungsempfehlend wurde hierfür ausdrücklich die Funktion des Aufsichtsratsvorsitzenden für den Investorendialog im Sinne der Leitsätze der im Juli 2016 veröffentlichten Initiative Developing Shareholder Communication angesprochen.[1218] Leitlinie 3.1. S. 1 empfiehlt schließlich einen regelmäßigen Dialog mit Investoren zur Vorstandsvergütung, insbesondere bei geplanten wesentlichen Änderungen des Vergütungssystems. Gemäß Leitlinie 3.1. S. 2 soll dieser Dialog rechtzeitig vor der Hauptversammlung stattfinden, worunter die Verfasser der Leitlinien einen Zeitraum von nicht später als sechs Monate vor der Hauptversammlung verstehen. Als ergänzende Erwägung sollen Privataktionäre vertretende Schutzgemeinschaften und Stimmrechtsberater in den Dialog eingebunden werden. In der Leitlinie 3.2. wird außerdem ein besonderer Fokus darauf gelegt, dass Unternehmen bei negativen Abstimmungsergebnissen oder einer signifikanten Anzahl an Gegenstimmen auf der Hauptversammlung (größer als 25%) die kritischen Vergütungselemente in Investorengesprächen erörtern

1215 Vgl. die empirischen Ergebnisse zu Leitthese 4 in § 8.A.IV.2 und § 8.B.IV.2 dieser Untersuchung.

1216 In diesem Arbeitskreis waren Aufsichtsratsvorsitzende, Investorenvertreter, Wissenschaftler und Corporate Governance-Experten vertreten. Eine Liste der Mitglieder des Arbeitskreises findet sich auf S. 9 der Leitlinien für eine nachhaltige Vorstandsvergütung (vgl. bereits Fn. 114 dieser Untersuchung).

1217 Vgl. die Einleitung zu den Leitlinien für eine nachhaltige Vorstandsvergütung, S. 3.

1218 Siehe hierfür das Kapitel „Historische Entwicklung und rechtlicher/regulatorischer Rahmen“ der Leitlinien für eine nachhaltige Vorstandsvergütung, S. 5. Zur Initiative Developing Shareholder Communication bereits zuvor in § 9.A.II dieser Untersuchung.

sollen.[1219] Den benannten Empfehlungen ist zu insoweit zu folgen, als dass auch im Rahmen der empirischen Untersuchung ein besonderer Fokus auf den Dialog zwischen Aufsichtsrat und Investor über Vergütungsthemen gelegt wurde, um anstehende Hauptversammlungsentscheidungen abzusichern. Außerdem wurde geäußert, dass mit dem ARUG II durch die regelmäßige Behandlung der Vorstandsvergütung auf der Hauptversammlung der Aufsichtsratsdialog mit Investoren noch wichtiger wird.[1220] Das Thema Vorstandsvergütung wurde darüber hinaus im ersten Teil dieser Untersuchung wie auch von den befragten Rechtsexperten eindeutig der Annexkompetenz des Aufsichtsrats zur Investorenkommunikation zugeordnet.[1221] Weil die Vorschläge für die Funktion des Aufsichtsratsvorsitzenden im Übrigen auf die Initiative Developing Shareholder Communication verweisen, gilt es die hierzu bereits getroffenen Aussagen zu wiederholen: Nach den Ergebnissen dieser Untersuchung bedarf es vor Investorengesprächen wenigstens eines typisierenden Beschlusses des Gesamtaufsichtsrats, mit dem der Aufsichtsratsvorsitzende zum Dialog mit Investoren auch über Vergütungsthemen ermächtigt wird. Zur Lösung wurde nicht nur in § 5 dieser Untersuchung, sondern auch von den befragten Rechtsexperten im Rahmen der empirischen Studie eine Regelung in der Geschäftsordnung für den Aufsichtsrat oder eine detailreichere Kommunikationsordnung vorgeschlagen.[1222] Ohne Hinweis auf diese Anforderungen wird der Aufsichtsratsvorsitzende an dieser Stelle zu stark in ein rechtliches Risiko gestellt.

B. Implikationen für die Berufspraxis

Als konkreter Mehrwert für die Berufspraxis folgt aus der eigenen empirischen Studie und den damit aufgenommenen Sichtweisen der in der Praxis arbeitenden Rechtsberater zum einen speziell für Aufsichtsratsvorsitzende die Einsicht, Investorengespräche zukünftig mit geschärfter eigener Kompetenz und Qualifikation zu führen. Zum anderen sollten sie sich kumulativ durch Experten der Investor Relations und rechtliche Berater bei der Vorbereitung, Durchführung wie auch Nachbereitung von Investorengesprächen unterstützen lassen, um den Herausforderungen einer professionellen Investorenkommunikation angemessen zu

---

1219 Vgl. eine entsprechende Empfehlung in den USA von *Miller*, workspan 2015, 44 (47).

1220 Dazu bspw. in § 8.B.I.3 dieser Untersuchung.

1221 Siehe hierzu die Ergebnisse in § 4.A.I.2.b) dieser Untersuchung wie auch im empirischen Teil zu Leitthese 3 in § 8.A.III.1 und § 8.B.III.1 dieser Untersuchung.

1222 Vgl. die Ergebnisse zu Leitthese 5 in § 8.A.V sowie § 8.B.V dieser Untersuchung.

begegnen. Beides wird für ein professionelles Auftreten in Investorengesprächen im rechtlich zulässigen Rahmen unerlässlich sein. Im Folgenden sollen die zwei genannten Aspekte vertieft werden. Prägnante Expertenaussagen zu diesem Thema werden wie bisher kursiv gedruckt.

I. Geschärfte Kommunikationskompetenz des Aufsichtsratsvorsitzenden

In erster Linie können (rechtliche) Schwierigkeiten bei der Investorenkommunikation in der Persönlichkeit wie auch der Qualifikation und der Lenkungsfähigkeit des Aufsichtsratsvorsitzenden begründet sein. Im Besonderen wird es mit Blick auf die inhaltlich beschränkte Reichweite der Annexkompetenz Aufsichtsratsvorsitzende geben, die extrem diszipliniert sind und sich nur auf ganz bestimmte Punkte beschränken; andere wiederum werden in Investorengesprächen deutlich weiter ausholen und zu viel sagen (*Ein Aufsichtsratsvorsitzender, der hört sich dann auch gerne reden und der sagt dann mal ein Wort zu viel (...) also da sind hohe Unwägbarkeiten*). Aufsichtsratsvorsitzende sind deshalb dazu angehalten, bei selektiven Informationsweitergaben in Investorengesprächen weder bewusst noch unbewusst gegen ihre Pflichten zu verstoßen. Besonders problematisch ist es aber, wenn sie im Bereich der Kapitalmarktkommunikation nicht so geschult sind wie Vorstände oder äußerst präsidial auftreten und sich kaum vorbereiten oder beraten lassen. Insoweit verbleibt es bei einem gewissen Potenzial für kompetenzverletzende oder auch sonst rechtsverletzende Äußerungen. Entscheidend sind also die Qualifikation und das Bewusstsein des Aufsichtsratsvorsitzenden, der im Bereich der Investorenkommunikation ähnlich qualifiziert sein muss wie der Vorstand. In diesem Zusammenhang spricht aber die Erfahrung eines Aufsichtsratsvorsitzenden, der ggf. zuvor Vorstandsvorsitzender war, dafür, die rechtlichen Grenzen der Investorenkommunikation zu kennen (hierzu ein Rechtsanwalt: *Der hat das in seiner DNA drin, weil er lange genug in dem Unternehmen Vorstand war. Er weiß, dass er da bestimmte Rücksichtnahmen hat, bestimmte Beschränkungen, rechtlicher, tatsächlicher, persönlicher Art*; ein Syndikus dazu: *Deswegen hat er erstens die Perspektive des Vorstands und zweitens auch – das halte ich auch für sehr wichtig – die Erfahrung im Umgang mit Investoren*).[1223] Im Verhältnis zum Vorstand herrscht dann auch nicht weniger Sensibilität (weiterführend ein Syndikus: *Es ist ja eher eine höhere*

1223 Vgl. auch bereits *Nieber*, Rolle des Aufsichtsrates in der Kapitalmarktkommunikation, S. 71.

Sensibilität, denn wenn ich selber schon weiß, dass ich eigentlich nicht der primär zuständige Kommunikator gegenüber dem Kapitalmarkt bin, sondern nur für sehr spezifische Themen überhaupt für die Unternehmung gegenüber Investoren sprachbefugt bin, das ist ja der Startpunkt, dann ist natürlich klar, dass ich auch alle Grenzen der Kommunikation (...) beachte). In die gleiche Richtung weist die folgende Differenzierung, die ähnlich von einem der befragten Rechtsanwälte hervorgehoben wurde: Fehler werden insbesondere Aufsichtsratsvorsitzenden passieren, die nur selten mit Investoren kommunizieren. Im Gegensatz zu ihnen werden jedoch diejenigen, die für regelmäßige Investorendialoge affin sind, auch meist sehr rechtsaffin und offen für eine rechtliche Beratung in diesem Bereich sein. Problematische Alleingänge des Aufsichtsratsvorsitzenden sind dann zum einen aus reinem Selbstschutz, zum anderen wegen der ständigen Absprache mit der Abteilung Investor Relations und der Rechtsabteilung unwahrscheinlich. Unter den Expertenaussagen war schließlich die folgende Aussage, die das Vorgenannte prägnant zusammenfasst: *Wenn sie da ein Riesenego haben, der sich gerne reden hört, dann geht da was schief. Wenn das ein vernünftiger Profi ist, dann geht da gar nichts schief.*

II. Vorbereitung und Beratung durch Experten der Investor Relations und Rechtsberater

Zweitens wird wichtig, ob und wie Experten der Investor Relations und der Rechtsabteilung den Vorsitzenden des Aufsichtsrats bei der Pflege von Investorenkontakte unterstützen.[1224] Eine professionelle Begleitung des

1224 Zu diesen Fragen auch *Bommer/Steinbach*, BOARD 2013, 219 (220 f.); *Dietlmaier*, BOARD 2015, 181 (183); *Pikó*, WPg 2016, 1383 (1391); *Tüngler*, BOARD 2016, 173 (174); *Henning*, BOARD 2017, 41 (43); *Schick*, WPg 2018, 1379 (1382) empfiehlt speziell die Unterstützung durch Experten der Investor Relations; *Holle*, ZIP 2019, 1895 (1901): „Rechtsberater von Aufsichtsräten sollten nicht müde werden (...) und versuchen, Aufsichtsräte und ihre Vorsitzenden wieder auf den Boden des Gesetzes zurückzuholen."; *Nieber*, Rolle des Aufsichtsrates in der Kapitalmarktkommunikation, S. 72-73; vgl. *Döring*, in: Börsen-Zeitung vom 6. Juli 2016, S. 9. Die Studie von *Kienbaum/Flick Gocke Schaumburg*, Kamingespräche 2017, S. 21 zeigt, dass bei nur knapp 50% der Befragten der Aufsichtsrat von Unternehmensseite inhaltlich und prozessbezogen bei der Vorbereitung von Investorengesprächen unterstützt wird. Weiterführend zum Kontakt zwischen Aufsichtsrat und speziell der unternehmenseigenen Investor Relations-Abteilung die empirischen Ergebnisse von *EY/DIRK*, Effektive Finanzkommunikation, S. 13, vgl. bereits Fn. 732 dieser Untersuchung; zudem *Hammann*, Investoren und Aufsichtsrat im Dialog, S. 27 f., wonach in den meisten

Aufsichtsratsvorsitzenden beginnt vor Investorengesprächen bspw. durch regelmäßige wie auch anlassbezogene Fortbildungen bzw. Nachschulungen, um Kompetenzdefizite in kommunikativer wie rechtlicher Sicht auszugleichen.[1225] Kurz vor einem Investorengespräch wird es dann vor allem in Zusammenarbeit mit der Investor Relations-Abteilung um den richtigen Zuschnitt des Informationsangebots auf den jeweiligen Informationsempfänger gehen, indem antizipiert wird, welche Themen von Investoren im Investorengespräch angesprochen werden.[1226] Hilfreich ist dafür, sich von der Investorenseite einen Fragenkatalog

---

Unternehmen weder formalen Strukturen für die Zusammenarbeit des Aufsichtsrats mit der Investor Relations-Abteilung etabliert sind, noch informelle Absprachen häufig sind. Besonders interessant ist aber auch die Einrichtung des neuen Ressorts „Kommunikation und Stakeholder Relations" für den Aufsichtsratsvorsitzenden bei der *Volkswagen AG* und die entsprechende Pressemitteilung vom 11. Dezember 2015; hierzu auch *Wadewitz*, in: Börsen-Zeitung vom 29. Dezember 2015, S. 7. Für den Vorstand ist eine Unterstützungsfunktion in kommunikativer Hinsicht durch die Investor Relations-Abteilung üblich, um ihn zeitlich zu entlasten (vgl. empirisch *DAI/McKinsey*, Investorendialog im Umbruch, S. 33, wonach der Vorstand eines befragten Unternehmens in Spitzenzeiten mehr als eine Woche im Monat (ein Viertel der Arbeitszeit) auf die Kommunikation mit aktiven Aktionären verwendet) und unter Rückgriff auf erweiterte personellen Ressourcen die Kommunikation mit Kapitalmarktteilnehmern professionell zu planen, zu organisieren, umzusetzen und zu evaluieren, vgl. statt vieler *Than*, in: Lutter/Scholz/Sigle, FS Peltzer 2001, 577 (596). Zur Organisation etwa *EY/DIRK*, Effektive Finanzkommunikation, S. 5; *Hoffmann/Tietz*, Strategien in der IR & Finanzmarktkommunikation, S. 2 ff.; *Tiffe*, Beurteilung von Investor Relations-Maßnahmen, S. 27 f.

1225 Fortbildungen gehören bspw. auch für *Scherer*, in: Dehnen, Der professionelle Aufsichtsrat, 148 (160) im Hinblick auf die Unternehmenskommunikation zum Pflichtenprogramm für Aufsichtsratsmitglieder; *Dietlmaier*, BOARD 2015, 181 (183) spricht sich für externe oder interne Kommunikationstrainings aus; *Merz*, AR 2017, 1 (3) befürwortet ebenfalls generell Qualifikationsschulungen für Aufsichtsratsmitglieder im Rahmen des Selbstverständnisses eines verantwortungsbewussten Ausübens des Aufsichtsratsmandats; zu Aus- und Fortbildungsmaßnahmen für Aufsichtsratsmitglieder vertiefend *Pikó*, WPg 2016, 1383 (1384 f.); *Thomas/Wüllner*, in: hv-magazin 04/2017, 18 (19). Allgemeiner zur Vorbereitung von Führungskräften auf eine professionelle Kommunikation *Zerfaß/Piwinger*, in: Zerfaß/Piwinger, Hdb. Unternehmenskommunikation, 1 (3, 9 f.). Weitergehend zur Qualität von angebotenen Seminaren und Fortbildungen *Dehnen*, in: Dehnen, Der professionelle Aufsichtsrat, 13 (18).

1226 Darüber hinaus können im Rahmen der umfangreichen Vorbereitung von Investorengesprächen bspw. unternehmenseigene Informationsweitergaben auf einzelne Adressaten spezifisch zugeschnitten werden, um die Aussagekraft der Informationen

oder zumindest Informationen über die wesentlichen Stoßrichtungen des Gesprächs zukommen zu lassen, um sich ähnlich wie in der Hauptversammlung vorbereiten zu können. Auch muss etwa durch die Rechtsabteilung sichergestellt werden, dass der Aufsichtsratsvorsitzende nur über Dinge spricht, über die er auch sprechen darf, damit trotz guten Willens in unter Umständen besonders herausfordernden Dialogsituationen kein Rechtsverstoß geschieht oder Haftungsrisiken für die Gesellschaft oder die handelnden Akteure entstehen.[1227] Dafür ist zum einen die inhaltliche Reichweite der Investorenkommunikation des Aufsichtsrats möglichst klar abzustecken und intern abzustimmen. Weil sich die Grenzen des Aufsichtsratsdialogs mit Blick auf seine Vertraulichkeitspflichten, die Gleichbehandlung der Aktionäre und Insiderthemen mit solchen für Vorstandsgespräche decken, können zum anderen die bereits für den Vorstand implementierten Prozesse auf den Aufsichtsrat übertragen werden (ein Syndikus hierzu: *Also da würde ich jetzt keinen Unterschied sehen, ob jetzt Vorstand oder Aufsichtsrat kommuniziert*; ein anderer: *Für jemanden wie mich ist nichts nerviger, als wenn ich zwei Prozesse für Vorstand und Aufsichtsrat fahren wollte. (...) Hauptsache ist, das ist für uns einfach zu handhaben, zu monitoren und sicherzustellen, dass es auch gemacht wird*).

In der konkreten Gesprächssituation wird anschließend die persönliche Begleitung des Aufsichtsratsvorsitzenden durch Experten der Investor Relations, aber auch aus der Rechtsabteilung zweckmäßig sein, um allen prozessbezogenen und rechtlichen Herausforderungen von Investorengesprächen angemessen zu begegnen (ein Syndikus hierzu: *Wir sind beim Aufsichtsrat bisher immer dabei*

---

wie auch die Schlagkraft der eigenen Argumentation zu erhöhen, vgl. dazu allgemein *DAI/McKinsey*, Investorendialog im Umbruch, S. 11, 21 f., 30; auch *Kirchhoff/Piwinger*, in: Zerfaß/Piwinger, Hdb. Unternehmenskommunikation, 1079 (1086); *Fleischer*, ZGR 2009, 505 (509 f.). Aus US-amerikanischer Perspektive *Mehta*, Executive Compensation Insights 13.3 (2013), S. 5.

1227 *Königs/Schiereck*, FB 2007, 649 empfehlen mit Blick auf die Vorstandskommunikation, die Einbeziehung juristischer Kompetenz zu verstärken. Vgl. zu Rechtsrisiken bei der informellen Investorenkommunikation auch *Mosca*, ECFR 2018, 805 (851): „The more informal the meeting, the more this risk increases, especially if directors speak freely or do not simply read a written text, but also comment extensively on its content. Offhand or improvised speeches, perhaps triggered by investors' tricky questions, bear the risk that information will be communicated asymmetrically among investors or that valuable information is not distributed uniformly among all shareholders."

bei den Gesprächen, insoweit habe ich da überhaupt keine Sorge).[1228] Das kann der Investorenseite auch angekündigt werden. Hiermit wird zudem der Gefahr entgegengewirkt, dass sich der Aufsichtsratsvorsitzende von einzelnen Investoren und ihren Interessen zu sehr beeinflussen lässt.[1229] Außerdem wird ausgeglichen, dass in der konkreten Dialogsituation immerzu spontane Reaktionen auf die – ggf. konfrontativen – Ansichten aktiver oder aktivistischer institutioneller Investoren notwendig werden, was für die handelnden Akteure anspruchsvoll und eine Fehlerquelle sein kann (erneut ein Syndikus: *(...) eventuell vereinbaren, dass sie ihn unter dem Tisch treten oder zwicken, wenn sie daneben sitzen und sie denken: „Es wird heiß"*).[1230] Aufpassen müssen Mandatsträger jedoch darauf, dass eine Begleitung durch Investor Relations-Vertreter oder die Rechtsabteilung nicht die Stoßkraft des Gesprächs schwächt. Investoren werden jedenfalls kritisch hinterfragen, ob sie denn wirklich mit einem unabhängigen Aufsichtsrat oder doch indirekt mit dem Vorstand reden, wenn von ihm weisungsabhängige Mitarbeiter des Unternehmens am Gespräch teilnehmen. Ggf. möchte der Aufsichtsratsvorsitzende auch nicht von Vertretern der Investor Relations- oder Rechtsabteilung begleitet werden (ein Syndikus dazu: *Damit, sag ich mal, behandeln sie ihren eigenen Aufsichtsratsvorsitzenden schon wie so ein unmündiges Kind*; vertiefend derselbe: *Wobei Sie da die Eitelkeit von den Personen nicht unterschätzen sollten, denn so ein Aufsichtsratsvorsitzender kommt sich vielleicht ganz schnell nur noch als schmückendes Beiwerk vor, wenn er eskortiert wird von Rechtsabteilung und Investor Relations. Also, da menschelt es einfach auch*). Wird der Aufsichtsratsvorsitzende aus diesen oder anderen Gründen – etwa weil unternehmenseigene Ressourcen hierfür nicht zur Verfügung stehen – in der

1228 Vgl. *Speich*, BOARD 2015, 193 (195); *Fleischer/Bauer/Wansleben*, DB 2015, 360 (366), die ebenfalls die rechtliche Beratung durch die unternehmenseigene Rechtsabteilung empfehlen, um beim Investorendialog die rechtlichen Grenzen zu kennen und nicht zu überschreiten; *Tietz/Hammann/Hoffmann*, AR 2019, 69 (71); *Hammann*, Investoren und Aufsichtsrat im Dialog, S. 28 f.; siehe ferner *Winzig/Labbé*, in: Börsen-Zeitung vom 4. Juni 2011, S. B4. International dazu *Fairfax*, University of Illinois Law Review 2013, 821 (835 f.); *Strampelli*, Virginia Law and Business Review 12.2 (2018), 187 (236 f.); *Mosca*, ECFR 2018, 805 (850 mit Fn. 156); *Tonello/Gatti*, The Conference Board DN-V10N3 (2019), S. 5, die die Beteiligung des *general counsel* bestätigen, vgl. auch S. 18 f.

1229 Zu dieser Befürchtung bereits in § 3.B.III.3 dieser Untersuchung; dazu auch *Bommer/Steinbach*, BOARD 2013, 219 (222).

1230 Vgl. *DAI/McKinsey*, Investorendialog im Umbruch, S. 11: „Der Dialog mit aktiven Aktionären kann sehr anspruchsvoll sein."

konkreten Dialogsituation nicht von Experten der Investor Relations oder der Rechtsabteilung begleitet, sollten ihm die wesentlichen Ge- und Verbote als mitzuführende Unterlage an die Hand gegeben werden, um sie in der Hektik der Diskussionen nicht zu vergessen.

Schließlich wird eine sachliche und personelle Unterstützung auch bei der Nachbereitung des Investorengesprächs sinnvoll sein. Der Aufsichtsratsvorsitzende kann etwa bei seiner Pflicht zur Nachinformation des Vorstands oder des Aufsichtsratsgremiums unterstützt werden (ein Syndikusrechtsanwalt dazu: *Das bereiten wir hier (...) vor, damit der das irgendwie nicht vergisst*). Weitergehend werden sich Unternehmen und ihre Rechtsberater bei der Vorbereitung der Hauptversammlung anpassen müssen und im Rahmen einer *worst case*-Analyse antizipieren, dass zu Investorengesprächen des Aufsichtsrats Aktionärsfragen kommen können. Dementsprechend sollte in der Hauptversammlungsvorbereitung intern offengelegt werden, mit wem, warum und worüber Investorengespräche geführt wurden. Dafür sind Investorengespräche des Aufsichtsratsvorsitzenden notwendigerweise zu protokollieren.

Insgesamt erfordern Investorengespräche des Aufsichtsrats also eine enge Zusammenarbeit und Interaktion zwischen dem Aufsichtsrat(svorsitzenden) und den Mitarbeitern der unternehmensinternen Investor Relations- und Rechtsabteilung (aus der Sicht eines Syndikus: *Und insoweit hat es auch so die Abteilung wieder mehr zusammengebracht*; derselbe: *das ist, finde ich, echt eine Erfolgsgeschichte, weil es sonst wenig Felder gibt, in denen so enge Zusammenarbeit mit Investor Relations besteht wie beim Investorendialog*).[1231] Den Vorstand, der im Gegensatz zum Aufsichtsrat auf die ihm unterstehenden Abteilungen direkt zurückgreifen kann, trifft hierfür eine Kooperationspflicht, sodass er die Nutzung interner Ressourcen durch den Aufsichtsrat zu bewilligen hat, sofern nicht das Unternehmensinteresse – etwa dringender Bedarf an anderer Stelle – dem ausnahmsweise entgegensteht.[1232] Nicht mehr nur selten sind etwa bei DAX-Unternehmen auch eigene Aufsichtsratsbüros, die die Organmitglieder

---

1231 Vgl. *Noerr/Hering Schuppener/v. Werder*, Rolle des Aufsichtsrats in der Krisenkommunikation, S. 29. Dass eine erfolgreiche Darstellung eines Unternehmens die enge Vernetzung von Kommunikations- und Rechtsabteilungen im Unternehmen und deren Kooperation erfordert, benennt ausdrücklich auch *Boehme-Neßler*, in: Zerfaß/Piwinger, Hdb. Unternehmenskommunikation, 1321 (1330).

1232 *Lutter/Krieger/Verse*, Rechte und Pflichten des Aufsichtsrats, 7. Auflage, Rn. 659; *Noerr/Hering Schuppener/v. Werder*, Rolle des Aufsichtsrats in der Krisenkommunikation, S. 29.

organisatorisch wie auch inhaltlich unterstützen.[1233] Mit der hierdurch etablierten Unabhängigkeit wird darüber hinaus der Befürchtung entgegengewirkt, dass mit dem Zugriff des Aufsichtsrats auf dem Vorstand untergeordnete Abteilungen dessen Autorität untergraben wird oder ein Interessenkonflikt bei weisungsgebundenen Mitarbeitern unterhalb des Vorstands entsteht (zu letzterem ein unternehmensexterner Rechtsberater: *Und in den will ein Aufsichtsratsvorsitzender den [Chefsyndikus], wenn er ihn gut findet, teilweise auch gar nicht bringen*; allgemeiner ein Syndikus dazu: *sie müssen halt gewisse Sachen einfach im Rahmen der Professionalisierung des Aufsichtsrats institutionell trennen*). Ist eine solche Struktur wie bspw. in kleineren Unternehmen nicht vorgehalten (vgl. die Aussage eines Experten: *Da gibt es keine richtig großen Aufsichtsratsbüros, da gibt es jetzt intern keine Leute in der Rechtsabteilung, die sich da noch wirklich drum kümmern*), sollte sich der Aufsichtsrat zumindest in schwierigen Situationen, in denen unterschiedliche Fronten zwischen Vorstand und Aufsichtsrat entstehen, mit vom Vorstand unabhängigen Beratern besprechen und unternehmensexterne Experten mandatieren.[1234] Hierzu kann der Aufsichtsrat in besonderen Situationen sogar verpflichtet sein.[1235] Das zeitlich begrenzte Hinzuziehen von externen Beratern kann dann sogar positive Signale senden (*Einfach um zu zeigen: I really take it serious und ich spreche hier auch unabhängig*). In normalen Investorengesprächen außerhalb einer Krise können durch zu viele Neutralberater am Tisch jedoch auch falsche Signale gesendet werden.

C. Perspektiven für die nachfolgende rechtswissenschaftliche Forschung

Abschließend sollen Perspektiven für die zukünftige rechtswissenschaftliche Forschung über den Investorendialog des Aufsichtsrats aufgezeigt werden. Dafür wird zunächst konstatiert, inwieweit aus Sicht der in der empirischen Studie befragten Rechtsberater in Deutschland bereits ein fortgeschrittener Stand der rechtlichen Diskussion erreicht ist. Sodann wird diskutiert, ob und zu welchen

---

1233 *Diekmann/Wurst*, NZG 2014, 121 (124 ff.); ausführlich auch *Plagemann*, NZG 2016, 211 m.w.N.; vertiefend *Strohn*, in: Boele-Woelki/u.a., FS Schmidt 2019, 461. Vgl. aus US-amerikanischer Perspektive *Tonello/Gatti*, The Conference Board DN-V10N3 (2019), S. 4.

1234 Vgl. *Dehnen*, in: Dehnen, Der professionelle Aufsichtsrat, 13 (16-18); *Noerr/Hering Schuppener/v. Werder*, Rolle des Aufsichtsrats in der Krisenkommunikation, S. 29 f.; *Henning*, BOARD 2017, 41 (43); *Seibt*, in: Börsen-Zeitung vom 17. Juni 2017, S. 9.

1235 *Hopt*, ZGR 2019, 507 (528).

Rechtsfragen sich Überlegungen *de lege ferenda* anbieten. Schließlich gilt es für einen Forschungsausblick zu erwägen, in welchen Bereichen eine weiterführende empirische Durchdringung des Themas sinnvoll ist.

I. Fortgeschrittener Stand der rechtlichen Diskussion

Die befragten Rechtsanwälte und Syndizi beantworteten die Frage nach der aktienrechtlichen Zulässigkeit von Investorenkontakten des Aufsichtsrats im Rahmen der empirischen Studie ganz überwiegend positiv. Einige waren sogar irritiert, wie viele Rechtswissenschaftler sich mit Blick auf deren traditionelle Interpretation des Aktiengesetzes ablehnend zum Investorendialog geäußert haben und kritisierten diese Sicht als von der Praxis überholt.[1236] Zudem gingen einige der Befragten davon aus, dass kritische Stellungnahmen in den nächsten Jahren weiter in den Hintergrund rücken und bald nicht mehr vertreten werden. Insoweit scheint die Praxis der noch immer nicht eindeutigen rechtswissenschaftlichen Diskussion über Investorengespräche des Aufsichtsratsvorsitzenden voraus zu sein. Erhebliche rechtliche Graubereiche wurden dann aber bei den Grenzen des Investorendialogs und der Legitimation allein des Aufsichtsratsvorsitzenden festgestellt.[1237] Aufgrund dieser Befunde ist es für die zukünftige rechtswissenschaftliche Diskussion über den Investorendialog des Aufsichtsrats konsequent, sich nicht mehr nur schwerpunktmäßig auf die Frage nach der grundsätzlichen aktienrechtlichen Zulässigkeit von Investorenkontakten des Aufsichtsrats und damit auf das „Ob" von Investorengesprächen des Kontrollorgans zu konzentrieren wie dies bislang häufig der Fall war, sondern die Diskussion auf die Fragen nach der zulässigen Reichweite des Dialogs, der Gleichbehandlung der Aktionäre und den Kompetenzen des Aufsichtsratsvorsitzenden statt des gesamten Aufsichtsrats zu verlagern.[1238] Im Ergebnis stehen in der praxisnahen Wissenschaft als neue Ausgangspunkte für die Diskussion also die rechtlichen Schranken der selektiven Investorenkommunikation des Aufsichtsratsvorsitzenden

1236 Vgl. hierfür die Ergebnisse zu Leitthese 2 in § 8.A.II sowie § 8.B.II dieser Untersuchung.

1237 Dazu im Besonderen die Ergebnisse zu den Leitthesen 3 bis 5 in § 8.A.III bis § 8.A.V sowie § 8.B.III bis § 8.B.V dieser Untersuchung.

1238 Zu Recht deshalb *Hopt/Roth*, Der Aufsichtsrat, § 111 Rn. 577a, die den Streit in der Rechtswissenschaft nicht als einen grundsätzlichen im Hinblick auf das Verhältnis von Vorstand und Aufsichtsrat, sondern eher als einen solchen bezüglich der Reichweite des Dialogs, der Kompetenz des Aufsichtsratsvorsitzenden statt des gesamten Aufsichtsrats und der Gleichbehandlung der Aktionäre interpretieren.

und die Frage nach dem „Wie" seiner Kommunikationsfunktion für die Aktiengesellschaft im Fokus. Dem wurde in dieser Untersuchung versucht, mit jeweils einem eigenen Kapitel zu den Grenzen des Investorendialogs (dazu oben § 4 dieser Untersuchung) wie auch der organinternen Zuständigkeit allein des Aufsichtsratsvorsitzenden (siehe § 5 dieser Untersuchung) angemessen Rechnung zu tragen. Mit der wissenschaftlichen Aufarbeitung kann dem Rechtsanwender auch mehr an die Hand gegeben werden als lediglich ein Verweis auf die knapp formulierte Anregung A.3 DCGK 2020 oder die detailreicheren, aber rechtlich im Einzelnen kritischen Empfehlungen selbsternannter Fachzirkel wie bspw. der Initiative Developing Shareholder Communication.

II. Überlegungen *de lege ferenda*

Ob im Bereich der Investorenkommunikation des Aufsichtsrats zukünftig gesetzgeberischer Handlungsbedarf notwendig wird, um eine ausdrückliche Ermächtigung des Aufsichtsratsvorsitzenden zum Investorendialog einzuführen und die rechtlichen Grenzen der Investorenkommunikation klarer zu fassen, wurde von den befragten Rechtsanwälten und Syndizi überwiegend abgelehnt. Gegensätzlich plädierten Einzelne dafür, *de lege ferenda* eine klarstellende Konkretisierung in das Aktiengesetz aufzunehmen, um vor allem rechtliche Unsicherheiten beim Dialog zwischen Aufsichtsrat und Investor zu überwinden.[1239] Insoweit konnte aus der empirischen Studie zwar eine Tendenz, aber kein eindeutiges Meinungsbild zu diesem Thema abgeleitet werden. Gleichwohl empfiehlt sich nach hier vertretener Auffassung nicht, eine ausdrückliche Ermächtigung des Aufsichtsratsvorsitzenden zum Investorendialog durch eine gesetzliche Regelung einzuführen. Das hat vor allem zwei Gründe. Zum einen kann bereits aus dem geltenden Aktienrecht unter Berücksichtigung der Besonderheiten des dualistischen Systems wie auch der übrigen aktien- und kapitalmarktrechtlichen Schranken ein im Einzelfall sorgfältig auszutarierendes Kommunikationsrecht für den Aufsichtsrat abgeleitet werden, das dogmatisch unter Rückgriff auf eine Annexkompetenz ausreichend abgesichert ist. Mit einer gesetzlichen Regelung verbunden wäre zum anderen ein erheblicher Regulierungsaufwand, dessen Ergebnis eine unmissverständliche Regelung für die Investorenkommunikation der Verwaltung mit klaren Verantwortlichkeiten des Vorstands auf der einen Seite und des Aufsichtsrats(vorsitzenden) auf der anderen Seite sein müsste.

1239 Vgl. hierfür die Ergebnisse zu Leitthese 2 im Rahmen der empirischen Prüfung in § 8.A.II.2 und § 8.B.II.2 dieser Untersuchung.

Eine trennscharfe Regelung, die nicht erneut zu Auslegungszweifeln führt, zugleich jedoch Raum für unternehmensspezifische Gestaltungsmöglichkeiten lässt, ist jedoch kaum vorstellbar. Ähnliches wurde von einzelnen Rechtsanwälten und Syndizi in den Experteninterviews vorgetragen.[1240] Steht der zu erwartende Regulierungsaufwand somit außer Verhältnis zu dem damit verbundenen Nutzen,[1241] sollte entsprechenden Überlegungen insgesamt eine Absage erteilt werden.[1242] Der Gesetzgeber hatte im Übrigen mit dem ARUG II die Möglichkeit, die rechtswissenschaftliche Diskussion über Investorengespräche des Aufsichtsratsvorsitzenden aufzugreifen.[1243] Sein Schweigen im Zuge des bereits abgeschlossenen Gesetzgebungsverfahrens kann dahingehend interpretiert werden, dass auch aus seiner Sicht eine aktienrechtliche Regelung zum Investorendialog speziell des Aufsichtsratsvorsitzenden derzeit nicht in Betracht kommt.

Aus rechtspolitischer Sicht sollte im Aktienrecht jedoch Abhilfe mit Blick auf die Fragen der informationellen Gleichbehandlung und einer effektiven Nachinformation gegenwärtiger Aktionäre geschaffen werden. Ein

---

1240 Siehe erneut die Stellungnahmen der Experten im Rahmen der empirischen Prüfung in § 8.A.II.2 und § 8.B.II.2 dieser Untersuchung.

1241 Vgl. für eine ähnliche Argumentation zu der Frage, ob sich die Einführung einer gesetzlichen Antwortpflicht der Aufsichtsratsmitglieder in der Hauptversammlung empfiehlt, Bericht der Regierungskommission „Corporate Governance", BTDrucks 14/7515, S. 48 f. (Rn. 61).

1242 Im Ergebnis auch *Hopt/Roth*, Der Aufsichtsrat, § 107 Rn. 18 sowie § 111 Rn. 578; *Noerr/Hering Schuppener/v. Werder*, Rolle des Aufsichtsrats in der Krisenkommunikation, S. 37; *Landsittel*, Investorenkommunikation, S. 274 ff. legt zwar einzelne Regelungsvorschläge vor, sieht dann jedoch (auf S. 277 f.) wegen des Fehlens eines eindeutigen Mehrgewinns ebenfalls von einer positivrechtlichen Bestimmung zum Investorendialog des Aufsichtsrats ab; *Ebrahimzadeh*, Investorendialog des Aufsichtsrats, S. 242 ff. lehnt zunächst die Regulierungsvorschläge von *Landsittel* ab, um sodann ebenfalls die Notwendigkeit einer gesetzlichen Regelung abzulehnen; auch *Gentz* hält eine Gesetzesänderung für überflüssig, vgl. seine Rede anlässlich der 15. Konferenz Deutscher Corporate Governance Kodex vom 21./22. Juni 2016, S. 8, 10.

1243 Hoffnungsvoll war noch *Koch*, AG 2017, 129 (141): „[Es] bedarf (...) eines Tätigwerdens des Gesetzgebers, der dazu im Zuge der geplanten Neufassung der Aktionsrechterichtlinie auch eine naheliegende Gelegenheit haben wird. (...) Vielleicht wird sich im Zuge des Gesetzgebungsverfahrens zeigen, dass es doch mehr Interessen im komplexen Gefüge einer Aktiengesellschaft zu berücksichtigen gilt als die Erwartungshaltung institutioneller Investoren, wird sie auch noch so nachdrücklich ausgesprochen."

Spannungsverhältnis ergibt sich hier wegen der herausgehobenen Stellung institutioneller Investoren und der zunehmenden Bedeutung des Stewardship-Gedankens in Deutschland.[1244] Möchte man mit dieser Prinzipalgruppe bzw. im Besonderen mit Stewardship-Aktionären wegen der damit verbundenen Vorteile institutionelle Investorengespräche zulassen,[1245] wandelt sich das verbandsrechtliche Konzept der gleichberechtigten Informationsteilhabe aller Aktionäre (vgl. §§ 53a, 131 Abs. 4 S. 1 AktG) hin zu einer im Sinne von § 53a AktG sachlich gerechtfertigten, aber immer drastischeren informationellen Privilegierung einzelner institutioneller Investoren, durch die der Schutz der übergangenen Aktionäre gefährlich weit in den Hintergrund zu rücken droht. Um auf deren Informationsinteressen angemessen Rücksicht zu nehmen und Informationsmonopole einzelner institutioneller Investoren zu verhindern, wurde in dieser Untersuchung zuvor auf die Möglichkeiten freiwilliger Transparenz der Verwaltung über selektive Informationsweitergaben, etwa durch Internetveröffentlichungen, hingewiesen.[1246] Reicht der Verweis auf freiwillige Transparenz nicht aus, ist es nur konsequent, für Aktiengesellschaften entsprechende Informationspflichten bzw. für Aktionäre Möglichkeiten im Aktiengesetz zu schaffen, mit denen ein etwaiges Informationsgefälle wenigstens zu dem für die Aktionäre entscheidungserheblichen Zeitpunkt der Beschlussfassung auf der Hauptversammlung, vgl. § 118 Abs. 1 AktG, ausgeglichen werden kann.[1247] Ein geeignetes Instrument existiert dafür im Grunde bereits mit dem erweiterten Auskunftsrecht der Aktionäre gemäß § 131 Abs. 4 S. 1 AktG. Besonders problematisch ist es jedoch, dass diese Norm mangels praktischer Relevanz faktisch leerläuft. Das wurde nicht nur nach Auswertung des aktuellen Forschungsstands und rechtlicher Würdigung im ersten Teil dieser Untersuchung hervorgehoben, sondern auch von den befragten Rechtsanwälten und Syndizi im Rahmen der Experteninterviews bestätigt.[1248] Um einer ausschließlich an den Interessen institutioneller Investoren ausgerichteten Informationspolitik börsennotierter

---

1244 Siehe hierfür ausführlich § 2.B.II.3 dieser Untersuchung.

1245 Die Öffnung des Informationsflusses zwischen der Verwaltung und Stewardship-Aktionären wurde in § 4.B.II.1.d) dieser Untersuchung ausdrücklich befürwortet.

1246 Hierzu bereits in § 4.B.II.4 dieser Untersuchung.

1247 Auch *Zetzsche*, AG 2019, 701 (704) betont, dass es konsequent ist, ein etwaiges Informationsgefälle aus gesellschaftsrechtlicher Sicht nur für Zwecke der Hauptversammlung auszugleichen und verweist dafür ebenfalls auf § 118 Abs. 1 AktG. Mit diesem Bezug bspw. auch *Kersting*, in: KK-AktG, § 131 Rn. 456.

1248 Dazu § 4.B.II.2.b) sowie die Ergebnisse zu Leitthese 4 in § 8.A.IV.2 sowie § 8.B.IV.2 dieser Untersuchung.

Aktiengesellschaften entgegenzuwirken, bietet sich als weiterführende rechtspolitische Überlegung an, das erweiterte Auskunftsrecht der Aktionäre gemäß § 131 Abs. 4 S. 1 AktG zu stärken. Möglich wäre etwa das für die benachteiligten Aktionäre hinderliche Konkretisierungserfordernis über einen bestimmten Informationsvorgang abzuschwächen, damit bspw. auch Ausforschungsfragen zu erlauben[1249] und entgegen der bislang herrschenden Ansicht eine teleologische Reduktion des § 131 Abs. 4 S. 1 AktG für die Fälle, in denen eine Ungleichbehandlung gemäß § 53a AktG sachlich gerechtfertigt ist,[1250] auszuschließen. Der Nachauskunftsanspruch der Aktionäre würde damit erheblich an Schärfe gewinnen und seinem Sinn und Zweck eines „abstrakten Gleichbehandlungsvollzugs"[1251] über die Inhalte der Erstauskunft gerecht werden. Angesichts dieser Folge wäre der Vorschlag jedoch berechtigter Kritik ausgesetzt. Befürchtet wird im Zusammenhang mit § 131 Abs. 4 AktG jedenfalls bereits *de lege lata*, dass mit der Offenlegung einer Vielzahl zusätzlicher Informationen die Hauptversammlung (vor allem zeitlich) zu stark belastet wird.[1252] Dagegen spricht ferner, dass eine möglicherweise schädigende Folgeauskunft gemäß § 131 Abs. 4 AktG in der Hauptversammlung zum Zwecke der Gleichbehandlung auch solchen Aktionären aufgedrängt wird, die diese nicht wünschen.[1253] Vor allem droht sich gegen § 131 Abs. 4 AktG aber der in dieser Untersuchung bereits zuvor dargelegte Vorwurf zu verstärken, vertrauliche Gespräche mit ausgesuchten institutionellen Investoren faktisch zu unterbinden, wenn und weil mit möglicherweise schädlichen Offenlegungen in der Hauptversammlung zu rechnen ist.[1254] Insgesamt sollten sich Reformbestrebungen deshalb vom hauptversammlungsgebundenen Nachauskunftsanspruch der Aktionäre lösen.[1255] Vor dem Hintergrund der vielfältigen Kritik erscheint es hingegen nicht sachgerecht, den *de lege ferenda* verschärften Auskunftsanspruch gemäß § 131 Abs. 4 AktG an anderer Stelle zugleich wieder einzuschränken, etwa indem durch das Auskunftsverweigerungsrecht gemäß § 131 Abs. 3 S. 1 Nr. 1 AktG als Rückausnahme

1249 Hierzu oben die Fn. 786 bis 790 dieser Untersuchung.

1250 Nachweise in Fn. 795 dieser Untersuchung.

1251 *Kersting*, in: KK-AktG, § 131 Rn. 451.

1252 *Decher*, in: GroßKomm/AktG, § 131 Rn. 455; *Kersting*, in: KK-AktG, § 131 Rn. 429.

1253 Vgl. *Kersting*, in: KK-AktG, § 131 Rn. 429.

1254 Siehe zur Interpretation des § 131 Abs. 4 AktG als faktisches Informationsweitergabeverbot bereits die Nachweise in Fn. 781 dieser Untersuchung.

1255 *Kersting*, in: KK-AktG, § 131 Rn. 429 bestätigt m.w.N., dass Reformvorschläge auf eine Ersetzung des § 131 Abs. 4 AktG hinauslaufen. Vgl. dazu auch noch die Nachweise unten in Fn. 1259 dieser Untersuchung.

nachkorrigiert oder von der derzeitigen Regelung abgesehen wird, die Erforderlichkeit der Nachauskunft zur sachgemäßen Beurteilung der Tagesordnung zu fingieren.[1256] Den informationssuchenden Aktionären wäre jedenfalls nicht viel geholfen und das Ziel, Informationsmonopole einzelner Kapitalgeber zu verhindern, nur unzulänglich erreicht.

Über die vorgenannten Erwägungen geht der Versuch hinaus, einen Anspruch der Aktionäre auf sofortige Informationsgleichbehandlung außerhalb der Hauptversammlung – etwa über § 53a AktG – herzuleiten.[1257] *De lege lata* ist für einen solches Recht neben dem ausdrücklich nur hauptversammlungsgebunden Auskunftsanspruch gemäß § 131 Abs. 4 AktG als spezielle gesellschaftsrechtliche Ausformung wie auch vor dem Hintergrund des klar hauptversammlungsbezogenen § 118 Abs. 1 AktG kein Raum.[1258] *De lege ferenda* erscheint ein solcher Anspruch alternativ zu § 131 Abs. 4 AktG aber empfehlenswert.[1259] Für die am

---

1256 Vertiefend zum Auskunftsverweigerungsgrund gemäß § 131 Abs. 3 S. 1 Nr. 1 AktG, mit dem eine bei Auskunft drohende, nicht unerhebliche Schädigung der Gesellschaft verhindert werden soll, *Siems*, in: Spindler/Stilz, AktG, § 131 Rn. 38-40. Derzeit wird der genannte Auskunftsverweigerungsgrund gemäß § 131 Abs. 4 S. 2 AktG vom Gesetzeswortlaut eindeutig ausgeschlossen, kritisch dazu *Kersting*, in: KK-AktG, § 131 Rn. 467; *Kubis*, in: MüKo-AktG, § 131 Rn. 161. Näher zur Fiktion der Beurteilungserheblichkeit *de lege lata Kubis*, in: MüKo-AktG, § 131 Rn. 160.

1257 Dafür waren im älteren Schrifttum etwa *Eckardt*, in: Geßler/u.a., AktG, § 131 Rn. 161; sich anschließend *Joussen*, DB 1994, 2485 (2486); vgl. *Grüner*, NZG 2000, 770 (778).

1258 Vertiefend zum ablehnenden Meinungsstand *de lege lata Decher*, in: GroßKomm/AktG, § 131 Rn. 453; *Henze/Notz*, in: GroßKomm/AktG, § 53a Rn. 58; *Kersting*, in: KK-AktG, § 131 Rn. 455; *Koch*, in: Hüffer/Koch, AktG, § 131 Rn. 76 m.w.N.; *Herrler*, in: Grigoleit, AktG, § 131 Rn. 61: „§ 131 IV sperrt § 53a; Konzentrationsgedanke des § 118 I"; *Drinhausen*, in: Hölters, AktG, § 131 Rn. 42; *Raiser/Veil*, Recht der Kapitalgesellschaften, § 11 Rn. 61 mit Fn. 93; bereits *Janberg*, AG 1965, 191 (192 f.); *Wilde*, ZGR 1998, 423 (462); *Drygala*, WM 2001, 1313 (1322); *Seibt*, ZGR 2006, 501 (509); auch *Zetzsche*, AG 2019, 701 (702) mit einem kurzen Überblick; *Duden*, in: Ficker/u.a., FS Caemmerer 1978, 499 (503), der zusätzlich die unterschiedlichen Fassungen zu § 131 Abs. 4 im Referenten- und Regierungsentwurf miteinander vergleicht; *Hoffmann-Becking*, in: Pfeiffer/Wiese/Zimmermann, FS Rowedder 1994, 155 (157 ff.); *Spindler*, in: Bergmann/Hoffmann-Becking/Noack, FS Seibert 2019, 855 (864).

1259 Auch *Decher*, in: GroßKomm/AktG, § 131 Rn. 456 ist mit seiner Überlegung *de lege ferenda* für eine Ersetzung des § 131 Abs. 4 AktG. *De lege ferenda* ferner *Siems*, in: Spindler/Stilz, AktG, § 131 Rn. 85 mit Verweis auf Rn. 11, siehe auch Rn. 93. Vgl. ebenfalls mit Überlegungen *de lege ferenda Spindler*, in: Bergmann/Hoffmann-Becking/Noack, FS Seibert 2019, 855 (870): „[E]ine klare aktienrechtliche

Investorendialog nicht beteiligten Aktionäre hätte diese Regelung den klaren Vorteil, dass sie nicht mehr auf den Termin der Hauptversammlung beschränkt sind, in der ihr Auskunftsverlangen ggf. nicht beantwortet wird oder die von ihnen erstrebte Information wegen Zeitablaufs schlicht nicht mehr relevant ist.[1260] Auch entfallen die im Zusammenhang mit § 131 Abs. 4 AktG zuvor angesprochenen Bedenken, die Hauptversammlung durch zu viele Zusatzinformationen zu stark zu belasten. Eindeutig könnte zudem geregelt werden, dass vom unterjährigen Informationsausgleich auch solche Auskünfte erfasst sind, die in Investorengesprächen durch den Aufsichtsrat kommuniziert werden; bislang ist § 131 Abs. 4 AktG teleologisch entsprechend zu erweitern.[1261] Trotzdem sollte ein unterjähriger Auskunftsanspruch nicht ausnahmslos alle Inhalte umfassen, die in nichtöffentlichen Investorengesprächen der Verwaltung besprochen werden. Stattdessen ist innerhalb des ohnehin aktien- und kapitalmarktrechtlich dicht regulierten Umfelds ein gewisser Spielraum für die strategische Beziehungspflege der Verwaltung mit einem ausgesuchten Empfängerkreis in Investorengesprächen zu belassen, um die damit verbundenen Vorteile erreichen zu können. Eine aktienrechtlich zwingende, völlige informationelle Gleichstellung aller Aktionäre würde diesen hingegen zu weitgehend einschränken und erscheint überzogen.[1262] Vorschub zu leisten wäre außerdem der Gefahr der Informationsüberflutung bei Fehlen jeglicher Relevanzschwelle. Eine verbandsrechtliche Regelung sollte sich deshalb nur auf ein Mindestniveau gleicher Information von genügend inhaltlichem Gewicht beschränken und sich hierfür an einen Standard anpassen, den Empfehlung F.1 DCGK 2020 für Börsenunternehmen bereits vorgibt.[1263] Danach ist eine unverzügliche Informationsversorgung

Grundlage als Ergänzung zum § 131 Abs. 4 AktG unter Ausschluss der Hindernisse (wie die nötigen Darlegungs- und Beweislasten) und die sich nicht auf die Hauptversammlung beschränkt, sondern das elektronische Aktionärsforum einbezieht, erschiene hier sinnvoller."

1260 Vgl. *Siems*, in: Spindler/Stilz, AktG, § 131 Rn. 11.

1261 Siehe bereits § 4.B.II.2.a) dieser Untersuchung.

1262 Ähnliches gilt für eine Quasi-Öffentlichkeit über Investorengespräche wie bspw. in Webcastings, vgl. dazu Fn. 827 dieser Untersuchung.

1263 Ähnlich *Decher*, in: GroßKomm/AktG, § 131 Rn. 482, auch Rn. 456, wo er mit Verweis auf Empfehlung F.1 DCGK 2020 empfiehlt, „Informationen, die anderen Aktionären außerhalb der Hauptversammlung gegeben worden sind, in zusammengefasster Form unverzüglich allen Aktionären zu erteilen, zB auf der *Investor Relations*-Seite des Internetauftritts der Gesellschaft." *Wilde*, ZGR 1998, 423 (463) spricht sich *de lege ferenda* für vierteljährliche Zusammenfassungen über zuvor an einzelne Aktionäre herausgegebene Informationen aus, sofern gegen eine erneute

aller Aktionäre über sämtliche wesentlichen neuen Tatsachen verlangt, wenn diese zuvor selektiv wie bspw. in Investorengesprächen an institutionelle Investoren übermittelt wurden.[1264] Unterhalb dieser Schwelle bliebe eine vor dem Hintergrund des § 53a AktG sachlich zu rechtfertigende informationelle Ungleichbehandlung der Aktionäre weiterhin möglich und insgesamt ein nicht unerheblicher Raum für Informationsasymmetrien bestehen.[1265] Ggf. werden Unternehmen jedoch alle in Investorengesprächen an institutionelle Investoren neu mitgeteilten Tatsachen veröffentlichen, weil der Begriff der Wesentlichkeit auslegungsbedürftig und die Einschätzung der Relevanz abgesehen von eindeutigen Fällen mit Rechtsunsicherheit verbunden bleibt.[1266] Bei börsennotierten Aktiengesellschaften ist im Übrigen zu bedenken, dass ein unverzüglicher Informationsausgleich über Insiderinformationen kapitalmarktrechtlich, namentlich über die in Art. 17 Abs. 1 MMVO unmittelbar geregelte *ad hoc*-Publizitätspflicht mit einem hohen Grad an Öffentlichkeitswirkung vorgesehen ist.[1267] Über wichtige, d.h. kursbeeinflussende Informationen kann sich jeder Aktionär somit zeitnah und ausreichend informieren.

III. Weiterführende empirische Durchdringung

Beim Investorendialog des Aufsichtsratsvorsitzenden handelt es sich um ein interdisziplinäres Forschungsfeld,[1268] sodass auch für die zukünftige rechtswissenschaftliche Forschung die Verbindung mit kommunikations- oder betriebswirtschaftlichen Ansätzen und vor allem die weiterführende empirische Durchdringung des Forschungsgegenstands uneingeschränkt zu empfehlen ist. Weil die eigene qualitativ empirische Studie in statistischer Hinsicht nicht repräsentativ ist, bieten sich für die hier verprobten Inhalte in zukünftigen Forschungsvorhaben im Besonderen auch quantitative Methoden an. Durch den

---

Wiedergabe keine gewichtigen Geheimhaltungsinteressen der Gesellschaft sprechen. Weiter geht *Bachmann*, in: VGR, Gesellschaftsrecht 2016, 135 (171), der *de lege ferenda* das Ansinnen unterstützt, alles mit Investoren Diskutierte publik zu machen, indem Protokolle über Investorengespräche öffentlich zugänglich gemacht werden; ebenfalls *Bachmann*, WM 2013, 2009 (2015).

1264 Siehe hierfür bereits § 4.B.II.3.b) dieser Untersuchung.

1265 So mit Blick auf den Tatsachenbegriff in Ziffer 6.1 S. 2 DCGK 2017 (inzwischen: Empfehlung F.1 DCGK 2020) auch *v. Werder*, in: Kremer/u.a., DCGK, Rn. 1608 m.w.N.

1266 Das wird bereits im Zusammenhang mit Empfehlung F.1 DCGK 2020 diskutiert, Nachweise oben in Fn. 811 dieser Untersuchung.

1267 Hierzu Fn. 837 dieser Untersuchung.

1268 Dazu oben in § 2.A und § 6.C dieser Untersuchung.

Zugriff auf empirisch arbeitende Nachbardisziplinen könnte bspw. die (zunehmende) Verbreitung von Investorendialogen des Aufsichtsratsvorsitzenden in börsennotierten Aktiengesellschaften gemessen werden. Darüber hinaus könnte z.B. mit Blick auf das inhaltlich auf aufsichtsratsspezifische Themen begrenzte Kommunikationsrecht des Aufsichtsrats näher untersucht werden, welche Themen im Investorendialog besprochen werden und wie Strategiedialoge des Aufsichtsrats bestmöglich zu verhindern sind. Einzelne Syndikusanwälte wiesen hierfür im Rahmen der eigenen Studie neben der gebotenen Zurückhaltung des Aufsichtsrats und einer engen Abstimmung mit dem Vorstand darauf hin, dass sich vor Investorengesprächen ein schärferes Erwartungsmanagement anbietet, um von (ausländischen) Investoren gewünschte Strategiedialoge frühzeitig auf den Vorstand zu kanalisieren.[1269] Allen Vorschlägen ist damit bislang eine hohe praktische Komponente gemeinsam. Sollte das zukünftig nicht ausreichen, um die Grenze zwischen operativer Führung der Aktiengesellschaft durch den Vorstand und Überwachung durch den Aufsichtsrat im dualistischen System bei der Investorenkommunikation zu bewahren, wäre erneut über eine entsprechende Klarstellung durch den Gesetzgeber oder eine schärfer konturierte Kodex-Lösung nachzudenken. Des Weiteren könnte zukünftig empirisch getestet werden, ob sich eine typisierende Ermächtigung durch die Geschäftsordnung für den Aufsichtsrat oder eine detailreichere Kommunikationsordnung in der Unternehmenspraxis als Standard für die Legitimation allein des Aufsichtsratsvorsitzenden zum Investorendialog verbreitet. Auch könnte etwa geprüft werden, inwieweit es sich empfiehlt, andere Aufsichtsratsmitglieder wie bspw. Ausschussvorsitzende für das Gremium kommunizieren zu lassen. Möglich ist ferner, dass sich rechtliche Betrachtungen nicht nur wie in dieser Untersuchung auf Investorengespräche als besondere Form der Kommunikation zwischen Aufsichtsräten und institutionellen Investoren beschränken, sondern sich auf den gesamten Bereich der Aufsichtsratskommunikation im gesellschaftlichen Außenbereich erstrecken.[1270] Umfasst wären davon etwa Äußerungen von Aufsichtsratsmitgliedern mit anderen Adressaten oder in anderen Foren, bspw. zur unmittelbaren Ansprache der breiten Öffentlichkeit durch Presseerklärungen[1271] und Interviews. Im Übrigen war die eigene Untersuchung auf börsennotierte Aktiengesellschaften beschränkt, sodass untersucht werden könnte, inwieweit

---

1269 Vgl. die Stellungnahmen der Experten in § 8.B.III.5 dieser Untersuchung.

1270 In diese Richtung bereits *Reutershahn*, Außenkommunikation des Aufsichtsratsvorsitzenden, S. 82 ff.

1271 Siehe schon Fn. 257 dieser Untersuchung.

sich die gefundenen Ergebnisse auf nicht börsennotierte Aktiengesellschaften übertragen lassen.[1272] Bei kapitalmarktfernen Aktiengesellschaften lassen sich angesichts der erheblichen Unterschiede zu Börsenunternehmen – bspw. wegen des geschlossenen Aktionärskreises, eines abweichenden Selbstverständnisses bei der Ausübung des Aufsichtsratsmandats bzw. des Amts des Vorsitzenden, aber auch wegen fehlender kapitalmarktrechtlicher Schranken – gänzlich andere Ergebnisse erwarten. Wegen der vielfältigen, über das hier vorgestellte Forschungsprojekt hinausgehenden Perspektiven für die interdisziplinäre Forschung wird es spannend bleiben, alle Ansätze zu begleiten und für zukünftige rechtliche Diskussionen und die Rechtsentwicklung heranzuziehen.

1272 Vgl. dazu kurz *Landsittel*, Investorenkommunikation, S. 278 ff.

Dritter Teil. Zusammenfassung der wesentlichen Untersuchungsergebnisse

Um die Untersuchung abschließend Revue passieren zu lassen, werden ihre wesentlichen Ergebnisse zusammengefasst.[1273]

Investorengespräche ermöglichen als besondere Form der Investorenkommunikation eine durch persönlichen Kontakt geprägte, besonders vertrauensbildende und damit strategisch wichtige Beziehungspflege der Verwaltung zu einzelnen Kapitalgebern. Sie können für Unternehmen ein stark wertschöpfender Faktor sein und das Krisenmanagement verbessern. Wechselseitige Informationsgewinne ermöglichen zudem, Kapitalmarkt- und Investorenanforderungen in das eigene Unternehmen zu transformieren. In der Unternehmenspraxis werden Investorendialoge im Wesentlichen mit wirtschaftlich einflussstarken (ausländischen) institutionellen Investoren relevant.

Das international, in Europa und auch in Deutschland verstärkt regulatorisch geforderte Stewardship-Engagement institutioneller Investoren ist für diese ein Treiber, zukünftig noch stärker das Investorengespräch mit den Mitgliedern der Verwaltung zu suchen. Für ein effektives Aktionärsengagement bedarf es Unternehmensinformationen, die sich nicht nur bspw. aus der Hauptversammlungsöffentlichkeit oder etwa dem Urteil von Stimmrechtsberatern, sondern auch aus eigenen Gesprächen mit der Verwaltung ergeben. Die informelle Kommunikation ist außerdem beliebt, weil sie ein besonders effektives und flexibles Mittel der Einflussnahme ist. Ferner ist das mit dem Stewardship-Gedanken eng verbundene Bewusstsein für nachhaltiges Wirtschaften und eine ökologische und soziale Investitionsdimension ein gewichtiger Faktor, der ein Engagement im Investorengespräch erfordert. Schließlich hat sich in den vergangenen Jahren der politische Druck auf institutionelle Investoren erhöht, häufiger von sich aus auf die Verwaltung zuzugehen und mit Unternehmen direkt zu kommunizieren.

In der Unternehmenspraxis kommuniziert neben dem Vorstand zusätzlich der Aufsichtsrat unmittelbar mit Investoren. Neu ist für das Kontrollgremium

---

1273 Für eine Zusammenfassung der qualitativ empirischen Studie, mit der eine juristisch fundierte Problemsicht von in der Beratungs- und Unternehmenspraxis arbeitenden Rechtsanwälten und Syndizi zum Phänomen Investorendialog des Aufsichtsrats erfasst wurde, siehe § 8.C dieser Untersuchung.

in den letzten Jahren der zunehmende Druck, für Investorengespräche bereitzustehen. Nachdrücklich werden Aufsichtsratsgespräche vor allem von ausländischen institutionellen Investoren eingefordert. Erst jüngst ist in Deutschland zu beobachten, dass sich ein proaktiver Umgang mit Investorengesprächen auf der Ebene des Aufsichtsrats – etwa durch eigene Corporate Governance-*roadshows* – etabliert. Festgestellt wurde jedoch auch, dass sich die Kommunikationsgewohnheiten deutscher Aufsichtsräte voneinander stark unterscheiden. Kriterien, an denen sich die Kommunikationsfrequenz des jeweiligen Gremiums bzw. dessen Vorsitzenden orientiert, sind die Unternehmensgröße, die konkrete Unternehmenssituation und -performance, die unternehmensspezifische Aktionärsstruktur, ihre Aktivität sowie Internationalität wie auch die Publizitätsfreude des jeweiligen Aufsichtsrats, die vor allem durch die Persönlichkeit des Aufsichtsratsvorsitzenden, aber auch durch sein Verhältnis zum Vorstand bzw. zu dem Vorstandsvorsitzenden geprägt ist. Alle vorgenannten Aspekte konnten empirisch bestätigt werden. Nach der ganz überwiegenden Ansicht der befragten Rechtsanwälte und Syndizi wird darüber hinaus sowohl das investorenseitige Verlangen nach Investorengesprächen, als auch die Bereitschaft der Aufsichtsräte, für solche zur Verfügung zu stehen, zukünftig weiter steigen.

Der Aufsichtsrat ist bereits *de lege lata* zu einem inhaltlich auf aufsichtsratsspezifische Themen beschränkten, zurückhaltend geführten Dialog mit Kapitalgebern befugt. Dogmatisch handelt es sich um eine in Rechtsfortbildung konstruierte Annexkompetenz des Aufsichtsrats. Das geschriebene Aktiengesetz bietet jedenfalls kaum Orientierung für das Bestehen oder Nichtbestehen eines eigenständigen Kommunikationsrechts des Aufsichtsrats. Normiert ist weder eine ausdrückliche Ermächtigung zur Kommunikation noch ein Dialogverbot. Zwar kommen dem Aufsichtsrat in verschiedenen Bereichen des geltenden Rechts bereits kommunikative Außenkompetenzen zu, sodass er nicht mehr nur als reines Binnenorgan zu charakterisieren ist, das auf die gesellschaftliche Innenperspektive beschränkt bleibt. Dennoch können die im Aktiengesetz positiv geregelten bzw. vorausgesetzten Kommunikationsakte des Aufsichtsrats nicht durch Auslegung derart erweitert werden, dass daraus ein eigenständiges Recht zur Kommunikation in Investorengesprächen abzuleiten ist. Zur Rechtsfortbildung im Bereich der Investorenkommunikation des Aufsichtsrats bedarf es dann jedoch keiner teleologischen Reduktion der §§ 77 Abs. 1, 111 Abs. 4 S. 1 AktG. Die Investorenkommunikation ist stattdessen nur dann eine dem Vorstand exklusiv zugeordnete Geschäftsführungsmaßnahme, wenn auch der jeweilige Gesprächsinhalt, über den gesprochen wird, Maßnahmen der Geschäftsführung betrifft. Etabliert hat sich bei der Annexkompetenz des Aufsichtsrats zur Kommunikation mit Investoren der Verweis auf das Prinzip *communication follows competence*. Alle vorgenannten Elemente wurden in dieser Untersuchung empirisch bestätigt.

Entscheidungen zu den Fragen, ob, wann, mit wem und über welche aufsichtsratsspezifischen Themen Investorengespräche stattfinden, sind unternehmerische Entscheidungen. Das deshalb gerichtlich nur eingeschränkt überprüfbare Entscheidungsermessen des Aufsichtsrats wird lediglich in seltenen, notstandsähnlichen Ausnahmefällen auf null reduziert sein. Mit Blick auf die Haftung bedarf es jeweils einer pflichtgemäßen Entscheidung, die sich an der Sorgfaltspflicht eines ordentlichen und gewissenhaften Aufsichtsratsmitglieds, §§ 116 S. 1 i.V.m. 93 Abs. 1 S. 1 AktG, und den präzisierenden Vorgaben der *business judgement rule* gemäß §§ 116 S. 1 i.V.m. 93 Abs. 1 S. 2 AktG orientieren sollte. Die Rahmenbedingungen der Entscheidung – etwa Datum, Uhrzeit, Entscheidungsträger – sollten dokumentiert werden.

Teleologisch und rechtspragmatisch sprechen für eine eigenständige Investorenkommunikation des Aufsichtsrats im Wesentlichen die folgenden Argumente: Erstens stellt allein die Hauptversammlung sowohl aus Sicht der Verwaltung, aber auch aus Sicht institutioneller Investoren für das Ziel einer unterjährigen und vertrauensschaffenden Interessenannäherung ein ungenügendes Dialogforum dar. Investorengespräche des Aufsichtsrats versuchen mit Blick auf Aufsichtsratsthemen hierfür auszugleichen, was die Hauptversammlung aus strukturellen Gründen nicht leisten kann, und ergänzen sie sinnvoll. Zweitens erhält die Dialogkultur zwischen Investoren und *non-executive directors* des *board* in der monistischen Unternehmensverfassung für die Diskussion in Deutschland größeres Gewicht. Diese Einsicht folgt aus einem Rechtsvergleich zu Investorenkontakten und entsprechenden rechtlichen Regelungen im Vereinigten Königreich und den USA und ihrem Einfluss auf das deutsche Aktienrecht. Drittens spricht die fortschreitende Professionalisierung der Aufsichtsratstätigkeit für die Zulässigkeit eigener Investorenkontakte. In diesem Zusammenhang stechen heute nicht nur die deutlich gestiegene strategische Verantwortung des Aufsichtsrats heraus, sondern auch die erhöhten Anforderungen an die Qualifikation der Mandatsträger. Ein Wandel im Kommunikationsverhalten ist konsequent und entspricht inzwischen dem Selbstverständnis eines professionellen Aufsichtsrats in kapitalmarktorientierten Aktiengesellschaften. Schließlich ist der Investorendialog des Aufsichtsrats ein Element guter Corporate Governance. Er sichert die Glaubwürdigkeit freiwilliger Transparenz über Aufsichtsratsthemen und ermöglicht eine sichtbare Unabhängigkeit des Kontrollorgans vom Vorstand. Investorengespräche sind für den Aufsichtsrat außerdem eine vorstandsunabhängige Informationsquelle, durch die ein sinnvoller Abgleich der eigenen Selbst- mit einer professionellen Fremdeinschätzung möglich wird. Das kann die Überwachungsqualität des Aufsichtsrats verbessern. Entsprechende Argumente wurden im Rahmen der empirischen Untersuchung ebenfalls von den befragten Rechtsanwälten wie auch Syndizi vorgetragen.

Um zu präzisieren, in welchen Grenzen der Aufsichtsrat zu nichtöffentlichen Gesprächen mit Investoren befugt ist, wurden in dieser Untersuchung aufsichtsratsspezifische und allgemeine gesellschafts- und kapitalmarktrechtliche Schranken getrennt. Die Unterscheidung ermöglicht vor allem den in der Praxis arbeitenden Rechtsberatern, die bereits für Vorstandsgespräche etablierten Compliance-Prozesse auf den Aufsichtsrat zu übertragen bzw. entsprechend zu erweitern. Ein entsprechendes Vorgehen wurde in der empirischen Studie von Syndikusanwälten offengelegt. Überschreiten Aufsichtsratsmitglieder die zulässigen Handlungsspielräume, drohen ihnen nicht unerhebliche Sanktionen (Strafbarkeit, Haftung, Abberufung, Organstreit). Die handelnden Akteure und ihre Berater sollten sich daher sehr sorgfältig mit den rechtlichen Risiken des Aufsichtsratsdialogs wie auch den Möglichkeiten, sie zu reduzieren, befassen.

Bei Investorengesprächen des Aufsichtsrats ist eine inhaltliche Differenzierung von zulässigen und unzulässigen Gesprächsthemen notwendig. Vorstandsspezifische Themen darf der Aufsichtsrat mit Investoren nicht besprechen. Der Vorstand kann die Kommunikationsaufgabe über diese Themen wegen des Delegationsverbots in § 111 Abs. 4 S. 1 AktG auch nicht auf den Aufsichtsrat übertragen. Im Ausnahmefall können einzelne Aufsichtsratsmitglieder, regelmäßig der Vorsitzende des Gremiums, zu Investorengesprächen über Vorstandsthemen hinzugezogen werden, wenn dies im Interesse des Unternehmens dringend geboten ist und ihre bzw. seine Distanz zur Geschäftsführung gesichert bleibt. Aufsichtsratsspezifische Themen sind in Investorengesprächen grundsätzlich zulässig. Darunter fallen erstens Inhalte mit Blick auf die Personalkompetenz des Aufsichtsrats. Eindeutig aufsichtsratsspezifische Gesprächsinhalte sind zweitens Vergütungsentscheidungen und drittens Informationen zur inneren Organisation des Aufsichtsrats. In allen weiteren Fällen ist eine Trennlinie zwischen vorstands- und aufsichtsratsspezifischen Gesprächsinhalten deutlich schwieriger zu ziehen. Auch das wurde ausdrücklich im empirischen Teil dieser Untersuchung durch die befragten Rechtsanwälte und Syndizi bestätigt. Für Informationen zu der umfassenden Kontrolltätigkeit des Aufsichtsrats bietet die Reichweite des Berichts des Aufsichtsrats an die Hauptversammlung gemäß § 171 Abs. 2 S. 1 AktG einen hilfreichen Gradmesser, um die zulässigen Handlungsspielräume zu präzisieren. Besondere Vorsicht ist aber bei Information über die beratende Mitwirkung im Strategieprozess und Sachverhalte mit Zustimmungsvorbehalt gemäß § 111 Abs. 4 S. 2 AktG geboten. Gleiches gilt für Aspekte der Unternehmensfinanzierung, der ESG-bezogenen Kommunikation sowie bei Gesprächen über allgemeine Entwicklungen und wirtschaftliche Themen. Bei diesen Inhalten wird sich der Aufsichtsrat besonders zurückhalten und im Zweifel Aussagen unterlassen müssen, um die primäre Vorstandszuständigkeit im Bereich der Investor Relations nicht zu verletzen. Mit Blick auf das Thema Unternehmensstrategie im Investorendialog wurde im Rahmen der empirischen Studie empfohlen, ggf. ein gemeinsames Gespräch zusammen mit dem Vorstand zu führen, um Abgrenzungsschwierigkeiten faktisch zu überwinden. Andere Experten sprachen sich dafür aus, vor Investorengesprächen ein schärferes Erwartungsmanagement durchzuführen, um von Investoren gewünschte Strategiedialoge rechtzeitig auf den Vorstand zu kanalisieren.

Die den Aufsichtsrat bindende organschaftliche Treuepflicht setzt ein Handeln zum Wohl des Unternehmens voraus. Dafür wird bei der Investorenkommunikation des Aufsichtsrats wichtig, durch eigene Zurückhaltung eine einheitliche Außenkommunikation des Unternehmens sicherzustellen. Eng mit der organschaftlichen Treuepflicht verbunden ist zudem der Grundsatz der vertrauensvollen Zusammenarbeit mit dem Vorstand, sodass verwaltungsinterne Konflikte grundsätzlich auch intern gelöst und nicht in das Außenverhältnis getragen werden dürfen. Zusätzlich zu einer verpflichtenden Nachinformation über die Ergebnisse von Investorengesprächen sollten sich Vorstand und Aufsichtsrat auch schon vor Investorenkontakten über die Außenkommunikation und ihre Inhalte abstimmen. Eine gemeinsame Koordination wurde mit Blick auf das Unternehmensinteresse auch von den Interviewpartnern im Rahmen der empirischen Studie als notwendige Vorbereitungsmaßnahme empfohlen.

Die Verschwiegenheitspflicht der Aufsichtsratsmitglieder über erhaltene vertrauliche Berichte und Beratungen wird ausdrücklich in § 116 S. 2 AktG hervorgehoben. Darüber hinaus sind Aufsichtsratsmitglieder gemäß §§ 116 S. 1 i.V.m. 93 Abs. 1 S. 3 AktG verpflichtet, über vertrauliche Angaben und Geheimnisse der Gesellschaft Stillschweigen zu bewahren. Investorengespräche sollten sich deshalb im geheimnisfreien Bereich bewegen. Im Übrigen ist der Aufsichtsrat in seinem Kompetenzbereich dispensbefugt. Der Aufsichtsrat kann nach pflichtgemäßer Prüfung also bestimmte Inhalte aus der Verschwiegenheitspflicht herausnehmen, soweit erstens seine funktionale Zuständigkeit betroffen ist und zweitens das Offenlegungsinteresse der Gesellschaft das Geheimhaltungsinteresse an der jeweiligen Information im Einzelfall überwiegt.

Das aktienrechtliche Gleichbehandlungsgebot der Aktionäre gemäß § 53a AktG erfordert für die Situation des Investorengesprächs auch vom Aufsichtsrat die kritische Prüfung, ob eine daraus folgende (informationelle) Ungleichbehandlung sachlich gerechtfertigt ist. Im empirischen Teil dieser Untersuchung wurde jedoch auch ausdrücklich geäußert, dass das

Gleichbehandlungsgebot eine sehr bewegliche Schranke sei, die in der praktischen Umsetzung erhebliche Spielräume ermögliche. Um auf der einen Seite für die Verwaltung ein klares und transparentes Kriterium für die Auswahl ihrer Gesprächspartner anzubieten und auf der anderen Seite für ein effektives Stewardship-Engagement institutionellen Investoren einen möglichst rechtssicheren Zugang zum Dialog mit der Verwaltung zu ermöglichen, wurde in dieser Untersuchung für die Öffnung des Informationsflusses zwischen der Verwaltung und Stewardship-Aktionären plädiert. Wegen der damit verbundenen Vorteile sind nach hier vertretener Auffassung auch regelmäßige Investorengespräche mit Stewardship-Aktionären unter Berücksichtigung des verbandsrechtlichen Gleichbehandlungsgebots zulässig. Für die gleichmäßige Information der zunächst benachteiligten Aktionäre ist deshalb vor allem das erweiterte Auskunftsrecht gemäß § 131 Abs. 4 S. 1 AktG zentral, mit dem Informationsvorsprünge einzelner Aktionäre zu dem für sie entscheidungserheblichen Zeitpunkt der Hauptversammlung (vgl. § 118 Abs. 1 AktG) ausgeglichen werden können. Teleologisch bleibt das Auskunftsrecht gemäß § 131 Abs. 4 S. 1 AktG nicht – wie bislang häufig im Schrifttum und in der Rechtsprechung angenommen – auf Informationen begrenzt, die willentlich und bewusst durch den Vorstand oder durch einen vom Vorstand dazu veranlassten Dritten mitgeteilt wurden. Es findet stattdessen auch auf selektive Informationsweitergaben des Aufsichtsrats(vorsitzenden) Anwendung, wenn dieser eigenständig mit ausgewählten Investoren kommuniziert. Theoretisch wie auch empirisch wurde jedoch die fehlende praktische Bedeutung des Nachauskunftsanspruchs bestätigt. Im DCGK wird die informationelle Gleichbehandlung in Grundsatz 20 DCGK 2020 thematisiert. Aus Empfehlung F.1 DCGK 2020 folgt außerdem eine Pflicht zur unverzüglichen Information der Aktionäre über alle in Investorengesprächen nur selektiv übermittelten neuen Tatsachen, soweit sie die Schwelle der Wesentlichkeit überschreiten. Schließlich wurde auf Vor- und Nachteile sowie geeignete Mittel für eine darüber hinausgehende, freiwillige Transparenz über Investorengespräche hingewiesen.

Das Kapitalmarktrecht, dessen Zielrichtung die effiziente Preisbildung ist, ergänzt für die börsennotierte Aktiengesellschaft das Konzept der informationellen Gleichbehandlung um eine weitere Dimension der informationellen Chancengleichheit, wenn die Information die Schwelle der Wesentlichkeit bzw. der Kursrelevanz überschreitet. Relevant werden insbesondere das relative Gleichbehandlungsgebot gemäß § 48 Abs. 1 Nr. 1 WpHG (i.V.m. der prospektrechtlichen Parallelnorm in Art. 22 Abs. 5 ProspektVO (EU) 2017/1129) sowie das Weitergabeverbot von Insiderinformationen gemäß Art. 14 lit. c) i.V.m. Art. 10 MMVO. Letzteres setzt der Investorenkommunikation des Aufsichtsrats im Bereich kursrelevanter Informationen eine besonders strikte rechtliche Grenze.

Der Aufsichtsrat muss wie der Vorstand das Gebot der inhaltlich richtigen Darstellung bei der Investorenkommunikation beachten, auch wenn dieser Grundsatz in nur wenigen aktien- und kapitalmarktrechtlichen Vorschriften angedeutet wird. Ehrlichkeit ist selbstverständlich und Ausdruck von Professionalität.

Der Aufsichtsratsvorsitzende ist für die Investorenkommunikation intraorganschaftlich zuständig. Dies entspricht der seinem Amt obliegenden Repräsentationsfunktion und seiner kommunikativen und koordinativen Führungsrolle im Aufsichtsratsgremium. Da der Aufsichtsrat als Kollegialorgan jedoch nur durch Beschluss gemäß § 108 AktG handeln kann und der Vorsitzende der Meinungsbildung und Entscheidung des Gesamtorgans nicht vorweggreifen oder diese ersetzen darf, sollte er rechtsvorsorglich zur Investorenkommunikation ermächtigt werden. Das wurde ausdrücklich im Rahmen der empirischen Studie bestätigt. Hierfür bietet sich eine generelle Zuständigkeitsübertragung durch eine Regelung in der Geschäftsordnung für den Aufsichtsrat an (sogenannte „kleine Lösung"). Darüber hinaus kann eine ausführlichere Kommunikationsordnung ausgearbeitet werden, die mit dem Vorstand abgestimmt und ggf. veröffentlicht werden sollte („große Lösung"). Im empirischen Teil dieser Untersuchung wurde bestätigt, dass entsprechende Modelle in der anwaltlichen Beratungspraxis wie auch in den Rechtsabteilungen deutscher Aktiengesellschaften diskutiert und umgesetzt werden.

Die in Deutschland seit 2016 zum Investorendialog des Aufsichtsratsvorsitzenden veröffentlichten Regelungsinitiativen der Regierungskommission DCGK, des privaten Expertenkreises Developing Shareholder Communication, des Berufsverbands FEA und eines weiteren privaten Arbeitskreises, der Leitlinien für eine nachhaltige Vorstandsvergütung ausgearbeitet hat, sind als Impuls zur Weiterentwicklung guter Corporate Governance grundsätzlich, aber nicht vorbehaltlos zu begrüßen. Die einzelnen Ausarbeitungen sind zu undifferenziert, wenn sie bereits von einer gelebten Praxis oder *best practice* von Investorengesprächen des Aufsichtsrats in allen börsennotierten Gesellschaften ausgehen. Unzureichend ist ferner, wenn bei Umsetzung der Annexkompetenz in eine für die Praxis handhabbare Auflistung zulässiger Gesprächsthemen für kritische Kommunikationsbereiche überhaupt nicht oder nur ungenügend sensibilisiert wird. Nicht problematisiert wird darüber hinaus ein rechtskonformer Prozess zur Legitimation der Investorenkommunikation allein des Aufsichtsratsvorsitzenden durch das Gesamtplenum. Insoweit stellen alle vier Regelungsinitiativen den Aufsichtsratsvorsitzenden an dieser Stelle zu stark in ein rechtliches Risiko.

Aus der empirischen Studie und den damit aufgenommenen Sichtweisen der in der Praxis arbeitenden Rechtsberater sind für die Berufspraxis zwei konkrete Handlungsempfehlungen abzuleiten. Zum einen sind Aufsichtsratsvorsitzende dazu aufgefordert, Investorengespräche mit geschärfter kommunikativer und rechtlicher Qualifikation zu führen. Zum anderen sollte der Aufsichtsratsvorsitzende bei seiner Kommunikationsaufgabe stets von Experten der Investor Relations und von Rechtsberatern unterstützt werden. Eine professionelle Vorbereitung der Mandatsträger beginnt mit zielgerichteten Schulungen. In der konkreten Gesprächssituation können Experten der Investor Relations oder aus der Rechtsabteilung den Aufsichtsratsvorsitzenden begleiten, um Pflichtverstöße auch in herausfordernden Dialogsituationen bestmöglich zu verhindern. Helfen können sie ihm zeitlich nach Investorengesprächen bspw. bei seiner (Koordinations-)Pflicht, Informationsasymmetrien im Aufsichtsrat oder auch im Verhältnis zum Vorstand auszugleichen. In besonders schwierigen Situationen sollte sich der Aufsichtsrat mit vom Vorstand unabhängigen Beratern besprechen und ggf. unternehmensexterne Experten mandatieren. All das ist für eine professionelle und rechtlich zulässige Investor Relations-Arbeit des Aufsichtsrats in Zukunft unerlässlich.

In der praxisnahen Wissenschaft stehen zukünftig vor allem die rechtlichen Schranken eines im Einzelfall sorgfältig auszutarierenden Kommunikationsrechts des Aufsichtsratsvorsitzenden und die Frage nach dem „Wie“ seiner Kommunikationsfunktion für die Aktiengesellschaft im Fokus. Hierfür bedarf es *de lege ferenda* grundsätzlich keiner aktienrechtlichen Präzisierung. Im Rahmen der empirischen Studie lehnte die überwiegende Anzahl der Experten eine solche ebenfalls ab. Abhilfe sollte *de lege ferenda* aber mit Blick auf eine effektive Nachinformation der durch selektive Investorenkommunikation der Verwaltung zunächst informationell benachteiligten Aktionäre geschaffen werden, um Informationsmonopole einzelner Kapitalgeber zu verhindern. Zweckmäßig wäre hierfür, dass sich das Aktiengesetz alternativ zu dem in der Hauptversammlungspraxis bislang unbedeutenden Auskunftsrecht gemäß § 131 Abs. 4 S. 1 AktG mit einem Anspruch der übergangenen Aktionäre auf unverzügliche Informationsgleichbehandlung an den Standard aus Empfehlung F.1 DCGK 2020 anpasst.

Literaturverzeichnis

Internetquellen wurden zuletzt am 15. September 2020 abgerufen.

A

Achleitner, Ann-Kristin/Bassen, Alexander/Fieseler, Christian: Finanzkommunikation, Die Grundlagen der Investor Relations, in: Meckel, Miriam/Schmid, Beat F. (Hrsg.): Unternehmenskommunikation, Kommunikationsmanagement aus der Sicht der Unternehmensführung, 2. Auflage, Wiesbaden 2008, S. 261-288

Adams, Renée/Akyol, Ali C./Verwijmeren, Eric: Director skill sets, Journal of Financial Economics Volume 130 (2018), S. 641-662

AdAR/Hengeler-Mueller Partnerschaft von Rechtsanwälten mbH (Hrsg.): Aufsichtsratsstudie 2019, Vergütung im Mittelpunkt, September 2019, abrufbar unter www.hengeler.com/fileadmin/medien/broschueren/2019-09_AR-Studie-2019.pdf

Admati, Anat R./Pfleiderer, Paul: The "Wall Street Walk" and Shareholder Activism: Exit as a Form of Voice, The Review of Financial Studies Volume 22, Issue 7 (2009), S. 2645-2685

Aggarwal, Reena/Erel, Isil/Ferreira, Miguel/Matos, Pedro: Does governance travel around the world? Evidence from institutional investors, Journal of Financial Economics Volume 100 (2011), S. 154-181

Allianz SE: Stellungnahme Allianz SE zu den Änderungsvorschlägen zum Deutschen Corporate Governance Kodex vom November 2016, 15. Dezember 2016, abrufbar unter www.dcgk.de/de/konsultationen/archiv/konsultation-2016.html

Altmeppen, Holger: Grenzen der Zustimmungsvorbehalte des Aufsichtsrats und die Folgen ihrer Verletzung, in: Bitter, Georg/Lutter, Marcus/Priester, Hans-Joachim/Schön, Wolfgang/Ulmer, Peter (Hrsg.): Festschrift für Karsten Schmidt zum 70. Geburtstag, Köln 2009, S. 23-40

Amel-Zadeh, Amir/Serafeim, George: Why and How Investors Use ESG Information: Evidence from a Global Survey, Financial Analyst Journal Volume 74, Number 3 (2018), S. 87-103

Anabtawi, Iman/Stout, Lynn: Fiduciary Duties for Activist Shareholders, Stanford Law Review Volume 60, Number 5 (2008), S. 1255-1308

Anzinger, Heribert M.: Vorstands- und Aufsichtsratsvergütung: Kompetenzverteilung und Offenlegung nach der zweiten Aktionärsrechterichtlinie, ZGR 2019, S. 39-96

Appel, Ian R./Gormley, Todd A./Keim, Donald B.: Passive Investors, Not Passive Owners, Journal of Financial Economics Volume 121, Issue 1 (2016), S. 111-141

Armour, John/Cheffins, Brian: The Rise and Fall (?) of Shareholder Activism by Hedge Funds, The Journal of Alternative Investments Volume 14, Issue 3 (2012), S. 17-27

Armour, John/Enriques, Luca/Hansmann, Henry/Kraakman, Reinier: The Basic Governance Structure: The Interests of Shareholders Class, in: Kraakman, Reinier/Armour, John/Davies, Paul/Enriques, Luca/Hansmann, Henry/Hertig, Gerard/Hopt, Klaus/Kanda, Hideki/Pargendler, Mariana/Ringe, Wolf-Georg/Rock, Edward (Hrsg.): The Anatomy of Corporate Law, 3. Auflage, Oxford 2017, S. 49-77

Arnold, Michael: Verantwortung und Zusammenwirken des Vorstands und Aufsichtsrats bei Compliance-Untersuchungen, ZGR 2014, S. 76-106

Arsalidou, Demetra: Shareholders and Corporate Scrutiny: The Role of the UK Stewardship Code, ECFR 2012, S. 342-379

Arsalidou, Demetra: Institutional Investors, behavioural economics and the concept of stewardship, Law and Financial Markets Review Volume 6, Number 6 (2012), S. 410-421

Assmann, Heinz-Dieter: Rechtsanwendungsprobleme des Insiderrechts, AG 1997, S. 50-58

Assmann, Heinz-Dieter: Überlagerung und Komplementierung des Aktienrechts nach dem Aktiengesetz 1965 durch Kapitalmarktrecht, AG 2015, S. 597-613

Assmann, Heinz Dieter/Schütze, Rolf, A./Buck-Heeb, Petra (Hrsg.): Handbuch des Kapitalanlagerechts, 5. Auflage, Mün ellungnahme im DCGK- Konsultationsverfahren ellungnahme im DCGK- Konsultationsverfahrenchen 2020

Austmann, Andreas/Seyfarth, Georg: Maßvolle Anpassungen im Governance-Kodex, Institutionelle Anleger sollen Eigentumsrechte aktiv ausüben – Rolle des Aufsichtsratsvorsitzenden gestärkt, in: Börsen-Zeitung Ausgabe 229 vom 26. November 2016, S. 13

B

Bachmann, Gregor: Die Geschäftsordnung der Hauptversammlung, AG 1999, S. 210-215

Bachmann, Gregor: Der Grundsatz der Gleichbehandlung im Kapitalmarktrecht, ZHR 170 (2006), S. 144-177

Bachmann, Gregor: Kapitalmarktrechtliche Probleme bei der Zusammenführung von Unternehmen, ZHR 172 (2008), S. 597-634

Bachmann, Gregor: Kapitalmarktpublizität und informationelle Gleichbehandlung, in: Grundmann, Stefan/Kirchner, Christian/Raiser, Thomas/Schwintowski, Hans-Peter/Weber, Martin/Windbichler, Christine (Hrsg.): Unternehmensrecht zu Beginn des 21. Jahrhunderts, Festschrift für Eberhard Schwark zum 70. Geburtstag, München 2009, S. 331-347

Bachmann, Gregor: Aufsichtsratsautonomie, Recht und Politik der dualen Unternehmensverfassung, in: Grundmann, Stefan/Haar, Brigitte/Merkt, Hanno/Mülbert, Peter O./Wellenhofer, Marina/Baum, Harald/Hein, Jan von/Hippel, Thomas von/Pistor, Katharina/Roth, Markus/Schweitzer, Heike (Hrsg.): Festschrift für Klaus J. Hopt zum 70. Geburtstag am 24. August 2010, Unternehmen, Markt und Verantwortung, Band 1, Berlin/New York 2010, S. 337-355

Bachmann, Gregor: Corporate Governance nach der Finanzkrise, AG 2011, S. 181-193

Bachmann, Gregor: Der „Europäische Corporate Governance-Rahmen" – Zum Grünbuch 2011 der Europäischen Kommission –, WM 2011, S. 1301-1310

Bachmann, Gregor: Abschaffung der Hauptversammlung?, in: Altmeppen, Holger/Fitz, Hanns/Honsell, Heinrich (Hrsg.): Festschrift für Günter H. Roth zum 70. Geburtstag, München 2011, S. 37-51

Bachmann, Gregor: Ad-hoc-Publizität nach „Geltl", DB 2012, S. 2206-2211

Bachmann, Gregor: Überlegungen zur Reform der Kodex-Regulierung, in: Krieger, Gerd/Lutter, Marcus/Schmidt, Karsten (Hrsg.): Festschrift für Hoffmann-Becking zum 70. Geburtstag, München 2013, S. 75-90

Bachmann, Gregor: Kapitalmarktrecht im Kodex, WM 2013, S. 2009-2016

Bachmann, Gregor: Dialog zwischen Investor und Aufsichtsrat, in: VGR (Hrsg.): Gesellschaftsrecht in der Diskussion 2016, Jahrestagung der Gesellschaftsrechtlichen Vereinigung, Band 22, Köln 2017, S. 135-180

Bachmann, Gregor: CSR-bezogene Vorstands- und Aufsichtsratspflichten und ihre Sanktionierung, ZGR 2018, S. 231-261

BaFin: Emittentenleitfaden der Bundesanstalt für Finanzdienstleistungsaufsicht, 4. Auflage, 2013, abrufbar unter www.bafin.de/SharedDocs/Downloads/DE/Leitfaden/WA/dl_emittentenleitfaden_2013.pdf?__blob=publicationFile&v=6

BaFin: C – Modul C, Regelungen aufgrund der Marktmissbrauchsverordnung (MAR), Stand vom 25. März 2020, abrufbar unter www.bafin.de/SharedDocs/

Downloads/DE/Leitfaden/WA/dl_emittentenleitfaden_modul_C.pdf?__blob=publicationFile&v=4

Bähring, Katrin/Hauff, Sven/Sossdorf, Maik/Thommes, Kirsten: Methodologische Grundlagen und Besonderheiten der qualitativen Befragung von Experten in Unternehmen: Ein Leitfaden, Die Unternehmung 62. Jahrgang, Nummer 1 (2008), S. 89-111

Bainbridge, Stephen M.: Corporation Law and Economics, New York 2002

Bainbridge, Stephen M.: Director Primacy: The Means and Ends of Corporate Governance, Northwestern University Law Review Volume 97, Number 2 (2002), S. 547-606

Bainbridge, Stephen M.: Director Primacy and Shareholder Disempowerment, Harvard Law Review Volume 119, Number 6 (2006), S. 1735-1758

Barko, Tamas/Cremers, Martijn/Rennebog, Luc: Shareholder Engagement on Environmental, Social, and Governance Performance, ECGI Finance Working Paper Number 509/2017 (September 2018)

Barz, Carl Hans: Bericht über die Stellungnahme des Deutschen Anwaltsvereins zur Aktienrechtsreform, AG 1961, S. 149-152

BASF SE: Stellungnahme zu den Änderungsvorschlägen der Regierungskommission Deutscher Corporate Governance Kodex (Kodexanpassungsvorschläge 2017), 14. Dezember 2016, abrufbar unter www.dcgk.de/de/konsultationen/archiv/konsultation-2016.html

Bassen, Alexander: Einflussnahme institutioneller Anleger auf Corporate Governance und Unternehmensführung – Ergebnisse einer empirischen Untersuchung, ZBB 2002, S. 430-436

Bassen, Alexander/Frank, Ralf/Levermann, Susan/Plümer, Markus: Messung des Erfolgs von Finanzkommunikation mit Perception Profiles der DVFA, Finanz Betrieb 2006, S. 689-695

Bassler, Moritz: Die Bedeutung von institutionellen Anlegern für die interne Corporate Governance ihrer Beteiligungsunternehmen, Inhalt und rechtliche Grenzen des institutionellen Anlegeraktivismus, Baden-Baden 2015

Baums, Theodor: Der fehlerhafte Aufsichtsratsbeschluß, ZGR 1983, S. 300-345

Baums, Theodor: Der Aufsichtsrat – Aufgaben und Reformfragen, ZIP 1995, S. 11-18

Baums, Theodor: Haftung wegen Falschinformation des Sekundärmarktes, ZHR 167 (2003), S. 139-192

Baums, Theodor: Risiko und Risikosteuerung im Aktienrecht, ZGR 2011, S. 218-274

Baums, Theodor: Institutionelle Investoren im Aktienrecht – Zur Umsetzung der ARUG II-Richtlinie –, ZHR 183 (2019), S. 605-616

Baums, Theodor/Fraune, Christian: Institutionelle Anleger und Publikumsgesellschaft: eine empirische Untersuchung, AG 1995, S. 97-112

Baums, Theodor/Randow, Philipp von: Der Markt für Stimmrechtsvertreter, AG 1995, S. 145-163

Bayer, Walter: Grundsatzfragen der Regulierung der aktienrechtlichen Corporate Governance, NZG 2013, S. 1-16

Bayer, Walter/Schmidt, Jessica: BB-Gesetzgebungs- und Rechtsprechungsreport Europäisches Unternehmensrecht 2016/17, BB 2017, S. 2114-2125

Bebchuk, Lucian A.: The Myth that Insulating Boards Serves Long-Term Value, Columbia Law Review Volume 113, Number 6 (2013), S. 1637-1694

Bebchuk, Lucian A./Brav, Alon/Jiang, Wei: The Long-Term Effects of Hedge Funds Activism, Columbia Law Review Volume 115, Number 5 (2015), S. 1085-1155

Becht, Marco/Franks, Julian/Mayer, Colin/Rossi, Stefano: Returns to Shareholder Activism: Evidence from a Clinical Study of the Hermes UK Focus Fund, The Review of Financial Studies Volume 22, Issue 8 (2009), S. 3093-3129

Becht, Marco/Franks, Julian/Grant, Jeremy/Wagner, Hannes F.: Returns to Hedge Fund Activism: An International Study, The Review of Financial Studies Volume 30, Issue 9 (2017), S. 2933-2971

Becker, Klaus/Werder, Axel von: Der Deutsche Corporate Governance Kodex im internationalen Vergleich, AG 2016, S. 761-775

Bednarz, Liane: Die Kundgabe von Beschlüssen des Aufsichtsrats durch den Aufsichtsratsvorsitzenden – ein Fall des § 174 S. 1 BGB? – zugleich Besprechung von OLG Düsseldorf, NZG 2004, 141ff. –, NZG 2005, S. 418-425

Berg, Stefan/Stöcker, Matthias: Anwendungs- und Haftungsfragen zum Deutschen Corporate Governance Kodex, WM 2002, S. 1569-1582

Berle, Adolf A./Means, Gardiner C.: The Modern Corporation and Private Property, New Yorck 1932

Bernhardt, Wolfgang: Aufsichtsrat – die schönste Nebensache der Welt?, Defizite für eine effiziente Aufsichtsratstätigkeit, ZHR 159 (1995), S. 310-321

Birkmose, Hanne S.: You can Lead a Horse to Water, But can You Make it Drink? Institutional Shareholders and Corporate Voting, European Business Law Review Volume 20 (2009), S. 717-746

Birkmose, Hanne S.: European Challenges for Institutional Investor Engagement – Is Mandatory Disclosure the Way Forward, ECFR 2014, S. 214-257

Black, Bernard S.: Shareholder Passivity Reexamined., Michigan Law Review Volume 89, Number 3 (1990), S. 520-608

Black, Bernard S.: Agents watching Agents: The Promise of Institutional Investor Voice, UCLA Law Review Volume 39, Number 4 (1992), S. 811-894

Black, Bernard S./Coffee, John C. Jr.: Hail Britannia?: Institutional Investor Behavior under Limited Regulation, Michigan Law Review Volume 92, Number 7 (1994), S. 1997-2087

BlackRock: Stellungnahme im DCGK-Konsultationsverfahren 2016, 15. Dezember 2016, abrufbar unter www.dcgk.de/de/konsultationen/archiv/konsultation-2016.html

Blöink, Thomas/Halbleib, Anja: Umsetzung der sog. CSR-Richtlinie 2014/95/EU: Aktueller Überblick über die verabschiedeten Regelungen des CSR-Richtlinie-Umsetzungsgesetzes, Der Konzern 2017, S. 182-195

BMJV: Pressemittelung vom 14. November 2019, abrufbar unter www.bmjv.de/SharedDocs/Pressemitteilungen/DE/2019/111419_Aktionaersrechte-RL.html

Böcking, Hans-Joachim/Althoff, Carolin: Paradigmenwechsel in der (Konzern-) Lageberichterstattung über nicht-monetäre Erfolgsfaktoren – Pre-Financial Performance Indicators als Vorstufe, nicht als Gegensatz von Financial Performance Indicators –, Der Konzern 2017, S. 246-255

Böckli, Peter: Konvergenz: Annäherung des monistischen und des dualistischen Führungs- und Aufsichtssystems, in: Hommelhoff, Peter/Hopt, Klaus J./Werder, Axel von (Hrsg.): Handbuch Corporate Governance, Leitung und Überwachung börsennotierter Unternehmen in der Rechts- und Wirtschaftspraxis, 2. Auflage, Stuttgart/Köln 2009, S. 255-276

Boehme-Neßler, Volker: Litigation und Kommunikation: Zusammenarbeit von Kommunikations- und Rechtsabteilungen im Unternehmen, in: Zerfaß, Ansgar/Piwinger, Manfred (Hrsg.): Handbuch Unternehmenskommunikation, Strategie – Management – Wertschöpfung, 2. Auflage, Wiesbaden 2014, S. 1321-1332

Boesebeck, Ernst: Auskunftserteilung außerhalb der Hauptversammlung, AG 1963, S. 89-93

Böhm, Andreas: Theoretisches Codieren: Textanalyse in der Grounded Theory, in: Flick, Uwe/Kardoff, Ernst von/Steinke, Ines (Hrsg.): Qualitative Forschung, Ein Handbuch, 9. Auflage, Reinbek bei Hamburg 2012, S. 475-484

Bogner, Alexander/Littig, Beate/Menz, Wolfgang: Interviews mit Experten, Eine praxisorientierte Einführung, Wiesbaden 2014

Bommer, Kay/Steinbach, Martin: Aufsichtsräte für den Kapitalmarkt, Wie Aufsichtsräte das Wissen von Investor Relations nutzen sollten, BOARD 2013, S. 219-222

Bootsma, Bart: An Eclectic Approach to Loyalty-Promoting Instruments in Corporate Law: Revisiting Hirschman's Model of Exit, Voice and Loyalty, Erasmus Law Review Volume 6, Number 2 (2013), S. 111-130

Bork, Reinhard: Materiell-rechtliche und proßessrechtliche Probleme des Organstreits zwischen Vorstand und Aufsichtsrat einer Aktiengesellschaft, ZGR 1989, S. 1-43

Börsig, Clemens/Löbbe, Marc: Die gewandelte Rolle des Aufsichtsrats, 7 Thesen zur Corporate Governance Entwicklung in Deutschland, in: Krieger, Gerd/ Lutter, Marcus/Schmidt, Karsten (Hrsg.): Festschrift für Hoffmann-Becking zum 70. Geburtstag, München 2013, S. 125-155

Bortenlänger, Christine: Aufsichtsratsdialog mit Investoren in oder gar vor der Hauptversammlung? Der Druck wächst!, BOARD 2014, S. 71-72

Bosch, Nikolaus/Lange, Knut Werner: Unternehmerischer Handlungsspielraum des Vorstands zwischen zivilrechtlicher Verantwortung und strafrechtlicher Sanktion, JZ 2009, S. 225-237

Boujong, Karlheinz: Rechtliche Mindestanforderungen an eine ordnungsgemäße Vorstandskontrolle und -beratung, Konsequenzen aus den Entscheidungen des Bundesgerichtshofs BGHZ 114, 127 und BGHZ 124, 111, AG 1995, S. 203-207

Bourveau, Thomas/Schoenfeld, Jordan: Shareholder activism and voluntary disclosure, Review of Accounting Studies Volume 22, Number 3 (2017), S. 1307-1339

Boyson, Nicole M./Mooradian, Robert M.: Corporate governance and hedge fund activism, Review of Derivatives Research Volume 14, Number 2 (2011), S. 169-204

Brandt, Werner: Neuerungen in Bezug institutionelle Investoren, Vermögensverwalter und Stimmrechtsberater, Einschätzung der Neuerungen aus Sicht eines Anteilseignervertreters im Aufsichtsrat, in: KPMG's ACI (Hrsg.): Audit Committee Quarterly III/2017, Schwerpunktthema: Aktionärsrechterichtlinie, abrufbar unter www.audit-committee-institute.de/media/aci_quarterly_2017_3.pdf, S. 40-42

Braun, Sabine/Ruhwedel, Peter: Verankerung von ESG im Aufsichtsrat, Relevanz und Handlungsempfehlungen aus der Praxis, AR 2019, S. 141-143

Brav, Alon/Jiang, Wei/Partnoy, Frank/Thomas, Randall: Hedge Fund Activism, Corporate Governance, and Firm Performance, The Journal of Finance Volume 63, Number 4 (2008), S. 1729-1775

Breidenich, Andreas: Die Organisation der Aufsichtsratsarbeit durch den Aufsichtsratsvorsitzenden, Tübingen 2020

Bueren, Eckart: Sustainable Finance, ZGR 2019, S. 813-875

Buhleier, Claus/Splinter, Silke: Aufsichtsratsagenda 2011 aus internationaler Perspektive, BOARD 2011, S. 26-29

Bull, Alexander: Nutzen von Anforderungsprofilen für Aufsichtsratsmitglieder, AR 2016, S. 82-84

Bundesrechtsanwaltskammer: Stellungnahme zu dem Grünbuch der Europäischen Kommission zum Europäischen Corporate Governance-Rahmen (KOM [2011] 164/3), NZG 2012, S. 96-100

Bundeszentrale für politische Bildung: Aktionärsstruktur von DAX-Unternehmen, abrufbar unter www.bpb.de/nachschlagen/zahlen-und-fakten/globalisierung/52596/aktionaersstruktur-dax

Bunz, Thomas: Vorbereitungs- und Reaktionsmöglichkeiten börsennotierter Unternehmen auf Shareholder Activism, NZG 2014, S. 1049-1053

Bürgers, Tobias: Compliance in Aktiengesellschaften, Arbeitsteilung zwischen Vorstand und Aufsichtsrat sowie innerhalb der Organe, ZHR 179 (2015), S. 173-206

Bürgers, Tobias/Körber, Torsten (Hrsg.): Aktiengesetz, 4. Auflage, Heidelberg 2017

Burgess, Kate: Myners Lashes out at Landlord Shareholders, in: Financial Times Online vom 21. April 2009, abrufbar unter www.ft.com/content/c0217c20-2eaf-11de-b7d3-00144feabdc0

Bushee, Brian J./Gerakos, Joseph/Lee, Lian Fen: Corporate jets and private meetings with investors, Journal of Accounting and Economics Volume 65, Issue 2-3 (2018), S. 358-379

Bushee, Brian J./Jung, Michael J./Miller, Gregory S.: Do Investors Benefit from Selective Access to Management?, Journal of Financial Reporting Volume 2, Number 1 (2017), S. 31-61

Butler, Peter/Wong, Simon: Recent trends in institutional investor responsibilities and stewardship, Pensions: An International Journal Volume 16, Number 2 (2011), S. 80-85

Butzke, Volker: Die Hauptversammlung der Aktiengesellschaft, 5. Auflage, Stuttgart 2011

C

Cadbury Committee: Report of the Committee on the Financial Aspects of Corporate Governance, 1. Dezember 1992, abrufbar unter www.ecgi.global/sites/default/files/codes/documents/cadbury.pdf

Cahn, Andreas: Aufsichtsrat und Business Judgement Rule, WM 2013, S. 1293-1305

Cahn, Andreas: Gesellschaftsinterne Informationspflichten bei Zusammenschluss- und Akquisitionsvorhaben, AG 2014, S. 525-534

Carleton, Willard T./Nelson, James M./Weisbach, Michael S.: The Influence of Institutions on Corporate Governance through Private Negotiations: Evidence from TIAA-CREF, The Journal of Finance Volume 53, Number 4 (1998), S. 1335-1362

Casper, Matthias: Informationsrechte der Aktionäre, in: Bayer, Walter/Habersack, Mathias (Hrsg.): Aktienrecht im Wandel, Band II, Grundsatzfragen des Aktienrechts, Tübingen 2007, S. 546-578

Çelik, Serdar/Isaksson, Mats: Institutional Investors as Owners, Who Are They and What Do They Do?, OECD Corporate Governance Working Papers Number 11, Paris 2013

Chandler, William B. III: On the Instructiveness of Insiders, Independents, and Institutional Investors, University of Cincinnati Law Review Volume 67, Number 4 (1999), S. 1083-1098

Cheffins, Brian R.: Corporate Ownership and Control, British Business Transformed, New York 2008

Cheffins, Brian R.: The Stewardship Code's Achilles' Heel, Modern Law Review Volume 73, Issue 6 (2010), S. 1004-1025

Cheffins, Brian R./Armour, John: The Past, Present, and Future of Shareholder Activism by Hedge Funds, Journal of Corporation Law Volume 37, Number 1 (2011), S. 51-104

Cheffins, Brian R./Black, Bernard S./Klausner, Michael: Nicht-geschäftsführende Direktoren, Haftungsrisiko und Corporate Governance, in: Grundmann, Stefan/Schwintowski Hans-Peter/Singer, Reinhard/Weber, Martin (Hrsg.): Anleger- und Funktionsschutz durch Kapitalmarktrecht, Symposium und Seminar zum 65. Geburtstag von Eberhard Schwark, Berlin 2006, S. 121-145

Chiu, Iris H.-Y.: Institutional Shareholders as Stewards: Toward a New Conception of Corporate Governance, Brooklyn Journal of Corporate Financial & Commercial Law Volume 6, Issue 2 (2012), S. 387-432

Chiu, Iris H.-Y.: Turning Institutional Investors into 'Stewards': Exploring the Meaning and Objectives of 'Stewardship', Current Legal Problems Volume 66, Number 1 (2013), S. 443-481

Chiu, Iris H.-Y.: Reviving Shareholder Stewardship: Critically Examining the Impact of Corporate Transparency Reforms in the UK, Delaware Journal of Corporate Law Volume 38, Number 3 (2014), S. 983-1024

Chiu, Iris H.-Y.: European Shareholder Rights Directive proposals: a critical analysis in mapping with the UK Stewardship Code?, ERA Forum 2016, S. 31-44

Chiu, Iris H.-Y./Katelouzou, Dionysia: From Shareholder Stewardship to Shareholder Duties: Is the Time Ripe?, in: Birkmose, Hanns S. (Hrsg.): Shareholders' Duties, Niederlande 2017, S. 131-152

Choi, Stephen J./Fisch, Jill E.: On Beyond CalPERS: Survey Evidence on the Developing Role of Public Pension Funds in Corporate Governance, Vanderbilt Law Review Volume 61, Issue 2 (2008), S. 315-354

Chung, Huimin/Talaulicar, Till: Forms and Effects of Shareholder Activism, Corporate Governance: An International Review Volume 18, Number 4 (2010), S. 253-257

Clark, Robert Charles: Vote Buying and Corporate Law, Case Western Reserve Law Review Volume 29, Number 4 (1979), S. 776-807

Claussen, Carsten Peter: Der Aktionär – das unbekannte Wesen, in: Bitter, Georg/Lutter, Marcus/Priester, Hans-Joachim/Schön, Wolfgang/Ulmer, Peter (Hrsg.): Festschrift für Karsten Schmidt zum 70. Geburtstag, Köln 2009, S. 217-232

Coffee, John C. Jr.: Liquidity Versus Control: The Institutional Investor As Corporate Monitor, Columbia Law Review Volume 91, Number 6 (1991), S. 1277-1368

Coffee, John C. Jr./Palia, Darius: The Wolf at the Door: The Impact of Hedge Fund Activism on Corporate Governance, Journal of Corporate Law Volume 41, Number 3 (2016), S. 545-608

Cromme, Gerhard: Die Konvergenz der Corporate Governance in ein- und zweigliedrigen Board-Systemen, in: in: Krieger, Gerd/Lutter, Marcus/Schmidt, Karsten (Hrsg.): Festschrift für Hoffmann-Becking zum 70. Geburtstag, München 2013, S. 283-293

Cromme, Gerhard/Claassen, Jürgen: Unternehmenskommunikation als Element der Corporate Governance, in: Hommelhoff, Peter/Hopt, Klaus J./Werder, Axel von (Hrsg.): Handbuch Corporate Governance, Leitung und Überwachung börsennotierter Unternehmen in der Rechts- und Wirtschaftspraxis, 2. Auflage, Stuttgart/Köln 2009, S. 603-625

D

Dahmen, Lennart: Pflichten von Vermögensverwaltern und institutionellen Anlegern nach dem Entwurf eines Gesetzes zur Umsetzung der zweiten Aktionärsrechterichtlinie, GWR 2019, S. 117-120

DAI/McKinsey & Company (Hrsg.): Investorendialog im Umbruch, Zum Umgang börsennotierter Unternehmen mit aktiven Aktionären, 2009, abrufbar unter www.dirk.org/dirk_webseite/static/uploads/a151.pdf

DAI/White & Case LLP (Hrsg.): Ready for Takeover? Marktübliche Prozesse und Vorbereitungsstand deutscher Unternehmen als potenzielle Bieter und Zielgesellschaften, Juni 2018, abrufbar unter www.dai.de/files/dai_usercontent/dokumente/studien/2018-06-19_Survey_Ready%20For%20Takeover_English.pdf

DAI/Rothschild & Co. Deutschland GmbH: ESG from the perspective of institutional investors, What listed companies should know, März 2019, abrufbar unter www.dai.de/files/dai_usercontent/dokumente/studien/190403%20Studie%20ESG%20from%20the%20perspective%20of%20institutional%20investors.pdf

Dauner-Lieb, Barbara: Aktuelle Vorschläge zur Präsenzsteigerung in der Hauptversammlung, WM 2007, S. 9-16

DAV-Handelsrechtsausschuss: Stellungnahme zum Grünbuch der EU-Kommission vom 5. 4. 2011: Europäischer Corporate Governance-Rahmen KOM (2011) 164/3, NZG 2011, S. 936-942

DAV-Handelsrechtsausschuss: Stellungnahme zum Vorschlag der Europäischen Kommission einer Richtlinie zur Änderung der RL 2007/36/EG („Aktionärsrechte- Richtlinie") - COM (2014) 213, NZG 2015, S. 54-65

DAV-Handelsrechtsausschuss: Stellungnahme des Deutschen Anwaltvereins durch den Ausschuss Handelsrecht zu den Vorschlägen der Regierungskommission Deutscher Corporate Governance Kodex zu Kodexanpassungen und Änderungen für 2017, 15. Dezember 2016, abrufbar unter www.dcgk.de/de/konsultationen/archiv/konsultation-2016.html

DAV-Handelsrechtsausschuss: Stellungnahme zu den Vorschlägen der Regierungskommission Deutscher Corporate Governance Kodex zu Kodexanpassungen und Änderungen für 2017, NZG 2017, S. 57-60

DAV-Handelsrechtsausschuss: Stellungnahme zum Referentenentwurf eines Gesetzes zur Umsetzung der zweiten Aktionärsrechterichtlinie (ARUG II), NZG 2019, S. 12-21

Davey, Edward: Oral statement to Parliament: Corporate governance reforms: rebuilding trust, empowering shareholders and protecting long-term value, veröffentlicht am 15. September 2010, abrufbar unter www.gov.uk/government/speeches/corporate-governance-reforms-rebuilding-trust-empowering-shareholders-and-protecting-long-term-value

Davies, Paul L.: Institutional Investors in the United Kingdom, in: Baums, Theodor/Buxbaum, Richard M./Hopt, Klaus J. (Hrsg.): Institutional Investors and Corporate Governance, Berlin/New York 1993, S. 257-285

Davies, Paul L.: Struktur der Unternehmensführung in Großbritannien und Deutschland: Konvergenz oder fortbestehende Divergenz, ZGR 2001, S. 268-293

Davies, Paul L.: Corporate Boards in the United Kingdom, in: Davies, Paul/ Hopt, Klaus J./Nowak, Richard G. J./van Solinge, Gerald (Hrsg.): Corporate Boards in Law and Practice: A Comparative Analysis in Europe, Oxford 2014, S. 713-787

Davies, Paul L./Worthington, Sarah: Gower's Principles of Modern Company Law, 10. Auflage, London 2016

Davies, Paul L./Hopt, Klaus J.: Corporate Boards in Europe – Accountability and Convergence, The American Journal of Comparative Law Volume 61, Number 6 (2013), S. 301-376

Davies, Paul L./Hopt, Klaus J./Nowak, Richard G. J./van Solinge, Gerald: Boards in Law and Practice: A Cross-Country Analysis in Europe, in: Davies, Paul/ Hopt, Klaus J./Nowak, Richard G. J./van Solinge, Gerald (Hrsg.): Corporate Boards in Law and Practice: A Comparative Analysis in Europe, Oxford 2014, S. 3-115

Davis, Stephen/Alogna, Stephen: Policy Briefing No. 2, Talking Governance, Board-Shareowner Communications on Executive Compensation (2008), abrufbar unter www.millstein.law.columbia.edu/sites/default/files/content/ docs/2008%2012%2008%20talking%20governance%20v2%20(4).pdf

Davis, Stephen/Lukomnik, Jon: Dialogue With Shareholders is a 'Win-Win', Compliance Week Volume 8, Issue 88 (2011), S. 56-57

Degenhart, Maximilian: Kommunikationsordnung für Aufsichtsrat und Vorstand, in: Webmagazin der Börse München vom 21. Februar 2017, abrufbar unter www.boerse-muenchen.de/suedseiten/370/ Kommunikationsordnung-fuer-Aufsichtsrat-und-Vorstand

Degenhart, Maximilian: Handlungsempfehlungen für die Kapitalmarktkommunikation des Aufsichtsrats, AR 2017, S. 100-101

deHaan, Ed/Larcker, David/McClure, Charles: Long-Term Economic Consequences of Hedge Fund Activist Interventions, ECGI Finance Working Paper Number 577/2018 (Dezember 2018), abrufbar unter www.ssrn.com/ abstract=3260095

Dehnen, Peter H.: Der professionelle Aufsichtsrat, in: Dehnen, Peter H. (Hrsg.): Der professionelle Aufsichtsrat, Basiswissen für die Praxis, Ein 360°-Überblick, Frankfurt am Main 2014, S. 13-18

Deller, Dominic/Stubenrath, Michael/Weber, Christoph: Die Internetpräsenz als Instrument der Investor Relations – Rechnungslegungsdaten deutscher Unternehmen im Internet, DB 1997, S. 1577-1583

Deutsche Bank AG: Stellungnahme zu den Vorschlägen der Regierungskommission Deutscher Corporate Governance Kodex zu Kodexanpassungen und -änderungen für 2017, 12. Dezember 2016, abrufbar unter www.dcgk.de/de/konsultationen/archiv/konsultation-2016.html

DGB: Konsultation zu den Vorschlägen der Kodexänderung 2017, Einschätzung des DGB, 1. Dezember 2016, abrufbar unter www.dcgk.de/de/konsultationen/archiv/konsultation-2016.html

Diehl, Ulrich: Investor Relations, BFuP 1993, S. 173-183

Diekmann, Hans: Identifizierung von Aktionären – Eine Bestandsaufnahme unter Berücksichtigung der Aktionärsrechte-RL, in: Spindler, Gerald/Wilsing, Hans-Ulrich/Butzke, Volker (Hrsg.): Unternehmen, Kapitalmarkt, Finanzierung, Festschrift für Reinhard Marsch-Barner zum 75. Geburtstag, München 2018, S. 145-157

Diekmann, Hans/Wurst, Friederike: Die Organisation des Aufsichtsrats, NZG 2014, S. 121-127

Dietlmaier, Peter: Aufsichtsräte im Blickpunkt der Medien, Geändertes Aufgabenprofil führt zur verstärkten Beobachtung, BOARD 2015, S. 181-183

Dignam, Alan: The Future of Shareholder Democracy in the Shadow of the Financial Crisis, Seattle University Law Review Volume 36 (2013), S. 639-694

Dimeg, Jörg/Asmussen, Jörg/Mentré, Gilles: „Shareholder Activism" ist ein Verhalten, keine Investorenklasse, Die Interaktion des Unternehmensmanagments mit Kernaktionären ändert sich, BOARD 2017, S. 92-94

Dimson, Elroy/Karakaş, Oğuzhan/Li, Xi: Active Ownership, The Review of Financial Studies Volume 28, Number 12 (2015), S. 3225-3268

DIRK/Ipreo Ltd.: Investoren der Deutschland AG 4.0, Die Aktionärsstruktur des deutschen Leitindex DAX 30, Eine Studie der Aktionärsbasis des DAX 30 Index mit Fokus auf Trends der institutionellen Investoren, abrufbar unter www.dirk.org/dirk_webseite/static/uploads/170612_Die-Investoren-der-Deutschland-AG-4-0_DAX-Studie-2016-Ipreo_DIRK.pdf

DIRK/Ipreo Ltd.: Investoren der Deutschland AG 5.0, Die Aktionärsstruktur des deutschen Leitindex DAX 30, Eine Studie der Aktionärsbasis des DAX 30 Index mit Fokus auf Trends der institutionellen Investoren, abrufbar unter www.dirk.org/dirk_webseite/static/uploads/Investoren_der_Deutschland_AG_5-0_DAX-Studie-2018_Ipreo_DIRK.pdf

Ditfurth, Manuela von: Wie Anleger nachhaltig investieren können – Initiativen, Investmentansätze, Anlagelösungen, in: BAI e.V. (Hrsg.): Newsletter Jahrgang 18 – Ausgabe VI, Schwerpunktthema „ESG", abrufbar unter www.bvai.de/fileadmin/PDFs/DE/Newsletter/Newsletter_2018/0512_BAI-Newsletter-Dezember.pdf, S. 32-35

Döding, Karl: Shareholder Activism in der Finanzbranche aus der Perspektive des Aufsichtsrechts, ZBB 2020, S. 168-177

Doralt, Peter: Die Typologie des Aufsichtsrats und die Logik seines Versagens, Ein erster Versuch aus österreichischer Sicht, in: Grundmann, Stefan/ Haar, Brigitte/Merkt, Hanno/Mülbert, Peter O./Wellenhofer, Marina/Baum, Harald/Hein, Jan von/Hippel, Thomas von/Pistor, Katharina/Roth, Markus/ Schweitzer, Heike (Hrsg.): Festschrift für Klaus J. Hopt zum 70. Geburtstag am 24. August 2010, Unternehmen, Markt und Verantwortung, Band 2, Berlin/New York 2010, S. 3059-3080

Döring, Claus: Druck durch Dialog, in: Börsen-Zeitung Ausgabe 127 vom 6. Juli 2016, S. 1

Döring, Claus: Der Dialog mit den Aktionären – Im Interview: Jürgen Hambrecht, Ulrich Lehner und Hans-Christoph Hirt, „Eine differenzierte Behandlung der Aktionäre ist zulässig“, Aber: Keine Insiderinformationen beim Dialog mit institutionellen Investoren – Arbeit des Aufsichtsrats im Fokus, in: Börsen-Zeitung Ausgabe 127 vom 6. Juli 2016, S. 9

Dreher, Meinrad: Die Qualifikation der Aufsichtsratsmitglieder – Rechtliche Anforderungen und Folgerungen unter besonderer Berücksichtigung der Aufsichtsratsausschüsse bei der Aktiengesellschaft –, in: Ebenroth, Carsten Thomas/Hesselberger, Dieter/Rinne, Manfred Eberhard (Hrsg.): Verantwortung und Gestaltung, Festschrift für Karlheinz Boujong zum 65. Geburtstag, München 1996, S. 71-97

Drinhausen, Florian/Eckstein, Hans-Martin: Beck'sches Handbuch der AG, Gesellschaftsrecht – Steuerrecht – Börsengang, München 2018

Drinhausen, Florian/Marsch-Barner, Reinhard: Die Rolle des Aufsichtsratsvorsitzenden in der börsennotierten Aktiengesellschaft, AG 2014, S. 337-351

Drinhausen, Florian/Keinath, Astrid/Waldvogel, Marvin: Die monistische AG, in: Spindler, Gerald/Wilsing, Hans-Ulrich/Butzke, Volker (Hrsg.): Unternehmen, Kapitalmarkt, Finanzierung, Festschrift für Reinhard Marsch-Barner zum 75. Geburtstag, München 2018, S. 159-176

Drygala, Tim: A Step Ahead of the Crowd – Zur selektiven Information von Finanzanalysten nach amerikanischem und deutschem Kapitalmarktrecht – Teil I –, WM 2001, S. 1282-1294

Drygala, Tim: A Step Ahead of the Crowd – Zur selektiven Information von Finanzanalysten nach amerikanischem und deutschem Kapitalmarktrecht – Teil II –, WM 2001, S. 1313-1324

Duden, Konrad: Gleichbehandlung bei Auskünften an Aktionäre, in: Ficker, Hans Claudius/König, Detlef/Kreuzer, Karl F./Leser, Hans G./v. Bieberstein,

Wolfgang Frhr. Marschall/Schlechtriem, Peter (Hrsg.): Festschrift für Ernst von Caemmerer zum 70. Geburtstag, Tübingen 1978, S. 499-515

Dürr, Michael: Investor Relations, Handbuch für Finanzmarketing und Unternehmenskommunikation, 2. Auflage, München/Wien 1995

Durstberger, Georg/Nicolussi, Julia: Unternehmensrecht aktuell, GesRZ 2016, S. 304-305

DVFA-Kommission: Änderungen zum Deutschen Corporate Governance Kodex (DCGK), Stellungnahme der DVFA Kommission Corporate Governance, 10. Januar 2019, abrufbar unter www.dcgk.de/de/konsultationen/archiv/konsultation-2019.html

E

Easterbrook, Frank H./Fischel, Daniel R.: Voting in Corporate Law, Journal of Law & Economics Volume 26, Number 2 (1983), S. 395-428

Ebrahimzadeh, Omid: Der Investorendialog des Aufsichtsrats, Baden-Baden 2020

Eckardt, Ulrich: Vorstand und Aufsichtsrat nach dem Referentenentwurf eines Aktiengesetzes, NJW 1958, S. 1945-1950

Edkins, Michelle: The Significance of ESG-Engagement, in: BlackRock/Ceres (Hrsg.): 21st Century Engagement: Investor Strategies for Incorporating ESG Considerations into Corporate Interactions (2015), abrufbar unter www.blackrock.com/corporate/literature/publication/blk-ceres-engagementguide2015.pdf, S. 4

Eggers, Frank/de Raet, Tobias: Das Recht börsennotierter Gesellschaften zur Identifikation ihrer Aktionäre gemäß der EU-Aktionärsrechterichtlinie, Neue Rechte für Gesellschaften, neue Pflichten für Kreditinstitute, AG 2017, S. 464-472

Ek, Ralf/Kock, Martin: Haftungsrisiken für Vorstand und Aufsichtsrat, 3. Auflage, München 2019

Ekkenga, Jens: Kapitalmarktrechtliche Aspekte der „Investor Relations", NZG 2001, S. 1-8

Emde, Raimond: Das Sonderwissen des Aufsichtsratsmitglieds und die Pflicht zur Informationsweitergabe, DB 1990, S. 1486-1488

Engert, Andreas: Hedgefonds als aktivistische Aktionäre, ZIP 2006, S. 2105-2113

Ernst & Young GmbH Wirtschaftsprüfungsgesellschaft (EY)/DIRK – Deutscher Investor Relations Verband e.V. (DIRK): Effektive Finanzkommunikation, Marktstudie zur Investor-Relations-Organisation, 2014, abrufbar unter www.

dirk.org/dirk_webseite/static/uploads/140910_EY%20GSA%20Effektive%20 Finanzkommunikation%20sec.pdf

EUMEDION: Eumedion's response to the proposed amendments to the German Corporate Governance Code, 15. Dezember 2016, abrufbar unter www.dcgk.de/de/konsultationen/archiv/konsultation-2016.html

Eurosif (Hrsg.): Shareholder Stewardship: European ESG Engagement Practices 2013, abrufbar unter www.eurosif.org/wp-content/uploads/2014/06/eurosif-report-shareholder-stewardship.pdf

EY: Wem gehört der DAX? Analyse der Aktionärsstruktur der DAX-Unternehmen 2016, April 2017, Erhalten auf Anfrage

EY: Pressemitteilung „DAX-Konzerne weiter überwiegend in ausländischer Hand – mehr als die Hälfte der Dividenden fließt ins Ausland" vom 25. April 2017, Erhalten auf Anfrage

EY: Pressemitteilung „Immer mehr DAX-Aktien in ausländischer Hand – Rekorddividende nur für ausländische Anleger" vom 26. Juni 2019, abrufbar unter www.ey.com/de_de/news/2019/06/immer-mehr-dax-aktien-in-auslaendischer-hand

EY: Wem gehört der DAX? Analyse der Aktionärsstruktur der DAX-Unternehmen 2018 – Kurzfassung, Juni 2019, abrufbar unter https://assets.ey.com/content/dam/ey-sites/ey-com/de_de/news/2019/06/ey-wem-gehoert-der-dax-2019.pdf?download

F

Faber, Joachim: Institutionelle Investoren (einschließlich Hedge Fonds und Private Equity), in: Hommelhoff, Peter/Hopt, Klaus J./Werder, Axel von (Hrsg.): Handbuch Corporate Governance, Leitung und Überwachung börsennotierter Unternehmen in der Rechts- und Wirtschaftspraxis, 2. Auflage, Stuttgart/Köln 2009, S. 219-230

Fairfax, Lisa M.: Mandating Board-Shareholder Engagement?, University of Illinois Law Review 2013, Number 3, S. 821-858

Fairfax, Lisa M.: Social Activism through Shareholder Activism, Washington and Lee Law Review Volume 76, Number 3 (2019), S. 1129-1166

Falkenhausen, Joachim Frhr. von: Der Aufsichtsrat der Aktiengesellschaft als Geschäftsführungs- und Vertretungsorgan, NZG 2012, S. 644-651

Falkenhausen, Joachim Frhr. von: Der Aufsichtsrat der Aktiengesellschaft als Geschäftsführungs- und Vertretungsorgan, ZIP 2015, S. 956-961

Fassbach, Burkhard/Wettich, Carsten: Der Aufsichtsrat: Überwachungsaufgabe, persönliche Haftung & D&O-Versicherung, KSzW 2016, S. 269-281

Faure, Anna: Die Verantwortung institutioneller Anleger im deutschen Aktienrecht, Baden-Baden 2019

Feddersen, Dieter: Überwachung durch den Aufsichtsrat, in: Hommelhoff, Peter/Hopt, Klaus J./Werder, Axel von (Hrsg.): Handbuch Corporate Governance, Leitung und Überwachung börsennotierter Unternehmen in der Rechts- und Wirtschaftspraxis, 1. Auflage, Köln/Stuttgart 2003, S. 441-474

Fendt, Philip J. S.: Der Aufsichtsrat in der Mitverantwortung einer interessenpluralistischen Formalzielbestimmung, AG 2017, S. 99-112

Fey, Gerd: Corporate Governance – Unternehmensüberwachung bei deutschen Aktiengesellschaften, DStR 1995, S. 1320-1327

Fisch, Jill E./Hamdani, Assaf/Davidoff Solomon, Steven: The New Titans of Wall Street: A Theoretical Framework for Passive Investors, University of Pennsylvania Law Review Volume 168, Number 17 (2019), S. 17-72

Fisch, Jill E./Sepe, Simone M.: Shareholder Collaboration, ECGI Law Working Paper Number 415/2018 (März 2019), abrufbar unter www.ssrn.com/abstract=3227113

Fleischer, Holger: Zur Leitungsaufgabe des Vorstands im Aktienrecht, ZIP 2003, S. 1-11

Fleischer, Holger: Der Einfluß der Societas Europaea auf die Dogmatik des deutschen Gesellschaftsrechts, AcP 204 (2004), S. 502-543

Fleischer, Holger: Investor Relations und informationelle Gleichbehandlung im Aktien-, Konzern- und Kapitalmarktrecht, ZGR 2009, S. 505-541

Fleischer, Holger: Rechtsrat und Organwalterhaftung im Gesellschafts- und Kapitalmarktrecht, in: Kindler, Peter/Koch, Jens/Ulmer, Peter/Winter, Martin (Hrsg.): Festschrift für Uwe Hüffer zum 70. Geburtstag, München 2010, S. 187-203

Fleischer, Holger: Konsultative Hauptversammlungsbeschlüsse im Aktienrecht – Rechtsdogmatik, Rechtsvergleichung, Rechtspolitik –, AG 2010, S. 681-682

Fleischer, Holger: Zukunftsfragen der Corporate Governance in Europa: Aufsichtsräte, institutionelle Investoren, *Proxy Advisors*, *Whistleblowers*, ZGR 2011, S. 155-181

Fleischer, Holger: Zur Rolle und Regulierung von Stimmrechtsberatern (*Proxy Advisors*) im deutschen und europäischen Aktien- und Kapitalmarktrecht, AG 2012, S. 2-11

Fleischer, Holger: Corporate Governance in Europa als Mehrebenensystem, ZGR 2012, S. 160-196

Fleischer, Holger/Bauer, Leopold/Wansleben, Till: Investorenkontakte des Aufsichtsrats: Zulässigkeit und Grenzen, DB 2015, S. 360-368

Fleischer, Holger/Bedkowski, Dorothea: „Say on Pay" im deutschen Aktienrecht: Das neue Vergütungsvotum der Hauptversammlung nach § 120 Abs. 4 AktG (§ 120 Abs. 4 AktG), AG 2009, S. 677-686

Fleischer, Holger/Strothotte, Christian: Ein Stewardship Code für institutionelle Investoren: Wohlverhaltensregeln und Offenlegung der Abstimmungspolitik als Vorbild für Deutschland und Europa?, AG 2011, S. 221-233

Fleischer, Holger/Wedemann, Frauke: Zur sogenannten Annexkompetenz im GmbH- und Aktienrecht, GmbHR 2010, S. 449-457

Flick, Uwe/Kardoff, Ernst von/Steinke, Ines: Was ist qualitative Forschung? Einleitung und Überblick, in: Flick, Uwe/Kardoff, Ernst von/Steinke, Ines (Hrsg.): Qualitative Forschung, Ein Handbuch, 9. Auflage, Reinbek bei Hamburg 2012, S. 13-29

Florstedt, Tim: Die Unabhängigkeit der Aufsichts- und Verwaltungsratsmitglieder von wesentlich beteiligten Anteilseignern, Komparatistische Betrachtungen eines internationalen Standards guter Unternehmensführung, RIW 2014, S. 719-728

Florstedt, Tim: Die neuen Aktionärsvoten zur Organvergütung – Zur Umsetzung von Art. 9a, b der geänderten Aktionärsrechterichtlinie nach dem Regierungsentwurf eines ARUG II –, ZGR 2019, S. 630-663

Fockenbrock, Dieter: Aufsichtsräte in neuer Rolle, Aus Kontrolleuren werden Co-Manager, in: Handelsblatt Online vom 25. Dezember 2017, abrufbar unter www.handelsblatt.com/unternehmen/management/aufsichtsraete-in-neuer-rolle-aus-kontrolleuren-werden-co-manager/20748456.html

Forster, Karl-Heinz: MG, Schneider, Balsam und die Folgen – was können Aufsichtsräte und Abschlußprüfer gemeinsam tun?, AG 1995, S. 1-7

Forstmoser, Peter: Exit oder Voice? Das Dilemma institutioneller Investoren, in: Bucher, Eugen/Canaris, Claus-Wilhelm/Honsell, Heinrich/Koller, Thomas (Hrsg.): Norm und Wirkung, Beiträge zum Privat- und Wirtschaftsrecht aus heutiger und historischer Perspektive, Festschrift für Wolfgang Wiegand zum 65. Geburtstag, Bern/München 2005, S. 785-822

Forum Nachhaltige Geldanlagen e.V.: Marktbericht 2019, abrufbar unter www.forum-ng.org/images/stories/Publikationen/fng-marktbericht_2019.pdf

Frank, Joele: Distinguish between 'peace time' and 'war time', Directors & Boards Volume 34, Issue 3 (2010), S. 28-29

Franken, Paul/Heinsius, Theodor: Das Spannungsverhältnis der allgemeinen Publizität zum Auskunftsrecht des Aktionärs, in: Förschle, Gerhart/Kaiser,

Klaus/Moxter, Adolf (Hrsg.): Rechenschaftslegung im Wandel. Festschrift für Wolfgang Dieter Budde, München 1995, S. 213-242

Franta, Rudolf: Die Verfassung der Aktiengesellschaft nach dem Referentenentwurf eines neuen Aktiengesetzes, DB 1958, S. 1347-1356

FRC: Implementation of the UK Stewardship Code, Juli 2010, abrufbar unter www.frc.org.uk/getattachment/e27f3823-7ae3-4d21-9971-3810f709e12c/Implementation-of-Stewardship-Code-July-20103.pdf

FRC: Guidance on Board Effectiveness, Juli 2018, abrufbar unter www.frc.org.uk/getattachment/61232f60-a338-471b-ba5a-bfed25219147/2018-Guidance-on-Board-Effectiveness-FINAL.PDF

Freitag, Robert: Neue Publizitätspflichten für institutionelle Anleger? Kritische Anmerkungen zum Vorschlag der Kommission für eine Neufassung der Aktionärsrechterichtlinie, AG 2014, S. 647-655

Freund, Stefan: Starke Aufsichtsräte in der Organhaftung, NZG 2018, S. 1361-1368

Fried, Jesse M.: The Uneasy Case for Favoring Long-Term Shareholders, The Yale Law Journal Volume 124 (2015), S. 1554-1627

Frühauf, Martin: Geschäftsleitung in der Unternehmenspraxis, ZGR 1998, S. 407-418

G

Garrido, José M.: Optimism and Pessimism: Complementary Views on the Institutional Investors' Role in Corporate Governance , in: Hopt, Klaus J./Wymeersch, Eddy (Hrsg.): Capital Markets and Company Law, New York 2003, S. 449-458

Garrido, José M./Rojo, Angel: Institutional Investors and Corporate Governance: Solution or Problem?, in: Hopt, Klaus J./Wymeersch, Eddy (Hrsg.): Capital Markets and Company Law, New York 2003, S. 427-447

Geens, Koan: Corporate Boards in Belgium, in: Davies, Paul/Hopt, Klaus J./Nowak, Richard G. J./van Solinge, Gerald (Hrsg.): Corporate Boards in Law and Practice: A Comparative Analysis in Europe, Oxford 2014, S. 119-173

Gentz, Manfred: Rede anlässlich der 15. Konferenz Deutscher Corporate Governance Kodex vom 21./22. Juni 2016, abrufbar unter www.dcgk.de/de/kommission/die-kommission-im-dialog/deteilansicht/reden-der-15-konferenz-deutscher-corporate-governance-kodex.html?file=files/dcgk/usercontent/de/download/Konferenzen/160622%20Rede%20Dr.%20Manfred%20Gentz.pdf

Gentz, Manfred: Kodexänderungsvorschläge 2017, WPg 2016, S. 1329

Gentz, Manfred: Aufsichtsrat und Vorstand im Wandel der Zeit, in: DAI (Hrsg.): Kurvenlage. Halbjahresbericht des Deutschen Aktieninstituts, 1. Halbjahr 2016, abrufbar unter www.dai.de/files/dai_usercontent/dokumente/jahresbericht/2016-I%20Kurvenlage.pdf, S. 36-39

Georgiev, George S.: Shareholder vs. Investor Primacy in Federal Corporate Governance, UCLA Law Review Discourse Volume 62 (2014), Micro-Symposium on Competing Theories of Corporate Governance, S. 71-78

Gerke, Wolfgang/Bank, Matthias/Steiger, Max: The Changing Role of Institutional Investors – A German Perspective, in: Hopt, Klaus J./Wymeersch, Eddy (Hrsg.): Capital Markets and Company Law, New York 2003, S. 357-385

Gerke, Wolfgang/Mager, Ferdinand/Förstermann, Till: Die Rolle von Finanzintermediären bei der Corporate Governance im Wandel, in: Hommelhoff, Peter/ Hopt, Klaus J./Werder, Axel von (Hrsg.): Handbuch Corporate Governance, Leitung und Überwachung börsennotierter Unternehmen in der Rechts- und Wirtschaftspraxis, 2. Auflage, Stuttgart/Köln 2009, S. 503-529

Gerke, Wolfgang/Steiner, Manfred (Hrsg.): Handwörterbuch des Bank- und Finanzwesens, 3. Auflage, Stuttgart 2001

Gernoth, Jan/Wernicke, Thomas: Neue Entwicklungen zum Bericht des Aufsichtsrats an die Hauptversammlung, NZG 2010, S. 531-535

Geßler, Ernst/Hefermehl, Wolfgang/Eckardt, Ulrich/Kropff, Bruno (Hrsg.): Aktiengesetz Kommentar, Band II, §§ 76-147, München 1973/1974

Gillan, Stuart L./Starks, Laura T.: Corporate Governance, Corporate Ownership, and the Role of Institutional Investors: A Global Perspektive, Journal of Applied Finance Volume 13, Number 2 (2003), S. 4-22

Gillan, Stuart L./Starks, Laura T.: The Evolution of Shareholder Activism in the United States, Journal of Applied Corporate Finance Volume 19, Number 1 (2007), S. 55-73

Gilson, Ronald J./Gordon, Jeffrey N.: The Agency Costs of Agency Capitalism: Activist Investors and the Revalutation of Governance Rights, Columbia Law Review Volume 113, Number 4 (2013), S. 862-928

Gläser, Jochen/Laudel, Grit: Experteninterviews und qualitative Inhaltsanalyse als Instrument rekonstruierender Untersuchungen, 4. Auflage, Wiesbaden 2010

Gode, Wolfgang: Institutionelle Anleger und ihre Erwartungen gegenüber den Gesellschaften, in: Feddersen, Dieter/Hommelhoff, Peter/Schneider, Uwe H. (Hrsg.): Corporate Governance, Optimierung der Unternehmensführung und der Unternehmenskontrolle im deutschen und amerikanischen Aktienrecht, Köln 1996, S. 316-323

Goebel, Andrea/Ley, Thomas: Die Auswirkungen der Investor Relations auf die Gestaltung des handelsrechtlichen Jahresabschlusses, DStR 1993, S. 1679-1683

Goette, Wulf: „Zu den Rechtsfolgen unrichtiger Entsprechenserklärungen", in: Kindler, Peter/Koch, Jens/Ulmer, Peter/Winter, Martin (Hrsg.): Festschrift für Uwe Hüffer zum 70. Geburtstag, München 2010, S. 225-235

Goette, Wulf/Habersack, Mathias (Hrsg.): Münchener Kommentar zum Aktiengesetz,

Band 1 (§§ 1-75), 5. Auflage, München 2019

Band 2 (§§ 76-117, MitbestG, DrittelbG), 5. Auflage, München 2019

Band 3 (§§ 118-178), 4. Auflage, München 2018

Band 6 (§§ 329-410, WpÜG, Österreichisches Übernahmerecht), 4. Auflage, München 2017

Goldstein, Marc: Defining Engagement: An Update on the Evolving Relationship Between Shareholders, Directors and Executives, A study conducted by Institutional Shareholder Services for the Investor Responsibility Research Center Institute, April 2014, abrufbar unter www.shareholderforum.com/access/Library/20140410_ISS-IRRC.pdf

Götz, Heinrich: Rechte und Pflichten des Aufsichtsrats nach dem Transparenz- und Publizitätsgesetz, NZG 2002, S. 599-604

Graßl, Bernd/Nikoleyczik, Tobias: Shareholder Activism und Investor Activism, Typische Handlungsweisen aktivistischer Aktionäre und Investoren, angemessene Vorbereitung und mögliche Reaktionen der Zielgesellschaft, AG 2017, S. 49-60

Grenz, Torsten: Zur Umsetzung der Zweiten Aktionärsrechterichtlinie aus der Sicht des Aufsichtsrates, Interview mit Torsten Grenz, WPg 2019, S. 52-54

Grigoleit, Hans Christoph (Hrsg.): Aktiengesetz Kommentar, 1. Auflage, München 2013

Gröntgen, Florian: Operativer shareholder activism, Eine rechtliche Analyse des Zusammenspiels von aktivistischen Aktionären und Verwaltungsorganen unter Einbeziehung von Aktionärsrechterichtlinie und ARUG II (RegE), Köln 2020

Grüner, Michael: Zeitliche Einschränkung des Rede- und Fragerechts auf Hauptversammlungen – zugleich Besprechung der BVerfG-Entscheidung „Wenger/Daimler-Benz", NZG 2000 192 –, NZG 2000, S. 770-779

Grunewald, Barbara: Die Auswahl von Aufsichtsratsmitgliedern insbesondere bei Unternehmen mit maßgeblicher Beteiligung der öffentlichen Hand, Was ist zu beachten, wer haftet?, NZG 2015, S. 609-614

Grunewald, Barbara: Stellungnahme zu den geplanten Kodexänderungen 2.1.3 und 5.2, 28. November 2016, abrufbar unter www.dcgk.de/de/konsultationen/archiv/konsultation-2016.html

Grunewald, Barbara: Der Einfluss des Aufsichtsrats auf die Geschäftsführung – was ist erwünscht, was ist erlaubt?, ZIP 2016, S. 2009-2011

Gundel, Astrid: Jemand da? Kommunikation mit Aktionären soll erleichtert werden, in: KPMG's ACI (Hrsg.): Audit Committee Quarterly III/2017, Schwerpunktthema: Aktionärsrechterichtlinie, abrufbar unter www.audit-committee-institute.de/media/aci_quarterly_2017_3.pdf, S. 30-31

Gundel, Astrid/Pfaff, Christian Tobias: Umfrage unter DAX30-Aufsichtsräten: Unternehmensstrategie zentral bei Investorenkontakt, in: KPMG's ACI (Hrsg.): Audit Committee Quarterly II/2017, Schwerpunktthema: Strategie im Aufsichtsrat, abrufbar unter www.audit-committee-institute.de/media/aci_quarterly_2017_2.pdf, S. 16-18

H

Habersack, Mathias: Wandlungen des Aktienrechts, AG 2009, S. 1-14

Habersack, Mathias: Die Teilhabe des Aufsichtsrats an der Leitungsaufgabe des Vorstands gemäß § 111 Abs. 4 S. 2 AktG, dargestellt am Beispiel der Unternehmensplanung, in: Kindler, Peter/Koch, Jens/Ulmer, Peter/Winter, Martin (Hrsg.): Festschrift für Uwe Hüffer zum 70. Geburtstag, München 2010, S. 259-272

Habersack, Mathias: Staatliche und halbstaatliche Eingriffe in die Unternehmensführung, Gutachten E zum 69. Deutschen Juristentag, München 2012

Habersack, Mathias: Möglichkeiten und Grenzen staatlicher und halbstaatlicher Eingriffe in die Unternehmensführung, NJW-Beil. 2012, S. 94-97

Habersack, Mathias: Verschwiegenheitspflicht und Wissenszurechnung – insbesondere im Konzern und mit Blick auf die Pflicht zur Ad-hoc-Publizität – Zugleich Besprechung des BGH-Urteils vom 26.04.2016 – XI ZR 108/15, DB 2016 S. 1307 –, DB 2016, S. 1551-1558

Habersack, Mathias: Unternehmensstrategie im Aufsichtsrat: Ist die deutsche AG auf dem Weg zum Board-System?, in: KPMG's ACI (Hrsg.): Audit Committee Quarterly II/2017, Schwerpunktthema: Strategie im Aufsichtsrat, abrufbar unter www.audit-committee-institute.de/media/aci_quarterly_2017_2.pdf, S. 4-5

Habersack, Mathias/Henssler, Martin: Mitbestimmungsrecht, Kommentierung des MitbestG, des DrittelbG, des SEBG und des MgVG, 4. Auflage, München 2018

Habersack Mathias/Schürnbrand, Jan: Modernisierung des Aktiengesetzes von 1965, in: Bayer, Walter/Habersack, Mathias (Hrsg.): Aktienrecht im Wandel, Band I, Entwicklung des Aktienrechts, Tübingen 2007, S. 889-943

Habersack, Mathias/Verse, Dirk A.: Europäisches Gesellschaftsrecht, Einführung für Studium und Praxis, München 2019

Hadden, Tom: Corporate Governance by Institutional Investors? Some problems from an International Perspective, in: Baums, Theodor/Buxbaum, Richard M./Hopt, Klaus J. (Hrsg.): Institutional Investors and Corporate Governance, Berlin/New York 1993, S. 89-102

Hakelmacher, Sebastian: Corporate Governance – revisited, Zu aktuellen Anleitung für den Aufenthalt an der Unternehmensspitze, WPg 2018, S. 187-192

Hall, April: ESG's Knocking on the Boardroom Door, Environmental, social and governance: Supporting the bottom line and the greater good., Directors & Boards Volume 42, Issue 4 (2017), S. 19-24

Hammann, Kerstin: Investoren und Aufsichtsrat im Dialog, Empirische Befunde über die neuen Wege der Kapitalmarktkommunikation in Deutschland, DIRK-Forschungsreihe Band 24, 12. Dezember 2018, abrufbar unter www.dirk.org/dirk_webseite/static/uploads/DIRK-Forschungsstudie-Band-24.pdf

Hampel Committee: Committee on Corporate Governance: Final Report, Januar 1998, abrufbar unter www.ecgi.global/sites/default/files/codes/documents/hampel.pdf

Hannigan, Brenda: The Rise of Stewardship – "Smoke and Mirrors" or Governance Realignment?, in: Siekmann, Helmut (Hrsg.): Festschrift für Theodor Baums zum siebzigsten Geburtstag, Band 1, Tübingen 2017, S. 561-578

Hannigan, Brenda: Company Law, 5. Auflage, Oxford 2018

Hansmann, Henry/Kraakman, Reinier: The End of History for Corporate Law, Georgetown Law Journal Volume 89, Number 2 (2001), S. 439-468

Hart, Oliver/Zingales, Luigi: Companies Should Maximize Shareholder Welfare Not Market Value, ECGI Finance Working Paper Number 521/2017 (August 2017)

Hartmann, Hanno K.: Die große Publikumsgesellschaft und ihre Investor Relations, Berlin 1968

Hasselbach, Kai: Überwachungs- und Beratungspflichten des Aufsichtsrats in der Krise, NZG 2012, S. 41-48

Hauschka, Christoph E./Moosmayer, Klaus/Lösler, Thomas (Hrsg.): Corporate Compliance, Handbuch der Haftungsvermeidung im Unternehmen, 3. Auflage, München 2016

Hecker, Andreas/Peters, Marc: BB-Report zu den Änderungen des DCGK im Jahr 2012, BB 2012, S. 2639-2646

Heidel, Thomas: Zur Weisungsgebundenheit von Aufsichtsratsmitgliedern bei Beteiligung von Gebietskörperschaften und Alleinaktionären, Zugleich Besprechung des Urteils des BVerwG vom 31. 8. 2011, NZG 2012, S. 48-54

Heidel, Thomas (Hrsg.): Aktienrecht und Kapitalmarktrecht, 5. Auflage, Baden-Baden 2020

Heidrick & Struggles International Inc.: Chairman 2.0, Die Rolle des Aufsichtsratsvorsitzenden im 21. Jahrhundert, CEO & Board Practice Deutschland 2011, abrufbar unter www.heidrick.com/-/media/Publications-and-Reports/Chairman20.ashx

Hein, Hauke: Die Stewardship-Verantwortung institutioneller Investoren: Plädoyer für einen aktienrechtskonformen Deutschen Stewardship Kodex, Baden-Baden 2018

Hein, Jan von: Die Rolle des US-amerikanischen CEO gegenüber dem Board of Directors im Lichte neuerer Entwicklungen, RIW 2002, S. 501-509

Heinemann, Ben W.: A "Stewardship Code" for Institutional Investors, in: Harvard Business Review vom 18. Januar 2010, abrufbar unter www.hbr.org/2010/01/a-stewardship-code-for-institu

Heldt, Cordula: Say on Pay: Rückblick und Ausblick, in: DAI (Hrsg.): Kurvenlage. Halbjahresbericht des Deutschen Aktieninstituts, 2. Halbjahr 2017, abrufbar unter www.dai.de/files/dai_usercontent/dokumente/jahresbericht/2017-II%20Kurvenlage.pdf, S. 83-85

Hell, Patrick: Institutionelle Investoren, Stewardship und ESG, NZG 2019, S. 338-342

Hellgardt, Alexander/Hoger, Andreas: Transatlantische Konvergenz der Aktionärsrechte – Systemvergleich und neuere Entwicklungen –, ZGR 2011, S. 38-82

Hengeler, Hans: Zum Beratungsgeheimnis im Aufsichtsrat einer Aktiengesellschaft, in: Fischer, Robert/Hefermehl, Wolfgang (Hrsg.): Gesellschaftsrecht und Unternehmensrecht. Festschrift für Wolfgang Schilling zum 65. Geburtstag am 5. Juni 1973, Berlin/New York 1973, S. 175-205

Hengeler Mueller Partnerschaft von Rechtsanwälten mbB/Heiner Thorborg GmbH & Co. KGaA (Hrsg.): Aufsichtsräte in Deutschland 2017, abrufbar unter www.hengeler.com/fileadmin/medien/broschueren/Studie_Aufsichtsraete_2017_L.PDF

Henn, Günter: Die Gleichbehandlung der Aktionäre in Theorie und Praxis, AG 1985, S. 240-248

Henning, Peter/Gissing, Evgenia: Eignungsprüfung für Aufsichtsratsmitglieder von Instituten gemäß der Leitlinien der Europäischen Bankenaufsichtsbehörde, Eine Betrachtung aus Sicht des Aufsichtsrats, AG 2018, S. 925-935

Henning, Peter: Aufsichtsratskommunikation mit Investoren, BOARD 2017, S. 41-43

Hennrichs, Joachim: Corporate Governance und Abschlussprüfung, Zuständigkeiten, Interaktion und Sorgfaltsanforderungen, in: Erle, Bernd/Goette, Wulf/Kleindiek, Detlef/Krieger, Gerd/Priester, Hans-Joachim/Schubel, Christian/Schwab, Martin/Teichmann, Christoph/Witt, Carl-Heinz (Hrsg.): Festschrift für Peter Hommelhoff zum 70. Geburtstag, Köln 2012, S. 383-400

Hennrichs, Joachim: CSR-Umsetzung – Neue Pflichten für Aufsichtsräte, NZG 2017, S. 841-847

Hennrichs, Joachim: Die Grundkonzeption der CSR-Berichterstattung und ausgewählte Problemfelder, ZGR 2018, S. 206-230

Henssler, Martin/Strohn, Lutz (Hrsg.): Gesellschaftsrecht, BGB, HGB, PartGG, GmbHG, AktG, GenG, UmwG, InsO, AnfG, IntGesR, 4. Auflage, München 2019

Henze, Hartwig: Leitungsverantwortung des Vorstands – Überwachungspflicht des Aufsichtsrats, BB 2000, S. 209-216

Henze, Hartwig: Neuere Rechtsprechung zu Rechtsstellung und Aufgaben des Aufsichtsrats, BB 2005, S. 165-175

Herfs, Achim: Wie Hedgefonds den M&A-Markt verändern, Wer löst den Wandel aus und wer profitiert davon? – Auf den ständigen Dialog mit den wichtigen Investoren kommt es an, in: Börsen-Zeitung Ausgabe 58 vom 28. März 2019, S. 9

Hermes Equity Ownership Services Limited (zusammen mit Cali*fornia State Teachers' Retirement System (CalSTRS)* und *Universities Superannuation Scheme Limited*): Consultation response regarding the proposed amendments to the German Corporate Governance Code 2017, 15. Dezember 2016, abrufbar unter www.dcgk.de/de/konsultationen/archiv/konsultation-2016.html

Hermes Investment Management (Hrsg.): ESG investing, It still makes you feel good, it still makes you money, Investment commentary, Q3 2016, abrufbar unter www.hermes-investment.com/ukw/wp-content/uploads/sites/80/2016/09/ESG-investing.pdf

Hertig, Gerard: Governance by Institutional Investors in a Stakeholder World, in: Gordon, Jeffrey N./Ringe, Wolf-Georg (Hrsg.): The Oxford Handbook of Corporate Law and Governance, Oxford 2018, S. 821-838

Herz, Pirmin Jonas: Informationelle Gleichbehandlung und Informationsprivilegien im Aktienrecht, NZG 2020, S. 285-291

Heuser, Moritz: Shareholder Activism – Aktienrechtliche Schranken für Anteilseigneraktivismus, Köln 2012

Hexel, Dietmar: Kapitalmarktkommunikation: Sonderrechte sind contra legem, AR 2014, S. 121

Higgs, Derek: Review of the role and effectiveness of non-executive directors, Januar 2013, abrufbar unter http://webarchive.nationalarchives.gov.uk/20121212135622/http://www.bis.gov.uk/files/file23012.pdf

Hill, Jennifer G.: The Trajectory of American Corporate Governance: Shareholder Empowerment and Private Ordering Combat, ECGI Law Working Paper Number 343/2017 (April 2017)

Hill, Jennifer G.: Good Activist/Bad Activist: The Rise of International Stewardship Codes, Seattle University Law Review Volume 41, Issue 2 (2018), S. 497-524

Hippeli, Michael: Investorengespräche des Aufsichtsratsvorsitzenden – DCGK-Änderungen und GmbH, GmbHR 2017, S. R113-R114

Hippeli, Michael: Strafrechtlich relevante Investorenkontakte des Aufsichtsratsvorsitzenden der AG?, wistra 2018, S. 409-414

Hirschmann, Albert O.: Exit, Voice and Loyalty, Responses to Decline in Firms, Organizations and States, Cambridge/London 1970

Hirt, Hans-Christoph: Aktionäre sollten an Aufsichtsratsnominierung teilhaben, in: Börsen-Zeitung Ausgabe 87 vom 7. Mai 2010, S. 8

Hirt, Hans-Christoph: Perspektive aus der Praxis: Das Verhältnis zwischen institutionellen Anlegern und Vermögensverwaltern als Ansatzpunkt zur Weiterentwicklung der Corporate Governance, ZGR 2012, 280-290

Hirt, Hans-Christoph/Hopt, Klaus J./Mattheus, Daniela: Dialog zwischen dem Aufsichtsrat und Investoren, Rechtsvergleichende und rechtsdogmatische Überlegungen zur Investorenkommunikation in Deutschland, AG 2016, S. 725-739

Hirt, Hans-Christoph/Viehs, Michael: Stewardship, Der Dialog von institutionellen Investoren mit börsennotierten Unternehmen, BOARD 2018, S. 178-181

Hirte, Heribert/Mülbert, Peter O./Roth, Markus (Hrsg.): AktG: Aktiengesetz, Großkommentar,

Band 4, Teilband 1, §§ 76-91, 5. Auflage, Berlin/München/Boston 2015

Band 7, Teilband 2, §§ 131-146, 5. Auflage, Berlin/Boston 2020

Band 8: §§ 150-178, 5. Auflage, Berlin/Boston 2018

hkp/// group/Georg-August-Universität Göttingen/DIRK (Hrsg.): Vorstandsvergütung als Herausforderung für Investoren, Eine Auswertung der Proxy Guidelines/Abstimmungsrichtlinien 2018 der Top-40-Investoren in DAX-Unternehmen, November 2018, abrufbar unter www.dirk.org/dirk_webseite/static/uploads/Investorenstudie_zur_Vorstandsverguetung_2018.pdf

Hoepner, Andreas G. F./Oikonomou, Ioannis/Sautner, Zacharias/Starks, Laura T./Zhou, Xiaoyan: ESG Shareholder Engagement and Downside Risk, AFA 2018 paper (August 2019), abrufbar unter www.ssrn.com/abstract=2874252

Hoffmann, Arvid O.I./Tutic, Aida/Wies, Simone: The role of educational diversity in investor relations, Corporate Communications: An International Journal Volume 16, Number 4 (2011), S. 311-327

Hoffmann, Christian Pieter/Brønn, Peggy Simcic/Fieseler, Christian: A Good Reputation: Protection against Shareholder Activism, Corporate Reputation Review Volume 19, Number 1 (2016), S. 35-46

Hoffmann, Christian Pieter/Tietz, Sandra: Strategien in der Investor Relations & Finanzkommunikation, Studie des Center for Research in Financial Communication (*CRiFC*), Februar 2018, abrufbar unter www.financialcommunication.org/fileadmin/webcontent_crifc/CRiFC_Strategien_in_der_IR_FiKo.pdf

Hoffmann, Christian Pieter/Tietz, Sandra/Hammann, Kerstin: Invstor relations – a systematic literature review, Corporate Communications: An International Journal Volume 23, Issue 3 (2018), S. 294-311

Hoffmann-Becking, Michael: Das erweiterte Auskunftsrecht des Aktionärs nach § 131 Abs. 4 AktG, in: Pfeiffer, Gerd/Wiese, Günther/Zimmermann, Klaus (Hrsg.): Festschrift für Heinz Rowedder zum 75. Geburtstag, München 1994, S. 155-170

Hoffmann-Becking, Michael: Zur rechtlichen Organisation der Zusammenarbeit im Vorstand der AG, ZGR 1998, S. 497-519

Hoffmann-Becking, Michael: Vorstandsvorsitzender oder CEO?, NZG 2003, S. 745-750

Hoffmann-Becking, Michael: Zehn kritische Thesen zum Deutschen Corporate Governance Kodex, ZIP 2011, S. 1173-1176

Hoffmann-Becking, Michael: Das Recht des Aufsichtsrats zur Prüfung durch Sachverständige nach § 111 Abs. 2 Satz 2 AktG, ZGR 2011, S. 136-154

Hoffmann-Becking, Michael (Hrsg.): Münchener Handbuch des Gesellschaftsrechts, Band 4 Aktiengesellschaft, 4. Auflage, München 2015

Hoffmann-Becking, Michael: Der Aufsichtsrat der AG und sein Vorsitzender in der Hauptversammlung, Einige bekannte und weniger bekannte Aspekte, NZG 2017, S. 281-291

Holle, Philipp Maximilian: Kommunikation des Aufsichtsrats mit Marktteilnehmern, ZIP 2019, S. 1895-1901

Hölters, Wolfgang (Hrsg.): Aktiengesetz, Kommentar, 3. Auflage, München 2017

Hölters, Wolfgang (Hrsg.): Handbuch Unternehmenskauf, 9. Auflage, Köln 2019

Hommelhoff, Peter: Die Autarkie des Aufsichtsrats – Besprechung der Entscheidung BGHZ 85, 293 „Hertie" –, ZGR 1983, S. 551-580

Hommelhoff, Peter: Die OECD-Principles on Corporate Governance – ihre Chancen und Risiken aus dem Blickwinkel der deutschen corporate governance-Bewegung, ZGR 2001, S. 238-267

Hommelhoff, Peter: Aktionärs-Aktivismus im dualistischen System? – ein Zuruf im EU Corporate Governance-Diskurs –, in: Hoffmann-Becking, Michael/Hüffer, Uwe/Reichert, Jochem (Hrsg.): Liber amicorum für Martin Winter, Köln 2011, S. 255-260

Hommelhoff, Peter: Corporate Governance – Entwicklungen im Unionsrecht, in: VGR (Hrsg.): Gesellschaftsrecht in der Diskussion 2011, Jahrestagung der Gesellschaftsrechtlichen Vereinigung, Band 17, Köln 2012, S. 175-196

Hommelhoff, Peter: Der Aufsichtsratsentscheid über prüfungsfremde Leistungen des Abschlussprüfers, in: Krieger, Gerd/Lutter, Marcus/Schmidt, Karsten (Hrsg.): Festschrift für Hoffmann-Becking zum 70. Geburtstag, München 2013, S. 547-561

Hommelhoff, Peter: Aktuelle Impulse aus dem europäischen Unternehmensrecht: Eine Herausforderung für Deutschland, NZG 2015, S. 1329-1336

Hommelhoff, Peter: CSR-Vorstands- und -Aufsichtsratspflichten, NZG 2017, S. 1361-1366

Hommelhoff, Peter: Rechenschaft des Aufsichtsrats, in: Spindler, Gerald/Wilsing, Hans-Ulrich/Butzke, Volker (Hrsg.): Unternehmen, Kapitalmarkt, Finanzierung, Festschrift für Reinhard Marsch-Barner zum 75. Geburtstag, München 2018, S. 261-271

Hommelhoff, Peter: Verlässliche und vertrauenswürdige CSR-Berichterstattung, in: Bergmann, Alfred/Hoffmann-Becking, Michael/Noack, Ulrich (Hrsg.): Recht und Gesetz, Festschrift für Ulrich Seibert zum 65. Geburtstag, Köln 2019, S. 371-383

Hommelhoff, Peter/Suchan, Stefan: Der britische Stewardship Code: eine Revolution im deutschen Aktienrecht?, in: KPMG's ACI (Hrsg.): Audit Committee Quarterly I/2011, Schwerpunktthema: Der britische Stewardship Code, abrufbar unter www.audit-committee-institute.de/media/aci_quarterly_2011_1.pdf, S. 4-7

Hönsch, Henning/Fischer, Nicole/Kaspar, Martin: Bedeutung des Aufsichtsratsvorsitzenden für eine erfolgreiche Aufsichtsratsarbeit, AR 2017, S. 126-128

Hopf, Christel: Qualitative Interviews – ein Überblick, in: Flick, Uwe/Kardoff, Ernst von/Steinke, Ines (Hrsg.): Qualitative Forschung, Ein Handbuch, 9. Auflage, Reinbek bei Hamburg 2012, S. 349-359

Hopf, Christel: Hypothesenprüfung und qualitative Sozialforschung, in: Hopf, Wulf/Kuckartz, Udo (Hrsg.): Christel Hopf, Schriften zu Methodologie und Methoden qualitativer Sozialforschung, Wiesbaden 2016, S. 155-166

Hopt, Klaus J.: Familien- und Aktienpools unter dem Wertpapierhandelsgesetz, ZGR 1997, S. 1-31

Hopt, Klaus J.: ECLR, Gemeinsame Grundsätze der Corporate Governance in Europa? Überlegungen zum Einfluß der Wertpapiermärkte auf Unternehmen und ihre Regulierung und zum Zusammenwachsen von common law und civil law im Gesellschafts- und Kapitalmarktrecht, ZGR 2000, S. 779-818

Hopt, Klaus J.: Modernisierung der Unternehmensleitung und -kontrolle, in: Aderhold, Lutz/Grunewald, Barbara/Klingberg, Dietgard/Paefgen, Walter G. (Hrsg.): Festschrift für Harm Peter Westermann zum 70. Geburtstag, Köln 2008, S. 1039-1052

Hopt, Klaus J.: Vergleichende Corporate Governance – Forschung und internationale Regulierung, ZHR 175 (2011), S. 444-526

Hopt, Klaus J.: Corporate Governance: The State of the Art and International Regulation, The American Journal of Comparative Law Volume 59, Number 1 (2011), S. 1-74

Hopt, Klaus J.: Europäisches Gesellschaftsrecht im Lichte des Aktionsplans der Europäischen Kommission vom Dezember 2012, Hachenburg-Gedächtnisvorlesung am 26. 10. 2012 in Mannheim, ZGR 2013, S. 165-215

Hopt, Klaus J.: Corporate Governance of Banks and Other Financial Institutions after the Financial Crisis, Journal of Corporate Law Studies Volume 13, Number 2 (2013), S. 219-254

Hopt, Klaus J.: Der Aktionsplan Europäisches Gesellschaftsrecht und Corporate Governance vom Dezember 2012: Die Kunst des Möglichen, EuZW 2013, S. 481-482

Hopt, Klaus J.: Die Verantwortlichkeit von Vorstand und Aufsichtsrat: Grundsatz und Praxisprobleme – unter besonderer Berücksichtigung von Banken, ZIP 2013, S. 1793-1806

Hopt, Klaus J.: The German Law of and Experience with the Supervisory Board, ECGI Law Working Paper Number 305/2016 (January 2016), abrufbar unter www.ssrn.com/abstract=2722702

Hopt, Klaus J.: Board oder Vorstand und Aufsichtsrat?, EuZW 2016, S. 201-202

Hopt, Klaus J.: The Dialogue between the Chairman of the Board and Investors: The Practice in the UK, the Netherlands and Germany and the Future of the German Corporate Governance Code Under the New Chairman, ECGI Law Working Paper Number 365/2017 (September 2017), abrufbar unter www.ssrn.com/abstract=3030693

Hopt, Klaus J.: Der Aufsichtsrat – Bedeutungswandel, Konvergenz, unternehmerische Mitverantwortung, Pflichten- und Haftungszuwachs –, ZGR 2019, S. 507-543

Hopt, Klaus J.: Der neue UK Corporate Governance Code 2018 – mit Denkanstößen für die Reform des Deutschen Corporate Governance Kodex, in: Bergmann, Alfred/Hoffmann-Becking, Michael/Noack, Ulrich (Hrsg.): Recht und Gesetz, Festschrift für Ulrich Seibert zum 65. Geburtstag, Köln 2019, S. 389-408

Hopt, Klaus J./Leyens, Patrick C.: Der Deutsche Corporate Governance Kodex 2020 – Grundsatz- und Praxisprobleme –, ZGR 2019, S. 929-995

Hopt, Klaus J./Roth, Markus: Der Aufsichtsrat: Aktienrecht und Corporate Governance, Sonderausgabe aus dem Großkommentar zum Aktiengesetz §§ 95 bis 116 AktG, Berlin/Boston 2019

Hopt, Klaus J./Wiedermann, Herbert (Hrsg.): Aktiengesetz Großkommentar, Zweiter Band, §§ 53a-75 AktG, 4. Auflage, Berlin 2008

Hubig, Christoph/Siemoneit, Oliver: Vertrauen und Glaubwürdigkeit als kommunikationspolitische Ziele erfolgreicher IR, in: Kirchhoff, Klaus Rainer/Piwinger, Manfred (Hrsg.): Praxishandbuch Investor Relations, Das Standardwerk der Finanzkommunikation, 2. Auflage, Wiesbaden 2009, S. 63-72

Hüffer, Uwe: Minderheitsbeteiligungen als Gegenstand aktienrechtlicher Auskunftsbegehren, ZIP 1996, S. 401-411

Hüffer, Uwe: Die Leitungsverantwortung des Vorstands in der Managementholding, in: Hoffmann-Becking, Michael/Ludwig, Rüdiger (Hrsg.): Liber amicorum Wilhelm Happ zum 70. Geburtstag am 30. April 2006, Köln/Berlin/München 2006, S. 93-108

Hüffer, Uwe: Die leitungsbezogene Verantwortung des Aufsichtsrats, NZG 2007, S. 47-54

Hüffer, Uwe: Der Vorstand als Leitungsorgan und die Mandats- sowie Haftungsbeziehungen seiner Mitglieder, in: Bayer, Walter/Habersack, Mathias (Hrsg.): Aktienrecht im Wandel, Band II, Grundsatzfragen des Aktienrechts, Tübingen 2007, S. 334-388

Hüffer, Uwe/Koch, Jens: Aktiengesetz (Kommentar), 13. Auflage, München 2018

Hupka, Jan: Das Insiderrecht im Lichte der Rechtsprechung des EuGH, EuZW 2011, S. 860-865

Hupka, Jan: Der Aktionsplan der EU-Kommission „Europäisches Gesellschaftsrecht und Corporate Governance", GWR 2013, S. 59-61

Hutzschenreuter, Thomas/Metten, Michael/Weigand, Jürgen: Wie unabhängig sind deutsche Aufsichtsräte? Eine empirische Analyse von 527 DAX-Aufsichtsratsmitgliedern, ZfB 2012, S. 717-744

I

Ihrig, Hans-Christoph: Neue Spielregeln für Aufsichtsräte, Leitsätze für Investorengespräche bieten Orientierungshilfe – Best Practice in einem gesetzlichen Graubereich – Augenmaß gefragt, in: Börsen-Zeitung Ausgabe 209 vom 29. Oktober 2016, S. 13

Ihrig, Hans-Christoph/Kranz, Christopher: EuGH-Entscheidung Geltl/Daimler: „Selbstbefreiung" von der Ad-hoc-Publizitätspflicht, Offene Streitfragen im Umgang mit § 15 Abs. 3 WpHG, BB 2013, S. 451-458

Ihrig, Hans-Christoph/Schäfer, Carsten: Rechte und Pflichten des Vorstands, 2. Auflage, Köln 2020

Ihrig, Hans-Christoph/Wagner, Jens: Die Reform geht weiter: Das Transparenz- und Publizitätsgesetz kommt, BB 2002, S. 789-797

Ihrig, Hans-Christoph/Wagner, Jens: Corporate Governance: Kodex-Erklärung und ihre unterjährige Korrektur, BB 2002, S. 2509-2514

IHS Markit/DIRK (Hrsg.): Who owns the German DAX? The Ownership Structure of the German DAX 30 – A joint study of IHS Markit and DIRK, 6. Edition, Juni 2019, abrufbar unter https://cdn.ihs.com/www/pdf/0519/DAX-Study-DIRK.pdf

Inci, Serdar: Shareholder Engagement, Chancen, Risiken und Kompatibilität mit der deutschen Corporate Governance, Köln 2017

Initiative „Developing Shareholder Communication": Leitsätze für den Dialog zwischen Investor und Aufsichtsrat Initiative „Developing Shareholder Communication", AG 2016, R300-R302

Ivanova, Mila R.: Institutional investors as stewards of the corporation: Exploring the challanges to the monitoring hypothesis, Business Ethics: A European Review Volume 26, Issue 2 (2017), S. 175-188

J

J.P. Morgan: The activist revolution – Understanding and navigating a new world of heightened investor scrutiny, Januar 2015, abrufbar unter www.jpmorgan.com/jpmpdf/1320693986586.pdf

Jäger, Axel: Thema Börse (8): Investor Relations und Publizität, NZG 2000, S. 186-189

Jahn, Thomas/Köhler, Peter: Angriffe aktivistischer Investoren – Deutschland droht ein beispielloser Kampf der Managementkulturen, in: Handelsblatt Online vom 6. September 2018, abrufbar unter www.handelsblatt.com/finanzen/banken-versicherungen/thyssen-krupp-stada-bilfinger-angriffe-aktivistischer-investoren-deutschland-droht-ein-beispielloser-kampf-dermanagementkulturen/22998208.html?ticket=ST-75213648-u4opcRuWPG1FTSMQOzxS-ap5

Janberg, Hans: Das Auskunftsrecht des Aktionärs außerhalb der Hauptversammlung, AG 1965, S. 191-194

Janzen, Dietmar: Vorzeitige Beendigung von Vorstandsamt und -vertrag, NZG 2003, S. 468-475

Joussen, Peter: Auskunftspflicht des Vorstands nach § 131 AktG und Insiderrecht, DB 1994, S. 2485-2489

Jungmann, Carsten: The Effectiveness of Corporate Governance in One-Tier and Two-Tier Board Systems – Evidence from UK and Germany –, ECFR 2006, S. 426-474

Juschus, Alexander: Der Stewardship Code aus Investorensicht: Fluch oder Segen?, in: KPMG's ACI (Hrsg.): Audit Committee Quarterly I/2011, Schwerpunktthema: Der britische Stewardship Code, abrufbar unter www.audit-committee-institute.de/media/aci_quarterly_2011_1.pdf, S. 15-16

Juschus, Alexander: Die neue Aktionärsrechterichtlinie der EU – eine Zeitenwende für Stimmrechtsberater?, in: KPMG's ACI (Hrsg.): Audit Committee Quarterly III/2017, Schwerpunktthema: Aktionärsrechterichtlinie, abrufbar unter www.audit-committee-institute.de/media/aci_quarterly_2017_3.pdf, S. 43-45

Just, Clemens: Corporate Governance im Vereinigten Königreich, Higgs and Tyson Report on non-executive directors, RIW 2004, S. 199-203

K

Kahan, Marcel/Rock, Edward B.: Hedge Funds in Corporate Governance and Corporate Control, University of Pennsylvania Law Review Volume 155, Number 5 (2007), S. 1021-1093

Kaiser, Robert: Qualitative Experteninterviews, Konzeptionelle Grundlagen und praktische Durchführung, Wiesbaden 2014

Kajüter, Peter: Nichtfinanzielle Berichterstattung nach dem CSR-Richtlinie-Umsetzungsgesetz, DB 2017, S. 617-624

Kane, Karen: Communication by proxy is no longer enough, Directors & Boards Volume 34, Issue 3 (2010), S. 28

Karmel, Roberta S.: Implications of the Stakeholder Model, George Washington Law Review Volume 61, Number 4 (1993), S. 1156-1176

Katz, David A./McIntosh, Laura A.: The Changing Dynamics of Governance and Engagement, New York Law Journal Volume 254, Issue 15 (2015), S. 5

Kay, John: The Kay Review of Equity Markets and Long-Term Decision Making, Juli 2012, abrufbar unter www.assets.publishing.service.gov.uk/government/uploads/system/uploads/attachment_data/file/253454/bis-12-917-kay-review-of-equity-markets-final-report.pdf

Keilich, Jochen/Brummer, Paul: Reden ist Silber, Schweigen ist Gold – Geheimhaltungspflichten auch für die Arbeitnehmervertreter im Aufsichtsrat, BB 2012, S. 897-901

Kelle, Uwe/Kluge, Susann: Vom Einzelfall zum Typus, Fallvergleich und Fallkontrastierung in der qualitativen Sozialforschung, 2. Auflage, Wiesbaden 2010

Keunecke, Ulrich: Die überarbeitete Aktionärsrechterichtlinie verlangt mehr Engagement von institutionellen Anlegern und Vermögensverwaltern, in: KPMG's ACI (Hrsg.): Audit Committee Quarterly III/2017, Schwerpunktthema: Aktionärsrechterichtlinie, abrufbar unter www.audit-committee-institute.de/media/aci_quarterly_2017_3.pdf, S. 36-38

Kiem, Roger: Wertpapierinhaberorientierte Publizität, in: Habersack, Mathias/Mülbert, Peter O./Schlitt, Michael (Hrsg.): Handbuch der Kapitalmarktinformation, 2. Auflage, München 2013, S. 277-299

Kienbaum Consultants International GmbH/Flick Gocke Schaumburg Rechtsanwälte Wirtschaftsprüfer Steuerberater Partnerschaft mbB (Hrsg.): Kamingespräche 2017: Corporate Governance vor der Zeitwende, Wie formen Digitalisierung, Regulatorik und Öffentlichkeit die Unternehmensführung und -überwachung von morgen?, Erhalten auf Anfrage

Kim, James/Schloetzer, Jason D.: Global Trends in Board-Shareholder Engagement, The Conference Board Director Notes V5N20 (Oktober 2013), abrufbar unter www.ssrn.com/abstract=2335489

Kirchhoff Consult AG/PricewaterhouseCoopers (Hrsg.): Kapitalmarktkommunikation in Deutschland – Investor Relations und Corporate Reporting, München 2005, abrufbar unter www.dirk.org/dirk_webseite/static/uploads/a51.pdf

Kirchhoff, Klaus Rainer: Grundlagen der Investor Relations, in: Kirchhoff, Klaus Rainer/Piwinger, Manfred (Hrsg.): Praxishandbuch Investor Relations, Das Standardwerk der Finanzkommunikation, 2. Auflage, Wiesbaden 2009, S. 35-61

Kirchhoff, Klaus Rainer: Dialog zwischen Aufsichtsrat und Investoren durch Perception Analyse, BOARD 2017, S. 193-194

Kirchhoff, Klaus Rainer/Piwinger, Manfred: Kommunikation mit Kapitalgebern: Grundlagen der Investor Relations, in: Zerfaß, Ansgar/Piwinger, Manfred (Hrsg.): Handbuch Unternehmenskommunikation, Strategie – Management – Wertschöpfung, 2. Auflage, Wiesbaden 2014, S. 1079-1098

Klausing, Friedrich: Gesetz über Aktiengesellschaften und Kommanditgesellschaften auf Aktien (Aktien-Gesetz) nebst Einführungsgesetz und „Amtlicher Begründung", Berlin 1937

Kleefass, Steffen: Die Anfechtbarkeit von Hauptversammlungsbeschlüssen aufgrund fehlerhafter Entsprechenserklärungen: eine Bestandsaufnahme, NZG 2019, S. 298-303

Klein, April/Zur, Emanuel: Entrepreneurial Shareholder Activism: Hedge Funds and Other Private Investors, The Journal of Finance Volume 64, Number 1 (2019), S. 187-229

Kleinmanns, Hermann: Shareholder Activism – bedeutender Einfluss institutioneller Investoren auch in Deutschland?, IRZ 2016, S. 341-345

Kley, Karl-Ludwig: Aktiengesetz & Aufsichtsrat: „Dornröschen 2.0", AG 2019, S. 818-823

Klöhn, Lars: Die Regelung selektiver Informationsweitergabe gem. § 15 Abs. 1 S. 4 u. 5 WpHG – eine Belastungsprobe, WM 2010, S. 1869-1882

Klöhn, Lars: The European Insider Trading Regulations after *Spector Photo Group*, ECFR 2010, S. 347-366

Klöhn, Lars: Der „gestreckte Geschehensablauf" vor dem EuGH, Zum DaimlerChrysler-Vorlagebeschluss des BGH, NZG 2011, S. 166-171

Klöhn, Lars: Grenzen des insiderrechtlichen Verbots selektiver Informationsweitergabe an professionelle Marktteilnehmer, in: Burgard, Ulrich/Hadding, Walther/Mülbert, Peter O./Nietsch, Michael/Welter, Reinhard (Hrsg.): Festschrift für Uwe H. Schneider zum 70. Geburtstag, Köln 2011, S. 633-650

Klöhn, Lars: Marktmissbrauchsverordnung: MAR, 1. Auflage, München 2018

Klöhn, Lars/Schwarz, Philip: Die Regulierung institutioneller Stimmrechtsberater, ZIP 2012, S. 149-158

Klose, Roland: Der Anteilseignereinfluss auf die Tätigkeit von Aufsichtsräten – Perspektiven für mehr Aktionärsdemokratie, in: Grundei, Jens/Zaumseil, Peter (Hrsg.): Der Aufsichtsrat im System der Corporate Governance, Betriebswirtschaftliche und juristische Perspektiven, Wiesbaden 2012, S. 331-368

Klühs, Hannes: Präsenzbonus für die Teilnahme an der Hauptversammlung, Ein Vorschlag zur Steigerung der Hauptversammlungspräsenz bei Aktiengesellschaften, ZIP 2006, S. 107-118

Knierbein, Michael: Freiwillige Kapitalmarktkommunikation und ziuvilrechtliche Haftung, Baden-Baden 2020

Koch, Adam S./Lefanowicz, Craig E./Robinson, John R.: Regulation FD: A Review and Synthesis of the Academic Literature, Accounting Horizons Volume 27, Number 3 (2013), S. 619-646

Koch, Jens: Investorenkontakte des Aufsichtsrats: Rechtssicherheit durch den Deutschen Corporate Governance Kodex?, BB 2016, Nr. 50, Die erste Seite

Koch, Jens: Die Überwachung des Aufsichtsrats durch den Vorstand, ZHR 180 (2016), S. 578-612

Koch, Jens: Der Vorstand im Kompetenzgefüge der Aktiengesellschaft, in: Fleischer, Holger/Koch, Jens/Kropff, Bruno/Lutter, Marcus (Hrsg.): 50 Jahre Aktiengesetz, ZGR-Sonderheft 19, Berlin/Boston 2016, S. 65-102

Koch, Jens: Investorengespräche des Aufsichtsrats, AG 2017, S. 129-141

Kocher, Dirk: Einschränkungen des Anspruchs auf gleiche Information für alle Aktionäre – Keine Angst vor § 131 Abs. 4 AktG?, Der Konzern 2008, S. 611-617

Kocher, Dirk: Der Einfluss festgelegter Stimmen auf Hauptversammlungen, BB 2014, S. 2317-2323

Kocher, Dirk: Shareholder Activism in Germany, Journal of International Banking Law and Regulation Volume 30, Issue 7 (2015), S. 402-406

Kocher, Dirk: Strategien im Umgang mit aktivistischen Aktionären und Investoren in Deutschland, DB 2016, S. 2887-2892

Kocsis, Andrea: Vorschläge der Regierungskommission Deutscher Corporate Governance Kodex zu Kodexanpassungen und -änderungen 2017, 8. Dezember 2016, abrufbar unter www.dcgk.de/de/konsultationen/archiv/konsultation-2016.html

Köhler, Kristin: Investor Relations in Deutschland, Institutionalisierung –Professionalisierung – Kapitalmarktentwicklung – Perspektiven, Wiesbaden 2015

Köndgen, Johannes: Sustainable Finance: Wirtschaftsehtik – Ökonomik – Regulierung, in: Boele-Woelki, Katharina/Faust, Florian/Jacobs, Matthias/Kuntz, Thilo/Röthel, Anne/Thorn, Karsten/Weitemeyer, Birgit (Hrsg.): Festschrift für Karsten Schmidt zum 80. Geburtstag, Band 1, München 2019, S. 671-700

Königs, Anke/Schiereck, Dirk: Herausforderungen und rechtliche Qualifikationen für die Finanzkommunikation deutscher Großunternehmen, Finanz Betrieb 2007, S. 649-652

Kort, Michael: Vorstandshandeln im Spannungsverhältnis zwischen Unternehmensinteresse und Aktionärsinteressen, AG 2012, S. 605-610

Kraakman, Reinier: Die Professionalisierung des Board, in: Feddersen, Dieter/Hommelhoff, Peter/Schneider, Uwe H. (Hrsg.): Corporate Governance,

Optimierung der Unternehmensführung und der Unternehmenskontrolle im deutschen und amerikanischen Aktienrecht, Köln 1996, S. 129-142

Krämer, Lutz: Investorendialog des Aufsichtsrats – Best Practice oder rechtlicher Graubereich?, AR 2017, S. 18-20

Krause, Daniel M.: Strafrechtliche Haftung des Aufsichtsrats, NStZ 2011, S. 57-65

Kremer, Thomas/Bachmann, Gregor/Lutter, Marcus/Werder, Axel von (Hrsg.): Deutscher Corporate Governance Kodex (Kodex-Kommentar), 7. Auflage, München 2018

Krieger, Gerd: Personalentscheidungen des Aufsichtsrats, Köln/Berlin/Bonn/München 1981

Krieger, Gerd: Zum Aufsichtsratspräsidium, ZGR 1985, S. 338-364

Krieger, Gerd: Interne Voraussetzungen für die Abgabe der Entsprechenserklärung nach § 161 AktG, in: Habersack, Mathias/Hommelhoff, Peter/Hüffer, Uwe/Schmidt, Karsten (Hrsg.): Festschrift für Peter Ulmer zum 70. Geburtstag am 2. Januar 2003, Berlin 2003, S. 365-380

Krieger, Gerd: Corporate Governance und Corporate Governance Kodex in Deutschland, ZGR 2012, S. 202-227

Krömker, Michael: Der Anspruch des Paketaktionärs auf Informationsoffenbarung zum Zwecke der Due Diligence, NZG 2003, S. 418-424

Kropff, Bruno: Aktiengesetz, Textausgabe des Aktiengesetzes vom 6.9.1965 (Bundesgesetzbl. I S. 1089) und des Einführungsgesetzes zum Aktiengesetz vom 6.9.1965 (Bundesgesetzbl. I S. 1185) mit Begründung des Regierungsentwurfs Bericht des Rechtsausschusses des Deutschen Bundestags Verweisungen und Sachverzeichnis, Düsseldorf 1965

Kropff, Bruno: Informationsbeschaffungspflichten des Aufsichtsrats, in: Damm, Reinhard/Heermann, Peter W./Veil, Rüdiger (Hrsg.): Festschrift für Thomas Raiser zum 70. Geburtstag am 20. Februar 2005, Berlin 2005, S. 225-245

Krüger, Philipp/Sautner, Zacharias/Starks, Laura T.: The Importance of Climate Risks for Institutional Investors, ECGI Finance Working Paper Number 610/2019 (November 2019), abrufbar unter www.ssrn.com/abstract=3235190

Krystek, Ulrich/Müller, Michael: Investor Relations – Eine neue Disziplin nicht nur für das Finanzmanagement –, DB 1993, S. 1785-1789

Kübler, Friedrich/Assmann, Heinz-Dieter: Gesellschaftsrecht, Die Privatrechtlichen Ordnungsstrukturen und Regelungsprobleme von Verbänden und Unternehmen, Heidelberg 2006

Kuckartz, Udo: Qualitative Inhaltsanalyse. Methoden, Praxis, Computerunterstützung, 4. Auflage, Weinheim 2018

Kumpan, Christoph: Unabhängigkeit von Aufsichtsratsmitgliedern, ZGR 2020, S. 749-781

Kuntz, Thilo: Digitale Kommunikation mit Aktionären und Investoren – Chancen und Herausforderungen durch Blockchain, Soziale Medien und „Big Data" –, ZHR 183 (2019), S. 190-244

Kuntz, Thilo: Kommunikation mit Aktionären nach ARUG II, AG 2020, S. 18-35

Kühl, Stefan/Strodtholz, Petra/Taffertshofer, Andreas: Qualitative und quantitative Methoden der Organisationsforschung – ein Überblick, in: Kühl, Stefan/ Strodtholz, Petra/Taffertshofer, Andreas (Hrsg.): Handbuch Methoden der Organisationsforschung, Quantitative und Qualitative Methoden, Wiesbaden 2009, S. 13-27

KWS Saat SE: DCGK – Vorschläge aus der Plenarsitzung vom 13. Oktober 2016, Stellungnahme der KWS SAAT SE zum Vorschlag zu Ziffer 5.2., 2. Absatz, 14. Dezember 2016, abrufbar unter www.dcgk.de/de/konsultationen/archiv/ konsultation-2016.html

L

Lamnek, Siegfried: Qualitative Sozialforschung, 4. Auflage, Weinheim/Basel 2005

Landsittel, Jana: Investorenkommunikation, Unter besonderer Berücksichtigung der persönlichen Investorenkommunikation des Aufsichtsrats und seines Vorsitzenden, Berlin 2019

Lanfermann, Georg/Maul, Silja: Maßnahmenpaket der Europäischen Kommission zum Gesellschaftsrecht und Corporate Governance, BB 2014, S. 1283-1294

Lanfermann, Georg: Sustainable Finance als neues Leitmotiv der Unternehmensberichterstattung, BB 2018, S. 490-494

Lange, Ralph: Neue Aktionärsrechterichtlinie: Anpassungsbedarf bei der Vorstandsvergütung, Künftig stärkerer Einfluss von Aktionären und Stimmrechtsberatern, AR 2019, S. 5-7

Langenbucher, Katja: Zentrale Akteure der Corporate Governance: Zusammensetzung des Aufsichtsrats, ZGR 2012, S. 314-342

Langenbucher, Katja: A market for institutional investors?, in: Hilbig-Lugani, Katharina/Jakob, Dominique/Mäsch, Gerald/Reuß, Philipp M./Schmid, Christoph (Hrsg.): Zwischenbilanz, Festschrift für Dagmar Coester-Waltjen zum 70. Geburtstag am 11. Juli 2015, Bielefeld 2015, S. 1147-1152

Langenbucher, Katja: (No) market for corporate governance? Related party transactions and shareholder approval rights, Gemeinwohl und Privatautonomie im Aktienrecht – wessen Wohl und wessen Autonomie?, in: Stumpf,

Cordula/Kainer, Friedemann/Baldus, Christian (Hrsg.): Privatrecht, Wirtschaftsrecht, Verfassungsrecht, Privatinitiative und Gemeinwohlhorizonte in der europäischen Integration, Festschrift für Peter-Christian Müller-Graff zum 70. Geburtstag am 29. September 2015, Baden-Baden 2015, S. 312-318

Langenbucher, Katja: 50 Jahre Aktiengesetz – Aktiengesetz und Kapitalmarktrecht, in: Fleischer, Holger/Koch, Jens/Kropff, Bruno/Lutter, Marcus (Hrsg.): 50 Jahre Aktiengesetz, ZGR-Sonderheft 19, Berlin/Boston 2016, S. 273-296

Langenbucher, Katja: Hedge Fund Activism in Germany and the US – on Convergernce, Differences and Normative Reasoning, in: Siekmann, Helmut (Hrsg.): Festschrift für Theodor Baums zum siebzigsten Geburtstag, Band 1, Tübingen 2017, S. 743-759

Langenbucher, Katja: Der Einfluss der Aktionäre auf die Zusammensetzung des Vorstands, in: Dreher, Meinrad/Drescher, Ingo/ Mülbert, Peter O./Verse, Dirk A. (Hrsg.): Festschrift für Alfred Bergmann zum 65. Geburtstag am 13. Juli 2018, Berlin/Boston 2018, S. 443-456

Langenbucher, Katja: Aktien- und Kapitalmarktrecht, Ein Studienbuch, 4. Auflage, München 2018

Langenbucher, Katja/Rataj, Piotr/Vossen, Lukas: Rechtliche Grundlagen der Investor Relations und Finanzkommunikation, in: Hoffmann, Christian Pieter/Schiereck, Dirk/Zerfaß, Ansgar (Hrsg.): Handbuch Investor Relations und Finanzkommunikation, Wiesbaden 2021, https://doi.org/10.1007/978-3-658-23389-1_6-1

Legal & General Investment Management Limited (LGIM): LGIM response to proposed amendments to the German Corporate Governance Code 2016, 15. Dezember 2016, abrufbar unter www.dcgk.de/de/konsultationen/archiv/konsultation-2016.html

Lenz, Susanne: Steigerung der Hauptversammlungsteilnahme durch monetäre Anreize?, NZG 2006, S. 534-535

Leuering, Dieter/Simon, Stefan: Aktienrechtliche Auskunftserteilung außerhalb der Hauptversammlung, NJW-Spezial 2006, S. 507-508

Levit, Doron: Soft Shareholder Activism, The Review of Financial Studies Volume 32, Number 7 (2019), S. 2775-2808

Leyendecker-Langner, Benjamin E.: Rechte und Pflichten des Vorstands bei Kompetenzüberschreitungen des Aufsichtsratsvorsitzenden, NZG 2012, S. 721-725

Leyendecker-Langner, Benjamin E.: Kapitalmarktkommunikation durch den Aufsichtsratsvorsitzenden, NZG 2015, S. 44-47

Leyens, Patrick C.: Deutscher Aufsichtsrat und U.S.-Board: ein- oder zweistufiges Verwaltungssystem? Zum Stand der rechtsvergleichenden Corporate Governance-Debatte, RabelsZ 67 (2003), S. 57-105

Leyens, Patrick C.: Information des Aufsichtsrats, Ökonomisch-funktionale Analyse und Rechtsvergleich zum englischen Board, Tübingen 2006

Leyens, Patrick C.: Comply or Explain im Europäischen Privatrecht – Erfahrungen im Europäischen Gesellschaftsrecht und Entwicklungschancen des Regelungsansatzes, ZEuP 2016, S. 388-426

Leyens, Patrick C.: System der Aktionärsinformation – Auskunft, Sonderprüfung, Sondervertretung, Investorendialog und horizontale Kommunikation –, ZGR 2019, S. 544-587

Liebold, Renate/Trinczek, Rainer: Experteninterview, in: Kühl, Stefan/Strodtholz, Petra/Taffertshofer, Andreas (Hrsg.): Handbuch Methoden der Organisationsforschung, Quantitative und Qualitative Methoden, Wiesbaden 2009, S. 32-56

Lieder, Jan: Zustimmungsvorbehalte des Aufsichtsrats nach neuer Rechtslage, DB 2004, S. 2251-2255

Lieder, Jan: Der Aufsichtsrat im Wandel der Zeit, Leitlinien der geschichtlichen Entwicklung sowie der Fortentwicklung des deutschen Aufsichtsratssystems, Jena 2006

Lieder, Jan: Annexkompetenzen der Gesellschafterversammlung, NZG 2015, S. 569-580

Lieder, Jan: Unternehmerische Entscheidungen des Aufsichtsrats, ZGR 2018, S. 523-583

Liese, Jens/Theusinger, Ingo: Anforderungen an den Bericht des Aufsichtsrats vor dem Hintergrund steigender Anfechtungsrisiken für Entlastungsbeschlüsse, Zugleich Anmerkung zu LG München I, Urteil vom 5.4.2007 – 5 HK O 15964/06, BB 2007, 2170, BB 2007, S. 2528-2533

Linden, Klaus von der: Deutscher Corporate Governance Kodex 2019 – Alles neu macht der Mai, DStR 2019, S. 1528-1532

Lingemann, Stefan/Wasmann, Dirk: Mehr Kontrolle und Transparenz im Aktienrecht: Das KonTraG tritt in Kraft, BB 1998, S. 853-862

Link, Rainer: Investor Relations im Rahmen des Aktienmarketing von Publikumsgesellschaften, BFuP 1993, S. 105-132

Link, Rainer: Die Hauptversammlung im Rahmen des Aktienmarketing und der Investor Relations, AG 1994, S. 364-369

Linker, Anja Celina/Zinger, Georg: Rechte und Pflichten der Organe einer Aktiengesellschaft bei der Weitergabe vertraulicher Unternehmensinformationen, NZG 2002, S. 497-502

Linklaters LLP: Deutscher Corporate Governance Kodex – Stellungnahme zu den Änderungsvorschlägen der Regierungskommission vom 2. November 2016, 14. Dezember 2016, abrufbar unter www.dcgk.de/de/konsultationen/archiv/konsultation-2016.html

Lipton, Martin/Lorsch, Jay W.: A Modest Proposal for Improved Corporate Governance, The Business Lawyer Volume 48, Number 1 (1992), S. 59-78

Logsdon, Jeanne M./Van Buren III, Harry J.: Beyond the Proxy Vote: Dialogues Between Shareholder Activists and Corporations, Journal of Business Ethics Volume 87, Number 1 (2009), S. 353-365

Lutter, Marcus: Professionalisierung des Aufsichtsräte, NJW 1995, S. 1133-1134

Lutter, Marcus: Defizite für eine effiziente Aufsichtsratstätigkeit und gesetzliche Möglichkeiten zur Verbesserung, ZHR 159 (1995), S. 287-309

Lutter, Marcus: Der Aufsichtsrat: Kontrolleur oder Mit-Unternehmer?, in: Sadowski, Dieter (Hrsg.): Entrepreneurial Spirits, Festschrift für Horst Albach zum 70. Geburtstag, Wiesbaden 2001, S. 225-235

Lutter, Marcus: Auswahlpflichten und Auswahlverschulden bei der Wahl von Aufsichtsratsmitgliedern, ZIP 2003, S. 417-419

Lutter, Marcus: Information und Vertraulichkeit im Aufsichtsrat, 3. Auflage, Köln/Berlin/München 2006

Lutter, Marcus: Der Aufsichtsrat im Wandel der Zeit – von seinen Anfängen bis heute, in: Bayer, Walter/Habersack, Mathias (Hrsg.): Aktienrecht im Wandel, Band II, Grundsatzfragen des Aktienrechts, Tübingen 2007, S. 389-429

Lutter, Marcus: Die Business Judgment Rule und ihre praktische Anwendung, ZIP 2007, S. 841-848

Lutter, Marcus: Der Bericht des Aufsichtsrats an die Hauptversammlung, AG 2008, S. 1-11

Lutter, Marcus: Professionalisierung des Aufsichtsrats, DB 2009, S. 775-779

Lutter, Marcus: Zur Durchsetzung von Schadensersatzansprüchen gegen Organmitglieder, in: Burgard, Ulrich/Hadding, Walther/Mülbert, Peter O./Nietsch, Michael/Welter, Reinhard (Hrsg.): Festschrift für Uwe H. Schneider zum 70. Geburtstag, Köln 2011, S. 763-770

Lutter, Marcus/Bayer, Walter/Schmidt, Jessica: Europäisches Unternehmens- und Kapitalmarktrecht, Grundlagen, Stand und Entwicklung nebst Texten und Materialien, 6. Auflage, Berlin/Boston 2017

Lutter, Marcus/Kremer, Thomas: Die Beratung der Gesellschaft durch Aufsichtsratsmitglieder – Bemerkungen zur Entscheidung BGHZ 114, 127 ff –, ZGR 1992, S. 87-120

Lutter, Marcus/Krieger, Gerd: Hilfspersonen von Aufsichtsratsmitgliedern, DB 1995, S. 257-260

Lutter, Marcus /Krieger, Gerd /Verse, Dirk A.: Rechte und Pflichten des Aufsichtsrats,

6. Auflage, Köln 2014

7. Auflage, Köln 2020

M

MacNeil, Iain: Activism and collaboration among shareholders in UK listed companies, Capital Markets Law Journal Volume 5, Number 4 (2010), S. 419-438

Madden, John J.: The Shifting Landscape of Corporate Governance, and Four Steps Boards Should Take in an Era of Shareholder Ascendancy, in: BNA, Inc. (Hrsg.): Corporate Governance Report Volume 14, Number 2 (2011), S. 1-5

Mallow, Matthew J./Sethi, Jasmin: Engagement: The Missing Middle Approach in the Bebchuk-Strine Debate, New York University Journal of Law & Business Volume 12, Number 2 (2016), S. 385-406

Marsch-Barner, Reinhard: Zur Berichterstattung des Aufsichtsrats, in: Habersack, Mathias/Huber, Karl/Spindler, Gerald (Hrsg.): Festschrift für Eberhard Stilz zum 65. Geburtstag, München 2014, S. 397-410

Marsch-Barner, Reinhard/Schäfer, Frank: Handbuch börsennotierte AG, Aktien- und Kapitalmarktrecht, 4. Auflage, Köln 2018

Martin, Christopher: Das U.S. Corporate Governance System – Verlust der Vorbildfunktion?, NZG 2003, S. 948-952

Matheson, John H./Nicolet, Vilena: Shareholder Democracy and Special Interest Governance, Minnesota Law Review Volume 103, Number 4 (2019), S. 1649-1697

Matheson, John H./Olson, Brent A.: Corporate Law and the Longterm Shareholder Model of Corporate Governance, Minnesota Law Review Volume 76, Number 6 (1992), S. 1313-1392

Mattheus, Daniela: Bereit zum Investorendialog?, in: Börsen-Zeitung Ausgabe 44 vom 3. März 2017, S. 8

Mayring, Philipp: Qualitative Inhaltsanalyse, in: Flick, Uwe/Kardoff, Ernst von/Steinke, Ines (Hrsg.): Qualitative Forschung, Ein Handbuch, 9. Auflage, Reinbek bei Hamburg 2012, S. 468-474

Mayring, Philipp: Qualitative Inhaltsanalyse: Grundlagen und Techniken, 12. Auflage, Weinheim/Basel 2015

McCahery, Jopeph A./Sautner, Zacharias/Starks, Laura T.:, Behind the Scenes: The Corporate Governance Preferences of Institutional Investors, The Journal of Finance Volume 71, Issue 6 (2016), S. 2905-2932

McKersie, Michael: The Stewardship Code and the pattern of engagement by institutional shareholders with listed companies, Capital Markets Law Journal Volume 5, Number 4 (2010), S. 439-442

McNulty, Terry/Nordberg, Donald: Ownership, Actisivm and Engagement: Institutional Investors as Owners, Corporate Governance: An International Review Volume 24, Number 3 (2016), S. 346-358

Mehta, Tarun: Shareholder Engagement: Maximizing the Shareholder Relationship, Executive Compensation Insights Volume 13, Number 3 (2013), abrufbar unter www.issgovernance.com/file/publications/MaximizingTheShareholderRelationshipVol_13.3.pdf

Meilicke, Heinz/Heidel, Thomas: Das Auskunftsrecht des Aktionärs in der Hauptversammlung (Teil I), DStR 1992, S. 72-75

Meilicke, Heinz/Heidel, Thomas: Das Auskunftsrecht des Aktionärs in der Hauptversammlung (Teil II), DStR 1992, S. 113-117

Mendoza, Jose M./Van der Elst, Christoph/Vermeulen, Erik P. M.: Entrepeneurship and Innovation. The Hidden Costs of Corporate Governance in Europe, Lex Research Topics in Corporate Law & Economics Working Paper No. 2/2010, abrufbar unter www.ssrn.com/abstract=1698352

Menke, Thomas: Befugnis des Vorstands einer börsennotierten Aktiengesellschaft zur bevorzugten Information eines Aktionärspools, NZG 2004, S. 697-701

Mense, Christian/Klie, Markus: Geplante Kodex-Änderungen für 2017 – Investorengespräche des Aufsichtsratsvorsitzenden und Compliance im Fokus der Kodex-Kommission, GWR 2017, S. 1-5

Mense, Christian/Klie, Marcus: Deutscher Corporate Governance Kodex 2017 – Auswirkungen der aktuellen Änderungen für die Praxis, BB 2017, S. 771-777

Mense, Christian/Klie, Marcus: Aktuelle rechtliche Entwicklungen für die Hauptversammlungssaison 2018, BOARD 2018, S. 47-50

Merkner, Andreas/Schmidt-Bendun, Rüdiger: Auskunftserteilung des Aufsichtsrats in der Hauptversammlung – ein weiteres Thema für die Aktienrechtsnovelle 2011/2012?, AG 2011, S. 734-740

Merkner, Andreas/Sustmann, Marco/Retsch, Alexander: Insiderrecht und Ad-hoc Publizität im neuen Emittentenleitfaden der BaFin, AG 2019, S. 621-633

Merkt, Hanno: Freiwillige Unternehmenspublizität, RabelsZ 64 (2000), S. 517-536

Merkt, Hanno: Rechtliche Grundlagen der Business Judgment Rule im internationalen Vergleich zwischen Divergenz und Konvergenz, ZGR 2017, S. 129-148

Merkt, Hanno/Mylich, Falk: Einlage eigener Aktien und Rechtsrat durch den Aufsichtsrat, Zwei aktienrechtliche Fragen im Lichte der ISION-Entscheidung des BGH, NZG 2012, S. 525-530

Mertens, Hans-Joachim.: Zur Berichtspflicht des Vorstands gegenüber dem Aufsichtsrat, AG 1980, S. 67-74

Merz, Friedrich: Multi-Aufsichtsräte: Die Anforderungen steigen, AR 2017, S. 1-4

Meuser, Michael/Nagel, Ulrike: ExpertInneninterviews – vielfach erprobt, wenig bedacht: ein beitrag zur qualitativen Methodendiskussion, in: Garz, Detlef/Kraimer, Klaus (Hrsg.): Qualitativ-empirische Sozialforschung, Konzepte, Methoden, Analysen, Opladen 1991, S. 441-471

Meuser, Michael/Nagel, Ulrike: Das Experteninterview – konzeptionelle Grundlagen und methodische Anlage, in: Pickel, Susanne/Pickel, Gert/Lauth, Hans-Joachim/Jahn, Detlef (Hrsg.): Methoden der vergleichenden Politik- und Sozialwissenschaft, Neue Entwicklungen und Anwendungen, Wiesbaden 2009, S. 465-481

Meuser, Michael/Nagel, Ulrike: Experteninterview und der Wandel der Wissensproduktion, in: Bogner, Alexander/Littig, Beate/Menz, Wolfgang (Hrsg.): Experteninterviews, Theorien, Methoden, Anwendungsfelder, 3. Auflage, Wiesbaden 2009, S. 35-60

Meyer-Landrut, Andreas: Verschwiegenheitspflicht der Aufsichtsratsmitglieder – Besprechung der Entscheidung BGHZ 65, 325 –, ZGR 1976, S. 510-516

Meyer-Landrut, Andreas/Heuser, Moritz: Rechtliche Aspekte der Kommunikation mit institutionellen Investoren vor der HV, AG 2011, S. R241-R242

Micheler, Eva: Facilitating Investor Engagement and Stewardship, European Business Organization Law Review Volume 14 (2013), S. 29-56

Miller, Russell: Engage Your Shareholders if You Want a Yes Vote, workspan 2015, abrufbar unter www.clearbridgecomp.com/responsive/wp-content/uploads/Engage-Your-Shareholders-Workspan_022015.pdf, S. 44-47

Millstein, Ira M./Gregory, Holly J.: Rethinking Board and Shareholder Engagement in 2008, The Corporate Governance Advisor Volume 16, Number 2 (2008), S. 1-3

Mohamed, Jean: Die Sprachverwirrung in der ausländisch geprägten Hauptversammlung von AG oder SE, NZG 2015, S. 1263-1267

Möhring, Philipp: Das neue Aktienrecht, NJW 1966, S. 87-93

Monley, Adrienne: Investment Stewardship muss zum Standard werden, in: Börsen-Zeitung Ausgabe 141 vom 26. Juli 2019, S. 5

Monopolkommission: Wettbewerb 2018, XXII. Hauptgutachten der Monopolkommission gemäß § 44 Abs. 1 Satz 1 GWB, abrufbar unter www.monopolkommission.de/images/HG22/HGXXII_Gesamt.pdf

Morningstar (Hrsg.): Passive Fund Providers Take an Active Approach to Investment Stewardship, Morningstar Manager Research Dezember 2017, Erhalten auf Anfrage

Mosca, Chiara: Director–Shareholder Dialogues Behind the Scenes: Searching for a Balance Between Freedom of Expression and Market Fairness, ECFR 2018, S. 805-856

Mülbert, Peter O.: Corporate Governance in der Krise, ZHR 174 (2010), S. 375-384

Mülbert, Peter O: Die Selbstbefreiung nach § 15 Abs. 3 WpHG durch den Aufsichtsrat, in: Habersack, Mathias/Huber, Karl/Spindler, Gerald (Hrsg.): Festschrift für Eberhard Stilz zum 65. Geburtstag, München 2014, S. 411-426

Mülbert, Peter O./Sajnovits, Alexander: Verschwiegenheitspflichten von Aufsichtsratsmitgliedern als Schranken der Wissenszurechnung, NJW 2016, S. 2540-2542

Mülbert, Peter O./Steup, Steffen: Haftung für fehlerhafte Kapitalmarktinformation, in: Habersack, Mathias/Mülbert, Peter O./Schlitt, Michael (Hrsg.): Unternehmensfinanzierung am Kapitalmarkt, 4. Auflage, Köln 2019, S. 1355-1466

Müller, Gerd: Anmerkung zu BGH, Urt. v. 20. 3. 1995 – II ZR 205/94, ZIP 1995, 819 (OLG Düsseldorf), ZIP 1995, S. 1415-1418

Müller-Mürnseer, Felix: Quis custodiet ipsos custodes, Entwicklung, Qualität und Durchsetzung der pflichten des Aufsichtsrats, Baden-Baden 2020

Mutter, Stefan: Gedanken zu Rederecht und -pflicht des Aufsichtsrats in der Hauptversammlung, AR 2014, S. 98-99

N

Nieber, Mandy: Die neue Rolle des Aufsichtsrates in der Kapitalmarktkommunikation, DIRK-Forschungsreihe Band 20, 24. Januar 2017, abrufbar unter www.dirk.org/dirk_webseite/static/uploads/DIRK-Forschungsreihe-Band-20-Die-neue-Rolle-des-AR.pdf

Nikoleyczik, Tobias/Graßl, Bernd: Überarbeitung des Deutschen Corporate Governance Kodex (DCGK) – Die Änderungsvorschläge der Regierungskommission aus der Plenarsitzung vom 13.10.2016, NZG 2017, S. 161-169

NN Investment Partners: ESG: Engagement ist definitionsgemäß "integrativ", Exklusiver Gastbeitrag von NN Investment Partners, auf: e-fundresearch.com vom 9. Juli 2018, abrufbar unter www.e-fundresearch.com/markets/artikel/33762-esg-engagement-ist-definitionsgemaess-integrativ?region=de

Noack, Ulrich: Namensaktie und Aktienregister: Einsatz für Investor Relations und Produktmarketing – Rechtslage nach Inkrafttreten des Namensaktiengesetzes –, DB 2001, S. 27-31

Noack, Ulrich: Briefwahl und Online-Teilnahme an der Hauptversammlung: der neue § 118 AktG, WM 2009, S. 2289-2294

Noack, Ulrich: Identifikation der Aktionäre, neue Rolle der Intermediäre – zur Umsetzung der Aktionärsrechte-Richtlinie II, NZG 2017, S. 561-567

Noerr LLP/Hering Schuppener Consulting/Werder, Axel von (Hrsg.): Die Rolle des Aufsichtsrats in der Krisenkommunikation, Interdisziplinäre Studie, 2018, Erhalten auf Anfrage

Nonnenmacher, Rolf: Rede auf der Konferenz Corporate Governance und Gesellschaftsrecht am 4. April 2019, abrufbar unter www.dcgk.de/de/kommission/die-kommission-im-dialog/deteilansicht/Rede-von-Prof-Dr-Nonnenmacher-auf-der-Konferenz-Corporate-Governance-und-Gesellschaftsrecht.html

Nonnenmacher, Rolf: Corporate Governance im Spannungsfeld von Investorenerwartungen und Kodexreform, WPg 2018, S. 709-712

Nonnenmacher, Rolf: Corporate Governance im Spannungsfeld von Investorenerwartungen und Kodexreform, in: DAI (Hrsg.): Kurvenlage. Halbjahresbericht des Deutschen Aktieninstituts, 1. Halbjahr 2018, abrufbar unter www.dai.de/files/dai_usercontent/dokumente/jahresbericht/2018-I%20Kurvenlage.pdf, S. 87-88

O

OECD: The Role of Institutional Investors in Promoting Good Corporate Governance, OECD Publishing 2011, abrufbar unter www.oecd.org/daf/ca/49081553.pdf

OECD: OECD Corporate Governance Factbook 2017, abrufbar unter www.oecd.org/daf/ca/Corporate-Governance-Factbook.pdf

Ostermeyer, Robert: Unternehmensüberwachung durch Audit Committees im anglo-amerikanischen Board-Modell – Teil I, IStR 2001, S. 256-262

Ott, Nicolas: Anwendungsbereich der Business Judgment Rule aus Sicht der Praxis – Unternehmerische Entscheidungen und Organisationsermessen des Vorstands, ZGR 2017, S. 149-173

Owen, Geoffrey/Kirchmaier, Tom: The Changing Role of the Chairman: Impact of Corporate Governance Reform in the United Kingdom 1995-2005, European Business Organization Law Review Volume 9 (2008), S. 187-213

P

Paefgen, Walter: Die Inanspruchnahme pflichtvergessener Vorstandsmitglieder als unternehmerische Ermessensentscheidung des Aufsichtsrats, AG 2008, S. 761-769

Paefgen, Walter: Organhaftung: Bestandsaufnahme und Zukunftsperspektiven, Ein kritischer Werkstattbericht vor dem Hintergrund der Beratungen des 70. Deutschen Juristentages 2014, AG 2014, 554-584

Paefgen, Walter: Corporate Social Responsibility (CSR) als aktienrechtliche Organverantwortung, in: Bergmann, Alfred/Hoffmann-Becking, Michael/ Noack, Ulrich (Hrsg.): Recht und Gesetz, Festschrift für Ulrich Seibert zum 65. Geburtstag, Köln 2019, S. 629-651

Palmiter, Alan R.: Mutual Fund Voting of Portfolio Shares: Why Not Disclosure, Cardozo Law Review Volume 23, Number 4 (2002), S. 1419-1492

Park, Jihwon/Soltes, Eugene: What Do Investors Ask Managers Privately, Working Paper Dezember 2018, abrufbar unter www.ssrn.com/abstract=3087369

Paschos, Nikolaos/Goslar, Sebastian: Der Referentenentwurf des Gesetzes zur Umsetzung der zweiten Aktionärsrechterichtlinie (ARUG II) aus Sicht der Praxis, AG 2018, S. 857-874

Paul, Walter: Umfang und Bedeutung der Investor Relations, BFuP 1993, S. 133-162

Paul, Walter/Zieschang, Matthias: Wirkungsweise der Investor Relations, DB 1994, S. 1485-1487

Peltzer, Martin: Handlungsbedarf in Sachen Corporate Governance, NZG 2002, S. 593-599

Peltzer, Martin: Das Zulassungsverfahren nach § 148 AktG wird von der Praxis nicht angenommen! Warum? Was nun?, in: Burgard, Ulrich/Hadding, Walther/Mülbert, Peter O./Nietsch, Michael/Welter, Reinhard (Hrsg.): Festschrift für Uwe H. Schneider zum 70. Geburtstag, Köln 2011, S. 953-968

Peltzer, Martin: Das Grünbuch der EU-Kommission vom 5. 4. 2011 und die Deutsche Corporate Governance, NZG 2011, S. 961-968

Peltzer, Martin: Mehr Ausgewogenheit bei der Vorstandshaftung, in: Krieger, Gerd/Lutter, Marcus/Schmidt, Karsten (Hrsg.): Festschrift für Hoffmann-Becking zum 70. Geburtstag, München 2013, S. 861-870

Pentz, Andreas: Auskunftsverlangen des Großaktionärs, in: Hommelhoff, Peter/Rawert, Peter/Schmidt, Karsten (Hrsg.): Festschrift für Hans-Joachim Priester zum 70. Geburtstag, Köln 2007, S. 593-617

Perlet, Helmut: Vorschläge der Regierungskommission zu Kodex-Anpassungen und Änderungen für 2017, 8. Dezember 2016, abrufbar unter www.dcgk.de/de/konsultationen/archiv/konsultation-2016.html

Perlet, Helmut: Rede anlässlich der 15. Konferenz Deutscher Corporate Governance Kodex vom 22. Juni 2016, abrufbar unter www.dcgk.de/de/kommission/die-kommission-im-dialog/deteilansicht/reden-der-15-konferenz-deutscher-corporate-governance-kodex.html?file=files/dcgk/usercontent/de/download/Konferenzen/160622%20Rede%20Dr.%20Helmut%20Perlet.pdf

Perlman, Lissa: The best way to lead: One voice and a consistent message, Directors & Boards Volume 34, Issue 3 (2010), S. 25

Peus, Egon A.: Der Aufsichtsratsvorsitzende, Seine Rechtsstellung nach dem Aktiengesetz und dem Mitbestimmungsgesetz, Köln 1983

Peus, Egon A.: Besitz an Aufsichtsratsprotokollen und deren Beschlagnahme, ZGR 1987, S. 545-553

Pikó, Rita: Entwicklungen der Aufsichtsratstätigkeit in den Jahren 2016/2017, WPg 2016, S. 1383-1391

Pitkowitz, Matthias M.: Praxishandbuch Vorstands- und Aufsichtsratshaftung, Pflichten, Haftung, Ermessen und Versicherung in der Aktiengesellschaft, Deutschland und Österreich, München 2014

Plagemann, Nikolaus: Überlegungen zur Einrichtung und Ausgestaltung eines Aufsichtsratsbüros, NZG 2016, S. 211-217

Plagemann, Nikolaus/Rahlmeyer, Niklas: Vier Corporate Governance Trends für 2015, NZG 2015, S. 895-899

Poelzig, Dörte: Insider-und Marktmanipulationsverbot im neuen Marktmissbrauchsrecht, NZG 2016, S. 528-538

Popovic, Danijela/Hölzle, Manuel: Investor Relations bei mittelständischen Unternehmen – es geht wieder aufwärts, AG-Report 2010, S. R290 und R292

Porak, Victor/Fieseler, Christian: Erfolgsmessung von IR, in: Kirchhoff, Klaus Rainer/Piwinger, Manfred (Hrsg.): Praxishandbuch Investor Relations, Das Standardwerk der Finanzkommunikation, 2. Auflage, Wiesbaden 2009, S. 221-230

Pöschl, Erich: Nachweis der Vertretungsbefugnis des Aufsichtsrats einer Aktiengesellschaft gegenüber dem Grundbuchamt, BB 1966, S. 804-805

Posdziech, Christin M.: Freiwillige Publizität als Maßnahme der Investor Relations, Zur Integration freiwilliger Publizität in das kapitalmarktrechtliche Publizitätssystem, Berlin 2012

Potthoff, Erich: Unzureichende Organe der Geschäftspolitik, DB 1952, S. 169-170

Probst, Arno/Theisen, Manuel R.: Aktuelle Themen im Aufsichtsrat – Ergebnisse einer Panel-Befragung, AR 2007, S. 66-68

Probst, Arno/Theisen, Manuel R.: Rolle des Aufsichtsrats bei der Unternehmensberichterstattung – Ergebnisse der 14. Panel-Befragung –, AR 2014, S. 154-156

Przyborski, Aglaja/Wohlrab-Sahr, Monika: Qualitative Sozialforschung, Ein Arbeitsbuch, 4. Auflage, München 2014

Q

R

Rahlmeyer, Niklas: Aufsichtsrat und institutionelle Investoren – mehr Engagement wagen?, AR 2015, S. 144-145

Raiser, Thomas/Veil, Rüdiger: Recht der Kapitalgesellschaften, Ein Handbuch für Praxis und Wissenschaft, 6. Auflage, München 2015

Redeke, Julian: Zu den Voraussetzungen unternehmerischer Ermessensentscheidungen, NZG 2009, S. 496-498

Redeke, Julian: Institutionelle Investoren und Organhaftung, Dei ex Machina oder rational apathische Zuschauer?, AG 2015, S. 253-261

Redenius-Hövermann, Julia/Henkel, Eva: Eine empirische Bestandsaufnahme zur Aktionärsklage nach § 148 AktG, AG 2020, S. 349-367

Regierungskommission DCGK: Pressemitteilung vom 25. Juni 2014, abrufbar unter www.dcgk.de/de/presse.html?file=files/dcgk/usercontent/de/download/pressemitteilungen/Pressemitteilung_2014-06-25.pdf

Regierungskommission DCGK, Erläuterungen der Änderungsvorschläge der Regierungskommission Deutscher Corporate Governance Kodex aus der Plenarsitzung vom 13. Oktober 2016, abrufbar unter www.dcgk.de/de/kommission/die-kommission-im-dialog/deteilansicht/vorschlaege-fuer-kodexaenderungen-2017.html

Regierungskommission DCGK, Pressemitteilung vom 14. Februar 2017, abrufbar unter www.dcgk.de/de/kommission/die-kommission-im-dialog/deteilansicht/kodexaenderungen-2017-beschlossen-vorsitzwechsel-zum-1-maerz.html

Rehbein, Kathleen/Logsdon, Jeanne M./Van Buren III, Harry J.: Corporate Responses to Shareholder Activists: Considering the Dialogue Alternative, Journal of Business Ethics Volume 112, Number 1 (2013), S. 137-154

Reichert, Jochem/Ott, Nicolas: Investorenvereinbarungen mit der Zielgesellschaft – Möglichkeiten und Grenzen der Einflussnahme auf Gesellschaftsorgane, in: Habersack, Mathias/Hommelhoff, Peter (Hrsg.): Festschrift für Wulf Goette zum 65. Geburtstag, München 2011, S. 397-412

Reisberg, Arad: The notion of stewardship from a company law perspective, Re-defined and re-assessed in light of the recent financial crisis?, Journal of Financial Crime Volume 18, Number 2 (2011), S. 126-147

Reisberg, Arad: The UK Stewardship Code: On the Road to Nowhere?, Journal of Corporate Law Studies Volume 15, Issue 2 (2015), S. 217-253

Reitz, Martin: Studie: ESG stellt Investoren und Unternehmen vor Herausforderungen, in: DAI (Hrsg.): Kurvenlage. Halbjahresbericht des Deutschen Aktieninstituts, 2. Halbjahr 2018, abrufbar unter www.dai.de/files/dai_user-content/dokumente/jahresbericht/2018-II%20Kurvenlage.pdf, S. 40-41

Renner, Moritz: Hauptversammlungszuständigkeit und Organadäquanz, AG 2015, S. 513-523

Reutershahn, Laura: Unternehmensbezogene Außenkommunikation des Aufsichtsratsvorsitzenden, Baden-Baden 2019

Rickard, Al: Investor Relations in Deutschland, in: NIRI (Hrsg.): IR Update November 2016, Investor Relations in Deutschland, abrufbar unter www.niri.org/NIRI/media/Protected-Documents/IRUpdate/2016/1116_NIRI_IRU_FullBook_LoRes.pdf, S. 6-11

Rickford, Jonathan: Fundamentals, Developments and Trends in British Company Law – Some Wider Reflections, First Part: Overview and the British Approach, ECFR 2004, S. 391-415

Ridder, Christopher: Investor Relations-Qualität: Determinanten und Wirkungen, Theoretische Konzeption mit empirischer Überprüfung für den deutschen Kapitalmarkt, Wolfratshausen 2006

Rieckers, Oliver: Nachlese zur Hauptversammlungssaison 2016 und Ausblick auf 2017, DB 2016, S. 2526-2535

Rieger, Ralf: Stellungnahme zu den Vorschlägen der Regierungskommission Deutscher Corporate Governance Kodex zu Kodexanpassungen und -änderungen 2017, 3. Dezember 2016, abrufbar unter www.dcgk.de/de/konsultationen/archiv/konsultation-2016.html

Ringe, Wolf-Georg: Changing Law and Ownership Patterns in Germany: Corporate Governance and the Erosion of Deutschland AG, American Journal of Comparative Law Volume 63, Number 2 (2015), S. 493-538

Ringe, Wolf-Georg: Shareholder Actisivm: A Renaissance, in: Gordon, Jeffrey N./Ringe, Wolf-Georg (Hrsg.): The Oxford Handbook of Corporate Law and Governance, Oxford 2018, S. 387-424

RiskMetrics Group (Hrsg.): Study on Monitoring and Enforcement Practices in Corporate Governance in the Member States, 23. September 2009, abrufbar unter www.guberna.be/sites/default/files/pubs/comply-or-explain-090923_en.pdf

Risse, Jörg/Kästle, Florian (Hrsg.): M&A und Corporate Finance von A-Z, 3. Auflage, München 2018

Roach, Lee: The UK Stewardship Code, Journal of Corporate Law Studies Volume 11, Number 2 (2011), S. 463-494

Roberts, David William: Agreement in Principle: A Compromise for Activist Shareholders from the UK Stewardship Code, Vanderbilt Journal of Transnational Law Volume 48 (2015), S. 543-575

Rock, Edward B.: The Logic and (Uncertain) Significance of Institutional Shareholder Activism, Georgetown Law Journal Volume 79, Number 3 (1991), S. 445-506

Rock, Edward B.: Shareholder Eugenics in the Public Corporation, Cornell Law Review Volume 97, Number 4 (2012), S. 849-906

Rock, Edward B.: Institutional Investors in Corporate Governance, in: Gordon, Jeffrey N./Ringe, Wolf-Georg (Hrsg.): The Oxford Handbook of Corporate Law and Governance, Oxford 2018, S. 363-386

Rodewald, Jörg: Lagebericht als Investor-Relations-Instrument – Möglichkeiten und Grenzen aus rechtlicher Sicht, BB 2001, S. 2155-2161

Rose, Caspar: Impact of investor meetings/presentations on share prices, insider trading and securities regulation, International Review of Law and Economics Volume 23 (2007), S. 227-236

Rosen, Rüdiger von: Die Repräsentanz der Streubesitzaktionäre in der Hauptversammlung deutscher Aktiengesellschaften, in: Feddersen, Dieter/Hommelhoff, Peter/Schneider, Uwe H. (Hrsg.): Corporate Governance, Optimierung der Unternehmensführung und der Unternehmenskontrolle im deutschen und amerikanischen Aktienrecht, Köln 1996, S. 289-300

Rosen, Rüdiger von: Fehlentwicklungen bei Compliance und Risikomanagement – Zugleich eine Anmerkung zum Regierungsentwurf des BilMoG, AG 2008, S. 537-538

Rosen, Rüdiger von/Herdina, Markus: Investor Relations und Analystenveranstaltungen als Folgepflichten für Unternehmen auf dem Neuen Markt, BFuP 2001, S. 45-53

Roth, Markus: Die (Ohn-)Macht der Hauptversammlung, Oder: Unlautere Werbung für Aktienrecht, ZIP 2003, S. 369-378

Roth, Markus: Möglichkeiten vorstandsunabhängiger Information des Aufsichtsrats, AG 2004, S. 1-13

Roth, Markus: Private Altersvorsorge als Aspekt der Corporate Governance, ZGR 2011, S. 516-557

Roth, Markus: Information und Organisation des Aufsichtsrats, ZGR 2012, S. 343-381

Roth, Markus: Wirtschaftsrecht auf dem Deutschen Juristentag 2012, Möglichkeiten und Grenzen für staatliche und nichtstaatliche Eingriffe in die Unternehmensführung, NZG 2012, S. 881-887

Roth, Markus: Labor and Comparative Corporate Governance in Times of Pension Capitalism, Independent Directors, Shareholder Empowerment and Long-Termism: The Transatlantic Perspective, Fordham Journal of Corporate & Financial Law Volume 18, Number 4 (2013), S. 751-820

Roth, Markus: Corporate Boards in Germany, in: Davies, Paul/Hopt, Klaus J./ Nowak, Richard G. J./van Solinge, Gerald (Hrsg.): Corporate Boards in Law and Practice: A Comparative Analysis in Europe, Oxford 2014, S. 253-365

Roth, Markus: Ehemalige Geschäftsleiter im Aufsichts- und Verwaltungsrat, ZHR 178 (2014), S. 638-670

Roth, Markus: Kommunikation des Aufsichtsrats, in: Dreher, Meinrad/Drescher, Ingo/ Mülbert, Peter O./Verse, Dirk A. (Hrsg.): Festschrift für Alfred Bergmann zum 65. Geburtstag am 13. Juli 2018, Berlin/Boston 2018, S. 565-582

Roth, Markus: Deutscher Corporate Governance Kode 2020, Grundlegende Kodexreform: Einführung von Grundsätzen und Stärkung der Unabhängigkeit, AG 2020, S. 278-295

Rubner, Daniel/Fischer, Jan-Benedikt: Erneut: Professionalisierung des Aufsichtsrats, Zu den Änderungen des DCGK 2015, NZG 2015, S. 782-791

Rubner, Daniel/Leuering, Dieter: Das CSR-Umsetzungsgesetz, NJW-Spezial 2017, S. 719-720

Rudolf, Stefan: Entwicklungen im Kapitalmarkt in Deutschland, in: Habersack, Mathias/Mülbert, Peter O./Schlitt, Michael (Hrsg.): Unternehmensfinanzierung am Kapitalmarkt, 3. Auflage, Köln 2013, S. 1-56

Rudolf, Stefan: Information des Kapitalmarkts als Marketingaufgabe, in: Habersack, Mathias/Mülbert, Peter O./Schlitt, Michael (Hrsg.): Handbuch der Kapitalmarktinformation, 2. Auflage, München 2013, S. 1-28

Ruffner, Markus: Die ökonomischen Grundlagen eines Rechts der Publikumsgesellschaft, Ein Beitrag zur Theorie der Corporate Governance, Zürich 2000

Ruhwedel, Peter/Weitzel, Tobias M.: Die Berichterstattung des Aufsichtsrats, AR 2013, S. 40-41

Ruhwedel, Peter/Weitzel, Tobias: Der Aufsichtsrat im Dialog mit Investoren, Webbeitrag vom 9. November 2016, abrufbar unter www.kommunikation-bsk.de/der-aufsichtsrat-im-dialog-mit-investoren/

Ruhwedel, Peter/Weitzel, Tobias M.: Investorendialoge des Aufsichtsrats, Analyse der DAX-30-Gesellschaften zum Geschäftsjahr 2017, AR 2018, S. 69-71

S

Säcker, Franz Jürgen: Informationsrechte der Betriebs- und Aufsichtsratsmitglieder und Geheimsphäre des Unternehmens, Heidelberg 1979

Säcker, Franz Jürgen: Vorkehrungen zum Schutz der gesetzlichen Verschwiegenheitspflicht und gesellschaftsrechtliche Treuepflicht der Aufsichtsratsmitglieder, in: Lutter, Marcus/Stimpel, Walter/Wiedemann/Herbert (Hrsg.): Festschrift für Robert Fischer, Berlin/New York 1979, S. 635-656

Säcker, Franz Jürgen: Aktuelle Probleme der Verschwiegenheitspflicht der Aufsichtsratsmitglieder, NJW 1986, S. 803-811

Säcker, Franz Jürgen/Rehm, Christian: Grenzen der Mitwirkung des Aufsichtsrats an unternehmerischen Entscheidungen in der Aktiengesellschaft, DB 2008, S. 2814-2821

Salzer, Eva: Quintessenz der Unternehmenskommunikation, Wie Sie Ihre Ziele im Dialog mit Ihren Stakeholdern besser erreichen können, Berlin/Heidelberg 2011

scd/fed Frankfurt: Effizienterer Dialog mit Aktionären erwartet, in: Börsen-Zeitung Ausgabe 179 vom 18. September 2019, S. 8

Schaefer, Hans: Shareholder Activism und Corporate Governance, NZG 2007, S. 900-903

Schaefer, Hans: Shareholder Activism, AR 2008, S. 42

Schäfer, Daniel: Aktionärsberater Hans-Christoph Hirt im Interview, „Bei einzelnen Unternehmen könnte die Leistung der Kontrolleure besser sein", Der Manager des britischen Aktionärsberaters Hermes spricht über die Kompetenz deutscher Aufsichtsräte und über den Dialog mit Investoren., in: Handelsblatt Online vom 25. Mai 2018, abrufbar unter www.handelsblatt.com/finanzen/maerkte/boerse-inside/aktionaersberater-hans-christoph-hirt-im-interview-bei-einzelnen-unternehmen-koennte-die-leistung-der-kontrolleure-besser-sein/22593578.html

Schaper, Martin: Unternehmenskommunikation und Vertraulichkeit in der Europäischen Aktiengesellschaft (SE) im Vergleich zur AG, AG 2018, S. 356-364

Scheffler, Eberhard: Rolle des Aufsichtsrats bei der Vermeidung und Überwindung von Unternehmenskrisen, BB 2014, S. 2859-2863

Scheffler, Eberhard: Referentenentwurf zum ARUG II: Verbesserung der Aktionärsrechte, AG 2018, S. R 317-R319

Scheid, Oliver: Prüfungsgegenstand CSR: Mut zur (Erwartungs-)Lücke?, AR 2019, S. 1

Schenck, Kersten von: Der Aufsichtsratsvorsitzende in der Unternehmenskrise, AR 2009, S. 111-113

Schenck, Kersten von: Der Aufsichtsrat und sein Vorsitzender – Eine Regelungslücke, AG 2010, S. 649-657

Scherer, Martin: Der Aufsichtsrat als Kommunikator, in: Dehnen, Peter H. (Hrsg.): Der professionelle Aufsichtsrat, Basiswissen für die Praxis, Ein 360°-Überblick, Frankfurt am Main 2014, S. 148-160

Schick, Werner: Gespräche des Aufsichtsrats mit Investoren, WPg 2018, S. 1379-1384

Schiereck, Dirk/Tunder, Ralph/Gohlke, Felicitas: Durch Wertpapieranalysten wahrgenommene Qualität der Finanzkommunikation deutscher Unternehmen, DB 2010, S. 401-407

Schiessl, Maximilian: Leitungs- und Kontrollstrukturen im internationalen Wettbewerb – Dualistisches System und Mitbestimmung auf dem Prüfstand –, ZHR 167 (2003), S. 235-256

Schiessl, Maximilian: Auf der Suche nach dem „Ankeraktionär" – „PIPE"-Transaktionsmodelle und Organpflichten, AG 2009, S. 385-392

Schiessl, Maximilian: Empfehlungen an Publikumsgesellschaften für den Umgang mit Hedgefonds, ZIP 2009, S. 689-697

Schilha, Raplh/Theusinger, Ingo: Aufsichtsratskommunikation – insbesondere in der Unternehmenskrise: Aktienrechtsdogmatik trifft auf Praxiserwartung, NZG 2019, S. 521-527

Schilha, Raplh/Theusinger, Ingo/v. Manikowsky, Dirk/Werder, Axel von: Die Rolle des Aufsichtsrats in der Krisenkommunikation, Erkenntnisse einer interdisziplinären Studie, BOARD 2019, S. 42-44

Schimansky, Herbert/Bunte, Hermann-Josef/Lwowski, Hans-Jürgen: Bankrechts-Handbuch, Band II, 5. Auflage, München 2017

Schindler, Joachim/Rabenhorst, Dirk: Auswirkungen des KonTraG auf die Abschlußprüfung (Teil I), BB 1998, S. 1886-1893

Schirmer, Jan-Erik: Bericht über die Diskussion des Referats Bachmann, in: VGR (Hrsg.): Gesellschaftsrecht in der Diskussion 2016, Jahrestagung der Gesellschaftsrechtlichen Vereinigung, Band 22, Köln 2017, S. 181-188

Schlitt, Christian: Der aktive Aufsichtsratsvorsitzende – Zum Handlungsspielraum des Aufsichtsratsvorsitzenden im aktienrechtlichen Normgefüge –, DB 2005, S. 2007-2013

Schmidt, Christian: Analyse von Leitfadeninterviews, in: Flick, Uwe/Kardoff, Ernst von/Steinke, Ines (Hrsg.): Qualitative Forschung, Ein Handbuch, 9. Auflage, Reinbek bei Hamburg 2012, S. 447-455

Schmidt, Jessica: Die Umsetzung der Aktionärsrechte-Richtlinie 2017: der Referentenentwurf für das ARUG II, NZG 2018, S. 1201-1220

Schmidt, Karsten/Lutter, Marcus (Hrsg.): Aktiengesetz, Kommentar, 3. Auflage, Köln 2015

Schmitt, Wolfram: Die Roadshow – eines der effektivsten Instrumente der IR, in: Kirchhoff, Klaus Rainer/Piwinger, Manfred (Hrsg.): Praxishandbuch Investor Relations, Das Standardwerk der Finanzkommunikation, 2. Auflage, Wiesbaden 2009, S. 385-392

Schmolke, Klaus Ulrich: Institutional Investors' Mandatory Voting Disclosure: The Proposal of the European Commission against the Background of the US Experience, European Business Organization Law Review Volume 7 (2006), S. 767-815

Schmolke, Klaus Ulrich: Institutionelle Anleger und Corporate Governance – Traditionelle institutionelle Investoren vs. Hedgefonds, ZGR 2007, S. 701-744

Schneider, Uwe H.: Die Revision der OECD Principles of Corporate Governance 2004, AG 2004, S. 429-434

Schneider, Uwe H.: ISS ante portas – der nächste Schritt in den Pensionskassenkorporatismus?, EuZW 2006, S. 289

Schneider, Uwe H.: Interessenkonflikte im Aufsichtsrat, in: Habersack, Mathias/Hommelhoff, Peter (Hrsg.): Festschrift für Wulf Goette zum 65. Geburtstag, München 2011, S. 475-485

Schneider, Uwe H.: Abgestimmtes Verhalten institutioneller Anleger: Gute Corporate Governance oder rechtspolitische Herausforderung?, ZGR 2012, S. 518-534

Schneider, Uwe H./Anzinger, Heribert M.: Institutionelle Stimmrechtsberatung und Stimmrechtsvertretung – „A quiet guru's enormous clout", NZG 2007, S. 88-96

Schneider, Uwe H./Burgard, Ulrich: Maßnahmen zur Verbesserung der Präsenz auf der Hauptversammlung einer Aktiengesellschaft, in: Beisse, Heinricht/

Lutter, Marcus/Närger, Heribald: Festschrift für Karl Beusch zum 68. Geburtstag am 31. Oktober 1993, Berlin/New York 1993, S. 783-803

Schneider, Uwe H./Schneider, Sven H.: Der Aufsichtsrat zwischen Kontinuität und Veränderung, Ein wohlwollender Rückblick auf 50 Jahre Aufsichtsrat und ein Ausblick auf die Herausforderungen der nächsten 50 Jahre, AG 2015, S. 621-627

Schneider, Uwe H./Singhof, Bernd: Die Weitergabe von Insidertatsachen in der konzernfreien Aktiengesellschaft, insbesondere im Rahmen der Hauptversammlung und an einzelne Aktionäre – Ein Beitrag zum Verhältnis von Gesellschaftsrecht und Kapitalmarktrecht – , in: Hönn, Günther/Konzen, Horst/Kreutz, Peter (Hrsg.): Festschrift für Alfons Kraft zum 70. Geburtstag, Neuwied/Kriftel 1998, S. 585-604

Schockenhoff, Martin/Culmann, Johannes: Shareholder Activism in Deutschland, ZIP 2015, S. 297-307

Schockenhof, Martin/Nußbaum, Anton: Kostenlose Serviceleistungen der Aktiengesellschaft an einzelne Aktionäre, AG 2019, S. 321-329

Schockenhof, Martin/Topf, Cornelia: Formelle Wirksamkeitsanforderungen an die Abberufung eines Vorstandsmitglieds und die Kündigung seines Anstellungsvertrags – Zugleich Besprechung des Urteils des OLG Düsseldorf vom 17.11.2003 – I-15 U 225/03 –, DB 2005, S. 539-545

Scholderer, Frank/Werder, Axel von: Dissens im Aufsichtsrat – Beurteilung alternativer Handlungsoptionen aus Sicht guter Corporate Governance, ZGR 2017, S. 865-916

Scholz, Philipp: Haftungsprivileg, safe harbor oder verbindliche Konkretisierung des allgemeinen Sorgfaltsmaßstabs? Zur zivilrechtlichen Erfassung der deutschen Business Judgment Rule (§ 93 Abs. 1 Satz 2 AktG), AG 2018, S. 173-185

Schoppen, Willi: Aktivistische Aktionäre fordern Aufsichtsräte heraus, in: Börsen-Zeitung Ausgabe 16 vom 24. Januar 2019, S. 9

Schreib, Hans Peter: Investor Relations aus Sicht der Anleger, BFuP 1993, S. 163-172

Schreyögg, Georg/Unglaube, Oliver: Zur Rolle von Finanzinvestoren in deutschen Publikumsgesellschaften – Thesen und empirische Befunde, AG 2013, S. 97-110

Schulz, Thomas: Kommunikation als Herausforderung für den Aufsichts- und Verwaltungsrat, in: Hölscher, Reinhold/Altenhain, Thomas (Hrsg.): Handbuch Aufsichts- und Verwaltungsräte in Kreditinstituten, Rechtlicher Rahmen – Betriebswirtschaftliche Herausforderungen – Best Practices, Berlin 2013, S. 489-507

Schüppen, Matthias: To comply or not to comply – that's the question! „Existenzfragen" des Transparenz- und Publizitätsgesetzes im magischen Dreieck kapitalmarktorientierter Unternehmensführung, ZIP 2002, S. 1269-1279

Schwalbach, Joachim/Schwerk, Anja: Corporate Governance und Corporate Social Responsibility: Grundlagen und Konsequenzen für die Kommunikation, in: Zerfaß, Ansgar/Piwinger, Manfred (Hrsg.): Handbuch Unternehmenskommunikation, Strategie – Management – Wertschöpfung, 2. Auflage, Wiesbaden 2014, S. 203-218

Schwintowski, Hans-Peter: Verschwiegenheitspflicht für politisch legitimierte Mitglieder des Aufsichtsrats, NJW 1990, S. 1009-1015

Seibert, Ulrich: Stimmrecht und Hauptversammlung – eine rechtspolitische Sicht, BB 1998, S. 2536-2540

Seibert, Ulrich: Aktienrechtsreform in Permanenz?, AG 2002, S. 417-420

Seibert, Ulrich: Gute Aktionäre – schlechte Aktionäre – „Aktive Finanzinvestoren" und Stimmrecht, in: Aderhold, Lutz/Grunewald, Barbara/Klingberg, Dietgard/Paefgen, Walter G. (Hrsg.): Festschrift für Harm Peter Westermann zum 70. Geburtstag, Köln 2008, S. 1505-1517

Seibert, Ulrich: Corporate Governance: The Next Phase – Die Corporate Governance-Debatte schreitet weiter zu den Pflichten der Eigentümer und ihrer Helfer, in: Krieger, Gerd/Lutter, Marcus/Schmidt, Karsten (Hrsg.): Festschrift für Hoffmann-Becking zum 70. Geburtstag, München 2013, S. 1101-1118

Seibert, Ulrich: 50 Jahre Aktiengesetz 1965 – Entwicklung von Kapitalmarkt und Corporate Governance in Deutschland aus der Sicht der Gesetzgebung, AG 2015, S. 593-596

Seibt, Christoph H.: Deutscher Corporate Governance Kodex und Entsprechens-Erklärung (§ 161 AktG-E), AG 2002, S. 249-259

Seibt, Christoph H.: Finanzanalysten im Blickfeld von Aktien- und Kapitalmarktrecht, ZGR 2006, S. 501-539

Seibt, Christoph H.: Informationsfluss zwischen Vorstand und Aufsichtsrat (dualistisches Leitungssystem) bzw. innerhalb des Verwaltungsrats (monistisches Leitungssystem), in: Hommelhoff, Peter/Hopt, Klaus J./Werder, Axel von(Hrsg.): Handbuch Corporate Governance, Leitung und Überwachung börsennotierter Unternehmen in der Rechts- und Wirtschaftspraxis, 2. Auflage, Stuttgart/Köln 2009, S. 391-422

Seibt, Christoph H.: Dekonstruktion des Delegationsverbots bei der Unternehmensleitung, in: Bitter, Georg/Lutter, Marcus/Priester, Hans-Joachim/Schön, Wolfgang/Ulmer, Peter (Hrsg.): Festschrift für Karsten Schmidt zum 70. Geburtstag, Köln 2009, S. 1463-1487

Seibt, Christoph H.: Interessenkonflikte im Aufsichtsrat, in: Grundmann, Stefan/Haar, Brigitte/Merkt, Hanno/Mülbert, Peter O./Wellenhofer, Marina/Baum, Harald/Hein, Jan von/Hippel, Thomas von/Pistor, Katharina/Roth, Markus/Schweitzer, Heike (Hrsg.): Festschrift für Klaus J. Hopt zum 70. Geburtstag am 24. August 2010, Unternehmen, Markt und Verantwortung, Band 1, Berlin/New York 2010, S. 1363-1390

Seibt, Christoph H.: Pflichten der Geschäftsleitung bei Eingehung von Finanzierungsgeschäften – in Normal- und Krisenzeiten des Unternehmens, ZIP 2013, S. 1597-1607

Seibt, Christoph H.: Richtlinienvorschlag zur Weiterentwicklung des europäischen Corporate Governance-Rahmens – Vorschlag der EU-Kommission zur Änderung der Aktionärsrechterichtlinie und Empfehlung zur Qualität der Berichterstattung über die Unternehmensführung, DB 2014, S. 1910-1919

Seibt, Christoph H.: Corporate Reputation Management: Rechtsrahmen für Geschäftsleiterhandeln, DB 2015, S. 171-178

Seibt, Christoph H.: Die Hauptversammlung ist tot, ... es lebe der Investorendialog! Wie wir die Aktionärstreffen hierzulande retten könnten., in: manager magazin, August 2016, S. 69

Seibt, Christoph H.: CSR-Richtlinie-Umsetzungsgesetz: Berichterstattung über nichtfinanzielle Aspekte der Geschäftstätigkeit – Neues Element des Corporate Reputation Management –, DB 2016, S. 2707-2716

Seibt, Christoph H.: Aufsichtsrat geht mit Investoren in den Dialog, Außenkommunikation auf eigene Zuständigkeitsbereiche begrenzt – Differenzierung nach Anlegergruppen geboten, in: Börsen-Zeitung Ausgabe 114 vom 17. Juni 2017, S. 9

Seibt, Christoph H.: 20 Thesen zur Corporate Governance und Unternehmensorganisation in VUCA-Zeiten, DB 2018, S. 237-245

Seibt, Christoph H./Danwerth, Christopher: Ad-hoc-Publizitätspflichten beim Vorstandswechsel zwischen Börsenunternehmen, NZG 2019, S. 121-127

Seibt, Christoph H./Scholz, Philipp: Wahlkandidaten der Gesellschaft für den Aufsichtsrat – Möglichkeiten der Einbeziehung in die Tätigkeit und strategische Überlegungen des Aufsichtsrats in Vorbereitung der Hauptversammlung, AG 2016, S. 739-748

Selter, Wolfgang: Die Beratung des Aufsichtsrats und seiner Mitglieder, Baden-Baden 2014

Semler, Johannes: Aufgaben und Funktionen des aktienrechtlichen Aufsichtsrats in der Unternehmenskrise, AG 1983, S. 141-148

Semler, Johannes: Geschäfte einer Aktiengesellschaft mit Mitgliedern ihres Vorstands – Gedanken zu § 112 AktG –, in: Pfeiffer, Gerd/Wiese, Günther/

Zimmermann, Klaus (Hrsg.): Festschrift für Heinz Rowedder zum 75. Geburtstag, München 1994, S. 441-457

Semler, Johannes: Die Effizienzprüfung des Aufsichtsrats, in: Damm, Reinhard/ Heermann, Peter W./Veil, Rüdiger (Hrsg.): Festschrift für Thomas Raiser zum 70. Geburtstag am 20. Februar 2005, Berlin 2005, S. 399-419

Semler, Johannes: Überlegungen zur Praktikabilität der Organhaftungsvorschriften, in: Habersack, Mathias/Hommelhoff, Peter (Hrsg.): Festschrift für Wulf Goette zum 65. Geburtstag, München 2011, S. 499-512

Semler, Johannes: Der Aufsichtsrat – Die Karriere einer Einrichtung, NZG 2013, S. 771-778

Semler, Johannes/Wagner, Elisabeth: Deutscher Corporate Governance Kodex – Die Entsprechenserklärung und Fragen der gesellschaftsinternen Umsetzung, NZG 2003, S. 553-558

Serfing, Klaus/Großkopff, Anne/Röder, Marco: Investor Relations in der Unternehmenspraxis, AG 1998, S. 272-280

Sharfman, Bernard S.: Activist Hedge Funds in a World of Board Independence: Creators or Destroyers of Long-Term Value, Columbia Business Law Review Volume 2015, Number 3 (2015), S. 813-860

Siepmann, Regine/Kayser, Joachim: In der Breite nicht auf fairem Niveau: Aufsichtsratsvergütung in DAX-Unternehmen, AR 2018, S. 101-103

Simon, Stefan: Die Beratungsfunktion des Aufsichtsrats, in: Bergmann, Alfred/ Hoffmann-Becking, Michael/Noack, Ulrich (Hrsg.): Recht und Gesetz, Festschrift für Ulrich Seibert zum 65. Geburtstag, Köln 2019, S. 847-854

Simon, Stefan/Zetzsche, Dirk: Das Vollmachtstimmrecht von Banken und geschäftsmäßigen Vertretern (§ 135 AktG nF) im Spannungsfeld von Corporate Governance, Präsenzsicherung und prozeduraler Effizienz, ZGR 2010, S. 918-957

Simons, Cornelius/Kalbfleisch, Florian: Sektorvertrautheit im Aufsichtsrat (§ 100 Abs. 5 Halbs. 2 AktG), AG 2020, S. 526-535

Simpson, Anne: Determining the Initial Approach to a Company, in: BlackRock/Ceres (Hrsg.): 21st Century Engagement: Investor Strategies for Incorporating ESG Considerations into Corporate Interactions (2015), abrufbar unter www.blackrock.com/corporate/literature/publication/blk-ceres-engagementguide2015.pdf, S. 7-8

Singhof, Bernd: „Market Sounding“ nach der Marktmissbrauchsverordnung, ZBB 2017, S. 193-206

Skipper, Anita: United Kingdom: Clear Policies Move the Needle on Stewardship and Engagement, in: BlackRock/Ceres (Hrsg.): 21st Century

Engagement: Investor Strategies for Incorporating ESG Considerations into Corporate Interactions (2015), abrufbar unter www.blackrock.com/corporate/literature/publication/blk-ceres-engagementguide2015.pdf, S. 45-46

Smend, Axel: Aktive Aktionäre, Interessen verschiedener Aktionärsgruppen und Verhaltensempfehlungen für Vorstand und Aufsichtsrat, ZCG 2008, S. 53-58

Solomon, David/Soltes, Eugene: What Are We Meeting For? The Consequences of Private Meetings with Investors, The Journal of Law & Economics Volume 58, Number 2 (2015), S. 325-355

Sorkin, Andrew Ross: Investors Ask Boards 'Can We Talk?', in: New York Times vom 22. Juli 2014, S. B1 und B4

Speich, Ingo: „Mit reiner Hinterzimmerdiplomatie kommt man nicht weit", BOARD 2015, S. 193-196

Spillmann, Till: Institutionelle Investoren im Recht der (echten) Publikumsgesellschaften, Zürich/Basel/Genf 2004

Spindler, Gerald: Acting in Concert – Begrenzung von Risiken durch Finanzinvestoren? – Der Regierungsentwurf eines Risikobegrenzungsgesetzes –, WM 2007, S. 2357-2364

Spindler, Gerald: Grundlagen und Grenzen der Kommunikation mit Aktionären und Investoren (Investor Relations) – *de lege lata* und *de lege ferenda*, in: Bergmann, Alfred/Hoffmann-Becking, Michael/Noack, Ulrich (Hrsg.): Recht und Gesetz, Festschrift für Ulrich Seibert zum 65. Geburtstag, Köln 2019, S. 855-870

Spindler, Gerald/Stilz, Eberhard (Hrsg.): Kommentar zum Aktiengesetz,

Band 1, §§ 1-149, 4. Auflage, München 2019

Band 2, §§ 150-410, SpruchG, SE-VO, 4. Auflage, München 2019

Steiger, Max: Institutionelle Investoren und Corporate Governance – eine empirische Analyse, ZEW-Dokumentation Nr. 98-05, Mannheim 1998

Steinbach, Martin/Bommer, Kay: Im Rampenlicht der Kapitalmarktöffentlichkeit, in: Finance Magazin, September 2013, S. 28-29

Steiner, Dirk: Die Vertretung der „kleinen" Aktiengesellschaft durch den Aufsichtsrat, BB 1998, S. 1910-1912

Stöhr, Alexander: Informationsversorgung des Aufsichtsrats, in: Grundei, Jens/Zaumseil, Peter (Hrsg.): Der Aufsichtsrat im System der Corporate Governance, Betriebswirtschaftliche und juristische Perspektiven, Wiesbaden 2012, S. 311-329

Storck, Michel/Schneider, Uwe H.: Doppeltes Stimmrecht für langfristig investierte Aktionäre im französischen Recht, Ein Beitrag zur „Nachhaltigkeitsprämie", AG 2008, S. 700-706

Strampelli, Giovanni: Knocking at the Boardroom Door: A Transatlantic Overview of Director-Institutionel Investor Engagement in Law and Practice, Virginia Law and Business Review Volume 12, Number 2 (2018), S. 187-241

Strenger, Christian: Corporate Governance und Anteilseigner, insbesondere institutionelle Anleger, in: Hommelhoff, Peter/Hopt, Klaus J./Werder, Axel von (Hrsg.): Handbuch Corporate Governance, Leitung und Überwachung börsennotierter Unternehmen in der Rechts- und Wirtschaftspraxis, 1. Auflage, Köln/Stuttgart 2003, S. 697-713

Strenger, Christian: Ein Stewardship Code für Deutschland?, in: KPMG's ACI (Hrsg.): Audit Committee Quarterly I/2011, Schwerpunktthema: Der britische Stewardship Code, abrufbar unter www.audit-committee-institute.de/media/aci_quarterly_2011_1.pdf, S. 12-14

Strenger, Christian/Zetzsche, Dirk: Institutionelle Anleger, Verbesserung der Corporate Governance und Erleichterung der grenzüberschreitenden Stimmrechtsausübung, AG 2013, S. 397-406

Strine, Leo E.: Can We Do Better By Ordinry Investors? A Pragmatic Reaction to the Dueling Ideological Mythologists of Corporate Law, Columbia Law Review Volume 114, Issue 2 (2014), S. 449-502

Strohn, Lutz: Vom Aufsichtsratsbüro zum Aufsichtsratsbudget – Der Weg des Aufsichtsrats vom passiven zum aktiven Organ –, in: Boele-Woelki, Katharina/Faust, Florian/Jacobs, Matthias/Kuntz, Thilo/Röthel, Anne/Thorn, Karsten/Weitemeyer, Birgit (Hrsg.): Festschrift für Karsten Schmidt zum 80. Geburtstag, Band 2, München 2019, S. 461-470

Student, Dietmar: Jetzt rede ich!, Unternehmensführung, Revolution in der Chefetage: Der Aufsichtsratsvorsitzende wächst in eine dominante Rolle, auch auf Druck der Investoren. Die neue Souveränität schafft Konflikte im Verhältnis zum CEO, in: manager magazin, November 2016, S. 58-66

Sünner, Eckart: Der Bericht des Aufsichtsrats an die Hauptversammlung nach § 171 Abs. 2 AktG, AG 2008, S. 411-416

swa Frankfurt: Aufsichtsrat, bitte kommen! Institutionelle Investoren fordern regelmäßigen Dialog – Aktionärsrechte in der Regulierungsdebatte, in: Börsen-Zeitung Ausgabe 177 vom 16. September 2015, S. 13

Symrise AG: Deutscher Corporate Governance Kodex, Förmliches Konsultationsverfahren 2016, 13. Dezember 2016, abrufbar unter www.dcgk.de/de/konsultationen/archiv/konsultation-2016.html

T

Teichmann, Christoph: ECLR, Corporate Governance in Europa, ZGR 2001, S. 645-679

Thaeter, Ralf/Guski, Roman: Shareholder Activism: Gesellschaftsrechtliche Schranken aktiven Aktionärsverhaltens, AG 2007, S. 301-308

Than, Jürgen: Auf dem Weg zur virtuellen Hauptversammlung – Eine Bestandsaufnahme, in: Lutter, Marcus/Scholz, Manfred/Sigle, Walter (Hrsg.): Festschrift für Martin Peltzer zum 70. Geburtstag, Köln 2001, S. 577-598

Thamm, Christian/Schiereck, Dirk: Shareholder Activism in Deutschland – Eine Bestandsaufnahme, Corporate Finance 2014, S. 17-27

Theisen, Manuel R.: Die Überwachungsberichterstattung des Aufsichtsrats, Theoretische Forderungen und praktische Übung, BB 1988, S. 705-711

Theisen, Manuel R.: Anmerkung zu OLG Zweibrücken, Beschluß vom 28. 5. 1990 – 3 W 93/90, DB 1990, S. 1401

Theisen, Manuel R.: Repräsentationsaufgaben des Aufsichtsrat, AR 2017, S. 75

Theisen, Manuel R./Probst, Arno: Die Rolle des Aufsichtsrats in der Krise – Ergebnisse einer aktuellen Panel-Untersuchung der Aufsichtsratspraxis –, DB 2016, S. 1-8

Theisen, Manuel R./Probst, Arno: Strategie im Aufsichtsrat und aktivistische Investoren, Ergebnisse der 19. Panel-Befragung, AR 2019, S. 154-157

Thienel, Albert: Teamplayer, Kommunikation und Qualifikation des Aufsichtsrats, in: Dehnen, Peter H. (Hrsg.): Der professionelle Aufsichtsrat, Basiswissen für die Praxis, Ein 360°-Überblick, Frankfurt am Main 2014, S. 119-136

Thomas, Alexander/Wüllner, Linda: Beachtung des aktienrechtlichen Organisations- und Zuständigkeitsgefüges Kommunikation des Aufsichtsrats mit Investoren, in: hv-magazin 04/2017, abrufbar unter https://s3.eu-central-1.amazonaws.com/epapergp/HV/epaper-HV-Magazin-4-2017/index.html#0, S. 18-19

Thompson, Louis: Outreach: Is it Time to Add a Fifth Analyst Call?, Compliance Week Volume 8, Issue 88 (2011), S. 54-55

Thum, Alexander J./Klofat, Daniel: Der ungetreue Aufsichtsrat – Handlungsmöglichkeiten des Vorstands bei Pflichtverletzungen des Aufsichtsrats, NZG 2010, S. 1087-1091

Thümmel, Roderich C.: Aufgaben und Haftungsrisiken des Managements in der Krise des Unternehmens, BB 2002, S. 1105-1108

Thümmel, Roderich C.: Aufsichtsratshaftung vor neuen Herausforderungen – Überwachungsfehler, unternehmerische Fehlentscheidungen, Organisationsmängel und andere Risikofelder, AG 2004, S. 83-91

Thümmel, Roderich C.: Was macht einen guten Aufsichtsrat aus? Interview mit Klaus F. Jaenecke, AR 2018, S. 130

Thümmel, Roderich C.: Aufsichtsrat in der Krise?, AR 2018, S. 153

Tietz, Sandra/Hammann, Kerstin/Hoffmann, Christian P.: Investoren und Aufsichtsrat im Dialog, Studie zur Kommunikation des Aufsichtsrats am deutschen Kapitalmarkt und zur Rolle der Investor Relations, AR 2019, S. 69-71

Tiffe, Pia: Beurteilung von Investor Relations-Maßnahmen aus Sicht von Finanzanalysten – Eine theoretische und empirische Analyse, Wolfratshausen 2007

Tomkos, Thomas/Pietralla, Jens-Thomas: Trends und Entwicklungen in den DAX30-Aufsichtsräten 2016, AR 2016, S. 138-140

Tomkos, Thomas/Pietralla, Jens-Thomas/Feisel, Edda: Fortschritte und aktuelle Trends in den DAX30-Aufsichtsräten, AR 2018, S. 138-140

Tomorrow's Company (Hrsg.): Tomorrows's Owners, Defining, differentiating and rewarding stewardship (November 2009), abrufbar unter www.tomorrowscompany.com/wp-content/uploads/2016/05/Tomorrow_s_Owners___Defining__Differentiating_and_Rewarding_Scholarship__52ef86c12aa78.pdf

Tonello, Matteo/Gatti, Matteo: Board-Shareholder Engagement Practices, Findings from a Survey of SEC-Registered Companies, The Conference Board Director Notes V10N3 (Dezember 2019), abrufbar unter www.ssrn.com/abstract=3503657

Trescher, Karl: Die Auskunftspflicht des Aufsichtsrats in der Hauptversammlung, DB 1990, S. 515-516

Triebel, Volker/Illmer, Martin/Ringe, Wolf-Georg/Vogenauer, Stefan/Ziegler, Katja: Englisches Handels- und Wirtschaftsrecht, 3. Auflage, Frankfurt a.M. 2012

Tröger, Tobias: Die Regelungen zu institutionellen Investoren, Vermögensverwaltern und Stimmrechtsberatern im Referentenentwurf eines Gesetzes zur Umsetzung der zweiten Aktionärsrechterichtlinie (ARUG II), ZGR 2019, S. 126-162

Tüngler, Marc: Aufsichtsrat & Kommunikation – die Büchse der Pandora?, BOARD 2016, S. 173-174

Tüngler, Marc: Die Themen der HV-Saison 2018, BOARD 2018, S. 74-77

U

Ulmer, Peter: Der Deutsche Corporate Governance Kodex – ein neues Regulierungsinstrument für börsennotierte Aktiengesellschaften, ZHR 166 (2002), S. 150-181

Uysal, Nur/Yang, Aimei/Taylor, Maureen: Shareholder communication and issue salience: corporate responses to 'social' shareholder activism, Journal of Applied Communication Research Volume 46, Number 2 (2018), S. 179-201

V

Van der Elst, Christoph/Vermeulen, Erik P.M.: Europe's Corporate Governance Green Paper: Do Institutional Investors Matter?, Lex Research Topics in Corporate Law & Economics Working Paper No. 2/2011, abrufbar unter www.ssrn.com/abstract=1860144

Vaupel, Christoph: Ansprüche von Aktiengesellschaften gegen Stimmrechtsempfehlungen institutioneller Stimmrechtsberater, AG 2011, S. 63-77

VCI: VCI-Stellungnahme zu ausgewählten Änderungsvorschlägen der Regierungskommission Deutscher Corporate Governance Kodex für 2017, 15. Dezember 2016, abrufbar unter www.dcgk.de/de/konsultationen/archiv/konsultation-2016.html

Veil, Rüdiger: Weitergabe von Informationen durch den Aufsichtsrat an Aktionäre und Dritte – ein Lehrstück zum Verhältnis zwischen Gesellschafts- und Kapitalmarktrecht –, ZHR 172 (2008), S. 239-273

Velte, Patrick: Prüfung der nichtfinanziellen Erklärung und der Erklärung zur Unternehmensführung durch Aufsichtsrat und Abschlussprüfer, Eine Zwischenbilanz, AG 2018, S. 266-272

ver.di: Vorschläge der Regierungskommission Deutscher Corporate Governance Kodex zu Kodexanpassungen und -änderungen 2017, 5. Dezember 2016, abrufbar unter www.dcgk.de/de/konsultationen/archiv/konsultation-2016.html

Verse, Dirk: Der Gleichbehandlungsgrundsatz im Recht der Kapitalgesellschaften, Tübingen 2006

Verse, Dirk: 50 Jahre Aktiengesetz – Das deutsche Aktiengesetz unter europäischem Einfluss, in: Fleischer, Holger/Koch, Jens/Kropff, Bruno/Lutter, Marcus (Hrsg.): 50 Jahre Aktiengesetz, ZGR-Sonderheft 19, Berlin/Boston 2016, S. 303-324

Vetter, Eberhard: Deutscher Corporate Governance Kodex, DNotZ 2003, S. 748-764

Vetter, Eberhard: Die Berichterstattung des Aufsichtsrates an die Hauptversammlung als Bestandteil seiner Überwachungsaufgabe, ZIP 2006, S. 257-265

Vetter, Eberhard: Auskünfte des Aufsichtsrates in der Hauptversammlung – Gedanken de lege ferenda, in: Aderhold, Lutz/Grunewald, Barbara/Klingberg,

Dietgard/Paefgen, Walter G. (Hrsg.): Festschrift für Harm Peter Westermann zum 70. Geburtstag, Köln 2008, S. 1589-1604

Vetter, Eberhard: Zur Compliance-Verantwortung des Aufsichtsrats in eigenen Angelegenheiten, in: Hoffmann-Becking, Michael/Hüffer, Uwe/Reichert, Jochem (Hrsg.): Liber amicorum für Martin Winter, Köln 2011, S. 701-729

Vetter, Eberhard: Die Vertretung der AG gegenüber den Mitgliedern des Vorstands im rechtsgeschäftlichen Verkehr – Anmerkungen zur Anwendung von § 112 – , in: Altmeppen, Holger/Fitz, Hanns/Honsell, Heinrich (Hrsg.): Festschrift für Günter H. Roth zum 70. Geburtstag, München 2011, S. 855-870

Vetter, Eberhard: BGH EwiR § 93 AktG 2/11, EwiR 2011, S. 793-794

Vetter, Eberhard: Kapitalmarktkommunikation, Kapitalmarktdruck und Corporate Governance, Wider die Erosion der aktienrechtlichen Kompetenzordnung, AG 2014, S. 387-393

Vetter, Eberhard: Der Aufsichtsrat – Spagat zwischen gesetzlichen Vorgaben und wachsenden Herausforderungen, in: Fleischer, Holger/Koch, Jens/Kropff, Bruno/Lutter, Marcus (Hrsg.): 50 Jahre Aktiengesetz, ZGR-Sonderheft 19, Berlin/Boston 2016, S. 103-153

Vetter, Eberhard: Shareholders Communication – Wer spricht mit den institutionellen Investoren?, AG 2016, S. 873-877

Vetter, Eberhard: Deutscher Corporate Governance Kodex., NZG 2018, S. 899

Vetter, Eberhard: CSR-Berichterstattung nach §§ 289b ff. und 315b ff. HGB und die Verantwortung des Aufsichtsrats, in: Spindler, Gerald/Wilsing, Hans-Ulrich/Butzke, Volker (Hrsg.): Unternehmen, Kapitalmarkt, Finanzierung, Festschrift für Reinhard Marsch-Barner zum 75. Geburtstag, München 2018, S. 559-574

Vetter, Eberhard: Der Bericht des Aufsichtsrats gemäß § 171 Abs. 2 AktG an die Hauptversammlung und die CSR-Berichterstattung, in: Bergmann, Alfred/Hoffmann-Becking, Michael/Noack, Ulrich (Hrsg.): Recht und Gesetz, Festschrift für Ulrich Seibert zum 65. Geburtstag, Köln 2019, S. 1007-1020

Vetter, Jochen: Reformbedarf bei der Aktionärsklage nach § 148 AktG?, in: Krieger, Gerd/Lutter, Marcus/Schmidt, Karsten (Hrsg.): Festschrift für Hoffmann-Becking zum 70. Geburtstag, München 2013, S. 1317-1340

Vetter, Jochen: Mehr Demokratie wagen? Überlegungen zu einer Erweiterung der Entscheidungskompetenzen der Hauptversammlung, in: Bergmann, Alfred/Hoffmann-Becking, Michael/Noack, Ulrich (Hrsg.): Recht und Gesetz, Festschrift für Ulrich Seibert zum 65. Geburtstag, Köln 2019, S. 1021-1040

VGR: Stellungnahme der Gesellschaftsrechtlichen Vereinigung – Wissenschaftliche Vereinigung für Unternehmens- und Gesellschaftsrecht (VGR) e.V. („VGR“) zu den Vorschlägen der Regierungskommission Deutscher

Corporate Governance Kodex zu Kodex-Anpassungen und-Änderungen für 2017 vom 12. Dezember 2016, AG 2017, S. 1-5

Volkswagen AG: Pressemitteilung vom 11. Dezember 2015, abrufbar unter www.volkswagenag.com/de/news/2015/12/PM_Brendel.html

Vollhard, Rüdiger: Presseerklärungen von Mitgliedern des Aufsichtsrats einer AG, GRUR 1980, S. 496-501

Voges, Hans-Joachim: Zum Grundsatz der Gleichbehandlung im Aktienrecht, AG 1975, S. 197-201

W

Wachter, Thomas (Hrsg.): AktG, Kommentar zum Aktiengesetz, 3. Auflage, Köln 2018

Wackerbarth, Ulrich: Investorenvertrauen und Corporate Governance, ZGR 2005, S. 686-725

Wadewitz, Sabine: Wenn der Aufsichtsrat spricht, in: Börsen-Zeitung Ausgabe 248 vom 29. Dezember 2015, S. 7

Wadewitz, Sabine: Kodex-Neuerungen stoßen auf harsche Kritik, Unternehmen wollen unabhängige Aufsichtsräte nicht beim Namen nennen – Investoren reagieren positiv auf Regelanpassungen, in: Börsen-Zeitung Ausgabe 3 vom 5. Januar 2017, S. 7

Wadewitz, Sabine: Im Interview: Maximilian Degenhart, Weites Themenspektrum für Dialog zwischen Aufsichtsrat und Investor, Internationale Anleger bringen neue Gesprächskultur mit, in: Börsen-Zeitung Ausgabe 60 vom 25. März 2017, S. 9

Wadewitz, Sabine: Im Interview: Rolf Nonnenmacher, Regierungskommission Deutscher Corporate Governance Kodex, „Der Kodex leidet an einer Verrechtlichung“, Der Vorsitzende über einen möglichen Umbau des Regelwerks und die Diskussion über Gehälter und Shareholder Value, in: Börsen-Zeitung Ausgabe 116 vom 21. Juni 2017, S. 13

Wadewitz, Sabine: Im Gespräch: Michael Schmidt und Christian Strenger, Kodex-Reform stößt bei Investoren auf Kritik, DVFA-Vertreter monieren zu viele Streichungen im Regelwerk und sehen Nachbesserungsbedarf beim Thema Managergehälter, in: Börsen-Zeitung Ausgabe 233 vom 4. Dezember 2018, S. 8

Wadewitz, Sabine: Im Interview: Vanda Heinen und Jens Wilhelm, Union Investment, „Gute Governance stärkt das Vertrauen in die Aktie“, Dax-Ranking der Fondsgesellschaft zeigt Fortschritte in der Transparenz von

Unternehmen – Anforderungen der Investoren nehmen zu, in: Börsen-Zeitung Ausgabe 26 vom 7. Februar 2019, S. 13

Wadewitz, Sabine: Investoren in die Pflicht genommen, Kapitalmarktteilnehmer wünschen intensiveren Dialog und fordern aktive Stimmrechtsausübung, in: Börsen-Zeitung Ausgabe 207 vom 29. Oktober 2019, S. 8

Wagner, Gerhard: Organhaftung im Interesse der Verhaltenssteuerung – Skizze eines Haftungsregimes, ZHR 178 (2014), S. 227-281

Walker, David: A review of corporate governance in UK banks and other financial industry entities: Final recommendations, 26. November 2009, abrufbar unter http://webarchive.nationalarchives.gov.uk/+/www.hm-treasury.gov.uk/d/walker_review_261109.pdf

Walker, David: German investors step up engagement with firm, InvestmentEurope Issue 6 (2011), S. 18-20

Wang, Yijing/Berens, Guido/van Riel, Cees B. M.: Corporate Reputation Review Volume 15, Number 3 (2012), S. 198-221

Waring, Kerrie: The Rise of Stewardship Codes, in: BlackRock/Ceres (Hrsg.): 21st Century Engagement: Investor Strategies for Incorporating ESG Considerations into Corporate Interactions (2015), abrufbar unter www.blackrock.com/corporate/literature/publication/blk-ceres-engagementguide2015.pdf, S. 34

Wasserbäch, Elena Luisa: Die Vertretung der Aktiengesellschaft durch ihren Aufsichtsrat, Tübingen 2017

Watzlawick, Paul/Beavin, Janet Helmick/Jackson, Don D.: Pragmatics of Human Communication, A Study of Interactional Patterns, Pathologies, and Paradoxes, New York 1967

Weber-Rey, Daniela: Der Aufsichtsrat in der europäischen Perspektive – Vorschläge und Ideen für eine wirksame Corporate Governance, NZG 2013, S. 766-770

Weber-Rey, Daniela:, in: Corporate Governance und Ownership, Zwingt uns das Wachstum institutioneller Aktionäre dazu, unsere Corporate Governance zu überdenken?, in: Bergmann, Alfred/Hoffmann-Becking, Michael/Noack, Ulrich (Hrsg.): Recht und Gesetz, Festschrift für Ulrich Seibert zum 65. Geburtstag, Köln 2019, S. 1057-1072

Weber-Rey, Daniela/Reps, Markus: Ankerbeteiligungen: Chancen für die Corporate Governance, Rechtsrahmen und Investorenvereinbarungen, Ein Beitrag zur rechtspolitischen Debatte um verantwortungsbewusste Aktionäre, ZGR 2013, S. 597-646

Wellhöfer, Werner/Peltzer, Martin/Müller, Welf (Hrsg.): Die Haftung von Vorstand Aufsichtsrat Wirtschaftsprüfer mit GmbH-Geschäftsführer, München 2008

Wentz, Jasper: Shortseller-Attacken - ökonomische und juristische Bewertung eines ambivalenten Geschäftsmodells, WM 2019, S. 196-204

Werder, Axel von: Ökonomische Grundfragen der Corporate Governance, in: Hommelhoff, Peter/Hopt, Klaus J./Werder, Axel von (Hrsg.): Handbuch Corporate Governance, Leitung und Überwachung börsennotierter Unternehmen in der Rechts- und Wirtschaftspraxis, 2. Auflage, Stuttgart/Köln 2009, S. 3-37

Werder, Axel von: EU-Empfehlung für das Corporate Governance Reporting: Zehn Thesen zur Kodexpublizität, DB 2015, S. 847-854

Werder, Axel von: Erfolgsfaktoren eines exzellenten Aufsichtsrats, DB 2017, S. 977-984

Werder, Axel von: Zum Reformentwurf des Deutschen Corporate Governance Kodex, DB 2019, S. 41-49

Werder, Axel von/Bartz, Jenny: Die aktuellen Änderungen des Deutschen Corporate Governance Kodex, DB 2017, S. 769-777

Werder, Axel von/Danilov, Kyrill: Corporate Governance Report 2018: Kodexakzeptanz und Kodexanwendung, DB 2018, S. 1997-2008

Werder, Axel von/Turkali, Julia: Corporate Governance Report 2015: Kodexakzeptanz und Kodexanwendung, DB 2015, S. 1357-1367

Werner, Winfried: Vertretung der Aktiengesellschaft gegenüber Vorstandsmitgliedern – Ein Beitrag zur Auslegung von § 112 AktG –, ZGR 1989, S. 369-395

Wernsmann, Rainer/Gatzka, Ulrich: Der Deutsche Corporate Governance Kodex und die Entsprechenserklärung nach § 161 AktG, Anforderungen des Verfassungsrechts, NZG 2011, S. 1001-1007

Wettich, Carsten: Aktuelle Entwicklungen und Trends in der Hauptversammlungssaison 2016 und Ausblick auf 2017, AG 2017, S. 60-69

Wieneke, Laurenz: Emissionspublizität und informationelle Gleichbehandlung der Anleger, in: Grundmann, Stefan/Schwintowski Hans-Peter/Singer, Reinhard/Weber, Martin (Hrsg.): Anleger- und Funktionsschutz durch Kapitalmarktrecht, Symposium und Seminar zum 65. Geburtstag von Eberhard Schwark, Berlin 2006, S. 37-57

Wiethölter, Rudolf: Interessen und Organisation der Aktiengesellschaft im amerikanischen und deutschen Recht, Karlsruhe 1961

Wilde, Christian: Informationsrechte und Informationspflichten im Gefüge der Gesellschaftsorgane, ZGR 1998, S. 423-465

Wilhelm, Jens: Mehr Nachhaltigkeit, Zum Bericht der High-Level Expert Group on Sustainable Finance, in: DAI (Hrsg.): Kurvenlage. Halbjahresbericht des Deutschen Aktieninstituts, 2. Halbjahr 2017, abrufbar unter www.dai.de/

files/dai_usercontent/dokumente/jahresbericht/2017-II%20Kurvenlage.pdf, S. 26-29

Wilsing, Hans-Ulrich: Corporate Governance in Deutschland und Europa, Die Rolle der institutionellen Investoren, der Proxy Advisors und die der Aktionäre, ZGR 2012, S. 291-308

Wilsing, Hans-Ulrich: Brisante Themen für Hauptversammlungen, Aktionäre knüpfen sich Vergütungen vor – Interessenkonflikte in Aufsichtsräten dürften kritisch hinterfragt werden, in: Börsen-Zeitung Ausgabe 60 vom 25. März 2017, S. 9

Wilsing, Hans-Ulrich/Linden, Klaus von der: Selbstbefreiung des Aufsichtsrats vom Gebot der Gremienvertraulichkeit, ZHR 178 (2014), S. 419-442

Wilsing, Hans-Ulrich/Linden, Klaus von der: Compliance-Management, Investorengespräche, Unabhängigkeit und ein moralischer Imperativ – Gedanken zur Kodexnovelle 2017, DStR 2017, S. 1046-1050

Windbichler, Christine: Dienen staatliche Eingriffe guter Unternehmensführung?, NJW 2012, S. 2625-2630

Winkler, Sylko: Die Verantwortung institutioneller Anleger als Aktionäre in Publikumsgesellschaften in Deutschland und den USA, Jena 2008

Winner, Martin: Der UK Corporate Governance Code, Grundsätze und Funktionsweise, ZGR 2012, S. 246-272

Winter, Jaap/Garrido Garcia, José Maria/Hopt, Klaus J./Rickford, Jonathan/Rossi, Guido/Schans Christensen, Jan/Simon, Joëlle (High Level Group): Bericht der hochrangigen Gruppe von Experten auf dem Gebiet des Gesellschaftsrechts über moderne gesellschaftsrechtliche Rahmenbedingungen in Europa, Brüssel 4. November 2002

Winzig, Otmar F./Labbé, Marcus: IR muss auf die Agenda der Aufsichtsräte in Deutschland, Neue Herausforderungen für IR – Druck bei Finanzinvestoren nimmt zu – Belastbare und glaubwürdige Beziehung zu Aktionären und Analysten ist Schlüsselfaktor, in: Börsen-Zeitung Ausgabe 107 vom 4. Juni 2011, S. B1, B4

Witte, Jürgen Johannes/Indenhuk, Moritz: Wege aus der Haftung – die Beauftragung externer Berater durch den Aufsichtsrat, BB 2014, S. 2563-2569

Witte, Nina Natalie: Die Überwachungsaufgabe des Aufsichtsrats in der Unternehmenskrise, WPg 2016, S. 1246-1253

Wittig, Arne: Reform der Corporate Governance von Finanzinstituten als Reaktion auf die Finanzmarktkrise – Ein Überblick zu den aktuellen Überlegungen –, WM 2010, S. 2337-2343

Wolff, Michael/Jacobey, Laura/Coskun, Hülgen: Research Report: Talk is not cheap – The role of interpersonal communication as a success factor of engagements on

ESG matters, abrufbar unter www.hermes-investment.com/ukw/wp-content/uploads/sites/80/2017/09/Hermes-EOS-Research-Report-Sep-17.pdf

Wong, Simon C.Y.: Why stewardship is proving elusive for institutional investors, Butterworth Journal of International Banking and Financial Law, Juli/August 2010, S. 406-411

Wong, Simon C.Y.: It's OK to Give Shareholders Access to Outside Directors, in: Harvard Business Review vom 2. Juli 2013, abrufbar unter www.hbr.org/2013/07/give-shareholders-access-to-ou

Wong, Simon C.Y.: Is institutional investor stewardship still elusive?, Butterworth Journal of International Banking and Financial Law, September 2015, S. 508-512

Wong, Simon C.Y.: Improving the Way Boards, CEOs, and Shareholders Interact, in: Harvard Business Review vom 28. Juli 2016, abrufbar unter www.hbr.org/2016/07/improving-the-way-boards-ceos-and-shareholders-interact

Wymeersch, Eddy: Gesellschaftsrecht im Wandel: Ursachen und Entwicklungslinien, ZGR 2001, S. 294-324

Wymeersch, Eddy: Shareholder(s) matter(s), in: Grundmann, Stefan/Haar, Brigitte/Merkt, Hanno/Mülbert, Peter O./Wellenhofer, Marina/Baum, Harald/Hein, Jan von/Hippel, Thomas von/Pistor, Katharina/Roth, Markus/Schweitzer, Heike (Hrsg.): Festschrift für Klaus J. Hopt zum 70. Geburtstag am 24. August 2010, Unternehmen, Markt und Verantwortung, Band 1, Berlin/New York 2010, S. 1565-1592

X

Y

Yockey, Joseph W.: On the Role and Regulation of Private Negotiations in Governance, South Carolina Law Review Volume 61, Number 2 (2009), S. 171-220

Z

Zerfaß, Ansgar: Unternehmenskommunikation und Kommunikationsmanagement: Strategie, Management und Controlling, in: Zerfaß, Ansgar/Piwinger, Manfred (Hrsg.): Handbuch Unternehmenskommunikation, Strategie – Management – Wertschöpfung, 2. Auflage, Wiesbaden 2014, S. 21-79

Zerfaß, Ansgar/Piwinger, Manfred: Unternehmenskommunikation als Werttreiber und Erfolgsfaktor, in: Zerfaß, Ansgar/Piwinger, Manfred (Hrsg.): Handbuch

Unternehmenskommunikation, Strategie – Management – Wertschöpfung, 2. Auflage, Wiesbaden 2014, S. 1-18

Zetzsche, Dirk: Aktionärsinformation in der börsennotierten Aktiengesellschaft, Köln 2006

Zetzsche, Dirk: Langfristigkeit im Aktienrecht? – Der Vorschlag der Europäischen Kommission zur Reform der Aktionärsrechterichtlinie, NZG 2014, S. 1121-1131

Zetzsche, Dirk: Die Marktsondierung nach Art. 11 MAR, Pflichten der Sondierenden und der Marktgegenseite, AG 2016, S. 611-621

Zetzsche, Dirk: Pflichten institutioneller Anleger bei der Stimmrechtsausübung, Anmerkungen zur Reform der Aktionärsrechte-Richtlinie (SRD II), in: Siekmann, Helmut (Hrsg.): Festschrift für Theodor Baums zum siebzigsten Geburtstag, Band 2, Tübingen 2017, S. 1505-1523

Zetzsche, Dirk: § 53a AktG als Informationsnorm? Zur Informationsgleichbehandlung im Aktien, Bilanz- und Kapitalmarktrecht, AG 2019, S. 701-708

Zetzsche, Dirk: Aktionärsidentifikation, Aktionärslegitimation und das Hauptversammlungsverfahren nach ARUG II, AG 2020, S. 1-17

Ziemons, Hildegard: Die Weitergabe von Unternehmensinterna an Dritte durch den Vorstand einer Aktiengesellschaft, AG 1999, S. 492-500

Ziemons, Hildegard/Binnewies, Burkhard (Hrsg.): Handbuch Aktiengesellschaft, Gesellschaftsrecht, Steuerrecht, 83. Aktualisierung, Köln 2019

Zimmer, Daniel: Das Gesetz zur Kontrolle und Transparenz im Unternehmensbereich, Ein „Omnibus-Gesetz" bringt die Aktienrechtsnovelle 1998 und weitere wichtige Neuerungen für das Handels- und Wirtschaftsrecht, NJW 1998, S. 3521-3534

Zitzmann, Axel/Decker, Torsten: Informations- und Publizitätspflichten von Unternehmen, in: Zerfaß, Ansgar/Piwinger, Manfred (Hrsg.): Handbuch Unternehmenskommunikation, Strategie – Management – Wertschöpfung, 2. Auflage, Wiesbaden 2014, S. 271-289

Zitzmann, Axel/Fischer, Thorsten/Decker, Torsten: Rechtsfragen der IR, in: Kirchhoff, Klaus Rainer/Piwinger, Manfred (Hrsg.): Praxishandbuch Investor Relations, Das Standardwerk der Finanzkommunikation, 2. Auflage, Wiesbaden 2009, S. 93-137

Zöllner, Wolfgang: Aktienrechtsreform in Permanenz – Was wird aus den Rechten des Aktionärs?, AG 1994, S. 336-342

Zöllner, Wolfgang: Unternehmensinnenrecht: Gibt es das?, AG 2003, S. 2-12

Zöllner, Wolfgang/Noack, Ulrich: Kölner Kommentar zum Aktiengesetz, Band 2/2 (§§ 95-117), 3. Auflage, Köln 2012

Band 3/1 (§§ 131, 132), 3. Auflage, Köln 2009

Band 3/3 (§§ 150-178), 3. Auflage, Köln 2011

Zschäpitz, Holger: Deutsche Unternehmen in ausländischer Hand, Webartikel auf: welt.de, abrufbar unter www.welt.de/finanzen/article116059598/Deutsche-Unternehmen-in-auslaendischer-Hand.html

Zülch, Henning: Die Bedeutung von Investor Relations im Rahmen einer ganzheitlichen Finanzkommunikation, KoR 2016, S. 436-437

Zülch, Henning/Benary, Christoph-Ernst/Hottmann, Johannes: Welche Informationsquellen sind für Anlageentscheidungen am relevantesten? – Eine Meta-Analyse der Informationsbeschaffung institutioneller und individueller Investoren –, DB 2016, S. 1509-1515

Zülch, Henning/Kretzmann, Christian W./Hottmann, Johannes/Holzamer, Matthias/Kettelhodt, Philip: Finanzmarktkommunikation bleibt Chefsache – Empirische Erkenntnisse zur Schlüsselrolle des CFO, DB 2016, S. 2065-2070

www.ingramcontent.com/pod-product-compliance
Ingram Content Group UK Ltd.
Pitfield, Milton Keynes, MK11 3LW, UK
UKHW021130041026
8980IPUK00034B/1436

9 783631 857687